ENSAIOS E ARTIGOS

v. II

JOSÉ JOAQUIM CALMON DE PASSOS

ENSAIOS E ARTIGOS

v. II

2016

www.editorajuspodivm.com.br

www.editorajuspodivm.com.br

Rua Mato Grosso, 175 – Pituba, CEP: 41830-151 – Salvador – Bahia
Tel: (71) 3363-8617 / Fax: (71) 3363-5050
• E-mail: fale@editorajuspodivm.com.br

Copyright: Edições JusPODIVM

Conselho Editorial: Eduardo Viana Portela Neves, Dirley da Cunha Jr., Leonardo de Medeiros Garcia, Fredie Didier Jr., José Henrique Mouta, José Marcelo Vigliar, Marcos Ehrhardt Júnior, Nestor Távora, Robério Nunes Filho, Roberval Rocha Ferreira Filho, Rodolfo Pamplona Filho, Rodrigo Reis Mazzei e Rogério Sanches Cunha.

Capa: Rene Bueno e Daniela Jardim *(www.buenojardim.com.br)*

Diagramação: Cendi Coelho *(cendicoelho@gmail.com)*

E56	Ensaios e Artigos / organizadores Fredie Didier Jr. Paula Sarno Braga – Salvador: Juspodivm, 2016. 592 p. (Obras de J.J Calmon de Passos - Clássicos, v.2) ISBN 978-85-442-0923-3 1. Direito Processual. I. Passos, J.J. Calmon de. II. Título. CDD 341.4

Todos os direitos desta edição reservados à Edições JusPODIVM.

É terminantemente proibida a reprodução total ou parcial desta obra, por qualquer meio ou processo, sem a expressa autorização do autor e da Edições JusPODIVM. A violação dos direitos autorais caracteriza crime descrito na legislação em vigor, sem prejuízo das sanções civis cabíveis.

Sumário

Nota dos organizadores 7

PARTE I – TEORIA GERAL DO DIREITO (E DO PROCESSO)

| 1 | A medida provisória nº 427/94 é aplicável às situações jurídicas constituídas antes de sua vigência? 11

| 2 | Em tôrno das condições da ação – a possibilidade jurídica 21

| 3 | O magistrado, protagonista do processo jurisdicional 31

| 4 | Dano ecológico – legitimação ativa – foro competente 39

| 5 | Substituição processual e interesses difusos, coletivos e homogêneos. Vale a pena "pensar" de novo? 51

| 6 | Do julgamento antecipado da causa 65

| 7 | Força probante dos documentos – compreensão do art. 372 do CPC 77

| 8 | Súmula vinculante 87

| 9 | A crise do processo de execução 105

| 10 | Responsabilidade do exequente no novo código de processo civil 119

| 11 | Processo de execução – alguns temas polêmicos 129

| 12 | A lei nº 11.232, de 22 de dezembro de 2005. Questionamentos e perplexidades (a montanha que pariu um rato) 147

| 13 | Ações cautelares 161

| 14 | Conferência: efetividade do processo cautelar 191

| 15 | Teoria geral dos procedimentos especiais 205

| 16 | Do mandado de segurança contra atos judiciais 215

| 17 | A lei estadual 4.630/85 (Juizado de pequenas causas) e a necessidade de sua imediata correção 263

| 18 | O crédito trabalhista no direito positivo brasileiro 271

| 19 | A competência constitucional da Justiça do Trabalho 295

PARTE II – DIREITO, PODER JUDICIÁRIO, CONSTITUIÇÃO E ESTADO

| 20 | Reflexões sobre a reforma do Estado 303

| 21 | Repensando a teoria da Constituição 309

| 22 | Globalização, Direito e Política 319
| 23 | Brasil, modernidade e constituição 329
| 24 | Direito à solidariedade.. 333
| 25 | Mais positivo e menos positivismo 341
| 26 | Radical sim, por que não?... 345
| 27 | Constituição – direitos do homem – direitos da pessoa humana –
    instrumentos e instituicões asseguradores dos direitos da pessoa humana 351
| 28 | Democracia, participação e processo 361
| 29 | Dimensão política do processo – Direito, Poder e Justiça....................... 375
| 30 | Administração da Justiça no Brasil.. 391
| 31 | A missão das faculdades de direito 409
| 32 | A função social do processo 415
| 33 | A formação do convencimento do magistrado e a garantia
    constitucional da fundamentação das decisões.. 433
| 34 | O advogado e o processo nos 20 anos do Estatuto.................................. 447
| 35 | Subsídios para uma efetiva reforma do Poder Judiciário....................... 473
| 36 | A missão do advogado em face dos novos
    direitos fundamentais da constituição brasileira 487
| 37 | Advocacia – o direito de recorrer a justiça 497
| 38 | Meio ambiente e urbanismo: compreendendo,
    hoje, o Código Florestal de ontem.. 513
| 39 | Medidas provisórias 529

PARTE III – TEMAS DE DIREITO CIVIL

| 40 | promessa de compra e venda –
    compensação de créditos – retrovenda – transação nula 537
| 41 | A ação de adjudicação compulsória
    em face da lei 6 766/79 (parcelamento do solo urbano).......................... 547
| 42 | Nulidade, anulabilidade e rescindibilidade da partilha –
    a partilha injusta, sua invalidação 559
| 43 | Registro público – justificações de óbito –
    efeitos probatórios na investigação de paternidade................................ 575

NOTA DOS ORGANIZADORES

A obra ensaística de Calmon de Passos é vasta e tão ou mais importante do que os seus livros.

Calmon caracterizou-se por escrever sobre diversos assuntos e em diversos periódicos e coletâneas. Seu pensamento se dispersou e, naturalmente, acabou por deixar de ser referido o quanto merecia.

Este é o segundo volume da obra completa (ensaios e artigos) de Calmon de Passos.

Essa empreitada não seria possível sem o apoio de um grupo de alunos que nos ajudaram nas pesquisas, seleção, digitação e organização dos textos: Bruna Tourinho, Felipe Vieira Batista, Gabriel Araujo Gonzalez, Lorena Oliveira de Andrade, Louise Araujo Goes Landulfo Medrado, Namir Gabrielle Mangabeira de Oliveira, Priscilla Silva de Jesus, Thiago Teles e Yuri Arléo.

O livro também não sairia se não fosse a sensibilidade do editor Ricardo Didier, que, baiano como o autor, viu que essa obra também deveria ser publicada por uma editora baiana.

Eridan Passos, filha de Calmon, completa o tripé que sustentou esse livro, não apenas por ser uma entusiasta da republicação do pensamento escrito de seu pai, mas, sobretudo, por ter ajudado na pesquisa dos textos no *HD* do computador de Calmon.

Esse segundo volume vem com alguns dos textos mais conhecidos de Calmon de Passos – alguns, inclusive, se transformaram em clássicos da literatura jurídica brasileira. Destacamos, neste rol: a) *Em torno das condições da ação*, em que defende que a ação é um direito abstrato e que a análise da possibilidade jurídica do pedido faz parte do mérito da causa – concepção que afinal veio a ser acolhida no Projeto de novo Código de Processo Civil; b) *Do julgamento antecipado da causa*, texto com uma série de críticas ao Código de Processo Civil de 1973, em especial, a determinadas disposições sobre o julgamento antecipado do mérito da causa; c) *A Lei nº 11.232/2005, de 22 de dezembro de 2005. Questionamentos e perplexidades (a montanha que pariu um rato)*, artigo, que, em tom crítico, expõe as alterações, intituladas por Calmon de Passos como "novas complicações" e "discutíveis simplificações", trazidas pela Lei nº 11.232/2005; d) *Do mandado de segurança contra atos judiciais*, obra, que sob a luz da antiga Lei de Mandado de Segurança nº 1.533/1951, faz estudo sobre cabimento e demais aspectos em torno de mandado de segurança impetrado contra atos judiciais e que forjou a jurisprudência sobre o assunto, consolidada anos depois pelo STF.; e) *Súmula vinculante:* texto escrito há quase vinte anos e de impressionante atualidade, sobretudo após a publicação do novo Código de Processo Civil, que estrutura um sistema de respeito aos precedentes judiciais

Há, ainda, textos menos famosos, mas muito importantes, como *Substituição processual e interesses difusos, coletivos e homogêneos. Vale a pena pensar de novo?*.

Este volume vem, também, com uma parte destinada aos textos de Calmon sobre o Poder Judiciário e a Democracia, temas aos quais se dedicou nos últimos anos de sua vida.

Não temos dúvidas: a publicação da obra ensaística completa de Calmon de Passos é uma das melhores coisas havidas na produção doutrinária brasileira nos últimos dez anos.

Parabéns a todos.

Obrigados, também.

Salvador, em dezembro de 2014.

Fredie Didier Jr. | **Paula Sarno Braga**

▶ PARTE I – TEORIA GERAL DO DIREITO (E DO PROCESSO)

|1| A MEDIDA PROVISÓRIA Nº 427/94 É APLICÁVEL ÀS SITUAÇÕES JURÍDICAS CONSTITUÍDAS ANTES DE SUA VIGÊNCIA?[1]

A UNIÃO FEDERAL (FAZENDA NACIONAL) propôs ação de depósito contra a USINA ..., com fundamento na Medida Provisória nº 427/94, na qual pede que a ré, no prazo de 10 (dez) dias, recolha ou deposite a importância de Cr$ 35.985.244,27, equivalente a 95.634,22 UFIR, sob pena de aplicação dos efeitos da revelia e /ou decretação da prisão civil de seu diretor.

Menciona a FAZENDA NACIONAL, como causa de pedir, a existência de um processo administrativo-fiscal instaurado contra a ré, em virtude de autuação ocorrida em 31-12-84, pelo não-recolhimento da Constituição sobre o Açucar e o Álcool e adicional correspondente, previstos, respectivamente, pelos DL 308, de 28-2-67, e 1.952, de 15-7-82, e legislação correlata (DL 1.712, de 14-11-79, e DL2.471, de 1-9-88) relativas ao período de 1-10-84 a 31-10-84.

Esse débito é também objeto de execução judicial (Processo nº 93.760-9) em curso na 5ª Vara da Seção Judiciária da Bahia da Justiça Federal.

Por outro lado, em 6-10-89, a USINA e a FAZENDA NACIONAL tinham acordado, mediante confissão de dívida pela USINA, parcelar o débito apurado, tendo sido pagas algumas prestações.

Advertida da inexigibilidade do tributo, por inconstitucional do tributo, por inconstitucional, ingressou a USINA, em março de 1992, com ação declaratória contra a UNIÃO FEDERAL, postulando a certificação dessa inconstitucionalidade, logrando sentença favorável do Dr. Juiz da 6ª Vara da Seção Judiciária do Estado da Bahia da Justiça Federal, estando essa decisão pendente da confirmação no segundo grau, por força da remessa necessária do feito ao Tribunal Regional da 1ª Região, sem que tenha havido recurso voluntário por parte da UNIÃO.

A par disso, já com trânsito em julgado, existem duas decisões certificando a inexigibilidade do tributo em causa.

---

1. Texto extraído de *ADV Advocacia dinâmica*: Seleções jurídicas. N. 9, Rio de Janeiro: COAD, set. 1994.

CONSULTA

Considerando o exposto, indaga a USINA:

a) O prescrito pela MP 427 é aplicável a relações ou situações jurídicas constituídas antes de sua vigência?

b) O acordo feito com a FAZENDA NACIONAL, em 6-10-89, tem relevância para obstar a aplicação da MP 427 ao caso da consulta?

c) Há consequências a retirar do fato de pender ação de execução, promovida pela FAZENDA NACIONAL, tendo por objeto a mesma dívida?

d) E no tocante à ação declaratória, ajuizada pela USINA, para obter a certificação da inconstitucionalidade da exigência tributária objeto da ação de depósito, que repercussões são deduzíveis?

e) A contribuição de que cuida a consulta comporta sua equiparação ao depósito, para os fins previstos na MP 427?

f) Os óbices postos pela MP 427 à defesa do réu são constitucionais? E se o forem, no caso da consulta, terão consequências desfavoráveis à ré?

PARECER

1. A matéria posta para nosso exame comporta um duplo enfoque: analisar-se a validade da própria Medida Provisória nº 427/94, quer total, quer parcial, ou apenas a possibilidade de sua incidência no caso da consulta.

Parece-nos mais prático e mais consentâneo com os objetivos perseguidos pela consulente optarmos pela segunda alternativa. E é o que faremos a seguir.

2. A primeira indagação a pedir resposta é a de se a MP 427 é aplicável a situações anteriormente constituídas e já em fase de exigibilidade, inclusive judicial, como ocorre na hipótese sob exame.

Ainda hoje o problema da retroatividade das leis é a questão a desafiar a reflexão dos doutos, mas há de se reconhecer que muitos aspectos, na matéria, já se podem ter como pacificados.

Sem receio de estarmos falseando a verdade, podemos afirmar que, tanto objetivistas como subjetivistas, são acordes num ponto – as leis que governam a constituição de uma situação jurídica não podem atingir, sem retroatividade, as situações jurídicas já constituídas. No particular, afinam tanto Roubier (um objetivista) quanto Gabba, ao incluir, na sua classificação de direitos adquiridos, o direito de não suportar ônus ou restrições maiores que as impostas por uma lei no momento de certos atos ou fatos1.

Ao cuidarem, particularmente, do problema da retroatividade em matéria de obrigações, os mestres como esclarece Serpa Lopes2 na sua quase unanimidade, aceitam, como princípio dominante, o de que as obrigações, seja qual for a espécie, são sempre regidas pela lei vigente ao tempo do seu nascimento. O princípio, acrescenta, vem do próprio direito romano, ao dispor que *in stipulationibus id tempus spectatur quo contrahimus*. E conclui:

> "Assim, portanto a natureza das obrigações, as suas categorias e espécies são sempre determinadas pela lei vigente ao tempo de sua constituição, como igualmente é essa a lei reguladora da validade ou invalidade, e da capacidade legal dos obrigados."

Com base apenas nesses mestres e nessas lições, é impositivo concluir-se que o prescrito na MP 427 é inaplicável à relação jurídica existente entre a USINA PARANAGUÁ S.A. e a FAZENDA NACIONAL posta como causa de pedir na ação de depósito.

3. Segundo esclarece o próprio Fisco, trata-se de ocorrência temporalmente situada entre 1-10-84 e 31-10-84, vale dizer, a incidência se deu e o crédito tributário se constituiu (30-6-85), segundo afirmativa da própria autora em sua inicial, num tempo **anterior** à vigência da MP 427, pelo que a configuração de depósito, no tocante à relação, e de depositário, no pertinente ao contribuinte, são constitucionalmente vedadas, pelo que insuscetíveis de construção via interpretativa.

O próprio texto da MP conduz, necessariamente, a esta conclusão. Diz ela, em seu art. 1º, que é depositário da Fazenda Pública a pessoa a que a legislação tributária ou previdenciária imponha a obrigação de reter ou receber de terceiro, e recolher aos cofres públicos, imposto, taxa ou contribuição, inclusive à Seguridade Social, esclarecendo, no § 1º, que tal depósito se **aperfeiçoa** na data da retenção ou recebimento do valor a que esteja obrigada a pessoa física ou jurídica.

Ora, se a constituição de depósito só se dá na data do recebimento ou retenção, apenas recebimentos e retenções que venham ocorrer após a vigência da MP 427 podem ser apanhados pelo nela disposto, visto como a lei atual não pode tipificar fato ocorrido quando ainda não vigente. Máxime se dessa tipificação "retroativa" deriva um agravamento relevante da situação jurídica dos sujeitos da relação disciplinada. Seria uma retroatividade "para pior", hoje repudiada universalmente.

4. Mas, ainda quando fosse possível a aplicação retroativa da MP 427, no caso da consulta esta aplicação seria inviável.

Quando constituída a obrigação tributária da USINA ..., como já esclarecido, ela configurava uma obrigação de pagar, dar quantia certa, não uma obrigação de restituir o que fora confiado à guarda do contribuinte responsável. Aceitando-se o absurdo de que a MP pode, na espécie, retroagir, o caso da consulta tem uma peculiaridade que impediria essa retroatividade.

Em 6 de outubro de 1989, a USINA e a FAZENDA NACIONAL pactuaram, mediante confissão de dívida da primeira, que o débito então existente fosse liquidado em 60 (sessenta) prestações mensais, tendo a devedora pago muitas das parcelas pactuadas.

Ora, essa avença entre o Fisco e a USINA, mesmo quando fosse possível caracterizar o débito fiscal como depósito, teria importado em novação, deixando ele de caracterizar-se como dinheiro do Fisco em poder do contribuinte, para fazer-se dívida da USINA para com o Fisco, a ser liquidada nos termos do pactuado e cumprido, ainda que parcialmente, pelo contribuinte. Aqui, a transmudação em depósito se tornaria impossível, como impossível retirar dessa situação jurídica perfeita e acabada as consequências que a FAZENDA NACIONAL postula em sua ação de depósito.

Como ensinam os mestres, há novação objetiva quando se muda o objeto da obrigação, como, por exemplo, se em vez da obrigação de se entregar coisa devida se pactua o pagamento de seu valor3. Ocorrendo novação, a obrigação antiga **se extingue,** substituída pela nova. Conseqüentemente, desde outubro de 1989, inexiste obrigação de restituir coisa certa ou de dar coisa certa de parte da USINA, em virtude do não pagamento dos tributos mencionados na inicial da ação de depósito.

5. Aceite-se, contudo, sejam transponíveis os obstáculos que foram focalizados precedentemente, e a MP 427 comporte aplicação retroativa e essa aplicação não encontre óbice em quanto pactuado entre contribuinte e Fisco, em 1989. Ainda assim há uma particularidade do caso da consulta que inviabilizaria o pretendido pela FAZENDA NACIONAL.

Segundo relata a própria inicial, e é fato revestido de notoriedade judicial, ajuizou-se contra a USINA uma execução fiscal, ainda em curso, na qual se nomeou bens a penhora, pendendo de decisão judicial a impugnação feita.

Impossível conviverem essas duas pretensões excludentes – pretensão de restituição de coisa (de propriedade do postulante) em poder do devedor, que a tem para guardar e restituir, com a pretensão de pagar o devedor o que é devido ao credor, sob pena de constrição em seu patrimônio, que responde pela dívida.

Se de uma mesma relação jurídica podem decorrer tanto uma pretensão à entrega da coisa (depósito) quanto ao pagamento de determinado valor, como ocorre, excepcionalmente na alienação fiduciária, a pretensão à devolução (ação de depósito) não pode conviver ao lado da pretensão ao pagamento do valor (ação de execução).

Vê-se, pois que a postulação da FAZENDA NACIONAL é inepta, porque juridicamente impossível seu pedido, subsistindo, como subsiste, a execução fiscal que ajuizou.

Inclusive, a se admitir a anomalia, teríamos a teratologia de o executado ter o direito constitucional de embargar a execução, discutindo a invalidade do título ou sua inexigibilidade, com a segurança do juízo, enquanto na ação de depósito ou deposita a "coisa" (no caso dinheiro), ou fica obstado de qualquer defesa.

Essa incompatibilidade inelimínável, no caso da consulta, inviabiliza o pretendido pela FAZENDA NACIONAL, mesmo quando, num total desrespeito à dogmática jurídica, se desse efeito retroativo à MP 427 e se negasse qualquer relevância à novação havida entre as partes no ano de 1989.

A correção do que vem de ser exposto tem forte respaldo em prescrição de nosso direito positivo. O art. 906 do CPC estabelece que, na hipótese de frustrar-se a ação de depósito, porque nem recebida a coisa nem seu equivalente em dinheiro, o autor poderá **prosseguir** (grilo nosso) nos próprios autos para haver o que lhe for reconhecido na sentença, **observando-se o procedimento da execução por quantia certa** (grilo nosso).

Nada mais claro, portanto: a execução por quantia certa nem pode **proceder** nem pode **conviver** com a pretensão de restituir que se atua na ação de depósito.

Ressalte-se, ainda, que a ação de depósito, cujo desenlace se dá com a **entrega** da coisa (satisfação) o que, não ocorrendo voluntariamente, impõe ao juiz, de ofício, implementar expedindo o respectivo mandado (art. 904 do CPC) é **ação** de **execução** em sentido lato, pelo que impossível conviverem duas execuções, de natureza diversa, tendo por objeto a mesma relação jurídica e o mesmo objeto4.

6. Nem é só. Quando todo o exposto desmerecesse acolhida, ainda haveria um óbice ao prosseguimento da ação de depósito ajuizada pela FAZENDA NACIONAL.

E março de 1992, a USINA ajuizou, contra a UNIÃO FEDERAL, ação declaratória em que postula seja considerada inexistente, por ilegal, a contribuição e o adicional de que cuidam os DL 308/67, 1.712/79 e 1.9952/82, inconstitucionais que são. Este pleito mereceu sentença favorável do Dr. Juiz da 6ª Vara da Seção Judiciária do Estado da Bahia da Justiça Federal, tendo sido objeto de remessa necessária, estando, no momento, aguardando exame pelo Tribunal Regional Federal da 1ª Região.

Acresce que o entendimento de ser inconstitucionais os tributos pedidos, nos termos postos pela FAZENDA NACIONAL, já se tornou firme, com trânsito em julgado, no tocante a pleito idêntico, ajuizado pelas EMPRESAS....

Irrecusável, portanto, haver uma questão prejudicial a exigir seja obstado o andamento da ação de depósito, mesmo quando o precedentemente posto não prevalecesse.

Prescreve o art. 265, IV, "a" do CPC que se suspende o processo quando a sentença de mérito: "*depender do julgamento de outra causa ou da declaração da existência ou inexistência da relação jurídica que constitua o objeto principal de outro processo pendente*".

Ajusta-se o preceito, como a mão à luva, no tocante ao caso sob análise. O objeto da ação de depósito é a entrega de dinheiro que a FAZENDA NACIONAL, diz lhe pertencer, por força de incidência tributária prevista nos diplomas legais que menciona. Pois bem, pende ação que tem por objeto, justamente, a certificação da inexigibilidade do pretendido pela FAZENDA, por invalidade dos diplomas legais invocados. Há, pois, **outra ação** (causa prejudicial) cujo julgamento da presente ação de depósito5.

7. Há, ainda, um outro ponto a analisar, no caso da consulta.

Adroaldo Furtado Fabrício, com lucidez, na esteira de ensinamento de Carnelutti, adverte, em seus Comentários ao CPC, que:

> "Há diferença profunda entre a situação de quem, **com o que é seu e está em seu poder,** deve pagar a outrem e a daquele que possui o alheio e deve restituí-lo. Mesmo que se rejeite um compromisso definitivo com a distinção dogmática entre direitos "absolutos" e "relativos", é inocultável o vigor maior com que o Estado assegura e protege o direito do **dominus** à restituição do que outrem possui ilegitimamente, em comparação com a tutela dispensada ao direito do "credor", sujeito ativo de uma relação meramente obrigacional"[6].

E adverte que, embora o texto constitucional tenha se abstido de caracterizar o que seja depositário infiel, deixando à lei ordinária essa tarefa, cumpre ao aplicador evitar abusos de extrapolações e equiparações debilitadoras do princípio geral, concluindo por demonstrar que em toda equiparação a função desempenhada pelos equiparados contém elementos do contrato de depósito e envolve o fator confiança, que neste é decisivo – justificada, assim, a equiparação7.

A espécie tipificada pela MP 429 é de "equiparação", visto como de depósito propriamente dito não se cuida. Imposta à pessoa física ou jurídica a obrigação de "reter ou receber" o que **pertence** (é de propriedade) da FAZENDA NACIONAL, justa a equiparação. Mas, como visto, por se tratar de "equiparação", só configurável em relação ao futuro e a partir da vigência da norma, jamais com efeito retroativo.

Por que outro lado, tratando-se de equiparação e falando em reter ou receber, a MP não pode incidir nas hipóteses em que o tributo é **devido** pelo agente econômico, ainda que autorizado a transferir o montante financeiro de seu desembolso para terceiro (imposto indireto).

Cuidar-se-ia de equiparação constitucionalmente desautorizada a que redundasse em "pagamento compulsório" de tributo e pagamento "automático", retirando-se da obrigação tributária o seu caráter de situação contingente, capaz de comportar o inadimplemento.

Quando se transmudasse uma obrigação de pagar em obrigação de restituir, estar-se-ia, no momento mesmo da constituição do crédito tributário, associando-se a ele, compulsoriamente, sem alternativa para a vontade do obrigado, o dever de transferir para o patrimônio do credor o montante devido, que por mera ficção jurídica (inaceitável) teria se tornado "dinheiro" do credor.

Assim fosse, todos os impostos indiretos deixariam de ser objeto de execução fiscal, por versar sobre obrigação de dar quantia certa, transmudados que seriam em obrigação de restituir coisa alheia.

Vê-se, pois, que a MP só será aplicável naquelas hipóteses em que a pessoa jurídica ou física **recebe** de terceiro quantia que é devida à FAZENDA NACIONAL. Exemplo – o desconto do Imposto de Renda na Fonte, o desconto da contribuição do empregado para a previdência social etc. Aqui, não se cuida de dívida, mas de guarda com obrigação de entregar à FAZENDA NACIONAL, aceitável a equiparação ao depósito. Já no tocante aos impostos indiretos, esse tratamento é inviável, por inconstitucional, visto como figuraria um pagamento compulsório, retirada do contribuinte a possibilidade, insita ao próprio direito, da opção de não adimplir, com ou sem causa justificadora, respondendo por isso nos termos em que for definida sua responsabilidade.

8. Há mais, ainda.

Estabelece a MP 427 que do pedido, na ação de depósito, constará a cominação da pena de prisão e que tal prisão será decretada se não for recolhida nem depositada a importância reclamada, no prazo de quinze dias, a contar da citação.

Também a contar da citação (respeitados os preceitos do CPC sobre contagem de prazo para contestar) tem o réu dez dias, para o depósito judicial do valor integral devido à Fazenda Pública, sob pena de sofrer os efeitos da revelia.

Sabemos todos que os efeitos da revelia podem ser de duas ordens – não contestado o feito, serão tidos como verdadeiros os **fatos** alegados pelo autor (art. 319 do CPC). Ou se tais efeitos são descartados, permanecendo com o autor o ônus de provar os fatos constitutivos de seu direito e da obrigação do réu, quanto prescreve o art. 322 do mesmo Código, também aplicável aos feitos em que não houve contestação, no particular dos atos que se seguem à fase do contraditório.

A MP não cuida dos efeitos da revelia por **falta** de contestação. Ela **veda** a contestação, caso não deposite o réu o que dele reclama a FAZENDA NACIONAL.

Pergunta-se: pode o legislador ordinário condicionar a defesa do réu ao depósito da coisa e submeter o sujeito ao constrangimento da prisão, antes de "certificada" sua condição de depositário judicialmente?

Muitos responderão afirmativamente, invocando, inclusive, precedentes históricos e não muito remotos. Nosso entendimento é outro.

No momento em que a legislação processual aboliu a exigência do prévio depósito e só permitiu a prisão após a certificação judicial da obrigação de restituir e quando de inseriu a excepcionalidade da prisão civil numa Constituição enfática em termos de garantia do contraditório e da ampla defesa, pomos sérias dúvidas em torno da constitucionalidade da disposição.

No particular, Roque Antonio Carrazza, mestre de Direito Tributário na PUC/SP, já foi bem preciso em trabalho publicado na Revista de Processo, v. 66, pág. 44 e segs.

O depósito, diz ele, é uma faculdade do contribuinte que, não exercita, o sujeita à exigibilidade do crédito tributário. Melhor dizendo, o depósito prévio não é condição essencial para ele se defenda da pretensão fazendária. Apenas se não o efetuar, arcará com os ônus da mora e da correção monetária, na hipótese de vir a perder a demanda. Exigir-se o depósito para defender-se importaria em consagrar-se, no nosso ordenamento, a regra *solve et repete*, manifestamente inconstitucional, por ferir o princípio da igualdade (privilegiando excessivamente o Fisco) e por criar embaraço à garantia do acesso à Justiça (art. 5º, XXXV da CF).

Mas, ainda quando fosse constitucional, as consequências processuais drásticas postas na equiparação nova não podem atingir situações anteriormente constituídas.

A consulente já tem sub judice a discussão da validade da exigência do Fisco, já ofereceu amplas razões que lograram aceitação no primeiro grau, a ela é inaplicável, portanto, fora de qualquer dúvida, o disposto na MP 427, que não pode fazer coisa nenhuma o que já é objeto de certificação judicial, inclusive com eficácia de coisa julgada, em cacos semelhantes, ainda que pendente de confirmação pela segunda instância, no caso da consulente.

9. Ainda um outro aspecto.

A revelia, como sabido, só tem repercussão em matéria de fato, nunca de direito. Se ela exime o juiz de verificar os fatos, que se tornam incontroversos, não exime o juiz de aplicar aos fatos o direito posto.

No caso da consulta, inexistem fatos controvertidos. Não se nega de quanto ocorreu. O que se nega é a legitimidade de quanto ocorreu. O que se nega nada de quanto ocorreu. O que se nega é a legitimidade de quanto pleiteia a FAZENDA NACIONAL, em que termos de direito.

Ora, a revelia não exime o juiz de aplicar o direito que incidiu na espécie de fato posta para sua decisão. Por outro lado, tudo quanto pende em juízo, máxime na mesma jurisdição em que o feito tem seu processamento, cai no âmbito do que se denomina de notoriedade judicial. Nem é defeso à parte, pois que isso não configura contestação, noticiar ao juiz a existência do fato relevante e prejudicial, da pendência do litígio declaratório e da existência de decisões já transitadas em julgado, cuidando da matéria (o que não pode ser ignorado pelo julgador e deve ser do seu conhecimento pessoal, por força do ofício).

Assim sendo, de todo inócua a revelia, visto como o magistrado terá que apreciar a invalidade dos diplomas legais que a FAZENDA NACIONAL invoca, inclusive para decidir sobre a pena de prisão, que tem por pressuposto, no mínimo, a plausibilidade de ser a espécie um caso de admissibilidade da ação de depósito, com um mínimo de possibilidade de procedência.

CONCLUSÃO

Considerando todo o exposto, respondemos ao que nos foi perguntado:

a) A MP 427 não pode ser aplicada retroativamente, equiparando a depósito situações jurídicas que, precedentemente, não comportavam tal tipificação, se já definitivamente constituídas, como se dá no caso da consulta.

b) O acordo de 6-10-89, ainda que de obrigação de restituir se cuidasse primitivamente, teve como resultado sua novação objetiva, transmudando-a (se fosse o caso) de obrigação de restituir coisa alheia em obrigação de pegar quantia certa.

c) A existência de execução fiscal, objetivando resultado prático idêntico ao perseguido na ação de depósito, inviabiliza o ajuizamento e prosseguimento desta última, pois que teríamos dois pleitos sobre o mesmo objeto, entre as mesmas pessoas e com o mesmo fundamento jurídico, apenas modificado o procedimento executório.

d) Há prejudicialidade externa, com eficácia suspensiva obrigatória (art. 265, IV, "a" do CPC) da ação de depósito, decorrente do ajuizamento havido, em março de 1992, de ação em que se postula a certificação judicial da ilegalidade dos mesmos tributos que fundamentam a exigibilidade na ação de depósito.

e) A equiparação a depósito não pode ser feita arbitrariamente e ao sabor dos interesses do Fisco, exigindo-se um mínimo de assemelhação entre a hipótese a que se estendeu a equiparação e o depósito típico, e isso não ocorre na espécie da consulta.

f) Os óbices postos à defesa da ré, no caso sob exame, são inconstitucionais, se vistos em sua radicalidade, Mas ainda quando assim não fosse, na espécie, dada a notoriedade da prejudicial e da restrita incidência da revelia às questões de "fato", subsiste para o magistrado, na ação de depósito, o dever de examinar a validade ou invalidade dos diplomas legai postos como fundamento para a exigibilidade do Fisco, o que faz "irrelevante", na espécie, a revelia.

Salvador, 06 de abril de 1994.

REFERÊNCIAS

1. Cf. *Retroatività delle leggi*, 3ª ed., vol. 1, pág. 371 e segs. e reproduções em SERPA LOPES, Comentários à Lei de Introdução ao Código Civil, 2ª Ed., vol. 1, págs. 235 e 254.
2. Ob. cit. Pág. 360.
3. Cf. ORLANDO GOMES, Obrigações, nº 151.
4. Cf. sobre a natureza da ação de depósito PONTES DE MIRANDA, Comentários ao CPC, v. XIII, pág. 63 e ADROALDO FURTADO FABRICIO, Comentários, v. VIII, t, III, 5ª Ed., pág. 23.
5. Cf. MONIZ DE ARAGÃO. Comentários, v. II, pág. 469, FREDERICO MARQUES, Manual de Direito Processual Civil, v. iii, pág. 69.
6. Vol. VIII, Tomo III, 5ª Ed., pág. 120.
7. Ob. cit., págs. 120/121.

|2| EM TÔRNO DAS CONDIÇÕES DA AÇÃO – A POSSIBILIDADE JURÍDICA[2]

1. Em trabalho recente(1) afirmamos ser de todo injustificável, para quem se situa entre os que se desvinculam a existência do direito de ação da existência do direito material, persistir no falar em condições da ação, como se ela fôsse condicionada.

Dizíamos que nenhum requisitos postos como condição da ação resiste a mais profundo e detido exame. Assim é que a análise da possibilidade jurídica, da legitimação para a causa e do interêsse para agir, vai revelar estarem situados os três no campo do direito material e no mérito da causa, levando à improcedência, jamais à carência de ação, entendida esta como rejeição da demanda por falta de requisito que se situe fora ou antes do mérito.

A expressão condições da ação, concluíamos, tem ainda o prejuízo do equívoco que sugere, inclusive comprometendo o legislador, o magistrado ou o estudioso com um entendimento do direito de ação em face do qual, e sòmente em face do qual, o têrmo seria aceitável e explicaria algo.

Êle pede, e de modo necessário, uma concepção concreta da ação, em que esta seja relacionada ao direito material e atribuída apenas a quem realmente titular de um direito – concretismo autêntico, chiovendiano – relacionada a uma *fattispecie* determinada e exatamente individuada – concretismo dissimulado de LIEBMAN.

Assim é que, coerentemente, ou se desvincula a ação do direito material, afirmada sua abstração, repudiando-se condicionamentos em têrmos de direito substancial, ou de logo se afirma, também coerentemente, a natureza concreta do direito de ação, atribuído sòmente àquele que tem razão.

O meio-têrmo é equívoco e insustentável, segundo nos parece.

Entendendo ser o direito de ação simplesmente o direito à atividade jurisdicional do Estado, afirmando ser atividade jurisdicional o pronunciamento de conteúdo meramente processual, por conseguinte, ser atividade jurisdicional ainda o decisório que conclui pela *absolutio ob instantia*, não podemos negar haja, mesmo nesta hipótese, exercício do direito de ação.

---

2. Texto extraído de *Revista de Direito Processual Civil*. V. 2, n. 4, jul/dez, 1961.

Destarte, se condições devessem ser buscadas para a ação, elas se situariam fora do mérito, identificando-se com os requisitos indispensáveis para a *existência* da relação processual. Exista relação processual e haverá ação, visto como qualquer pronunciamento do juiz, ainda que exclusivamente sôbre a inexistência ou irregularidade de qualquer dos requisitos indispensáveis para seu pronunciamento no mérito, é pronunciamento jurisdicional, por conseguinte, entrega de prestação jurisdicional em atendimento a pretensão do autor.

Se pudéssemos falar em condições da ação, elas se identificariam com aquêles pressupostos que informam a existência da relação processual: um órgão legalmente investido de jurisdição, um sujeito com capacidade de ser parte e a postulação. Satisfeitas essas condições, existe relação processual, há processo, há exercício do direito de ação, fazendo-se indispensável a atuação jurisdicional do órgão.

Daí porque a dicotomia pressupostos processuais-condições da ação carece, em qualquer circunstância, de acêrto, apenas se devendo distinguir pressupostos de existência (tudo quanto se faz de mister para que a relação processual exista) de condições de admissibilidade (tudo quanto se exige para que haja pronunciamento sôbre o mérito). Havendo aqueles, existe a relação, que é válida para o fim de se obter um pronunciamento judicial. E isso traduz exercício do direito de ação, que é direito à sentença, ao juízo.

Denuncia simples revinculação da ação ao direito substancial o restringir-se o juízo à sentença de mérito. A ação é o direito à sentença, mesmo àquelas sentenças chamadas de meramente processuais. O direito de ação é o direito de provocar a atividade jurisdicional do Estado, independentemente de qualque relação com o direito substancial, tanto que êsse direito se exercita, exaustivamente, inclusive quando se não obtém um pronunciamento favorável, ou quando se não obtém um pronunciamento sôbre o mérito(2).

2. As conclusões acima mereceram embargos da parte de MACHADO GUIMARÃES.

As objeções do ilustre mestre não chegaram diretamente ao meu conhecimento. Delas me cientifiquei por intermédio de OTTO GIL, que teve a gentileza de me remeter cópia de um discurso proferido por ELIÉZER ROSA, na secção do Estado da Guanabara do Instituto Brasileiro de Direito Processual Civil, no qual se transcreviam as críticas daquele eminente estudioso.

Assim, foi de mistura com palavras de extremo carinho, com as quais, generoso a ponto de ser injusto para com a verdade, ELIÉZER ROSA sempre me estimula, que tomamos contato com a impugnação elegante e douta do mestre MACHADO GUIMARÃES, juntamente com aplausos a méritos que sua bondade quis distinguir na minha produção científica.

Êste nosso artigo é uma tentativa de resposta. Melhor dito, uma fundamentação mais ampla do que afirmáramos, um tanto abreviadamente, no trabalho criticado.

Não será, contudo, resposta a tôdas as objeções. O tema é vasto e o espaço reduzido. Limitar-nos-emos a apreciar, nesta oportunidade, uma das chamadas condições da ação: a possibilidade jurídica. Em trabalhos posteriores estudaremos a legitimação para a causa e o interêsse para agir, tentando demonstrar ser incompatível com a autonomia integral do direito de ação a tricotomia liebmaniana: pressupostos processuais, condições da ação e mérito.

3. As condições da ação postas como requisitos de uma sentença favorável têm, quando nada, o mérito da coerência. Realmente, se afirmamos que a ação somente compete a quem titular de um direito material, lògicamente só haverá ação onde ocorrerem as condições para a existência do direito. Poderemos impugnar a construção, mostrando-lhe o equívoco, não poderemos, entretanto, negar-lhe coerência.

Tanto não ocorre com a teoria de LIEBMAN.

Escreve o grande mestre italiano que a ação não é "concreta" porque o juiz, no determinar o conteúdo do seu provimento, guiar-se-á ùnicamente pela convicção que vem formando no curso do processo, quanto aos elementos objetivos, de direito e de fato, referentes à causa e que, de início, só poderiam ser objeto de conjecturas mais ou menos fundadas. A única coisa certa é que o juiz sentenciará, e a ação tem por objeto imediato justamente êste seu provimento, qualquer que êle seja, favorável ou desfavorável.

Mas esta abstração da ação não deve ser entendida no sentido mais comumente aceito. No seu significado pleno e verdadeiro, a ação não compete realmente a qualquer pessoa e não tem conteúdo genérico. Pelo contrário, ela se refere a uma *fattispecie* determinada e exatamente individuada, e é o direito de obter que o juiz sentencie a seu respeito, formulando (ou atuando) a regra jurídica especial que a governa. Ela é, por isso, condicionada a alguns requisitos (que devem ser verificados em cada caso, preliminarmente, ainda que em geral se tenham como implícitos). Tais requisitos seriam o interêsse para agir, a legitimação para agir e a possibilidade jurídica ("L'azione nella teoria del processo civile", em *Riv. Trimestrale di Ditritto e Procedura Civile*, março de 1950, ano IV, n.º I, págs. 66 e 67).

Observa-se, por conseguinte, que a ação deixou de ser um poder conferido para tutela do direito de que somos titular, para se tornar o direito a um pronunciamento do juiz sôbre determinada hipótese (*fattispecie*) posta para sua decisão. Em outros têrmos, talvez mais expressivos, deixou de ser o poder de provocar um pronunciamento do juiz sôbre o direito que se tem, para se fazer o poder de provocar um pronunciamento do juiz sôbre o direito que se afirma.

Assim é que, se eu afirmo "em abstrato" uma situação suscetível de tutela "em concreto", tenho ação, ainda quando os fatos apurados posteriormente não correspondam ao afirmado "em abstrato", o que tornará impossível a tutela "em concreto".

Entretanto, se afirmar de logo, "em abstrato", fatos que não permitam a tutela "em concreto", carecerei de ação, porque estou colocando em juízo, para decisão do magistrado, em vez de uma hipótese determinada e exatamente individuada, uma situação de fato não tutelada pelo direito "em abstrato".

4. Porque deva ser assim, é o que LIEBMAN não explica satisfatòriamente.

Não basta que êle afirme ser a ação o poder de provocar o pronunciamento do juiz sôbre determinada hipótese de direito, antes que o poder de provocar a tutela do próprio direito. Cumpria-lhe, também, demonstrar não ser atividade jurisdicional a que o juiz desenvolve quando de seus pronunciamentos de conteúdo meramente processual, bem como não ser exercício do direito de ação o poder de provocar a atividade jurisdicional pura e simplesmente, antes que o poder de provocar o pronunciamento do juiz sôbre o mérito. Nisso falhou o grande mestre, comprometendo, a nossos olhos, irremediàvelmente, sua teoria do direito de ação(3).

Contudo, a objeção maior que lhe oferecemos é a de serem os pronunciamentos do juiz sôbre as chamadas condições da ação decisões de mérito, por conseguinte, decisões que se incluem na sua atividade pròpriamente jurisdicional, segundo entendimento do próprio LIEBMAN, e que por isso mesmo representam *efeito* do exercício, pelo particular, do seu poder ou direito de ação.

5. Parecer-nos dispensável, com vistas à tarefa que nos propomos, conceituar o que seja mérito, realizando um trabalho crítico das várias concepções a respeito. Isso porque bastará comprovarmos, como tentaremos fazê-lo, ser a decisão que conclui pela impossibilidade jurídica substancialmente idêntica àquelas que, pacìficamente, são aceitar como decisões de mérito, para vermos comprovado o acerto de nossa afirmativa.

6. Os que, como CHIOVENDA, escreve MACHADO GUIMARÃES, conceituam a ação como um direito *concreto* – o direito de quem tem razão – incluem entre as condições da ação a existência em hipótese do direito subjetivo pleiteado. Mas os que afirmam a abstração do direito de ação devem, para serem lógicos, substituir aquêle requisito por outro, que seja menos substancial, que possa existir, quer venha a ação a ser jugada procedente, quer não. Êste outro requisito é o da *possibilidade jurídica*, que se define como pronunciar a espécie de decisão pedida pelo autor. Há apenas possibilidade em abstrato. Exemplo de impossibilidade jurídica seria, no Brasil, o pedido de divórcio a vínculo(4).

Assim, deixa de ser condição da ação a *existência* do direito, para se tornar tal a *possibilidade da existência* do direito.

Destarte, se afirmo em juízo uma pretensão que assenta num direito *possível* de existir na ordem jurídica em que se situa o juiz, tenho ação. Ela surgiria do simples fato de haver *afirmado* uma pretensão suscetível de reconhecimento judicial. Se porém trago a juízo uma pretensão impossível de tutela na ordem jurídica em que se situa o juiz, careço de ação.

A impossibilidade jurídica não é, por conseguinte, a impossibilidade da tutela pretendida no caso concreto, sim a impossibilidade da tutela "em abstrato".

Será, entretanto, que uma e outra situação se diferenciam substancialmente? Isso o que negamos de modo terminante e tentaremos comprovar.

7. Se alguém ingressa em juízo afirmando na inicial possuir, sem justo título, há oito anos, uma área de terra com vinte hectares, pedindo lhe seja declarado o direito de propriedade, por fôrça do usucapião, o juiz de logo indeferirá a inicial, por inepta, isso porque o *fato*, como narrado, não leva à procedência da ação.

Em outras palavras, há absoluta incompatibilidade entre o tipo (*fattispecie*) real e o tipo (*fattispecie*) legal. O que é mais, em todo o ordenamento jurídico brasileiro não há previsão legal que acolha a pretensão exposta pelo autor. Ela é, em outros têrmos, juridicamente impossível em face do direito brasileiro: para a hipótese de fato não existe correspondente hipótese de direito.

Teríamos, nestas condições, segundo os liebmanianos, um pronunciamento que levaria ao indeferimento da inicial, ou à absolvição da instância. Questão que *antecede* ao julgamento do mérito e, portanto, não é questão de mérito. É uma condição (ou limite) do direito de ação(5).

Contudo, se este mesmo autor ingressasse em juízo *afirmando* possuir a área mencionada há mais de dez anos e invocasse o art. 156, §3.º, da Constituição Federal, sua petição seria uma petição apta, lograria deferimento, angularizando-se a relação processual com a citação do réu. Viriam o saneador e a audiência de instrução e julgamento. Contudo, a prova dos autos iria revelar que o autor possuía apenas há oito anos. Em face disso, o juiz decretaria a improcedência da ação, porque satisfeitas tôdas as condições: legítima para a causa era a parte, havia interêsse de agir e a hipótese se apresentara como jurìdicamente possível "em abstrato". Mas a verdade é que a improcedência resultou da impossibilidade em que se achava êle de aplicar aos *fatos* apurados uma vontade de lei existente em nosso ordenamento jurídico. Não havia para o tipo de fato um correspondente tipo legal. De sorte que, mesmo se abstraindo da limitação que decorre do princípio dispositivo, seria impossível ao magistrado, de modo absoluto, acolher o pedido, por impossibilidade jurídica: não haver para o juiz, na ordem jurídica: não haver para o juiz, na ordem jurídica a que pertence, possibilidade de tutelar a pretensão do autor.

Por que, indagamos de nós mesmos, com perplexidade, no primeiro caso, tivéramos julgamento de questão que *antecede* ao mérito, e que, na segunda hipótese, temos julgamento do mérito? Qual a diferença substancial entre esta e aquela decisão? Nenhuma, rigorosamente nenhuma.

O exemplo põe a nu a inconsequência da posição liebmaniana, quando trata de modo diverso situações substancialmente idênticas. O que haveria capaz de distinguir uma de outra hipótese? Apenas a circunstância de que na primeira havia manifesta improcedência da pretensão, uma improcedência verificável *prima facie*, enquanto na segunda essa improcedência somente se veio a configurar ao final de longa indagação probatória. Um e outro pronunciamentos, entretanto, substancialmente se equivalem, inclusive no alcance que devem ter no campo da coisa julgada material.

8. Poder-se-á dizer que o exemplo foi inadequado, visto como, mencionando a impossibilidade jurídica, apenas se cuida do pedido, sem se levar em conta a causa de pedir. Se o pedido é jurìdicamente possível, a inadequação da causa de pedir é inépcia e não impossibilidade jurídica.

O argumento para nós seria de uma inanidade inocultável.

Se alguém, afirmando incompatibilidade de gênios, pede seja decretada a nulidade de seu casamento, afirma uma *causa petendi* irrecusavelmente inepta, porém o seu pedido, abstraída que ela seja, é juridicamente possível (nulidade do casamento). Teria aquêle alguém ação na hipótese? Absurda a resposta afirmativa pelos liebmanianos. Trata-se de petição inicial inepta. Donde não se pode abstrair da causa de pedir para a construção do conceito de possibilidade jurídica.

9. O certo é que só se *aplica* direito que incidiu. E a incidência é a correspondência entre o fato real e o fato legal – a correspondência dos tipos. Sempre que ela inexiste, inexiste a incidência e, consequentemente, a possibilidade jurídica da pretensão que se ajuizou. Se não tivéssemos o princípio dispositivo, jamais se poderia afirmar a impossibilidade jurídica de plano. Ao juiz caberia sempre verificar a hipótese de fato *real*, para aplicar-lhe o direito que houvesse incidido.

Por conseguinte, quando o magistrado afirma a improcedência da ação, êle nada mais faz que negar a incidência na espécie, visto como para a hipótese de fato não há hipótese de direito. Também quando êle indefere a inicial por inépcia do libelo, dada a impossibilidade jurídica do pedido, nega a incidência, porque a hipótese de fato, como exposta de plano pelo próprio interessado, não tem correspondente hipótese de direito.

Não chegamos a perceber como seja possível ter direito de ação para provocar um pronunciamento final do juiz no sentido de que para os fatos postos em juízo não há protensão tutelável jurìdicamente (juízo de não incidência) e esteja desprovido dêsse mesmo direito se o pronunciamento de não incidência é imediato, em virtude de haver posto na inicial fatos que a denunciam *prima facie*.

A impossibilidade jurídica, bem examinada, é um problema de não incidência, por conseguinte, um problema de mérito, de acolhimento ou rejeição da *res in judicio deducta*, indevidamente erigido em condição da ação, por se tratar de uma forma de improcedência *prima facie*.

10. A análise que vem de ser feita serve também para a crítica dos exemplos clássicos, oferecidos pelos liebmanianos, de impossibilidade jurídica: o pedido de divórcio em um país que não admitisse o divórcio e a cobrança de dívida de jôgo.

Se ingresso em juízo e, afirmando ser a dívida proveniente de jôgo ou de aposta, peço a condenação do réu, meu pedido será de logo repelido, por falta de uma condição da ação – possibilidade jurídica. Não afirmei uma hipótese certa e individuada "em abstrato", capaz de permitir tutela "em concreto".

Contudo se, na esperança de mascarar a origem ilícita da dívida, afirmasse diversamente, construindo meu crédito como oriundo de mútuo, obteria a citação do demandado, conseguindo um pronunciamento de não incidência do juiz em tudo idêntico ao primeiro, rejeitando minha pretensão, em vista de não encontrar a hipótese de fato que se apurou uma correspondente hipótese de direito no ordenamento que o juiz atua. Aqui, tenho ação. E tenho ação apenas porque *afirmei* "em abstrato" uma hipótese de fato sem correspondência na realidade. De sorte que ter ou não ter ação apenas depende de que *afirme* "em abstrato" uma situação suscetível de tutela.

Figuremos ainda a hipótese de que, afirmada pelo autor a situação antes posta, vem a contestação do réu e argúi a ilicitude da pretensão, porque proveniente de dívida de jôgo. Diante dessa defesa, acede o réu e confessa. O pronunciamento do juiz será jurisdicional, não o negam os liebmanianos. Haverá pronunciamento de mérito, porque o juiz vai se pronunciar sôbre a *fattispecie* posta "em abstrato" como *res in judicio deducta*. Haverá ação, visto como presentes suas condições.

Entretanto se o autor, de logo, com a sua inicial, *confessasse* (passe o têrmo) os fatos, levando o juiz a afirmar a ilicitude de sua pretensão de imediato, não haveria jurisdição, não haveria ação, não haveria pronunciamento de mérito.

O inconseqüente da conclusão não me permite aderir a ela.

O aceitável já fôra visto pelos nossos velhos processualistas, ensinado que a inépcia do libelo não é outra coisa que um pronunciamento preliminar de mérito, lição esta que TORQUATO DE CASTRO retomou e prestigiou em excelente estudo(6).

11. Bem conhecida a tradicional distinção entre o *error in procedendo* e o *error in judicando*, sendo êste último sempre relativo ao mérito(7).

Quando o juiz, errando gravemente, acolhe uma pretensão juridicamente impossível, que êrro comete êle? *In procedendo*? Seria inexato afirmar-se. Acolhendo o pedido de pagamento de dívida de jôgo, por exemplo, o juiz erra *in judicando*, por atuar uma vontade de lei inadequadamente. Como bem ensina CALAMANDREI, quando o juiz comete um erro *in judicando* há um absoluto contraste entre o que a lei manda fora do processo e o que no processo o juiz manda em nome da lei(8).

Qual a diversidade substancial entre o *error in judicando* do magistrado que defere o direito de retenção ao possuidor de má-fé e o êrro do que acolhe dívida de fogo? Em verdade, numa e noutra hipótese foi pôsto um comando que o ordenamento jurídico desconhece, violando-se justamente a regra contrária e que deveria ter sido atuada. Ali, o art. 517 do Código Civil, que diz não assistir o direito de retenção ao possuidor de má-fé; aqui, o art. 1477 do mesmo código, que interdita a pretensão a haver dívida de jôgo.

Error in judicando em ambos os casos. E certamente que de mérito se trata em uma e em outra hipóteses, não se percebendo porque se revestiria o segundo de algo que se situa *antes* do mérito, enquanto o primeiro nêle estaria perfeitamente contido. Ainda nesta oportunidade o artificioso da construção da possibilidade jurídica como condição da ação ressalta, verificando-se que o pronunciamento do juiz sôbre ela é pronunciamento tão de mérito quanto qualquer outro que atue uma vontade concreta da lei em favor do demandado, com rejeição do pedido.

12. O mestre MACHADO GUIMARÃES, na crítica que nos dirigiu, reconhece que a impossibilidade jurídica suscita questão disciplinada pelo direito material. Antes, no seu admirável trabalho sôbre carência da ação, já qualificara a possibilidade jurídica de requisito *menos substancial* que o exigido pelos chiovendianos. E assim o douto processualista, como todos os liebmanianos, trai o que na verdade são: concretistas sob disfarce.

Realmente, LIEBMAN, pretendendo erigir m condições da ação a possibilidade jurídica, a legitimação para a causa e o interêsse para agir, que são matéria de mérito, e procurando conservar-se um abstracionista, recorreu à artificiosa construção, *data venia*, das condições da ação fora do mérito e situada a meio caminho entre êle e os pressupostos processuais.

Se a ação é um direito abstrato, ela não pode ter condições "disciplinadas pelo direito material". Esta incompatibilidade é irremovível. E a se aceitar a concepção concreta do direito de ação, muito mais acertado se seja um puro, como CHIOVENDA, construindo-se com exatidão e coerência lógica, antes de se fazer o que fêz LIEBMAN – cindir o que não deve ser cindido: o mérito.

Tudo quanto vem de ser exposto, fruto de longa meditação, antes de levar a que nos retratemos da posição anterior, fortalece a nossa convicção e tranqüiliza-nos do acerto da posição tomada.

A possibilidade jurídica não é condição da ação. O que se afirma com êsse nome outra coisa não é que a improcedência *prima facie*, que deriva dos próprios termos em que o autor põe a sua pretensão.

E que a decisão que a aprecia é de mérito e apelável.

NOTAS

1. *A Ação no Direito Processual Civil*, Salvador, 1960.
2. Op. cit., ns. 15 e segs.
3. Cf. nosso *A Ação no Direito Processual Civil Brasileiro*, ns. 11 e segs.
4. "Carência de ação"; Rev. Forense, vol. 166, pág. 56.
5. Textualmente é o que afirma o Mestre MACHADO GUIMARÃES, na crítica que nos dirigiu: "A impossibilidade jurídica, ainda que suscite questão disciplinada pelo direito material, leva ao indeferimento da petição inicial, ou à absolvição da instância. É questão que *antecede* ao julgamento do mérito e, portanto não é questão de mérito. É uma condição (ou limite) do direito de ação".
6. "Julgamentos preliminares no processo civil", em Rev. Forense, vol. 98, págs. 273 e segs.
7. Cf. PONTES DE MIRANDA, Comentários, vol. XI, pág. 365, 2.ª ed.
8. "La distinción entre *error in judicando y error in procedendo*", em *Estudios sobre el Proceso Civil*, pág. 170.

| 3 | O MAGISTRADO, PROTAGONISTA DO PROCESSO JURISDICIONAL

O processo, já o afirmavam os antigos, é um acontecimento em que são figurantes principais três sujeitos: o autor, o réu e o juiz. Àqueles cumpre postular e a este último julgar qual das postulações perante ele formuladas faz jus a um seu pronunciamento favorável.

Julgar, entretanto, não é uma faculdade de que disponham apenas os juízes. Ela é inerente à condição humana. Todos os demais seres vivos nem podem nem necessitam julgar, porque são como devem ser e não podem deixar de ser como devem ser. O homem é uma exceção. Sua especificidade é precisamente ser um animal que foi abandonado pelo instinto e condenado à determinação de precisar avaliar para agir. Ele é como deve ser, mas este seu dever ser é, paradoxalmente, acreditar que não é como deve ser, mas está permanentemente diante do desafio de decidir sobre o que deve ser.

Desinformado sobre como agir e obrigado a fazê-lo, identifica alternativas para sua conduta e é compelido a, dentre elas, eleger aquela que lhe determinará a ação. Faz, para isso, uma ponderação dos objetivos possíveis de ser alcançados e qual dentre eles deseja alcançar, associando a este juízo outro sobre que meios ou instrumentos deve utilizar para alcançar o objetivo eleito do modo mais adequado. Daí se dizer que todo agir humano implica, num mínimo que seja, um juízo ético (fim – valor) e um juízo técnico (meios – utilidade).

Conseqüência disso é o imperativo de o homem lidar com valores como "certo", "errado", "justo", "injusto", "belo", "feio" etc. Tais valores, entretanto, não são inerentes às coisas, por isso mesmo são incapazes de percepção, precisando ser imputados pelos próprios homens, não só a seu pensamento como também a suas ações e opções. E isso não ocorre de modo uniforme, necessário e permanente. Já foi justo possuir escravos, hoje ninguém ousaria afirmar a Justiça da escravidão. Destarte, juízos de valor são históricos, relativos, submetidos a influências culturais, a par de muitos outros fatores, pelo que jamais deveriam ser impostos, mas sempre fruto de um máximo de consenso social.

Sendo assim, o que é específico do julgamento de um magistrado? No meu modo simplório de ver as coisas, algo muito evidente. Se eu disser a alguém que ele é devedor de fulano, corro o risco de levar alguns tapas, mas se eu for juiz e meu dizer estiver formalizado numa sentença, o destinatário de meu julgamento jamais ousará me dar um tapa e será devedor, mesmo que ele tenha a mais firme convicção de que jamais foi devedor de quem foi reconhecido como seu credor. Só nisso o julgamento judicial é diferente do julgamento de qualquer outro ator social. Pura falácia legitimá-lo por sua correção intrínseca. Por isso mesmo já foi civilizadamente entendido como expressão de uma violência simbólica.

No interagir dos homens no seio das várias instituições em que atuam, muitos são os julgamentos: na família, na escola, na empresa etc. Mas todos os que nelas nos julgam só serão obedecidos se por convicção ou conveniência quisermos obedecer. Há sempre um modo de escapar ou contornar a coerção que no seu seio se institui. No campo do direito, tudo é diferente. O julgamento só é jurídico se ele tiver a eficácia de impor a quem é julgado o comportamento que lhe for determinado. E isso de modo inelutável e incontornável. Daí, para civilizá-la, as muitas metáforas com que fantasiam esta sua inelutável crueza.

Sem dúvida que é um vezo comum a quase todos os juristas o de mascarar a carantonha do direito, vestindo-o de fada madrinha. Inclusive autores da melhor qualificação intelectual chegam a afirmar que desde nosso nascimento até nossa morte somos impregnados pelo direito e nenhuma de nossas ações deixa de ter implicações com ele. Na estreiteza de meu modo de pensar, vejo nisso uma falácia. Costumo dizer a meus colegas na pós-graduação que sou feliz em minha vida familiar porque, para vivê-la, nunca precisei do Código Civil nem de juízes de família. Mas se minha vida familiar adoecer, o meu fracasso só encontrará remédio na possível tutela favorável que obtenha de algum magistrado. Daí minha convicção de que nós, profissionais do Direito, cuidamos de uma doença social – o conflito – como os médicos cuidam de uma doença do corpo. Dedução necessária: se num país abundam médicos, hospitais, preventórios etc., é porque a saúde do povo vai muito mal. O mesmo vale para o direito. Quando se exigem muitos juízes, muitos tribunais, muitos advogados privados ou públicos e há milhões de processos em curso, isso é sinal evidente de que socialmente este país está de mal a pior. E a doença que o direito cuida chamam-na inadequadamente de injustiça, mas devia ser mais bem qualificada como falência das instituições sociais, como a doença do corpo é falência de nosso órgãos e dos sistemas em que eles se inserem.

Outro dado relevante é o de que, ainda comparando, os médicos nada podem diante da doença, salvo lançar mão dos medicamentos que estejam a sua disposição e torcer para que tenha sido correto o seu diagnóstico. O mesmo ocorre com os magistrados. Só podem curar a doença social utilizando os remédios que o sistema de dominação instituído põe a sua disposição e torcendo para que tenham acertado no diagnóstico do caso concreto que lhes cumpre decidir.

Infelizmente a quase unanimidade dos juristas oculta esta verdade cristalina e tenta casar o direito com a justiça, a dignidade da pessoa humana, a tutela da liberdade etc. como se o seu discurso, com cheiro de homilia[1] de missa de domingo, não fosse impotente e contraproducente em face da dura realidade das relações materiais efetivamente estabelecidas na sociedade.

Há mais ainda. Edgard Morin fala-nos do que denomina de ecologia da ação. Uma ação, esclarece ele, "não depende somente da vontade daquele que a pratica, depende também dos contextos em que ela se insere, das condições sociais, biológicas, culturais, políticas que podem mudar o sentido daquilo que é a nossa intenção". É essa complexidade que o direito ignora, e o faz por necessidade inelutável. Mais que isso: no processo jurisdicional, a decisão do magistrado está jungida ao relato dos sujeitos interessados em ser favorecidos, submetido o julgador aos limites de tempo e de meios que o direito positivo institui. E é assim e será sempre assim, porque o objetivo central do direito é desestimular a conduta desviante daquele modelo de comportamento que em determinado momento histórico e em determinado espaço político foi institucionalizado, com vistas a manter a salvo de riscos a ordem social, por sua vez instituída para assegurar a permanência de um sistema de hegemonia que logrou se impor a todos no grupo social.

A par dessa precariedade, ainda há o risco da veracidade dos testemunhos, da realidade que se coloca por trás da frieza da linguagem dos documentos, sem esquecer o abismo que vai entre a palavra consignada e o que em realidade se pretendeu traduzir com ela.

Esse complexo de fatores me leva a concluir que os poderes do juiz no processo devem ser definidos em função do que o sistema institucionalizado pretende alcançar em termos do que denominamos de "ordem": adequação entre o comportamento individual e o que foi colocado como limites ou diretivas para ele por normas impositivas que definem, com precedência (democracia) ou até mesmo sem esta exigência (autocracia) o que é devido ou proibido no caso concreto. E isso pelo motivo óbvio de que o papel do magistrado atende ao que o "senhor" lhe traçou como objetivo. Se este senhor é Id Amim Dada, o julgador é uma sua extensão ou será esmagado com a mesma impiedade com que ele esmaga os que lhe estão submissos. Se o senhor é "o povo soberano", este soberano só pode expressar sua vontade através de normas de caráter geral, produzidas por quem previamente legitimado e pelo procedimento previamente estipulado no pacto político fundamental – chamado de Constituição – um inevitável recurso de congelar, no tempo, uma soberania que, se realmente existisse, deveria estar sendo exercitada permanentemente.[2]

Para mantermos um mínimo de coerência com o que vimos de afirmar em termos de profissão de fé, o julgador está tão submisso a este senhor, quanto o magistrado que serve a Id Amim Dada. Se ele violentar a vontade do senhor, deve ser punido severamente e deslegitimado para julgar.

Porque o senhor a quem devemos reverência é a Constituição, os poderes do magistrado só podem ser admitidos se compatíveis com quanto nela instituído. E ela consagra o princípio da legalidade, a par de muitos outros que buscam proteger a cidadania. A eles também estão submetidos os magistrados, daí a relevância da fundamentação de quanto decide. Decidir sem fundamentar é incidir no mais grave crime que se pode consumar num Estado de Direito Democrático. Se a fundamentação é que permite acompanhar e controlar a fidelidade do julgador tanto à prova dos autos como às expectativas colocadas pelo sistema jurídico, sua ausência equivale à prática de um ilícito e sua insuficiência ou inadequação causa de invalidade. E desta exigência não pode fugir nem mesmo os que se tornam "a voz da Constituição", que, incapacitada de comunicar-se diretamente, está condenada a ser mero boneco de ventríloquo.

Não se trata de escravizar o julgador à letra da lei. Se assim fosse, de nada valeria a ciência do direito. Mas só o quanto positivado pode ser utilizado pelo julgador, como o operador nas ciências exatas ou naturais está adstrito aos instrumentos, substâncias e conhecimento teórico e prático disponíveis no seu tempo ou no espaço cultural em que atua.

Analisando a Constituição de 1988, verifico que ela consagra o princípio fundamental de toda democracia: o da inércia do julgador. Fácil de justificar-se, a meu ver. Se o fundamental na democracia é que aos indivíduos tudo é permitido (princípio da liberdade), salvo o que a lei proíbe ou impõe, a ele se deve deferir a decisão sobre seu interesse ou necessidade de valer-se do aparato judicial para solucionar os conflitos em que se envolver. E esse princípio é tão fundamental que, para atender ao excepcional de existirem interesses qualificados pelo sistema como "indisponíveis", foi instituído um órgão independente e estranho ao Judiciário – o Ministério Público, ao qual se deferiu o poder de provocar a prestação da atividade jurisdicional.

Também foi instituído, por coerência com o que vem de ser dito, o poder do interessado de definir o que pretende ver julgado e os limites desse julgamento. Em outros termos: aquele que toma a iniciativa de provocar a prestação da atividade jurisdicional delimitará o *thema decidendum* a que fica vinculado o julgador, obstado de decidir *ultra, extra* ou *citra petita*.

Outra exigência fundamental, sob pena de desfiguramento do julgador num sistema democrático, é a de sua imparcialidade, não no sentido de neutralidade em face do caso concreto, entendida esta neutralidade como o milagre de uma assepsia em que o julgador se liberta de sua precompreensão, seus preconceitos, suas limitações intelectuais e suas distorções morais etc. A neutralidade, aqui, é, única e exclusivamente, a exigência de que o julgador nada saiba sobre os fatos que foram postos como fundamento da pretensão das partes, não tenha vínculos com elas nem interesse direto ou indireto no objeto do litígio. Uma neutralidade mínima, quase como a exigência que se faz a quem deseja assistir a um ato cirúrgico de se fantasiar de médico ou de enfermeiro.

Esta convicção me levou a aderir ao ensinamento de Santiago Sentis Melendo, distinguindo fonte de meios de prova. A fonte de prova, sintetizando, é tudo o que testemunha os fatos ocorridos antes e fora do processo. O testemunho dos próprios interessados, de terceiros que presenciaram os fatos ou deles tiveram notícia, do documento em que a declaração de ciência ou de vontade foi cartulada e até da própria coisa, quando nela ficaram sinais que permitem, com seu exame no processo, deduzir algo sobre a verdade ou inverdade dos fatos. Porque situado antes e fora do processo, sobre elas nenhum poder deve ser admitido ou reconhecido ao magistrado. Assim não ocorrendo, os princípios da inércia e da neutralidade estarão mortalmente comprometidos.

Já o mesmo não ocorre no tocante aos meios de prova. Cada fonte de prova deve ser trazida para o processo por um *meio* que a lei disciplina. As partes podem ser interrogadas pelo juiz ou qualquer delas pode requerer o depoimento pessoal do adversário. Os terceiros que sabem dos fatos devem ser arrolados pelas partes como testemunhas. Os documentos devem acompanhar as peças postulatórias instauradoras do processo ou, excepcionalmente, nos termos da lei, em outros momentos. E se a coisa está em condições de fornecer, mediante perícia, informações sobre os fatos, este meio de prova é admissível, como o é quando os fatos colocados para avaliação pelo magistrado reclamam um saber técnico de que não dispõe o julgador.

Se no particular das fontes de prova nenhum poder deve ser deferido ao magistrado, no tocante aos meios de prova ele é o senhor; lógico que não um senhor à moda de Id Amim Dada, mas um senhor adequado para uma democracia: soberano para deferir ou indeferir a produção da prova e para avaliá-la, desde que o faça fundamentadamente e respeitando as garantias processuais deferidas às partes e às exigências de neutralidade que lhe são impostas.

Assim é que, mesmo quando não requerido o depoimento pessoal, ele pode determinar o interrogatório das partes. Pode reinquirir e acarear testemunhas, chamar para depor testemunhas referidas, indeferir tudo que seja impertinente ou irrelevante, requisitar documentos públicos referidos pelas partes ou impor a exibição dos documentos particulares mencionados e não trazidos para os autos, determinar perícias ainda que esta prova não tenha sido requerida pelas partes etc.

Também lhe é assegurado o poder de valorizar a prova produzida no processo sem estar preso a limitações, salvo as que em caráter excepcional, se compatíveis com a Constituição, forem estabelecidas pelo sistema. Mas este seu poder está submetido, para sua legitimidade, à exigência de uma precisa, clara e suficiente fundamentação, sem distorção ou distanciamento da prova dos autos, que somente é prova quando submetida ao crivo do contraditório.

Se tudo isso se exige para determinação da verdade processual dos fatos sobre que assentará o dizer jurídico do magistrado, outros princípios disciplinam a sua tarefa de aplicação do direito aos fatos provados.

Gregorio Robles[3] tem colocações a respeito que se mostram de meu agrado, por sua clareza e coerência.

Em resumo, diz ele: o ordenamento jurídico é um texto constituído por "atos de fala" que denominamos de *decisões* jurídicas. O direito é gerado mediante decisões, e sem decisões não há vida jurídica. Desde a decisão constituinte, que instaura um ordenamento jurídico, passando pelas decisões intra-sistêmicas, tomadas pelos órgãos constitucionalmente legitimados, desde as que se revestem de generalidade até a decisão judicial, que disciplina, em termos particulares, a solução dos conflitos que deixaram de ser solucionados por outras instâncias sociais.

O ordenamento jurídico é o texto jurídico em bruto, produzido sob a pressão dos fatos políticos, econômicos etc. e é esse texto bruto que deve ser submetido ao refinamento e reelaboração pela ciência do direito, gerando-se um novo texto que reflete o primeiro e ao mesmo tempo o completa. Esta é a tarefa da dogmática, e o produto de seu labor é a idéia de sistema jurídico, um esforço no sentido de emprestar coerência, consistência e previsibilidade ao que, no seu estado bruto, sempre esteve distanciado dessas preocupações. Neste nível se identificam as instituições e as normas jurídicas e as ações concretas que estruturam o sistema jurídico.

Utilizando palavras do próprio Robles: "O ordenamento é o texto que resulta da linguagem criativa das autoridades, que são plurais e muitas vezes sem contato entre si. É um texto submetido à 'motorização' e à pressa. Sua linguagem é deficiente e necessitada de uma reelaboração reflexiva que ponha este material diversificado em uma ordem acabada. Isto é precisamente o sistema, a construção do ordenamento em 'linguagem científica'. Os juristas não são pessoas que descrevem a realidade do direito, sim 'construtores criativos' dessa realidade. A linguagem do direito é a linguagem dos juristas" (p. 26).

O legislador produz textos revestidos de validade jurídica não submetendo esta produção a crivos de racionalidade e coerência sistêmica. A atuação política é, no seu predominante, circunstancial, submetida a pressões sociais e voltada para o contingente e episódico, normalmente. O mesmo se pode atribuir ao administrador e aos agentes econômicos

Esse conjunto de textos é que se torna o material com que vai trabalhar o cientista do Direito e seu papel é construir algo com um mínimo de coerência e capaz de nortear a atividade do jurista prático, de modo a maximizar a segurança jurídica e minimizar o arbítrio e o casuísmo.

Daí se poder falar numa dogmática conceitual, a par de uma dogmática hermenêutica e, hoje, também de uma dogmática da decisão. Elas estão formalizadas na doutrina, legitimadas pela autoridade do saber dos que as elaboram. Não em qualquer arremedo de dizer jurídico, encadernado ou em brochura, mas num dizer jurídico cuja legitimidade assenta na rigorosa obediência aos cânones que presidem à expressão do pensamento humano em termos que, à falta de outro nome, chamamos de racionalidade.

Este trabalho de seleção do valioso, distinguindo-o da ganga impura a que se mistura na mina explorada por muitos, também deve ser feito pelos julgadores. Eles estão constitucionalmente obrigados a decidir em harmonia com a doutrina autorizada pela comunidade dos juristas ou eles próprios, julgadores, trabalharem de forma inovadora quanto já consagrado dogmática e jurisprudencialmente, antes, não como ato de poder, sim como demonstração de saber.

Daí ter sempre afirmado a meus colegas e alunos que é bem fácil se traçar os limites do dever constitucional de fundamentação dos julgados imposta aos magistrados. Viola-o quem julga sem apoio na prova dos autos, ou aplica o direito aos fatos sem invocar um suporte doutrinário autorizado ou precedentes jurisprudenciais que atenderam à exigência constitucional de sua fundamentação substancial e ainda, se tanto puder, inovar ele próprio, oferecendo conclusão inédita mas alicerçada em cânones da dogmática legitimada como saber jurídico pela comunidade em que atua.

São estes e unicamente estes os poderes que numa democracia podem ser deferidos ao magistrado, na dimensão certificadora de sua atuação. Destarte, quando se lhe defere poder sem que este poder seja submetido a controles da correção de seu exercício, o julgador se tornará um déspota intolerável, visto como livre e desembaraçado para fazer do direito positivo gato e sapato. Será um tirano que nem mesmo terá a grandeza dos tiranos políticos, vulneráveis em sua visibilidade, mas a pequenez de um tirano solerte que se esconde e se dissimula na decisão que profere, a nível micro, quase anônima pelo reduzido de sua visibilidade, protegido em seus desvios funcionais pelo bonito discurso do imperativo da "independência" do julgador, como se numa democracia houvesse independência aceitável em face do verdadeiro soberano de todos – os cidadãos.

Daí o imperativo tanto do controle interno das decisões como do controle externo do exercício da própria função jurisdicional. Se inexistirem, tudo será falácia. Nem se poderá falar de democracia, nem se estará falando de algo viável no concreto da vida social, visto como, nos regimes autocráticos, o juiz é uma figura secundária, apenas o chicote do tirano; e nas democracias, se liberado de sua submissão à legalidade (no seu sentido amplo), será, caso tolerado, a prova cabal de que a democracia em que atua é um faz-de-conta ou uma fachada com cara de decente ocultando um covil de sicários.

Concluindo. Se fui fiel no desenvolver as premissas, a conclusão a que chego é a de que o magistrado, numa democracia, nem é o deus que alguns ingenuamente pensam que são, nem monarcas soberbos ou semideuses que olham de cima para baixo, com desprezo ou piedade, o restante dos mortais. Nem os senhores absolutos, que muitos desejam ser, mas um servidor indispensável e qualificado a quem se defere a delicada, difícil e desafiadora função de garantir um máximo de segurança para os integrantes do grupo social no avaliarem as conseqüências dos conflitos em que se envolverem, buscando sempre e incansavelmente lograr o máximo de coerência entre as expectativas que o direito positivo colocou para os que interagem na sociedade e as soluções que lhes darão, quando fracassarem as instituições sociais nessa tarefa.

Costumo afirmar que nada é mais significativo para diagnosticar o grau de saúde política de um povo do que fazer uma análise realística do papel que nela desempenha a magistratura. E só este fato de ser o magistrado o referencial básico para isso já diz tudo sobre a importância do Judiciário, mas por igual sobre sua imensa responsabilidade. Daí não podermos nem devermos ser injustos ou displicentes no julgar aqueles que nos julgam.

NOTAS:
1. Entrevista publicada pela Revista Cult 111/9-15.
2. Leitura proveitosa, a este respeito, em que pese certo radicalismo, a do livro de Antônio Negri, O poder constituinte. Ensaio sobre as alternativas da modernidade, Rio de Janeiro: DP&A, 2002.
3. El derecho como texto (Cuatro estúdios de teoria comunicacional del derecho). Madrid: Civitas, 1988. p. 15 e ss.

|4| DANO ECOLÓGICO – LEGITIMAÇÃO ATIVA – FORO COMPETENTE[3]

HISTÓRICO

O Prof. THOMAS BARCELLAR DA SILVA consulta-nos a respeito do seguinte:

Um dos procuradores da República com exercício no Estado da Bahia, sem provocação específica de nenhum órgão da estrutura administrativa da UNIÃO, ajuizou em nome daquela pessoa jurídica, ação civil pública com fulcro na Lei 7.347/85, indicando como ré a PREFEITURA MUNICIPAL DE PORTO SEGURO, no mesmo passo denunciando a lide o Sr. VALDÍVIO GONÇALVES COSTA, chefe do Executivo daquela Comuna.

Nesse pleito, concluiu o Procurador pedindo a condenação da Prefeitura a proceder ao desaterro da Lagoa das Marrecas e à reconstrução de prédio, sito à Praça da Bandeira, que foi demolido, bem como a abster-se de licenciamento de obra sem prévio parecer favorável do Serviço do Patrimônio Histórico e Artístico Nacional (SPHAN). A par disso, pede seja declarada a responsabilidade do litisdenunciado, Valdívio Gonçalves Costa, pela indenização de todos os prejuízos que decorrerem para a Prefeitura e por força da condenação postulada.

Apresenta como fundamentos para esse pedido a violação, pela Prefeitura, do disposto nos arts. 17 e 18 do Decreto-lei 25/37 e art. 44 da Lei Municipal 224/78.

Quanto aos fatos, alega que o Decreto Federal n.o 72.107, de 16 de abril de 1973, considerou monumento nacional o Município de Porto Seguro, o que colocou todo o seu território e quanto nele edificado sujeito às restrições que incidem sobre os bens tombados. Assim sendo, o aterro de uma área de aproximadamente 12.000 metros quadrados, no local denominado Lagoa das Marrecas, sem consentimento do SPHAN, foi irregular, máxime atendendo ao fato de haver decorrido dessa obra prejuízo para a ecologia da região, por ser esta área um remanescente de uma coleção fluvial maior, com flora e fauna próprias, fazendo parte do equilíbrio fluvial, por sua ligação com o histórico rio Buranhem. Por força de tudo isso, a obra

---

3. Texto extraído de *ADV Advocacia Dinânima*: seleções jurídicas. Rio de Janeiro: COAD, n. 7, set. 1988.

teria afetado o sistema, o valor histórico e o aspecto paisagístico do local. Aduz, ainda, a agravante da venda dessa área, por preço vil, em benefício de empresário local, isso sem autorização legislativa.

Alega, em continuação, que várias obras têm sido licenciadas pelo Departamento de Obras da Prefeitura de Porto Seguro, sem prévio pronunciamento do SPHAN, o que tem como irregular. Relata, ainda, que apesar de manifestação contrária do SPHAN, ultimou-se a demolição de um prédio na Praça da Bandeira, apesar de existir, proibindo-a, medida liminar concedida pela Justiça Federal.

Considerando o exposto, indaga o Prof. Thomas Bacellar:

CONSULTA

A) É possível a denunciação da lide, pela UNIÃO, a VALDÍVIO GONÇALVES DA COSTA?

B) Pode o Procurador Regional da República, sem provocação do órgão administrativo competente para a prática do ato que se diz desrespeitado, ajuizar litígio, em nome da UNIÃO, pertinente a esse mesmo ato?

C) Em face do disposto no art. 2.o da lei 7.345/85, é competente a Justiça Federal para conhecer e decidir o feito?

PARECER
INADMISSIBILIDADE DA DENUNCIAÇÃO DA LIDE

1. A denunciação da lide importa em ajuizamento, pelo litisdenunciante, de uma ação regressiva contra o litisdenunciado, a fim de que seja declara sua responsabilidade pelo ressarcimento do prejuízo que aquele venha a sofrer, em razão de sua sucumbência frente ao adversário na demanda principal.

A par disso, da denunciação da lide decorre a formação de litisconsórcio, facultativo unitário, entre litisdenunciante e litisdenunciado.

2. Ainda quando não controvertido o problema, vale a pena ilustrar a assertiva com a lição autorizada dos mestres.

> "A denunciação da lide, no Código de 1973, é o instituto através do qual o denunciante propõe contra o denunciado ação de regresso, de forma eventual ou condicionada à sucumbência da demanda originária" (AROLDO PLÍNIO GONÇALVES, da denunciação da lide, pág. 128).

> "... com o julgamento da relação entre denunciante e denunciado, há verdadeira inserção de nova demanda no processo: além da demanda do denunciante com seu adversário, há a demanda entre o denunciante e o denunciado, relativa à indenização." (CELSO AGRÍCOLA BARBI, Comentários, vol. I, 2.a ed., pág. 334).

Por último, ARRUDA ALVIM:

> "Denunciante e denunciado são portanto litisconsortes em face do adversário comum; um em ralação ao outro, são litigantes, tendo em vista a ação de garantia que o denunciante move ao denunciado." (Comentários, vol. III, pág. 270)

E é esse mestre quem, no mesmo local, pouco abaixo, esclarece que o litisdenunciado, em face do litisdenuncante, é, por força da denunciação, PARTE PASSIVA, o que significa que a relação processual da ação originariamente movida PELO ou CONTRA o litisdenunciante, TEM INDEPENDÊNCIA DA OUTRA RELAÇÃO JURÍDICA PROCESSUAL QUE SE INSTAURA MERCÊ DA DENUNCIAÇÃO DA LIDE.

3. Nem discrepam os tribunais.

Assim decidiu o 1.o TACiv. de SP:

> "O instituto da denunciação da lide, conceitualmente é medida que leva a uma sentença sobre a responsabilidade do terceiro em face do denunciante, a par com a solução normal do litígio de início deduzido em juízo entre o autor e o réu" (ADV 1983, n.o 12390).

> "Relação jurídica entre denunciante e denunciado há que ser comprovada, para efeito de denunciação da lide com fulcro no inciso III, do art. 70 do CPC, sem prejuízo da ação autônoma que o denunciante possa ter contra terceiro denunciado." (TJ S. Catarina – ADV 1984, n.o 19379).

> "A denunciação da lide constitui uma ação incidente de garantia, à semelhança do sistema italiano," (TJ S. Paulo, ADV 1984, n.o 16070).

Nessa mesma linha de entendimento, de que a denunciação da lide é ação do denunciante contra o denunciado, porque titular de uma ação regressiva contra ele, caso seja vencido na demanda que propôs ou que lhe propuseram, vejam-se, ainda decisões do TJ do Distrito Federal (ADV, 1984 n.o 14719), TJ Rio Grande do Sul, (ADV 1986, n.o 28627 e Rev. Tribunais vol. 516, pág. 206) e, para encerrar, Supremo Tribunal Federal, na Rev. Trim. de Jur. vol. 93, pág 918.

4. No caso da consulta, não se verificam os pressupostos que doutrina e jurisprudência, na esteira do mandamento legislativo, exigem para a denunciação. A União carece de direito de regresso contra o Sr. Valdívio Gonçalves Costa, porque nenhum prejuízo decorrerá para a União, caso vencida no pleito que ajuizou, a ser ressarcido, por força da lei ou contrato, pelo referido Valdívio.

Antes, e isso revela de modo irretorquível o descabimento da denunciação, ANTES SERÁ A DERROTA, A SUCUMBÊNCIA EM JUÍZO DA UNIÃO QUE LIBERARÁ O SR. VALDÍVIO DE QUALQUER RESPONSABILIDADE. E se é pressuposto da denunciação haja responsabilidade do denunciado caso VENCIDO e denunciante, como admitir-se denunciação numa hipótese em que a sucumbência do denunciante LIBERARÁ o denunciado de toda e qualquer responsabilidade?

5. No tocante ao litisconsórcio entre litisdenunciante e litisdenunciado, também há entendimento harmônico tanto na doutrina quanto na jurisprudência.

O Tribunal de Apelação do Rio Grande do Sul decidiu que, consumada a denunciação, "o denunciado passa a se igualar ao denunciante como litisconsorte". (Julgados do TARS, vol. 33, pág. 206 e vol. 35, pág. 277). Também o TARJ ratifica, em decisão publicada em ADCOAS, ano X, n.o 21.

E o fizeram em consonância com o que unanimemente ensina a doutrina. AROLDO PLÍNIO GONÇAVES esclarece que feita a denunciação pelo autor e aceita a denunciação pelo terceiro "o denunciado assumirá, muito corretamente, a posição de litisconsorte do autor" (ob. cit., pág. 264). Também ARRUDA ALVIM: "Denunciante e denunciado são litisconsortes em face do adversário comum: um em relação ao outro são litigantes, tendo em vista a ação de garantia que o denunciante move ao denunciado". (Ob. cit., pág. 270)

Mas se nada disso ocorresse, haveria a letra expressa da lei: o CPC, em seu art. 74, preceitua que, "feita a denunciação pelo autor, o denunciado, comparecendo, assumirá a posição de litisconsorte do denunciante e poderá aditar a petição inicial, procedendo-se, em seguida, à citação do réu".

6. Na ação que a União moveu contra a Prefeitura de Porto Seguro, jamais Valdívio, denunciado, poderá ser litisconsorte da União, porque a própria União o situou, no pleito, como réu. Em nenhuma hipótese poderá aditar a inicial, porquanto a pretensão da autora, União, é pretensão da qual Valdívio não pode ser sujeito interessado, dado que seu interesse é, justamente, CONTRAPOR-SE à pretensão do autor.

Todas essas incongruências e todos esses desencontros resultam de uma denunciação da lide descabida, cristalinamente inadmissível, que se não foi repelida, por descuido, de logo, deve sê-lo na primeira oportunidade em que o magistrado se manifestar na impugnação que o denunciado deve oferecer à denunciação que lhe foi feita.

A LEGITIMAÇÃO ATIVA PARA A DEMANDA

7. Na inicial se diz que a União Federal, pelo Procurador da República que subscreve essa peça, com fundamento na Lei 7.347, propõe ação civil pública contra a Prefeitura de Porto Seguro.

Pretende-se, portanto, seja autora a pessoa jurídica de direito público interno, União Federal.

Se assim for, isto é, se autora a União, a demanda não pode prosperar, porque a União está manifestando sua vontade por quem desprovido de competência para fazê-lo. E assim, a postulação inicial seria ato viciado e sem condições de gerar efeitos jurídicos.

8. Fundamento o que vem se ser afirmado.

Todos sabemos que são as declarações de vontade e as manifestações de vontade que, atendidos os elementos postos normativamente, produzem consequências jurídicas. E porque a vontade é um atributo do homem, a lei o põe como centro de atribuições de direitos e deveres, o que denominamos de personalidade. Destarte, é elemento essencial de toda relação jurídica o sujeito. E é elemento essencial à validade de qualquer ato jurídico a aptidão do sujeito para, na espécie, declarar ou manifestar sua vontade.

Por isso ensina o mestre PEDRO GUILHERMO ALTAMIRA que

> "O direito organiza a 'capacidade' do indivíduo e a competência dos agentes públicos.
>
> Determinar competência de um agente equivale a estabelecer o que poderá juridicamente querer e em que condições de lugar, de tempo e de forma deverá querer, para que sua manifestação de vontade tenha valor jurídico."

E acrescenta, logo adiante, que toda função pública se caracteriza por sua competência, quer dizer, por um conjunto de atribuições, as quais se definem como "mistura della potestà spettante a sciacu ufficio" como define ALESSIO ("curso de derecho administrativo, págs. 112/113).

Também invocável o magistério de OSVALDO BANDEIRA DE MELO. Estudando o ato administrativo esclarece ele que sua validade

> "pressupõe a capacidade de direito da pessoa para expressar a vontade do poder público", isto é, deve ela versar
>
> "sobre matéria objeto de suas atribuições, conferidas constitucional ou legalmente, isto é, tenham aptidão e o exercício dos poderes correspondentes, ante o ordenamento jurídico em vigor" (Princípios gerais de direito administrativo, 1.a ed. vol. I, pág. 440).

A prática de ato administrativo por quem desprovido de atribuição para praticá--lo é ato viciado, ineficaz.

9. Cada pessoa jurídica de direito público, por seu turno, organiza-se internamente, desdobrando-se em conjuntos de atribuições específicas ou afins, tendo em vista as finalidades que se propõe implementar, referindo-as a órgãos hierarquicamente dispostos, que por sua vez incluem agentes ou órgãos-agentes, como preferido por outros publicistas, pessoas físicas investidas de função pública. Esse conjunto constitutivo da chamada administração direta oferece uma riqueza imensa de nomenclaturas, desde Ministérios, Departamentos, Superintendências até Seções e Subseções etc. E nelas, lotados, os servidores, aos quais incumbe a prática do ato concreto, particular, específico: órgãos- agentes.

Num Estado de Direito, presente o princípio da legalidade, nenhum agente público pode criar, para o caso concreto, sua competência. Ela está previamente definida em lei. E sem essa prévia definição inexiste legitimação para a prática do ato.

Por seu turno, na estrutura organizacional da pessoa jurídica de direito público, nenhum agente pode exercitar, nem concomitante, em substitutivamente, a atribuição deferida, por lei, a outro agente. Se isso ocorre, ou teremos usurpação de função, ou vício de incompetência.

10. No exercício de suas atribuições, explicitando a vontade da administração pública e traduzindo-a em ato, os agentes (por extensão a pessoa jurídica) podem encontrar resistência ou oposição da parte do destinatário de seus atos. Instalado o conflito, normalmente usa o poder público do benefício ou privilégio da auto--executoriedade de seus atos, movimentando o mecanismo coercitivo de que dispõe na estrutura mesma do Executivo. É possível, entretanto, que a solução não se alcance, de modo satisfatório, por essa via, ou que razões de ordem legal (exceção ao princípio do privilégio "du préalable") ou de conveniência política ou administrativa aconselhem o recurso ao Judiciário. Aqui, o conflito, suscetível de composição segundo o direito, por via da atuação do Estado-juiz, se configura como lide.

Na estrutura da administração pública federal também se especializou e organizou a atribuição de atuar a pretensão à prestação da atividade jurisdicional por parte do próprio Estado-administrador. Assim, órgão da manifestação da vontade da União na espécie, é a Procuradoria da República, através de um de seus integrantes, segundo a distribuição territorial e funcional de suas competências. Poderíamos dizer, para simplificar, que o "jus postulandi" é atribuído à União, na pessoa de seus procuradores.

11. Parece-me, pois de meridiana clareza ser necessário distinguir a VONTADE ADMINISTRATIVA formalizada pelo órgão que teve sua atividade resistida ou contestada, do que se originou a lide, e a VONTADE DA ADMINISTRAÇÃO CONSTITUTIVA DO EXERCÍCIO DO DIREITO DE AÇÃO, deferida, como competência específica, aos procuradores da república.

Vê-se, pois, que só após a configuração da lide, no âmbito da administração propriamente dita, se pode cogitar o ajuizamento da ação, e a Procuradoria, para exercitar seu "jus postulandi", carece da solicitação do órgão administrativo interessado ou da determinação de quem hierarquicamente pode falar em nome daquele órgão.

A não ser assim, teríamos o caos no interior da administração pública, porquanto os órgãos meios e os órgãos fins, máxime estes, poderiam ser usurpados de suas atribuições, avocadas pela Procuradoria da República, que já formalizaria em juízo diretamente os pleitos, subtraindo, da esfera administrativa e do órgão competente, o poder de atuação e de decisão a respeito inclusive da conveniência ou necessidade do recurso à via jurisdicional.

12. Cumpre, portanto, distinguir-se duas situações bem diversas, com características e consequências próprias.

A primeira, diz respeito às ações propostas contra a União. Aqui, a lide já está configurada por quem ajuíza a demanda, afirmando a resistência ou contestação a sua pretensão por parte do poder público. Nessa espécie, a legitimação da Procuradoria da República é imediata. No seu agente se deve operar a citação. E ele, no exercício de seu "jus postulandi", oferecerá a defesa cabível. Para isso, tem o dever, no âmbito da administração (não se cuida de poder nem dever processual) de obter as informações de fato indispensáveis a sua formulação jurídica. E esse seu dever é também um poder. Obriga os agentes públicos a fornecê-los.

A segunda, é pertinente aos litígios em que a União é autora. Ora, sendo a Procuradoria apenas titular do "jus postulandi", não pode ela formalizar a lide, manifestando sua vontade (desautorizada por lei) em substituição ao órgão administrativo competente. A lide, aqui, deve ser prefigurada, não se podendo constituir por força de declaração ou manifestação de vontade da Procuradoria, reclamando-se prévia manifestação do órgão titular da competência que derivo o ato resistido ou contestado.

13. Essa exigência é de entendimento fácil.

Pudesse a Procuradoria sobrepor-se à vontade dos órgãos competentes, teríamos duas consequências muito graves: a subversão da ordem interna da administração pública, submetida ao capricho e ao arbítrio dos muitos procuradores sediados nas várias circunscrições do País, onde atua a Procuradoria da República; a usurpação de competência, pela Procuradoria, que a lei assegura a determinados órgãos da administração direta, visto como seria a vontade da Procuradoria que acionaria os mecanismos judiciais de tutela dessas competências, significando, na prática e em teoria, esse comportamento, submeter aquela vontade à vontade deste órgão especializado da administração: a Procuradoria da República.

Na verdade, ativamente, salvo nos casos que lhe sejam específicos (os pertinentes a suas competências) a Procuradoria atua como atuam os advogados no âmbito privado: mediante manifestação de vontade do cliente; no caso, mediante manifestação de vontade do órgão titular da competência cuja defesa se pretende seja tutelada jurisdicionalmente. Ali, mandato. Aqui, competência assentada em lei, que transforma a representação em presentação.

14. No campo das relações de direito privado, se o profissional recebe mandato de quem não legitimado, cumpre-lhe advertir o cliente dessa particularidade; omitindo-se e em nome dele atuando terá sua postulação frustrada, por carência de ação.

No campo do direito público, cabe à Procuradoria advertir ao órgão administrativo de sua falta de competência para a prática do ato. Se, inadvertida, postular o que pretende o órgão desprovido de competência, postulará de modo ineficaz, visto como se, em tese, o ente público teria legitimação para a causa, no caso concreto essa legitimação inexistirá, porque a pessoa jurídica de direito público não teve sua vontade manifestada por quem autorizado a formalizá-la. E não será o fato da presença, em juízo, da Procuradoria da República, como representante da União, que convalescerá a falta de legitimação porque apenas titular do "jus postulandi", sem atribuição para manifestar a vontade administrativa do ente público que se diz contestada ou resistida.

Na hipótese da consulta, há três ofícios do Sr. Diretor Regional do SPHAN dirigidos à Procuradoria da República. Um, de 11-10-86, em que solicita a impetração de mandado de segurança, para obstar a alienação da área resultante do aterro da Lagoa das Marrecas, ao Sr. João Carlos Matos de Paula, porque entende dita área como tombada ("sic") e assim apenas alienável ao Estado ou à União. ("sic") Outro, datado de 07-11-86, pedindo o ajuizamento de medida cautelar em defesa do patrimônio histórico, que diz ter sido lesado com a abertura de uma rua e demolição de imóvel ali situado. Finalmente, um terceiro, datado de 12-11-86, solicitando a instauração de ação civil pública contra a Prefeitura de Porto Seguro por força da demolição do prédio à Praça da Bandeira, recomendando seja substituída por embargo a medida cautelar anteriormente pedida.

Quais as lides que resultaram administrativamente configuradas e suscetíveis de formalização judicial pela Procuradoria, para sua composição jurisdicional?

O SPHAN, no pressuposto do tombamento de todo o Município de Porto Seguro, se opôs à demolição de prédio à Praça da Bandeira e à alienação de terreno proveniente do aterro da Lagoa das Marrecas a um particular. Pediu à Procuradoria obstasse a demolição e invalidasse a venda. Em um e outro passo, tem sua atribuição como contestada ou resistida pela Prefeitura de Porto Seguro. Cuida-se, pois, especificamente, de fazer valer em juízo competências do SPHAN, e em nenhum passo de defesa do meio ambiente ou do patrimônio histórico no sentido que lhe dá a Lei 7.437, específica para tutela dos chamados interesses difusos ou transindividuais, sem aplicação correta para efetivação de obrigações que se prendem a direito subjetivos ou poderes jurídicos, já servidos pelas ações tradicionalmente reconhecidas a esses titulares de situações de vantagem.

Postulando o que postulou, a Procuradoria da República não o fêz no exercício de poderes reconhecidos à União e contestados ou resistido por algum outro ente público ou sujeito privado, sim como titular de legitimação para tutela dos chamados interesses difusos. Nesse sentido, inexiste provocação da parte de qualquer órgão representativo da União. Provocação apenas a do SPHAN, estrita ou limitada aos problemas que menciona, e provocação que só legitima a Procuradoria para atuar em defesa de atribuições que aquele órgão – ainda quando erroneamente – se atribui.

Destarte, no exercício de seu "jus postulandi" e na qualidade de órgão de presentação da União, era-lhe vedado pedir o que pediu. E se o fez como instituição, legitimada originariamente para a ação civil pública, nos termos de Lei 7.437, fê-lo em juízo impróprio, como será demonstrado a seguir.

A INCOMPETÊNCIA DA JUSTIÇA FEDERAL

15. Cuida a espécie, entretanto, segundo relato e fundamentação da inicial, de hipótese disciplinada pela Lei 7.347/85, na qual se prevê a legitimação do Ministério Público para, ativamente, ajuizar a ação civil pública, com vistas à proteção do meio ambiente e defesa do patrimônio artístico e cultural.

Objetar-se-ia, pois, que embora carecendo de legitimação para atuar em nome da União, dada a ausência de solicitação do órgão titular da competência administrativa comprometida no litígio, restaria a legitimação originária do Ministério Público para a ação civil pública.

No caso sob análise, dado o errôneo ajuizamento da demanda, e já citado o réu, seria impossível a substituição da parte. O processo em curso teria que ser encerrado, por carência de ação, ou por defeito de pressuposto processual, outro sendo ajuizado com a correção reclamada.

Mas se possível fosse aceitar-se a mudança da parte, deixando a União de ser autora, passando a figurar no pólo ativo da relação processual o Ministério Público, ainda assim alguns problemas relevantes subsistiriam.

16. O primeiro deles, relativo à competência da Justiça Federal.

A Lei 7.347/85 dispõe que as ações nela previstas serão propostas no foro do local onde ocorrer o dano, cujo juízo terá competência funcional para processar e julga a causa (art. 2.o).

Vê-se, pois, que se decidiu caracterizar como competência absoluta essa competência territorial, que seria por si mesma relativa. Ainda que com certa inadequação técnica, o legislador foi claro: a competência é funcional, absoluta (art. 102 do CPC), pelo que não pode ser objeto nem de prorrogação, nem de outra qualquer espécie de modificação.

Ao cuidar da legitimação ativa para a ação civil pública, a referida lei dispõe que tanto o Ministério Público, quanto a União, os Estados e Municípios poderão propô-las, como também suas autarquias, empresas públicas, fundações e sociedades de economia mista, e associações civis que atendam ao prescrito nos incisos I e II do dispositivo mencionado.

A redação do preceito legal é muito clara: Ministério Público, e, ao lado dele, a União, os Estados etc. Assim, há duas formas de atuação, no tocante aos entes públicos: a que se faz pela pessoa jurídica de direito público e a que tem iniciativa do Ministério Público, ou de alguma associação civil.

Destacando o Ministério Público, ao lado da União e do Estado, quis o legislador deixar explícito que a instituição do Ministério Público, sem atuar como órgão de presentação da pessoa jurídica de direito público em que se insere, poderia ter legitimação para o pleito.

17. Normalmente, nos Estados-membros, hoje em dia, as funções foram diferenciadas. A presentação da pessoa jurídica de direito público interno pertence às Procuradorias do Estado. Ao Ministério Público se reservou a tutela dos interesses indisponíveis.

Essa distinção, tão necessária, não ocorreu no âmbito do Ministério Público Federal. Nele ainda se confundem sem que se identifiquem, as funções de presentação da pessoa jurídica de direito público e de tutela dos interesses indisponíveis. Mas se organicamente elas estão unificadas, substancialmente não se identificam, nem podem conviver na pessoa do mesmo órgão-agente.

O Procurador da República que atua como advogado dos interesses indisponíveis carece de legitimação para ser órgão de presentação da pessoa jurídica União.

Aceitando-se, só para discutir, possa a Procuradoria da República atuar como Ministério Público, advogando interesses indisponíveis, necessário, por seu turno, será entender-se que, nesse caso, não é a União quem está em juízo. Inclusive poderá instaurar-se conflito entre a União e o Procurador da República, porque a pessoa jurídica de direito publico tem como legítimo seu comportamento administrativo, ou o da outra pessoa jurídica de direito público que agiu em consonância com sua determinação ou sem sua oposição, enquanto o Procurador o contesta.

Consequentemente, ação civil pública ajuizada por Procurador da República não é a causa em que a União seja autora, sim, pleito em que autor é o Ministério Público, como instituição legitimada em si mesma e por si mesma.

18. Ora, quando se dispõe sobre a competência da Justiça Federal, em sede constitucional, diz-se, expressamente, que ela será competente para as causas em que a União for interessada na condição de autora, ré, assistente ou oponente, sem que a disposição comporte interpretação extensiva ou analógica. Assim, legitimado, como instituição, o Ministério Público, não tem ele como invocar dispositivo que estritamente se aplica à União.

Nesses termos, a Justiça Federal é incompetente para a ação civil pública ajuizada contra a PREFEITURA DE PORTO SEGURO, caso se entenda que a

Procuradoria da República atua, na espécie, como instituição, e não como órgão de presentação da União.

19. Cumpre, entretanto, em que pese a contundência das conclusões antes extraídas, se leve o exame do caso a seus limites extremos.

Admita-se, para argumentar, seja autora a União. A Procuradoria da República, mesmo sem manifestação do titular da competência administrativa, poderia se sobrepor a sua vontade, e atuá-la em juízo "sponte sua" (inaceitável arbítrio, que se admite apenas para dele retirar consequências).

Cuidando-se de ação civil pública em que autora é a União, estaria derrogado ou seria inaplicável o art. 2.o da Lei 7.347/85? De modo nenhum.

A Constituição Federal dispõe, em seu art. 126, que

> "a lei (federal) poderá permitir que ação fiscal e outras sejam promovidas nas comarcas do interior, onde tiver domicílio a outra parte, perante a Justiça do Estado ou do Território e com recurso para o Tribunal Federal de Recursos."

Assim, nenhuma dúvida subsiste de que a lei federal pode legitimar o foro do domicílio do réu para as ações em que a União seja autora, quando, por delegação legislativa, constitucionalmente autorizada, funcionará, como juiz federal, o juiz estadual respectivo

Ora, a Lei 7.347/85 é lei federal. Podia, portanto, excepcionar, nos termos do art. 126 da Constituição, impondo à União, como autora, o foro do domicilio do réu, que coincide, na espécie, com o do local do dano. E o legislador assim agiu no próprio interesse público, porquanto apenas atuando na capital dos Estados, a Justiça Federal careceria de presteza e imediatidade para tutelar os interesses em causa e, por outro lado, careceria a atuação das associações civis locais, particularmente interessados (são elas as mais representativas das vítimas dos danos).

Destarte, atue a Procuradoria como instituição, sem presentar a União, atue a Procuradoria como órgão da União, presentando-a judicialmente, a competência é do juízo de Porto Seguro, e competência funcional, absoluta, inderrogável e imodificável pela vontade das partes.

CONCLUSÃO

Consideradas as premissas expostas em nosso parecer, respondemos às perguntas formuladas:

A) A denunciação da lide a Valdívio Gonçalves Costa é todo inadmissível. A União não tem ação regressiva contra ele, seja vencida ou vencedora no pleito. E o que é mais grave, justamente no caso de sua sucumbência é que Valdívio se colocará isento de toda e qualquer responsabilidade.

Por outro lado, Valdívio e a União se colocam no pleito principal como adversários. Ele jamais pode ser litisconsorte da União, postulando com ela contra a Prefeitura de Porto Seguro.

Vê-se, pois, que as duas características básicas da denunciação da lide inexistem no caso da consulta. Não há direito regressivo da União contra Valdívio, nem pode ser Valdívio litisconsorte da União no pleito ajuizado contra a Prefeitura de Porto Seguro.

B) Para agir, ativamente, em nome da União, o Procurador da República está condicionado a provocação do órgão com o qual se configurou a lide, cujo acertamento judicial se pretende. A Procuradoria é apenas titular da atribuição de exercer, em juízo, no interesse da União, o "jus postulandi". A vontade administrativa substancial, de que se origina o conflito de interesses, é atribuição de outro órgão, sem que ao Procurador se reconheça competência para manifestá-la.

C) Se a Procuradoria da República agiu, não como órgão de presentação judicial da União, mas como instituição Ministério Público, com legitimação própria, nessa hipótese é incompetente a Justiça Federal. Nos precisos termos constitucionais, a Justiça Federal só pode conhecer de litígios em que a União seja parte ou entidade federal da administração centralizada (empresa pública e autarquia).

A par disso, afirmamos que mesmo sendo parte a União, dada a exceção posta pelo § 5.o do art. 126 da Constituição Federal, nos casos das ações civis públicas, a competência é da Justiça Estadual e o foro é o do lugar do ato, na espécie Porto Seguro, domicílio do réu.

|5| SUBSTITUIÇÃO PROCESSUAL E INTERESSES DIFUSOS, COLETIVOS E HOMOGÊNEOS. VALE A PENA "PENSAR" DE NOVO?[4]

Estou-me tornando maçante de tanto insistir em que nada é menos valioso e exato do que se pretender realizar análise meramente dogmática de qualquer instituto jurídico, inclusive para solução de **problemas** que nos sejam dados para "definição" jurídica.

No meu Evangelho, o versículo primeiro do Capítulo primeiro do primeiro Livro diz o seguinte: "No começo era o Homem, que fez História até ao final dos tempos... se ocorrerem". E o ultimo versículo do Apocalipse consigna: "E porque os Homens esqueceram de que eles eram a medida de todas as coisas, o caos primitivo foi restabelecido, para que tudo tivesse inicio novamente um Novo Homem".

É um pouco alicerçado nessa "crença" que procurei pensar o problema de substituição processual dita "inaugurada" revolucionariamente pela Constituição de 1988.

1. Há um dado da realidade impossível de ser descartado – o de que só pessoas físicas, concretas, individuais, experimentaram necessidades e elas é que devem ter acesso aos bens aptos para satisfazê-las. Essa correlação entre o sujeito, a necessidade e o bem é o que se denomina de **interesse**, sem o qual impossível construir o conceito de direito.

Todos sabemos ser da essência do direito sua bilateralidade pelo fato de vincular sujeitos desigualando-os, constituindo o direito, sempre, certa situação de vantagem atribuída a um sujeito, em correlação com a situação de desvantagem ao outro atribuída, nisso se distinguindo direto[5] de dever, direito de obrigação, direito de sujeição etc.

Também é dado da realidade o fato de que, nenhuma necessidade é tão específica a ponto de só por um individuo ser experimentada. O usual, diria mesmo o único fato revestido de significação, é o de que as necessidades são experimentadas socialmente, coletivamente, pluralisticamente. Muitos têm sede, muitos precisam

---

4. Texto extraído de *ADV Advocacia dinâmica*: seleções jurídicas. Rio de Janeiro, n. 3, mar. 1993.
5. Redação original.

ser educados, muitos necessitam de casa para morar, roupa para vestir, espaço para transitar etc.

Essas necessidades, por isso mesmo, são tratadas pelo direito não casuisticamente, mas busca ele discipliná-las de modo genérico. Mesmo quando, no processo de produção do direito, se edita uma norma particular, ele tem sua validade implicitamente posta na possibilidade de sua generalização. Atribuir-se, na decisão, ao trabalhador Fulano, salário não inferior ao mínimo é valido porque **todos** os trabalhadores fazem jus a igual vantagem, que assim não é especifica de Fulano, sim deferível aos que se encontrem em idêntica situação. E isso vale para todo o direito, cuide-se de alimentos, ou de sucessão, de contrato ou de posse.

Podemos dizer, portanto, que todos os interesses postos como substrato de relações jurídicas são interesses suscetíveis de agrupamentos homogêneos, que permite ao legislador discipliná-lo genericamente.

2. Se o tratamento legal é genérico, a **satisfação é individual**, especifica. Daí porque, em princípio, no processo, a individualização do interesse é fundamental. Busca-se, no processo, a satisfação (material) do interesse, o que só é possível de ocorrer com a precisa determinação dos sujeitos e dos bens a serem referidos ao interesse que reclama satisfação.

Não mudam as coisas quando saímos do individuo e nos colocamos no âmbito das chamadas pessoas jurídicas. Também aqui são pessoas físicas, individualizadas, concretamente experimentado necessidades, que são o ponto final de referência, inexistindo a possibilidade de haver "necessidades coletivas", entendidas como necessidades não experimentadas por pessoas físicas, mas por entes de outra dimensão ou constituição.

Nada mais genérico e esgarçado do que falar-se, por exemplo, em necessidade ou interesse num meio ambiente saudável, mas isso só é pensável em função de indivíduos concretos, determinados ou determináveis, carecedores de um meio ambiente saudável. Até porque o qualificativo de saudável reclama a referência do homem. Ninguém jamais poderia falar em interesse em um meio ambiente saudável, se a pestilência ou degradação se desse num espaço geográfico fora de todo alcance de pessoas humanas.

Esse raciocínio vale para qualquer tipo de interesse. A educação só é direito enquanto reportável a pessoas físicas concretas, necessitadas de educação. Também o trabalho, o salário, seja lá qual for.

3. Normalmente, o interesse, para ser satisfeito, pede **apropriação** do bem, isto é, integração do bem a um sujeito com exclusão dos demais sujeitos. A água de que necessito para matar minha sede pede apropriação definitiva. Pode não ser definitiva a apropriação, mas será, no entanto, sempre, **exclusiva**, enquanto satisfação, Para atender a minha necessidade de repouso, preciso de um determinado espaço, que somente eu ocupe, excluindo, no ato, todos os demais sujeitos que tenham também necessidade de repouso. A apropriação ocorre, embora não definitiva nem exclusiva, podendo haver partilha do bem ou ser o mesmo compartilhável. E isso é o que ocorre normalmente. **Excepcional**, antes, são aquelas situações em que a relação do sujeito, da necessidade e do interesse, com o bem, faz impossível apropriação. Por exemplo, se postulo, como indivíduo, seja determinada fábrica condenada a abster-se de poluir o meio ambiente, porque dessa poluição resultam males para minha saúde, e peço seja ela compelida a cessar sua atividade ou colocar dispositivos que impeçam a poluição do ar, a satisfação do meu interesse jamais poderá importar apropriação ou satisfação exclusiva minha, visto como no momento em que a fabrica deixar de poluir, **todos** que se situavam no ambiente atingido pela poluição serão **necessariamente** beneficiados, não porque eu queira ou assim diga a lei, mas **em razão da própria natureza das coisas** (indivisibilidade do bem e impossibilidade material de apropriação). Salvo, portanto, esses casos excepcionalíssimos, o normal é a necessidade de apropriação.

4. Porque assim é, o direito se preocupa com vincular o sujeito que experimenta a necessidade, vale dizer, que é titular do interesse, ao poder de exigir de outrem a satisfação dessa necessidade, impondo-lhe a prestação do que seja necessário para isso, que se faz um bem **devido**, dada a natureza impositiva do jurídico. O poder de exigir é a pretensão e o vínculo entre a titularidade da pretensão e o sujeito é a legitimação, que, no dizer de MONACCIANI, é

certa **investidura giuridica** *del soggeto di una inserzione del soggeto in una situazone giuridica che, pur non essendo la titularità del diritto pieno, tuttavia non deve mancare, perchè possa spiegarsi logicamente e giustificarsi giuridicamente la incontestabile efficacia del negozio che il soggetto stesso ha compiuto* (Azione e legitimazione, 96).

Se da alienação de um se cuida, em princípio, e pela ordem natural das coisas, só quem **investido** da condição de seu proprietário pode aliená-lo. Esta é a **legitimação de direito material** que, inexistindo, acarreta a invalidade do ato ou negócio jurídico.

Porque assim é no campo do direito material, este modo de ser tem reflexos no âmbito do direito processual. Se, para ser válido, o ato de direito material reclama seja praticado pelo titular do interesse substancial, no campo do processo, este, para ser válido, reclama seja quem postula a satisfação do interesse (de que se diz titular e que se propõe provar existente) aquele que, **em tese**, está na **situação legitimamente** de direito material, isto é, o sujeito a quem é atribuível a titularidade do interesse de direito material.

Exemplificando: se apenas o que vai locar sua força de trabalho pode vincular-se juridicamente num contrato de trabalho, também quem reclama, processualmente, o cumprimento de obrigações decorrentes de um contrato de trabalho deve ser aquele a quem, no caso concreto, é atribuível o poder de declarar sua vontade no contrato. Ali, legitimação de direito material (exigida para a validade do ato); aqui, legitimação de direito processual (exigida para a validade do processo).

5. O que vem de ser dito é um **dado da realidade,** impossível de ser manipulado pelo legislador, a seu bel prazer, mas sim e apenas na medida em que dispõe de poder político para tanto.

Num Estado autoritário, totalitário ou tirânico, em que há unicamente e servos ou súditos, nada é impossível, por inexistirem limites jurídicos opostos ao legislador. Num Estado de Direito, tudo se passa diferentemente. Aqui, a soberania é do povo e só o que o povo defere ao poder politico, em termos de competência, é exercitável pelo agente do poder, inclusive pelo legislador. Assim sendo, num Estado de Direito, em princípio, só o titular do interesse tem poder de declarar validamente sua vontade no tocante a ele, porquanto autorizar outro sujeito seria limitar o poder do titular do interesse ou mesmo expropriá-lo de todo poder, e isso só é admissível quando constitucionalmente autorizado.

Admissível que seja essa exceção, teremos, ao lado daquela legitimação (ordinária) esta nova legitimação (extraordinária).

Dado seu caráter excepcional, visto como não decorre da própria natureza das coisas, a legitimação extraordinária reclama pressupostos que a autorizem, porquanto, segundo já esclarecido, não nos situamos, aqui, no campo do arbítrio nem da discricionariedade, e assim é por importar sempre, a legitimação extraordinária, uma limitação ou expropriação do poder de autodeterminação do sujeito. Destarte, aos pressupostos constitucionais deve somar-se o da existência de um interesse do legitimado extraordinário que, por força de sua conexão com o interesse do legitimado ordinário, reclama o deferimento do poder de iniciativa do primeiro no tocante ao interesse do segundo. E é esse nexo que possibilita deferir a legitimação extraordinária e deferi-la nos estritos limites em que é constitucionalmente possível.

Se a legitimação chamada de ordinária, porque deriva do nexo entre o sujeito, a necessidade por ele experimentada e o bem apto para satisfazê-la, é indescartável, a chamada legitimação extraordinária só é viável quando pode constitucionalmente conciliar os pressupostos da legitimação ordinária de um sujeito, no tocante a determinada situação de que é titular, com a legitimação ordinária de outro sujeito, no tocante à situação que seja conexa àquela. Isto é, a legitimação extraordinária só é admissível e válida se prevista em lei: e a lei que a autoriza só é válida se atende ao que vem de ser exposto: não expropria o titular do interesse do seu poder de disposição ou, se o faz, fá-lo constitucionalmente autorizada, e legitima extraordinariamente apenas quem titular de um interesse conexo ao do legitimado ordinário, cuja inatividade significaria prejuízo para o interesse do extraordinariamente legitimado.

6. Coisa diversa da legitimação é a capacidade. Aqui, uma aptidão genérica, que a ordem jurídica confere a determinados sujeitos e limita ou nega a outros, em caráter transitório ou episódico, impondo-lhe um "representante", investido do poder de, pelo incapaz, formular os juízos de conveniência e oportunidade que faria, se capaz fosse, no sentido de promover o atendimento das necessidades que experimenta, conseqüentemente, dos interesses de que é titular.

Como adequadamente posto por CARNELUTTI, a capacidade depende de uma **qualidade**, isto é, de um modo de ser do sujeito **em si**, enquanto a legitimação resulta de uma **posição**, isto é, de um seu modo de ser **frente a outros** (*Teoria generale del diritto*, 1.a ed., pg. 320).

Ou ainda no dizer de MONACCIANI: a situação legitimante tem o mesmo objeto do ato a que se refere e sobre cujo efeito deve ser reportada; a capacidade diz respeito a uma modalidade do sujeito, absoluta, intrínseca, não relativa ao ato nem ao seu sujeito, mas suscetível de ser tomada em consideração em si mesma e abstratamente (ob. cit. pg. 105).

O menor de 18 anos, por exemplo, se quiser locar sua força de trabalho, não poderá fazê-lo, porque incapaz, atuando por ele o seu representante legal, prevendo a lei o suprimento judicial para as hipóteses de recusa injustificada, ou um curador especial, havendo conflito de interesses, sem esquecer a função tutelar atribuída, na espécie, ao Ministério Publico.

Não há, entretanto, como se confundir legitimação extraordinária com representação. O legitimado extraordinário atua no seu interesse, em seu nome e em seu proveito, ainda que para lograr esse proveito tenha que atuar direito de outrem. Fá-lo sem expropriar o titular do interesse do seu poder de dispor sobre ele, nem o afasta do poder de formular seus próprios juízos de conveniência e de oportunidade. O representante, não, atua em nome do outro, é órgão de manifestação da vontade desse outro, para tanto autorizado em virtude da incapacidade do outro, de quem a ordem jurídica retirou o poder de declarar a vontade no tocante aos seus interesses e sobre eles formular juízos de conveniência e oportunidade, ora em termos absolutos, ora em termos relativos.

7. Há uma terceira situação a considerar, que não se confunde nem com a capacidade nem com a legitimação. Cuida-se do que é conceituado como **indisponibilidade do interesse**.

O titular do interesse, seja ele capaz, quando atua pessoalmente, seja ele incapaz, quando atua via representante, pode ser obstado de declarar validamente sua vontade, no âmbito do direito, se não se submeter a **controles prévios** pelo poder público. Fala-se, aqui, de **direitos indisponíveis**. O juízo de conveniência e de oportunidade do titular do interesse, é por si só, **insuficiente** para emprestar eficácia a sua declaração de vontade, a este juízo outro devendo somar-se, formulável por um

55

agente público. Se esse agente examina a conveniência e a oportunidade do ato do ângulo do interesse da Administração, cuida-se de controle administrativo, como, por exemplo, a autorização exigida para que opere uma empresa no ramo das telecomunicações; mas se a conveniência e oportunidade do ato é analisada do ponto de vista do controlado, cuida-se de controle jurisdicional, e estamos no campo da chamada jurisdição voluntária (atividade substitutiva).

Impossível, conseqüentemente, buscar-se qualquer identidade ou nexo entre legitimação extraordinária e indisponibilidade do direito. São campos diversos, institutos diversos, com fundamentações diversas e objetivos diferenciados.

Resumindo: pode haver indisponibilidade do interesse ou do direito sem que ocorra incapacidade, como é possível incapacidade e indisponibilidade sem que se configure uma hipótese de legitimação extraordinária, com[6] esta é possível sem que se cuide de incapacidade ou de indisponibilidade.

8. Assentadas essas premissas, vejamos o que é possível construir-se, atendida a nossa ordem constitucional e o nosso direito positivo.

Primeira evidência, colocada acima de qualquer dúvida, é a de que o **trabalhador** não está arrolado entre os que a lei considera incapazes, absoluta ou relativamente. Por conseguinte, está ele investido do poder de declarar validamente sua vontade, formular juízos de conveniência e de oportunidade sobre os interesses de que seja titular.

Dessa evidência decorre que o trabalhador é **sempre** legitimado ordinário para as demandas que envolvam seus interesses relacionados com contrato de trabalho que haja ultimado.

Segunda evidência, a de que muitos dos direitos dos trabalhadores são considerados indisponíveis, isto é, reclamam, para seu exercício válido, determinados controles prévios, seja de natureza administrativa, seja de natureza jurisdicional. Isso, entretanto, não diz respeito a legitimação, sim a eficácia vinculativa de suas declarações de vontade, no campo do direito material.

Terceira evidência. Não pode o trabalhador ser limitado no exercício de seus direitos, nem expropriado dele, senão nos termos em que isso for constitucionalmente autorizado. Donde a impossibilidade de haver legitimação extraordinária, em termos de direito material ou direito processual do trabalho, com desatendimento a essa exigência, que é de caráter geral e não comporta exceções.

9. Analisemos, agora, o problema da legitimação extraordinária em face de seus pressupostos ou suportes constitucionais.

---

6. Redação original.

O Brasil, di-lo o Preâmbulo da Constituição de 1988, é um Estado Democrático que assegura o exercício dos direitos sociais e individuais, a liberdade etc., como valores supremos.

No seu artigo 1.o, reitera constituir-se a República Federativa do Brasil um Estado Democrático de Direito, tendo como um de seus fundamentos a dignidade da pessoa humana, colocando como um de seus objetivos fundamentais "construir uma sociedade livre (art. 3.o), orientando sua atuação internacional, entre outros, pelo princípio da prevalência dos direitos humanos (art. 4.o).

Arrolando os direitos fundamentais, de caráter individual e coletivo, diz que ninguém é obrigado a fazer ou deixar de fazer alguma coisa senão em virtude de lei, nem pode ser obrigado a associar-se, sendo também extensível a garantia à filiação sindical, protegendo-se, como inviolável, tanto o patrimônio moral quanto o patrimônio material dos indivíduos, só suscetíveis de limitações nos estritos termos da necessidade ou utilidade pública ou interesse social (art.5.o, incisos II, X, XI, XII, XVII, XX, XXI, XXIV, e 8.o, V).

A par disso, também em termos de garantias individuais, prescreve-se que ninguém será privado da liberdade ou de seus bens sem o devido processo legal. Essa garantia não é restrita ao processo criminal, nem extensível apenas ao processo civil, ela é universal e abrangente, incluindo o processo do trabalho e até mesmo os processos de natureza meramente administrativa (art. 5.o, incisos LIV e LV).

10. Conjugando-se quanto posto, são conclusões também necessárias as de que, no âmbito do direito do trabalho, o poder de autodeterminação do sujeito não está descartado, donde a legitimação ordinária necessária do trabalhador no que pertine aos seus interesses vinculados aos contratos de trabalho que venha a ultimar.

Que essa legitimação em nada é afetada pela circunstância de algum ou alguns dos direitos e interesses do trabalhador virem a ser considerados indisponíveis e, conseqüentemente, submetidos a controles prévios de natureza jurisdicional ou administrativa. A indisponibilidade do direito não afeta a legitimação, que se mantém como posta para a hipótese de disponibilidade do direito ou do interesse.

Finalmente, nenhuma peculiaridade existe, constitucionalmente posta, que autorize a legitimação extraordinária sem atendimento a esse poder de autodeterminação do trabalhador e da garantia do devido processo legal deferida, sem restrição, tanto a empregados quanto a empregadores.

Assim, no âmbito do direito do trabalho, seja material, seja processual, a legitimação extraordinária reclama, para sua validade, seja o legitimado extraordinário titular de um interesse material conexo ao do substituído, cuja tutela, para sua efetividade, pede lhe seja deferido poder de iniciativa para, em nome próprio e no interesse próprio, atuar o interesse ou direito do outro (o legitimado ordinário).

Nessa moldura é que devem ser interpretados os preceitos constitucionais inscritos no inciso III do art.8.o da Constituição Federal, porque nenhuma outra é possível em razão mesma dos princípios constitucionais básicos da Carta de 88 e do que resulta da própria natureza das coisas.

11. A par desta, uma outra conclusão, construída a partir da garantia do devido processo legal.

É da essência dessa garantia que os litigantes sejam "sujeitos determinados", visto como toda pretensão que se pretende ver reconhecida como direito é pretensão de **alguém,** contra ou em face de **alguém.** E se na substituição processual o substituto atua, em nome próprio, direito de que não é titular, buscando efetivar tutela de que outro é credor, a relação jurídica constitutiva do mérito é, na verdade, a relação jurídica em que é sujeito o substituído, não o substituto. Sendo assim, impossível a demanda sem que se precise a relação jurídica cuja disciplina jurisdicional se pretende, conseqüentemente, impossível a demanda sem que os substituídos estejam singularmente determinados, porque com eles é que constitui a relação jurídica ou as relações jurídicas postas como objeto do processo.

Assim, não há substituição sem que sejam conhecidos os substituídos, determinadas as relações jurídicas de que eles são sujeitos e particularizados os bens perseguidos, permanecendo válidas, e incidindo, todas as regras que impõem a **determinação dos elementos da causa**, sem o que é inatendível qualquer postulação processual.

A substituição é "subjetiva", de sujeito em relação a sujeito, e se é inaceitável a indeterminação dos sujeitos, inaceitável a indeterminação dos substitutos e dos substituídos. Impossível a substituição de "trabalhadores em geral", seja de uma categoria, seja de uma empresa. Quando se pretende falar com abrangência genérica – classes, categorias, etc. – isso ocorre via "representatividade" e a atividade é política. Não há substituição no que é genérico, sim representatividade, nem há legitimação jurídica em caráter genérico, o genérico pede representação e opera via atuação política.

Um dos maiores males do Brasil de hoje, equivoco "programado", é justamente o de se pretender suprir a menoridade política dse[7] nosso povo com a juridicização do político, o que só leva à desordem jurídica (politização hipertrofiada do jurídico) ou à fragilização política do social (juridicização hipertrofiada do político).

Concluindo, toda legitimação extraordinária pede, para usa[8] validade, ocorra um nexo entre a relação jurídica de titularidade do legitimado extraordinário e outra relação jurídica de titularidade do legitimado ordinário, bem como não importe a

---

7. Redação original.
8. Redação original.

legitimação extraordinária expropriação do poder de disposição e faculdade de valoração do substituído, mas apenas expediente mediante o qual se tutela o interesse do legitimado extraordinário, passível de ver-se insatisfeito, caso inativo o substituído. E tudo isso só é suscetível de análise com a determinação dos sujeitos, das relações jurídicas e, conseqüentemente, dos bens sobre que versam os litígios.

12. A determinação dos sujeitos é reclamada, também, por força da garantia do devido processo legal, em que se inclui o contraditório e a ampla defesa. E nem uma coisa nem outra são possíveis, de modo satisfatório, se desconhecidos os sujeitos e indeterminados os fatos. Como doutrinado há séculos, o indeterminado é insuscetível de postulação e de prova, conseqüentemente de tutela. Os moradores do Gantois não podem propor ação, nem se pode propor ação contra os moradores do Gantois. Igualmente impossível propor ação em nome de "trabalhadores nos transportes ferroviários" ou contra trabalhadores nos transportes ferroviários. Só pessoas físicas ou jurídicas, determinadas, podem postular, ainda que com possibilidade de fazê-lo em favor de pessoas determinadas consideradas "coletivamente".

Também aqui incide o discurso "progressista". Diz ele que os tempos mudaram, que estamos numa sociedade de massas e é arcaica e superada a visão "individualista" do processo e do direito, precisando ser ultrapassada.

Muita verdade e muito despistamento nesse discurso.

Como já salientamos, os interesses e as necessidades jamais são exclusivos, antes se apresentam sempre como experimentados ou experimentáveis por um número indeterminado de pessoas, donde o modo genérico de o direito tratá-las fazendo-o por categorias.

Esse tratamento genérico, no campo do direito material, jamais foi transposto para o campo do direito processual, dada a inelimínavel determinação subjetiva que a "satisfação" envolve, e é a satisfação o que é perseguido no processo.

O que de novidade ocorreu foi algo bem diverso e compatível como que vem de ser afirmado até aqui.

13. O mundo industrial com a conseqüente concentração humana em grandes cidades e a eclosão da chamada sociedade de massa, originou algo que no passado fora desconhecido, por nele não ocorrer. Apreciável número de pesoas, com interesses e necessidades similares, postas diante de **um único devedor**. Essa convergência subjetiva levou os juristas a imaginar um expediente técnico de satisfação de necessidades que fugia aos esquemas tradicionais, visto como, aqui, a unidade do devedor poderia proporcionar a satisfação coletiva. Mas nem por ser coletiva deixava ela de ser, em verdade, um feixe de relações jurídicas individuais, com interesses individualmente alocáveis, objetivando satisfação também de caráter individual.

Nesse campo, duas situações bem distintas se caracterizaram. A primeira delas, aquela em que esses interessados comuns, vinculados a um devedor único, tinham, entre si, um outro vínculo jurídico, além do que mantinham com o devedor comum: **vínculo associativo**, vínculo esse conexo àquele, porque o mesmo interesse que os associara era o interesse que os vinculara ao devedor comum ou nele era inserível. Exemplo típico: comerciantes associam-se para mútua defesa de seus interesses mercantis; no momento em que o Fisco exige dos mercadores determinado tributo que envolve desvantagem desautorizada pela lei, o vínculo de natureza tributária, que passa a existir entre cada mercador contribuinte e o Fisco é vínculo conexo, inserível no vínculo que alicerçou a vontade associativa dos mercadores.

Nada mais viável e recomendável que permitir à associação atuar coletivamente, como substituta dos associados, se de decisão meramente declaratória ou constitutiva se cuida, ou os substitua de forma individualizada, se se pretende constituir título executivo que conduza a satisfação que reclame apropriação, pela natureza necessariamente divisível da necessidade, do bem e da satisfação. Fala-se, aqui, em **interesse coletivo.**

Em certos países, por força da peculiaridade de sua histórica política, outras soluções foram igualmente aventadas.

Como na hipótese anterior, há interessados comuns e um devedor único, mas **inexiste o vínculo associativo.** Os interesses individuais homogêneos se situam paralelamente, no campo do direito material. Inexistindo o vínculo associativo, portanto a entidade capaz de "representatividade", o sistema de *common law*, fiel a sua matriz judicial, findou por construir uma solução peculiar. Proposta a ação pelo interessado ou por alguns interessados (litisconsórcio) e percebendo o juiz a existência dos pressupostos da similitude do interesse, da unidade do devedor e da possível extensão da eficácia de seu julgamento, ele, magistrado, **decidindo** a respeito, torna coletiva esta ação individual, mediante a devida publicidade. Publicidade indispensável para a **prévia ciência** dos que não são partes do pleito, ainda, ciência prévia que, por sua vez, é pressuposto indispensável à futura eficácia *ultra partes* (conceito discutível) da coisa julgada de que se venha a revestir sua futura decisão.

Fala-se, aqui, em **ações de classe**, ou ações coletivas pertinentes a interesses homogêneos, na terminologia "cabocla" do nosso Código de Defesa do Consumidor, instituto que "importamos", pouco preocupados com a lição da sabedoria que diz que só tem raízes sociais e políticas o que se planta no solo da nossa própria história, vivida e não idealizada.

No particular, a **iniciativa** há de ser de um legitimado ordinário que não se faz substituto processual dos demais legitimados ordinários; apenas, com seu processo, enseja ao magistrado, emprestar a sua decisão, dada a peculiaridade da hipótese, uma eficácia *ultra partes*.

Coisa diversa se dá no campo dos chamados interesses difusos. Aqui, a peculiaridade, que decorre da própria natureza das coisas, de ser impossível apropriação ou satisfação meramente individual, impondo-se, de modo irremediável, a satisfação de todos sem apropriação por ninguém, aqui, de legitimação extraordinária não se pode falar. Qualquer sujeito, pessoa física ou pessoa jurídica, a quem se atribua a legitimação, é legitimado ordinário e não substitui quem quer que seja, visto como os **outros** não podem excluí-lo de promover a tutela, porque ele também experimenta a necessidade, nem ele pode excluir dos demais, postulando sua exclusiva satisfação, porque esta vai importar satisfação de **todos**.

14. Conclusão final: nenhum legitimado extraordinário pode excluir quem legitimado ordinário, visto como a relação jurídica posta para acertamento judicial não é a de que é sujeito o legitimado extraordinário, sim a de titularidade do legitimado ordinário que, sendo parte, reclama individualização.

Vulnera a garantia do devido processo legal a indeterminação do sujeito ativo substituído, por impossibilidade, no processo de conhecimento, da defesa versar sobre o fato, uma vez que inexiste "fato determinado" e a determinação do fato só ocorre se efetivada em termos subjetivos, temporais, especiais e circunstanciais. No processo de execução, a indeterminação subjetiva ainda é mais teratológica, visto que, nesse processo efetiva-se a apropriação e a incorporação do bem ao patrimônio de determinado sujeito. Por outro lado, o título executivo judicial só é título em relação aos sujeitos cobertos pela eficácia da coisa julgada, que nem por ser obtida em ação de iniciativa do legitimado extraordinário deixa de ser ação na qual, em termos de eficácia, como partes se situam os substituídos, legitimados sempre a ingressar no processo a qualquer momento, o que só é válido, dado o princípio da *perpetuatio*, porque na espécie excetua o art. 264 do CPC.

Infelizmente, o momento patológico que atravessa a nossa ordem jurídica tem levado o Judiciário a olvidar a pessoa do réu e o instituto da garantia da plena defesa. Hoje, alegação do autor é como a palavra de Deus, transmitida a Moisés no Monte Sinai: sagrada. O demandado é visto quase como alguém "incômodo" que põe obstáculo à efetividade e celeridade da tutela jurídica, modismos em voga. Daí as liminares sem audiência do réu, sem fundamentação, satisfativas, trovejando ameaças de prisão, de embargo de valores financeiros, enfim, toda essa avassaladora subversão que sufoca a vida do pretório e nos coloca a todos como súditos no reino da imprevisibilidade.

15. Nem se contrapõe a quanto exposto o teor do inciso III, do art. 8.º da Constituição Federal. Em primeiro lugar, porque a interpretação literal, máxime em matéria constitucional, é a pior e a menos valiosa das interpretações. Assim, confrontado o dizer do inciso III do art. 8.º com o todo da disciplina constitucional dos direitos fundamentais, conclui-se pela incompatibilidade de retirar da letra do dispositivo referido uma derrogação do poder de autodeterminaçõ dos sujeitos que está à base de todo Estado de Direito, como por igual do texto não se pode deduzir a instituição da incapacidade do trabalhador brasileiro, nem o estabelecimento de controles prévios, jurisdicionais ou administrativos, para todas as suas declarações de vontade.

Por conseguinte, carece de boa fundamentação, *data venia*, os que pretendem ver na legitimação extraordinária, em matéria de direito e processo do trabalho, algo que escapa de todo à teoria geral, como se a teoria geral não tivesse alicerce nas condições materiais da realidade sócio-política de uma época e defluísse, logicamente, do ordenamento jurídico com que opera e sobre o qual é construída. Não há uma teoria geral da legitimação para o direito tal e outra teoria geral para o direito qual, sim, apenas e exclusivamente seu ajustamento à peculiaridade de cada setor específico do direito.

16. Essa linha de entendimento vem de predominar, por força do pronunciamento recente do TST, decidindo, em grau de recurso ordinário, o Mandado de Segurança TST-RO – MS 20.378/91, em que era recorrente o Sindicato dos Empregados em Estabelecimentos Bancários de Tupã e Região e recorrido o Banco do Brasil S/A.

Decidiu o Egrégio Tribunal que a atuação do Sindicato, como substituto processual, **só é possível nas hipóteses previstas em lei**, rejeitando tenha resultado do inciso III, do art. 8.o da Constituição Federal uma legitimação genérica, universal e indeterminada.

Doutrinadores já haviam ponderado o equívoco da interpretação literal, ambiciosa demais ao retirar do texto constitucional uma conclusão conflitante com a própria Carta Magna. Lembraríamos, apenas, entre outros, ALOYSIO S. CORREA DA VEIGA (*O art. 8.o, inciso III da Constituição Federal e a substituição processual*, LTR 54-4/427), OSIRIS ROCHA (*Substituição processual na Justiça do Trabalho*, LTR 55-08/923), CELSO NEVES (*Legitimação ordinária dos sindicatos*, LTR 53-8/905), EDEVARD DE SOUZA PEREIRA (*Substituição processual Jornal do IV Congresso Brasileiro de Direito Processual do Trabalho*, ed. LTR, pg. 26), entre outros.

17. A todos assistem poderosas razões. As que foram aqui postas, inicialmente, em termos de teoria geral. As que acrescentamos, no âmbito da exegese constitucional. E as que agoram aduzimos, em termos de senso comum.

A entender-se literalmente o inciso III, do art. 8.o da CF, teríamos que

> "ao sindicato cabe a defesa dos direitos e interesses coletivos ou individuais da categoria, inclusive em questões judiciais ou administrativas".

Falando em defesa de direitos coletivos e individuais, sem qualquer restritivo que os limite, teríamos um poder deferido à entidade com abrangência universal – todos direitos e todos os interesses estariam postos na discrição do sindicato, autorizado a coloca-los, em seu nome, como objeto de postulação, irrelevante a pessoa, a vontade e o juízo dos verdadeiros titulares desses direitos e interesses. Mais discrição do que aquela que gozaram os satrapas e tiranos, que se punham limites éticos e políticos.

Mais grave, ainda. Respeitada a medíocre literalidade do dispositivo, essa "defesa" seria não dos filiados ao sindicato, mas dos integrantes da categoria abrangida pelo sindicato. E aqui, aquela substituição universal ocorreria, inclusive, no tocante aos interesses e direitos dos não filiados, que embora constitucionalmente garantidos na sua liberdade de sindicalizarem-se ou não, teriam essa garantia frustrada, visto como, filiados ou não, estariam tutelados.

Retirar de um único dispositivo e de sua literalidade tamanhas aberrações só será possível se, correlativamente, for utilizada uma forma aberrante e monstruosa de interpretar o texto constitucional.

Para que tanto não ocorra, forçoso abandonar-se a interpretação literal. Abandoná-la significa procurar limites à literalidade e eles só serão encontrados se perquerirmos o conjunto normativo que é a Constituição Federal de 1988. Assim sendo feito, resultará dito, pelo inciso III, do art. 8.o, muito menos do que, de forma tão condenável, teoricamente, e tão desastrosa, praticamente se tem tentado dizer.

Arrematando, lembraríamos que a interpretação das normas constitucionais não é essencialmente diversa da interpretação das demais normas jurídicas. Lembrando PENSOVECCHIO LI BASSI:

> "*l'interpretazione delle norme costituzionale* **non ha natura diversa** *da quella delle altre norme giuridiche: le norme costituzionale sono anche norme giuridiche, essendo in genere fornite dei caratteri ritenuti essenziali delle norme giuridiche.*"
> (*L'interpretazione delle norme cotitutizionali – Natura, metodo, difficoltà e limiti*, pg. 23)

Também CANOTILHO:

> "O programa normativo não é apenas a soma dos dados lingüísticos normativamente relevantes do texto, captados a nível puramente semântico. Outros elementos a considerar são: (1) a sistemática do texto normativo, o que corresponde tendencialmente à exigência de recurso ao elemento sistemático; (2) a genética do texto; (3) a história do texto; (4) a teleologia do texto." (*Direito constitucional*, pgs. 156/157)

18. Tudo quanto exposto, pertinente ao processo de conhecimento, tem fundamentais repercussões no campo do processo de execução.

Lição sabida a de que a execução só se legitima quando existente **título executivo**. Também princípio pacífico o de que é da natureza do título executivo seja ele constitutivo dos elementos da causa, ou seja, em outros termos, o título executivo não permite a indagação, fora dele, de elementos para definição dos sujeitos, da causa de pedir e do pedido. Daí, cuidando-se de título executivo judicial, falar-se em sentença condenatória líquida e ilíquida. A líquida já é título executivo. A ilíquida, **carece** dessa qualidade.

Diz-se que lhe falta o *quantum debeatur*, já que sem definição do *an debeatur* impossível condenação. Por outro lado, no *an debeatur*, forçosamente, devem estar definidos (líquidos e certos) quem deve, o que é devido e a quem.

Indefinido o *quantum*, permite a lei que se liquide previamente o título, seja mediante a determinação do devido por mero cálculo (necessárias apenas operações aritméticas, já definidas as bases do cálculo), por arbitramento (o valor pede estimativa de entendidos) ou por artigos, por precisarem ainda ser definidos fatos-dano ou fatos-base de cálculo, o que importa novo processo de conhecimento integrativo do que o antecedeu.

Jamais se ouviu falar, nem jamais se legislou, em termos de direito positivo, de sentença **subjetivamente** ilíquida, vale dizer, sentença em que se desconhece que seja o credor, ou sentença em que não se definiu quem o devedor. O direito brasileiro repele liquidação para determinação dos credores exequentes, nem seria isso possível, visto como a execução pressupõe predeterminação dos sujeitos alcançados pela coisa julgada material da decisão condenatória.

Entende-se por que, também aqui, não há como haver substituição sem explicitação dos substituídos, até porque a quitação só é válida pelo substituído, credor real, não pelo substituto, investido unicamente no poder de agir em favor do substituto, mas não com exclusão dele, ou expropriação do que a ele é imputável patrimonialmente.

Os argumentos precedentes foram objeto de Parecer dado a uma empresa acionada por um sindicato que, em sua inicial no processo de conhecimento, se disse substituto de "trabalhadores" e na execução, mais ousadamente, diz com toda sem cerimônia, que não lhe sendo possível identificar os substituídos, pede liquidação, com perícia, para identificação dos exequentes.

Quando o "pensar" conduz a um "agir" dessa natureza, sujeitos pequenos, como eu, entram em pânico.

Este meu trabalho é apenas um grito de socorro de um "débil" indivíduo, não suficientemente nutrido, nem adequadamente educado para viver os tempos épicos da "grande revolução dos juristas progressistas avançados".

Infelizmente há a terra dos gigantes e a terra dos anões. Que fazer, senão cumprir o meu fado de homem de meio metro?

|6| DO JULGAMENTO ANTECIPADO DA CAUSA[9]

1. Uma das primeiras críticas feitas ao nosso Código de Processo Civil apontava com acerto, a contradição nele contida entre sua parte geral e sua parte especial.

Na primeira dizia-se sopraram ventos renovadores. Em relação ao passado modificara positivamente, buscando aproximar-se da moderna processualística. Na segunda, permanecera mais que velho, arcaico, prolixo, pouco sistemático e, por consequência, ineficiente.

Uma das falhas nucleares dessa parte especial, por sem dúvida, consiste no fato de o Código regulamentar os processo não ordinários quase sempre de modo a fazê-los retornar ao rito comum, com suas muitas formalidades, às vezes tornadas inócuas e desnecessárias, por força das circunstâncias do caso concreto.

A verdade, entretanto, é que mesmo em sua parte geral o Código foi pobre em inovações com vistas à celeridade processual e mesmo nas que previu, como, entre outras, a instituição da oralidade e a concentração da instrução da causa, mesmo nessas, porque formuladas para um país despreparado para recebê-las, só logrou em parte seus objetivos, por acréscimo determinando distorções de cuja gravidade até hoje sofremos as consequências.

2. Dentre os problemas básicos do processo e de cuja boa solução depende, de modo relevante, a excelência do sistema processual, se coloca, com relevo, o das formalidades do procedimento.

A forma, instrumento primordial do processo, deve nele existir com a largueza e a rigidez necessárias para segurança da boa tutela dos direitos, mas com a parcimônia e a flexibilidade indispensáveis para uma pronta e célere solução dos litígios.

Em face desse desafio, parece-nos que o Código vigente foi vencido e não vencedor. Se foi inspirado na reformulação da teoria das nulidades, por exemplo, foi de extrema pobreza imaginativa e de condenável timidez na tipificação dos procedimentos, tanto ordinário, quanto especiais ou acessórios, além de assistemático e prolixo na disciplina dos recursos, para apenas mencionar dois pontos merecedores de severa crítica.

---

9. Texto extraído de *Revista jurídica*: órgão nacional de doutrina, jurisprudência, legislação e crítica judiciária. São Paulo: IOB Informações Objetivas e Publicações Jurídicas Ltda. N. 82, 1974.

A boa solução formal da disciplina dos procedimentos deriva da exata colocação teórica do conteúdo, dos fins e do relacionamento dos atos processuais com vistas aos objetivos de justiça do processo. E de uma boa solução formal derivará, sem dúvida, a celeridade do procedimento, porque ele apenas conterá o necessário para a correta realização da justiça.

3- No processo, partes e juiz se apresentam como sujeitos de uma relação jurídica constituída em virtude do exercício do direito público subjetivo de ação, que coloca o Estado-juiz na posição de dever exercitar o seu poder jurisdicional, o qual, para sê-lo validamente, reclama o chamamento a juízo daquele contra quem se pretende a tutela.

Assim, o processo, em certo sentido, é uma relação jurídica cujo objeto é o acertamento de uma outra relação jurídica, esta última, constituída antes dele e que a ele subsistirá, situada no campo do direito material, para cuja efetivação colabora o processo, como meio-instrumento.

Dessa visão resultou a necessidade de se distinguir o que diz respeito à relação continente (relação processual) do que é próprio da relação conteúdo (relação de direito material). Em outras palavras: diferenciar o «processo» do «mérito».

Corrente hoje muito difundida no Brasil, por força da influência que sobre os nossos melhores processualistas exerceu o professor Liebman, coloca a meio caminho do processo e do mérito a «ação», constituída a trilogia conceitual básica da ciência do direito processual: «Processo – Ação – Mérito».

Nessa linha de pensamento, distingue a doutrina os requisitos de constituição e de validade da relação de direito processual – os chamados pressupostos processuais – indispensáveis para validamente vincular partes e juiz ao processo.

Num segundo momento, fala a doutrina nos requisitos indispensáveis ao exame da relação de direito material posta como objeto do **judicium** – as chamadas condições da ação, cuja existência e regularidade se exigem para que o juiz esteja obrigado ao exame do mérito.

Num terceiro momento, teríamos a relação de direito material em si mesma, quer no tocante aos requisitos de sua constituição e validade, quer na sua existência ou inexistência.

A cada qual dessas situações corresponde, processualmente, um pronunciamento típico do juiz.

Apreciando os pressupostos processuais, profere ele decisões interlocutórias que não põem fim ao processo, antes asseguram-lhe a regularidade e a validade. Às vezes, entretanto, o vício processual é de molde a não poder ser superado, impondo-se a terminação do processo, que aborta, sem lograr seus objetivos.

Cuida-se de decisão terminativa que, sem decidir sobre o mérito, põe fim à relação processual – é a «absolvição da instância», na terminologia pouco feliz da legislação atual.

Existente e válida a relação processual, cumpre ao juiz voltar-se para a relação de direito material objeto do processo.

Como visto, inúmeros mestres em nosso país, a essa altura das coisas, reclamam uma distinção nova: antes do mérito há um terreno vestibular que deve ser saneado pelo juiz: o das condições da ação. Cumpre ao magistrado verificar se as partes são legítimas para a causa, se o interesse é legítimo e se o pedido formulado tem possibilidade jurídica.

Para esses ilustres processualistas, o exame de qualquer das circunstâncias apontadas é algo fora do mérito e que se precede, sem se colocar propriamente no campo da relação processual.

Pessoalmente discordamos1. Mas não é este o momento de sustentar a polêmica ou fundamentar a conclusão. Para os fins que nos propormos, inclusive em face do sentido prático de nosso trabalho, cabe-nos aceitar a validade da posição doutrinária e dela retirar as consequências necessárias.

Examinando as condições da ação, o magistrado profere decisão que pode, como as anteriores, se situar tanto no campo das interlocutórias, por sanearem o processo sem terminá-lo, como por igual conduzir à terminação do feito sem o acertamento da relação de direito material posta como objeto do processo. E teremos decisão no sentido da «carência de ação».

Por último, e já agora no âmago do processo, voltado, pois para a relação de direito material objeto do litígio, o magistrado deverá prolatar sentença definitiva, ou de acolhimento, dando pela procedência da demanda (aceitação dos fatos alegados e das consequências jurídicas que lhe foram atribuídas) ou de rejeição, inclinando-se por sua improcedência (recusa dos fatos ou das consequências jurídicas que lhes foram atribuídas). De procedência ou improcedência se cuida, tanto quando se acolhe ou rejeita a demanda com vistas a preliminares de mérito (v.g. acolhendo a prescrição), como quando isso ocorre por força de exame dos elementos constitutivos da relação de direito material.

4. Uma boa solução técnica processual reclama o exame, o mais antecipado possível, dos pressupostos processuais, resguardando-se a validade do processo e velando-se pela economia processual. Inclusive quanto aos pressupostos a respeito dos quais a preclusão não deva ocorrer, urge se sancione fortemente os responsáveis pela perda de tempo e de esforço, de modo a desencorajá-los, sem o sacrifício, contudo, dos fins de justiça do processo.

O momento adequado é o que se possa situar o mais próximo possível do início do procedimento, vale dizer – no momento mesmo do ajuizamento da inicial ou no subsequente do saneador, já angularizada a relação processual.

Aqui todas as preclusões se devem consumar, só subsistindo os casos extemos e com a cautela já recomendada.

5. Já no tocante às chamadas condições da ação, de tal modo elas se relacionam com o mérito da causa que dificilmente os elementos do processo oferecerão condições para seu exame em momento no qual o exame do mérito seria inviável, nos seus aspectos preliminares.

Reafirmando, contudo, nosso propósito de não abrir polêmica em torno do assunto, aceitamos a distinção que se reclama, e aceita, ela, devemos por igual aceitar a solução técnica de seu exame por antecipação, com vistas ao mérito propriamente dito.

As condições da ação – legitimidade para a causa, legitimidade do interesse e possibilidade jurídica – se predem, sempre, a aspectos de fato da lide. É de como a hipótese de fato foi posta pelas partes ou de como ela se vem a configurar no processo que resulta a existência ou inexistência daquelas condições, no caso concreto.

O exame, pois, das condições da ação deve ocorrer no momento em que o suporte de fato, no qual elas assentam, se apresenta maduro para formação do convencimento do magistrado.

Sendo o **thema probandum** algo que se delimita na fase postulatória do processo, por força do princípio dispositivo, nessa fase mesma já se pode oferecer oportunidade para decisão do juiz sobre as condições da ação, quando ausentes. Vale dizer: trancamento do processo por decisão terminativa (para nós, definitiva) de carência de ação.

Por exemplo, se se pede usucapião alegando posse com **animus domini**, sem justo título, por 15 anos, por que se cogitar de saber se a posse foi realmente revestida daquele **animus** e durou o lapso pretendido, se tudo isso provado careceria o autor de ação, por força da inviabilidade jurídica de seu pedido? Ou por que se cogitar de saber se a venda feita por um pai à terceira pessoa se cumpriu mediante coação ou uso de artifícios fraudulentos, se o filho que pede essa declaração não tem legitimidade para estar em juízo em defesa dos interesses de seu progenitor a pretexto de resguardar seus futuros direitos sucessórios?

Ou por se prosseguir num feito em que se reclama dívida não vencida ou já paga?

Pode-se, por conseguinte, repelir a própria inicial da demanda, por carência de ação (para nós, improcedência **prima facie**). E por igual no saneador se pode agir de modo idêntico.

6. No pertinente ao mérito, ao juiz não se deve atribuir o poder de julgar antes de fixados os suportes fáticos indispensáveis à sua decisão. Só conhecidos os fatos ou assentada uma conclusão sobre eles pode o magistrado dizer o direito aplicável.

O deferimento da tutela jurídica pretendida pelas partes, vale dizer, o acertamento do conflito de interesses colocado como objeto do processo, depende da certeza do magistrado sob os fatos que lhe servem de suporte. **Da mihi factum, dabo tibi jus.** A dificuldade para dizer o direito reside na certeza ou incerteza sobre os fatos que ele qualifica.

Mas a verdade que o magistrado persegue é uma verdade tornada relativa, em vista da preeminência atribuída aos fins de pacificação social do processo. A pesquisa da verdade, pelo juiz, por isso mesmo, não é somente um problema de lógica, mas também um problema jurídico. E a verdade que ele profia por determinar é uma «verdade formal», em contraposição ao que se poderia chamar de «verdade real». Em outros termos: importa mais à ordem jurídica o restabelecimento da paz social que a exaustiva apuração dos fatos, como ocorridos na vida e «por mais mínima que seja a restrição imposta à liberdade do juiz na pesquisa da verdade, o processo dessa pesquisa degenera em mero processo formal de fixação», nas expressões de Carnelutti.

Buscasse o juiz, no processo civil, a verdade real, para que só então prestasse a tutela reclamada, e não se poderia determinar, **a priori**, o momento de conclusão do processo, nem os seus atos seriam **numerus clausus**.

O certo, entretanto, é que a verdade buscada no processo é uma verdade formal, subordinada à preocupação política de pacificação social. Por conseguinte, há um momento considerado ótimo no procedimento e após o qual já não mais se admite cogitar sobre fato, impondo-se ao magistrado dizer o direito, formando sua convicção com apoio no que se tenha provado nos autos.

Este o momento adequado para o exame do mérito.

A certeza sobre os fatos, conseguintemente, traduz o momento ótimo para o magistrado dizer o direito que por força deles incidiu. As formalidades processuais destinadas a assegurar a formação do convencimento do magistrado outra finalidade não têm. Elas são legisladas e devem ser cumpridas com rigor na medida em que e somente quando necessárias para a formação desse mesmo convencimento.

Se acertada a afirmativa, pode-se, também com acerto, dizer que o momento processual ótimo para decisão do mérito da causa é aquele em que o convencimento do magistrado se fez maduro, vale dizer, aquele no qual a certeza formal exigida para a aplicação do direito se efetivou no processo.

Se, normalmente, esse momento é o da conclusão do procedimento ordinário, cumprido todos os atos postulatórios e instrutórios, outros momentos no processo podem ser vislumbrados ou admitidos nos quais o exame do mérito será, não só admitido, como recomendado, em nome de uma boa política processual. Estamos em face de um exame antecipado do mérito.

7. Quando, no processo, os fatos podem ser tidos como maduros suficientemente para fins de formação do convencimento do magistrado?

A doutrina, sem discrepância, ensina que objeto da prova devem ser apenas os fatos controvertidos e pertinentes. Nesses conceitos temos os limites extremos do país da prova.

7.1. Não controvertido o fato é ele fato certo, em condições de merecer a conotação jurídica que lhe deve acrescentar o magistrado. Por conseguinte, se os litigantes expressamente acordam sobre os fatos objeto do litigio, nada existe a provar. Transferir-se o exame do mérito da causa para momento outro que não aquele em que essa harmonia se faz efetiva, é disciplinar formalidades processuais vazias de sentido, vale dizer, é sobrepor o meio ao fim, numa inversão de valores que traduz péssima política processual, se não uma antipolítica.

A primeira regra a se retirar, por conseguinte, é de que não havendo controvérsia sobre o fato, o juiz julgará de logo o mérito da causa, excluída a fase instrutória do procedimento. Costuma-se dizer, na hipótese, que se cuida de questão exclusivamente de direito, traduzindo-se com isso a situação de apenas divergirem os litigantes quanto às consequências jurídicas dos fatos a respeito dos quais estão plenamente acordes.

7.2. Além da concordância expressa se pode falar em concordância tácita sobre os fatos da causa. Concordância tácita que derivaria do fato de o réu, tendo comparecido e contestado, haver silenciado sobre fatos da causa. Não os admite expressamente, mas seu comportamento processual importa na admissibilidade desses mesmos fatos. Seria, por exemplo, a hipótese do réu que, contestando, repelisse as consequências jurídicas pretendidas pelo autor, sem infirmar a verdade dos fatos por ele arguidos, mas sem acolhê-los expressamente como verdadeiros. A situação, aqui, se subsume na anterior e a ela se identifica. Teríamos uma questão puramente de direito, admitido, de logo, o julgamento do mérito, por antecipação.

7.3. Situação diversa se oferece quando o réu, aceitando expressa ou tacitamente os fatos do autor, outros aduz, com eficácia impeditiva ou extintiva. Estamos no campo da defesa indireta, quer por via de exceção, quer por via de objeção. Aqui, maduro estaria o processo para aplicação do direito aos fatos do autor, mas essa viabilidade se faz impossível por força dos fatos novos do réu, sobre os quais deverá o autor ser ouvido. E só do que resulte desse pronunciamento do autor se poderá concluir pela possibilidade ou não de antecipação do exame do mérito. Aceitos, expressa ou tacitamente, pelo autor, os fatos do réu, extintivos ou impeditivos, o processo estará maduro para o exame da **res in judicio deducta**. Controvertidos que sejam, a exigência da instrução se impõe, como se imporia se controvertidos os fatos do autor.

7.4. Também diversa é a situação quando o réu, aceitando expressa ou tacitamente alguns fatos alguns fatos aduzidos pelo autor, impugna a veracidade de outros fatos, misturando-se no processo fatos controvertidos e fatos não controvertidos. Diante dessa situação duas alternativas se oferecem; ou os fatos não controvertidos bastam para alicerçar o convencimento do magistrado e autorizar a aplicação do direito, e se pode e deve antecipar o julgamento do mérito, ou eles são insuficientes e se torna imperativa a continuação do processo, com a consequente fase instrutória.

7.5. Ainda podem as partes tornar os fatos não controvertidos através da confissão. Reconhecendo a verdade de fato cujo ônus de provar competia ao adversário e cujas consequências são desfavoráveis ao confidente, a parte retira esse fato do tema da prova. E se ele basta para a decisão do litígio, deve o juiz poder apreciar o mérito antecipadamente. Se não basta, o prosseguimento da instrução se impõe.

A doutrina distingue os fatos jurídicos dos fatos simples. Aqueles são o fundamento mesmo do pedido; estes apenas buscam comprovar a verdade dos primeiros. Daí a diversidade da eficácia da confissão no tocante à antecipação do julgamento do mérito. Só não mais controvertido o fato fundamento da demanda se pode cuidar da eliminação da fase instrutória do procedimento.

Coisa diversa da confissão é o reconhecimento. Aqui não se está em face de uma manifestação de conhecimento, sim de uma declaração de vontade. É a submissão do réu à pretensão do autor. A confissão tem por objeto um **fato**; o reconhecimento versa sobre o **direito**. Ocorrido ele, não mais se pode cuidar de julgamento, face a submissão do réu, que elimina o conflito.

8. Os fatos podem não ter sido aceitos, nem expressa, nem tacitamente, pelo adversário e, contudo, já se acharem suficientemente provados por documentos, na fase postulatória.

Fala-se nessa hipótese, em questão de mérito, de direito e de fato, sendo desnecessária a produção de prova em audiências.

Estamos, aqui, no campo da impertinência ou da irrelevância da prova. **Frusta probatur quod probantum non relevat**. Inútil e contraproducente provar fato cuja verdade nenhum reflexo, nem mediato, nem imediato, terá sobre o deslinde da causa, bem como admitir-se prova objetivando tornar certo ou incerto fato cuja certeza ou incerteza já se tivesse tornado assente no processo.

A delicadeza do juízo sobre pertinência ou relevância recomenda não seja a lei rigorosa na determinação da antecipação do julgamento do mérito pelo magistrado, nessa hipótese, cercando os litigantes de meios processuais que lhes possam assegurar, não só a pronta tutela do direto, se procrastinadora a atitude do juiz, bem como o seu direito de defesa, se cerceador o comportamento do magistrado.

9. A aceitação expressa dos fatos tornando-os não controvertidos, só existe em nosso direito processual por ato de iniciativa da parte à qual os fatos poderiam causar prejuízo. Vale dizer, só quando o fato é afirmado como verdadeiro por aquele a quem não cabia o ônus de prová-lo se tem ele como eliminado do tema da prova.

Há no procedimento anglo-norte-americano expediente técnico que, com a indispensável «redução sociológica», poderia oferecer ao direito processual brasileiro forma racional de realização do objetivo de celeridade do processo.

Segundo a **commom-law** primitiva, encerrada a fase dos **pleadings** e determinadas, portanto, as **issues**, a causa estava pronta para o **trial**, madura, consequentemente, para instrução e julgamento. A atividade das partes com finalidade de preparação para o **trial** não era disciplinada por normas de direito processual. Faltavam, quase por completo, expedientes processuais que permitissem às partes recolher material probatório do qual não estivessem em poder, bem como conhecer o material probatório possuído pelo adversário e do qual pretendia valer-se. Daí a possibilidade de que a parte não se encontrasse capaz de satisfazer, no **trial**, ao ônus da prova a seu cargo e fosse também colhida de surpresa pela prova fornecida pelo adversário. Esse inconveniente ainda mais se agravava em face da concentração e brevidade do **trial**, que geralmente não possibilitava o tempo necessário para fornecer a prova contrária à produzida pelo adversário.

Por força disso, nos últimos cem anos, vários expedientes processuais foram elaborados nos Estados Unidos, com vistas a obviar os inconvenientes da fase preparatória do **trial**. Ainda quando não uniformes os vários sistemas processuais norte-americanos, dois princípios fundamentais tendem a afirmar-se: primeiro, cada uma das partes deve ser posta em condições de estabelecer a existência e tomar conhecimento, antes do **trial,** do material probatório de que se pretende servir o adversário, evitando, assim, tanto quanto possível, o elemento da surpresa no **trial;** segundo, os expedientes destinados a obter o material probatório e a conhecer o do adversário não devem ser utilizados de má fé e com a finalidade de criar dificuldades para o adversário.

Dentre os expedientes processuais elaborados, queremos dar relevo à **discovery and inspection.** Consiste ela na atividade das partes com o objetivo de obter ou a determinação dos fatos **(discovery of facts)** ou o acertamento e inspeção de documentos **(discovery and inspection of documents)** ou a inspeção e exame de coisas diversas de documentos **(non-documentary inspection)**.

Ao lado do depoimento pessoal das partes, sob juramento ou da ouvida de testemunhas nas mesmas condições, a **discovery of facts** inclui as **requests for admissions**. Consistem elas na permissibilidade, deferida às partes, de, com o objetivo de acertar alguns elementos de fato relevantes para a instrução e decisão da causa, pedir ao adversário admita a verdade de certos fatos, ou a autenticidade de certos documentos, ou a exatidão de reproduções e desenhos, etc. A parte a quem é dirigida uma **demant to admit** não pode recusar a responder a tal solicitação sem motivo justificado. Na hipótese da falta de resposta, tem-se como verdadeiro o fato, autêntico o documento, etc. No caso de recusa, vale dizer, repelida a verdade do fato, ou a autenticidade do documento, etc., uma vez venha o fato a ser tido como verdadeiro na futura instrução, ou o documento a ser considerado autêntico, nas mesmas circunstâncias, a parte que se opôs é condenada ao pagamento das despesas do processo, que nos Estados Unidos são elevadíssimas.

Entre nós algo parecido ocorre. Admite-se não seja o autor explícito, na inicial, ou em outro qualquer momento da demanda, quanto aos fatos simples. Aceita-se a contestação por negação geral ou inespecífica, também se possibilitando ao réu ocultar os fatos simples que pretende provar. Por igual ambas as partes estão autorizadas a arrolar testemunhas oniscientes e a juntar documentos além da fase postulatória do processo.

Todas as circunstâncias apontadas são favorecedoras da procrastinação do exame do mérito. Remediá-las é, positivamente, contribuir para a melhoria da qualidade do nosso processo civil.

Não deve bastar para conferir ao fato o caráter de controvertido a mera negação de sua veracidade. **A contestação por negação geral deve ser abolida**. E negação genérica é toda aquela em que a parte adversa se limita a infirmar a verdade do fato com uma simples negativa, despida de conotações de fato.

O **thema probandum,** por conseguinte, deve estar expresso e ser bem preciso. Seja qual for o meio de prova a utilizar-se, deve a prova vincular-se a fato determinado, não sendo admissível se faça do ônus de provar ou do direito à contraprova algo abstrato, que na prática se traduz em arma para a chicana e para o desvirtuamento das finalidades de justiça do processo.

Se se pretende a ouvida de testemunhas, fato concreto relevante e pertinente deve ser indicado como do conhecimento dessas testemunhas, o mesmo se podendo afirmar no tocante à prova pericial e documental.

É um abuso injustificável, a esta altura dos tempos, autor e réu protestem por prova testemunhal, arrolando pessoal sem indicação do que sabem, como se devessem vir a juízo pequeninos deuses oniscientes para o espetáculo triste das conformidades preestabelecidas ou para o desperdício dos depoimentos inócuos ou surpreendentes.

A boa instrução da causa exige: a determinação dos fatos controvertidos de modo bem preciso; a segurança de sua pertinência; as provas que especificadamente serão realizadas com vistas à determinação da veracidade desses mesmos fatos.

Visando alcançar esse objetivo, poder-se-á disciplinar em nosso direito uma «interpelação probatória», admissível em prazo breve a ser fixado e num momento processual que se situe entre o encerramento da fase postulatória e o início da fase do saneador.

Interpelado o adversário para admitir, como verdadeiros ou não determinados fatos apontados na interpelação, seu silêncio valerá aceitação e sua recusa significará a imposição de ônus pecuniário, caso venha a sucumbir no processo, por terem sido apurados como verdadeiros os fatos objeto da interpelação, o mesmo ocorrendo, na situação inversa, em relação ao interpelante.

Providência salutar e complementadora do objetivo visado com a interpelação probatória seria a exigência de explicitação dos fatos simples constitutivos do tema da prova. Não mais se admitiria fossem arroladas pura e simplesmente testemunhas para serem ouvidas sobre o pedido ou sobre a defesa, sem a mais mínima indicação do que sabem e das razões desse conhecimento. Destarte, não só os fatos jurídicos fundamento do pedido deverão ser expressamente mencionados, mas também os fatos simples que serão objeto de prova em audiência.

Os expedientes apontados acima evitariam a perda de tempo com produção de provas impertinentes ou irrelevantes, só identificadas como tais quando já lograram produzir os resultados protelatórios que objetivavam. E com sua adoção ampliaríamos as hipóteses concretas de exame antecipado do mérito.

10. Por último, resta o exame dos efeitos da revelia no tocante ao exame antecipado do mérito.

A revelia é a inatividade da parte. Não se cuida, na espécie, de resistência ao poder do juiz, nem de renúncia ao direito de defesa, nem de descumprimento de um possível dever de comparecimento em juízo. Puro e simples não exercício de uma faculdade de agir, correndo o inativo o risco de sofrer consequências desfavoráveis, em razão de sua inatividade, sem que se cuide e possa indagar da voluntariedade ou não desse não agir que se traduz, objetivamente, em inatividade pura e simples.

Retirar-se da revelia, por conseguinte, qualquer consequência sobre os fatos da demanda é adotar-se, nas expressões de Paula Batista, de modo falso, brusco e impaciente, um princípio inaceitável.

Revelia não equivale confissão, nem mesmo ficta.

> «Se inexiste o dever do comparecimento, escrevemos em trabalho apresentado à Universidade Federal da Bahia, no ano de 1960, se inexiste o dever do comparecimento, apenas sendo lícito lobrigar-se, na espécie, um ônus, não há como retirar da omissão outra consequência que aquela natural a omissão: perda, por parte do réu, da faculdade de responder às arguições do autor, com os prejuízos e consequências que dela advirão. Nenhuma pena, nenhuma sanção, ainda quando mascarada sob a forma de presunção **hominis** ou confissão ficta. O réu que não contesta de modo total, omitindo-se por inteiro no contradizer, nem

nega, nem confessa, apenas se omite. E deixa sozinha a arguição do autor, que nem por isso perde seu caráter de mera alegação, carecedora de prova, para que prevaleça e se imponha ao entendimento do magistrado. Apenas a prova que aqui se faz de mister, sendo menos, pode mais do que aquela que se teria de produzir em face da contradição do demandado, à semelhança da forma que se deve imprimir à roda da manivela, maior ou menor, segundo vem o vasilhame cheio ou não da água do poço. Pura questão de intensidade, nada mais»[2].

Admitir-se, portanto, o julgamento antecipado do mérito pelo simples fato da revelia é violentar-se o fim de justiça do processo.

Relevante, contudo, em termos práticos, a inatividade do réu, Aceitável, por conseguinte, dar-se a ela consequências processuais. Mas a disciplina dessas consequências processuais deverá atentar para quanto exposto, sob pena de conduzir, na prática, e de modo desnecessário, a fins socialmente injustos.

Não contestada a ação, o juiz conhecerá diretamente do pedido, proferindo sentença definitiva. Esta a consequência que se pretende com o anteprojeto Buzaid, por atribuir à revelia a consequência da admissibilidade da verdade dos fatos afirmados pelo autor.

Recusamos apoio à solução, como posta.

Verificada a revelia, ao autor deveria ser facultado pedir o julgamento segundo o estado dos autos ou insistir no seu prosseguimento, obedecido o rito ordinário.

Optando pela primeira, os autos seriam conclusos ao juiz, que proferirira sentença definitiva, se regular o feito quanto aos pressupostos processuais e existentes as condições da ação.

Prolatada a sentença em contumácia, deveria ela ser intimada ao réu pelos meios previstos em lei para sua citação, vale dizer ou por mandado, ou por edital, ou com hora certa, ou por carta do escrivão, enfim, a sentença proferida em contumácia seria cientificada ao réu como lhe fora cientificada a postulação do autor.

Ao réu vencido em processo contumacial, no prazo de um ano a contar da passagem em julgado da sentença, seria facultado reabrir o contraditório, desde que indicasse fatos que, provados, fossem aptos para alterar o decidido, ou mostrasse incidir a sentença em uma das hipóteses previstas em lei para cabimento da ação rescisória. Reaberto o contraditório e vencido o réu seria tido como litigante temerário, condenado ao décuplo das custas. Por seu turno, a sentença proferida em processo contumacial autorizaria execução provisória, que a faria definitiva após um ano de sua passagem em julgado, sem reabertura do contraditório, ou quando o réu, tendo embargado a execução, não houvesse requerido, nos embargos, a reabertura do contraditório no processo de conhecimento.

Preferindo o autor prosseguir no feito, desprezado o processo sumário contumacial, poderia o revel ingressar no feito a qualquer momento, recebendo o processo no estado em que se encontrasse. A sentença de mérito a ser proferida acertaria em definitivo a lide, obedecidos os preceitos reguladores do processo ordinário, inclusive no tocante à intimação. Passada em julgado, não mais se admitiria a reabertura do contraditório, só se ensejando ao vencido lançar mão da rescisória, se cabível.

A solução do projeto Buzaid desatende à realidade social de nosso País, que não é apenas a do Centro-Sul, data vênia. Beneficia os economicamente mais poderosos e cria sérios riscos para os economicamente mais fracos. Finalmente, inclina-se pela menos feliz das soluções já apontadas para o problema da revelia no processo civil.

Notas:
1. Ver nosso trabalho: **A ação no Direito Processual Civil Brasileiro**, nº 15 – Ed. Livraria Progresso – 1960 e artigo publicado na Revista na Revista de Direito Processual, vol. IV, pág. 57: **Em torno das condições da ação – a possibilidade jurídica**.
2. Da revelia do demandado, pág. 87 – Ed. Livraria Progresso – 1960.

|7| FORÇA PROBANTE DOS DOCUMENTOS – COMPREENSÃO DO ART. 372 DO CPC[10]

HISTÓRICO

Paes Mendonça S/A ajuizou AR contra Joselito de Oliveira Morbeck pretendendo desconstituir o decido pelo Acórdão 3.259.91, integrado pelo de nº 16.169/96, proferido em embargos de declaração. Fundamenta seu pedido no art. 485, V, do CPC, entendendo tenham a decisão referida afrontado a literal disposição dos arts. 372 e 368 do CPC, e ainda o art. 1º, §2º da L. 5.107/66 e 334, IV, do CPC. Em síntese, assevera que, uma vez trazido para os autos o documento cartulador da opção do reclamante pelo regime do FGTS, porque não impugnado no prazo de 10 dias fixado pelo julgador, revestiu-se ele da presunção de sua autenticidade e veracidade, pelo que jamais poderia deixar de produzir os efeitos que lhe eram específicos. Decidindo a 3ª Turma do TRT da 5ª Região por sua inatendibilidade, entendendo-o como ilegível, vulnerou os dispositivos mencionados. Aduziu, ainda, a violação do disposto na L. 5.107, por haver o julgador condicionado a eficácia da opção à abertura da respectiva conta vinculada e efetivação dos depósitos devidos. Concomitantemente, foi proposta ação cautelar com objetivo de sustar a execução do Acórdão, o que foi deferido, inclusive no tocante à reintegração do empregado, já consumada há vários meses.

CONSULTA

Tendo-nos fornecido cópia de todas as peças da rescisória, indaga-nos o Advogado HÉLBIO PALMEIRA, patrono do réu:

A) É admissível a rescisória?

B) Se for conhecida, poderá ser julgada procedente?

C) É possível pleitear-se a revogação ou revisão da medida cautelar deferida?

---

10. Texto extraído de *Revista Síntese de Direito Civil e Processual Civil*. Porto Alegre, ano III, n. 14, nov-dez. 2001.

PARECER

Fontes e meios de prova, uma distinção ignorada pela autora

1. Para que haja correto tratamento dogmático dos problemas postos pela rescisória, e clareza e coerência de nossa fundamentação, será indispensável abordarmos algumas questões prévias, fundamentais para justificava das conclusões a que chegaremos. Nessa linha de proceder, lembramos, inicialmente, que todo litígio envolve matéria de fato, cujo objeto é precisamente algum acontecimento ocorrido *antes e fora do processo*. Exigência, hoje, no Estado de Direito Democrático, que o magistrado seja um desconhecedor desses fatos, porque neles não se envolveu nem os testemunhou, além de nenhum vínculo ter com os sujeitos e com o objeto do litígio. Tudo isso exigido como pressuposto de sua imparcialidade. Daí impor a lei que tais fatos sejam *alegados* pelo autor e pelo réu e se façam objeto de *verificação*, no processo, pelo magistrado, com a colaboração das partes.

2. Outro ponto básico para reflexão é o de que somente o fato *testemunhado* tem aptidão para ser posto como fundamento de uma demanda. Esse testemunho pode ter como *fonte* o conhecimento dos próprios protagonistas ou de um terceiro, ou assentar numa coisa, seja ela a que foi envolvida no próprio acontecimento ou aquela em que ele foi consignado, dando-se permanência a um fato em si mesmo transeunte (documento). A par dessas fontes de prova, colocadas no campo do interesse das partes, vetada a iniciativa do magistrado no tocante a elas, são disciplinados os *meios de prova*, isto é, os procedimentos exigidos para a incorporação e utilização, no processo, das fontes de prova. Assim, ao testemunho das partes, que nessa qualidade são necessariamente fontes de prova, correspondem, como meios de prova, o *depoimento pessoal e o interrogatório*. Já o testemunho do terceiro, que não é necessariamente fonte de prova, necessita, para que o seja, do seu *arrolamento*, efetivando-se, no processo, mediante a utilização do *meio* respectiva, sua inquirição. Já a coisa, quando documento, é trazida para o processo mediante sua *incorporação* aos autos (*juntada*) por iniciativa das partes ou, se já tornado fonte de prova, porque referido, sem ter havido juntada, pela via do incidente de *exibição* ou por iniciativa do magistrado, mediante *requisição*, cuidando-se de documento público ou de publicidade imposta por lei. Se de documento não se trata, sim da própria coisa ou pessoa posta como objeto do processo, portanto fonte de prova, o testemunho da coisa ou da pessoa se efetiva por via dos meios de prova que são a *perícia* e a *inspeção judicial*.1

Faculdades e poderes das partes e do julgador em matéria probatória

3. Trazer para o processo a fonte de prova é ônus da parte, vedado ao juiz qualquer iniciativa ou poder na espécie. Já a *administração dos meios de prova* é do exclusivo poder do magistrado, dado que essa atividade é dirigida para a formação do seu convencimento, ainda quando se lhe negue qualquer arbítrio na espécie, obrigado que está a fundamentar suas decisões no tocante a esse seu poder de direção do

processo. Tudo isso é consectário do disposto no art. 131 do CPC, consagrador do denominado princípio do livre convencimento ou convencimento racional. Coerente com esses pressupostos é que o legislador fixa *preclusões*, quando em jogo uma *fonte* de prova, predeterminando não só o tempo, como o meio pelo qual deve ser trazida para o processo. Nenhuma preclusão, entretanto, prevê, nem isso seria admissível, no âmbito da administração dos meios de prova pelo magistrado, porquanto em jogo o interesse público de possibilitar ao julgador o acesso à verdade dos fatos (arts. 14, I e 17, II do CPC), e esse objetivo se revela incompatível com preclusões. Isso é tão evidente que o magistrado está autorizado a ouvir a testemunha arrolada, mesmo quando tenha a parte desistido de seu depoimento, como lhe é permitido reinquirir e acarear testemunhas, determinar perícia que não foi requerida pelos litigantes, etc. Mais que tudo isso, o legislador, em homenagem à verdade dos fatos, desconsidera a única preclusão suscetível de ser construída no particular, qual a derivada do trânsito em julgado da decisão de mérito, permitindo seja reexaminada a prova ou reproduzida quando falsa, prevendo como pressuposto da rescisória a falsidade da prova (art. 485, VI do CPC).

4. No caso ora sob exame, se pretendermos apreciá-lo corretamente, teremos que distinguir o que nele foi a fonte de prova do que nele foi meio de prova. A fonte era o documento. Deveria ter sido juntado com a contestação (prazo – tempo) e o foi, donde inexistir preclusão no particular da sua incorporação ao processo. Destarte, o documento tornou-se *meio* de prova, colocado sob a discrição do magistrado, quando da formação de seu convencimento. Entende a autora da rescisória que a parte ré, tendo deixado de impugnar o documento no prazo que lhe foi deferido, perdeu a faculdade de investir contra sua autenticidade e veracidade. Desapercebeu-se da distinção feita precedentemente entre fonte e meio de prova e da diversidade de tratamento dado a uma e outra coisa pelo nosso sistema processual. De preclusão só se pode falar no tocante à incorporação do documento ao processo e não é disso que se cuida, sim de sua atendibilidade como meio de prova, sendo de todo inadequado falar-se de preclusão nesse particular. Em outras palavras – a autora postula o absurdo jurídico de que a omissão da parte tenha gerado preclusão para o magistrado, impedido, por esse motivo, de dar ao documento a força probante que lhe parecer adequada para formação de seu convencimento, isto é, apreciar sem embaraços e limitações seu conteúdo e sua eficácia probatória, como autorizado pelo art. 131 do CPC.

Preclusão e presunção, coisas distintas que foram ignoradas pela autora

5. Essa pretensão, data vênia, carece de respaldo dogmático sob qualquer dos ângulos por que seja examinada a questão posta na rescisória. Em primeiro lugar, confunde a autora dois institutos inconfundíveis – preclusão e presunção. Preclusão é figura especificamente processual, significando a perda da faculdade, por alguma das partes, ou pelo magistrado, de praticar algum ato processual para cuja efetivação

estava, em princípio, autorizado. Fala-se em preclusão *temporal*, por perda de prazo, *consumativa*, quando já exercida a faculdade, ou *lógica*, se incompatível o ato que se pretende praticar com algum ato anteriormente praticado. No particular do magistrado, mencionam alguns autores a preclusão *pro judicato*, existente quando não mais lhe seja possível reexaminar questão por ele já decidida. Presunção nada tem a ver com exercício de faculdade ou direito. Ela diz respeito ao convencimento sobre a verdade ou a inverdade, existência ou inexistência de determinado fato. Distingue a doutrina as presunções absolutas *(pleno jure)* das quais resulta a verdade (presumida) de um fato, sem que contra essa verdade se admita qualquer prova em contrário, a par das presunções relativas *(juris tantum)* geradoras apenas de uma verdade do fato de caráter provisório, dado que não ilide a prova em contrário, donde se afirmar que apenas invertem o ônus da prova, vale dizer, criam artificialmente um estado provisório de convencimento, que fica a espera da prova que o elimine ou modifique.2

Argüição de falsidade e incidente de falsidade, outra distinção descurada pela autora

6. Quando o art. 372 do CPC faculta, à parte contra quem se produziu o documento, certo prazo para impugnar-lhe a autenticidade ou veracidade, reportando-se ao previsto no art. 390, não fixa preclusão, sim deduz do silêncio da parte *uma presunção* (convencimento sobre sua verdade) de que ela o admite como autêntico e verdadeiro. Isso resulta cristalino da própria redação do dispositivo, que coloca como sanção da falta de impugnação a *presunção* de que, silenciando a parte, o tem como verdadeiro *(verbis* – "presumindo-se, com o silêncio, que o tem como verdadeiro"). E que tipo de presunção se constituiu na hipótese, absoluta ou relativa? Nunca se ousou dizer que ela é absoluta, donde sua natureza relativa implicar na *admissibilidade da prova em contrário*. Sendo assim, a inexistência de impugnação tempestiva não elide a prova em contrário nem o convencimento em contrário do magistrado. Apenas, se tempestivamente impugnado, o ônus de provar sua autenticidade e veracidade ficaria com a parte que o produziu. Se isso não ocorreu, transfere-se o ônus para a parte negligente. E mais: como toda presunção relativa, a verdade que dela provisoriamente decorre pode ceder diante do conjunto da prova dos autos.

7. Cabe atentar, ainda, para o fato de que o are. 390 é dispositivo vinculado ao incidente de falsidade, entendido pela doutrina, pacificamente, como constituindo verdadeira ação declaratória da autenticidade ou falsidade do documento, disciplinada no art. 4°, II, do CPC.3 A impugnação do documento poderia ter sido objeto de uma demanda autônoma, preventiva, mas nem por ter deixado a parte de ajuizá-la fica privada de fazê-lo, inserindo-a no processo do adversário, utilizando-se do incidente de falsidade que o legislador possibilita por força de sua relevância para a instrução da demanda e tendo em vista o princípio da economia processual. Daí distinguir a doutrina situações que não podem ser identificadas, quais as da certificação com eficácia de coisa julgada material, quando ocorrida em sede de incidente de falsidade, e a presunção *hominis* construída pelo julgador, para formar seu convencimento, apreciando o problema *incidenter tantum,* não *principaliter.* Incorporado um documento aos autos, tornado ele meio de prova, nenhuma limitação se pode impor ao magistrado no que disser respeito à sua valoração *como prova existente nos autos.* O que faz a lei é sancionar o silêncio da parte interessada na sua impugnação com a inversão do ônus da prova (presunção relativa da veracidade do documento) e privá-la do benefício da certificação firme, que resultaria da sentença proferida no incidente de falsidade, favorecida apenas com o julgamento *incidenter,* sem eficácia de coisa julgada, que venha a ser proferida no feito.4

8. Invocar o art. 372, dizendo-o vulnerado, foi equívoco inexplicável da autora, porquanto nem o Acórdão rescindindo, nem a parte, em nenhum momento, pretenderam a certificação da inautenticidade do documento ou de sua falsidade material (a falsidade ideológica escapa da previsão do art. 372) com eficácia de coisa julgada. Jamais uma coisa ou outra foi objeto de discussão e decisão. O de que se cuidou foi da *legibilidade ou ilegibilidade do conteúdo do documento.* Para se falar de veracidade ou falsidade do documento, vale dizer, da certeza do que nele foi cartulado, cuide-se de declaração de vontade ou declaração de ciência, pressuposto essencial seria o da possibilidade da *percepção* do declarado. Jamais uma testemunha surda seria inquirida a respeito de se ouviu ou não a declaração, como não se pediria a um cego que testemunhasse se viu ou não o ocorrido. Também nada se pode perguntar a um documento ilegível, porque a ilegibilidade do documento significa sua incapacidade intrínseca para testemunhar.

9. Mais desastrosa, data vênia, a invocação do art. 368. Novamente se faz confusão desnecessária. A epígrafe da subseção em que se insere o dispositivo tem a denominação de *força probante dos documentos,* vale dizer, traça regras que devem prevalecer para fins de formação do convencimento do magistrado. Seria profundamente imoral e inexplicavelmente contraditório um sistema que, privilegiando o dever da verdade e prevendo rescisória com base em falsa prova (seja ela testemunhal documental ou pericial) fixasse princípios rígidos, meramente formais, e os fizesse prevalecer sobre os que, expressa e taxativamente, indicou como fundamentais. E isso era o que ocorreria se fosse possível inferir-se a verdade do fato do simples silêncio da parte sobre a prova que lhe diz respeito, pondo óbices à sua livre apreciação pelo magistrado. Pense-se no absurdo que seria privar-se o magistrado de valorar a força probante do comento[11,] porque não impugnado e, no entanto, deixar-se aberta a possibilidade do ajuizamento da rescisória com base em falsa prova e, inclusive, autorizá-la a ajuizar ação conexa declaratória da falsidade ou inautenticidade do documento. E ambas as demandas são de admissibilidade evidente, como salientado por PONTES DE MIRANDA,5 visto como, inexistindo o incidente de falsidade,

---

11. Redação original.

impossível falar-se de litispendência, como, inexistindo esse incidente, impossível falar-se de decisão transitada em julgado relativa à autenticidade ou à falsidade do documento. E se mesmo havendo decisão transitada em julgado seria possível a rescisória com base em falsa prova, orçaria pela insanidade privar-se o juiz de apreciar o documento em sua atendibilidade, obviando um e outro contratempo.

Outra distinção ignorada: inexistência e invalidade

10. Nem peca a autora exclusivamente pelos equívocos já apontados. A eles acrescenta um, não menos grave, qual o de não distinguir inexistência de invalidade. Todos sabemos que a doutrina coloca, ao lado dos atos inválidos e ineficazes, os atos inexistentes. Nesta última categoria, distingue-se a inexistência material (o fato não ocorreu) da inexistência jurídica. Aqui, há sempre um *quid factum*, mas esse suporte fático (existente) é de todo inadequado para tipificar o suposto do direito pretendido. Um exemplo na área do direito processual é sugestivo. Num feito, *há uma sentença* (existência material), mas proferida não pelo magistrado, sim pelo escrivão da Vara. Aquele fato *(quid factum)* é radicalmente imprestável para servir de suporte para o tipo *sentença*. Outras situações tornam também a sentença (declaração de ciência e de vontade) juridicamente inexistente, como referido pela doutrina, tal como acontece com a sentença ilegível ou incognoscível.6 Há o fato material (documento) mas seu teor o torna insuscetível de ser tipificado como sentença, dada a impossibilidade de acesso a quanto nele cartulado. Situação dessa natureza foi a que ocorreu com o documento dito formalizador da declaração de vontade do reclamante sobre sua opção pelo regime do FGTS. Existe a coisa, o fato material (o papel) porém *inexiste* a possibilidade de ser considerado fonte de prova, dada sua ilegibilidade. Declaração ilegível é o equivalente do som que o surdo não pode ouvir (prova impossível) ou à imagem que o cego não pode perceber (prova impossível).

11. O que vem de ser dito foi o que impediu a Terceira Turma de atribuir eficácia probatória ao documento. E se acaso tivesse incidido nessa heresia jurídica, a *inexistência* do documento, por ilegibilidade de seu conteúdo, seria argüível em qualquer tempo, não incidindo, na espécie, o prazo de dois anos prescritos para a rescisória e inaplicável para a hipótese de declaratória da inexistência do julgado, porquanto decisão viciada por inexistência jurídica jamais transita em julgado. Pois bem, essa situação, que seria capaz de beneficiar o empregado, colocando-o à salvo inclusive da necessidade de ajuizar rescisória, é descautelosa e impertinentemente invocada pelo empregador para retirar do inexistente conseqüências jurídicas. Pretende mais que um milagre, quer a total subversão do jurídico.

A inexistente violação da L. 5.107/66

12. Dizer-se também vulnerado o art. 1° e seu § 2° da L. 5.107/66 é agravar o equívoco anterior. Esse fundamento da rescisória só seria suscetível de análise caso considerado atendível o documento ilegível. Ora, sua ilegibilidade jamais foi elidida, embora pudesse sê-lo, e com a máxima facilidade, juntando-se aos autos o original do documento e, se necessário, submetendo-o à perícia. Conclui-se, portanto, por imperativo lógico e jurídico, que a questão cujo objeto é a atendibilidade do documento é de natureza prejudicial da segunda. Assim, afastada qualquer eficácia jurídica imputável ao documento, dada sua ilegibilidade, não há por que se cogitar da violação da[12] art. 1º, § 2º, da L. 5.107/66, por faltar o fato jurídico determinador de sua incidência. Inexistente a opção, impossível discutir-se sua validade ou invalidade.

A inadmissibilidade (não-conhecimento) da rescisória

13. Mas, ainda quando assim não fosse, a rescisória é inadmissível. Lição sabida a de que, mediante esse remédio, de natureza constitutiva negativa excepcional, jamais é possível o reexame e reavaliação da prova. A tese que deve ser posta numa demanda dessa natureza, em que é invocado o art. 485, V, do CPC, será, necessariamente, uma questão de direito. Pode-se discutir a legalidade ou a ilegalidade da prova, sua validade ou invalidade, jamais sua justiça ou injustiça. Por isso é farta a jurisprudência no sentido de que, *havendo mais de um fundamento em que se esteou o acórdão que se pretende rescindir, atacar apenas um deles é irrelevante, sendo inadmissível a ação proposta.*[7]

14. O Acórdão rescindendo é muito claro na sua múltipla fundamentação: julgou procedente a reclamação do empregado por (a) inexistir opção válida, considerando-se a ilegibilidade do documento; (b) mas se legível fosse, ainda seria inválida a opção, por não ter havido a homologação legalmente exigida; (c) além de encontrar a natureza fraudulenta do documento sério reforço probatório no fato de inexistir depósito na conta vinculada do reclamante, não se tendo provado que tal comportamento fosse o comumente adotado pela empresa. Quando se ataca uma decisão por um de seus fundamentos, em sede de AR, deixando-se incólume outro fundamento, por si só suficiente para elidir a pretensão desconstitutiva, não se conhece da AR, que se tem como inadmissível. É a hipótese da consulta. Mesmo que legível fosse o documento, seria ele ineficaz, tanto pelo fato de faltar a sua homologação, quanto pelo convencimento derivado do procedimento ilícito da reclamada, uma vez provado nos autos que ela deixou de praticar ato que era de sua rotina praticar no tocante aos seus empregados submetidos ao regime do FGTS, configurador de forte indício de fraude.

O descompasso da eficácia invalidatória atribuída à cautelar

15. No específico da medida cautelar, quanto acima exposto, reclama seja ela revogada, dado que, por demais frágil, diria mesmo manifestamente inexistente

---

12. Redação original.

fumus boni juris invocável pela autora. Nem é só. Há um grave erro técnico que vem causando prejuízo injusto para o empregado: o decorrente de inadequada interpretação do alcance da liminar deferida na cautelar. O julgado exeqüendo tinha capítulo distinto, versando uma obrigação de fazer do vencido, qual a da reintegração do empregado, por ele consumada, como se impunha. A execução em curso diz respeito unicamente à obrigação de pagar quantia certa, outro capítulo do julgado. Lição que não comporta contradita a de que a medida cautelar pode *suspender* uma execução em curso, mas ninguém ousaria afirmar, entretanto, seja ela instrumento hábil para se elidir *execução já consumada*. Se tanto fosse possível, teríamos não uma providência cautelar, porém o próprio julgamento da rescisória, afirmada de plano e de pronto, nesta ação dependente, acessória, como procedente. Impõe-se, portanto, no mínimo, a urgente correção da injustiça inominável de que foi vítima o empregado, réu na rescisória, que teve sua reintegração cassada, visto como, e é do mais elementar bom senso, só se *suspende* execução em curso, não execução consumada. Execução consumada, desconstitui-se, invalida-se. E o que fizeram com ele, iniquamente, data vênia, foi *invalidar-se* execução consumada mediante desautorizada interpretação de liminar apenas com eficácia suspensiva da execução, não invalidatória de alguma execução já consumada.

CONCLUSÃO

Considerando quanto exposto, passo a responder às perguntas que me foram formuladas:

A) A ação rescisória ajuizada por Paes Mendonça S/A contra Joselito Morbeck é inadmissível, visto que, como tendo o Acórdão rescindindo mais de um fundamento para sua conclusão, o fato de algum deles não ter sido impugnado torna a rescisória insuscetível de conhecimento.

B) Caso venha a ser admitida, terá que ser julgada improcedente. Todos os dispositivos dados como vulnerados em sua literalidade não o foram, como demonstrado no Parecer.

C) A cautelar, a esta altura, e diante de quanto colocado neste nosso pronunciamento, revela-se de todo inadmissível, dada a ausência manifesta do pressuposto do *fumus boni juris*. Mas ainda quando assim não fosse, sua revogação parcial é um imperativo de legalidade. Impossível cautelar para invalidar ou fazer cessar a eficácia de execução já consumada, algo só obtenível por ação constitutiva negativa do julgado. E no particular da reintegração do empregado, execução de obrigação de fazer, inexiste execução em curso, capaz de ser objeto de suspensão. O grave erro em que incidiu o julgador, na espécie, pede urgente correção.

Notas:

1. Sobre *fonte* e *meio* de prova, ver o mais completo e autorizado texto, em SENTIS MELENDO, *Los grandes temas del derecho probatório*. Buenos Aires, 1978, p. 141 e ss.
2. Ver ARRUDA ALVIM. *Código de processo civil comentado*. São Paulo: 1979, p. 247/48.
3. Ver PONTES DE MIRANDA, *Comentários ao código de processo civi!*. V. IV, p. 517.
4. A respeito, consultar ARRUDA ALVIM, ob. cit., p. 249/50 e PONTES DE MIRANDA, ob. cit., p. 485.
5. *Comentários,* ob. cit., p. 484 e 521.
6. Ver PONTES DE MIRANDA. *Tratado da ação rescisória*. Rio de Janeiro: 1976, p. 195.
7. Conferir decisões do STJ, DJU 20.11.89, p. 17.289, RTJ 83/674, RFTESP 43/272 e JTA 1123/301.

| 8 | SÚMULA VINCULANTE[13]

1. Sempre que o objeto da análise é a parte de um todo, o que é necessário para ampliar seu **conhecimento**, faz-se indispensável subsequentemente, seja ela reintegrada ao todo de que foi isolada, para que haja sua **compreensão**. Tenho afirmado em várias oportunidades, e insistentemente, que **nada é sozinho**, bem como **nada é para sempre**. Faz-se imperativo não esquecermos a **interdependência** de quanto existe, incapaz de ser e funcionar solitariamente. Como se impõe termos sempre em mente a precariedade e transitoriedade de todo conhecimento. O presente estudo sobre a **súmula vinculante** atenderá a essa preocupação. Compreendê-la, portanto, exigiu de mim fosse referida ao todo de que é parte. Porque meu pensar jurídico, eu o elaboro com base em algumas convicções fundamentais para mim. Será a partir delas e na sua dependência que me situarei diante do problema da súmula vinculante.

2. Minha primeira convicção é a de que o Direito, algo **produzido** pelo homem para atender a uma exigência básica da convivência social, tem sua razão de ser na necessidade de se compor impositivamente os conflitos de interesses que se configurem nas relações sociais. Os homens prescindem do Direito para objetivar sua liberdade, mas dele dependem para viabilizá-la na sua convivência. Consequentemente, indissociável do Direito é o valor **segurança**. O homem, ser temporal, tem consciência do tempo vivido (o passado irrecuperável) do tempo que vive (o presente) que já contém nele, como pulsão, o tempo que será vivido, o futuro, imprevisível e incontrolável, por não submetido a nenhum determinismo absoluto. Para escapar à angústia dessa incerteza do amanhã, procura utilizar-se de meios que a minimizem, dos quais o de maior significação é o **compromisso**. Consiste ele na fundada esperança de que o prometido hoje será realidade amanhã, o que torna possível sobrevivermos, confiantes, convivendo. Um dos fiadores dessa fé, e instrumento indispensável para fazê-la realidade, é o Direito, que atua de modo significativo, ainda quando subsidiariamente. O **compromisso** assegurado pelo Direito é um compromisso de matriz social, cujo conteúdo são as expectativas compartilhadas pelo grupo, expressas tanto sob a forma costumeira, hoje inadequada, ou no mínimo insuficiente, quanto formalizadas por escrito como preceitos de caráter geral, socialmente legitimados em sua obrigatoriedade e previamente objetivados, que se particularizarão e concretizarão ao serem aplicados aos casos concretos.

---

13. Texto extraído de *Genesis* – Revista de Direito Processual Civil. Número 06, setembro/dezembro 1997.

3. Se o **compromisso** é exigência permanente, o conteúdo desse compromisso é contingente e variável, dependente de circunstâncias as mais diversas no tempo e no espaço, submetido ao constante impacto das necessidades humanas e consequente pressão que determinam, com vistas a serem satisfeitas. Assim, a par do valor **segurança** de que o Direito não pode ser dissociado, há o imperativo de sua permanente necessidade de **adequação** à realidade social sobre que opera, isto é, impõe-se, também, sua **abertura**, seu dinamismo, sua não estratificação. Segurança e abertura interagem, buscando asssegurar a conduta eleita como socialmente a mais desejável em determinado momento histórico e em determinado espaço político.

A segurança (no sentido de uma ordem social com estabilidade e alguma previsibilidade) não pode, entretanto, prescindir, para que se torne efetiva, de um mínimo de **aquiescência** dos dominados e da redução, ao máximo, da possibilidade de sua resistência a quanto prescrito. Donde se buscar a solução dos conflitos com um grau, mínimo que seja, de satisfação dos governados, para que se faça possível a paz social. Esta é a dimensão (ética) de **justiça** do Direito.

4. Outra convicção com que opero ao pensar juridicamente é a de que o comportamento humano, em sua gênese, não tem matrizes jurídicas. Os homens agem movidos pelas necessidades que experimentam, tanto naturais quanto culturais (desejos) e para satisfazê-las adotam comportamentos e utilizam-se de meios os mais variados, institucionalizados ou não. Prescindem, para tanto, do Direito, que normalmente ignoram e não mentalizam no momento de seu agir. Dele somente cuidam, porque necessário, quando indispensável a **compreensão jurídica** da conduta, com vistas à prevenção ou solução de conflitos de interesses. Isso nos leva a concluir carecerem o Direito e, por via de consequência, seus operadores, de função conformadora do comportamento individual ou social dos homens. Mesmo quando alguma lhe seja reconhecida, será ela débil e fragmentária, incapaz de se revestir de relevância maior, revelando-se, quando isso é tentado, disfuncional e opressora. Não se pode pedir ao Direito, por conseguinte, mais do que lhe é dado realizar. E só lhe é possível emprestar segurança e alguma previsibilidade à convivência social decidindo conflitos mediante um processo previamente institucionalizado, operando com expectativas compartilhadas pelo grupo social, com o que contribui para consolidar e operacionalizar um sistema de produção de bens e satisfação de necessidades, institucionalizado mediante certa organização política, que lhe dão conteúdo e lhe ditam o destino. A história não se faz com o Direito nem por ele, mas sim em decorrência da dinâmica dos confrontos políticos, na sua inter-relação com as opções econômicas, cabendo ao Direito apenas debuxar a face do poder político institucionalizado e realizar, em situações de conflito, o quanto de satisfação das necessidades humanas o sistema de poder viabiliza. O Direito, por conseguinte, antes de ser um agente conformador da convivência social, é, e fundamentalmente deve sê-lo, um instrumento assegurador dessa convivência, que logra realizar em virtude da impositividade que lhe empresta o poder político institucionalizado, ao qual se vincula e da qual depende necessariamente. Sem poder político institucionalizado não há impositividade e sem impositividade não há Direito. Lembraria, aqui, o dizer de BOBBIO: só o poder cria o direito e só o direito limita o poder. Correto, pos, afirmar-se que a matriz do Direito é o conflito, e sua destinação o resolver conflitos impositivamente, isto é, com segurança, nos limites e pelo processo politicamente predeterminados.

Conclusão necessária: não há um Direito ideal, modelo, arquétipo, em cuja realização estamos empenhados. Há um sistema jurídico dentro do qual atuamos e em sintonia com o qual atuamos. Todo Direito é socialmente construído, historicamente formulado, atende ao contingente e conjuntural o tempo e do espaço em que o poder político atua e tem a dimensão de justiça que a real correlação de forças na sociedade possibilita.

5. Meu pensar jurídico também é informado pela convicção de que o Direito inexiste como objeto da Natureza sendo algo **produzido** socialmente pelos homens não de forma irracional e anárquica, sim mediante um processo politicamente institucionalizado. No nosso tempo, em nossa cultura ocidental e em nosso país, ele é produzido mediante processo constitucionalmente regulado e compatível com o Estado de Direito Democrático. Irrelevantes as avaliações críticas a que tal sistema de governo possa e deva ser submetido. O que nos cumpre é reconhecer que está constitucionalmente institucionalizado e, nos termos em que isso foi feito, só nos cabe, enquanto operadores do Direito, ajustarmo-nos a ele.

A convivência humana não se dá, outrossim, segundo uma **ordem predeterminada** e necessária, antes se revela, também ela, como algo **construído** pelo homem, fruto, em sua dimensão mais significativa, de deliberações motivadas por uma complexa gama de interesses, insuscetíveis de serem colocados geneticamente como disciplinados pelo Direito, ao qual se reserva, exclusivamente, como já acentuado, a tarefa reguladora da solução de conflitos social ou individualmente irresolvidos. Daí termos afirmado e que ele não está na matriz do comportamento humano, representando apenas uma parte da ética, não a própria ética, que o ultrapassa e inclui. Assim sendo, ao Direito não cabe a função de informar e conformar, diretamente, o comportamento humano, em sua dimensão social, mas sim e exclusivamente a de solucionar os conflitos que decorram dessa convivência e escapem à composição pelos próprios interessados.

6. Necessário aprofundar um pouco os fundamentos da reflexão que acabamos de formular tão sinteticamente. Com esse objetivo, valer-nos-emos do pensamento de LUHMANN. Falar de sociedade, diz ele, é falar de sistema, de ordem social. E como a ordem social é possível? Para ele, o problema que é a origem da gênese e da manutenção da ordem social se configura sob égide de dois conceitos estreitamente ligados: complexidade e dupla contingência. Por "complexidade" se compreende o conjunto de todos os acontecimentos possíveis. Desenha-se, assim, o campo ilimitado dos **mundos possíveis**. Essa complexidade remete a duas idéias. De um lado, um mundo de possibilidades, que não é um mundo real e para sê-lo se fez necessário que o **acaso** permitisse a decantação de um desses mundos possíveis, para transformá-lo em mundo real. Por outro lado, o campo ilimitado das possibilidades que se denomina "complexidade" concebe-se conceitualmente como **caos** e não como **cosmos**. Quando se faz possível uma certa ordem nessa infinitude, reduz-se a complexidade e a sociedade começa a existir. É nessa idéia de **redução da complexidade** como processo social permanente, que LUHMANN situa o motor da evolução dos sistemas sociais.

Complexidade, entretanto, não significa apenas evolução; ela está presente no começo de toda ordem, na origem de toda interação social. Se pensamos uma situação originária de contato entre dois indivíduos, sobre o pano de fundo dessa complexidade não reduzida ainda de alguma maneira, isto é, na ausência da sociedade, o problema toma a forma de uma **dupla contingência**. "Contingente" é o que não é necessário nem impossível, mas simplesmente possível. Quando dois indivíduos entram em contato nesse quadro, cada qual deles perceberá essa contingência, que diz respeito tanto a ele quanto ao outro. Isso não serve a nenhum deles para orientar-lhes a conduta, pois é impossível a qualquer deles conhecer as **expectativas** do outro. Nada é previsível onde tudo é possível; não há expectativas, não há comunicação. Da desordem não rompida não resulta senão a desordem.

A introdução da ordem, a redução primeira da complexidade originária, a ruptura da dupla contingência, não é algo que um demiurgo possa trazer do exterior dessa relação, ainda impossível. Isso não é senão a transformação do impossível em possível, da paralisante possibilidade genérica que é a complexidade não reduzida, em possibilidade concreta. Mas é necessário, e é suficiente, que um dos indivíduos faça qualquer coisa. O ato, qualquer que ele seja, de um indivíduo, eqüivale a uma primeira referência nesse espaço, há uma distinção que põe fim à indeterminação do indiferenciado. Assim agindo o indivíduo realizou sua primeira escolha: optou por uma de suas possibilidades de agir. Uma tal seleção contém implicitamente uma primeira oferta à outra parte: a de aderir ou não à mesma escolha, à mesma regra, cumprindo à outra aceitá-la ou não. Produziu-se, consequentemente uma primeira estruturação no horizonte do possível, que se torna pela primeira vez acessível, segundo uma dicotomia: **aceitar** ou **recusar**. Qualquer que seja a resposta, opera ela, por sua vez, como seleção, de tal maneira que a outra parte pode, por seu turno, comportar-se do mesmo modo. Alguma coisa surgiu, indefectivelmente: comunicação, *order from noise*. O caráter fundador do que é social, que possui este agir comunicativo do que atua, apóia-se sobre seu valor de conexão, vínculo que se estabelece entre o emissor e o receptor, em termos de compreensão (apreensão do sentido da mensagem produzida pelo emissor) que permite ao outro agir, e assim por diante. Desse modo é que se pode engendrar o componente central de toda estrutura social-**expectativas compartilhadas**.

De maneira mais simples e menos técnica, diria que o homem, como liberdade, em cada momento de seu agir, coloca-se diante de um leque de alternativas de comportamento (condutas possíveis, **possibilidades de ser**) a pedir redução de sua complexidade, enquanto **poder ser**, o que só se faz possível mediante a seleção de uma dentre todas as possíveis, tornando-se **dever ser** a que foi objeto da opção, revestida de eficácia prescritiva. Em termos sociais, as inúmeras **possibilidades de ser** do agir humano têm a mesma eficácia paralisante que determinam para o agir individual e traduzem aquele **caos** referido por LUHMANN, a reclamar sua transmudação em **dever ser**, mediante o mesmo processo de seleção de uma dentre as várias alternativas possíveis, que se revestirá de impositividade. Essa mesma exigência está presente no processo de produção do Direito e será objeto de nossa análise, a seguir.

7. O processo de produção do Direito pelo poder político institucionalizado se realiza mediante os seguintes procedimentos redutores de complexidade: a) colocando expectativas compartilháveis, expressas em termos gerais, que permitam um mínimo de previsibilidade de como serão compostos os conflitos que vierem a se instaurar na convivência social (o denominado direito material) com o que subsidiária, indireta e fragmentariamente conforme e direciona o comportamento social, b) disciplinando, subseqüentemente, o comportamento a ser adotado pelos interessados e pelos agentes públicos quando atuarem para prevenir ou solucionar os conflitos de interesses não compostos ou insuscetíveis de ser compostos pelos próprios interessados (o denominado direito processual), c) e por fim, para lograr esses objetivos, predeterminando a organização que se fará responsável por essas tarefas e definindo a competência dos agentes por elas responsáveis (normas de organização). Nessa perspectiva, distingue-se o **processo legislativo** do **processo jurisdicional**, delimitada a função de cada qual deles no espaço amplo da disciplina da solução dos conflitos, específica do Direito, aos quais, na modernidade, e em decorrência da institucionalização do Estado de Direito, se somou o **processo administrativo**.

Há, por conseguinte, no processo global de produção do Direito, uma primeira redução de complexidade de **natureza predominante, mas não exclusivamente política**, para determinação de um universo de **dever ser** formalizado em termos genéricos e abstratos, a par de uma segunda redução de complexidade **de natureza predominante, mas não exclusivamente técnica**, a partir daquela, para concreção do que foi definido genericamente, tendo em vista sua aplicação a casos concretos. O processo político disciplina e conforma aquela primeira função. O processo administrativo e o processo jurisdicional disciplinam e conformam essa segunda função. Tudo isso, entre nós, no contexto e sob o império das exigências fundamentais de um Estado de Direito Democrático.

8. Correndo o risco de parecer redundante, gostaria de retomar, em outro nível e por outra forma, as reflexões precedentemente realizadas. Acredito que ajudaria ainda mais percepção de quanto afirmado se adicionasse alguns esclarecimento. A convivência social põe para o indivíduo, ou para os indivíduos, em cada situação concreta em que se situem, um complexo de alternativas de comportamento. Figuremos um exemplo. Deseja-se a solução para o problema do aproveitamento das terras que sejam da propriedade de particulares. Não há, para esse problema, uma solução **única**, inelutável, impositiva. Inúmeras podem ser pensadas. Reduzir essa indeterminação, de modo a se emprestar previsibilidade e possibilitar exigibilidade de certo comportamento individual com segurança de sua efetividade, reclama seja definida, no universo de **possibilidades de ser** que a situação em foco admite, uma que se revista do caráter de **dever ser** institucionalmente em condições de obrigar e ordenar concretamente o comportamento social. Essa primeira opção é de natureza política e deve ser formalizada pelos órgãos legitimados para o exercício dessa função, precipuamente legislativa. Mas esse **dever ser enunciado** genericamente, porque linguagem, discurso, jamais será capaz de implicar **uma única e necessária** interpretação, eliminando toda e qualquer possibilidade de alternativas subsequentes, por conseguinte, incapaz de conduzir, sempre, em toda e qualquer situação concreta de conflito, a um só **tipo** de decisão. Impõe-se, destarte, a necessidade de uma segunda redução de complexidade, colocada, agora, a cargo dos agentes públicos e dos sujeitos privados destinatários da norma. Caso disso decorra algum conflito, ou algum conflito se mostre potencialmente possível, a tarefa é transferida para os órgãos da função jurisdicional, que formularão o entendimento redutor, com impositividade, no caso concreto. Essa segunda redução de complexidade, quando transferida ao julgador, não pode ser nem arbitrária nem discricionária, visto como se negaria, aqui, o princípio que informou a primeira redução de complexidade, que se tornaria inócua e nenhuma. Por outro lado, se essa atividade se dá num sistema democrático, tanto aqui, quanto ali, se faz essencial a adequação ao devido processo legal respectivo. Por via de consequência, e conclusão necessária, se inexistir no sistema instrumentos mediante os quais se empreste, no máximo possível, segurança e coerência nessa segunda redução de complexidade, portanto **previsibilidade**, negar--se-á (ou se anulará) quanto antes afirmado, disfuncionalizando-se o sistema como um todo. Essa exigência fala em favor da força vinculante de certas decisões dos tribunais superiores, nas condições que serão adiante estudadas.

Assim entendendo, sempre me senti algo perplexo com a celeuma criada em torno do problema da súmula vinculante, contenda que me pareceu muito mais fruto de má comunicação, deficiente informação ou envolvimento emocional dos interessados que de algo inerente ao problema.

9. O Estado contemporâneo, por força de seu intervencionismo e em decorrência da crescente juridicização da convivência humana, pretendeu tornar-se, também, regulador de ampla área da vida social, máxime em sua dimensão econômica. Chegou-se a falar em direito promocional e sanções premiais, pelo que a função de solução de conflitos quase se deixaria superar por esta outra, dirigente e direcionadora do comportamento social, mediante estímulo ou imposições. Assim, ao lado da função de solução de conflitos, teria também o Direito a de implementação de decisões políticas, a pedir regras cogentes, disciplinadoras de comportamentos sociais, cada vez mais numerosas e mais abrangentes.

Essa mudança de enfoque, se verdadeira (e é bem contestável, a meu ver, máxime com a crise de socialismo real e da social democracia) em nada alcançou o fundamental da teoria do Estado de Direito Democrático. Permaneceu válido o princípio de que a função política se cumpre precipuamente mediante o processo legislativo, a ela cabendo positivar valores diretrizes, princípios e regras e formular planos a que se submete a atividade dos agentes públicos, que só podem o que a lei lhes confere ou atribui, o que vale, por igual, para magistrados enquanto órgãos de uma das funções do Estado – a jurisdicional. Assim, inexiste uma vontade política a par e ao lado daquela operacionalizada pelos integrantes da função política (juridicizada toda ela, por força do princípio da legalidade) e muito menos em conflito com ela (salvo crise institucional) porquanto somente eles estão constitucionalmente autorizados a fixar uma opção, no amplo universo das **possibilidades de ser** emergentes da convivência social, formalizando-a como **dever ser** (genérico) imponível à coletividade. As três funções harmônicas, no sentido de que convergem, mas independentes, porque não submetidas umas às outras em suas decisões, implementam uma vontade política única, aquela formalizada em termos de valores, diretrizes, princípios e regras, planos e projetos só concretizáveis se sacramentados pela lei (em sentido lato equivalente a Direito) produzida segundo processo constitucionalmente previsto para sua formulação.

O alargamento que se deu às funções do Estado não importou alteração substancial da função de julgar, voltada ainda e exclusivamente para a solução dos microconflitos, apenas enriquecido esse universo com os novos conflitos entre os sujeitos de direito em geral e os agentes públicos, limitados, agora pela lei, por conseguinte suscetíveis de serem questionados perante os órgãos da função jurisdicional, conflitos esses impossíveis de configuração jurídica no passado. Não se institucionalizou, por força disso, uma função que às demais se sobrepôs, porque também a função jurisdicional se coloca sob o império da lei e suscetível de deslegitimação pelos agentes das demais funções básicas do Estado, como mandatários do povo soberano, e pelo próprio povo soberano, diretamente.

Nenhuma limitação, portanto, em termos de definição política, sofreu a função legislativa, que permaneceu como a única legitimada para a formalização da vontade geral, democraticamente expressa institucionalizada. Novidade foi a atribuição dessa função, com maior ênfase, a agentes executivos e judiciários, em dimensão diversa da anterior e com alcance diferenciado Aos agentes executivos se deferiu função legislativa excepcional sempre submetida ao controle e ratificação final do Parlamento ou do próprio povo, de que são exemplos os decretos-lei e as medidas provisórias, os referendos e os plebiscitos, para apenas se mencionar o que foi tipificado e disciplinado expressamente entre nós. Com os agentes do judiciário, o mesmo ocorreu, indiretamente, em decorrência da necessidade, cada vez mal imperiosa, da edição de normas estruturadas com conceitos indeterminados, a par da crescente exigência de enunciação de princípios e fixação de valores a que deve se submeter comportamento social, público e privado, tudo isso necessitado de preenchimento quando de sua aplicação aos casos concretos. Este fenômeno, entretanto, não alterou a antiga correlação funcional, ou seja, a de que há uma **primeira redução de complexidade, de natureza predominante, mas não exclusivamente política,** para definição de generalidades, e uma **segunda redução de complexidade, a partir daquela, de natureza predominante, mas não exclusivamente técnica,** tendo em vista a necessidade de particularização do que foi definido em termos gerais, quando de sua aplicação no caso concreto. Nem se eximiu nenhum agente de função política da necessidade de sua prévia e adequada legitimação para desempenhá-la. Os agentes políticos e o processo político permanecem como únicos autorizados a formalizar decisões de natureza política fundamental. Os agentes administrativos e jurisdicionais, bem como o processo administrativo e o jurisdicional carecem de legitimidade e adequação para formalizar decisões políticas básicas, só lhes cabendo as tarefas implicadas com aquela segunda redução de complexidade antes referida. Nenhuma delas, entretanto, e em nenhuma hipótese, é livre e soberana, autorizada a sobrepor-se à única soberania reconhecível num sistema democrático – a vontade popular, formalizada segundo o processo político constitucionalmente instituído. Consequentemente, a validez das decisões dos agentes das funções enumeradas só ocorre se forem produto de um devido processo constitucionalmente institucionalizado, seja um devido processo legal legislativo, seja um devido processo legal administrativo ou jurisdicional. Democracia e arbítrio são incompatíveis e a própria discricionariedade se faz cada vez mais prisioneira de pressupostos legais que a civilizam.

10. O imperativo do princípio da legalidade e o postulado, essencial à democracia, de que não há senhores nem súditos, todos iguais e submetidos à única vontade soberana e constitucionalmente formalizada (a lei em sentido lato) impõe a impugnabilidade e o controle de toda e qualquer decisão de todo e qualquer agente do Poder. Decidir sem possibilidade de controle é decidir de forma incompatível com o sistema democrático. Desse imperativo não escapa a decisão judicial. O magistrado nem é um soberano, nem um Deus, e sim um servidor. Essencial, portanto, em qualquer ordenamento processual democrático, a impugnabilidade de toda decisão que envolva interferência na liberdade ou no patrimônio de alguém, donde a indeclinabilidade de um sistema de recursos. Costuma-se dizer, de modo já superado, que a previsão de impugnação para as decisões é homenagem que se presta à inconformidade das pessoas, diante de uma primeira decisão que lhe seja desfavorável. Velha e imprestável justificativa. O direito de impugnar qualquer decisão judicial é direito fundamental, decorrência necessária e essencial do sistema democrático, que impõe o império da lei e repugna toda e qualquer forma de arbítrio. Se fosse possível decidir de forma soberana, porque insuscetível de controle a decisão, soberana seria a autoridade, não a lei, não o povo presente e atuando por suas instituições constitucionalmente consagradas. E é esse imperativo que também repele se possa dar ao mesmo preceito normativo, de caráter geral, entendimentos diversificados, como se a redução da complexidade maior, tornando as inumeráveis **possibilidades de ser** um **dever ser** determinado, não fosse tarefa da função política e dos órgãos que a integram, dos quais o mais eminente é o Parlamento, bem como se pudesse descartar, nessa segunda redução de complexidade, a exigência básica de segurança para os governados tornando previsíveis, no máximo, as formas de solução de conflitos que se instaurem na convivência social. Essa exigência indeclinável do Direito num sistema democrático impõe, e isso ocorre universalmente, a previsão de órgãos de cúpula, cuja atribuição é, precisamente, velar por que o valor **segurança** não seja corroído em nome de uma **adequação** carregada de subjetivismo, para só falar no que, sendo indesejável, não traduz algo menos nobre. Num sistema democrático, deveríamos todos, quotidianamente repetir, como uma espécie de jaculatória cívica, que nada autoriza ver-se o magistrado como um homem diferente de todos os demais homens, mais sábio, mais puro, mais justo, mais informado, mais aparelhado, mais corajoso e mais isento. Por enquanto ainda não há um laboratório de que saiam, como produto, homens perfeitos. Daí terem os magistrados o mesmo estofo de que são feitos os legisladores e os administradores, os civis e os militares, os leigos e os clérigos, para ficarmos só nesses integrantes do espectro social.

11. Se for correto quanto vem de ser afirmado, será também exato dizer-se que o fixado em termos genéricos, frise-se, em termos genéricos, pelos tribunais superiores obriga aos tribunais e juízes inferiores, tanto quanto a lei. Falar-se em decisão de tribunal superior sem força vinculante é incidir-se em contradição manifesta. Seriam eles meros tribunais de apelação, uma cansativa *via crucis* imposta aos litigantes para nada, salvo o interesse particular do envolvido no caso concreto, muito nobre, porém muito pouco para justificar o investimento público que representam os tribunais superiores.

A solução do conflito reclama do julgador a formação de seu convencimento sobre os fatos e subsequente formação de seu convencimento sobre o direito aplicável a tais fatos, isto é, sua compreensão jurídica dos fatos da causa como verificados no processo. Para eliminar a arbitrariedade, incompatível com a democracia, exige-se a fundamentação das decisões e possibilita-se o seu controle por outros magistrados, competentes para proceder ao reexame desse julgamento, no pertinente à correção dos juízos formulados sobre as questões de fato e sobre as questões de direito impugnadas. Nada impede, ainda quando se mostre de todo inconveniente, a previsão de novas impugnações abrangendo o reexame da matéria de fato e de direito. Isso, contudo, não é comum nem desejável. Daí porque, a partir desse primeiro reexame, limita-se a faculdade de impugnar as decisões judiciais exclusivamente a questões de direito, vale dizer, exclui-se a discussão sobre os fatos e trabalha-se com uma hipótese de fato tida como firme e insuscetível de contestação (verificada). Aqui se faz presente a competência dos tribunais superiores, exigida para o controle dos erros e da diversidade de interpretação das normas gerais positivadas pelo ordenamento, em sua aplicação ao caso concreto. Essa atividade, se redunda, indiretamente, em benefício do litigante, objetiva, contudo, principalmente, eliminar, quanto possível, toda e qualquer forma de insegurança e de arbítrio, decorrentes de entendimentos livres, diferenciados e conflitantes dos juízes e tribunais competentes para reexame da matéria de fato e de direito. Sobrepondo-se ao interesse subjetivo dos contendores, aqui adquire relevo o interesse político de preservação da eficácia do legislado, atendidos os objetivos formalizados, com precedência, em termos de expectativas socialmente compartilhadas. Tenta-se definir um entendimento *standard* do preceito normativo, sem vinculação a fatos concretos, a ser atendido em sua abstração e generalidade e obrigando tanto quanto os preceito legais de natureza interpretativa.

12. Cumpre atentar-se, entretanto, para a circunstância de que os tribunais superiores, por exigência operacional, dividem-se internamente em termos de competência. Assim, há decisões que são do órgão em sua plenitude e outras oriundas apenas de seus segmentos organizacionais. Essa diversidade tem relevância para o problema do efeito vinculante de suas decisões. Normalmente lhe chegam as **questões de direito** no bojo de um conflito entre sujeitos determinados e com determinado objeto, cumprindo-lhes apenas decidir sobre o correto entendimento da norma aplicada aos fatos como verificados no processo. Por conseguinte, aplicação a uma hipótese de fato já verificada e insuscetível de reformulação. Cuida-se, pois, de um problema de adequação da norma a ser aplicada ao caso concreto, o que lhe retira consequência vinculante, seja pela particularidade da interpretação, seja pela parcialidade (no sentido de parte de um todo) da decisão. Nessas hipóteses, as decisões dos tribunais superiores orientam mas não vinculam, podem revestir-se de determinada força de convencimento, pela coerência lógica de sua fundamentação, pelo prestígio do órgão e dos julgadores que a proferiram, mas não vinculam, porquanto apenas capazes de efeitos vinculantes indiretos, por via da força de convencimento de que sejam dotadas, o que já foi denominado por alguns doutrinadores de **força persuasiva**. A par disso, ainda podem ensejar efeitos vinculantes reflexos, pela oportunidade que oferecem de libertar os órgãos inferiores da responsabilidade de maiores esforços hermenêuticos na solução de casos concretos.

13. Coisa bem diversa ocorre, a meu ver, quando se trata de decisão tomada pelo tribunal superior em sua plenitude e com vistas à **fixação de um entendimento**

que balise seus próprios julgamentos. O tribunal, ao fixar diretrizes para seus julgamentos, necessariamente os coloca, também, para os julgadores de instâncias inferiores. Aqui, a força vinculante dessa decisão é essencial e indescartável, sob pena de retirar-se dos tribunais superiores precisamente a função que os justifica. Pouco importa o nome de que ela se revista – súmula, súmula vinculante, jurisprudência predominante, uniformização de jurisprudência ou o que for, obriga. Um pouco à semelhança da função legislativa, põe-se, com ela, uma norma de caráter geral, abstrata, só que de natureza interpretativa. Nem se sobrepõe à lei, nem restringe o poder de interpretar e de definir os fatos atribuídos aos magistrados inferiores, em cada caso concreto, apenas firma um entendimento da norma, enquanto regra abstrata, que obriga a todos, em favor da segurança jurídica que o ordenamento deve e precisa proporcionar aos que convivem no grupo social, como o fazem as normas de caráter geral positivadas pela função legislativa.

Um exemplo talvez ajude a esclarecer. Se o tribunal superior, em decisão plenária (não necessariamente unânime) fixou o entendimento de que as ações meramente declaratórias são imprescritíveis, apenas suscetíveis de prescrição as pretensões condenatórias que delas derivem, esse entendimento vincula todos os julgadores em todos os níveis, e já não pode ser contraditado, exigindo-se modificação legislativa para afastá-lo, ou revogação do entendimento por subseqüente e fundamentada decisão plenária do tribunal que fixou o entendimento.

Vê-se, por conseguinte, que a força vinculante das decisões dos tribunais superiores para que exista reclama certos pressupostos que lhe são essenciais. Presentes eles, vinculam, independentemente de previsão legal expressa, e vinculam como decorrência necessária do próprio sistema jurídico e seu modo constitucional de operar. Ausentes eles, carecem de força vinculante, pelas mesmas razões antes expedidas, nem podem se revestir dessa eficácia, também por força de imperativo do sistema. Naquelas condições, inaceitável falar-se em mero efeito persuasivo, porquanto o caso concreto é projetado para um plano secundário, fazendo-se objeto da decisão o entendimento que deve ser dado ao preceito de caráter geral, nas hipóteses de sua aplicação em casos particulares, dotado, portanto, o julgamento, de generalidade tal que se mostra apto para abarcar quantas variações mediatas sejam imagináveis, em termos de tipificação (fática) do suposto normativo, no caso concreto.

14. Outro aspecto do problema que me parece inadequadamente focalizado é não se distinguir, para efeitos e vinculação, decisões de natureza constitucional das que desse caráter não se revestem, bem como a comparação que se tenta fazer entre a força vinculante dos *stares decisis* do sistema do *common law* e a força vinculante das decisões dos tribunais superiores nos sistemas do *civil law*.

Comecemos pelo segundo, por mais próximo do que foi precedentemente analisado. No sistema do common law, como sabido de todos, o direito legislado não é o predominante; o processo costumeiro de produção jurídica leva a institucionalizar e legitimar os tribunais com maior dependência e controle social, deferindo-lhes a tarefa de positivação do direito, editando normas de caráter geral (precedentes) que viabilizem a previsibilidade e segurança indispensáveis à convivência social. Daí que o precedente tenha força obrigatória, à semelhança da norma legislada, pelo que nele se tornam relevantes os aspectos fáticos que lhe serviram de suposto. Diversamente ocorre no sistema do civil law em que a produção do direito pelo processo legislativo implica a determinação prévia da hipótese de fato colocada como suposto da consequência jurídica, mesmo quando alguns elementos do tipo sejam deixados para subsequente preenchimento hermenêutico pelos magistrados. Essa particularidade será perfeitamente detectada com a leitura de trabalho recentemente publicado sobre o stare decisis do sistema anglo-saxão na Revista dos Tribunais, vol. 702, p. 7 e segs., de autoria de EDWARD D. RE, professor da St. John's University. Dissociar o operar dos magistrados, no sistema do common law, da força obrigatória dos precedentes, bem como abstrair do precedente as questões de fato que o justificaram, seria instituir um sistema jurídico anárquico, senão catastrófico. A par disso, o sistema do common law tem peculiaridades em termos de formação, recrutamento e controle dos magistrados, desconhecidos e não utilizados no sistema do civil law. Donde minha reação, quase virulenta, quando vejo nossa vocação macaqueadora esforçar-se por nos maquiar com os cosméticos de nossos irmãos do norte, que graças a Deus têm um magnífico desprezo pelo que somos e pelo que fazemos e não desejam nos impingir, garganta abaixo, os alimentos e remédios que utilizam nem muito menos correr o risco de tomar os nossos. Leitura bem proveitosa para nos resguardar desse risco será a leitura do livro de MIRJAN R. DAMASKA, que recebeu na tradução italiana o título de *I volti della giustizia e del potere*, merecedora de uma introdução elogiosa de MICHELLE TARUFFO, que nos conscientizará dos riscos de rejeição de todo "transplante cultural", em matéria de disciplina jurídica da vida social. Valeria a pena lembrarmo-nos de que os países do sistema do common law são exceções, fruto de peculiaridades de natureza histórica e cultural inexistentes em outros países e que, por força disso, desautorizam o "transplante" que se pretende ou que se propugna deva ser feito, salvo se fôssemos capazes de **refazer** a nossa História (impossível objetivamente) ou milagrosamente, independente disso, **remodelarmo-nos e remodelar a nossa sociedade** (pouco provável, subjetivamente).

15. Por outro lado, a impugnação que tem por objeto uma **questão constitucional**, mesmo quando de ação direta não se cuide é sempre ou impugnação apenas pertinente ao caso concreto, por se entender vulnerador da Constituição o comportamento nele adotado, ou da interpretação dada ao dispositivo constitucional para sua aplicação ao caso concreto ou, finalmente, da própria validade da norma que se teve como reguladora da espécie em face do sistema constitucional. Cuidando particularmente da ação declaratória de constitucionalidade, GILMAR FERREIRA MENDES faz reflexões valiosas sobre a eficácia das decisões do Supremo Tribunal Federal que merecem ser conhecidas (cf. "A ação decaratória de constitucionalidade:

inovação da Emenda Constitucional 3/93", em Cadernos de Direito Constitucional e Ciência Política, ed. RT, v.4, p.98 e ss.)

Se não laboro em equívoco, há uma peculiaridade, quando se cuida de hermenêutica constitucional, inexistente na tarefa interpretativa dos preceitos da legislação ordinária. Ao explicitar o alcance e entendimento do dispositivo constitucional, a decisão, mesmo em prejudicial de inconstitucionalidade, vinculada a determinada pleito, envolve sempre a declaração de constitucionalidade ou constitucionalidade de determinado dispositivo legal, aquele cuja incidência ocorreu na espécie sob julgamento. Ainda quando o objeto da questão constitucional seja a impugnação de um ato de governo, ou decisão judicial, tendo-se em vista a aplicação de determinada norma a um caso concreto, o que se põe para julgamento é sempre a interpretação de determinado dispositivo constitucional, por conseguinte seu espaço de regulação. Destarte, em nenhuma hipótese há o interesse exclusivo dos litigantes, presente sempre, e predominante a necessidade de velar pela supremacia da Constituição, a par da imprescindibilidade de haver previsibilidade e segurança, para os jurisdicionados, em grau maior do que a exigida para os preceitos infraconstitucionais. Essa dimensão dos julgados do Supremo Tribunal Federal reclama uma compreensão dos efeitos da coisa julgada ou, se preferirmos, da imutabilidade e imperatividade dos julgados, de sua extensão subjetiva e alcance objetivo, diversa daquela com que operamos quando se cuida de decisão de natureza não constitucional.

Tentarei exemplificar para esclarecer. Impugnada uma decisão, por entender-se ter sido inadequadamente motivada, pelo que teria vulnerado o disposto no art. 93, inciso IX da Constituição Federal, a conclusão a que chegue o Supremo Tribunal Federal só dirá respeito ao caso concreto, pois não se põe em questão a validade da norma aplicada em face do preceito constitucional, nem se pretende uma interpretação dotada de generalidade, sim e exclusivamente o exame da violação de preceito constitucional tendo em vista a peculiaridade do caso sob julgamento. A invalidade seria da norma particular editada para o caso particular. Cuide-se, entretanto, de impugnação em que se sustenta que a motivação da sentença não pode ser tida como existente e satisfatória só porque formalmente posta e dotada de aparente coerência lógica, porquanto o preceito constitucional implica a exigência de uma motivação de natureza substancial, vale dizer reveladora da correlação necessária entre os fatos ditos provados e a prova produzida, os fatos ditos provados e a conclusão deles retirada e os fatos como considerados provados e o direito aplicado, a decisão do Supremo que definisse o alcance do art. 93, IX da Constituição extrapolaria os limites do caso concreto, ainda quando proferida em recurso oferecido por determinado litigante, com vistas ao seu interesse, e referida, imediatamente, à solução de um caso concreto. O entendimento que fosse fixado está vocacionado a revestir-se de força vinculante, caso se revista do caráter de decisão plenária. Por fim, podemos figurar a hipótese em que se questiona a constitucionalidade de um preceito legal que, por exemplo, em procedimento sumário houvesse admitido como satisfatória motivação contendo "apenas o essencial", pelo que se tem como inválida a decisão que nele se fundamentou. Aqui, o julgamento do Supremo, além de solucionar o caso concreto, decide, necessariamente, sobre a validade ou invalidade (objetivamente) de determinado preceito legal integrante do ordenamento jurídico, afirmando sua inaplicabilidade por ofensa ao sistema constitucional, ou tendo-o como com ele compatível, o que jamais pode dizer exclusivamente com o caso concreto.

Acredito incidiríamos em equívoco caso déssemos às três hipóteses igual tratamento, como entendo também erraríamos se déssemos às decisões de Turmas do Supremo uma eficácia diferenciada daquela que precedentemente atribuímos às tomadas por segmentos organizacionais dos tribunais superiores. Daí parecer-me que, em se tratando da primeira hipótese figurada no parágrafo precedente, jamais se deveria permitir recurso ao Pleno e a decisão alcançaria apenas o caso concreto, incidindo os princípios conhecidos e disciplinadores dos efeitos objetivos e subjetivos da coisa julgada. Considerações que fossem feitas pelos julgadores, capazes de figurar como diretrizes e fixação de princípios na espécie, seriam, para utilizarmos a terminologia dos juristas do *common law*, meros *dicta*, com efeito apenas persuasivo, jamais vinculativo.

Nas outras duas hipóteses, o recurso ao Plenário deveria ser proporcionado, inclusive mediante iniciativa dos julgadores, à semelhança da uniformização de jurisprudência, revestindo-se a decisão plenária (nunca a das Turmas) de força vinculante. Na última hipótese, o julgamento deveria ser afetado ao Pleno, revestindo-se a decisão de eficácia *erga omnes*, produzindo as mesmas consequências atribuíveis às deliberações em ações diretas de constitucionalidade ou inconstitucionalidade.

16. Fica por analisar as consequências que decorem, para os postulantes e para os julgadores, desse efeito vinculante. Guardando coerência com a posição defendida, deve-se aproximar a súmula, ou jurisprudência com força vinculante, da norma de caráter geral de natureza interpretativa editada pelo legislador. Nem pode valer mais, nem deve valer menos. Assim, sua violação deve acarretar, para os magistrados, os mesmos resultados que toda violação de lei lhe acarreta, não sendo aceitável se dê àquela violação um tratamento privilegiado. Se a violação da lei pelo julgador, em detrimento do jurisdicionado, é negligenciada pelo ordenamento, que deixa os vários sujeitos postulantes à mercê de um sistema autoprotegido, fechado e corporativo, produtor de imunidades, não se deve nem se pode permitir que a violação da jurisprudência vinculante acarrete o que não acarreta a flagrante, despudorada e audaciosa violação da lei e do dever do magistrado de julgar com isenção, ao decidir casos concretos. O juiz inferior não é subalterno do juiz superior, pois que ambos detêm o mesmo poder e só se distinguem em termos de competência. Esse postulado básico, infelizmente, foi de todo esquecido entre nós, havendo-se tornado a primeira máxime depois de 1988, mero depósito de pessoas potencialmente em condições de vir a ser efetivamente magistrados independentes e detentores de uma das funções básicas do sistema democrático, quando lograrem alcançar os tribunais, aos quais só chegarão gozando do beneplácito dos próprios integrantes dos tribunais. Os males disso decorrentes são inúmeros e graves, mas não podem, aqui, ser discutidos. Baste-nos dizer que juiz não tem superiores, sejam eles do primeiro, do segundo ou do grau extraordinário ou excelsso, porque se os tiverem, serão tudo, menos juízes, porquanto o juiz, porque servidor dos cidadãos, dos membros do grupo social que os instituiu politicamente como agentes de uma função pública que, por destinação e origem é e só pode ser serviço, só devem contas a quem detentor real da soberania – o povo. Seria agravarmos o que já é tão grave entre nós exacerbar a violação do menos enquanto deixamos impune a violação do mais, caso o desrespeito à súmula acarretasse para os magistrados consequências severas, quando elas inexistem para as violações da lei e da própria Constituição.

O difícil equilíbrio que se deve buscar entre a segurança, que o ordenamento precisa proporcionar aos indivíduos em suas relações sociais, e a independência dos juízes, a serviço da também inegável dinâmica dos fatos sociais, com repercussões sobre o entendimento dos preceitos jurídicos e sua aplicação aos casos concretos, esse difícil equilíbrio, a meu ver, tem solução, se não perfeita, mas largamente satisfatória, com a exigência da fundamentação dos julgamentos e a previsão da responsabilidade política, administrativa, penal e civil do magistrado em caso de erro inescusável. E o que é o erro inescusável? Os que vimos sofrendo na pele os efeitos dos "arrreganhos" dos mal formados temos perfeita e empírica percepção do que seja. É a decisão do magistrado que se mostra em manifesta discrepância da prova dos autos, em manifesta discrepância do entendimento predominante, ou não, de doutrinadores e julgadores, ou que, desse entendimento discrepando, carece de fundamentação séria de natureza dogmática. Fora dessas hipóteses, fica o vasto espaço oxigenado em que atuam os operadores do direito, doutos, corajosos, responsáveis, sensíveis, que porfiam por encontrar, usando os instrumentos "lícitos" – e tão numerosos eles são – que a ciência do direito lhes proporciona (dogmática conceitual, dogmática hermenêutica e dogmática da decisão) conseguem, sem violentar o ordenamento e sem oferecer espetáculos de subjetivismo exibicionista e autoritarismo subdesenvolvido, retirar o máximo de satisfação para os interesses em conflito, naquela sua dimensão carregada de imprecisão e rica de provocação que apelidamos de Justiça.

Assim sendo, inaceitável se negue a liberdade reconhecida ao juiz para interpretar a norma de caráter geral que lhe cumpre aplicar ao caso concreto quando se cuida de interpretação de súmula vinculante. Donde ser admissível sua inaplicabilidade ao caso concreto desde que justificada a posição do magistrado, tal como ocorre quando se cuida da hermenêutica de um dispositivo legal. Tudo será problema de clareza e de pertinência da fundamentação oferecida. Essa paridade entre a lei (norma geral) e a súmula vinculante (norma interpretativa de caráter geral) é indispensável e se me afigura, como dito antes, uma decorrência do sistema. A respeito desse aspecto do problema, CARMEN LÚCIA ANTUNES ROCHA apresentou trabalho, perante a Comissão de Reforma do Estado, em audiência pública promovida em São Paulo, no ano passado, de suma valia que ignoro já tenha sido objeto de divulgação para a comunidade jurídica.

Talvez só porque, infelizmente, no Brasil pós 1988 se adquiriu a urticária do "autonomismo", e todo o mundo é comandante e ninguém é soldado, todo o mundo é malho e ninguém é bigorna, todo o mundo tem direito e ninguém tem dever, talvez por isso se tenha tornado tema passional o problema da súmula vinculante. E isso eu percebi muito cedo, quando falando para juízes federais sobre a irrecusabilidade da força vinculante de algumas decisões de tribunais superiores, um deles, jovem, inteligente, vibrante, me interpelou: *"Professor CALMON onde ficam minha liberdade de consciência e meu sentido de justiça?"* Respondi-lhe, na oportunidade, o que consigno a seguir. Esta mesma pergunta não seria formulável, validamente, pelos que, vencidos, sofrem os efeitos da decisão que lhes repugna o senso moral e lhes mutila a liberdade? Por que os juízes podem nos torturar em nome da justiça a que se dizem obrigados, subjetivamente, e estariam livres de ser torturados por um sistema jurídico capaz de oferecer alguma segurança objetiva aos jurisdicionados?

Essa mesma "distorcida" compreensão do que seja independência do magistrado ressalta, de modo escancarado, em artigo de eminente parecer do Poder Judiciário, DÍNIO DE SANTIS GARCIA, sobre o problema da súmula vinculante, publicado na Revista dos Tribunais, v. 734, p.40 e ss., em que se acentua o papel do magistrado na criação (diria produção) do Direito, tido como necessário, em nossos tempos, sem jamais se associar a essa reflexão estoutra que lhe é co-natural, ou seja, a da legitimação desse magistrado que se propõe a exercitar função de natureza necessariamente política, rejeitando se politize sua legitimação. Seria demasiado cômodo, para os magistrados, e demasiado perigoso, para os jurisdicionados, vestir a roupa nova no velho juiz. Já os Evangelhos diziam ser insensatez pôr remendo de pano novo em tecido que o tempo desgastou.

17. De tudo quanto exposto, concluímos por afirmar que o problema da força vinculante das decisões dos tribunais superiores, mesmo sem texto expresso, até ia do desnecessário, ainda quando conveniente, decorre da lógica do sistema e só pode existir nessa perspectiva. Se esquecermos nossos "melindres corporativos", nosso "autoritarismo congênito", nossa tendência do falar pelo falar sem ter a preocupação de pensar para falar, se nos esforçarmos nessa linha, creio que chegaremos ao entendimento sempre possível entre os que realmente põem o coletivo, o público, o que é do interesse geral como prioridade, porque sabem que se o indivíduo é a única realidade e não há interesse que também não lhe diga respeito, sabem também que nenhum interesse individual é viável, em termos duradouros e profícuos, se for apenas, estreita e mesquinhamente um interesse individual, ou um interesse dito coletivo mas em verdade corporativo, de grupinhos, grupelhos ou grupamentos. Se a parte não for referida sempre ao todo a que pertence e de que foi retirado, mas ao qual, necessariamente deve se integrar, poderemos ser sujeitos sabidos; nunca teremos, entretanto, a **sabedoria**, indispensável para que se possa ter aquela boa vida humana da multidão sem a qual até mesmo a felicidade pessoal se faz problemática.

Assim, concluo que a proposta contida na Emenda Constitucional nº 96, em tramitação no Congresso Nacional, como redigida, só causará mais rigidez, tumulto e insegurança, em matéria que melhor redigida tratada em termos de legislação ordinária precedida de boa sedimentação doutrinária, caso a racionalidade, senso do razoável e fidelidade ao dever constitucional associada à função de julgar não foram bastantes para nos dar o equilíbrio que só a consciência dos responsáveis por papéis sociais pode proporcionar, jamais os enunciados jurídicos, um modo de dizer impotente para fazer com que as coisas sejam como ele diz devem ser, se falta aos homens aquilo que já foi enfatizado por um grande brasileiro – a consciência do dever.

| 9 | A CRISE DO PROCESSO DE EXECUÇÃO[14]

1. Quando se fala em crise do processo de execução, o que avulta, certamente, é o problema da eficácia desse processo. Atendesse ele, satisfatoriamente, aos objetivos que lhe são imputados, não se falaria em crise do processo de execução. Destarte, a propositura do tema equivale a esta assertiva: o processo de execução tem deixado de corresponder ao que dele se devia esperar.

Se assim é, a resposta será possível restringindo-se a análise ao que é estritamente execução, no topo do processo? Ou a crise, antes de ser do processo de execução, é do processo como um todo? Se há uma crise do processo, o que dessa crise repercute sobre o processo de execução? Haverá, acaso, algo que seja específico e restrito à execução?

Esse alargamento de nossa reflexão ainda se mostrará insuficiente, porquanto, a existir uma crise do processo, impor-se-ia questionar se a matriz dessa crise do processo acaso não se situa no que impropriamente se chama de metajurídico: no político, no econômico, no social (que se imbricam, necessariamente, no jurídico, o qual, por sua vez, sobre eles retorna seus influxos).

Nada mais alienador e perverso do que dissociar-se o direito do exercício do poder político. Só na medida em que se alteram, no grupo, as relações de poder, é que se modificam as relações jurídicas. Aquilo a que serve o poder é aquilo a que serve o direito.

E se o poder não significar serviço e for dominação, o direito, por seu turno, jamais realizará a justiça, sim efetivará a sujeição.

Fala-se muito na função educativa do direito posto e que, mesmo diante do descompasso entre o real e o formal, algo de positivo dele decorre. Seria o direito formal uma como que *mensagem* estimuladora e educativa. Nesse particular, é grande o meu ceticismo, porquanto toda mensagem pede, no destinatário, um mínimo de aptidão para captá-la, e o direito formal (positivo) sem correlação com o real, é como uma cartilha oferecida ao analfabeto: um instrumento inútil, sem o concomitante esforço de alfabetização. E a alfabetização cívica das massas, para que elas captem do direito posto a mensagem emancipadora, é a tarefa árdua, arriscada e desinstaladora de sua politização cotidiana.

---

14. Texto extraído de *Revista Ciência Jurídica*. Ano V, volume 37, janeiro/fevereiro 1991.

Insisto, pois, numa postura que me parece insuscetível de ser descartada no trato de qualquer problema jurídico: a da necessária referibilidade do jurídico ao político, ao econômico e ao social, a par da necessária referibilidade interna, no especificamente jurídico, do processo, no que for pertinente, ao todo do ordenamento jurídico. Sem esquecer o relacionamento de tudo isso com magistrado, em sua dimensão institucional.

Coroando quanto dito acima, a necessária referibilidade à fundamentação primeira e à razão última da tarefa de pensar: o homem. No jurídico, ele está na origem e está no destino, em ambas as extremidades do arco da aliança. Não o homem abstração, conceito, categoria, sim o homem vivente, historicamente situado no tempo, no espaço e na esfera do nosso compromisso como detentor de poder e de saber, o homem empenhado, como espécie, na luta por sua emancipação, que retroage, no passado, até suas próprias origens, e se projeta, para o futuro, até ao horizonte das utopias sustentadoras das esperanças humanas, que alimentam a coragem de viver.

2. Dissemos que falar em crise do processo de execução pressupõe, necessariamente, afirmar-se a crise de sua eficácia. Mas o que se deve entender por *eficácia* em termos jurídicos? O que se deve entender, particularmente, por eficácia do processo, e mais precisamente, do processo de execução?

O termo *eficácia* não tem conteúdo dogmático-jurídico. Eficácia é um **standard**, que precisa ser integrado por uma valoração social coletiva, e essa valoração não é necessariamente a mesma em todas as sociedades e em todos os tempos e em relação a todos os assuntos. Essa advertência foi feita por GIMENO SENDRA, em comunicação oferecida na *VII Conferência Mundial sobre Processo*, realizada em Utrecht, na Holanda, em 1987.

Desse prisma, conclui ele que, considerados os valores correntes nas sociedades contemporâneas, pode-se afirmar ser eficaz uma Administração da Justiça quando nela concorrem as seguintes garantias ou notas essenciais:

a) livre exercício do direito de ação e defesa;

b) solução do conflito em um prazo razoável (sem dilações indevidas) por um órgão independente e mediante aplicação do direito à relação jurídica material debatida;

c) existência, no processo, de medidas cautelares e de execução que possibilitem a tutela efetiva dos direitos e dos interesses legítimos.

Isso é o que se contém, acrescenta, no art. 14 do Pacto Internacional dos Direitos Civis e Políticos de New York e nos arts. 6 e 13 do Convênio de Roma para Proteção dos Direitos Humanos. E conclui, sintetizando: a idéia, pois, de eficácia da justiça se encontra, na atualidade, intimamente ligada à de um modelo de processo que, sem esquecer seus princípios constitucionais (contraditório, igualdade de armas, dispositividade nas democracias ocidentais) possibilite uma rápida solução do conflito, mediante o descobrimento da relação jurídico-material debatida e a aplicação, a ela, do direito objetivo, com os mesmos custos para as partes. *Celeridade, Economia e Justiça Material* conformam os novos postulados do modelo processual do Estado Social de Direito, que se superpuseram aos já clássicos do liberalismo (**Justice and efficiency – General reports and discussions**, pag. 29).

Esquecer essas advertências, quando se pensa em eficácia do processo, será deixarmo-nos corromper, mesmo que inconscientemente, por algo que cumpre seja incessantemente denunciado.

Se é alienador e perverso abstrairmos, pensando o jurídico, da realidade do poder político, em que o direito assenta suas raízes, não menos o é valermo-nos, para estimar a efetividade do processo, de razões com matriz na ideologia tecnocrática.

Pensadores de mérito, em nosso século, já desvelaram a face oculta da ideologia tecnocrática, insinuando-se, sorrateira e maléfica, inclusive no espaço das ciências humanas, conseqüentemente do direito.

Dentre todos elegerei HABERMAS, para fazer minhas suas observações reveladoras.

A função de toda ideologia é impedir a tematização dos fundamentos do poder. Elimina-se, por esse modo, a discussão sobre a legitimidade das normas vigentes dissociada das diferentes visões de mundo que se sucederam na História, desde as grandes religiões até as construções baseadas no direito natural, dentre estas a da justa troca, fundamento do capitalismo liberal.

A ideologia tecnocrática compartilha com as demais ideologias a característica de tentar impedir a problematização do poder existente, mas se distingue, radicalmente, de todas as outras ideologias do passado. Enquanto, no passado, se excluía a tematização do poder mediante a afirmação da legitimidade das normas vigentes, a partir da visão de mundo ideologicamente internalizada, a ideologia tecnocrática exclui o problema da tematização do poder através da sua *supressão*. O poder não é legítimo por obedecer a normas legítimas e sim por obedecer a regras técnicas, das quais não se exige que sejam justas, mas que sejam eficazes. Se os fundamentos do poder não precisam ser tematizados, não é porque repousam sobre uma normatividade legítima, e sim porque não existe, a rigor, o que legitimar: a lógica das coisas sendo o que é, não poder ser alterada por decisões políticas.

Quando se pensa a eficácia do processo referindo-a unicamente a tempo, quantidade e custos, ao que é tabelável e suscetível de tratamento matemático, ao que se qualifica, de modo tão ambíguo, de *pacificação*, introduz-se no direito o veneno da ideologia tecnocrática, se a tudo isso não se relacionar o que realmente pesa em termos de direito: a incansável tentativa de alcançarmos, historicamente, na convivência humana, o máximo de justiça possível, ainda quando em termos de estrita legalidade. Mais relevante que tempo, custos e quantidade é a *qualidade* do produto que se entrega ao jurisdicionado. E para isso de quase nenhuma serventia é a racionalidade cognitiva e também a ação instrumental. Aqui o servir ao homem se contrapõe a sua dominação. E só outro tipo de abordagem e outro tipo de racionalidade, que não a cognitiva, e outro tipo de ação, que não a instrumental, são adequadas.

3. A esta altura, já poderemos estar sendo acusados de inviabilizar a abordagem do tema proposto, tal a extensão que estamos dando ao que foi problematizado. Defendo-me e esclareço.

Sem dúvida que é necessária e legítima a análise estritamente dogmática de um tema jurídico. É útil, também, no universo das ciências biomédicas o estudioso ocupar-se exclusivamente do osso ilíaco ou das funções do fígado. Mas não será a ele que se pedirá resposta para os grandes problemas da saúde.

O que afirmo, e o em que insisto, é a necessidade que temos para enfrentar os grandes problemas do direito, ou mesmo seus aspectos de menor relevância, mas em crise, o que afirmo é a necessidade de uma sua abordagem crítica que, sem desprezar a dogmática, ultrapasse-a, e muito, desvelando o que a precede e o que a ela se segue e constituem o *realmente* jurídico.

A dogmática tradicional (racionalista-cognitiva) já mereceu a devida atenção e já proporcionou quanto lhe era possível proporcionar para compreensão e aplicação do direito. O que se faz, hoje, prioritário, é uma abordagem nova do jurídico, de sentido crítico, apoiada em uma concepção nova da racionalidade, menos estrita e, a partir disso, construir-se uma dogmática renovada, com ela compatível. Procurar-se ir além do direito, para poder lidar-se com o próprio direito, como lembra CELSO LAFER. E isso só será possível se fizermos brechas e abrirmos novas janelas nas espessas muralhas que protegem o jurista formal e positivista das provocações e riscos da realidade social, política e econômica, sobre a qual ele acreditava poder pairar, mas na qual, em verdade, se afoga sem remissão.

4. Tentando guardar fidelidade às diretrizes apontadas, comecemos por indagar: qual o nível de satisfação individual e social dos brasileiros, em termos de serviços públicos da justiça? Dos mais baixos, induvidosamente. Pergunte-se ao favelado, ao trabalhador, ao profissional liberal, ao empresário, ao intelectual, ao artista, indague--se de qualquer pessoa ou de qualquer grupo, e a resposta é única – insatisfação absoluta.

Visível, portanto, negarmos a crise do processo. Como ingênuo seria, de nossa parte, negarmos a crise da credibilidade na lei e nos responsáveis por sua feitura e aplicação.

O que determina esse estado de espírito? O que levou a essa crise generalizada, presente, inclusive, nos países do primeiro mundo?

Na VII Conferência, em Utrecht, estudando-se o problema da crise do processo, foram feitas três abordagens da matéria: do ponto de vista histórico, sociológico e estritamente processual. De quanto se disse ali, podem ser apontadas como causa dessa crise mais abrangente:

A nova feição do Estado, interveniente e promotor econômico e social, que ocasionou uma inflação legislativa, perturbadora dos juristas e ensejadora de maior número de conflitos jurídicos.

A sociedade de massa e o recrudescimento dos conflitos, por ausência de organismos intermediadores institucionalizados no próprio grupo social e na organização judiciária.

A exacerbação da litigiosidade, própria dos tempos de crise social e econômica.

A insuficiência e inadequação da assistência judiciária.

A deficiente formação dos profissionais do foro, juízes, advogados, membros do ministério público e serventuários, contribuindo para uma insatisfatória e retardada entrega da prestação jurisdicional.

O número insuficiente de juízes e as condições inadequadas em que trabalham.

A transformação das atividades vinculadas aos serviços da justiça em instrumento de ganhos financeiros ponderáveis.

Inadequação das formas processuais e má disciplina dos processos.

5. Que devemos retirar do que acima foi dito? A evidência de que na monumental crise do processo e da afetividade do direito, aquilo que menos pesa, na verdade, é o que se reveste de natureza estritamente dogmática e procedimental.

Há 15 anos atrás, em encontro promovido pela Faculdade de Direito de Minas Gerais, cujo objetivo era refletir sobre o que convinha modificar no novo Código de Processo Civil, insurgi-me contra a idéia, afirmando, então, que o problema a merecer reflexão séria e solução urgente era político, institucional, humano, e não dogmático nem processual-procedimental. O tempo me deu razão. Podemos, ainda hoje, insistir em restringirmo-nos ao estritamente dogmático e processual, mas precisamos ter a exata consciência de que, assim agindo, como cientistas, estamos apenas cuidando do osso ilíaco ou das funções do fígado.

6. Longe de mim, porém, querer frustrar de todo as expectativas dos que me lêem. Ainda quando sem força decisiva, não é irrelevante o trato dos problemas de natureza dogmática e procedimental. Nem por existirem outros mais prioritários, deixam eles de ser problemas e reclamar solução.

Mesmo aqui, entretanto, impõe-se uma abordagem que ultrapasse os limites da execução.

O direito não é algo pronto e acabado, existente na natureza, que ao homem só é dado colher, perscrutar ou aproveitar. O direito é construído pelos homens, e, em última análise, uma forma de compreensão específica da conduta. E sem esse juízo prévio sobre o agir humano, inexiste direito. E esse juízo é a cognição.

A crise da execução, portanto, tem origem na própria cognição, que a precede. Cognição imperfeita, demorada, inadequada significa execução imperfeita, demorada inadequada.

Ainda que apenas sumariamente, apontemos alguns males da cognição que repercutem na execução. O primeiro deles, o veso das sentenças ilíquidas e das conclusões imprecisas nessas sentenças ilíquidas. Transferindo desnecessariamente para um outro processo, o de liquidação, a definição do **quantum debeatur**, duplicam os sofrimentos e os sacrifícios das partes, exacerbando-os, comumente.

Outro problema ainda vinculado à dilatação, no tempo, da constituição do título executivo, reside na má disciplina dos recursos. Sempre defendemos a indeclinabilidade do duplo grau, como garantia indissociável do devido processo legal, e isso hoje nos parece fora de dúvida, em face do disposto no art. 5º, LV da Constituição Federal. Cabe, entretanto, distinguir entre duplo grau e recorribilidade indiscriminada. A previsão do duplo grau não importa em garantia de recurso com admissibilidade irrestrita, tendo como único pressuposto o gravame decorrente da sucumbência. Absolutamente não. Recorre-se para afastar a invalidade da decisão ou sua injustiça, e ambas as coisas têm seus pressupostos bem definidos. Quanto à invalidade, bastaria lembrarmos a problemática dos pressupostos processuais, das condições da ação, da regularidade dos atos do procedimento e as ofensas às garantias do devido processo legal. Quanto à injustiça, a errada ou insuficiente apreciação (objetiva) da prova ou a errada aplicação, aos fatos, do direito material.

Essa exigência da apelabilidade vinculada a fundamentação referida a pressupostos determinados reduziria, de modo apreciável, se não eliminaria de todo, o sem número de recursos meramente protelatórios, que asfixiam os tribunais e fazem da chicana uma técnica advocatícia. Quando muito se poderia conservar a admissibilidade ampla do recurso de apelação, desprovido de efeito suspensivo, possibilitando-se a execução provisória do julgado, independentemente de caução, atribuindo-se efeito suspensivo apenas às apelações escudadas em pressupostos especificamente indicados.

7. Providência fundamental, ainda, é a adoção, entre nós, de formas procedimentais que ensejem uma breve constituição do título executivo.

O direito europeu e o de alguns países sul-americanos conhece o procedimento monitório ou de injunção. Trata-se de um procedimento especial, cujo objetivo precípuo é o de possibilitar a rápida constituição do título executivo, quando a pretensão do credor, líquida e apoiada em documento, disser respeito a quantia certa, à entrega de determinada quantidade de coisas fungíveis ou de coisa certa. Cita-se ao devedor para satisfazer ao devido e se ele não impugna a pretensão, e até, em certos países, se não o faz de modo consistente, o juiz de logo constitui o título executivo.

Não julgo de melhor alcance prático a ausência do procedimento monitório, compensada com a dilatação do número de títulos executivos extrajudiciais. O título executivo extrajudicial, por sua própria origem, é título que comporta impugnação com plena cognição, vale dizer, defesa que finda por transmudar o processo de execução em processo de conhecimento, com a particularidade única da prévia segurança do juízo. Limitar-se essa defesa se mostra inviável. E se assim é, o procedimento monitório, ensejando ao magistrado o exame da defesa do devedor, de logo e em plenitude, obviaria o martírio da procura e constrição dos bens, com absoluto desconhecimento, pelo autor e pelo juiz, da extensão e da relevância da defesa do devedor. E se equipararmos à revelia a irrelevância ou inconsistência da impugnação, mais presteza se terá emprestado à constituição do título executivo, já aí judicial, e não extrajudicial.

8. Volto, pois, a insistir: não cabe falar em crise da execução quando sua maior complexidade formal e procedimental, o maior dispêndio de tempo no seu desenlace se dever ao fato da necessidade de se ter a cognição indispensável para que a justiça material, no caso, se efetive. O que deve e precisa ser feito é promover reformas que obstem a dilatação impertinente da cognição. A Comissão responsável por oferecer sugestões para reforma parcial do Código de Processo Civil, constituída no Ministério FERNANDO LYRA, sugeriu a antecipação da tutela condenatória quando a contestação oferecida pelo réu carecesse de consistência nos pontos fundamentais do litígio, evidenciando-se como injusto prejuízo para o autor a dilação, para final, da tutela pretendida. Isso e a adoção do procedimento monitório entre nós representariam positiva contribuição no sentido da maior afetividade do processo, somando-se a essas providências uma regulamentação mais precisa dos pressupostos do recurso de apelação.

9. Chegamos, enfim, ao que, específica e restritamente, é execução. Ousarei dizer que são bem poucos e de secundária relevância, no contexto global, os problemas especificamente procedimentais da execução. E fiel ao meu vezo de sempre passar pelo sociológico, político e econômico, antes de abordar o estritamente dogmático-jurídico, gostaria de tecer algumas considerações preliminares.

O professor ROGER PERROT, da Universidade de Paris, em comunicação feita nas Jornadas Francesas da Associação Henri Capitant, por ocasião do cinqüentenário de sua fundação, cujo tema central foi, precisamente, o da efetividade das decisões judiciais, o professor PERROT teceu considerações tão lúcidas e tão reveladoras que não me furto de reproduzi-las, sinteticamente.

Em um século, as mentalidades coletivas mudaram. Ser devedor, em nossos dias, não é mais uma pecha, e deixar de pagar suas dívidas deixou de ser sinal de opróbrio. O crédito ao consumidor, dispensado a torto e a direito, e a inflação constante nos habituaram a ser devedor e nos fizeram compreender que essa posição é a mais confortável, contanto que, em contraposição retardemos, quanto possível, a execução de nossas dívidas.

Ao mesmo tempo, a liberdade individual e o respeito à vida privada tornaram-se dogmas, que como todos os dogmas, não escapam de perversões – a fácil mobilização da opinião pública contra toda medida de execução que implique em constrangimento físico. Nesse contexto, tornou-se difícil efetivar medidas de execução sobre a pessoa (por exemplo, a expulsão) ou sobre bens corporais, sem que apareça como um mau credor aquele que delas tenta se utilizar. Além do mais, psicologicamente, a circunstância de se tratar de ordem judicial nada altera, porque, para a maioria de nossos contemporâneos, o juiz deixou de ser um personagem fora do comum que encarna uma verdade superior.

Não menores foram as mudanças de natureza econômica.

Há um século, o patrimônio era relativamente transparente: alguns bens móveis, algumas terras, às vezes uma ou mais casas de campo e alguns rendimentos de investimentos, imobiliários em sua maioria; tudo era facilmente identificável e permanecia suficientemente estável para se fazer conhecido e facilmente apreensível. Em nossos dias, o patrimônio perdeu sua transparência. Os bens do devedor podem ser um móvel de alto custo, mas normalmente são contas em banco em alguma parte do país ou no estrangeiro, ganhos diversos, dentre os quais os do trabalho são sem dúvida os mais visíveis, se o devedor tem um emprego estável; participações sociais em algumas sociedades civis imobiliárias disseminadas, ou capitais que se diluem de forma maleável, por meio dos muitos sábios expedientes que nos proporciona o direito das sociedades (**qui se lovent douillettement dans tous les savants echaffaudages que nous offre le droit des societés**). Em uma palavra, a fortuna se fez mais abstrata e, ao mesmo tempo, mais discreta e mais móvel e por essas razões infinitamente mais difícil de ser caçada.

10. Tudo isso transcende o processo de execução e escapa à disciplina jurídica, salvo ocorrendo prévia mudança no comportamento social. Por isso mesmo os cientistas do direito ficam sem resposta para os problemas decorrentes, porque eles ultrapassam o processo e escapam à dogmática, útil para operarmos em termos conceituais e sistêmicos, bem pouco valiosa, entretanto, quando se busca solução para as necessidades concretas da convivência humana.

Assim, mesmo no campo do estritamente relativo à execução, o que há de específico é quase nada; e esse pouco, ainda quando seja devidamente equacionado em termos procedimentais, deixará insolúvel um grande número de problemas relevantes, porque têm eles um estreito nexo com o social, econômico e político, que refletem decisivamente sobre o jurídico e comprometem a efetividade do direito (formal) e do processo.

11. Para evidenciar a relevância da dimensão cultural do problema, gostaria de mencionar o exemplo do Japão. O professor KITAMURA, da Universidade de Tóquio, em seu relato nacional, nas Jornadas Francesas da Associação Henri Capitant informa que o povo japonês tem pouco apreço pelo processo, não porque despreze o direito e o processo, mas por sua idiossincrasia, como povo, à desavença entre concidadãos. Estar litigando em juízo, para os nipões, é desmerecimento. Por isso mesmo há um empenho individual e social, fruto de um valor culturalmente internalizado em séculos, no sentido de conciliar e resolver, extrajudicialmente, as desavenças. Refere o professor KIMURA, documentando essa verdade, que no Japão, no ano de 1983, 664.342 pessoas foram vítimas de delitos de trânsito, mas bem poucos litígios dessa natureza tiveram curso nos tribunais, isso porque em 98% dos casos a solução foi amigável e extrajudicial. Noticia, ainda, o mestre da Universidade de Tóquio que, por força desse contexto cultural, dificilmente se verá num contrato, no Japão, cláusula relativa a foro de eleição ou pacto de arbitragem (cláusula compromissória), sendo no entanto usual dizer-se, nos instrumentos formalizadores de negócios jurídicos, que as partes se comprometem a, usando de boa-fé, tentarem se harmonizar sobre os desentendimentos que resultarem do que foi pactuado.

Como transferir essa postura para o Brasil, privilegiando, entre nós, a conciliação? quando somos um país em que os grandes ídolos e os grandes exemplos são os que sobrevivem e prosperam mediante artimanhas e artifícios, onde a palavra empenhada vale zero, onde o senso de responsabilidade e o respeito ao outro chegaram a níveis preocupantes e onde a maior cadeia de televisão se compraz em, diuturnamente, estimular os jovens para a irresponsabilidade, a madraçaria, a luxúria, a esperteza e a marginalidade moral?

Recuso-me, como jurista, a lavar as mãos diante do político, do social e do econômico, fazendo crer aos menos informados que nossa cumplicidade com o pior é apenas uma dolorosa e inexcusável conseqüência da neutralidade de nosso saber, técnico e objetivo, cabendo-nos, apenas lamentar que a realidade não se ajuste a nosso leito de Procusto. Daí porque afirmo, enfaticamente, que a esmagadora maioria dos problemas com que nos defrontamos, em termos de efetividade do processo, têm raízes culturais, derivam de uma deformação de comportamento social do brasileiro, incapaz de ser corrigido por via do direito formal e das construções dogmáticas. Temos boas leis, o que nos falta são bons aplicadores, privados e públicos, do direito legislado. Cabe aqui relembrar PORTALIS, sempre atual. "Temos visto países bem governados com leis ruins, mas por bons magistrados; ninguém jamais viu, entretanto, um país, por mais excelentes que sejam suas leis, bem governado por homem sem esclarecimento e sem senso de Justiça".

12. Postas essas premissas, cuidemos do que diz mais especificamente com a execução forçada. Para melhor apreciação, analisemo-la em suas várias espécies, abordando os problemas que lhe sejam pertinentes e as soluções que têm sido sugeridas ou que podem ser pensadas.

Comecemos pela execução por quantia certa. Qual a disciplina de seu procedimento, entre nós? Cita-se o devedor para pagar, no restrito prazo de 24 horas. Não o fazendo, faculta-se-lhe nomear bens a penhora, sob pena de sofrer constrição em seu patrimônio, por iniciativa do juízo. Penhorados os bens, são depositados e avaliados, seguindo-se a sua alienação, com subseqüente entrega do produto ao credor. Permite ao devedor embargar a execução, sustando-a provisoriamente mediante demanda de cognição, cujo objeto é a declaração da inexistência do título executivo, ou de sua ineficácia, bem como a decretação de sua invalidade.

O que há de errado nessa estrutura? O que nela se pode modificar para obter resultados mais positivos? Praticamente nada. Os atos são o mínimo indispensável. A defesa do executado é indescartável e já prevê a lei o indeferimento liminar da que se mostrar inconsistente. Sendo assim, porque esse procedimento, quase incensurável, deixa de produzir bons resultados?

Os obstáculos têm sido referidos levando-se em conta a procura dos bens do devedor, sua apreensão e alienação. Há obstáculos que são postos pela própria ordem jurídica e outros existem, de natureza fática, intransponíveis, que viabilizam, decisivamente, a execução. Pensemos, por exemplo, na inexistência de bens ou na sua insuficiência. Nesta hipótese, avulta a imprudência do credor, no seu afã de *correr riscos*, tão presente no mundo capitalista motivado pelo produzir e ganhar sempre em progressão indefinida. A par disso, a impenhorabilidade de certos bens, inclusive a imunidade dos bens públicos. São elimináveis esses obstáculos? Teremos regulado com excessiva liberdade o rol dos bens impenhoráveis? Não o creio, com ressalva apenas para os salários, considerados insuscetíveis de constrição sem atender ao seu valor, o que gera, na prática, privilégios. Como, por exemplo, permitir a livre constrição dos bens públicos, num país em que a irresponsabilidade administrativa e política campeiam? Responder que se o Estado age mal deve-se-lhe imputar as conseqüências dessa má conduta é ingênua ou maliciosamente esquecer que o Estado nada possui, e o que dele se tirar levianamente sairá do bolso de todos nós, contribuintes, que seremos ainda mais afligidos do que o somos, se liberalizarmos as negociatas que já se fazem pela via administrativa para também serem feitas por via do Judiciário, com facilidade maior do que a já existente hoje em dia.

13. No particular da localização e determinação dos bens, muita coisa já foi sugerida. Impor-se ao executado o dever de apontar os bens de seu patrimônio, para fins de constrição judicial, sob pena de sanções, inclusive de natureza penal. Agravar-se a condenação, em caso de ausência de colaboração do devedor. Centralizar-se o registro da propriedade dos bens, permitindo-se que a citação na execução tenha publicidade suficiente para tornar ineficaz qualquer alienação subseqüente que deles faça o devedor. Qual dessas soluções, indago, seria a mais adequada para ser adotada entre nós? Sem pretender tornar-me radicalmente negativo, diria que nenhuma. Não por que sejam inconvenientes, pelo contrário, todas têm alcance prático positivo. Meu ceticismo vem da convicção que tenho de que nos falta vontade política para adotar qualquer delas. Vontade política e pressão social. Esta ausência de vontade política pode ser bem documentada com o que aconteceu com as modestas sugestões oferecidas, no Ministério Fernando Lyra, para melhoria de nosso Código de Processo Civil. Foram sepultadas, não por inconvenientes, ou ineptas, mas simplesmente por serem ociosas, na visão dos que se aborquelam nos cargos e se descartam dos encargos. E assim fazem porque assim a Nação aceita que façam.

Também documentando essa falta de vontade política e essa anomia social lembraria apenas a desenvoltura do Judiciário, concedendo, a torto e a direito, cautelares inominadas cujo único objetivo é trancar, de modo irremediável, a propositura de ações de execução, mesmo violando a garantia constitucional da inafastabilidade da tutela jurisdicional. O último caso de meu conhecimento foi o da concessão **inaudita altera pars** (por quê?) de liminar, em seis Estados do Nordeste, por coincidência em iniciais e despachos do mesmo teor, impedindo o Banco do Brasil de acionar devedores ligados à indústria do álcool e do açúcar, passando pela lavoura da cana. A par disso, o desespero dos devedores, acossados por uma atualização (**sic**) perversa de suas dívidas, sem que ocorra a atualização (benéfica) de seus ganhos.

14. Poderíamos continuar abordando os percalços da avaliação dos bens, sujeita à lei da oferta e da procura das propinas, que a leva para lá ou para cá, ao sabor dos interesses em jogo, e demonstrar como o processo é impotente para formar o caráter dos homens. Poderíamos estudar o problema do depósito dos bens penhorados, essa catástrofe nacional que são os depositários públicos, ou este faz de conta que é a permanência dos bens com o próprio executado. Prosseguiríamos com o estudo dos custos da divulgação dos editais da hasta pública, das mil artimanhas que em torno da alienação judicial são arquitetadas, inclusive pelos profissionais desse mister, que rondam os foros como o abutre ronda a carniça. Que soluções processuais teríamos para tudo isso? O Código de 1939 previa a venda por iniciativa particular, como meio de obviar todos esses inconvenientes. Esse expediente frustrou-se. Insisto no que hoje é minha obcessão: se a lei diz e a realidade social desdiz, fica o dito por não dito. As sociedades não se regeneram via direito, elas é que, porque regeneradas, efetivam um direito digno desse nome, dada sua proximidade da Justiça.

A Suécia encontrou uma solução original para o problema. No seu novo Código das Execuções, de 1982, consagrou uma prática que datava de 1965, quando foi criado, fora da estrutura do Poder Judiciário, uma **Enforcement Authority**, órgão ao qual se confiou a função de executar os julgamentos tanto dos tribunais comuns quanto da justiça administrativa, inclusive de jurisdições especiais como a do trabalho. Mais que isso, incumbe-lhe a cobrança de títulos executivos, a par da tarefa de cobrar tributos e multas penais, associando uma função de certo modo de interesse privado a outra nitidamente de caráter público. Atendeu-se ao reclamo que muitos fazem de se desjuridicionalizar a execução, quando se apontam os inconvenientes de uma tarefa particularmente técnica e prática confiada ao controle judicial, de certo modo mal preparado para isso.

Seria pensável adotar-se essa solução entre nós? A pergunta vai a título de pilhéria, pois sabemos todos quanto os nossos juízes são ciosos de conservar suas atribuições e somar a elas quantas sejam possíveis, em termos de novidade: administrar pessoal, recursos financeiros, serviços auxiliares, etc. etc. E se mais não fazem é porque lhes negam, não porque não o desejem. Como em todo país subdesenvolvido, o poder entre nós é vantagem, não é serviço, e perder alguma contribuição soa, para os que detêm poder de mando, como amputação inaceitável. E poder ninguém perde senão como resultado de forte pressão social e política, e elas ainda são, entre nós, muito incipientes. De algum modo, continuamos a ser o Brasil das Capitanias Hereditárias. Se a divisão deixou de ser feita em termos de território, permanece em termos de interesses e privilégios. A própria Constituição de 1998 de modo bem expressivo, nada mais é que a formalização dessa partilha, expressa pela *autonomização* e *cartorialização* de interesses, mal costurados para formar uma frágil unidade nacional ou solidariedade nacional de interesses.

15. Apreciemos, agora, os problemas relativos à execução das obrigações de fazer ou não fazer. O que se tem criticado e o que se tem sugerido?

Defende-se, com acerto, dever propiciar-se ao credor obter, via execução, o mesmo bem que alcançaria na hipótese de ter havido o cumprimento voluntário da obrigação. De execução específica se fala. Surge, entretanto, um primeiro obstáculo: a repulsa universal a qualquer tipo de violência sobre a pessoa, objetivando constrangê-la a fazer ou deixar de fazer alguma coisa, sem considerar que aquilo que se faz sob o império do ódio ou do medo é feito com a contaminação desses males. Constroem-se, então, medidas de coerção indireta, penas pecuniárias, as *astreintes* do direito francês ou as *geldstrafen* do direito germânico. Úteis, sem dúvida, mas insatisfatórias, pois ou redundam em execução por quantia certa, se resiste o devedor, ou se corre o risco daquela prestação desqualificada pela violência feita à vontade do devedor (psicológica), no campo das obrigações personalíssimas, ditas infungíveis. Quando de obrigações fungíveis se cuida, o fato de poderem ser prestadas por terceiro, cria o inevitável complicador de associar a complexidade da execução por quantia certa à complexidade do controle da execução do terceiro arrematante da obra ou serviço.

O que se me afigura aconselhável, muito fácil de ser apreendido, mas difícil de ser implementado, por falta daquela vontade política e social a que já nos referimos, é adotar-se um rito especial para o processamento desse tipo de obrigações, de modo

A CRISE DO PROCESSO DE EXECUÇÃO

a ensejar ao credor a oportunidade de ser satisfeito concomitantemente com a cognição, atendidas as peculiaridades do caso concreto, formalizando-se antecipação da tutela, prevendo-se recursos sem efeito suspensivo em determinadas hipóteses, possibilitando-se a execução por terceiro ainda pendente o litígio etc. Por que, por exemplo, aguardar-se a conclusão do prazo fixado pelo juiz para cumprimento da obrigação (art. 633 do CPC) quando a inatividade do devedor, bem antes disso, já caracterizava a sua resistência?

O que dificulta, entretanto, essas modificações ou as minimiza? Insistimos – ausência de vontade política e de pressão social. Para tipificar exemplarmente esse fato bastaria lembrar a inexplicável resistência dos tribunais a outorgar execução específica em obrigações de prestar declaração de vontade, consagrando-se, na jurisprudência, uma orientação que favorece o esperto, o que foge, sem corar, àquilo a que moralmente se obrigou, os caxixeiros e vigaristas de roupa de brim de linho e de casemira inglesa, mormente esses, que conseguiram, entre nós, substituir patifaria por tino comercial, e fazer desse gatunagem civilizada credencial para obtenção de honrarias e comendas.

16. Acreditamos já seja a hora de concluirmos estas reflexões. Poderíamos ter dado a elas um conteúdo estritamente dogmático, tudo certinho, racional (**sic**) e lógico, inclusive ornamentaríamos com colorações modernizantes esse discurso, dando a ele um certo sentido crítico, estritamente jurídico formal, voltado sempre para dentro do próprio direito (positivo), como se ele, direito, fosse um nível de realidade sobrejacente ao nível do concreto, do histórico, do humano-existencial, de tudo que é perturbadoramente contingente, porque humano. Preferi não fazê-lo. Até porque outros bem mais doutos já o fizeram, e muitos vêm se repetindo fatigantemente nessa tarefa. Quando concluo, entretanto, a leitura dessas valiosas contribuições, tenho a estranha sensação de ter sido enganado e me sinto perturbado e inquieto. Tudo é dito, pensado e escrito como se o direito não dependesse dos juízes, dos escrivães e dos oficiais de justiça, da esperteza dos advogados e do senso moral de todas essas pessoas, como se ele não tivesse raízes no cotidiano social, econômico, político, como se dele não se pudesse esperar senão o que os valores socialmente correntes podem propiciar, sendo impossível colher-se justiça onde impera a opressão, retidão de julgamento, onde campeia a corrupção do bolso e do coração, senso de responsabilidade quando a coisa pública se torna **cosa nostra**.

Diz-se tudo como se o cotidiano do foro e da vida social inexistissem ou, existindo, fossem irrelevantes, para o direito, quando a verdade única é justamente inversa ou seja, a de que enquanto permanecer gravemente enferma a nossa sociedade brasileira nenhuma ordem jurídica formal será salutar. Abstrair o social, o econômico, o político para parolar sobre o direito é incidir, em última análise, na falta de senso, para não dizer cinismo, daquele bêbado, que depois de haver, na véspera, ingerido garrafas e garrafas de vodka, intervalando muitas doses com o mastigar

117

de algumas azeitonas solitárias, maldizia-se, diante da ressaca braba, que ameaçava vitimá-lo: Malditas azeitonas, malditas azeitonas!

Nós, que temos perfeita ciência dos problemas graves que emperram a efetivação do direito entre nós, todos eles de origem estranha à dogmática jurídica, quando nos comprazemos em criticar os procedimentos e processos, as normas e os conceitos, em verdade nada mais estamos fazendo que camuflar o *porre* que tomamos, impotentes ou indiferentes diante dos problemas que realmente são problemas, atribuindo toda a culpa às formas e aos procedimentos, isto é, às pobres e inocentes azeitonas referidas pelo bêbado, mentindo a ele próprio e aos outros, mas faltando à verdade sem proveito nenhum, porque porre é porre e não é maldizendo as azeitonas que escaparemos do risco de nos termos deixado embebedar sem medida e sem controle.

| 10 | RESPONSABILIDADE DO EXEQUENTE NO NOVO CÓDIGO DE PROCESSO CIVIL[15]

SUMÁRIO • Divergências quanto ao alcance do art. 574 do C. Pr. Civ. (nos 1-2). Sua inaplicabilidade às execuções provisórias (nos 3-6). O abuso de direito no novo C. Pr. Civ. (nos 7-9). O art. 574 como sanção específica ao abuso de direito no processo de execução (nº 10). Seu conteúdo e sua restrita aplicabilidade às execuções definitivas (nos 11-12). Casos de não incidência do art. 574 (nos 13-14).

1. O art. 574 do C. Pr. Civ. vigente dispõe que o credor ressarcirá ao devedor os danos por este sofridos, quando a sentença, passada em julgado, declarar inexistente, no todo ou em parte, a obrigação que deu lugar à execução.

Cuida-se de dispositivo sem similar no Código revogado e que reclama, ao nosso ver, cuidadosa exegese, precisando-se as hipóteses de sua incidência e a extensão das consequências que disso decorrem.

A respeito conhecemos dois pontos de vista com os quais, infelizmente, não afinamos. Daí esta tentativa de divulgar nosso entendimento, em confronto com os já manifestados, ensejando-se, por esse modo, aos responsáveis pela aplicação do novo Código, maiores subsídios.

A primeira interpretação de que tivemos notícia foi a do eminente mestre Moniz de Aragão. Em outubro de 1973, no Seminário de Estudos Jurídicos realizado em Salvador, sob os auspícios da Associação dos Magistrados da Bahia, discorrendo a respeito do processo de execução, afirmou o douto processualista ser aplicável o art. 574 apenas nas hipóteses de execução provisória, parecendo-lhe de todo descabido invocar-se sua incidência quando de execução definitiva se cuidar. Registre-se, entretanto, por amor à verdade, haver Moniz de Aragão frisado a provisoriedade de seu entendimento, sujeito a reexame após maior reflexão sobre o problema. Desconhecemos, contudo, seu atual ponto de vista.

Nessa oportunidade, com as mesmas ressalvas, Moniz de Aragão recebeu o valioso apoio de José Carlos Barbosa Moreira.

---

15. Texto extraído de *Revista Forense* (Comemorativa – 100 anos).

Ponto de vista diverso encontramo-lo nos breves comentários sobre o Código de autoria de Sérgio Fahione Fadel. Para ele o art. 574 incide em três situações distintas:

a) quando a execução se fundou em título extrajudicial e a sentença final que acolheu os embargos (transitada em julgado) declarou extinta a obrigação;

b) quando a execução se fundou em sentença judicial, provisória ou definitivamente executada na pendência de algum recurso;

c) quando a sentença executada foi desfeita por ação rescisória.

2. Apreciemos, inicialmente, a posição adotada por Moniz de Aragão e Barbosa Moreira.

O pensamento desses mestres, nós o recolhemos de notas taquigráficas dos debates travados em Salvador, notas por eles não revistas na versão em meu poder, pelo que fica posta a ressalva para resguardo dos eminentes colegas.

Para ambos, a aplicação restrita do art. 574 às hipóteses de execução provisória resulta da referência feita no dispositivo a sentença passada em julgado, que declarar inexistente, no todo ou em parte, a obrigação que deu lugar à execução. Se uma sentença declara a obrigação inexistente, isto significa que a execução se iniciará antes da sentença, o que somente cabe quando se trata de execução provisória e esta, como tradicionalmente entendido, se faz sempre à custa e risco do exequente. Já no particular da execução definitiva, pressupõe-se uma sentença passada em julgado, conseqüentemente, perante a execução definitiva, o risco da reforma da sentença desaparece. A hipótese de ainda vir a surgir uma outra que declare, no todo ou em parte, inexistente a obrigação está afastada, porquanto somente através de uma ação rescisória se poderia discutir a sentença passada em julgado. Na hipótese dos embargos do executado, que constitui um outro aspecto do problema, também não incide o art. 574, porque os embargos do executado, em princípio, suspendem a execução e também em princípio, suspendem a execução e também em princípio não visam a infringir a sentença do processo de conhecimento.

Isso, contudo, não exclui, na prática, uma eventual ocorrência de abuso de direito por parte do exequente, para o que tem o Código normas específicas.

Esse, em resumo, o pensamento dos mestres.

3. Naquela oportunidade manifestamos nosso desacordo a esse entendimento, desacordo que ainda perdura, não só pelas razões então expostas, como também por outras de reflexão posterior, mais acurada, a elas acresceu.

Pela sistemática do Código vigente é definitiva a execução fundada em sentença transitada em julgado ou sem título extrajudicial (art. 587). Consequentemente, de execução provisória só podemos cuidar quando de ação condenatória se trate e esteja a decisão nela proferida sujeita a recurso com efeito apenas devolutivo.

Em face do parcimonioso elenco de apelações com efeito meramente devolutivo constante do art. 520, observa-se, na prática, revestir-se de alguma relevância apenas os casos de sentenças condenatórias sujeitas a recurso extraordinário. Isto porque as ações de alimentos têm sua peculiaridade, não se podendo cogitar de perdas e danos pela execução provisória da sentença, em face da irrepetibilidade da prestação alimentar; o processo cautelar tem regras específicas, afastada a incidência do art. 574; a liquidação da sentença é um momento do processo de execução, cuide-se de execução provisória ou definitiva; o mesmo se podendo dizer quanto aos embargos do executado. Sobrevive, apenas, a sentença homologatória da divisão ou demarcação, muito pouco para ser relevante e difícil de ensejar a aplicação do art. 574.

Correto, por conseguinte, asseverar-se como campo por excelência de incidência da execução provisória o das sentenças condenatórias sujeitas a recurso extraordinário, em face da regra expressa do art. 543, §4º, do C. Pr. Civ.

4. Restrita, contudo, a aplicabilidade do art. 574 às hipóteses de execução provisória, situações intoleráveis, do ponto de vista da equidade e do justo tratamento das partes no processo, ocorrerão na prática. Senão vejamos.

Um credor por título de dívida líquida e certa representado, por exemplo, por uma promissória, aciona o devedor. Citado, não paga o réu a dívida e tem seus bens constritos. Posteriormente, oferece embargos, opondo a falsidade do título ou a inexistência ou invalidade do negócio jurídico subjacente ao título (defesa possível em face do art. 745 do C. Pr. Civ.). Repelidos os embargos, o recurso que venha a ser interposto apenas terá efeito devolutivo (art. 520, V); entretanto, esse fato não obsta o prosseguimento da execução como definitiva, em face do disposto no art. 587, *verbis*: a execução é definitiva quando fundada em sentença transitada em julgado ou em título extrajudicial. E se definitiva ela é, atos translativos de domínio podem ser praticados, vale dizer, os bens constritos poderão ser levados a hasta pública e transformados em dinheiro para satisfação do credor.

Poder-se-ia pretender obviar essa consequência vendo-se na parte final do art. 587 a solução, isto é: sendo provisória a execução de sentença impugnada mediante recurso recebido só no efeito devolutivo, e encontrando-se nessa situação o que é interposto da decisão que julga improcedente os embargos, conclui-se pelo caráter provisório da execução, nessa circunstância.

A construção é por demais esdrúxula para ser aceita. Primeiro, porque se a execução era definitiva inicialmente, ela não se fará provisória por via da improcedência dos embargos, o que seria um contra-senso; segundo, porque a sentença impugnada é a dos embargos e não sentença condenatória proferida em processo de cognição, quando se entende perfeitamente aplicável o disposto no art. 587, *in fine* (no caso de execução com apoio em título extrajudicial, a execução não se estriba em sentença, sim em título de outra natureza e a sentença impugnada não é o título da execução, sim sentença proferida nos embargos oferecidos pelo executado).

Cuidando-se, portanto, no caso sob análise, de execução definitiva, seria inaplicável o disposto no art. 574 e o exequente responderia segundo os preceitos disciplinadores, de modo geral, do abuso de direito, afastada a hipótese de responsabilidade objetiva.

5. Figuremos, agora, situação completamente diversa. Alguém aciona outrem, propondo uma ação condenatória. Vencedor, e porque o vencido interpôs recurso extraordinário, promove a execução provisória. Execução que, para ser ajuizada, reclama prestação de caução e não pode ir além da penhora e avaliação dos bens, vetado qualquer ato translativo de domínio (art. 588). E este exequente, que tão brandamente interferiu na esfera jurídica de seu adversário, e o fez apoiado em decisão judicial, responde por perdas e danos, sem se poder indagar de sua culpabilidade, indiferente o ordenamento jurídico ao elemento subjetivo de sua conduta. Pune-se, aqui, severamente, quem maiores razões possui para não ser punido. Contemporiza-se, ali, com alguém com razões de sobra para sê-lo. A disparidade é gritante e tão inequívoca que reclama imediato repúdio.

6. Não representam esses argumentos, entretanto, os únicos que invalidam o entendimento da aplicabilidade restrita do art. 574 às execuções provisórias. Um outro se recolhe, não menos valioso, do confronto entre os arts. 574 e 588. No primeiro se diz que a responsabilidade decorre do fato de ter sido declarada inexistente, no todo ou em parte, a obrigação que deu lugar à execução. Atente-se bem: inexistente a obrigação que deu lugar à execução (mérito). No art. 588, vincula-se a responsabilidade à ineficácia da sentença objeto da execução, ineficácia oriunda de outra que a modificou ou anulou. Conseqüentemente, o campo de incidência do art. 588 é bem mais amplo que o do art. 574, pelo que ambos não podem ter o mesmo objeto.

O art. 574, portanto, não diz respeito à execução provisória, que tem seus princípios, no tocante à responsabilidade o exeqüente, disciplinados no art. 588; ele incide, e exclusivamente, nas hipóteses de execução definitiva.

É o que tentaremos demonstrar.

7. O vigente C. Pr. Civ., à semelhança do revogado, cuidou do problema do abuso de direito no processo. Nem poderia omitir-se. Garantido, constitucionalmente, o acesso aos tribunais, para obter-se a tutela de um interesse juridicamente assegurado, esse acesso constitui-se, ele também, objeto de um direito subjetivo. E, à semelhança do direito subjetivo material, cuja efetividade busca resguardar, pode ser desvirtuado no seu exercício, seja pela intenção ilícita do agente, seja pelo desvio de sua finalidade social. Numa e noutra hipótese, não só a parte adversa, mas também o próprio Estado é atingido, prejudicados ambos em interesses de que são titulares,

máxime o último, responsável pela salvaguarda de interesses que dizem respeito à totalidade dos sujeitos da sociedade política.

O Código disciplina o abuso de direito no processo em três Seções, insertas do Capitulo II do Título II do seu Livro I, isto é, ao dispor sobre o processo de conhecimento, quando regula os deveres e responsabilidades das partes e dos procuradores (arts. 14 a 18). Enumera como deveres a exposição dos fatos, em juízo, conforme a verdade; o procedimento processual à base da lealdade e da boa-fé e, ao lado destes, o de omitir-se o litigante quanto a formular pretensões ou oferecer defesas ciente de que são destituídas de fundamento, bem como da prática de atos, inclusive probatórios que sejam inúteis ou desnecessários à declaração ou defesa do direito. A violação desses deveres caracteriza a má-fé do litigante, respondendo ele por perdas e danos, cumprindo-lhe indenizar a parte contrária dos prejuízos advindos do processo e do seu comportamento doloso.

Desdobrando o enunciado genericamente, o Código, em seu art. 17, define as várias situações caracterizadoras da má-fé do litigante: deduzir pretensão ou defesa, cuja falta de fundamento não possa razoavelmente desconhecer; alterar intencionalmente a verdade dos fatos; omitir intencionalmente fatos essenciais ao julgamento da causa; usar do processo com o intuito de conseguir objetivo ilegal; opor resistência injustificada ao andamento do processo; proceder de modo temerário em qualquer incidente ou ato do processo ou provocar incidentes manifestamente infundados.

8. Esses preceitos, editados para o processo de conhecimento, são extensivos ao processo de execução, por força do disposto no art. 598 do C. Pr. Civ., que manda aplicar, subsidiariamente, à execução, as disposições relativas ao processo de conhecimento. Por conseguinte, naquilo em que for omisso o Livro II, incidem os preceitos do Livro I, se compatíveis; e incompatibilidade não existe que impeça estender-se, ao processo de execução, os preceitos pertinentes ao abuso de direito no processo de conhecimento; pelo que se afigura conclusão correta afirmar-se a incidência dos arts. 14 a 18; também no processo de execução.

9. Consequentemente, no processo de execução, particularmente nos embargos do executado, cumpre às partes e aos procuradores proceder com lealdade e boa-fé, não formulando pretensões, nem alegando defesas cientes de que são destituídas de fundamento. E por força disso caracteriza-se também como litigante de má-fé, no processo de execução, o exequente que se encontra numa das situações arroladas pelo art. 17, devendo responder por perdas e danos.

Para o que nos interessa particularmente, podemos afirmar a responsabilidade por perdas e danos, no processo de execução, de quem deduzir pretensão ou defesa, cuja falta de fundamento não poderia razoavelmente desconhecer.

Pontes de Miranda, apreciando o art. 17, inciso I, do C. Pr. Civ., é claro ao considerá-lo extensivo à execução. Diz ele que o dispositivo "cogita de exercício de ação, ou de execução, ou de defesa, a que falta fundamento, e o figurante não tinha qualquer razão para ignorá-la" ("Comentários ao Código de Processo Civil", vol. I, p. 401).

10. Isto posto, cabe indagar se o art. 574 é mera reprodução, no processo executivo, do previsto pelo art. 17, I, para o processo de conhecimento. Nossa resposta é negativa. Estamos diante de duas situações diversas. Ali, no art. 17, I, reclama-se a presença do elemento subjetivo para fins de responsabilidade de quem deduziu a pretensão; aqui, no art. 574, relaciona-se a responsabilidade ao fato da sentença declaratória da inexistência, no todo ou em parte, da obrigação que deu lugar à execução. Ali, no art. 17, I, vincula-se a responsabilidade à dedução de pretensão sem fundamento (o que é mais amplo que pretensão inexistente); aqui, no art. 574, atrela-se a responsabilidade exclusiva e restritamente à inexistência da obrigação do executado.

De quanto exposto até aqui, resulta o convencimento de não representar o art. 574 nem uma reprodução desnecessária do que dispôs o art. 588, relativamente a execução provisória, nem do que preceituou para o processo de conhecimento, o art. 17, inciso I.

O art. 574, portanto, tem seu alcance próprio, que reclama ser precisado para fins de sua aplicação.

Tentemos determiná-lo.

11. Que se deve entender, no processo de execução, por deduzir pretensão cuja falta de fundamento não pode o exequente razoavelmente desconhecer?

Toda execução tem por base um título executivo, judicial ou extrajudicial, diz o art. 583 do Código. Com apoio nele, portanto, deduz o exequente a sua pretensão. Ele é condição de admissibilidade da ação de execução, visto como, sem ele, a pretensão de haver dos órgãos jurisdicionais a atuação das medidas de execução forçada se torna ilegítima. Inexistindo o título, a pretensão processual executiva é deduzida sem fundamento. Mas não é disto que cuida o art. 17, inciso I, do C. Pr. Civ., nem por igual o art. 574.

Se alguém com título (em sentido lato, equivalendo a causa de pedir) desprovido de força executiva requer a instauração de execução, postula ineptamente, devendo sua petição ser indeferida (art. 616) e se não o for, esse fato determinará, posteriormente, a nulidade da execução (art. 618, I) e consequente extinção do processo, respondendo o autor pelas custas e honorários de advogado.

Parece-nos exato, inclusive, afirmar-se que, uma vez citado o réu para o processo de execução, sendo a hipótese de execução promovida sem apoio em título que legitime a pretensão executiva, pode o citado obstar a penhora, expondo o fato ao juiz, para que este decrete a extinção do processo, por sua nulidade, com apoio no art.

618, I. E na sentença que decrete essa extinção o juiz aplicará ao exeqüente a sanção da responsabilidade pelas custas e honorários de advogado, como se depreende do disposto no art. 268, de aplicação subsidiária no processo de execução. Nada obsta, entretanto, constitua a matéria objeto dos embargos do executado, quando a extinção se dará com a sentença que os julgar.

12. O título executivo é também, do ponto de vista substancial, um ato jurídico representado documentalmente, um ato jurídico expresso num documento ao qual a lei empresta a eficácia da tutela executiva.

Nessa perspectiva, deduzir pretensão cuja falta de fundamento não pode o exeqüente razoavelmente desconhecer é pedir a tutela executiva de um interesse de natureza substancial, cuja improcedência o credor não podia razoavelmente desconhecer. A previsão aproxima-se, a ponto de quase se identificar, com o erro grosseiro que o Código revogado, em seu art. 3º, incluía entre as figuras constitutivas do abuso de direito no processo.

Estabelece a lei, escreveu José Olímpio de Castro Filho ("Abuso do direito no processo civil", p.98), quando faculta o recurso às vias judiciais para satisfação das pretensões, um dever mínimo de conhecimento das mesmas vias judiciais, seu alcance e utilidade, seu fim social. Por conseguinte, quem falta a esse dever de modo inexcusável torna-se responsável; e a ele se falta quando a evidência da injustiça havia de ser vista pela parte, considerando-se a matéria da lide e as ocupações ou especialidades do autor", como adverte, com propriedade, Pontes de Miranda (cf. "Comentários ao Código de Processo Civil", vol I, p. 402). Nesta hipótese, temos o litigante de má-fé, nos termos do art. 17, inciso I, aplicável, como visto, subsidiariamente, ao processo de execução.

O art. 574, pelo que se deduz de seu contexto, cuida de situação diversa. Nele, o elemento subjetivo é totalmente posto à margem, derivando a responsabilidade do exeqüente do fato de haver sentença, passada em julgado, declarando inexistente, no todo ou em parte, a obrigação que deu lugar à execução.

Assim entendido, o art. 574 coloca-se ao lado do art. 17, I, e do art. 588, representando os três um sistema harmônico para disciplina da responsabilidade do exeqüente:

a) na execução provisória, responsabilidade objetiva, derivada do fato de haver sobrevindo sentença que modificou ou anulou a que foi objeto da execução;

b) na execução definitiva, apóie-se ela em título judicial ou extrajudicial:

1. responsabilidade com culpa, pelo fato de haver o exeqüente deduzido pretensão cuja falta de fundamento não podia razoavelmente desconhecer;

2. ou responsabilidade objetiva, quando a execução frustrar-se por ter sido declarada inexistente a obrigação que lhe deu lugar.

E por que o Código acrescentou essa última previsão, fazendo-a conteúdo do art. 574, quando o sistema já dispunha dos arts. 17, I, e 588? A justificativa, encontramo-la na equiparação do título extrajudicial ao judicial para fins de execução. Consideradas ambas as execuções como definitivas, com os sérios riscos que disso podem advir para o devedor, o Código pôs o art. 574 como um freio à posição privilegiada que deferiu a quem executa com fundamento em título não sentencial.

13. Demonstrada a especificidade do art. 574, resta determinar o alcance de seu conteúdo.

O termo "obrigação" é utilizado tanto para significar a relação obrigacional, como também os deveres que dela resultam, segundo advertem os civilistas (cf. Eduardo Espínola, "Garantia e extinção das obrigações", p. 7). Pelo que falar-se em inexistência da obrigação que dá lugar à execução, tanto pode referir-se à inexistência da relação obrigacional, como de algum direito de crédito que dela se origine.

Isto posto, em que circunstâncias se poderá ter como inexistente a obrigação?

Parece-nos que assim se deve considerar quando ela for indevida no caso concreto, seja ela objetivamente indevida (não exista quanto a seu objeto) ou subjetivamente indevida (exista objetivamente e não seja o executado o devedor).

Por outro lado, a inexistência de que cuida o art. 574 deve ser entendida com vistas à pretensão deduzida como fundamento da ação de execução. Se ela era inexistente (indevida ao tempo da propositura da ação, cuida-se de inexistência que envolve a responsabilidade objetiva do exequente; se ela se fez inexistente (indevida), unicamente por força de pronunciamento judicial nos embargos do executado, de inexistência não se pode falar para fins do art. 574.

Pelo exposto, conclui-se incidir o art. 574 na hipótese de se reclamar determinada prestação de A e, como consequência, submeter-se bens de seu patrimônio a constrição judicial, vindo a final a definir-se B como sendo o devedor. O mesmo se pode afirmar quanto a execução promovida com apoio em título já pago, ou falso, ou absolutamente nulo; ou quando a respeito do ato jurídico que ele certifica ocorreu transação ou novação; ou quando o direito que a ele se vincula foi objeto de decadência etc.

Diversamente ocorre quando se ajuíza execução fundada em título prescrito. Quem reclama o pagamento de dívida prescrita não pede o cumprimento de obrigação inexistente (indevida), mas de obrigação a que se pode furtar o devedor, fazendo valer o seu contradireito representado pela prescrição, o qual, se não exercitado, torna a dívida existente e exigível, não se podendo falar, na espécie, em repetição do indébito.

Por igual, se a dívida é afinal considerada inexistente, no todo ou em parte, por motivo de haver o executado oposto a exceção de compensação. A pretensão do exequente se apoiou em obrigação exigível, extinta apenas no processo e por força de ter sido acolhida a exceção de compensação oferecida pelo executado.

Razões da mesma natureza levam a sustentar-se a não-incidência do art. 574 quando a invalidade ou ineficácia do título resultou de pronunciamento ocorrido no processo de execução (nele inserida, sem dúvida, a ação de cognição dos embargos). Aqui se cuida, por igual, de exceção oposta pelo devedor, dependente, para que produza efeitos não só de sua oponibilidade, como também de reconhecimento judicial, pelo que seria excessivo falar-se de obrigação inexistente quanto à que serviu de fundamento à execução, visto como essa inexistência ocorreu por força do exercício do contradireito do executado no processo.

Nas circunstâncias apontadas, somente poderá incidir o art. 17, inciso I, não o art. 574, respondendo o exequente por perdas e danos unicamente quando deduziu pretensão cuja falta de fundamento não podia razoavelmente desconhecer, afastada a possibilidade de responder sem culpa.

14. Resta, para concluir, examinar a opinião de Sério Fahione Fadel, que afirma a incidência do art. 574, quando a sentença que serviu de título à execução for desfeita, por ação rescisória.

Julgamo-la, *data venia*, inaceitável. E se não refutamos, preliminarmente, os argumentos do referido comentarista é por motivo de não os termos encontrado especificamente postos para hipótese.

Pressuposto da rescisória é a existência de sentença transitada em julgado. Porfia-se com ela, justamente, a desconstituição da eficácia da sentença, eficácia tornada imutável por força da passagem em julgado do decisório.

No caso em exame, a rescisória terá por objeto a decisão proferida no processo de cognição, seja no processo de cognição da ação condenatória, seja no processo de cognição dos embargos do executado. E nessas circunstâncias nem mesmo o art. 17, inciso I, pode ser invocado, visto como destoa dizer-se que o exeqüente não podia razoavelmente desconhecer a falta de fundamento de sua pretensão, quando ela, para a execução, se apoiou em decisão transitada em julgado, vale dizer, em direito tornado judicialmente certo e exigível. Se de responsabilidade se pudesse falar, seria ela do Estado, por ter certificado direito inexistente. E se o Estado-juiz incidiu em erro por dolo da parte, o fundamento da responsabilidade é bem outro, que não a declaração ou decretação da inexistência da obrigação por via da rescisória.

Nem é despiciendo o argumento de que o art. 574 diz respeito ao processo de execução, e nele é que a sentença transitada em julgado deve ter declarado inexistente a obrigação. A rescisória é outro processo, outra ação, que pressupõe uma sentença já transitada em julgado, e para ela seria impróprio transferir-se o que foi preceituado com vistas ao processo de execução.

Se de execução por título extrajudicial se cuida, a rescisória terá como objeto a sentença proferida nos embargos de que os teve por improcedentes. Nessa hipótese inexistiu sentença passada em julgado, declarando inexistente, no todo ou em parte, a obrigação que deu lugar à execução. Antes, o que houve foi sentença passada em julgado, tornando certa e exigível a obrigação que deu lugar à execução. E só depois de consumada esta, mediante rescisória, se invalidou a anterior.

Como advertem os estudiosos, a sentença suscetível de rescisão não é sentença nula nem anulável, é sentença eficaz, sujeita, contudo, a desfazimento pelo juízo rescisório. Conseqüentemente, aplicar-se o art. 574 na hipótese de modificação da sentença proferida nos embargos por via de rescisória é desconhecer-se essa eficácia.

15. Esta é a despretensiosa colaboração que oferecemos à exegese do art. 574 do Código, que não pôde ser mais longa nem mais erudita em face do prazo que me foi deferido. E também porque a inspirou menos o desejo de convencer, que o de provocar os estudiosos a reflexões sobre o novo Código, fugindo todos nós à terrível força da inércia que nos convida a afirmar, como o fez um bisonho magistrado, que o Código só é novo na aparência, porque deixou tudo mais ou menos como já era, para repouso de todos nós.

| 11 | PROCESSO DE EXECUÇÃO – ALGUNS TEMAS POLÊMICOS[16]

1. Já decorridos quase cinco anos de vigência do Código de Processo Civil de 1973, parece-me chegado o momento de mudar o centro de interesse das pesquisas e reflexões dos estudiosos, deslocado ele da tarefa exegética, sem dúvida a prioritária num primeiro momento, para a tentativa de compreensão sistemática e unitária do novo diploma processual, ressaltadas as transformações havidas em relação ao sistema revogado e levadas as suas plenas conseqüências.

Ao lado disso, parece-me também urgente a análise e avaliação da jurisprudência já produzida com a aplicação do novo Código, bem como das divergências de interpretação de seus dispositivos, tentando-se, pelo acordo da maioria, fixar diretrizes para o comportamento de advogados e julgadores.

Sem dúvida muitos pontos permanecerão polêmicos, irredutíveis uns e outros, como a experiência nos comprova; que as divergências, entretanto tendam a minimizar-se, formando-se entendimento majoritário e expressivo, capaz de impor diretiva só ex- cepcionalmente desatendida.

O presente trabalho tem por principal objetivo focalizar alguns desses temas polêmicos, no tocante ao processo executório, oferecendo, no particular, a nossa contribuição.

2. Na vigência do Código de 1939 já se tornara entendimento pacífico o de que, proposta ação executiva (que se não confundia com a ação executória ou execução de sentença) sendo ela inadmissível, cumpria ao juiz deferir o prosseguimento do feito pelo rito ordinário, apenas denegado o adiantamento da execução pela penhora de bens do devedor.

A providência, à época, era acertada. A ação executiva era uma ação mista de conhecimento e de execução, que reclamava, por ser também processo de conhecimento, um pedido de condenação, exigindo, consequentemente, decisão condenatória (cf. Pontes de Miranda, "Comentários ao CPC de 1939", Vol. IV, págs. 259/260).

Pedia-se a citação do réu para pagar a dívida dentro de 24 horas e, não o fazendo, que lhe fossem penhorados bens quantos necessários para segurança do juízo,

---

16. Texto extraído de *Revista da Associação dos Magistrados do Paraná*. Curitiba, ano III, n. 14, out./dez. 1978.

prosseguindo-se pelo rito ordinário, julgada a final a ação procedente e condenado o réu a pagar o estipulado pelo título, complementando-se, no mesmo procedimento, a execução, mediante avaliação e venda em hasta pública dos bens penhorados, entregando-se ao autor e credor o produto da hasta pública, até ao montante do valor de seu crédito, custas e honorários de advogado.

Ora, descabida que fosse a ação executiva, cabível era a condenatória e porque o não pagamento da dívida determinava o prosseguimento do feito pelo rito ordinário, nada mais exato que imprimir-se à ação o rito meramente ordinário dos processos de conhecimento, indeferida a constrição judicial nos bens do devedor.

Hoje, tudo se passa diversamente. O Código de 1973 eliminou a ação executiva e previu um único tipo de processo para os títulos com força executória, sejam eles judiciais, sejam eles extrajudiciais, sejam eles sentenciais ou não sentenciais. No processo de execução, em qualquer dos seus ritos, a inicial se limita a pedir a atuação do direito, ou seja, a prática dos atos executórios necessários para satisfação do direito do credor, já considerado certo, líquido e exigível. Assim, nenhum pedido de condenação existe, nem pedido condenatório comporta, hoje, o processo de execução. Destarte, verificando o juiz ser inadmissível o processo de execução na espécie, fica ele impossibilitado de determinar o prosseguimento do feito pelo rito ordinário, porquanto nenhum pedido existe capaz de ser a final atendido, seja de natureza declaratória, seja de natureza constitutiva, seja de natureza condenatória. Conseqüentemente, a prosseguir o feito, o juiz a final, condenando o réu a dar, fazer ou não fazer alguma coisa, estaria decidindo **extra petita** porque o único pedido formulado foi o de execução, nenhum existindo de condenação.

Invocar-se o art. 295, V, para legitimar essa conversão é, **data venia**, invocar--se mal, porque ali apenas se permite a transformação quando em jogo o tipo de procedimento proposto pelo autor, não o tipo de processo. E se a conversibilidade é possível entre procedimentos de um mesmo tipo de processo, essa conversibilidade, quando em jogo tipos de processo, se faz inviável, por força da adstrição do juiz ao pedido formulado pela parte, segundo regra expressa dos arts. 128 e 460 do CPC.

3. Outro assunto polêmico é o que diz respeito à sobrevivência de ações executivas especiais disciplinadas em legislação anterior à vigência do atual CPC.

Discute-se, por exemplo, se sobrevivem ou não os preceitos de ordem procedimental estabelecidos pelo DL 960/38, relativo à ação de execução fiscal, e as ações executivas previstas pelos Decretos-leis 167/67, 413/69 e Lei 5.741/71, os dois primeiros pertinentes aos títulos de crédito rural e industrial, o último dizendo à execução hipotecária relacionada com o Sistema Financeiro da Habitação.

Ainda quando esses diversos diplomas legais comportem exame em separado, algo há de comum que deve orientar a solução buscada para os problemas que suscitam. Daí pretendermos colocar certas proposições iniciais, válidas para todos eles, antes de examiná-los particularmente.

4. Como já referido antes, o CPC de 1939 colocava, ao lado da ação executória (também chamada de execução de sentença), a ação executiva, que arrolava entre os procedimentos especiais, disciplinando-a como processo misto de conhecimento e de exe- cução.

A ação executória pressupunha, para sua admissibilidade, título judicial, por isso mesmo não comportava nenhum pedido declaratório, constitutivo ou condenatório, sem o pedido único de execução, isto é, de realização de atos satisfativos do direito do autor-exeqüente. A defesa se processava por meio de embargos, limitados em seu conteúdo, tendo em vista, justamente, a indiscutibilidade do título no processo de execução, dada a imutabilidade do que nele se certificara com força de coisa julgada.

A ação executiva, pelo contrário, era ação em que, ao pedido de execução, isto é, de citação do réu para pagar no prazo de 24 horas quanto devido pelo título extrajudicial, se somava um pedido de condenação ao valor expresso no título, caso o réu oferecesse contestação ou mesmo fosse revel, o que determinava o atendimento, de forma inderrogável, a todos os termos do procedimento ordinário.

Na correta colocação de Pontes de Miranda, (ob. loc. cit.) cuidava-se de processo que se iniciava mediante cognição sumária, pelo juiz, do título com eficácia executiva, prosseguia-se com o adiantamento da execução, mediante penhora de bens do réu, após o que se exauria a cognição, em procedimento ordinário, com o objetivo de emprestar ao título verdadeira eficácia executória, integrando-o com a sentença que lhe reconhecia a validade e a eficácia e condenava o réu a pagar quanto nele se continha; finalmente, integrado o título para possibilitar, de modo pleno, a prática dos atos de execução, validada ficava a penhora realizada na fase cognitiva do processo, como adiantamento da execução, e completavam-se todos os atos propriamente executórios previstos em lei para a execução dos títulos sentenciais.

5. O primeiro ponto a fixar é o de que, na sistemática do CPC de 1973, inexiste dualidade de processos executivos, apenas se conhecendo um processo de execução comum tanto aos títulos judiciais (sentenciais) quanto aos títulos extrajudiciais (não sentenciais). Nenhum procedimento misto de execução e de cognição foi previsto pelo Código, irrecusavelmente unificador do tratamento processual de todos os títulos com eficácia executiva, sejam sentenciais, sejam não sentenciais.

Isso foi expresso, de modo inequívoco, na Exposição de Motivos com que se encaminhou o Projeto Buzaid ao Legislativo.

No seu item 21, está escrito:

> "Dentre as inovações constantes do Livro II, duas merecem especial relevo. A primeira respeitante à unidade do processo de execução; a segunda, à criação do instituto da insolvência civil.

O direito luso-brasileiro conhece dois meios de realizar a função executiva: a) – pela **parata executio;** b) – pela ação executiva. Esta se funda em título extrajudicial; aquela, em sentença condenatória.

Mas, como observou Liebman, diferentes foram os resultados da evolução histórica nos países do continente europeu. O direito costumeiro francês afirmou energicamente a equivalência das sentenças e dos instrumentos públicos (**Lettres oblígatoires faites par devant notaire ou passées sous Seel Royal**); e reconheceu a ambos a **execution parée**: Este princípio foi acolhido pelas Ordenações reais e depois pelo Code de Procedure Civile napoleônico de 1806, do qual passou para a maior parte das legislações modernas. Adotaram, nos nossos dias, o sistema unificado os Códigos de Processo Civil da Itália (art. 474), da Alemanha (§§ 704 e 794), de Portugal (art. 46) e a Lei de Execução da Austria (§ 1.°).

O projeto segue esta orientação, porque, na verdade, a ação executiva nada mais é do que uma espécie de execução geral; e assim parece aconselhável reunir os títulos executivos judiciais e extra judiciais. Sob o aspecto prático, são evidentes as vantagens que resultam dessa unificação, pois o projeto suprime a ação executiva e o executivo fiscal como ações autônomas".

6. O argumento é forte. Não pretendemos, entretanto, seja decisivo, no sentido de entender-se inadmissível, em nosso direito, a partir de 1.º de janeiro de 1974, qualquer tipo de ação executiva, somente sendo admissível o processo de execução, ainda quando comportando diversidade de procedimentos.

Somos sabedores das críticas que já Carlos Maximiliano fazia ao aproveitamento dos materiais legislativos, como os denominava, para fins de interpretação das leis, críticas que sobrevivem e foram fortalecidas. Mas se eles devem ser rejeitados como fonte de interpretação autêntica, não podemos nem devemos rejeitá-los, de modo absoluto, é o que advertia aquele mestre, dizendo-os de "alguma utilidade para a hermenêutica", reprovável apenas seu uso a torto e a direito, em todas as hipóteses imagináveis e para resolver quaisquer dúvidas.

Conclui advertindo quanto às circunstâncias em que esses materiais legislativos seriam proveitoso elemento para interpretação das leis: a) – quando o pensamento diretor, o objetivo central, os princípios que dos mesmos resultam encontrem expressão no texto definitivo; b) – quando resistam ao confronto com os resultados da interpretação sistemática e com os princípios científicos do direito ("Hermenêutica e aplicação do direito", vols. 149 e 150).

Justamente quanto se contém na Exposição de Motivos é valioso como instrumento de exegese porque sobrevive à interpretação sistemática dos dispositivos legais sobre o processo de execução, harmoniza-se com os princípios que informam o direito processual civil e, argumento também importante, capeava projeto que, no particular, nenhuma modificação sofreu em sua tramitação legislativa.

7. A Lei de Introdução ao Código Civil, em seu artigo 2.°, contém normas de superdireito disciplinadora da aplicação da lei no tempo. Dispõe ele que a lei posterior revoga a anterior quando expressamente o declare, quando seja com ela incompatível ou quando regule inteiramente a matéria de que tratava a lei anterior, acrescentando, ainda, que a lei nova não revoga a lei anterior se estabelece disposições a par das já existentes.

Vê-se, portanto, que a revogação da lei anterior pode ser expressa ou tácita. No caso do CPC nenhuma revogação expressa ocorreu, visto como nem mesmo o CPC anterior foi explicitamente revogado pela Lei 5.869/73, que se limitou, em seu art. 1.220, a fixar, como termo inicial de sua vigência, o dia 1.º de janeiro de 1974, revogadas as disposições em contrário.

O uso dessa fórmula genérica não importa em revogação expressa, porque em verdade ela é de uma inutilidade evidente, porquanto, mencionando ou não o legislador a revogação das disposições em contrário, elas estarão necessariamente revogadas, se incompatíveis. Na verdade, dizer-se que ficam revogadas as disposições em contrário é fugir-se da revogação expressa, admitindo-se a revogação tácita, que em última análise é algo a ser precisado em relação a cada lei anterior e no particular das disposições a serem aplicadas, tendo em vista a lei nova, mediante tarefa exclusiva de interpretação dos dispositivos e de sua compatibilidade.

8. Caracteriza-se a revogação tácita pela incompatibilidade ou contrariedade entre os dispositivos da lei nova e da lei anterior. Quando isso ocorre, prevalece a posterior, porque traduz juízo prescritivo emanado subseqüentemente do centro de poder de determinado ordenamento jurídico.

Também há revogação tácita quando a lei nova disciplina exaustivamente a matéria que era objeto da lei velha. Seja da lei como um todo, seja de matéria que era conteúdo parcial da lei anterior.

Diz-se que a lei regula inteiramente a matéria da lei anterior quando, dispondo sobre os mesmos fatos, ou idênticos institutos jurídicos, os abrange em sua complexidade (Serpa Lopes, "Comentários à Lei de Introdução ao Código Civil", 2.ª ed., vol. I, pág. 56).

Em resumo, parece-nos pacífico afirmar-se que a revogação tácita é a conclusão a que se chega, mediante atividade interpretativa, da incompatibilidade entre norma da lei anterior e norma da lei posterior, que disciplinam os mesmos fatos ou os mesmos ins- titutos jurídicos.

9. Lição sabida a de que o direito processual civil não tem técnica de hermenêutica que lhe seja específica. A ele se aplicam os princípios e os preceitos que disciplinam a tarefa da interpretação jurídica em geral, comportando, portanto, desde a interpretação gramatical até à sistemática.

Se peculiaridades ele não oferece desse ângulo, cumpre, entretanto, salientar que alguns princípios lhe são específicos e marcam-no de tal forma, que os resultados da atividade exegética reclamam sua adequação a eles, sob pena de se disfuncionalizarem.

O primeiro princípio, é o da instrumentalidade das normas de direito processual, normas de direito a serviço do direito, porque editadas não como fim em si mesmas e para tutela de interesses que no âmbito do direito processual se exaurem, sim como instrumento ou meio para tutela de interesses da convivência humana, abrangidos pelo direito material.

Segundo princípio, e quase um corolário do primeiro, é o princípio da tutela mais efetiva, que se pode traduzir como significando que, na dúvida, entre um meio processual propiciador de menor tutela e um que oferece tutela mais pronta ou mais efetiva, sempre se deve inclinar o intérprete no sentido de prevalecer o preceito que proporciona tutela mais integral e mais rápida.

Finalmente, um terceiro princípio, o da coerência sistemática das leis processuais como um todo.

O direito material disciplina a convivência social em seus múltiplos aspectos, desde a privaticidade dos indivíduos até à sua convivência ampla na sociedade política. Por isso mesmo a coerência é menor entre os vários institutos que o direito material disciplina do que a existente entre os institutos de direito processual, todos eles voltados para um fim único e bem determinado: a prestação da atividade jurisdicional num caso concreto, com vistas à prestação da tutela de um interesse assegurado pelo ordenamento jurídico.

O direito processual, disse-o Alfredo Rocco com muita precisão, "regula um conjunto de relações estreitamente ligadas entre si por um nexo orgânico, enquanto todas constituem manifestações de uma atividade única endereçada a um fim" (**apud José Olímpio de Castro Filho**, "Comentários", vol. X, pág. 381, nota 262).

10. Estabelecidas essas premissas, examinemos os diplomas legislativos que previam ações executivas especiais para determinados títulos e sua compatibilidade com o atual CPC.

Ponto relevante a considerar é o de que, no art. 585, relacionando os títulos executivos extrajudiciais, o Código inclui todos os demais títulos a que, por disposição expressa, a lei atribuir força executiva.

Esses títulos se colocaram, portanto, ao lado de todos os indicados nos incisos de I a VI do art. 585, para os quais a lei previu um tipo de processo único, o processo de execução, afastando, em relação a eles, a admissibilidade da ação executiva regulada pelo Código revogado.

Assim, tanto a duplicata, a promissória, a letra de câmbio, expressamente arroladas como títulos executivos extrajudiciais no inciso I do art. 585, atendem ao processo e aos procedimentos indicados no Código quanto os demais títulos a que a lei, expressamente, atribuir força executiva.

Destarte, exato será concluir-se porque o Código deu tratamento exaustivo à disciplina do processo e dos procedimentos a serem adotados para execução de todos os títulos executivos extrajudiciais, mesmo quando não expressamente relacionados em qualquer dos seis primeiros incisos do art. 585.

11. Temos como procedimento correto entender-se que todo e qualquer título a que a lei anterior atribuía ação executiva, se título de dívida líquida, certa e exigível, hoje é título executivo que autoriza o processo de execução. Isto porque, o rito executivo tra- dicional, misto de cognição e execução, foi repelido pelo atual Código e é incompatível com sua sistemática, que atribui à execução de todos os títulos de dívida líquida e certa o processo de execução e define como definitiva a execução dos títulos judiciais, o que se não compadece com o rito executivo tradicional, quando ao autor cumpria sempre obter, se não satisfeito o débito pelo réu, sentença certificadora do seu direito de crédito.

Assim, hoje em dia, só duas situações são possíveis. A lei anterior deferia ao título, excepcionalmente, ação de execução e não ação executiva, e esse título permanece favorecido com o tipo de execução especial que a lei anterior definiu, salvo no que for o rito velho incompatível com a nova sistemática; ou o título apenas se beneficiava com a ação executiva, e este, se permanece título de dívida líquida e certa, está hoje submetido ao rito do processo de execução posto pelo atual CPC, revogados todos os preceitos que lhe disciplinavam o anterior procedimento.

12. À luz dessas premissas, examinemos, particularmente, cada qual das hipóteses controvertidas.

O Decreto-lei 960, de 17 de dezembro de 1938, dispunha sobre a cobrança judicial da dívida pública, em todo o território nacional e dizia, em seu art. 1.º, que seria feita por **ação executiva**, na forma por ele determinada. E realmente de ação executiva se cuidava, porquanto se exigia do juiz decisão de natureza cognitiva, sobre o que se denominava de mérito da causa (art. 19, IV e art. 23, **in fine**).

O simples fato de hoje se prever **ação de execução** para todo título de dívida líquida e certa e se haver arrolado, **expressamente**, entre os que satisfazem a essa exigência, a certidão de dívida ativa da Fazenda Pública (art. 585, VI do CPC de 1973) por si só basta para afastar qualquer dúvida quanto à revogação do DL 960, em tudo quanto diga respeito ao procedimento nele previsto para cobrança judicial da dívida pública em todo o país.

Insistimos numa afirmativa que nos parece tranqüila: não mais subsiste, em nosso direito, como procedimento, a ação executiva. Os títulos de dívida líquida e certa, agora, legitimam para a ação de execução que é coisa bem diversa da ação executiva.

Acresce, ainda, no tocante ao DL 960, que a ação de execução, hoje deferida aos títulos de dívida da Fazenda Pública, oferece proteção bem mais completa e efetiva, pelo que seria, se dúvida pudesse existir, porque se afirmasse a incidência do CPC de 1973, em face do princípio da prevalência da tutela mais efetiva.

Dúvida, entretanto, não cabe na espécie. E isso por força de argumentos muito valiosos que doutrinadores de mérito têm oferecido a respeito, podendo-se salientar, com justiça, o excelente trabalho de José Olympio de Castro Filho, no seu volume de Comentários ao Código de 1973, edição da "Revista Forense", ratificados pelo magistério de Humberto Theodoro Jr. ("Processo de Execução", pág. 137) e Ronaldo da Cunha Campos ("Execução Fiscal e Embargos do Devedor", pág. 2).

Do DL 960 subsistem apenas os dispositivos de caráter não procedimental, como sejam: o art. 1.º, na parte em que define o que seja dívida ativa; o art. 2.º, fixando os requisitos da certidão de dívida ativa; o art. 4.º, regulando a legitimação processual passiva na execução fiscal; o art. 5,º, que veda o juízo arbitral; o art. 6.º, liberando a Fazenda Pública da obrigação de concorrer nos processos de execução coletiva de devedores insolventes; o parágrafo único do art. 60, que estabelece a preferência do crédito da União sobre os Estados e destes sobre os Municípios, admitindo concurso de preferência somente entre os créditos de uma e outras; finalmente, o art. 61, que dispõe sobre o curso da ação nas férias forenses e seu julgamento com preferência a outra causa cível.

13. Apreciemos, agora, o DL 167, de 14 de fevereiro de 1967.

Dispõe ele sobre os títulos de crédito rural e cuida dos aspectos processuais que se relacionam com tais títulos, prevendo "**ação executiva**" para cobrança das cédulas de crédito rural (art. 41), da nota promissória rural (art. 42) e da duplicata rural (art. 52).

E disse bem o DL 617, mencionando ação executiva, porquanto se cuidava de ação em que se exigia sentença (art. 41), ação em tudo igual, quanto ao procedimento, à que se disciplinava nos arts. 299 a 301 do CPC de 1939.

Novidade mesmo só o favor concedido pelo § 1.º do art. 41, relativo à venda antecipada dos bens penhorados, que analisaremos adiante.

O raciocínio anterior, no tocante ao DL 960, vale também aqui. Se a ação **antes** era executiva (ação de conhecimento, com adiantamento da execução e posterior complementação da execução, **quando transitada em julgado** a sentença de conhecimento) não mais subsiste ela no sistema atual. Hoje, para todo título de dívida líquida e certa que **tinha** força executiva e **conserva** essa característica (título de dívida líquida e certa) defere-se ação de execução (ação que dispensa qualquer sentença de conhecimento, partindo da **certeza** conferida por lei ao título, autorizado o juiz a promover, de logo, os atos satisfativos do interesse do credor), propiciadora de tutela bem mais efetiva que a anteriormente dispensada pela ação executiva.

Antes, a inatividade do devedor não elidia a necessidade do processo de conhecimento e a obtenção da sentença que integrasse a eficácia do título executivo. Hoje, isso é dispensado. A inatividade do credor é irrelevante e a execução prossegue, inexoravelmente, com a expropriação de bens e sua transformação em dinheiro, para satisfação do credor.

Apenas se autoriza, agora, ao devedor, instaurar ação incidente (a de embargos do devedor), visando alcançar declaração da nulidade do título ou a decretação de sua invalidade ou o reconhecimento de situação extintiva, modificativa ou impeditiva da pretensão executória do credor exeqüente.

A admitir-se, por absurdo, sobrevivesse ação executiva para a tutela dos títulos de crédito rural, o procedimento a adotar-se seria o do CPC de 1939, não mais em vigor, e inclusive não ressalvado pelo art. 1.218 do atual CPC como tendo permanecido vigente, até sua incorporação em leis especiais.

14. Esforçam-se muitos, entretanto, para sustentar a sobrevivência da ação executiva para esses títulos apenas com o objetivo de conservar o privilégio processual que o § 1.º do art. 41 do DL 167 deferiu aos credores.

Diz este parágrafo que, penhorados os bens constitutivos da garantia real, assistirá ao credor o direito de promover, a qualquer tempo, a venda daqueles bens, podendo, ainda, levantar, desde logo, mediante caução idonea (de que ficam dispensadas as cooperativas rurais e instituições financeiras públicas, inclusive Banco do Brasil) o produto líquido da venda, à conta do limite de seu crédito, prosseguindo-se na ação.

Acredita-se que, revogados os dispositivos procedimentais do DL 167, revogado estaria também este parágrafo primeiro.

Pensamos diversamente. O art. 670 do CPC autoriza a venda antecipada de bens penhorados, quando sujeitos a deteoração ou repreciação ou quando for manifesta a vantagem dessa alienação. Logo, a venda antecipada não é novidade nem providência incompatível com o sistema vigente. A manifesta vantagem, na espécie, avaliou-a o legislador a priori e de modo absoluto, porquanto a estabeleceu tendo em vista a finalidade social a que se destina o dinheiro posto para financiamento de atividades rurais. Com vista a isso deferiu não só a venda antecipada como o levantamento antecipado, mediante caução.

Também isso não é novidade. No processo de conhecimento e no processo cautelar, excepcionalmente, autoriza-se o adiantamento da execução, deferindo-se, provisoriamente, ao autor, o que só a final lhe poderia ser reconhecido. Assim, na ação de reintegração de posse, defere-se, liminarmente, a reintegração que se faz objeto do pedido e deveria, normalmente, só após a decisão firme ser concedida. O mesmo se verifica na nunciação de obra nova, nos mandados de segurança, em sequestros, arrestos etc. No caso em exame, o que fez o legislador foi, com vista ao tipo de título executivo e em consideração a credor com garantia real (o benefício não alcança o credor por nota promissória rural ou por duplicata rural) e à finalidade do financiamento, **antecipar** a prestação final executória.

Nos casos comuns, antecipa-se a venda do bem penhorado mas não se antecipa o levantamento do produto. Aqui, ambas as coisas são feitas: antecipa-se a venda e antecipa-se o levantamentodo produto, como se faz com o deferimento antecipado e provisório, da tutela final, mediante a concessão de liminar, no processo de conhecimento e no cautelar.

O dispositivo, por conseguinte, pode perfeitamente subsistir a par dos dispositivos do CPC, porque não incompatível com o sistema por ele adotado nem incompatível com o rito previsto para a ação de execução. Cuidando-se de norma especial e diria até que específica do título de crédito a que se relaciona, o lugar de sua previsão era a lei especial e não a lei geral, que é, na espécie, o CPC.

A lei nova que estabeleça disposições gerais ou especiais a par das já existentes, não revoga nem modifica a lei anterior.

15. O DL 413, de 9 de janeiro de 1969, dispõe sobre os títulos de crédito industrial e, no seu art. 41, disciplina, com minúcias, o procedimento judicial para cobrança desses títulos.

Inicia-se com a citação do devedor para pagar a dívida no prazo de 24 horas, sob pena de penhora dos bens constitutivos da garantia. Feita a penhora, tem o réu o prazo de 48 horas para impugnar o pedido. Findo esse prazo, impugnado ou não o pedido, o juiz procederá a uma instrução sumária, facultando às partes a produção de prova. Finda a instrução, proferirá sentença na ação de cobrança (a expressão está literalmente no DL 413, art. 41, 7.º) no prazo de 30 dias, a contar da efetivação da penhora.

Que ação deferiu o DL ao credor por título de crédito industrial? Ação mista de conhecimento e de execução, arma de qualquer dúvida, ação executiva, portanto, ainda que de rito especial. E se a ação executiva é um tipo de procedimento hoje inadmissível em nosso direito, porque desconhecido pelo sistema instaurado do a partir de 1.º de janeiro de 1974, não pode subsistir, por incompatível, o rito disciplinado pelo DL 413.

Título de dívida líquida e certa, a cédula de crédito industrial terá, hoje, pretensão à execução, cujo procedimento está exaustivamente disciplinado pelo CPC. No particular, portanto, revogado o art. 41 do DL 413.

Revogado, inclusive, porque a tutela hoje oferecida pelo CPC é bem mais efetiva. Dispensa ela qualquer instrução, se omisso o devedor. Dispensa sentença e é execução definitiva, mesmo quando embargada, podendo cumprir-se até final se rejeitados forem os embargos do devedor.

16. Analisemos, por último, a Lei 5.741, de 1.º de dezembro de 1971, que dispõe sobre a proteção do financiamento de bens imóveis vinculados ao Sistema Financeiro da Habitação.

Para cobrança de crédito hipotecário vinculado ao Sistema Financeiro da Habitação prevê duas formas de execução: a do Decreto- lei 70 (extrajudicial) e a que nela é instituída, justamente posta em virtude das dúvidas surgidas quanto à constitucionalidade do mencionado decreto-lei.

Qual o procedimento instituído pela Lei 5.741? O devedor é citado para pagar no prazo de 24 horas, ou depositar em juízo o valor do crédito reclamado. Se não paga, o bem hipotecado é constrito, ficando em poder do exeqüente ou de quem ele indicar. Ao executado, seguro o juízo, faculta-se, no prazo de 10 dias, oferecer embargos, recebidos com efeito suspensivo nos casos enunciados no art. 5.º da lei. Rejeitados os embargos, prossegue a execução nos moldes previstos no mencionado diploma legal.

Observa-se, portanto, que, já em 1971, se deferia na espécie, não uma ação executiva (mista de conhecimento e de execução) sim verdadeira ação de execução, por conseguinte, compatível com o sistema hoje vigente, pelo que subsiste o rito especial desta execução, inatingida que foi pelos preceitos de caráter geral postos pelo CPC de 1973. E o que é mais: a Lei 6.014, de 27 de dezembro de 1973, que adaptou ao CPC várias leis especiais, cuidou especificamente da Lei 5.741, alterando a redação do parágrafo único do art. 5.º, relacionando-o com o art. 741 do vigente CPC, o que, por si só, deixaria imune de dúvida a vigência da lei especial.

Esta adaptação, contudo, e isso é muito expressivo, dela não cuidou o legislador nem quanto ao DL 960, nem, por igual, no pertinente aos Decretos- Leis 167 e 413. O que também opera como adminículo em favor da revogação dos preceitos procedimentais desses diplomas legais.

17. Sabido, hoje, que na sistemática vigente, em termos de execução, paridade há entre os títulos sentenciais e os títulos não sentenciais. Ambos encerram presunção de certeza do direito. Ou absoluta, no caso de sentença, ou relativa, no caso de títulos extrajudiciais.

A existência do direito certificado por sentença não admite discussão. Opera plenamente, apenas se podendo pleitear impedir sua eficácia, mediante a propositura de ação incidente de conhecimento, – os embargos do devedor – na qual se pretenda provar a inexistência do título executivo, ou sua invalidade, ou sua ineficácia. Já na hipótese de título extrajudicial, operando ele plenamente, como a sentença, em termos de legitimar o credor para a execução, é mais vulnerável, porque contra ele pode o devedor, ajuizar a ação incidente de embargos com eficácia mais ampla, visto como, nestes embargos, se admite, inclusive, discutir a existência ou inexistência da própria relação jurídica representada pelo título executivo.

Numa ou noutra hipótese, entretanto, impõe-se distinguir as duas relações jurídicase os dois processos. O processo de execução, em que, a partir da certeza emprestada pelo legislador ao título executivo, causa de pedir da demanda, o autor quer, não uma sentença que lhe torne certo o direito, mas a atuação do seu direito certo, e a ação de conhecimento, declaratória ou constitutiva, dos embargos do devedor, pela qual o executado pretende obter sentença que opere como obstáculo ao prosseguimento do processo de execução.

Em boa hora e com boa técnica, inclusive, o CPC determina a autuação, em apenso, da inicial dos embargos, correndo eles como processo conexo, mas formalmente autônomo, em relação ao processo de execução (art. 736).

Da existência desses dois processos, dessas duas relações jurídicas, desses dois pedidos muitas conseqüências devem ser retiradas e, infelizmente, assim me parece, não têm elas sido postas em relevo.

18. A primeira e diria mesmo que fundamental, porquanto todas as outras dela decorrem, é a de que nem todas as defesas oponíveis pelo executado reclamam a propositura da ação incidente de embargos do devedor.

A ação de execução e o processo de execução, como todo processo e como toda ação, reclamam, para sua admissibilidade e regular desenvolvimento, sejam atendidos requisitos vários, alguns pertinentes aos sujeitos da lide e da relação processual, outros relativos ao seu objeto e, por último, alguns dizendo respeito à própria regularidade do procedimento.

Ao juiz cumpre, como presidente do feito e responsável pela inspeção desses requisitos e pressupostos, que lhe asseguram e impõem o exame do mérito, examiná-los de ofício, dispensada a provocação das partes nessas circunstâncias, ainda quando a elas se defira, também, a tarefa fiscalizadora.

Na ação de execução e em seu processo cumpre sejam atendidos os pressupostos processuais e também se exige, para que a execução prospere, estejam presentes as denominadas condições da ação. Conseqüentemente, onde irregularidades existirem, no tocante a esses aspectos, mesmo quando embargos inexistam, cumpre ao juiz fazer cessar o processo de execução, sem que se tenha chegado à sentença final que a encerra, após a entrega do produto ao exeqüente, ou da coisa devida, ou de realizada a prestação do fato a que estava obrigado o executado.

Pontes de Miranda, com sua magnífica lucidez, já advertira que um dos meios de defesa atendíveis na execução é o da objeção. Entre o despacho deferindo o pedido, escreve ele, e a execução do mandado o executado pode objetar ao deferimento, em comunicação de vontade em que haja comunicação de conhecimento que seria suficiente para revogação do despacho pelo juiz.

Onde o juiz teria razão para revogar pode o executado objetar. Essa defesa (não embargos) leva a decisão declarativa ou constitutiva negativa, ou declarativa da justiça do deferimento (confirmativa) ou constitutiva negativa (destrutiva do despacho) ("Comen- tários", vol. XI, pág. 58).

19. Onde o juiz teria razão para revogar, pode o executado objetar. A lição nos parece de acerto incontestável. Subsiste, contudo, a desafiar a reflexão dos estudiosos, a indagação: e até quando pode o juiz revogar, de ofício, o deferimento da execução e que fundamentos autorizam essa iniciativa do magistrado?

A inépcia da inicial, por exemplo, em virtude da impossibilidade jurídica do pedido, reclama embargos para ser reconhecida pelo magistrado? A manifesta ilegitimidade da parte? A irrecusável impenhorabilidade do bem? A evidente prova do pagamento? A incompetência absoluta do juízo? A comprovada incapacidade processual de uma das partes? A iliquidez e a inexigibilidade do título?

Não nos propomos, aqui, enfrentar todos esses desafios. Colocamo-los para posterior reflexão nossa e dos doutos.

Parece-nos, entretanto, ser possível, de logo, recolher um resultado prático da distinção que vem de ser feita entre o processo de execução propriamente dito e o processo de conhecimento conexo, o da ação dos embargos do devedor.

Referimo-nos ao problema da argüição de incompetência, suspeição ou impedimento oferecida ao juiz da execução. Para nós, não pode nem deve ser objeto dos embargos. Cuida-se de pressuposto processual da execução, pertinente ao processo de execução propriamente dito, e nele deve ser objeto de solução, não na ação de embargos.

Assim, em petição à parte, como reclamado pelos arts. 307 e 312, aplicáveis à execução nos termos do art. 598, o interessado argüirá o juiz de incompetente ou incompatível, operando-se, em razão disso, a suspensão do procedimento não só da execução, como da própria ação de embargos do devedor, se já ajuizada.

É o que nos parece mais consentâneo.

20. Os problemas que a execução enseja são inúmeros. Sobre eles poderiam ser escritos alguns volumes. Impossível, portanto, abordá-los nos estreitos limites de uma conferência. Queremos, contudo, antes de encerrar esta nossa dissertação, abordar dois dentre eles que me parecem merecedores de cuidado, pelo motivo de já haverem ensejado jurisprudência oriunda de órgãos prestigiosos, jurisprudência esta, entretanto, e com a devida vênia, pouco merecedora de aplauso e de apoio.

Inicialmente, desejamos colocar o problema da revelia no processo de execução. Tribunais têm entendido sua admissibilidade e, o que é mais importante, quando se cuida de citação edital ou com hora certa do executado omisso quanto a seu comparecimento em juízo, determinam eles a nomeação de curador à lide, que entendem legitimado para oferecer embargos à execução, como substituto processual ou representante **ex vi legis** do executado revel.

Gostaríamos, em primeiro lugar, de advertir para uma diferença essencial entre o processo de conhecimento e o processo de execução. Naquele, porque a lide assenta na incerteza reinante quanto ao direito, cumpre ao juiz conhecer dos fatos que a configuram e dar-lhes definição segundo o direito. Conseqüentemente, pode-se falar num ônus ou até mesmo num dever de comparecimento, bem como se retirar conseqüências do não comparecimento, inclusive conseqüências de ordem fática, a exemplo do que faz o art. 319 do nosso Código de Processo Civil. Na verdade, a colaboração das partes na elucidação da verdade dos fatos é serviço devido à justiça, conseqüentemente, interesse público.

No processo de execução diversamente ocorre. Os fatos não são controvertidos. Nem se pede ao juiz definição jurídica para uma situação litigiosa. Há um direito certo, por conseguinte, um dever de prestar também certo. De sorte que, no processo de execução, cuida-se de inadiplemento, não de certificação do direito. Assim, o réu é cientificado para pagar, para efetivar o adimplemento a que está obrigado, nenhum ônus ou dever processual lhe podendo ser atribuído, sim um dever ou obrigação de natureza substancial. Comparecer, para ele, é pagar. Não comparecer é permanecer inadimplente.

Conseqüência única a retirar do não comparecimento do executado em juízo é o prosseguimento da execução, efetivando-se atos constritivos sobre o patrimônio do executado. Ora, essas conseqüências ocorrem, inclusive, mesmo quando comparece, porquanto seu comparecimento não elide o prosseguimento da execução.

Para lograr impedir ocorra esse inexorável desdobramento dos atos executórios, deve o demandado exercitar o seu direito de ajuizar ação de impugnação, que são os embargos do devedor com o objetivo de obter sentença declaratória ou constitutiva da invalidade do título executório ou decretatório de sua ineficácia, temporária ou definitiva.

Destarte, à revelia, na execução, é inaplicável o art. 319 do CPC. Também é inaplicável o art. 322, porque no processo de execução inexistem prazos que reclamem, como termo **a quo**, a intimação do executado.

Pense-se, por exemplo, numa execução por quantia certa. Se o executado não paga, são penhorados bens. A revelia só se consumaria na hipótese de inexistirem embargos. Ora, decorrido o prazo de embargos sem seu oferecimento, de ofício, manda o juiz se proceda à avaliação e sobre ela não precisam ser ouvidas as partes, nem há prazo previsto para isso. Depois da avaliação vem a hasta pública. Para ela será intimado o devedor, mesmo que revel tenha sido, porquanto não se cuida de prazo, mas de ciência de ato da execução, que escapa à regra do art. 322. Arrematado o bem, nenhuma intimação se exige. Nem há outra qualquer comunicação de atos posteriores, até ao levantamento do produto e encerramento da execução, mediante sentença.

De tudo que dissemos, se exato, decorre a evidente incompatibilidade entre quanto estatui o Código sobre a revelia, no processo de execução, e o processo executório.

21. Vejamos, agora, a hipótese de citação por edital, permanecendo o réu ausente do processo executório.

No processo de conhecimento, a citação convoca o réu para que se defenda, contrariando os fatos aduzidos pelo autor, ou impugnando as conseqüências jurídicas por ele pretendidas. Assim, ao curador especial se defere, em lugar do réu, proceder como ele procederia, dispensado, inclusive, do ônus da impugnação específica referido no art. 302 do CPC, pelo que lhe será lícito contestar por negação geral, impondo ao autor o ônus da prova dos fatos constitutivos do seu direito e da obrigação do réu revel

No processo de execução, cita-se o réu para que pague. Dele não se espera defesa, sim adimplemento. Revel, quando citado por edital, que função seria deferida ao curador nomeado? Pagar? Impossível. Defender o réu? Só muito inadequadamente se equiparará a propositura da ação de embargos ao oferecimento de contestação. Os embargos, como visto, e pacificamente reconhecido, constituem ação incidente de conhecimento, a ser proposta pelo executado, se em condições de obstar a produção dos efeitos específicos do título executivo em que se fundamenta a demanda executória. E embargos reclamam, para sua formulação, fatos extintivos, modificativos ou impeditivos da pretensão do credor-exeqüente, precisamente determinados, sendo de todo inviável a sua propositura com fatos indiscriminados.

Esse pormenor foi muito bem posto em conclusão retirada, por um grupo de trabalho, no IV Curso de Especialização em Direito Processual Civil da Pontifícia Universidade Católica de São Paulo, sob a direção do mestre eminente que é Arruda Alvim, referida no livro de Rita Gianesini sobre a revelia no processo civil brasileiro (págs.138/9).

Descartados os embargos, nada mais resta, porquanto acompanhar os atos executórios e fiscalizar-lhes a regularidade é tarefa que ao próprio juiz incumbe, de ofício. Conseqüentemente, necessidade do curador só existirá como cautela contra o conluio do magistrado com o exeqüente, ou como modo de suprir a desídia deste último. No primeiro caso ela é desautorizada, porque pressuporia o que não pode ser pressuposto. E no segundo, seria ingênua, porque a experiência mostra que os curadores curam bem pouco do que foi posto aos seus cuidados, normalmente, não podendo ser vistos como modelos de diligência e zelo, em contraposição à negligência e inciência dos magistrados.

22. Para concluir, examinemos a admissibilidade do chamamento ao processo na execução.

Entre as modalidades de intervenção de terceiro, o CPC de 1973 incluiu – novidade em nosso direito – o instituto do chamamento ao processo. Admite-o o art. 77 como tipo de intervenção forçada, de iniciativa do devedor acionado, com o objetivo de trazer ao processo os demais coobrigados que o credor não pôs inicialmente como réus na demanda, a fim de que integrem a relação processual, assegurando-se ao que satisfizer a dívida executar os demais coobrigados, valendo como título a sentença que lhes declarar a responsabilidade.

Celso Neves coloca-se entre os que defendem a possibilidade do chamamento ao processo na execução, podendo-se dizer que este mestre paulista é o mais prestigioso integrante dessa corrente e, por certo, influenciou, de modo decisivo, a tendência jurisprudencial que, embora minoritária, já alcançou, inclusive, o Supremo Tribunal Federal.

Para ele, o nosso dispositivo (art. 77) tem origem no art. 330 do atual Código de Processo Civil português, reiteração da regra do art. 335, da sua redação de 1939. Nessas condições, o entendimento que a doutrina e a jurisprudência portuguesa deram a esses textos da sua lei processual tem inteira aplicação à disciplina do Código de Processo Civil brasileiro de 1973 ("Comentários", 2.ª ed., vol. VII, pág. 34).

Em questão formulada para o Simpósio de Processo Civil realizado em Curitiba, no ano de 1975, usando fundamentos que posteriormente reproduziu na segunda edição de seus "Comentários", Celso Neves invoca Lopes Cardoso e, até certo ponto, José Alberto dos Reis, asseverando que eles nunca afirmaram, expressamente, descaber o chamamento ao processo (que em Portugal se denomina de chamamento à demanda) na execução, limitando-se a polemizar sobre sua admissibilidade na hipótese do art. 330, **d**, que cuida do chamamento do cônjuge para fazê-lo também co-responsável na demanda.

23. Com a devida vênia do mestre paulista, os argumentos provam pouco.

Em primeiro lugar, não nos parece revestido de muito poder de convicção afirmar-se que o transplante de um dispositivo, de um sistema jurídico para outro, se opere sem reflexo às vezes substanciais. O que a letra da lei inspira, em função de princípios e institutos que vigem num determinado ordenamento, em outro ordenamento, no qual as coisas estejam dispostas de modo diverso, pode conduzir a resultados bem diversos.

É coisa sabida que a execução, em Portugal, foi marcada pelo sentido de favorecer a participação, ao máximo, no processo originariamente singular, de credores e devedores.

Referindo-se ao Código de 1939, Eurico Lopes Cardoso qualificou o processo por ele estabelecido para a execução de sentenças e títulos de igual valor como francamente mau: "Mau por complicado, caro e moroso; mau porque relegava para secundário senão último lugar, o que havia de ser objeto primordial da ação executiva, pelo próprio Código definido como sendo o de "dar realização efetiva ao direito declarado".

A ação executiva, concluia ele, era "principalmente uma coligação de credores e uma liquidação mais em benefício dos convocados que um proveito do exeqüente" ("A reforma do processo de execução, em **Scientia** jurídica, tomo XII, n.º 64, pág. 480).

Esse sentido "concursal" da execução portuguesa bem poderia favorecer o entendimento de ser extensível, ao processo executivo, o instituto do chamamento à demanda. Tanto que, na reforma legislativa de 1961, incluiu-se um n.º 2 ao art. 330, no qual se autoriza, expressamente, o fiador que não goza do benefício de excussão, a chamar à demanda, no processo de execução, o devedor afiançado. Previa-se, também, o chamamento à demanda do afiançado, pelo fiador nas condições indicadas, se queria nomear a penhora bens do afiançado, como lhe assegurava o art. 833 do Código Civil de 1867, o que foi abolido pelo Decreto n.º 47.690, por não ter mantido o novo Código Civil aquele direito do fiador (cf. Eurico Lopes Cardoso, "Código de Processo Civil anotado", pág.187).

Cuida-se, portanto, de expressa admissibilidade, por lei, do chamamento na execução, por motivo de benefício especialmente deferido ao fiador.

Não é só. Em 1970, o professor Anselmo de Castro publicou seu livro sobre "A ação executiva singular, comum e especial" (Coimbra Editora Ltda.) e em nenhum momento de sua obra cuida do chamamento à demanda no processo de execução, salvo ao analisar a hipótese em que o cônjuge, executado por título extrajudicial, chama ao processo, nos embargos, o outro cônjuge, referindo, para dela discordar, a opinião favorável de José Alberto dos Reis.

Como adverte Arruda Alvim – autor de argumentos valiosos no sentido da tese que esposamos – o direito português, quando muito, teria estendido a regra do chamamento à demanda, no processo de execução, exclusivamente para a hipótese do fiador que, não gozando do beneficio de excussão, pretendesse exercitar o direito que lhe confere o art. 828, n.º 2, do CPC português (fazer sustar a execução nos seus próprios bens, indicando bens do devedor principal que hajam sido posteriormente adquiridos ou que não eram conhecidos), sem similar no direito brasileiro e, inclusive, desnecessário, porque já dispomos, no bojo da execução, de um dispositivo que especificadamente prevê a hipótese, o art. 595, parágrafo único, do nosso CPC (cf. "Comentários", vol. III, pág. 333).

24. A invocação do exemplo português, portanto, é frágil para permitir que, violentando-se a letra da lei e afrontando-se a sistemática do processo de execução, se permita que o chamamento de um terceiro, nos embargos (ação de conhecimento, incidente, na qual o executado é autor) faça este terceiro réu na ação executiva propriamente dita, a ponto de ensejar penhora em seus bens, ou leve o embargante a obter sentença que declare a sua responsabilidade do coobrigado e valha como título executivo constituído em favor do que satisfizer a dívida.

Transforma-se, desse modo, o processo de execução em processo de conhecimento, soma-se à demanda executiva a demanda entre os coobrigados e se dá aos embargos um sentido que de nenhum modo se lhe pode atribuir, se respeitado for o tratamento para ele posto pelo Código de Processo Civil de 1973.

| 12 | A LEI Nº 11.232, DE 22 DE DEZEMBRO DE 2005. QUESTIONAMENTOS E PERPLEXIDADES (A MONTANHA QUE PARIU UM RATO)[17]

Quando fui honrado com o convite para participar do livro em homenagem a Araken de Assis, objeto de minha admiração como jurista e magistrado, decidi-me por abordar a recente Lei nº 11.232, de 22 de dezembro de 2005, analisando-a não em uma perspectiva estritamente dogmática, o que já foi feito por muitos e doutos processualistas, sim para lhe desvendar o caráter de mais uma reforma que muito mais deforma que melhora. Por isso mesmo intitulei esta minha contribuição de *A lei nº 11.232, de 22 de dezembro de 2005. Questionamentos e perplexidades (A montanha que pariu um rato).*

Quero, entretanto, antes de dizer o que penso, narrar um episódio de minha vida profissional, bem adequado ao que pretendo realizar. Nomeado promotor da Comarca de Santa Inês, no meu Estado da Bahia, em 1949, atuava, também, como substituto da Comarca de Ubaíra, na qual exercia suas funções um velho e digno magistrado. Tendo ajuizado um pleito em favor de menores nessa Comarca, fiquei na expectativa do despacho saneador, como exigido pelo CPC de 1939. Esperei, esperei e esperei, sempre em vão. Timidamente, solicitei ao colega que saneasse o processo. Respondeu-me com simplicidade bem própria da pessoa humana maravilhosa que ele era: "Calmon, já sou um sexagenário, às vésperas da aposentadoria. Arrumei minha cabeça pela Consolidação das Leis do Estado da Bahia. Se eu a desarrumar na perspectiva do CPC de 39, terminarei perdido, pois já não serei capaz de entender o novo e corro o risco de desaprender o velho." Tenho-me perguntado se não estou reproduzindo o que ontem aconteceu quando me irrito contra o "novo" CPC de 1973. Será que estou com medo de desaprender o velho e já não ter mais lucidez para saber o novo? Ser juiz em causa própria é muito difícil. Que me julguem os que me lerem e, se acharem que estou na mesma situação daquele velho magistrado, que tenham para comigo o carinho que tive por ele. Há muitas formas

---

17. Artigo extraírdo de TESHEINER, José Maria Rosa; MILHORANZA, Mariângela Guerreiro; PORTO, Sérgio Gilberto. *Instrumentos de coerção e outros temas de direito processual civil* – estudos em homenagem aos 25 anos de docência do professor Dr. Araken de Assis. Rio de Janeiro: Forense, 2007.

de decrepitude, inclusive a intelectual. Esqueçam, portanto, tudo que eu disser e me tolerem. Será por pouco tempo.

Tentei identificar o que, por força da nova lei, sofreu modificação. Isto posto, avaliei em que termos estas inovações contribuíram positivamente ou apenas somaram novos problemas aos muitos que nos sufocam há quase duas décadas. O balanço resultou no convencimento de que muito pouco se alterou e tudo foi feito sem a devida reflexão sobre as consequências das mudanças. Daí afirmar que a montanha (enorme em termos de tamanho) pariu um rato (pequeno animal de pouco préstimo e muitos riscos).

Para evitar mal-entendidos, esclareço que nunca louvei ou aplaudi a bipartição entre certificação e satisfação do direito. O tratamento unitário sempre me pareceu o mais lógico e o mais prático. Isto não importa, contudo, em aderir ao esquartejamento de um sistema processual sem qualquer reflexão prévia e mais abrangente das consequências do que se pretende modificar. Outrossim, não percebo a necessidade de se degradar o papel das partes no processo hipertrofiando-se os poderes do magistrado, máxime num sistema constitucional como o nosso, que já qualifiquei de uma espécie de modernização do velho sistema das capitanias hereditárias. Em outros termos, país com uma Constituição que prescinde e anula, na prática, o cidadão, compensando-o com um catálogo de promessas de fruição de benesses que ele deve perseguir sem jamais lograr alcançá-las, ao tempo em que institucionaliza estamentos privilegiados e imunes a qualquer controle social.

Por outro lado, no mundo tão complexo de nossos dias, que nos mobiliza para mil perguntas e deixa quase todas sem resposta, não será a hora de aderirmos ao conselho de Boaventura de Souza Santos, quando nos manda retornar às perguntas simples que talvez por isso mesmo sejam as mais importantes, como advertiu Einstein, ao dizer que nas perguntas das crianças é que reside a grande sabedoria? Se for assim, por que tornar o processo um labirinto de Creta em que somos jogados sem contar com um fio de Ariadne e não em algo ao alcance do senso comum?

Feitas estas ressalvas, mãos à obra.

O artigo 1º da Lei nº 11.232 deu nova definição para o que seja sentença (art. 162) com as consequentes alterações dos artigos 267, 269 e 493. Sentença passou a ser o ato do juiz que implica alguma das situações previstas nos artigos 267 e 269. Assim, deixou de ser o ato pelo qual o juiz põe termo ao processo com ou sem julgamento do mérito, para se configurar como o ato pelo qual o juiz decide ("resolve", na nova terminologia) sobre as situações previstas nos artigos mencionados, mesmo quando deste seu julgamento não resulte o término do processo, vale dizer, permaneça sua obrigação de prosseguir no feito e nele vir a prolatar outras decisões, inclusive sentenças. Nas hipóteses de extinção do processo sem julgamento do mérito, necessariamente cessará sempre o ofício do juiz, já que nada mais lhe cumpre nem pode nele fazer, dado que o considerou inadmissível. Isto não se dará, entretanto, como decorrência necessária, quando decidir no pertinente ao mérito da causa.

Consequência da modificação será a possibilidade de termos sentenças prolatadas no curso do processo, sem que disso resulte seu encerramento. Permanecendo inalterado o artigo 513, no qual se diz caber recurso de apelação de toda sentença, teremos sentenças apeláveis sem que ocorra o encerramento do processo no primeiro grau. Caso não erre por excesso de má vontade com as reformas, parece do mais evidente bom senso que se deveria ter previsto o recurso de apelação dessas sentenças intercorrentes, mediante a formação de um instrumento que permitisse a subida ao segundo grau da questão resolvida, sem prejuízo para o prosseguimento do feito, pelo que seria desprovida de efeito suspensivo. Com isto se estaria atendendo a uma exigência basilar do Estado de Direito Democrático – o princípio da igualdade. Na minha ótica soa canhestro que, a partir de agora, existam decisões de mérito sem o consectário da adequação do recurso de apelação. Só para recordar uma hipótese, lembraria a do art. 273, §6º. Conseqüência da imprevisão é que as águas já se turvaram, pois alguns defendem seja sempre de agravo o recurso, havendo ou não expressa previsão legal, como há os que aceitam o agravo, mas lhe dão as consequências da apelação (relator, revisor, sustentação oral, embargos infringentes), e, finalmente, os que dizem possível criar-se, mesmo no silêncio do legislador, uma apelação interponível por instrumento.

Que fizeram os reformadores? Acharam acertado substituir a apelação pelo agravo. E isto sem nenhuma necessidade e com uma série de implicações negativas. O agravo, um recurso indesejável, que pede urgente extirpação de nosso sistema, ganha prestígio em desprestígio das garantias das partes. Certamente se consumou esta deformação em nome da divindade satânica da celeridade ou efetividade, não sei bem. A verdade, entretanto, é que o agravo, com seus mil remendos, só tem determinado, na prática, maior delonga para o processo e total desprestígio para as decisões dos juízes de primeiro grau. O futuro mostrará quantos novos problemas vão surgir desta solução canhestra adotada pelos reformadores, visto como os advogados não podem fugir ao dever de preservar os direitos constitucionais de seus clientes. Inaceitável constitucionalizar a função jurisdicional privilegiando-se o magistrado em detrimento do cidadão, uma vez que, numa democracia, ele é o alicerce. Infelizmente, quando a cidadania deferida é meramente formal tudo, é possível na prática. Sendo a cidadania uma ficção, é mais importante que o nada. Por isto mesmo o Congresso Nacional tem sido omisso e medíocre, recebendo propostas de reforma e tornando-as lei sem qualquer cuidado de melhor examiná-las e sem nenhum interesse de ouvir o universo dos interessados.

O art. 2º da Lei nº 11.232 apenas desloca o previsto nos artigos 639 a 641 do Título II do Livro II, pertinente à execução, para o Capítulo VIII do Título VIII do Livro I, que cuida do processo de conhecimento. Mudou de casa levando tudo que tinha antes. Ficou-me uma dúvida: na previsão ampla do inciso II do art. 585 será possível título executivo extrajudicial cujo objeto seja a obrigação de prestar declaração de vontade. Não teremos normas para seu procedimento, uma vez que não se pedirá condenação, sim a efetivação da declaração de vontade devida, mas inexistirão normas disciplinadoras do procedimento a seguir nestas circunstâncias. Nem se prevê nada no anteprojeto em curso que diz respeito à disciplina do processo de execução de títulos extrajudiciais. Para aqueles que versam sobre a execução das obrigações de fazer e não fazer e dar coisa se manteve a antiga disciplina do CPC. Por que se eliminou a pertinente à obrigações de declarar a vontade? Como proceder nesta hipótese? Mais um fator de novas querelas e novas publicações. Se as águas já estão turvas, por que nos preocuparmos com um pouco mais de embaciamento?

O art. 3º acrescenta um Capítulo IX ao Título VIII do Livro I do CPC, cujo objeto é o processo de conhecimento, trazendo para ele a disciplina da liquidação da sentença, que deixa de ser posterior ao trânsito em julgado da sentença condenatória ilíquida para se tornar uma fase do processo de conhecimento. As disposições anteriores foram mantidas em sua quase totalidade, salvo as modificações que apreciaremos a seguir.

O antigo artigo 603 dizia que a liquidação ocorreria sempre que a sentença não determinasse o valor ou não individuasse o objeto da condenação. Hoje, no 475-A, se faz referência apenas a "valor devido", omitindo-se a determinação do objeto devido. Como já frisado pelos que apreciaram as modificações, a economia verbal do legislador pouco adiantou, porquanto subsistem hipóteses em que haverá necessidade de se proceder à liquidação para individuar o objeto devido. Há permissão de pedido relativamente indeterminado não só no que diz respeito à quantia certa, mas também quando a determinação é de coisas (*v.g.*, universalidades de fato).

A par disto, como já acentuado pelos que analisaram a reforma, em que pese a nova disciplina, hipóteses subsistem em que a autonomia da ação de liquidação será inevitável. Lembraremos, entre outras, as mencionadas no art. 475-N, II, IV e VI, que exigem citação inicial (parágrafo único do artigo referido), enfim, todas aquelas em que se tem direito a certa quantia em dinheiro cujo montante ainda não foi determinado. Como nosso propósito não é repetir o que já foi objeto de estudo por outros processualistas, limitamo-nos a estes lembretes.

Saber correntio, outrossim, o de que a decisão condenatória deve tornar certo e determinado o seu comando, como certo e determinado deve ser o pedido. Contudo, assim como se permite, por força das circunstâncias do caso concreto, o pedido relativamente indeterminado (pedido genérico), também se autoriza o magistrado a proferir sentença relativamente indeterminada (sentença ilíquida). Tanto ali quanto aqui, a indeterminação reside na circunstância de que, já conhecido o que é devido a quantidade e/ou qualidade do que é devido pede, ainda, determinação. Conclui-se, portanto, não ser tolerável, sob pena de invalidade, haja incerteza no tocante ao *an debeatur* (o que é devido), aceitando-se, contudo, a incerteza provisória no pertinente à qualidade ou quantidade do que é devido. Diria, para facilitar o entendimento, que o *substantivo* tem de ser definido na sentença; apenas possível, na liquidação, precisar-se o *adjetivo*, seja ele qualificativo ou determinativo.

Antes e agora, do ponto de vista substancial, nada mudou. Condenar é impor a alguém uma obrigação de dar, fazer ou não fazer alguma coisa. Impossível imaginar-se uma sentença que simplesmente condene alguém a dar, sem dizer o que deve ser dado; fazer, sem determinar o que deve ser feito, e assim por diante. Constitui, portanto, um equívoco entender-se que a definição do *an debeatur* é objeto de um processo de natureza condenatória e a do *quantum debeatur*, objeto de *outro* processo de natureza não-condenatória. O que a lei tolerava, dado que permite o pedido relativamente indeterminado, é que se seccione a certificação da pretensão condenatória, de logo fixando-se o *an debeatur*, transferindo-se para momento posterior a definição do *quantum debeatur*. Entre o ontem e o hoje, só uma diferença. Passa-se a falsa impressão de que *sempre* a definição do *an debeatur* deve ocorrer concomitantemente com a do *quantum debeatur*, pelo que tudo se dará no mesmo processo. A obsessão da "celeridade".

Se não incido em erro de julgamento, acreditou o legislador da reforma que as sentenças ilíquidas eram fruto ou da chicana dos advogados ou da displicência e cumplicidade dos magistrados. Minha percepção é completamente diversa. O CPC é incisivo: o pedido deve ser certo e determinado. Só tolera o pedido genérico nas situações que aponta. E por que o faz? Justamente pelo fato de não dispor o demandante dos elementos que o autorizam a definir o quanto devido e o que é especificamente devido. Dispensando a determinação da inicial, não a torna prescindível no curso do processo. Logo, a instrução do feito abrange, necessariamente, tanto a formação do convencimento do juiz sobre a existência ou não do direito do autor (*an*) como também, se existente este direito, sobre que bem ou bens determinados ele deve incidir (*quantum*), para que ocorra a satisfação pleiteada e devida. O problema é, portanto, de natureza pura e simplesmente probatória. Foi objeto do pedido uma universalidade (art. 286, I), que prove o autor quais os bens que a constituem. Se uma boiada, quantos bois e quais os bois. Se uma biblioteca, quantos livros e quais os livros e assim por diante. O tempo que se vai perder para produção desta prova será o mesmo, tanto antes como depois da certificação do *an debeatur*. E se as sentenças ilíquidas eram fruto das artimanhas de advogados e cumplicidade ou preguiça dos juízes, a lei não muda o caráter das pessoas. Tudo ficará como antes. Se as sentenças ilíquidas eram consequência das dificuldades para definir o *quantum*, sendo conveniente de logo fixar-se o convencimento do julgador sobre a existência ou não do direito, isto foi modificado para pior. Exigindo-se a liquidação no mesmo processo, ou o magistrado se dedicará a apurar o *quantum*, mesmo ainda não convencido da existência do direito, o que será perder tempo, ou se já lhe parece improcedente o pedido, seu dever é de logo se pronunciar neste sentido, não protelar desnecessariamente a instrução do feito. Se a reforma não conseguiu fragilizar a racionalidade dos julgadores, os juízes primeiro procurarão certificar-se da existência do direito do autor, para só em momento posterior fixar-se na definição do quanto devido. E se houver o convencimento pela procedência, o dispêndio de tempo exigido para a prova do que for devido será o mesmo, apenas se economizando, o que tem bem pouca valia, o intervalo que o autor (maior interessado) colocar entre a coisa julgada do *an debeatur* e seu pedido de liquidação.

Nem podemos esquecer a hipótese em que se pode ter o direito, porém se estar diante da impossibilidade de definição do quanto ou do quê devido. As chamadas liquidações frustras não deixarão de existir por força da reforma. E a perda de tempo que ocorria antes (não considero perda de tempo o que atende às exigências de justiça – legal – do processo) ocorrerá agora. E que consequências teóricas e práticas retirar deste fato? Ou será que, por analogia, teremos o "passe de mágica" de poder o juiz arbitrar aquilo que o autor não conseguiu provar? Esta insanidade será analisada quando apreciarmos o parágrafo segundo deste artigo 475-A.

O §1º do 475-A não inova. No §2º diz-se que a liquidação poderá ser requerida na pendência de recurso. O dispositivo pressupõe, portanto, a existência de sentença ilíquida que, submetida a recurso, não obsta a liquidação provisória. Se pensei certo, concluí que, sendo a liquidação um procedimento que deve ocorrer antes da decisão de mérito, o recurso interposto não ensejará liquidação provisória, porque liquidação já ocorreu. Mais uma vez se comprova que sentenças ilíquidas continuarão a ser prolatadas. E, se ilíquida, liquida-se provisoriamente. Tendo havido recurso no tocante ao *an debeatur*, caso seja provido para se julgar a ação improcedente, a liquidação provisória será coisa nenhuma. Se acolhido em parte para excluir certos capítulos da sentença recorrida, a modificação incidirá na liquidação, obrigando o seu ajustamento. Assim sendo, em verdade a liquidação provisória só será útil na hipótese de vitória do autor em grau de apelação. A prática dirá se esta liquidação provisória será conveniente ou apenas representará mais um complicador.

O §3º prescreve que, nos processos sob procedimento comum sumário, referidos no art. 275, inciso II, alíneas *d* e *e* desta Lei, é defesa a sentença ilíquida, cumprindo ao juiz, se for o caso, fixar de plano, a seu prudente critério, o valor devido. Este dispositivo colocou-me várias indagações e dúvidas. Continuo convencido que uma coisa é a *culpa* e outra a *responsabilidade pela reparação dos danos*. Se teoricamente posso afirmar que a culpa implica indenização, na prática há que se exigir a determinação do que indenizar. Ônus do autor é provar tanto uma quanto outra coisa. E quem não se desincumbe do ônus da prova tem sua pretensão julgada improcedente. Não será pelo fato de o rito ser sumário que as coisas mudam. Propondo uma demanda cujo objeto seja o ressarcimento pelos danos causados em acidente de veículo de via terrestre, só poderei fazer jus ao ressarcimento, caso o arbítrio não se tenha institucionalizado entre nós, se provar que existiram danos. Ora, se existiram, são eles *fatos-dano*, na feliz expressão de Pontes de Miranda, e, sendo *fatos*, devem ser objeto de prova. De quem o ônus desta prova? Do autor. E não provado o fato inexiste o direito. A reforma instala uma dúvida cruel. O autor estará dispensado do ônus do provar os fatos-dano? Isto é possível e aceitável? Revolucionou-se a teoria da responsabilidade civil prescindindo-se da existência de danos para que exista reparação? Fiquemos só nestas perplexidades.

A valer da *letra* da lei e aceita a onipotência dos reformadores, estaremos diante de uma formidável revolução em termos de dogmática jurídica e em termos de interpretação segundo a Constituição. Aquilo que os peritos não puderam determinar ou que o autor não logrou provar pode ser objeto de indenização? A função do magistrado empresta às pessoas esse dom divinatório? E se lhes confere tanto, por que reservar o uso desse maravilhoso dom só para as hipóteses das alíneas *c* e *d* do inciso II do art. 275? E por que se atentar contra a "celeridade" exigindo prova em outras situações, quando os magistrados têm o dom da capacidade de "arbitrarem" aquilo que por carência de informações de natureza fática não pôde ser quantificado? Para que instruir o feito, se os magistrados têm o dom divino de ver o invisível e do saber onisciente?

Dir-se-á: faz-se uma restrição na lei. O uso desta faculdade excepcional só será admissível "se for o caso". E que caso é este? Tais expressões da lei e nada valem a mesma coisa. Se o dizer da lei significa que o juiz pode arbitrar quando a liquidação poderia ser por arbitramento, permanece a crítica. Nossas Faculdades de Direito e nossos concursos para a magistratura habilitam para tanto os profissionais do Direito? Provavelmente isto ocorre em Faculdades que não são como aquelas em que ensinei por várias décadas nem são os concursos de que tenho ciência em meu país.

Só por prazer de cogitar, figuro uma situação. Há prova nos autos do acidente, há prova de que houve lesão corporal, é do senso comum que isto importa despesas médicas etc., mas o autor não conseguiu provar nada disto. Será que o magistrado, considerando que nessas circunstâncias despesas devem ter ocorrido e sem conhecimentos médicos, sem dados fáticos e sem ouvir entendidos na matéria, sem mesmo submeter o autor à perícia, ele se concentra e por força dessa profunda concentração consegue estimar o que provavelmente teria sido gasto pelo acidentado que sendo o maior interessado nada conseguiu provar? Não tenho tendência para ser um descrente, mas sempre ponho limites à minha capacidade de crer para que não agrida imoderadamente meu dever de criatura racional, como ponho limites à minha aceitação passiva, para não agredir o que me disseram, jurando ser verdade: que sou um cidadão.

O artigo 475-B reproduz o que dizia o artigo 604, revogado. De novo, só o desdobramento em dois parágrafos do disposto no §1º do 604 e modificações quanto às consequências resultantes da não-apresentação pelo terceiro dos dados necessários para o cálculo. Dizia-se, antes, que sua resistência seria considerada desobediência; hoje, se manda atender à previsão do artigo 362 do CPC, no qual se determina que o terceiro deposite em cartório ou em outro lugar designado, no prazo de cinco dias, dos dados em seu poder ou de sua ciência, ficando também responsável pelas despesas disso decorrentes. Se o terceiro descumprir a ordem, o juiz expedirá mandado de apreensão, requisitando força policial, caso necessário, tudo isto sem prejuízo da responsabilidade por crime de desobediência. Cuida-se, a meu ver, de mudança para melhor.

Os parágrafos 3º e 4º do art. 475-B apenas desdobram o que se continha no antigo §2º do artigo 604. O artigo 475-C reproduz o anterior artigo 606. O art. 475-D também repete o 607. Os artigos 475-E, F e G, *idem*, no tocante aos artigos 608, 609, 610. Novidade é o artigo 475-H, que prevê o recurso de agravo de instrumento para a decisão que julgue a liquidação: ontem, apelável, hoje agravável. Disto já cuidamos precedentemente.

Balanço final: muito barulho para pouca coisa. Não creditamos que a transformação da liquidação em fase do processo de conhecimento (o que me parece louvável do ponto de vista técnico) tenha consequências práticas relevantes. Se efetuada apenas com o objetivo de "acelerar" o processo, desconfio que ao se pisar no pedal de aceleração verificaremos que nada conseguimos em termos de velocidade. As razões já foram expostas anteriormente.

O artigo 4º da Lei 11.232 acrescenta um Capítulo X ao Título VIII do Livro I do CPC epigrafando-o de "Cumprimento da sentença". Assim como a liquidação foi tornada procedimento do processo de conhecimento condenatório, também a execução da sentença deixou de ser um processo autônomo para se configurar como o procedimento final da ação condenatória. Processo de execução apenas para os títulos extrajudiciais. Tal como ocorreu com a liquidação, também aqui hipóteses subsistem em que se exigirá um processo de execução. A própria lei já o prevê (cf. parágrafo único do artigo 475-N).

O artigo 475-I diz que o *cumprimento* da sentença far-se-á conforme os artigos 461 e 461-A (sentenças que condenam a fazer ou não fazer alguma coisa ou a dar alguma coisa) ou, tratando-se de obrigação por quantia certa, por *execução*, nos termos dos demais artigos do Capítulo X. Por que esta necessidade de mudar a qualquer preço, mesmo que ao custo de ser pouco técnico e pouco exato? *Cumprir* o preceituado na sentença remete para comportamento do vencido, atendendo a quanto lhe foi determinado. Executar é mais específico da satisfação coercitiva por parte do Estado-Juiz, justamente por ter faltado o cumprimento. O que me deixa sem explicação possível é compreender por que nas duas hipóteses primeiras de obrigação há cumprimento e na última, execução. Mesmo quando se cuida de obrigação de fazer, não fazer ou dar coisa, se houver cumprimento não haverá execução; faltando ele, a coerção judicial é execução. Será que se pensou doer menos coagir a fazer ou não fazer ou dar alguma coisa do que se impor a obrigação de pagar dinheiro? Ou será que, como já afirmado por alguns, fica dispensada a formalidade de se deferir prazo para o devedor cumprir a obrigação? Em verdade, consciente ou inconscientemente, robustece-se entre nós um pensamento autoritário, que endeusa o mandar e tem horror ao simplesmente decidir para certificar.

O §1º do art. 475-I nada altera, permanecendo a distinção entre a execução provisória e definitiva. O mesmo se dá com seu §2º, que prevê a coexistência de execução provisória da parte líquida e liquidação da parte ilíquida da sentença.

O artigo 475-J é o grande inovador. Dispõe, agora, que as sentenças condenatórias cujo objeto seja pagar quantia certa já concluam com a determinação ao devedor para pagar o devido no prazo de quinze dias, sob pena de multa de 10% do montante da condenação. Passam a ser sentenças condenatórias com predominante força executiva, ou sentenças de execução em sentido lato, ou sentenças mandamentais, a gosto do cliente por alguma destas terminologias.

Já estou fatigado de repetir que somos um Estado de Direito Democrático "faz-de-conta", um sistema capitalista "faz-de-conta", que temos uma Constituição "faz-de-conta" e somos cidadãos "faz-de-conta". Em que pese tudo isto, creio seja válido insistirmos por que venham dias melhores.

Num país em que o discurso dos juristas é quase unânime em favor da ética, da justiça social, do combate ao enriquecimento sem causa e muitos outros valores excelsos, soa bem mal que, pelo simples fato de não se ter atendido voluntariamente à *ordem* do magistrado seja o devedor onerado com a escorcha de multa de 10% que incide não só sobre o principal como sobre acessórios: correção monetária, honorários, juros legais etc. E isto num país cuja inflação não chega perto dos dez por cento, no qual, romanticamente, a Constituição diz que os juros não podem exceder de 12% ao ano, em que a distribuição da riqueza é tão injusta que sendo a 11ª economia do mundo tem o penúltimo salário mínimo também do mundo e em que se ilude Jeca Tatu fazendo-o acreditar que aquilo que politicamente não conquistou lhe será assegurado pelo Judiciário via Ministério Público – a porta estreita pela qual o cidadão "faz-de-conta" ingressará no Paraíso.

Sei bem que tudo isto pouco afeta os reformadores. O que eles não podem aceitar, em nenhuma hipótese, é o desrespeito à divindade da Justiça. Mas ainda assim eu pergunto: será que podemos aceitar como oficial esta nova religião? Aliás, pasmem todos: quem se beneficiará deste descompasso será o credor. Em outros termos, o desrespeito à divindade não resulta em renda para o culto, sim em proveito de quem muitas vezes nem tanta fé tem assim na divindade. Certamente a idéia obsessiva de que o autor sempre tem razão e que ele é sempre a parte fraca e hipossuficiente levou a se castigar o vencido. E quando as coisas forem inversas? Sinceramente acredito que deveria ter havido mais reflexão e menos precipitação.

A nova lei, a esta altura, continua a surpreender. Se o devedor não paga, paralisa-se o processo, ao invés de prosseguir de logo com a constrição sobre os bens do devedor. Sob novo nome e com nova roupagem se reinstaura o velho processo disfarçado de procedimento. Paralisado, só voltará a movimentar-se com o requerimento do credor, obrigado a fazê-lo acompanhar do demonstrativo do débito atualizado até a data do requerimento (artigo 614, II), pedindo que se proceda à expedição de mandado de penhora e avaliação. A multa dos dez por cento imporá sempre a juntada desse demonstrativo, já que a benesse será decorrência do descumprimento da "ordem" do magistrado e dela pode se beneficiar o credor.

Na minha pobre visão, teria sido mais coerente e inteligente que se ordenasse o pagamento ou indicasse o devedor os bens de seu patrimônio suscetíveis de constrição, sujeitando-se à multa de 10% se não o fizesse ou o fizesse incorretamente com o intuito de dificultar a execução. Os reformadores entenderam que todo aquele que deve e não paga é um meliante, tanto que lhe impõem o pagamento em dinheiro, sem levar em consideração, que, vencido, o devedor nem sempre dispõe da quantia necessária e este fato não configura um ilícito, a ponto de acarretar a vergonhosa multa que foi prevista. O que mais me constrange é ver que medida dessa natureza é tomada em um país que não se peja de considerar impenhoráveis salários e vencimentos, mesmoi que privilegiados, e agora também se deu caráter alimentar aos honorários de advogado. Alimentos, portanto, não é algo vinculado a necessidades básicas de sobrevivência, sim relacionado à origem dos ganhos. O que o pequeno e médio empresário têm na sua conta bancária está sujeito à penhora *on line*, nome moderno do vale-tudo, enquanto os "marajás" se colocam imunes a tal calamidade. Quanto mais vivo mais me comovo com a sensibilidade dos homens públicos do Brasil atual em face das necessidades da imensa classe dos desprivilegiados de nosso país.

O requerimento poderá ser feito a qualquer tempo. Também a antiga e rancorosa execução dependia de iniciativa do credor. Agora, só depende de "requerimento". Será que este nome novo não é apelido da velha propositura da execução? Responda quem quiser. Se forem decorridos seis meses sem este requerimento o juiz mandará arquivar os autos, fazendo-se possível seu desarquivamento a pedido da parte. Também aqui as coisas mudaram. Não se estará "instaurando" a execução, sim "requerendo" o desarquivamento e a expedição do mandado de penhora e avaliação.

Porque os reformadores são profundamente interessados na celeridade do processo e em sua efetividade, o retardamento do credor não o prejudicará, antes ele lucrará com a atualização dos dez por cento com que foi agraciado. Dirão os que têm má vontade: qual a razão deste tratamento não-isonômico? Para mim é muito claro: em nosso sistema processual "novo" o réu é um sujeito execrável. Ele retarda desnecessariamente o término do processo, sobrecarregando o Judiciário.

A previsão do advogado em vez de intimação do devedor também me pareceu um excesso. Lógico que se o requerimento do credor é imediato, nenhum mal nessa previsão. Mas se foi permitido o requerimento com dilação temporal considerável não reclamaria a hipótese a ciência do devedor? Será que os reformadores criaram a figura do mandato perpétuo e irrevogável do vencido a seu advogado? Se isto não foi imposto, que segurança tem o devedor quando a intimação se dará na pessoa com quem talvez não tenha mais nenhuma ligação? Espero que a rudeza dos fatos sensibilize alguns juízes e os inspire para serem menos iníquos que os reformadores.

A intimação ao advogado será feita em outras pessoas, caso "falte" o advogado. Como entender esta "falta" do advogado? Não ser encontrado? Mas a intimação pode ser feita por mera publicação no órgão oficial. Será a hipótese de revelia réu sem advogado? E se for caso de curador à lide? Graças a Deus os reformadores foram lacônicos e proporcionaram a redução do trabalho dos juízes e do tempo do processo com o aparecimento de novas e complicadas situações para eles resolverem e para que o processo dure mais um pouco.

A intimação faculta ao devedor oferecer "impugnação". Graças a Deus não teremos mais embargos do devedor. Eu sei que os maldizentes dirão, irônicos: esta tal impugnação pode versar sobre tudo que se facultava nos antigos embargos. E daí? O nome mudou, não mudou? Mudou também o recurso, como veremos. Isto é ou não é reforma? Nem podemos esquecer que a impugnação carecerá de efeito suspensivo, enquanto os embargos suspendiam. É verdade que se prevê a atribuição deste efeito pelo juiz, desde que relevantes seus fundamentos e o prosseguimento da execução seja manifestamente suscetível de causar ao executado grave dano de difícil e incerta reparação. Mas, ainda assim, o exequente pode requerer seu prosseguimento, caso ofereça caução suficiente e idônea, arbitrada pelo juiz e prestada nos próprios autos. Como visto e como suficiente e idônea, arbitrada pelo juiz e prestada nos próprios autos. Como visto e como já sabido por força de longa aplicação, conceitos abertos como os utilizados pelo legislador abrem margem a percalços na prática nem sempre de boa cara. Pouco importa. Se a reforma é para complicar, tanto melhor.

A decisão dos embargos será agravável, não-apelável, ainda quando seja decisão de mérito. Sobre isto já falamos antes e nada temos a acrescentar.

O §3º inova ao dizer que o exequente poderá, em seu requerimento, indicar desde logo os bens a serem penhorados. Sempre o emergir do inconsciente dos reformadores, inimigos dos réus, que retardam a celeridade do processo. Facultar ao executado indicar com a cominação que já apontamos seria mais lógico e mais justo. Acharam melhor deferir ao credor. E será que ele deve atender à gradação legal? E se continuarem entendendo que dinheiro em conta bancária é do titular da conta, desvirtuando toda a lógica do sistema financeiro capitalista? Ora bolas, somos capitalistas por falta de jeito, mas nossa vocação, desde o descobrimento, é para sermos uma sociedade justa, igualitária e solidária. Assim sendo, capitalista é só rotulo; o conteúdo é de um socialismo caboclo: privatização dos lucros e socialização dos prejuízos.

O artigo 475-L cuida da impugnação e lendo-se os seus incisos observa-se que foram conservadas as previsões anteriores, apenas se eliminando a nulidade da execução (pois ela perdeu autonomia), acrescentando-se a arguição de penhora incorreta ou avaliação errônea, já que esta será a primeira oportunidade para o devedor falar a respeito. Não se cuida da incompetência, suspeição ou impedimento do juiz, embora seja possível, excepcionalmente, que algo ocorrido no processo ou com os sujeitos da relação processual ensejem problemas desta natureza, já que possível retardar no tempo a execução, dependente de requerimento do credor. Também nenhuma referência à cumulação indevida, também por motivo óbvio.

Resumindo: tudo ficou como antes, salvo o efeito suspensivo (hoje possível, mas não necessário) e o nome de batismo: impugnação e não embargos.

O artigo 475-N nada inova de relevante. Quanto ao 475-O, pertinente à execução provisória, novidade é a do inciso II, no seu §2º em que se diz que, pendendo agravo de instrumento junto ao STF ou STJ, se dispensará a caução do credor para o levantamento de depósito em dinheiro ou prática de ato que importe alienação de propriedade ou dos quais possa resultar grave dano ao executado.

Também o *caput* permite ao juiz, na própria execução e sem que tenha havido determinação anterior na sentença exeqüenda, se ordene a constituição de capital cuja renda assegure o pagamento do valor mensal da pensão, prevendo em seu §1º a possibilidade de ser constituído por imóveis, títulos da ou aplicações financeiras em bancos oficiais, inalienáveis e impenhoráveis enquanto durar a obrigação do devedor. O §2º permite a substituição do capital pela inclusão do beneficiário em folha de pagamento em entidade de direito público ou empresa de direito privado de notória capacidade econômica ou fiança bancária ou garantia real em valor a ser arbitrado de imediato pelo juiz. Prevê-se, também, a fixação dos alimentos tomando por base o salário mínimo. Merecem aplausos as modificações.

O artigo 475-P inova com um inciso III que admite a competência para o cumprimento da sentença de outro juiz que não o juiz da causa. Diz-se nele que o exeqüente poderá optar pelo juízo do local onde se encontram os bens sujeitos à expropriação ou pelo atual domínio do executado, caso em que a remessa dos autos do processo será solicitada ao juízo de origem.

Se tudo que percebo não é fruto de minha má vontade doentia contra as reformas, este dispositivo é mais que inconstitucional, é imoral, iníquo, insensato e fruto de irresponsabilidade. Mantendo-se fiel ao seu ódio sem limites contra o réu, os reformadores quiseram consumar o seu massacre. Ele que constituiu advogado no foro competente para a causa, que nele atuou e deveria continuar atuando, porque não pagou, desrespeitando a divindade da ordem do magistrado, agora se torna um réprobo. O credor, esta figura ímpar de todo sistema justo, igualitário, anticapitalista etc. se alça a senhor da determinação do foro competente para se ver satisfeito. Continua vigente o artigo 87 do CPC, mas ele só vale para as hipóteses em que não houver o vilipêndio à majestade das decisões judiciais. Devedor que não tem dinheiro para pagar nem bens no foro da causa só pode ser um meliante, pois não se admite que num país em que se facilita e incentiva o consumo dos mais pobres e até dos que integram a classe média, em que os impostos e os juros são escorchantes e os salários miseráveis, em que as empresas poderosas escapam sobranceiras aos beliscões do Judiciário, num país com este perfil o devedor ainda tente criar dificuldades. E, se as cria, que pague por isso. Que os arcaicos ainda falem no princípio de que a execução deve ser feita do modo menos gravoso para o executado. O moderno, o novo, o revolucionário vê as coisas com outros olhos.

O artigo 475-Q de certo modo reproduz o antigo 602, com inovações louváveis. Mesmo quando não prevista na sentença condenatória, o juiz, na execução, poderá ordenar a constituição de capital cuja renda assegure o valor mensal da pensão devida em virtude de responsabilidade civil. Amplia o rol do que pode ser indicado para constituição deste capital, acrescentando aplicações financeiras em banco oficial ao rol anteriormente previsto. Prevê a substituição da constituição do capital pela inclusão do beneficiário em folha de pagamento de entidade de direito público ou de empresa de direito privado de notória capacidade econômica. Menciona apenas fiança bancária como substitutivo, a pedido do devedor, eliminando a fiança fidejussória genericamente referida antes, eliminando também a referência ao art. 829 como disciplina do procedimento e atribuindo ao juiz o poder de arbitrar de imediato este valor. Sempre a fragilização das partes e do contraditório em favor da celeridade do veículo conduzido pelo magistrado. Outra novidade é a previsão expressa de que os alimentos podem ser fixados tomando por base o salário mínimo.

O artigo 475-R manda aplicar subsidiariamente ao cumprimento da sentença, no que couber, as normas que regem o processo de execução de título extrajudicial. Previsão indispensável.

O artigo 5º destina o Capítulo II do Título III do Livro II que antes cuidava dos embargos à execução fecundados em sentença à disciplina dos embargos à execução contra a Fazenda Pública, e o art. 741 passa a ter a nova redação que lhe dá o artigo 5º, permanecendo os antigos artigos 730 e 731 para a execução que se fundamente em título extrajudicial. Nenhuma modificação ocorreu, valendo a referência para se esclarecer que nos feitos em que for devedora a Fazenda Pública não se aplica quanto disposto para o cumprimento da sentença.

O art. 6º altera o art. 1.102-C, pertinente à ação monitória, para ajustar sua parte final, que não mais se refere ao Livro II, Título II, Capítulos II e IV, sim ao Livro I, Título VIII, Capítulo X, como disciplinado com a nova lei, isto é, não como execução mas como cumprimento da sentença. O mandado de pagamento já incluirá a sanção da multa de 10%? Mais um tema para monografias. A beleza do Direito, em nossos dias, lembremo-nos sempre, é que ele complica ao invés de simplificar.

E assim chegamos ao término de nossa tarefa. Acredito que se fizermos um balanço das novas complicações e das discutíveis simplificações serei perdoado por haver intitulado esta minha medíocre colaboração com a epígrafe jocosa de uma montanha que pariu um rato. Só espero que o rato não seja transmissor de alguma doença grave.

| 13 | AÇÕES CAUTELARES[18]

PREÂMBULO

1. Impossível a abordagem, no curto espaço de uma conferência, de todos os problemas que enseja o tema da ação cautelar, tão vasto e tão polêmico.

Sinto-me obrigado, portanto, a selecionar alguns dentre os muitos suscitáveis, parecendo-me deva presidir à escolha o critério da fundamentalidade da questão, colocadas em segundo plano, escoimadas por conseguinte, desta conferência, em sua parte escrita, ainda quando não excluída dos debates, quanto diga respeito mais perto com a exegese dos dispositivos do Livro III.

O fundamental situa-se na teoria geral e é nesta que assentam as bases de todas as subseqüentes construções hermenêuticas edificadas sobre o texto legal. Sou dos que acreditam, firmemente ser indispensável ao jurista, para que assim se proclame, o domínio de uma teoria geral, seja ela qual for, porquanto só nesses termos seu pensamento terá coerência, harmonia e poder de convencimento.

Desses temas gerais e básicos, cuidarei, em primeiro lugar, do que constitui a especificidade da ação, da pretensão e do processo cautelar, estudando, em seguida, o famigerado poder geral de cautela do magistrado, terminando por, à luz desse posicionamento, retirar conclusões de maior abrangência dos textos pertinentes às disposições gerais do processo cautelar em nosso Código de Processo Civil.

Na teoria geral do direito para a teoria geral do processo. Desta, para a teoria geral do processo cautelar. E só aqui, então, procurar entender os textos, não como seus servos, mas acima deles, na perspectiva que do alto permite ver o conjunto, sentir-lhe a unidade, inferir-lhe os princípios, construindo, assim, sua harmonia e coerência.

OS FUNDAMENTOS DE TEORIA GERAL

2. Tentarei fazer, aqui, uma apertada síntese do que, mais largamente, expus em "Introdução" aos Comentários escritos para a Editora Revista dos Tribunais, sobre o livro III do Código de Processo Civil.

---

18. Texto extraído de *Revista da Faculdade de Direito da Universidade Federal do Paraná*. V. 22, n. 21, 1983-1984.

Num primeiro passo, associo o fenômeno jurídico a três situações inseparáveis da condição humana e diria mesmo que suas condicionadoras predominantes: a liberdade, a sociabilidade e o sistema de necessidades, em correlação com a insuficiência dos bens para satisfazê-las plenamente.

Desse conjunto de fatores retiro a noção de situação obstáculo – como fato nuclear do direito, que busca discipliná-las, quer instituindo-as (situações-obstáculo por fato da lei) quer provendo no sentido de sua remoção (situação-obstáculo por fato do homem). Ponho em relevo o direito não como um modo de **pensar** a realidade, sim como um modo de **dispor prático** sobre a realidade, dispor prático que se traduz, em última análise, num **modelo de distribuição dos bens da vida**, que se busca implementar de modo efetivo e coercitivamente, se necessário.

3. Conseqüência de tudo isso, a ambivalência do direito, necessariamente visto, do ângulo da sociedade política (governo) como uma forma de controle social, de dominação e de exclusão de alguns de maior participação nos bens da vida; de outro ângulo, o da sociedade civil, como um modo de canalizar tensões, institucionalizar a participação, possibilitando o alargamento do acesso de maior número aos bens da vida ou ensejando a modificação do modelo de distribuição dos bens institucionalizados.

4. Assim **compreendido** o direito, no tocante a sua **realização**, observamos que por dois modos predominantes isso se verifica: ou as situações-obstáculo encontram solução na convivência social (realização voluntária do direito) ou somente logram obtê-la mediante a utilização do processo e exercício dos direitos de ação e do poder--dever jurisdicional do Estado (realização autoritativa do direito). Anômala, e excepcionalmente, pela auto-tutela, sem controle jurisdicional.

5. Para o nosso estudo, somente a segunda modalidade de realização do direito interessa e dela cuidaremos com exclusividade.

A realização autoritativa pela auto-tutela cinge-se, em nossos dias, à atuação administrativa dos agentes do Governo, sujeita, entretanto, normalmente, a controle jurisdicional subsequente em termos de sua legalidade. Donde se poder afirmar a predominância, em termos expressivos, da realização autoritativa de caráter jurisdicional.

A jurisdição se caracteriza por ser, dentre as atividades que o direito disciplina com vista a sua própria criação (edição de normas jurídicas) a única geradora de norma individualizada posta por um sujeito estranho à relação social normada. Enquanto a norma negocial é resultante da harmonia das vontades dos sujeitos da relação, e a norma administrativa deriva da vontade de um dos sujeitos da relação, que desfruta de uma situação jurídica de preeminência, a norma jurisdicional é posta por um terceiro que não é, nem pode ser, sujeito da relação normada. Dessa constatação se retira a notada substitutividade como da essência da função jurisdicional. E ela está presente quer na chamada jurisdição contenciosa (situação-obstáculo posta pelo homem) quer na jurisdição voluntária (situação-obstáculo posta pela lei) dado que, numa e noutra, a norma individualizada é posta ou integrada por quem não é sujeito da relação normada.

6. Cumpre distinguir, portanto, o meio (processo) do resultado que ele busca alcançar (atribuição de um bem da vida mérito), do que resulta a necessidade de também se distinguir **atividade jurisdicional**, relacionada com o processo, e **tutela jurídica**, que diz com o mérito, ou seja, com a atribuição a alguém de determinado bem da vida, porque assim disposto pela ordem jurídica.

Dessa distinção procede, também, o entendimento do Direito de ação desvinculado da tutela jurídica e relacionado com a atividade jurisdicional, traduzindo-se, em última análise, como **direito ao processo**, ao devido processo legal, melhor dizendo.

7. Confrontando-se a tutela jurídica com a situação-obstáculo a que se relaciona, observamos que ou ela se dá para remover uma situação obstáculo já constituída, por fato do homem – e temos a **tutela reparatória**; ou ela se prende a uma situação-obstáculo de igual natureza, ainda não configurada, mas de configuração certa Ou muito provável em futuro determinável, cuja conservação se pretende obstar, ou cujas conseqüências se pretende impedir ou minimizar – e estamos no campo da **tutela preventiva**.

Mas, ao lado delas, de uma terceira se pode cogitar: a **tutela integrativa**. Que nem remove, nem previne, mas afasta uma situação-obstáculo posta pela lei, impeditiva da produção de efeitos jurídicos por ato de declaração de vontade do interessado ou dos interessados, campo coberto normalmente pela jurisdição voluntária e excepcionalmente pela jurisdição contenciosa. Mediante controles de legalidade ou de conveniência ou oportunidade, o Juiz integra a eficácia da declaração de vontade do interessado.

8. Todas essas formas de tutela se cumprem mediante providências processuais típicas, que asseguram sua efetivação nos limites em que foi postulada, atendidos os fatos judicialmente verificados e o interesse merecedor de proteção jurídica.

Essas providências ou dizem com a **certificação** do direito (ações e processos de cognição) ou com sua **atuação**, se já certificado (ações e processos de execução).

Ao lado delas, as **providências cautelares**, de que cuidaremos com maior largueza e mais ampla fundamentação.

TUTELA PREVENTIVA E PRETENSÃO À SEGURANÇA

9. Das três formas de tutela examinadas, queremos aprofundar nossa análise no tocante à tutela preventiva.

Com a tutela preventiva, já o vimos, busca-se impedir a constituição de uma situação-obstáculo de configuração certa e ocorrência muito provável em futuro determinado, ou quando nada minimizar suas conseqüências, ou eliminá-las, se possível. Assim sendo, à base de sua postulação, sempre se põe uma pretensão à segurança de um direito ou de uma situação jurídica, melhor dizendo, à segurança de determinado bem da vida objeto de direito já certificado ou ainda objeto de certificação.

Diversifica-se a tutela preventiva em razão da natureza jurídica da pretensão com que se relaciona e do bem da vida a ser protegido preventivamente.

Num primeiro momento, temos a tutela preventiva de pretensões que assentam em prescrições do direito material.

Os bens da vida atribuídos, pelo ordenamento, a sujeitos que se encontrem nas circunstâncias que tipifica, podem estar sob o risco ou perigo de se furtarem àquela finalidade se determinada situação-obstáculo vier a concretizar-se. Objetivando assegurar a atribuição desses bens da vida aos que fazem por merecê-los segundo o direito, o próprio ordenamento tendo em vista a remoção daquelas situações de risco ou perigo, estabelece a pretensão a eliminá-las, seja:

a) resguardando um bem da vida, já atribuído a alguém, do risco de futura lesão;
b) antecipando a atribuição do bem da vida que seria futuramente devido;
c) constituindo as condições necessárias para assegurar a atribuição futura do bem da vida, se ele vier a ser devido.

Aqui, temos sempre **um fundamento de direito material** alicerçando a pretensão à tutela preventiva. Com apoio nele, o que se pretende é o bem da vida que nos devera ser atribuído, porque conteúdo de um nosso direito subjetivo material. O convencimento do direito à aquisição desse bem e o que nos move a solicitar tutela preventiva para assegurá-la, porque posta em risco ou situação de perigo por circunstâncias que podem ou não estar associadas a comportamento daquele que é sujeito do dever jurídico de atribuição.

Ao lado dela, há uma segunda modalidade de tutela preventiva. Ela tem seu **fundamento em prescrições de direito processual**. O bem da vida que visa resguardar é de natureza processual instrumentalmente vinculado à satisfação de um interesse de direito material, mas dele distinto e com ele não se identificando. O que se previne e resguarda, aqui, não é o bem da vida a ser atribuído a alguém, segundo o direito material, mas a própria tutela jurisdicional, posta sob o risco ou perigo de se frustrar em sua efetividade ou em seu alcance.

Tutela-se, aqui, também preventivamente, mas de modo mediato, o possível (**provável**) direito da parte, o que se tutela, porém, de modo imediato e primordial é a efetividade (resultado útil) da sentença futura e **certa** a ser proferida. Se risco ou perigo inexiste quanto a isto, qualquer consideração sobre o possível direito da parte é irrelevante, por maior que seja o risco ou perigo a que ele pode estar submetido. Está em jogo, portanto, nesta modalidade de tutela preventiva, a própria atividade jurisdicional do Estado e seu dever de prestar tutela a quem venha a ser reconhecido como titular de um direito, consequentemente, com pretensão a determinado bem da vida. Tem-se em vista, aqui, o resguardo da atividade jurisdicional do Estado, a indeclinabilidade de sua efetivação, que é exigência inafastável para a efetividade das prescrições postas pelo ordenamento jurídico.

10. A pretensão à segurança do direito substancial é exercitável mediante ações de conhecimento ou de execução, nas modalidades que antes apontamos, e se pode ser vista como um tipo específico de pretensão de natureza substancial, nada ela tem de específico do ponto de vista do direito processual, em nosso ordenamento jurídico.

A pretensão à segurança do resultado útil do processo, seja ele de cognição, seja ele de execução, é exercitável mediante as ações denominadas de cautelares, para as quais se disciplinou um tipo de atuação em juízo que constitui o processo cautelar, dada a especificidade de que se reveste e que a distingue, fundamentalmente, tanto da pretensão à certificação do direito (substancial) quanto a da pretensão à atuação do direito (substancial) seja em caráter reparatório, seja em caráter preventivo. A ação cautelar tutela o processo não o direito material. O processo cautelar é processo a serviço do processo, não processo a serviço do direito material.

A AÇÃO CAUTELAR

11. Distinguimos, portanto, na tutela preventiva, que se efetiva mediante o exercício da jurisdição preventiva, provocado pelo ajuizamento de uma pretensão à segurança, aquele que diz respeito a pretensões de direito material (substancial) daqueloutras pretensões de direito processual.

Na tutela preventiva substancial, o que busca assegurar é um direito (melhor dizendo, o bem da vida que é seu objeto) mediante a certificação da existência de uma situação de perigo, que o ameaça de lesão desautorizada pela ordem jurídica. Assim, o objeto da controvérsia não é aquele direito, sim a situação de perigo que o ameaça.

Na tutela preventiva processual, o que se busca assegurar é a efetividade da futura tutela de um **direito controvertido**, porque existente uma situação de perigo que ameaça de ineficácia, parcial ou total, a sentença que a efetivará.

A tutela preventiva substancial se exercita mediante os processos de conhecimento ou de execução, atendidos os pressupostos que informam esses processos. Já a tutela preventiva processual se cumpre mediante o processo cautelar, com pressupostos que lhe são próprios, específicos.

A tutela preventiva substancial é satisfativa. Exaure-se em si mesma, normalmente, e quando conexa a outra pretensão, isso é resultado da conexão das relações jurídicas substanciais (ver exemplos adiante). A tutela preventiva processual (cautelar) é necessariamente instrumental e nunca satisfativa, porque relacionada necessariamente a um processo, dito principal, cujo resultado útil busca assegurar.

12. Esta afirmativa, segundo alguns estudiosos, seria falsa por duas razões básicas. Em primeiro lugar, por motivo de existir uma pretensão à segurança, de natureza substancial, exercitável com fim em si mesma, sem exigir a referibilidade a nenhum processo existente ou a ser ajuizado necessariamente; em segundo lugar, pela circunstância de estarem arrolados no Livro III do CPC vários procedimentos cautelares que não pressupõem nem exigem nenhum outro processo, dito principal (1).

Apreciaremos ambos os argumentos, tentando demonstrar em que assenta nossa divergência.

13. Já procuramos distinguir o que denominamos de tutela reparatória, em confronto com a chamada tutela preventiva. A primeira, pressupõe uma situação-obstáculo já constituída, que se pretende remover mediante a intervenção do Estado-juiz. Nessa hipótese, não se pode falar em situação de perigo, ou risco, para a relação jurídica cuja tutela se postula, nem de pretensão à segurança a respeito dela, por motivo de que há o fato consumado da violação do dever jurídico por parte de um sujeito e a necessidade de se efetivar a consequência jurídica dela decorrente e prevista no ordenamento. Na segunda, pelo contrário, o que se quer é evitar venha a constituir-se uma situação-obstáculo de configuração certa ou muito provável em futuro determinado. E só quando se está no campo da tutela preventiva se pode pretender falar em pretensão à segurança, porque assegurar alguma coisa é colocá-la imune a riscos que a ameaçam de lesão ou moléstia.

14. No particular da tutela preventiva, cumpre distinguir situações bem diversas, todas elas, entretanto, referíveis a uma pretensão à segurança, atribuível aos sujeitos de direito em circunstâncias que representam risco ou perigo de lesão aos interesses de que são ou se dizem titulares.

Assegura-se, por exemplo, o direito de propriedade quando, mediante mandado de segurança preventivo, se obsta que um ato futuro, ilegal ou abusivo, que com justo receio se teme venha a ser praticado por determinada autoridade, efetive a apreensão de um veículo do domínio de alguém. Nessa hipótese, o direito tutelado não está referido instrumentalmente a nenhum outro direito nem a nenhuma outra situação jurídica, controvertida ou não.

Mas é também possível assegurar-se um direito que esteja instrumentalmente relacionado com um outro direito ou situação jurídica, mediante a tutela reparatória ou preventiva desse segundo direito ou dessa segunda situação jurídica. Nessas circunstâncias, falar-se em pretensão à segurança, por força dessa conexidade, se me afigura impróprio, porquanto só reflexa e secundariamente o primeiro direito é tutelado, mas a pretensão posta em juízo, especificamente, se dirige para a tutela do direito realmente violado ou ameaçado de violação.

15. Analisemos dois exemplos muito invocados pelos que defendem a existência de uma pretensão à segurança de natureza cautelar de caráter satisfativo, não instrumentalmente relacionada com qualquer processo pendente ou futuro, dito principal.

O proprietário de um anel de brilhante, necessitando de dinheiro, contrai um empréstimo, oferecendo em penhor a sua jóia. O credor pignoratício passa a usar o anel, violando seu dever de guardá-lo em garantia de seu crédito, ultrapassando, assim, os limites dos direitos que lhe foram concedidos em relação ao bem de propriedade do devedor pignoratício.

O art. 2.793 do Código Civil italiano tem prescrição expressa a respeito, atribuindo ao devedor pignoratício a faculdade de pedir o sequestro da coisa dada em garantia. Teríamos aí uma medida cautelar (sequestro) de caráter satisfativo e não referível a nenhum processo pendente nem de ajuizamento necessário.

Nosso direito é omisso, no particular. Que poderia pretender, entre nós, o devedor pignoratício e com que fundamento?

De logo ressalta que a existência do contrato de penhor coloca fora de controvérsia o direito de propriedade do devedor pignoratício. Cuide-se, na espécie, de relação jurídica não controvertida e que não se apresenta como suscetível de contestação no que tange à situação dita de perigo ou de insegurança – uso do anel pelo credor. (Se controvertida ela for, o problema se revestirá de características completamente diversas) O objeto do litígio é, em verdade, o uso do anel pelo credor pignoratício, uso que o devedor tem como desautorizado, segundo o direito, e postula impedi-lo, com esse fundamento.

Há um princípio de que nenhuma lesão de direito pode ser subtraída da apreciação do Poder Judiciário, consequentemente, de que a toda lesão ou ameaça de lesão de um direito corresponde uma forma de proteção jurisdicional, exercitável mediante certo tipo de ação, atendido determinado tipo de procedimento. Em resumo, é impossível dizer-se inexistir para a lesão ou ameaça de lesão de um direito a possibilidade de tutela jurisdicional, por falta de meio (processo), porquanto há no ordenamento formas gerais, comuns ou ordinárias de procedimento previstas justamente para cobertura dos casos omissos ou dos que, por interpretação extensiva, não podem ser postos nas categorias específicas por ele disciplinadas.

Ora, o comportamento do credor pignoratício viola o direito de propriedade do devedor pignoratício, visto como deste direito ele só foi limitado no sentido de privar-se da posse do bem, para fim de segurança do débito com garantia real. Ao devedor pignoratício, portanto, se deve reconhecer a pretensão de resguardar o seu direito de propriedade, porque alguém, podia ser um terceiro, pouco importa, usa seu anel sem título jurídico para isso, uso ilegal, indevido, suscetível, pois, de correção jurisdicional.

O devedor pignoratício não está pedindo segurança de algum direito seu, mas pura e simplesmente pedindo a reparação do seu direito de propriedade violado pelo ato abusivo do credor pignoratício. E se a satisfação desse seu direito é insuscetível de cumprir-se por meio da reintegração de posse, dado que a existência do penhor priva o proprietário do anel do direito de tê-lo em seu poder, frustrando a garantia real oferecida, e dado que o uso indevido do anel não é causa de pedir invocável para a rescisão do contrato ou para determinar qualquer conseqüência direta no contrato de penhor, outro meio de satisfação do devedor pignoratício, sem violação dos direitos do credor pignoratício, não existe senão o do sequestro do bem apenhado, que, assim, permanecerá fora da posse do devedor e à disposição do credor pignoratício, para que sobre ele possa excutir, no futuro, o seu crédito, em caso de inadimplência. Aqui o sequestro ou que nome se dê, é meio, instrumento de execução, como a busca e apreensão e a imissão de posse em execução para entrega de coisa certa. O bem da vida protegido é o anel e o direito tutelado é o de propriedade do devedor pignoratício, violado com o ato indevido do credor com garantia real.

Inadequado falar-se, nessas circunstâncias, em **periculum in mora e fumus boni juris**. Há um direito certo – o de propriedade do anel, violado por ato ilícito do credor pignoratício; e o que se pretendeu foi afastar a ilicitude mediante a tutela daquele direito não controvertido. O que houve de litigioso foi a existência ou não do uso abusivo do anel por parte do credor, não o direito de propriedade do devedor, nem o contrato de penhor. Retirando o anel da posse do credor, o juiz tutela o direito de propriedade do devedor e indiretamente assegura-o contra o risco da não devolução do bem apenhado, ao tempo da extinção do penhor, pelo pagamento da dívida. Ainda quando se possa dizer, nesse sentido impróprio, que a retirada do bem empenhado da posse do credor liberou o devedor do risco de não ter o bem de sua propriedade devolvido no momento em que tanto fosse exigível, a verdade é que a pretensão posta como objeto do juízo teve fundamento outro, bem diverso, e se dirigiu no sentido de obter tutela reparatória – capaz de afastar a lesão já consumada ao direito de propriedade do credor. E se por acaso de pretensão à segurança se cuidasse, estaríamos em face de uma pretensão de natureza substancial, apoiada em prescrição do direito material, igual a toda e qualquer pretensão dessa natureza, que se traduz na exigibilidade de uma prestação de fazer ou não fazer ou dar alguma coisa.

16. Vejamos, agora, uma outra hipótese também muito invocada pelos defensores da existência de uma pretensão cautelar de natureza substancial e satisfativa, despida de instrumentalidade processual.

O art. 1.092 do Código Civil prevê que nos contratos bilaterais, depois de ele concluído, se sobrevier a uma das partes contratantes diminuição em seu patrimônio, capaz de comprometer ou tornar duvidosa a prestação pela qual se obrigou, pode a parte, a quem incumbe fazer prestação em primeiro lugar, recusar-se a esta, até que a outra satisfaça a que lhe compete ou dê garantia bastante de satisfazê-la.

Aponta-se a espécie como configuradora de uma pretensão cautelar, pretensão à segurança exercitada por aquele a quem incumbiria prestar em primeiro lugar. Estaria ele querendo assegurar o seu direito à contraprestação da outra parte contratante.

Analisemos a previsão do art. 1.092 do nosso Código Civil.

Há, na hipótese, um contrato bilateral que as partes têm como existente e válido. Cuida-se de relação jurídica não controvertida: nem o comprador tem dúvida quanto ao seu dever de pagar (se de compra e venda se cuidar, por exemplo), nem o vendedor quanto a sua obrigação de entregar a mercadoria vendida. Mas o direito do vendedor de haver o preço, se ele se obrigou a entregar o bem vendido antes de recebê-lo, por exemplo, está ameaçado de insatisfação, dada a mudança de estado do comprador. Para assegurar seu direito de haver o preço, dado o risco de não vir a recebê-lo, por força da mudança de estado do comprador, ele pode pedir judicialmente a inversão das posições definidas no contrato, assegurando-se-lhe prestar o que for devido em segundo lugar (a entrega da coisa), salvo se o comprador prestar caução que garanta o recebimento do preço no tempo pactuado. Nessa demanda, causa de pedir é a mudança do estado patrimonial do comprador e a existência da compra e venda em que se pactuou o pagamento do preço após a entrega da coisa vendida; o pedido é a inversão das posições contratuais ou a sua permanência, desde que o comprador preste caução. Tudo como em qualquer demanda, que exige a invocação de uma situação de fato disciplinada· pelo direito a que o ordenamento atribui determinada consequência. A caução é prestada com apoio em pretensão de direito material e se apresenta como forma de garantir o adimplemento do comprador. Garantia que se constituiu judicialmente, como poderia ter sido constituida negocialmente, e se constituiu judicialmente em segurança de um direito não controvertido. Não há por que se indagar na espécie nem de **fumus boni juris** nem de **periculum in mora**, nem de instrumentalidade processual.

17. Nas hipóteses apontadas há um ponto comum: uma relação jurídica que não foi posta como objeto do litígio – porque não controvertida – vale dizer, a respeito da qual nada se postulou no pedido formulado com a inicial, foi indiretamente objeto de proteção jurídica, afastado um potencial risco de lesão que se poderia configurar no tocante aos interesses que constituem seu objeto. Situação de perigo ou de insegurança que se pode ter como configurada é impedida de efetivar-se com a tutela da relação jurídica que lhe é instrumental e foi colocada como tema decisório do processo.

18. Mas é possível também falar-se em segurança e pretensão a segurança no tocante a uma situação bem diversa das que já foram descritas. Trata-se daquela situação em que alguém se atribui um **direito objeto de controvérsia**, porque a pretensão é contestada ou resistida pelo outro sujeito com o qual se encontra juridicamente relacionado, e vê ameaçada ou posta em risco a possibilidade desse seu direito controvertido vir a ser futuramente tutelado, por força de um ato de seu adversário e quer, com esse fundamento, obter tutela assegurativa da futura tutela jurisdicional satisfativa, suscetível de lhe ser deferida.

Coloquemos o que vem de ser dito em confronto com uma situação concreta e analisemo-la em face do que a respeito dela disciplina o nosso ordenamento jurídico.

Atribuo-me a qualidade de proprietário de determinado imóvel, porque detentor de documentos que entendo me asseguram domínio sobre o bem em causa, mas ele está em poder de outrem, que se recusa a devolvê-lo, contestando, assim, o meu direito de propriedade. Há, no caso, uma relação jurídica controvertida. Ou ela já foi posta como tal em um processo em curso, ação reivindicatória, ou pretendo fazê-la objeto de um processo dessa natureza. Esse direito controvertido, por isso mesmo simples alegação de direito e não direito já certificado, poderá merecer futura tutela, se vier a minha ação reivindicatória a ser julgada procedente. Se essa futura tutela, entretanto, correr o risco de se fazer inviável ou atingida em sua amplitude de modo irremediável ou com reparação incerta e difícil, tenho pretensão a assegurar a futura tutela possível ou provável, quando reconhecido o meu direito, se vier a sê-lo, reclamando o sequestro do bem reivindicado, porque, por exemplo, há fundado receio de danificação ao bem por parte de meu adversário.

A hipótese é de pretensão cautelar, visto como um direito controvertido, portanto direito que não posso afirmar como meu, mas que pode vir a ser reconhecido como meu corre o risco de se frustrar com a insatisfação do interesse que ele tutela quando da futura prestação jurisdicional, se favorável. E porque a situação de perigo foi criada por meu adversário, é contra ele que se dirige minha pretensão à cautela, para obstá-lo de continuar pondo em perigo a eficácia da futura prestação jurisdicional favorável a mim, que se mostra viável, em face dos elementos do processo a que se vincula a pretensão cautelar. E aí estão presentes os elementos essenciais a configuração de uma pretensão, ação e processo cautelar: o **fumus boni juris**, o **periculum in mora** e a **instrumentalidade hipotética** ou **processual**.

19. Há que se distinguir, porque distintas em pontos fundamentais, uma pretensão substancial à segurança de uma pretensão processual à segurança, ou em outros termos, uma tutela à segurança de caráter satisfativo de uma tutela a segurança de caráter instrumental. E só para esta última devemos reservar a denominação de pretensão cautelar, servida por ações cautelares que se efetivam mediante a utilização do processo cautelar em suas varias formas procedimentais.

Se distinguimos, poderemos construir princípios teóricos coerentes e harmônicos, livres do casuísmo e da violentação constante que se identificam nos trabalhos de quantos tentam um tratamento unitário, englobando ambos os tipos de pretensão na mesma categoria cautelar. E isso porque a pretensão substancial à segurança é pretensão que se exercita mediante a utilização das ações e dos processos e procedimentos postos em lei para todas as pretensões de direito material em geral: ações de conhecimento e ações de execução, com seu modo típico de atuar em juízo. Seus pressupostos e seus fundamentos são comuns e atendem ao mesmo tratamento teórico. Já a pretensão à segurança processual, esta, sim, cautelar, tem pressupostos e fundamentos específicos e atende a princípios que lhe são peculiares e lhe dão a necessária autonomia.

20. Em todas as situações antes estudadas há um núcleo comum. No mandado de segurança preventivo, na ação do devedor pignoratício, na ação do vendedor e na ação do autor da reivindicatória objetivando o sequestro do bem reivindicado, em todas elas se pretende tutela jurisdicional assecuratória, ou indiretamente se obtém tutela que é assecuratória de um direito, mas há uma diferença radical entre as três primeiras situações e a última.

Nas três primeiras, o fundamento da pretensão à segurança é de direito material, sendo ela exercitada como integrando um direito subjetivo a determinado bem da vida que seu titular afirma lhe é atribuído segundo as prescrições do ordenamento jurídico. Também assenta ela na afirmação da existência de uma situação de perigo, resultante de comportamento não autorizado pelo direito da parte do outro titular da relação jurídica, que põe em risco o próprio bem da vida. Por isso mesmo, em tais circunstâncias, não há por que se cogitar do periculum in mora (risco que advém do retardamento a que está sujeita a tutela satisfativa) nem do **fumus boni juris** (probabilidade da existência do direito cuja futura tutela se quer assegurar), porque os fundamentos das demandas, em tais circunstâncias, são um direito que afirmo existente e cujo suporte fático não preciso provar, porque não controvertido, e uma situação de perigo já constituída no tocante a ele, situação esta que desejo remover mediante prestação de tutela jurisdicional de natureza satisfativa. E essa tutela é devida independentemente de qualquer consideração quanto a possível demora a que esteja submetido o seu deferimento, porque a situação de perigo não se vincula a essa demora, mas a fato que se situa antes e fora do processo, não reclamando necessária referência a um processo em curso ou ajuizamento futuro necessário.

Na última hipótese, a do sequestro do bem reivindicado, a pretensão à segurança se situa no campo do direito processual. Ela é exercitada não como integrando um direito subjetivo à obtenção de determinado bem da vida, que afirmamos nos ter sido atribuído pelo ordenamento jurídico, mas apenas como direito a uma providência assecuratória da futura atribuição de determinado bem da vida que se postula, se acaso ele vier a ser declarado como devido, em futura sentença que necessariamente deve ser proferida. Assegura-se, portanto, aqui, não um bem da vida que alguém afirma já integrante de seu patrimônio, como objeto de um direito subjetivo que se atribui, mas a futura atribuição, caso ela venha a se efetivar. Por isso mesmo, aqui, o **fumus bani juris** deve existir como fundamento indeclinável da pretensão, vale dizer, deve existir um direito controvertido (por isso mesmo direito que não se pode afirmar como existente) mas em relação ao qual há a possibilidade e a probabilidade de vir a existir. E esse possível direito que é, por enquanto, mera pretensão posta como objeto do processo, corre o risco de não vir a ser atendido, com a futura sentença, porque uma situação de perigo se instalou, no tocante a isso, e a demora do processo em que essa tutela se deferirá põe em grave perigo a sua efetivação (**periculum in mora**). Aqui, por conseguinte, não se assegura um direito, porque sob o risco de vir a ser atingido em seu conteúdo, mas se assegura a futura tutela de um possível direito já atingido em seu conteúdo. A tutela que se pede, de natureza substancial, é reparatória, mas a pretensão asseguratória é de conteúdo meramente processual, objetivando afastar o risco da ineficácia ou da insuficiente eficácia da futura sentença que necessariamente deve ser proferida e que tem a probabilidade de ser proferida em favor daquele que pretende a segurança. E se a tutela substancial que se postula for preventiva, de natureza asseguratória não se confunde com a outra que acaso se faça necessária para assegurar a efetividade daquela tutela preventiva substancial. Para a primeira, não se põem as exigências do **periculum in mora** e do **fumus boni juris**, enquanto tais requisitos são essenciais à segunda; e mais, a primeira diz respeito a um bem da vida de que alguém se afirma titular e cuja proteção reclama, enquanto a segunda diz respeito a uma providência jurisdicional que se impõe, como cautela, para assegurar a futura atribuição do bem da vida cuja titularidade alguém se atribui, se ele vier, por acaso, na sentença que necessariamente deve ser proferida, a lhe ser atribuído, e isso se mostra provável e possível.

Colocar todas elas na mesma categoria jurídica e pretender para elas uma mesma teoria geral é tentar o impossível – conciliar o inconciliável. Porque, em verdade, se todas são modalidades de tutela preventiva e em todas elas seria aceitável falar-se em pretensão à segurança, essa pretensão se dicotomiza, com especificidade irredutível; numa, pretensão substancial à segurança, cujo exercício se submete aos princípios da teoria geral do processo de conhecimento ou do processo de execução, atendidos os pressupostos de uma ou outra, noutra uma pretensão processual à segurança que reclama uma teoria própria, tais as notas que lhe são inerentes e inexistem tanto num como noutro daqueles dois tipos citados de processo.

21. Permanece a segunda objeção: O Livro III do CPC inclui vários procedimentos aos quais não se pode aplicar o requisito da instrumentalidade. São procedimentos que não pressupõem um processo principal, nem o reclamam necessariamente.

Em primeiro lugar, ponderaríamos que se em muitos deles o requisito da instrumentalidade é inexistente, também no que diz respeito a muitos deles impossível se falar em uma situação de perigo ou vislumbrar-se insegurança a ser afastada. Disso concluiríamos que também o **periculum in mora** e o **fumus boni juris** são notas não essenciais ao processo cautelar. Como lhe seria desnecessária a consideração de uma situação de perigo a ser afastada mediante tutela jurisdicional preventiva.

Que restaria, então, como característico do processo cautelar? Pura e simplesmente a sua topologia legislativa. Será cautelar o processo que o Código defina como tal. Afastaríamos, por esse modo, toda e qualquer pretensão de um tratamento sistemático dessa modalidade de processo, ou partiríamos para tantos sistemas e tantos princípios quantos os inúmeros procedimentos postos como cautelar pelo CPC.

Acredito seja esta posição nihilista e anárquica merecedora de repúdio por parte de todos os estudiosos do direito. Antes, o que cumpre ao jurista é, indo além do legislador na sua literalidade, revelar o direito como algo coerente, sistemático e operacional.

Na verdade, cumpre distinguir, em face do comportamento do legislador, o que no Livro III é processo que alberga uma pretensão cautelar e processo com procedimento cautelar sem envolver pretensão cautelar.

O Código de Processo Civil de 1939 oferecia alguns exemplos bem expressivos do que vimos de afirmar. Cuidando dos processos acessórios, ele disciplinava, nessa categoria, as chamadas medidas preventivas, ações cautelares segundo o entendimento comum dos estudiosos. Disciplinava o procedimento cautelar no art. 685, prevendo para ele um rito abreviado e concentrado, sumário, enfim. Pois bem, muitas situações desprovidas de características cautelares tiveram sua tutela jurisdicional prevista como exigível mediante atendimento do rito sumário das cautelares, disciplinado pelo art. 685. Mas nem por ser idêntico o procedimento eram da mesma natureza as pretensões em uma e outra hipótese.

No caso do CPC de 1973, previu-se um procedimento sumário para as cautelares propriamente ditas e a esse procedimento se remeteram várias pretensões postas no Capítulo II do Livro III, destinado à disciplina dos denominados procedimentos cautelares específicos, com as modificações que nele se contêm e que ora afastam a incidência dos arts. 801 a 803, ora parcialmente os modifica, ora com eles se compatibilizam e o complementam. A análise de cada qual deles em particular permitirá situá-los ou no rol dos processos essencialmente cautelares, que devem atender aos princípios postos no CPC, Livro III, Capítulo I, para processos dessa natureza, e processos topologicamente cautelares, que têm seus princípios próprios e escapam ao que se dispõe na parte geral a respeito do processo cautelar.

O legislador, certo ou errado, resolveu não se posicionar em relação a vários procedimentos cujo enquadramento, na categoria dos contenciosos especiais ou nos de jurisdição voluntária, poderia dar margem a sérias dúvidas e acerbas críticas. Teria sido possível destinar um Livro próprio para eles, ou tê-los colocado em título específico de algum dos Livros pertinentes ao processo de conhecimento ou aos procedimentos de jurisdição voluntária. Preferiu deixá-los junto com os essencialmente cautelares, para os quais prescreveu disposições gerais que só a estes se aplicam e não aos topologicamente cautelares.

Esta a única solução que se nos afigura capaz de gerar consequências. Fora disso, cairemos no casuísmo e renunciaremos à todo e qualquer tratamento sistemático da matéria.

22. Todo esforço, portanto, no sentido de apontar-se um denominador comum para as várias espécies de pretensão e para os inúmeros tipos de procedimento que constituem objeto do Livro III do Código de Processo Civil resultará inútil, salvo se renunciarmos ao propósito de encontrar algo que dê especificidade ao processo e à pretensão propriamente cautelares.

Nele o legislador incluiu medidas pacificamente entendidas como cautelares, porque típicas, porquanto asseguram o resultado útil de um processo em curso ou a ser ajuizado, medidas essas que se exaurem em sua função processual e nada determinam no campo do direito material, em termos provisórios ou definitivos (v. g., sequestro e arresto); mas nele – Livro III, também disciplinou, por igual, institutos que se apresentam, em circunstâncias várias, como de puro direito substancial, sem qualquer função ou relevância processual (cauções negociais), bem como providências sem nenhum caráter jurisdicional (protesto de títulos) e outras que se incluem no dever do juiz de prover, num processo em curso, sobre seu bom andamento e sobre as coisas e pessoas necessárias à formação de seu convencimento, ou que podem vir a ser objeto de constrição, bem como providências que se contêm no seu dever de prover sobre interesses postos pelo ordenamento sob tutela judicial (v. g. obras em coisa litigiosa ou decisões sobre guarda de filhos).

23. Essa diversidade ineliminável, parece-nos, deve ser superada sem que se sacrifique a possibilidade de construir-se uma teoria geral para o processo cautelar. E isso só será viável se aceitarmos o que se nos afigura de acolhida possível e até necessária: é comum o legislador assemelhar, procedimentalmente, pretensões dessemelhantes substancialmente. Lembraríamos, apenas, como já referido antes, as inúmeras situações para as quais o CPC de 1939 mandava adotar-se o procedimento regulado em seu art. 685, pertinente às medidas cautelares, sem que de pretensão cautelar se cuidasse. Elegia-se um tipo de procedimento expedito, posto para a cautelar, mas essa eleição carecia do poder de atribuir natureza cautelar a pretensão que dela carecia.

No atual CPC há um bom exemplo disso, quando se adota o procedimento ordinário na liquidação por artigos (art. 609) sem que com isso o legislador pretenda definir o procedimento da liquidação como específico do processo de conhecimento.

Há, portanto, a possibilidade de se ter um procedimento cautelar para pretensão de natureza não cautelar. E o fato de o legislador haver elegido esse tipo de procedimento não significa, necessariamente, tenha ele definido aquela pretensão como de natureza cautelar. Apenas, sem pretender desnaturá-la essencialmente, para ela previu o mesmo procedimento ou o mesmo tratamento processual que impôs às pretensões cautelares.

A partir dessa verdade, temos como aceitável e até necessário distinguir, no Livro III, o que é essencialmente cautelar do que apenas procedimentalmente é cautelar. E no tocante ao que não for essencialmente cautelar, perquirir de sua especificidade, afastando a incidência das prescrições típicas das pretensões cautelares naquilo em que elas se mostrarem incompatíveis com aquela especificidade.

24. Nessa linha de entendimento é que distinguimos, no Livro III:

a) **medidas cautelares**, provimentos que o juiz emite para satisfação de pretensões cautelares, que se caracterizam por pretenderem assegurar o resultado útil de um processo em curso ou a ser ajuizado;

b) **medidas provisionais**, aquelas que ele efetiva, inclusive de ofício, com vista ao atendimento de atribuições que se incluem em seu dever de prover sobre a boa marcha do processo e sobre as coisas e pessoas necessárias à formação de seu convencimento ou necessárias para sua constrição, ou para atendimento do seu dever de prover sobre interesse de sujeitos postos pelo ordenamento sob tutela judicial; em suma, deveres que se inserem no seu ofício de juiz e estão relacionados, instrumentalmente, com o seu dever maior de prestar sua atividade jurisdicional.

c) **medidas outras**, para as quais se poderia indicar a denominação comum de medidas substanciais, a falta de outro nome ou por incapacidade nossa de encontrar o adequado, em que o juiz prové sobre interesses materiais dos sujeitos, conexamente relacionados a interesse outro seu, principal, também de natureza substancial, ou desprovidos dessa conexidade.

Exemplos da primeira, o arresto e o sequestro, por nós já apontados; e poderíamos acrescentar as várias cautelares inominadas previstas pelos arts. 798 e 799, sem prejuízo de outras específicas. Exemplos da segunda, além dos já apontados (obras em coisa litigiosa e decisões a respeito de guarda de filhos) lembraríamos a venda antecipada de bens penhorados, quando submetidos ao risco de deterioração e o afastamento do menor autorizado a casar sem o consentimento dos pais. Exemplos da terceira teríamos nos protestos e interpelações, em muitas modalidades de cauções e em notificações para fins de produção de efeitos no campo do direito material.

Na medida cautelar, no interesse da parte e para resguardo de sua função jurisdicional, o juiz assegura a efetividade de sua futura prestação jurisdicional. Na medida provisional, adimplindo dever jurídico que o ordenamento lhe impõe, o juiz provê sobre pessoas ou coisas, instrumental (processo) ou tutelarmente (direito material). Nas medidas substanciais, no interesse de determinado sujeito de direito, o juiz provê, instrumentalmente, com vista a assegurar faculdades ou poderes desse sujeito, relacionados ou não com outro direito, dito principal, de que ele é titular.

Essas três modalidades de medidas têm características específicas, intransferíveis e incomunicáveis às demais; por isso mesmo, no tocante a essa especificidade, regras e princípios próprios operam, enquanto, no que não for específico, incide e vige o disposto procedimentalmente para o processo cautelar.

Esta a solução que propomos e que nos parece fecunda por duas razões básicas: permite construir-se uma teoria geral para a pretensão cautelar e enseja tratamento compreensivo e congruente das disposições do Livro III do nosso Código de Processo Civil.

Demonstrar-lhe a viabilidade e a operacionalidade é o que tentaremos fazer ao longo dos nossos comentários aos muitos artigos que no Livro III se incluem.

CONCLUSÕES

25. Ao nosso ver, portanto, e resumindo quanto dissemos nos itens precedentes, as situações-obstáculo, cuja remoção tenha sido interditada ao interessado, podem ser eliminadas mediante o exercício do direito de ação, reclamando-se do Estado-juiz a prestação da tutela jurídica adequada para afastá-las, mediante a utilização do processo que seja pertinente.

A tutela jurídica pode ser de natureza reparatória, integrativa e preventiva.

A tutela reparatória pressupõe uma situação-obstáculo já constituída, resultante de fato do homem (ainda quando não exclusivo). A tutela integrativa pressupõe igualmente uma situação-obstáculo já constituída, mas resultante de fato da lei. Já a tutela preventiva se relaciona com uma situação-obstáculo ainda não constituída mas de configuração certa ou muito provável em futuro determinado.

A tutela reparatória se cumpre mediante a certificação do direito, seja declaração pura, seja declaração com eficácia condenatória ou com predominante eficácia executória, ou diretamente, mediante exercício da pretensão executória.

A tutela integrativa se realiza mediante declaração com eficácia constitutiva.

A tutela preventiva se efetiva por qualquer dos meios já apontados, e nisso nenhuma especificidade lhe pode ser reconhecida. Ela, porém, se diversifica em função do bem da vida protegido e do modo pelo qual essa proteção é deferida.

Em primeiro lugar, há tutela **preventiva substancial** e **tutela preventiva processual**. Naquela, assegura-se um bem da vida que é conteúdo de um interesse de direito material. Nesta, se dá segurança ao processo, no que diz respeito ao seu resultado útil, como bem da vida deferido ao sujeito.

Em segundo lugar, distingue-se a tutela preventiva **em função do bem da vida a ser protegido e da relação existente entre ele e o titular da pretensão à segurança**. Assim, temos a tutela preventiva de um bem da vida já atribuído ao sujeito; o que se resguarda aqui é o próprio bem de uma lesão futura; evita-se, mediante a tutela preventiva, que a lesão (situação-obstáculo) se efetive. Segunda modalidade é a tutela preventiva de um bem da vida que seria **futuramente devido** (atribuição futura), e cuja **atribuição é antecipada**, impedindo-se seja constituída a situação-obstáculo futura que tornaria essa atribuição impossível ou improvável. Terceira modalidade, nós temos na tutela preventiva que se realiza mediante a constituição das condições necessárias para assegurar a **atribuição futura** de um bem da vida se ele for realmente devido, e isso porque as circunstâncias indicam que sem essa providência assecuratória haverá no futuro uma situação-obstáculo que tornará impossível ou improvável essa atribuição.

Exemplifiquemos para mais sólida percepção.

O habeas-corpus preventivo e o mandado de segurança preventivo são modalidades de tutela, contra lesão futura de um bem da vida já atribuído ao sujeito. Situam-se, por outro lado, normalmente (não me ocorreram exceções) no campo da tutela preventiva substancial.

As liminares, quando de caráter assecuratório, são modalidades de tutela preventiva com antecipação da atribuição do bem que seria futuramente devido. Advertimos, contudo, que não vemos em toda e qualquer liminar uma modalidade de tutela preventiva, apenas entendendo esteja ela presente quando a antecipação ocorre em função do risco ou perigo existente, que torna impossível ou improvável, no futuro, a atribuição do bem, se for devido. As liminares podem perfeitamente se apresentar como formas de tutela substancial ou de tutela processual.

As cauções previstas pelo direito material ou para segurança de um direito material são exemplos de tutela preventiva substancial mediante a constituição das condições necessárias para assegurar a atribuição futura de um bem da vida, se ele for realmente devido.

O arresto, o sequestro e outras formas de cautela específica, bem como as chamadas medidas cautelares inominadas são formas de tutela preventiva processual, mediante a constituição das condições necessárias para assegurar o resultado útil de um processo de cognição ou de execução.

Há, portanto, uma tutela preventiva substancial satisfativa plena, porque vinculada a determinado bem da vida, que é conteúdo de um direito subjetivo que alguém se atribui de modo principal ou exclusivo.

Há uma tutela preventiva substancial satisfativa, mas instrumentalmente vinculada à segurança da satisfação de um outro direito substancial predominante ou principal.

Há uma tutela preventiva substancial satisfativa de caráter provisório, deferida em um processo, representada pela antecipação, antecipação, sob condição resolutiva, da tutela reclamada em caráter definitivo.

Há tutela preventiva processual, sempre instrumental e sempre provisória, com que se assegura o resultado útil do processo, ou seja, a atribuição do bem da vida que, pela sentença, venha a ser devido ao vencedor. E só aqui estaremos no campo das ações cautelares, que objetivam efetivar a tutela cautelar, por meio da utilização do processo cautelar.

26. Ação cautelar, o processo cautelar e a tutela cautelar têm como características:

a) sua instrumentalidade, porque relacionados sempre e necessariamente a um outro processo, dito principal, cujo resultado útil busca assegurar;

b) a provisoriedade do provimento a que visam, visto como tendentes apenas a constituir as condições necessárias à segurança da futura atribuição do homem da vida que for reconhecido, por sentença firme, como devido a alguém;

c) o fundado receio de que, antes de proferida sentença transitada em julgado, venha a se tornar impossível ou improvável a atribuição do bem da vida que por meio dela se pretende obter (**periculum in mora**);

d) a probabilidade de que a sentença a ser proferida se incline no sentido da existência do direito ao bem da vida que se pretende obter, em termos definitivos, com ela (**fumus boni juris**).

Ausente qualquer dessas características, estaremos em face de outra realidade ou fenômeno jurídico, não de uma ação, processo e tutela essencialmente cautelares.

Assim, cumpre distinguir, no Livro III do Código de Processo Civil, **medidas essencialmente cautelares, medidas provisionais e medidas só procedimentalmente cautelares ou topologicamente cautelares**, diferenciando-se elas pelo fato de as primeiras se vincularem instrumentalmente a um processo, dito principal, de conhecimento ou de execução, cujo resultado útil asseguram; as segundas, por dizerem respeito ao exercício de dever-poder do juiz de prover, instrumentalmente, com vista ao regular andamento do processo, ou ao seu resultado eficaz, quando indisponíveis os direitos que constituem seu objeto ou se postos determinados interesses, pelo direito material, sob tutela do magistrado; as terceiras, pela circunstância de se relacionarem a interesses de natureza substancial, sem necessário caráter instrumental, mas cuja disciplina procedimental foi posta no Livro III do Código de Processo Civil.

Às primeiras, são aplicáveis, necessariamente, todos os preceitos do Capítulo I do Livro III, que dizem respeito ao processo essencialmente cautelar. Quanto às segundas, só as prescrições de natureza procedimental, quando não incompatíveis com o processo em que ocorrem e com a natureza do direito com que se relacionam, são aplicáveis; no tocante às terceiras, jamais as disposições do Capítulo I são aplicáveis, porque sempre incompatíveis.

O PODER GERAL DE CAUTELA

27. O problema do poder geral de cautela do magistrado tem sido posto, ultimamente, entre nós, como uma descoberta e, mais do que isso, descoberta de um instrumento capaz de produzir resultados milagrosos, em termos de celeridade e efetividade da prestação jurisdicional.

Para mim, tenho como inexatas uma e outra conclusão.

Nego o caráter de novidade, porque me parece que o poder de acautelar a eficácia de sua futura decisão é algo ínsito ao próprio poder jurisdicional do magistrado, construível mesmo ao arrepio de qualquer texto de lei que o autorize ou discipline.

Apreciando a pretensão meramente declaratória, para a qual o direito italiano, ao tempo, não previa expressamente qualquer remédio, ensinou Chiovenda que o art. 36 do Código de Processo Civil de 1865 exigindo, como condição para acionar, o interesse, continha implicitamente a autorização legislativa para a acionabilidade das pretensões meramente declaratórias. E complementava: posto um ordenamento judicial e processual, com ele fica autorizada toda demanda judicial que tenda a evitar o dano que se verificaria se a lei deixasse de ser atuada, a menos que a própria lei contenha limitações expressas(2).

Igual raciocínio se pode colocar no tocante às pretensões cautelares, preventivas de danos que se verificariam se a lei deixasse de atuar. Negar ao Juiz o poder e à parte a pretensão de resguardar a eficácia de uma futura sentença, equivaleria a negar-se a efetividade da própria tutela jurídica, por conseguinte, do próprio ordenamento jurídico.

O poder Jurisdicional inclui, necessariamente, o de conhecer dos fatos, defini-los juridicamente, e o de prestar a tutela devida, tornando-a efetiva, para o que também se assegura ao juiz, o poder, e as partes a pretensão de obterem a certificação do direito, sua atuação, ou a sua segurança, e esse direito assegurado tanto é o direito material quanto o que tem por objeto o bem da vida jurídico que é o processo.

Buscar fundamentos outros para o poder geral de cautela do magistrado é, a nosso ver, partir-se de pressupostos inadequados, o que gera, necessariamente, conclusões também inadequadas.

O que o Código de 1973 traz de novo, e apenas isto, é a sistematização do procedimento cautelar e a explicitação dos pressupostos autorizadores do exercício da pretensão cautelar da parte e dos limites do exercício do poder cautelar do magistrado.

28. Falar-se em poder geral de cautela, a partir do art. 798 do Código de Processo Civil, é focalizar-se o problema de um ângulo inadequado. A lei, nesse passo, não amplia os poderes do juiz, deferindo-lhe algo que não teria, caso inexistisse o dispositivo, nem lhe atribui algo de especial e novo em termos de função jurisdicional. Do poder cautelar dispõe o juiz por força de sua função jurisdicional, porque ele é decorrência necessária deste, como o são o poder de certificar e o poder de atuar o direito. O de que cuida a lei, neste art. 798, é dos **fundamentos** invocáveis pelos interessados para o exercício de sua pretensão à cautela. Ele não dá ao magistrado o que não teria caso inexistisse a expressa autorização legal. Apenas explicita, para os juízes e para os interessados, a situação de fato que autoriza os primeiros a deferir a proteção cautelar e permite aos segundos pleiteá-la.

29. Essa análise já foi feita antes por Ronaldo Cunha Campos e merece de nós o mais decidido apoio(3).

Na verdade, tanto para efetivar o Estado-juiz a sua atividade certificante, quanto para as demais atividades insertas no conjunto da função jurisdicional, adota o legislador um tipo de processo, que desdobra em vários tipos de procedimento.

Há, assim, um processo de cognição com procedimento ordinário, ou procedimento sumaríssimo ou procedimento especial. Há um processo de execução com procedimento para execução por quantia certa, para entrega de coisa certa etc. Do mesmo modo há um processo cautelar com um procedimento ordinário previsto para todas as hipóteses que não mereceram do CPC tratamento especial. Esse procedimento ordinário disciplinou-o o Código nos artigos 801 a 805; e nas várias seções do Capítulo II do Livro III cuidou dos procedimentos cautelares especiais, que denominou de procedimentos cautelares específicos.

No art. 798, portanto, o que se contém são os fundamentos que autorizam os interessados a pleitear e o juiz a decretar uma medida cautelar como rito do procedimento ordinário.

Tal como se procede em face de uma pretensão à certificação do direito ou a sua atuação, também assim se procede no tocante à pretensão cautelar.

Existindo uma situação de fato, precedente ou concomitante a um processo de conhecimento ou de execução, capaz de repercutir sobre a futura decisão ou futura satisfação do vencedor, com risco de torná-la total ou parcialmente infrutífera, o interessado tem pretensão à tutela cautelar. Deverá exercitá-la adotando o procedimento que a lei tenha previsto para a espécie. Se algum em especial foi disciplinado, a ele recorrerá. Inexistindo, adotará o procedimento ordinário cautelar, regulado nos arts. 801 a 805 do Código de Processo Civil.

30. Muito menos autorizado, **data venia**, o que pretendem outros autores, ainda que o façam com talento e encanto, diria mesmo com fascínio. Refiro-me aos que, como Galeno de Lacerda, querem extrair, do art. 798, um poder quase mágico para o juiz, buscando-o nas origens do direito romano clássico. Verdade é que, diante do peso da realidade, o senso prático e a objetividade pesam mais, e eles retiram, com uma mão, o que deram com a outra. Nosso receio é que muitos se coloquem apenas na primeira metade, e façam da judicatura uma cartola de mágico, normalmente, estamos certos, em desfavor da segurança das partes no processo.

Tentaremos justificar nossa divergência.

Em primeiro lugar, a diversidade básica, diria mesmo a diversidade ineliminável, entre o pretor romano e o juiz de nossos dias, o que conduz à necessidade de se construir os poderes do juiz de hoje também de modo basicamente diverso, sem possibilidade de assemelhação ou aproximações mais profundas.

O pretor, como órgão do sistema jurídico romano clássico, era mais legislador que magistrado, mais homem público que técnico, mais um político que um aplicador de leis, investido mediante um sistema de escolha que lhe dava a necessária representatividade. Nem vitalício, nem inamovível, nem gozando de irredutibilidade de vencimentos, nem colocado acima de tudo e de todos, impunemente, mas alguém devedor de contas ao povo que o elegia, vale dizer, à classe patrícia, mais tarde também dos plebeus, cujos interesses representava e devia tutelar.

Que tem de parecido com ele e juiz de nossos dias? Nada. Técnicos, formados deficientemente em escolas públicas, no sentido de informação e formação política, são eles hoje investidos no Poder à revelia da sociedade e sem obrigação de lhe prestar contas, sem nenhum vínculo maior, de natureza política, com essa mesma sociedade. Se reacionários, permanecerão juízes toda a vida; se preconceituosos e desinformados, permanecerão juízes toda a vida; se preguiçosos ou fracos de virtude, permanecerão juízes toda a vida. Por isso mesmo se lhes retirou quase que todo o poder criador do direito, ou se lhes dispensou disso, transferindo-se a tarefa ao legislador, esse sim, normalmente, representativo, submetido a controles políticos e sensível à censura social.

Não se cuida, e seria um modo estrábico de ver as coisas, de crítica a pessoas. Trata-se de constatação de natureza institucional. A dignidade pessoal de nossos juízes, felizmente predominante, não lhes empresta, miraculosamente, os dons de que não se podem revestir por formação e por investidura, por exercício e por responsabilidade. Nós somos o que nossos hábitos mentais nos fazem e desde a academia fomos formados para ser magistrados de determinado tipo e só desse tipo poderemos ser, efetivamente, magistrados. Tudo o mais será romantismo ou irrealismo, perigoso quando deixa de ser sonho para pretender informar e conformar a realidade. E o modo pelo qual institucionalizamos o nosso Judiciário reclama que os poderes do juiz sejam explicitados a partir dele e de modo compatível com ele. Impossível transferir o que é típico do sistema romano clássico para o Estado de nossos dias, como impossível é transferir-se o que é típico do sistema da **common law** para um sistema codificado. Insistimos: impossível transferir o específico; e algo específico era o papel jurídico-político que o pretor romano desempenhava como o é o papel jurídico-político desempenhado pelos juízes no sistema da **common law**. Daí a existência de perfil institucional diverso ali e aqui, sendo inaceitável pretender-se transferir a consequência sem que se transfiram, também, as causas, ou, em outros termos, construir poderes novos para o juiz sem lhe deferir uma nova feição em termos institucionais.

Somos dos que acreditam, firmemente, que nossas instituições estão ultrapassadas. Entendemos haver urgência no pensar o novo e canhestramente temos tentado pensá-lo. O que nos agride, aquilo que repelimos com veemência, é pretender-se o novo superficialmente, vale dizer, sem arar a terra e nela semear a semente,das árvores novas de que iremos colher os frutos também novos.

31. O **periculum in mora**, analisado em seus elementos constitutivos, se configurará a partir da conjugação dos seguintes requisitos:

a) ato de uma das partes do processo;

b) possibilidade da ocorrência de lesão grave em decorrência desse ato (fundado receio de dano);

c) que essa lesão grave seja de difícil e incerta reparação;

d) que tudo isso ponha em risco a satisfação do direito da outra parte, se a final vier a ser reconhecido e tutelado;

e) que esse risco decorra da natural e inevitável duração do processo.

Apreciemos, agora, cada qual desses requisitos.

32. Ato da parte. Isto significa ato de quem seja autor ou réu, inclusive litisconsorte, que autor ou réu necessariamente será, ou de terceiro interveniente.

A existência de litisconsórcio pede uma palavra especial. Se o litisconsórcio for unitário (art. 47) o ato de qualquer dos litisconsortes, porque compromete a sorte da lide que é comum a todos, compromete a todos, assim, a cautela é deferida também contra todos. E se requerida por apenas um dos litisconsortes unitários, envolverá, necessariamente, a todos.

Se não unitário o litisconsórcio, deve-se atentar para que, embora exista unidade formal da relação jurídica e do processo, há, em verdade, pretensões e litígios autônomos. Isso importa em se ter como viável a cautelar pertinente apenas a um dos litisconsortes ou só a determinado bem ou parte do bem litigioso, quando existe o consórcio voluntário.

O ato do assistente litisconsorcial deve ser tratado como se trata o de litisconsorte, porque litisconsorte ele é.

O ato do assistente simples pode fundamentar um pedido de cautelar? A resposta deve ser afirmativa, a depender do caso concreto. O assistente simples tem uma relação jurídica com a parte que assiste e em razão dela pode estar juridicamente autorizado a praticar o ato que configurou a situação fundamentadora do pedido cautelar e da tutela cautelar. Não é ato de terceiro estranho: é ato de terceiro interveniente.

O mesmo raciocínio vale para o opoente, o nomeado à autoria, o denunciado à lide e o chamado ao processo. São eles partes e como tal devem ser tratados.

33. Desse ato deve decorrer a **possibilidade** de lesão grave ao direito da parte adversa. Em outras palavras: deve haver **fundado** e justo receio de que, por força daquele ato da parte, venha a ocorrer grave lesão ao direito de quem pleiteia a medida cautelar.

Já tivemos oportunidade de advertir que no processo cautelar não se tutela o direito (material) da parte, o que é objeto do processo principal. Indiretamente isso ocorre, porque assegurando o resultado útil do processo principal, por conseguinte assegurando a efetividade da tutela pedida, o processo cautelar também tutela o direito (material) da parte em favor da qual é deferida a medida.

Em verdade, a lesão grave diz respeito à futura sentença que no processo seja proferível em favor da parte, que ficará alcançada em sua plena exequibilidade ou força ou eficácia se não eliminada a situação de perigo que o ato da parte determinou.

34. Grave, em que sentido? A lei deixou certa discrição ao magistrado, mas se pode dizer que é grave toda lesão que passa o tolerável, o que seria de esperar-se nas circunstâncias, o que é normalmente aceito e suportado em condições análogas pelo comum dos homens e no comum das situações.

Convém lembrar que essa lesão não é necessariamente de natureza econômica ou financeira. Ela pode dizer respeito à saúde, à honra, reputação, fama artística, científica, etc.

35. A dificuldade e incerteza da reparação pedem, também, alguns esclarecimentos.

Elas podem dizer respeito ao tempo, aos meios ou aos agentes. E difícil e incerta a reparação que reclama posterior e demorado processo; a que exige meios custosos ou de manipulação anormalmente trabalhosa; também difícil e incerta a que exige o envolvimento de pessoas especialmente qualificadas cujo recrutamento seja problemático ou demasiadamente oneroso.

O critério mais adequado, a nosso ver, para se aferir da dificuldade e incerteza da reparação é considerar a possibilidade de ressarcimento dos danos no próprio processo e a curto prazo ou com meios expeditos. Se isso não ocorrer, é válido entender-se a lesão como de difícil e incerta reparação.

36. Doutrinadores de alto mérito falam, nesse passo, da existência de **dano irreparável**, aproximando a hipótese daquelas que em nosso direito informavam a apelabilidade de decisões interlocutórias e hoje autorizam o mandado de segurança contra ato judicial(4).

Cumpre atentar-se, contudo, para que, nas situações apontadas, o dano dito irreparável decorre de decisão judicial, ao passo que, na cautelar, cuida-se de ato da parte. Enquanto ali está em jogo a ilegalidade da decisão (incluindo-se a grave injustiça nela contida, que a nosso ver se equipara à ilegalidade – aqui se abstrai da ilegalidade do ato da parte, colocando-se em primeiro plano a provável concessão da tutela pretendida e sua frustração, mesmo que parcial, como decorrência daquele ato da parte, ainda que autorizado pelo direito.

O dano irreparável, na hipótese de mandado de segurança, prende-se a exequibilidade de uma decisão em que o magistrado incidiu em erro de procedimento (**error in procedendo**); aqui se cuida de insatisfatória tutela futura de um possível direito.

Essa diversidade de enfoque e de fundamento talvez peça que se use nome diverso, dada a diversidade do que se pretende conceituar, evitando-se aproximar o que reclama ser diversificado.

Isso, contudo, não faz imprestáveis os subsídios doutrinários e jurisprudenciais que informaram a construção do conceito de dano irreparável e neles se pode buscar inspiração e referência para o atendimento do que seja lesão grave de incerta e difícil reparação, para efeito de medida cautelar. Nessa reflexão, recolhemos os indicadores de que lesão daquela natureza é a que não pode ser reparada no próprio processo, de modo pleno; ou só poderá sê-lo com grande e inevitável prejuízo para a parte. Essa exigência de um procedimento autônomo para se obter a reparação, ou quando a reparação é possível no próprio processo, mas de modo demasiadamente oneroso, essas exigências servem, sem dúvida, para caracterizar o dano irreparável com vistas a mandado de segurança, como para configurar a lesão grave e de incerta reparação, fundamento da medida cautelar.

37. Lesão ao "direito" da outra parte.

Também aqui cabe esclarecer o dispositivo. Em todo processo se pleiteia do Estado-juiz a atribuição de um bem da vida a alguém e o deferimento dessa pretensão importa na tutela jurisdicional reclamada. A certificação da existência ou inexistência de uma relação jurídica a constituição, extinção ou modificação de um estado ou situação jurídica, a imposição a alguém de uma obrigação de dar, fazer ou não fazer alguma coisa, a prática de atos que importem em incorporação ao patrimônio do postulante do bem da vida por ele pleiteado, todas essas são formas de tutela jurídica. Mas, enquanto pende o processo, descabe falar-se em direito. A existência mesma do litígio diz da controvérsia sobre os fatos e consequentemente sobre o direito ainda não certificado ou atuado. Há, apenas, uma pretensão que se quer ver tutelada (processo de conhecimento) ou um direito presumido certo (na execução) mas ainda susceptível de impugnação, em sua existência ou em sua eficácia. De sorte que "direito", na sua exata acepção, dificilmente existirá em termos de lide cautelar. O que se tem, na verdade, é a pretensão de alguém posta como objeto de conhecimento do juiz, para sua certificação ou atuação que apenas autoriza falar-se em **plausibilidade** ou **probabilidade de um direito**, jamais em direito, pura e simplesmente, como algo já constituído.

O direito de que se cuida nada mais é, portanto, do que aquele suscetível de vir a consubstanciar-se em futura decisão favorável ao pleiteante de cautelar. O bem da vida posto em risco ainda não tem como titular o pleiteante, nem pode ele reclamar sua integração ao seu patrimônio em termos definitivos, mas ele corre o risco, por ato da outra parte, de vir a sofrer modificação em sua qualidade ou quantidade, ou de perecer, ou de ser ocultado, ou destruído, de modo que sua atribuição ao vencedor não se fará exatamente nos termos em que foi pleiteada, configurando-se essa atribuição como possível e bem provável.

38. Cuidando desse fundamento, a doutrina fala em **fumus boni juris**, fumaça de um bom direito, no sentido de que basta a plausibilidade da existência do direito invocado, a ser apreciada mediante cognição superficial de seus pressupostos de fato e de direito.

Ronaldo Cunha Campos tenta eliminar de modo radical o **fumus boni juris** como fundamento da cautelar. Sustenta ele que a regra que se invoca, quando se fala no **fumus boni juris,** é a regra de direito material, mas se no processo cautelar não se cuida da tutela material, por que guiarmo-nos por tal norma?

Cumpre distinguir, acrescenta ele, o interesse na composição formal da lide do interesse na composição da lide. Assim, ao lado do interesse material há um interesse no processo. No processo cautelar, é o interesse no processo que está em jogo: podem desaparecer as condições que ensejariam ao Estado a composição da lide, ou surgir condições que obstem o normal desenvolvimento do processo.

Se assim é, o que se tem que examinar no processo cautelar não é a existência ou probabilidade do direito subjetivo material, **sim o direito da parte ao processo.**

Deve-se verificar a existência de um fato que ameaça não um possível direito subjetivo material, mas a ocorrência da possibilidade de tornar-se ineficaz o processo.

Examina-se, no processo cautelar, a existência ou não do direito de ação da parte – se esse direito existe e existe a ameaça a esse direito existe algo a ser tutelado pelo processo cautelar.

Cumpre distinguir acrescenta ele, 1) – direito à composição da lide (direito à decisão) e 2) – direito à composição da lide segundo o pedido (direito à decisão favorável).

Legitimado, pois, e com direito de ação é o que tem posição na lide que o habilita a pedir sua composição.

O processo cautelar é sumário justamente porque nele se visa a verificação da existência do direito de ação e não do direito material. Consequentemente, não se trata, no processo cautelar, do exame da probabilidade de existência do direito substancial, do direito subjetivo material do requerente, porém de verificar se ele efetivamente dispõe de um direito de ação, direito ao processo- a ser tutelado.

Até aqui o pensamento do jurista mineiro. Ponderamos nós:

Face a sistemática que ao processo cautelar deu o nosso legislador, essa afirmativa tão radical parece incorreta. Permite-se, nesse processo, argua o réu a decadência ou a prescrição do direito (material) do autor da cautelar que é ou será objeto do processo principal, obstando, com isso, não só o deferimento da cautelar, como ensejando ao juiz, no próprio processo cautelar, declarar a decadência ou a prescrição do direito a ser posto como objeto do processo principal. (arts. 810 e 811, IV).

No caso em tela, nem mesmo os concretistas ou liebmanianos dirão que não tinha o autor direito de ação, já que era parte legítima, tinha interesse processual e seu pedido era juridicamente possível (no processo principal). Apesar disso e apesar da situação de perigo (para o processo) não se lhe deferiu a tutela, porque inexistente seu direito (material) ou já consumada a prescrição extintiva (destituindo de seu poder de exigibilidade o direito de que é titular).

Temos, assim, que a plausibilidade do direito material de quem invoca a tutela cautelar é requisito para deferimento da medida. Não é esse direito (plausível) que se tutela, sim o resultado útil do processo, mas isso é feito em virtude da plausibilidade, possibilidade de se vir a definir o Judiciário, em favor de quem requer, a tutela cautelar.

Sem dúvida que evidente a inadmissibilidade da ação (defeitos que inviabilizam a decisão de mérito e não se incluem nas mal chamadas condições da ação), ou a carência de ação (falta de legitimidade, de interesse processual ou de possibilidade jurídica do pedido) no que diz respeito ao processo principal, indefere-se a cautelar, porque inviável naquele processo a decisão de mérito, consequentemente a futura sentença em que a tutela se efetivaria, tutela que se pretende acautelar.

Rejeitamos, entretanto, o entendimento de que, vencidas essas etapas, deva o juiz deferir a cautelar, se posta em risco a efetividade da futura tutela, mesmo quando sem plausibilidade essa tutela, por motivos que se prendem ao mérito propriamente dito. Há improcedência manifesta que não resulta necessariamente da inépcia da inicial, mas se configura depois da fase postulatória do feito, ou inclusive desponta da instrução que se procedeu no feito, mesmo que apenas em curso. Não vejo como deferir o juiz uma cautelar, por exemplo, quando se sente em condições de julgar antecipadamente a lide e o faria em desfavor do que pleiteia a medida assecuratória.

O **fumus boni juris**, portanto diz também com uma superficial cognição do mérito da ação principal. Ainda quando não baste a plausibilidade do direito para deferimento de medida cautelar, exigindo-se, ainda, o risco de ineficácia da futura possível tutela.

39. A possibilidade de lesão grave deve ocorrer antes do julgamento da lide, assim diz o art. 798. Ela também deve estar relacionada com o processo e ter na duração do processo o outro motivo de sua ocorrência.

Julgamento da lide entende-se, nesse passo, decisão transitada em julgado. Mesmo já decidida no primeiro grau a lide, pendendo recurso, ela continua sem julgamento definitivo e é de julgamento dessa natureza que cuida o art. 798.

Se extinto o processo sem julgamento do mérito, não há lide pendente a que se associe a cautelar. Nada obsta, contudo, seja ela postulada, como antecedente, em função do novo processo a ser ajuizado.

Se extinto com exame do mérito, não se pode cogitar de medida que vise resguardar o seu resultado útil, porque sentença já houve e a tutela já foi deferida, sendo inviável falar-se em sua impossibilidade de efetivação por ato da parte e resultante da duração (**periculum in mora**) do processo, porque já concluído este. O de que se pode cogitar, a partir desse momento, é de risco de ineficácia de outra tutela que acaso seja postulável e tenha como suposto a decisão transitada em julgado.

Convém aprofundar essa afirmativa.

Nas ações que ficam por sentença declaratória ou constitutiva, o resultado útil possível consiste, justamente, na certificação do direito, na primeira, e, na segunda, dessa certificação com a consequente criação, modificação ou extinção de uma situação jurídica, pelo que se alguma providência cautelar se impuser, será em face de fatos e circunstâncias que não dizem mais respeito à ação finda, sim à ação proponível, que tenha como pressuposto ou fundamento a sentença proferida na ação declaratória ou constitutiva.

Se logro sentença favorável numa ação de investigação de paternidade, alguma providencia acautelatória de natureza patrimonial certamente se vinculará a uma futura ação da petição de herança ou de alimentos que deva ser proposta. Se obtenho sentença favorável em separação judicial, alguma providência cautelar que se imponha, quanto aos filhos ou no tocante ao patrimônio comum, dirá respeito a futuras ações de inventário e partilha ou de regulamentação do problema da guarda dos filhos.

Na ação condenatória, igualmente. A ela pode se seguir a execução da sentença, e se alguma providência cautelar se impuser, deve ser em vista dessa execução e não da condenação finda.

No caso de execução, só se considera findo o processo com a satisfação do credor, com sua renúncia, ou quando o devedor obtém, por transação ou por qualquer outro meio, a remissão total da dívida (art. 794), exigindo-se sentença que o declare (art. 795). Mas é possível, na execução por quantia certa, que a venda dos bens em hasta pública só dê para satisfação parcial do credor. Isso ocorrendo, se existem outros bens penhoráveis, prossegue-se na execução, sendo inviável falar-se em execução finda, pelo que a admissibilidade de cautelar é irrecusável. Inexistindo, contudo, outros bens conhecidos para efeito de constrição, o processo fica suspenso (art. 791). Falar-se na hipótese em extinção é impossível. Não se cuida de extinção sem satisfação do credor, porque ele já foi em parte pago de seu crédito. Nem de extinção com satisfação do credor, porque essa não ocorreu plenamente. Assim, ao que me parece, cumpre ao juiz determinar a suspensão do feito, reconhecendo a satisfação parcial do credor, permanecendo suspenso o processo até que bens apareçam para ser penhorados ou se extinga o processo por força de prescrição, decadência ou acordo das partes.

Correto o que vimos de afirmar, admissível será o pedido de medida cautelar que vise assegurar a execução no tocante à parcela do crédito ainda insatisfeita. Enquanto no processo de conhecimento a satisfação apenas parcial do autor implica em rejeição de tudo mais quanto ele pediu, na execução o mesmo só ocorre se reduzido o crédito em virtude da sentença proferida na ação de conhecimento dos embargos do devedor. Se redução não houve por força de sentença nos embargos, a satisfação apenas parcial do credor nem extingue o processo, nem retira a legitimação e o interesse do credor no tocante à parcela não satisfeita, permanecendo, por conseguinte, sua pretensão à tutela cautelar.

40. O ato da parte, já o vimos, deve ter sido praticado antes de encerrado o processo com julgamento de mérito ou sem ele. A lei, contudo, silencia quanto ao termo inicial a considerar para que o ato da parte seja atendível como justificador da cautelar. Parece-me que é de exigir-se já se tenha configurado a lide. Dizemos lide, não processo. Porque se pode pretender cautelar sem que nenhum processo exista já ajuizado. Creio, entretanto, ser impossível a cautelar sem que haja lide, e nenhum ato pode ser invocável para fundamentar cautelar se não for ato praticado pendente a lide, vale dizer, já configurada ela e ainda não decidida, em caráter firme, pelo Poder Judiciário.

Quando se pode ter uma lide como configurada? Creio que no momento em que a pretensão de alguém a determinado bem da vida encontra resistência por parte daquele que se tem como devedor desse bem pretendido. Se há pretensão resistida ou interesse insatisfeito, há lide. Consequentemente, a partir daí, todo ato de qualquer dos interessados, com repercussão no resultado útil do processo futuro, necessário para atribuição daquele bem, é ato invocável para fins de medida cautelar.

Assim, por exemplo, o uso abusivo de um bem móvel comprado a prestações não fundamenta qualquer medida cautelar, se não houver mora do comprador, nem se tenha configurado hipótese de rescisão do contrato. Mas esse mesmo uso abusivo **posterior** à mora ou à configuração da causa da rescisão será fato invocável para fins de cautelar.

41. Por último, e ainda no âmbito da exegese desse art. 798, deve-se atentar para o fato de que a medida decretável pelo juiz não pode se revestir:

a) nem do caráter de antecipação da tutela, se a lei deixa de prever expressamente a possibilidade de liminar;

b) nem do caráter de cominação, com vistas a compelir a parte contrária a prestar aquilo a que o autor da cautelar se julga com direito (no processo principal).

A cautelar nem antecipa a tutela, diretamente, nem pode, indiretamente, chegar a esse resultado. A antecipação de tutela só é deferível por lei e nos casos estritos que prescreve. E isso se teria obtido ao arrepio da lei tanto na hipótese do juiz acautelar antecipado, sem que disso cuide a lei, como coagir a parte a antecipar a prestação, mediante o desvirtuamento da medida cautelar, revestindo-a do caráter de cominação.

42. Falamos em lide, mas recordamos o que já foi afirmado: a tutela cautelar não é restrita ao processo contencioso, nem exclui os processos de tutela integrativa, inclusive os de jurisdição voluntária. Por isso mesmo nossa preferência é pela expressão situação-obstáculo. Ela é que, uma vez instaurada (tutela integrativa ou reparatória) ou uma vez prenunciada (tutela preventiva) autoriza a cautelar, se configurada a situação de perigo à futura tutela possível ou provável. Tudo quanto dissemos a respeito da lide vale para as situações-obstáculo de caráter não litigioso, isto é, sem condições de configurar uma lide.

43. Concluindo, afirmamos que as denominadas cautelares inominadas e o proclamado poder geral de cautela a que se associam, nada mais são que a pretensão à cautela exercitada pela parte, mediante o procedimento ordinário cautelar, porque presentes os fundamentos da pretensão cautelar e porque não previsto em lei, na espécie, nenhum procedimento especial. A cautela inominada não é mais do que uma cautelar com procedimento ordinário.

44. Muito ainda se pode dizer e polemizar em torno do tema. Como dito inicialmente, as circunstâncias desta conferência impunham limitações. Pareceu-me que devia privilegiar os aspectos que abordei. Deles retiro os princípios básicos que me têm orientado na exegese de quanto se contém no Livro III do Código de Processo Civil, para entendê-lo e aplicá-lo de modo coerente, sem os riscos da solução casuística e anárquica.

REFERÊNCIAS:

1. Por todos, porque aquele que com maior largueza e profundidade cuidou do assunto, OVIDIO BATISTA DA SILVA, "A ação cautelar inominada no direito brasileiro", pgs. 65 e segs.
2. Ensayos de derecho procesal civil, vol. I, p. 189 – Acción de declaración de mera certeza.
3. Estudos de direito processual, n. 1 – Introdução ao estudo do processo cautelar, pgs. 11 7 e segs.
4. Comentário no CPC, vol. VIII, tomo 1, pgs. 135 e segs.
5. GALENO DE LACERDA, ob. cit., pgs. 116 e segs.

| 14 | CONFERÊNCIA: EFETIVIDADE DO PROCESSO CAUTELAR[19]

APRESENTADOR (JORNALISTA CARLOS ALBERTO CARVALHO)

Nós vamos iniciar neste momento os trabalhos do último dia do nosso Congresso Nacional de Direito Processual Civil, comemorativo aos 20 anos de promulgação do Código de Processo Civil, e que se realiza desde a noite da última terça-feira, aqui na Pontifícia Universidade Católica do Rio Grande do Sul.

A programação de hoje prevê a conferência que será realizada pelo Doutor J. J. Calmon de Passos, sobre a Efetividade do Processo Cautelar.

Teremos logo após a conferência um intervalo; às 10 horas e 30 minutos debate sobre o tema, e em seguida o encerramento deste II Congresso Nacional de Direito Processual Civil.

Nós passamos, de imediato, de acordo com a solicitação do Presidente deste II Congresso Nacional de Direito Processual Civil, Doutor Silvino Lopes Neto, passamos a apresentar um "curriculum" resumido daquele que será o conferencista do encerramento deste Congresso.

Professor José Joaquim Calmon de Passos, nascido em Salvador, na Bahia, formado pela Faculdade de Direito do Recife;

Professor Docente-Livre da Faculdade de Ciências Econômicas da Universidade Federal da Bahia;

Professor Catedrático da Faculdade de Direito da Universidade Federal da Bahia, lecionando Teoria Geral do Processo e Teoria Geral do Direito a nível de pós-gradução;

Procurador-Geral da Justiça, nos governos Antônio Balbino e Lomanto Júnior;

Secretário da Fazenda do Estado da Bahia;

Presidente da OAB da Bahia;

Conselheiro Federal da OAB;

---

19. Texto extraído de Congresso Nacional de Direito Processual Civil, II, Porto Alegre, 1993. *Anais...* Porto Alegre: Instituto dos Advogados do Rio Grande do Sul. 1993.

Membro do Instituto dos Advogados Brasileiros, do Instituto Ibero-Americano de Direito Processual, do Instituto de Direito Comparado Luso-Brasileiro, da Academia de Letras Jurídicas e, também, Examinador em vários concursos de docentes universitários.

Obras principais:

Comentários ao Código de Processo Civil, volume 3º, da Editora Forense;

Comentários ao Código de Processo Civil, volume 9º;

Mandado de Segurança Coletivo, "Habeas Data" e Mandado de Segurança, também da Forense;

Revelia do Demandado, da Editora Progresso;

Nulidades do Processo Civil, da Imprensa Oficial;

E também temos Ação no Direito Processual Civil Brasileiro, da Editora Progresso.

São algumas informações, alguns dados, desse "curriculum" resumido que apresentamos neste momento do Professor José Joaquim Calmon de Passos que, a partir deste momento, vai iniciar a sua conferência falando sobre a Efetividade do Processo Cautelar.

Com a palavra o Doutor José Joaquim Calmon de Passos.

1. Eminente colega presidente desta sessão. Colegas que aceitam, com simplicidade, tornarem- se, nesta hora, meus ouvintes, quando são meus mestres. Colegas profissionais do direito, estudantes.

Já estive muitas vezes no Rio Grande do Sul e já me habituei ao gaúcho, essa pessoa contraditória. Aparentemente, um pretensioso. Athos Gusmão Carneiro, volta e meia, recorda-me sempre o final do hino do Rio Grande do Sul: "As nossas façanhas sirvam de exemplo a toda a Terra". Irônico, respondo: "Que bobagem, Athos! Vocês não podem ser assim tão modestos. O final do hino deverá ser: "As nossas façanhas sirvam de exemplo a todo o universo".

Mas essa jactância do gaúcho é maravilhosa, porque, ao invés de ser pretensão, é o orgulho de sua condição, é brasilidade. E uma das qualidades mais nobres da criatura humana é a reta autovalorização e o auto-respeito. E tanto essa jactância do gaúcho, antes de defeito, é virtude, que ele consegue ser o povo mais simpático e acolhedor de nosso país.

Quando se chega a Porto Alegre, só um problema nos aflige: como fazer para nos dividirmos entre tantos que nos requestam? Se fosse comparecer a todos os lugares para que sou convidado, jantar todos os jantares que me oferecem e almoçar todos os almoços, não estaria hoje aqui, fazendo esta palestra, mas em alguma UTI de Porto Alegre ou já transferido para alguma UTI em Salvador.

Por isso mesmo sou fascinado pelo gaúcho. E o que mais adoro é brigar com eles, divergir deles. Brigar com Ovídio, brigar com Athos ou com Galeno é maravilhoso. Sua combatividade nos incita e a lealdade de todos eles nos dá segurança. Jamais nos dão golpes baixos e com seu talento nos ajudam a dar-lhes o golpe mortal.

2. Vou falar, aliás, sobre um assunto que é tipicamente gaúcho – cautelares. Já foi dito, por um dos oradores que me precederam, que os papas do processo cautelar estão aqui. Não vou enumerá-los. São por demais conhecidos. Mas bem em frente a mim está um deles, talvez o mais representativo – Ovídio Batista. Porque o mais aguerrido, o mais afirmativo e o mais dogmático. E vou falar sobre cautelares correndo um grande perigo, porque, se estou concorde com esses mestres em muita coisa, deles discordo em pontos fundamentais.

A beleza do direito é justamente esta – permitir a convivência de divergências. Há pouco, vindo para aqui, dizia a um colega: "Quando um jurista afirma estar certo, deixou de ser jurista. Porque jurista é aquele que sabe que nunca é o portador da verdade, sim apenas alguém com uma opinião que busca fundamentar de modo tão objetivo e convincente que ela se faça o convencimento da maioria".

Porque tenho um modo de falar muito enfático, dou a impressão, às vezes, de que pretendo ser o senhor da verdade. Mas não o sou, nem pretendo sê-lo. Tudo quanto vou dizer aqui não será algo insusceptível de contestação, sim o que representa o meu modo de entender o direito e de entender o processo cautelar e o que seja a efetividade desse processo cautelar. Mera opinião, que submeto à avaliação e apreciação crítica de vocês. Não será uma refutação ao pensamento de quem quer que seja, nem a afirmativa de que A ou B está errado, sim a confissão pública do que José Joaquim Calmon de Passos pensa do processo cautelar e de sua efetividade.

3. Este talentoso jovem que é Nelson Neri – uma das mais altas expressões da geração que está chegando – afirmou, ontem, sem estar se dirigindo pessoalmente a mim nem a ninguém, que "o velho não aprende mais nada".

Eu sou um velho. Um candidato a algum Instituto Geriátrico. E essa constatação fez-me lembrar de um episódio do passado, no início de minha carreira no Ministério Público. Era promotor em Santa Inês e substituto da Comarca vizinha, cuja promotoria estava vaga. Juiz dessa comarca um velho colega, às portas da aposentadoria. Pessoa maravilhosa, poeta e seresteiro, requeri-lhe uma providência em favor de um menor e nada do processo andar. Um dia dirigi-me a ele, pedindo proferisse o despacho saneador. – "O que é isso?" indagou-me ele. Expliquei que era uma exigência do Código de 1939 e ele me respondeu, bonachão: "Calmon, desse Código de 39 eu nada sei, porque já tenho a cabeça arrumada segundo a Consolidação das Leis do Processo e se a esta altura eu a desarrumar, vou desarrumá-la pela Consolidação e não conseguirei arrumá-la pelo código de 39 e ficarei sem saber nem uma nem outro". E conclusivo: "Dê esse saneador por mim".

Esse velho colega, naquele tempo, era mais moço que eu, pois apenas estava prestes a cair na compulsória. Daí por que suspeito estar nas mesmas condições: continuo a pensar o velho, sem condições de assimilar o novo. Façam vocês a triagem de quanto disser, expurguem o que é fruto da esclerose. Salvem o resto se houver alguma coisa para salvar.

4. Continuo convencido de que nenhum jurista pode falar sobre algum instituto jurídico sem colocar, cristalinamente, os pressupostos que informam seu pensamento e o levam a chegar a determinadas conclusões, porque o direito, por sua própria natueza, reclama, para que se possa falar sobre ele, sejam explicitados aqueles pressupostos.

Sempre pergunto a meus colegas, quando pretendemos entender algo, juridicamente: "O direito é animal, vegetal ou mineral?" Ninguém ainda me respondeu afirmativamente. E se indago: "Está num estado sólido, líquido ou gasoso?" também é inevitável a negativa. Por fim, inquiro: "tem ele estrutura molecular ou atômica?" O mesmo silêncio. "Se é assim", afirmo, "o direito – não existe". Mas tenho nítida consciência de que ele existe, é uma realidade, mas sua existência é um existir no homem e pelo homem, é apenas o sentido e a significação que damos a nossa atividade, enquanto indispensável para ordenar a convivência social.

O homem é um animal cuja atividade não é determinada de fora, a partir da espécie, mas um animal – e não quero discutir a liberdade e o livre-arbítrio – mas um animal obrigado a se propor o seu agir. E a atividade do homem é um fato, tem sua materialidade, com uma estrutura determinada que lhe exige sejam emprestados um sentido e uma significação, sem que essa significação modifique a estrutura do fato, sua materialidade.

Eu acho Teresa linda. Uma criatura na qual vale a pena descansar os olhos. Não posso, entretanto, garantir que todos, neste auditório, vão afirmar o mesmo. Porque se todo mundo achasse igualmente bela a mesma mulher, nunca ninguém diria, como tanta gente diz: "Puxa, não sei como esse sujeito casou com esse bucho."

Adoro um cachorrinho "poodle" que tenho e faço questão de passear com ele toda tarde. Nesse passeio, sou servo. Se ele pára, eu paro; se ele levanta a perna, lógico que não levanto a minha, mas aguardo que ele abaixe a dele. Certa feita, ia passando, quando um grupo de adolescentes, gente mais humilde, vendo-me com um cãozinho, exclamou: "Puxa, esse velho com esse cachorro só pode ser bicha". Felizmente ia passando a certa distância e pude fazer de conta que não era comigo. O sentido que eles deram a meu comportamento foi de que eu era um desmunhecado. Será que o simples fato de passear à tarde com meu cachorrinho leva todo mundo a me considerar desmunhecado? Duvido. Então, de uma vez por todas, devemos assumir a consciência de que o "sentido" da atividade humana não está nela, mas no sujeito que a avalia.

CONFERÊNCIA: EFETIVIDADE DO PROCESSO CAUTELAR

Se o direito é o sentido ou significação que damos à conduta humana, assumamos, de uma vez por todas, esta verdade: o direito é algo atribuído a algo, jamais algo que preexiste ou subsiste em si mesmo.

Está aqui nossa Constituição. Ela diz: "Todos são iguais perante a lei", "Ninguém pode ser preso senão em flagrante delito" etc. Isso é o direito? Ledo engano. O direito só é quando uma vontade o efetiva. O direito é indissociável da vontade; seja da vontade individual, seja da social, seja da política. É esse ato de vontade que empresta à conduta determinado sentido e fá-lo impositivamente efetivo. Antes disso, inexiste direito. Pode haver um discurso sobre o direito, até mesmo um culto ou liturgia do direito, mas isso não é o direito. Como não é o som uma aula sobre acústica, nem a equação que o professor de Física escreve no quadro-negro. Só que o som será, prescindido da vontade do homem e de suas equações. Mas o direito nunca. Sem o querer humano ele é menos que nada.

5. Por que esse intróito? Vocês talvez estejam conjecturando: "O tempo é tão pouco e ele ainda se perde em tantos arrodeios. Isso é modo de fugir do assunto, e assim, de divagação em divagação, terminará sem dar o espetáculo para o qual pagamos a entrada".

Mas não é assim. Esse intróito era indispensável para justificar o que eu vou dizer a vocês: Não vejo como se possa falar em "direito" sem que haja prévia certificação por quem tem poder de certificar, e para essa certificação é indispensável conhecer o fato a que se quer emprestar um sentido jurídico. Prévio, só o fato, nunca o direito.

Não vejo, portanto, como possa falar em direito o postulante, antes da certificação, e o magistrado, antes de formar seu convencimento sobre esse fato. E esse "saber" sobre o fato é a cognição.

A cognição é apenas isto: não sei os fatos e preciso tornar-me sabedor deles. E se o juiz é, por definição, um terceiro desinteressado, porque não sabedor dos fatos, nem protagonista deles, nem interessado neles ou em seus figurantes, nem nas coisas ou bens que constituem objeto desses fatos, fundamental que para "dizer o direito" tenha, necessariamente, antes, que "saber" sobre os fatos. Sem cognição não há jurisdição.

É esse distanciamento que faz do magistrado um "imparcial" e o legitima para o pleito. Não que ele seja uma criatura excepcional, sem preconceitos e sem prejuízos mentais, sem fragilidades e sem idiossincrasias. Ele é humano, frágil e imprevisível como toda criatura humana, mas é imparcial, por força daquele distanciamento. Conseqüentemente, sem prévia cognição inexiste poder jurisdicional – e isso é garantia posta na Constituição, explicitamente, considerando nula qualquer decisão não fundamentada. Sem cognição impossível decidir. Só havendo uma magnífica, fantástica, incomensurável leviandade é que posso decidir sem nada saber dos fatos. E só há um modo de um juiz poder decidir sem saber dos fatos – ser "compadre" do autor, assinar em cruz o que ele diga. Infelizmente é o que vem acontecendo com frequência no Brasil.

Tenho dito, em tom de pilhéria – o trágico é quase o cômico – que hoje, em nosso país, as pessoas da Santíssima Trindade são quatro: Pai, Filho, Espírito Santo e o autor. Porque o que o autor diz em sua inicial vem se tornando "palavra sagrada", que não pode ser contestada. Tanto que o autor simplesmente diz, e o juiz simplesmente concede liminarmente e sem audiência da parte contrária e ainda satisfativamente.

Podemos chamar isso de processo? Podemos falar, nessas circunstâncias, de "direito"? Quando o direito só pode ser, como fenômeno, a partir do momento em que a fatos (conhecidos) se empresta (impositivamente) uma significação e um sentido jurídico? E como sabe o juiz desses fatos a ponto de estar autorizado a certificá-los juridicamente? Quando provados. E a prova só existe quando a fundamentação da decisão torna inequívoca sua existência, sempre inafastável sua bilateralidade.

6. O convencimento, por seu turno, comporta uma gradação que vai desde a *certeza* à *dúvida*, passando pela *verossimilhança* ou *probabilidade*. Qualquer delas autoriza a decidir. O que não pode o magistrado é tipificar juridicamente uma conduta, sem antes ter formado seu convencimento, que não pode ser arbitrário nem discricionário, mas exige seja motivado, porque o juiz é um agente do poder cuja legitimação decorre muito menos de sua investidura que da fundamentação ao seu decidir. É no fundamentar sua conclusão que o magistrado se legitima. Tanto que quando me perguntam se o juiz deve ser eleito, ou se dele se deve exigir prévia representatividade, sempre hesito em responder afirmativamente, porquanto, para mim, o magistrado constrói sua legitimação a cada momento do seu decidir.

Quando um juiz decide, simplesmente dizendo: "Como requer" ou "Adotando os fundamentos do autor..." deveria ele, de imediato, perder a legitimação para decidir o caso concreto e ser responsabilizado, pois deixou de ser magistrado para tornar-se um sátrapa. Porque só é magistrado enquanto fundamenta e porque fundamenta, publicizando, nessa fundamentação, a fidelidade de seu compromisso com a confiança que lhe foi depositada pelos cidadãos.

Eis aí a cognição. E a nenhum juiz é dado decidir sem prévia cognição, sem que forme reto convencimento sobre os fatos que lhe cumpre tipificar juridicamente.

7. Há, contudo, um outro aspecto. A formação do convencimento do magistrado não é fim em si mesma, mas um meio para que lhe seja permitido decidir – isto é, tipificar juridicamente os fatos de cuja existência se convenceu. Impossível pensar a jurisdição sem se reconhecer ao magistrado esse poder – tornar o fato direito, dizer, em termos de direito, o sentido e a significação dos fatos cuja verdade apurou. E ele diz o direito não para aconselhar ou orientar, mas para decidir, para comandar. E aí se completa a jurisdição com a autoridade reconhecida ao magistrado para impor,

no concreto, no histórico, o respeito ao que decidiu, vale dizer, ver realizadas as conseqüências que associou aos fatos cuja verdade apurou.

Na minha mente a jurisdição é impensável sem essas três dimensões; são como cabeça, tronco e membros, necessários para que haja o animal. Poder para conhecer os fatos (*notio*), para tipificá-los juridicamente, decidindo (*judicium*) e para efetivar o decidido (*imperium*).

Não poderia, jamais, colocar minha cabeça aqui, fazendo esta palestra, deixar meu tronco repousando no hotel e ter feito voltar minhas pernas a Salvador, para rever com brevidade minha esposa. Eu esquartejado sou um cadáver, não um homem. E quando a gente esquarteja o direito, ou o mata ou faz com ele assombração, como na história da carochinha em que o sujeito ouvia uma voz, dizendo "Eu caio?" e diante da resposta afirmativa, caía uma perna. Nova pergunta, nova resposta e assim à perna se seguiu o tronco, a este os braços, até que se teve o fantasma inteirinho, belicoso e hostil. Ou se trata o direito na sua inteireza ou faremos dele um cadáver ou uma assombração.

Não consigo, portanto, dissociar a cognição da decisão e ambas da execução. Se separamos cognição e execução, isso foi feito por motivação política e a unidade lesionada jamais deve ser esquecida.

Entendo, pois, serem indissociáveis, para que se fale em jurisdição, o poder de conhecer os fatos, tipificá-los juridicamente e, com base nisso, decidir, impondo o que tenha sido decidido.

8. Se assim é, de que me posso afirmar titular, quando postulo a um magistrado me defira determinado bem da vida? Apenas de uma pretensão, de uma exigibilidade que fiz, porque me considerei autorizado a fazê-la, segundo a ordem jurídica, e permaneceu ela contestada ou insatisfeita. Só a certificação do magistrado fará dessa pretensão um direito. Antes disso, será impossível falar em direito.

Não posso dizer a ninguém que tenho direito a esta caneta, salvo se todos vocês a isso aquiescerem, mesmo com o seu silêncio. Mas se eu disser esta caneta é minha e aquele nosso colega levantar-se e afirmar que a caneta é dele, já não posso dizer que tenho direito a ela, pois me falta autoridade para isso, como falta autoridade a quem me contesta. Por força disso alguém, um terceiro, precisa ter autoridade para dirimir o conflito, certificando a qual das pretensões corresponde, realmente, um direito.

Evidente, portanto, que todo aquele que postula em juízo apenas formula uma pretensão, pretensão com vocação a se fazer direito, porque de direito apenas se pode falar após a certificação, seja por aquiescência daquele cujo interesse deve ser submetido, seja de quem investido de autoridade para emprestar sentido jurídico à conduta humana.

Cumpre ressaltar, entretanto, que ao postular em juízo não pretendo apenas ter certeza de que esta caneta é minha, ou de quem, se opondo a mim, pretende dela ser proprietário, sim é meu objetivo a certeza de que, sendo certificado que ela me pertence, virá para mim e permanecerá comigo, integrando meu patrimônio; e a ninguém mais será dado dizer que ela não é minha. Já não terei pretensão no tocante a ela, mas direito.

9. Resulta claro que a execução – efetividade do julgado não é algo descartável, mas indissociável mesmo da jurisdição. Nem a cognição, nem a decisão nem a execução valem em si mesmas. São uma unidade incindível.

Mas o que aconteceu? Em primeiro lugar, a cisão entre cognição e execução, nas pretensões de natureza condenatória. E em segundo lugar, certas pretensões foram consideradas de natureza dispositiva. Como se o poder político se desinteressasse de sua responsabilidade pela efetividade do julgado. Certifico os fatos, certifico o direito mas deixo à discrição do interessado efetivá-lo, porque colocado na esfera de sua autonomia privada o interesse tutelado. Eis a matriz do processo de execução. Sua justificativa única é a de que o poder público renunciou, por motivos políticos, a levar até suas últimas consequências sua função jurisdicional. Amputou-a, para deixar à discrição do interessado a satisfação ou não do julgado. Fala-se, na doutrina, em tutela plena e tutela incompleta, conforme do julgado deriva, necessariamente, a efetividade do decidido e é completa a tutela nas decisões declaratórias e constitutivas; ou essa efetividade ainda fica na dependência de ato do vencido, o que se verifica nas decisões de natureza condenatória. Assim, a certificação declaratória seria completa, porque nada subsiste em condições de ser posto na discricionariedade do vencido ou na dependência de ato do vencido. O mesmo ocorre com a tutela constitutiva. Mas na cautela condenatória limita-se o magistrado a certificar a obrigação de dar, fazer ou não fazer alguma coisa imputada ao vencido, mas é como se ele lavasse as mãos no tocante à efetividade do que decidiu, transferindo para o interessado promover os meios assecuratórios dessa efetividade. E se faz necessária uma segunda provocação desse interessado, que denominamos de ação de execução.

10. Ora, onde há dispositividade, seja na cognição, seja na execução, impõe-se perdure essa dispositividade no tocante ao que diz respeito à efetividade do julgado. E o poder deferido ao interessado, de postular do magistrado promova os meios para assegurar a efetividade do que irá decidir é a *ação cautelar*. Se tenho a dispositividade da pretensão e do direito à cognição e do direito à execução, tenho, necessariamente, poder de dispor sobre a cautela indispensável à segurança da efetividade do que foi decidido em meu favor.

Costumo dizer a meus colegas que um jurista, quando nada tem a fazer, pelo menos pode isto: mudar o nome das coisas. Quando sentimos que vamos morrer sem nada ter realizado de criativo ou de original, mudamos o nome das coisas. No direito, essa "inventividade" chega a paroxismos. Sendo assim, posso, perfeitamente, dizer que ação cautelar é isso, ou aquilo ou aquiloutro. Daí sempre a necessidade do jurista deixar claro os pressupostos de seu pensamento. Não há univocidade de entendimento, nem de terminologia. Mas há o imperativo de coerência.

Aceito, portanto, que se queira chamar o que venho de explicitar deste ou daquele modo. O que pretendo deixar claro é que há uma realidade determinada – a do titular de um interesse disponível a ter assegurada a efetividade da tutela que postula em juízo. A esse interesse corresponde uma pretensão à tutela jurídic a, que chamo de pretensão cautelar.

Por outro lado, cumpre distinguir-se essa situação daquela em que, inexistindo a dispositividade do interesse, subsiste o dever do juiz de assegurar a efetividade do que venha a decidir. Por que usar o mesmo nome para coisa tão diversa? Daí me parecer que, nessa hipótese, temos uma *medida provisional,* cabendo ao interessado apenas o poder de provocar o magistrado, que independe dessa provocação para agir, legitimado para fazê-lo de ofício.

Por último, ainda visualizo uma terceira hipótese. Aqui, já tenho um direito certificado. Não se cuida mais de assegurar a efetividade de uma futura tutela, mas a tutela já me foi deferida e é indiscutível. Mas aquele a quem incumbia submeter seu interesse ao meu, por força da certificação, põe em risco a efetividade do meu direito, o gozo da vantagem que me foi deferida impositivamente. Neste caso tenho pretensão à segurança do meu direito, e cuida-se do que denomino de *medida de urgência.*

11. Na minha cabeça (que corre o risco de já estar agredida pela esclerose) as coisas se colocam assim, com certa clareza e simplicidade.

A jurisdição envolve, necessariamente, o poder de certificar os fatos (*notio*), tipificá-los juridicamente (*judicium*) e fazê-lo com impositividade, para que, no histórico, no concreto da convivência humana, as coisas sejam como pretende o direito que elas sejam (*imperium*). Assim, o poder de efetivar o julgado é indissociável da jurisdição, atribuído ele a todo magistrado, por sua condição mesma de magistrado. Assim, o poder cautelar é da essência mesma da jurisdição, que é impensável sem ele. Mas se temos que distinguir interesses disponíveis e indisponíveis, por coerência, temos que retirar do magistrado o poder e a responsabilidade de efetivar o que decidir em termos de interesses disponíveis. Daí se deferir ao interessado a provocação, sem a qual falta ao magistrado o poder de agir. E esse direito deferido ao interessado é a ação cautelar. Quando indisponível o interesse, subsistem o dever e a responsabilidade do magistrado de velar pela efetividade do que decidiu – é a medida provisional. Por último, já certificado ou certo o direito, ainda se inserem na esfera da jurisdição o poder e a responsabilidade de assegurar a efetividade da vantagem reconhecida. E se em jogo interesse dispositivo, opera a medida de urgência.

Tudo isso, inserido na categoria mais abrangente das pretensões à segurança processual, que convivem ao lado das pretensões à certificação e das pretensões à execução e ao lado das pretensões à segurança, no campo do direito material.

12. Para melhor precisar hipóteses em que operaria a medida de urgência, invoco um exemplo que está em Fritz Bauer e que, por coincidência, ocorreu também em minha cidade do Salvador.

Uma viúva herdou uma casa. Para obter renda, dividiu-a em três unidades semi-autônomas, uma em cada pavimento, com entradas independentes. Mas por exemplo, o comando do abastecimento de água ficou com ela, moradora do último andar. Brigou com meu sobrinho, seu locatário, por não se conformar com os aumentos legais e pretender melhor remuneração para a locação, com o que não concordou meu sobrinho. Achando que processualmente demoraria demais a solução de seu caso, resolveu impedir o acesso da água ao andar térreo, onde residia meu sobrinho. Que fazer? Propor alguma ação de conhecimento? Para que, se insusceptível de controvérsia o direito do locatario à água de que necessitava para sobreviver? Executar o que, se nenhuma decisão há reclamando efetividade? Ação cautelar para resguardar o que, se nenhuma tutela futura possível estaria sob o risco de ineficácia? Há, sim, uma situação configuradora de um direito – pois há certeza – e esse direito está sendo violado. Daí a medida de urgência. Nenhuma dúvida subsiste quanto à existência da locação, nem há controvérsia a respeito. E a existência da locação torna também *certo* o direito a ter acesso à água, logo de incerteza não se cuida, mas de insatisfação, e de insatisfação não de um preceito que ao vencido cumpria adimplir, mas de um direito que ao obrigado se impunha respeitar.

Aqui, inclusive, o deferimento liminar sem audiência da parte contrária sempre se imporá e a medida será sempre satisfativa, dispensando qualquer processo principal. A unilateralidade assenta na circunstância de que, verdadeiro o fato – suspensão da água – nenhuma violência se terá cometido contra o requerido. E se não verdadeiro o fato, a determinação judicial em nada afetará o requerido, que nenhuma violação ao direito do requerendo consumou. E isso poderá, inclusive, qualificar como temerária a iniciativa do requerente.

13. Em minha cabeça as coisas funcionam assim. Suficiente clareza e precisão, para que não ocorram desvios nem abusos. Magistrados e advogados, entretanto, assim não pensam e assim não agem. E como todo o poder embriaga, o famoso poder geral de cautela, sem termos e sem medida, com as medidas desmedidas concedidas sem audiência da parte contrária e com satisfatividade, proliferam e tumultuam nossa vida jurídica.

O magistrado, precisamos lembrar disso sempre, é um homem como nós. Precário e limitado. Se começarem a pensar que são deuses, estaremos todos perdidos. E infelizmente muitos, hoje, se julgam como Jesus Cristo, se são cristãos, Alá, se são muçulmanos e Oxum se são da umbanda. E é lamentável que assim seja e assim somente é por força da fragilidade política do povo brasileiro.

Eu também tenho limitações. Não sou o mais inteligente dos homens, estou ficando velho e, como velho, já foi dito, não tenho condições de aprender o que é novo. Mas na minha cabeça de velho, esclerosado talvez, as coisas funcionam como disse a vocês e procurei dizê-lo com o máximo de clareza que me foi possível e com o máximo de coerência que logrei construir.

Para mim só há direito com prévia certificação. Certificação que deriva da aquiescência do obrigado ou da decisão impositiva do Estado.

Na minha cabeça, jurisdição envolve, necessariamente, conhecimento, decisão e execução – *notio judicium* e *imperium*, donde o poder cautelar e o famoso poder geral de cautela não serem novidades maiores, mas coisas tão corriqueiras quanto o poder geral de decidir e o poder geral de verificar os fatos controvertidos.

Na minha cabeça é impossível decisão sem prévia cognição, e cognição suficiente. O que pode ocorrer é certa gradação nessa cognição suficiente e isso é algo dependente de uma decisão de política legislativa e das circunstâncias do caso concreto.

Não aceito que apenas se chame de processo de conhecimento aquele em que a cognição é exauriente, nem sei mesmo o que seja essa cognição completa ou exauriente. Exauriente é o que, para satisfazer, esgota, esvazia. Se aqui está este copo de água, exauriente seria minha atividade se o sorvesse sem deixar uma única gota no copo. Mas somente vou beber dele o tanto que minha sede exija. E nem por isso será menos exauriente a minha atividade, que deve ser vista a partir do sujeito que carece e não do bem que satisfaz. Por isso mesmo, não sei bem o que seja cognição sumária superficial, incompleta etc. Porque, para mim, toda cognição deve ser a necessária para a formação do convencimento do magistrado, tendo em vista o objetivo da decisão que vai proferir. O que a lei faz é traçar um limite além do qual a cognição não pode ir, porque não se tutela a procura intérmina da verdade real, mas por força da vinculação do direito à ordem social, sacrifica-se aquela em favor desta, e há um basta, tanto para as partes quanto para o magistrado.

O julgamento antecipado da lide é exemplo clássico. A cognição nele é tão completa quanto num processo que reclamou instrução em audiência. Só que esta se fez nele dispensável, para o fim perseguido. Não há uma cognição "amputada", sim uma cognição tão quanto haveria no processo que não comportasse julgamento antecipado.

A cognição, portanto, deve ser, sem exceção, aquela reclamada para a decisão que se vai proferir, e no tocante a ela é exauriente e completa, isto é, a que não pode faltar para legitimar a decisão que será proferida.

14. E o que tem tudo quanto se disse até agora com a efetividade do processo?

De logo quero dizer que a palavra "efetividade" é em si mesmo ambígua. Se ela significa alcançar-se o resultado que se persegue, vale bem pouco. E para demonstrar isso relatarei o que aconteceu comigo em um ônibus, na cidade de São Paulo.

Tinha retirado certa quantia de um banco e, inadvertidamente, coloquei num dos bolsos da calça. O que não é de meu hábito, pois costumo distribuir o dinheiro por vários bolsos, justamente para que o ladrão seja apenas meu sócio, não meu expropriador.

Para chegar à casa de meu filho, há um ônibus simpático, com freqüência quase exclusiva de pessoas da classe média. Infelizmente era hora do pique e o ônibus estava cheio, obrigando-me a ficar em pé, na área de circulação. Notei que um rapaz de boa aparência, bem vestido, se achegava muito a mim. Refleti que não podia estar me achando com cara de bicha, e velho bicha não é comida desejável. Desconfiei que pretendia me acharcar. Levei a mão ao bolso em que estava o dinheiro e fiquei na expectativa de ocupar o primeiro lugar que vagasse. Pouco depois, logo em minha frente, levantou-se uma senhora. Rápido, dei uma volta no corpo, o suficiente para alcançar o lugar vazio. E nesse breve intervalo retirei a mão do bolso em que estava o dinheiro. Quando me sentei, observei que o rapaz se dirigia para a saída do ônibus. Pensei comigo: "fui roubado" e fora mesmo. O dinheiro já não estava mais em meu bolso.

Pergunto a vocês: pode haver ladrão mais eficiente que este? Mas porque ele foi eficiente, merece loas e louvação? Ninguém ousaria responder afirmativamente. Logo, a efetividade, em si mesma, não é nada, como não é nada a efetividade do processo, se antes de falarmos em efetividade não falarmos na qualidade do que se pretende alcançar com essa efetividade.

Existe processo com maior efetividade do que aquele em que o latifundiário lança na rua centenas de famílias "sem terra"? E isso por força de uma liminar sem audiência da parte contrária, apoiada por pelotões da Brigada Militar.

Que diabo de efetividade é essa? Em verdade, é muito próprio de nós, juristas, lavarmos as mãos, como Pilatos, e dizermos que não somos responsáveis "pela injustiça" que deriva da legalidade.

Nossa efetividade é muito aética. E pode ser a efetividade do processo ajuizado pelo safado manipulador, que está querendo obter vantagem "formalmente" lícita e substancialmente imoral. E pode ser o processo em que o economicamente poderoso esmaga e destrói o que se colocou sob suas garras ou se pôs em seu caminho.

Essa efetividade, para mim, é coisa nenhuma. Não a vejo com simpatia, nem por ela me bato.

CONFERÊNCIA: EFETIVIDADE DO PROCESSO CAUTELAR

Nem melhoram as coisas quando a gente diz que essa efetividade busca realizar uma "ordem jurídica justa", porque quando saímos à procura de justiça que não a legal, entramos, como adverte Barbosa Moreira, no subjetivismo, no ideológico, no político-partidário e somos perturbados por outros muitos fatores de desvio e distorção, senão de arbítrio.

15. O mestre Ovídio Baptista disse, ontem à noite, que nossa civilização é a civilização da pressa. E que isso também atinge o direito e o processo e a pressa se faz valor dominante. Não vejo as coisas assim, como as vê o talentoso mestre gaúcho. E é a busca desses resultados "imediatos", sem considerar mais nada senão a pressa, que leva a sociedade brasileira e o Estado brasileiro a matarem "preventivamente" os meninos de hoje, para que não sejam os delinqüentes de amanhã. Que economia de tempo e de recursos! Se esperarmos que se façam maiores e responsáveis, quanto tempo se perdeu e quanto prejuízo econômico-financeiro se consumou! Assim, mate-se agora o menino, para se evitar que ele, menino de rua, seja amanhã um marginal. Para mim, essa efetividade é espúria.

Na minha vida, sempre que tive pressa me estrepei ou lesionei alguém. E foi por causa da pressa que perdi um pedaço de dedo. Para mim, pressa não é civilização, é barbárie, porque sempre que os meios se sobrepõem aos fins há barbárie, não civilização.

Sabem o que chamo de efetividade? Sabem o que gostaria de ver presente em todo procedimento judicial? O que eu já disse para vocês e é algo bem firme no meu entendimento: qualquer tutela só pode ser deferida e deve sempre ser deferida quando o juiz já construiu previamente o conhecimento pleno de que precisa para dar o tipo de decisão que lhe é postulada.

E aqui é que se situa o problema da correta disciplina dos procedimentos. Disciplinar as formas de sorte que isso sempre ocorra e formar os homens para que sejam capazes de assim proceder. Estas duas coisas, casadas, é que asseguram a efetividade do processo.

Necessário que nós, juristas, nunca percamos de vista um dado da realidade – o político precede o jurídico e o jurídico é de todo impotente para dar à convivência humana outra justiça que não aquela presente na sociedade e que deriva da correlação de forças nela existente.

Quando uma prescrição jurídica formal, uma decisão judiciária, a palavra de um doutrinador tentam se sobrepor à realidade política social, econômica, fática, concreta, histórica, ela é coisa nenhuma. Por conseguinte, nenhum de nós, processualista, civilista, administrativista, tributarista, nenhum de nós tem condição de modificar essa realidade, num mínimo que seja. Assim sendo, enfatizar a procura da efetividade do processo é coisa nenhuma, porque, mesmo sendo ela excelente, não pode realizar senão a justiça que deriva da real correlação de forças na sociedade.

Uma sociedade opressora gera uma efetividade opressora, como numa sociedade elitista a função jurisdicional é efetivamente elitista, e se ela for impiedosa, impiedosa será a função jurisdicional, porque o direito não pode ter, em nenhuma hipótese, outra cara que não a da sociedade que ele busca ordenar. Não são as instituições que moldam os homens, mas estes é que, por seus atos, por seus compromissos, por sua militância diária, no desempenho dos papéis sociais que lhes foram confiados, conformam as instituições.

Encerrando, só posso dizer a vocês que a cautelar é um instrumento para a efetividade do processo, mas apenas se for vista como uma medida capaz de assegurar uma futura tutela desejada e plausível, mas que isso só é admissível quando o magistrado disponha de elementos suficientes para formar seu convencimento sobre fatos cuja definição jurídica ele vai proceder com vistas à segurança dessa futura tutela plausível.

Ela resguarda e efetiva apenas isso – o resultado final, que é aquele perseguido pela ordem jurídica, que por sua necessária dependência do poder busca sempre, primordialmente, alcançar, na prática, muito mais o valor ordem que o valor justiça, muito mais o valor segurança que o valor liberdade. Não pode nem sabe ela realizar a justiça em termos absolutos, até mesmo porque só uma justiça existe e é possível de ser realizada: aquela que os homens, convivendo e conflitando, conseguem colocar como parâmetro para o dialético confronto entre os que oprimem e pretendem atender ao mínimo de carências, e os que são oprimidos e lutam por sofrerem o mínimo de opressão.

Muito obrigado.

| 15 | TEORIA GERAL DOS PROCEDIMENTOS ESPECIAIS[20]

1. Se alguma coisa se tornou necessária no mundo de hoje, para que o homem comum recupere suas referências no tocante aos sofisticados saberes com que pretendem sufocá-lo, é o que nos recomenda Boaventura de Sousa Santos, concitando-nos a regressar às perguntas simples.(1) E isso é correto, porquanto todo saber é *saber do homem* e tem como móvel um *saber sobre o homem*, por conseguinte também deve ser um *saber para o homem*. Por força disso, nenhum conhecimento é neutro, absoluto e para sempre, não podendo ser imposto aos homens, que têm sempre o direito (no sentido de poder resistir e rejeitar) de problematizá-lo, tendo em vista o que lhes for existencialmente mais valioso e conveniente. O saber está a serviço do homem e não o homem a serviço do saber.(2) Este esforço no sentido de dar respostas simples às perguntas simples que faço a mim mesmo é o que tem inspirado toda a minha atividade intelectual nos últimos tempos e estará também presente neste nosso trabalho. Se com isso desagradar aos doutos, desagradarei àqueles que não foram o objeto principal de minha preocupação. Se for entendido pelo homem comum e ajudá-lo a decodificar o que procuram ocultar-lhe, me considerarei premiado. Se nem uma coisa nem outra obtiver, fracassei. Mas isso não pesa muito, porque meu tempo já é bem pouco e não posso gastá-lo com frustrações.

2. Nessa linha de fazer perguntas simples e encontrar respostas simples é que me indago sobre o que será, afinal, isto que chamamos de *processo jurisdicional*, vale dizer, um comportamento mediante o qual sujeitos desavindos pretendem obter, de um terceiro, uma solução revestida de impositividade, isto é, em condição de submeter a sua eficácia quem vier a ser vencido? Simplificando, já que procuro respostas simples, vejo esse fenômeno como assentando em quatro pilares: exige-se que os interessados se dirijam a um *terceiro* e exteriorizem (formalizem) para ele suas pretensões. Chamemos a isso de *postulação*. Segunda exigência é a de que, para um mínimo de segurança da imparcialidade da decisão, esse terceiro seja alguém *estranho* aos acontecimentos, isto é, desconhecedor dos fatos constitutivos do conflito. Daí a necessidade de que venha a ter condições, para decidir, de *formar seu convencimento* a respeito desses mesmos fatos. Chamemos a isso de *instrução* Depois, já devidamente informado, incumbe a esse terceiro dar uma *decisão* ao conflito. Por

---

20. Texto extraído de FARIAS, Cristiano Chaves de; DIDIER JR., Fredie (coord.). *Procedimentos especiais cíveis*. São Paulo: Saraiva, 2003.

fim, tendo afirmado a prevalência de um dos interesses, resta ao julgador a *efetivação* do que decidiu. Eis aí, portanto, o *essencial* a todo processo jurisdicional. Impossível processo sem postulação, impossível decisão sem instrução e incompreensível não haver decisão do conflito sem a efetivação de quanto decidido.

3. Ora, para postular, instruir, decidir etc. de duas uma, ou tudo isso se cumpre de forma inteiramente livre, cada qual dos interessados postulando, instruindo, decidindo e efetivando pelo modo que melhor lhe aprouver, ou deverá haver uma *definição prévia* de como realizar essas atividades. Esta segunda solução se impôs universal e necessariamente. Outrossim, envolvendo a espécie interesses de sujeitos que se contrapõem, ou são outorgadas iguais faculdades a ambos, ou se desnaturará a solução imparcial do conflito. Chama-se de *contraditório* a essa exigência de bilateralidade. Prosseguindo na busca de respostas simples, concluímos ser indispensável essa bilateralidade tanto na postulação quanto na instrução. Sem isso o terceiro, julgador, fica impossibilitado de decidir imparcialmente, salvo se lhe couber não decidir, mas homologar simplesmente o que disser aquele cuja versão seja de sua preferência. Isso é tão aberrante que se mostra impensável. Por fim, a decisão. Essencial que ela seja *motivada*. Decidir um conflito sem dizer por que razão um dos interesses foi privilegiado não é decidir, é impor. Pura dominação e arbítrio, coisas horríveis que o esforço civilizatório do homem luta por minimizar, enquanto não for possível de todo eliminá-las. Nem é outra a vocação histórica e a finalidade civilizadora do processo jurisdicional. Necessário, ainda, e este é um ganho político imposto pelo Estado de Direito Democrático, que a decisão seja submetida a *controles* de sua conformidade com o previamente posto como direito, atendido o devido processo constitucional de produção do direito, visto como, numa democracia, governam as normas, não os homens Por fim, já que o direito não é um simples *dizer* sobre o comportamento humano, mas um dizer que nada diz se não se traduzir em faticidade, dando concreção ao que foi decidido e se tornou juridicamente *certificado*, deve quanto decidido produzir mudanças concretas, isto é, ser objeto de *execução (efetivação)*.

4. Esse itinerário é *essencial* a todo e qualquer processo jurisdicional, seja qual for o *procedimento* que venha a ser formalizado, quer para a postulação, quer para a instrução, quer para a decisão, seu controle e execução. Ele é o *núcleo rígido* do que modernamente se chama de *devido processo legal*, que prefiro denominar, porque mais expressivo, a meu sentir, de *devido processo constitucional de produção jurisdicional do direito*. Essa minha convicção sempre me levou a estranhar as louvaminhas e catilinárias que são feitas por muitos juristas em favor ou desfavor do chamado procedimento ordinário e dos denominados procedimentos especiais. O que se me afigura importante, na ótica do que acabo de justificar, é verificar se no *procedimento*, seja ele qual for, *o essencial a todo processo jurisdicional* foi atendido. Se o foi, tudo bem. Se não o foi, tudo mal. O que comporta avaliação crítica são as *mudanças* *procedimentais simplificadoras* que se revelem necessárias e possíveis, sem sacrifício do que é da *essência* do processo jurisdicional. O princípio da economia processual consiste precisamente nisto – toda formalidade desnecessária para assegurar o essencial no processo a fim de que haja respeito ao devido processo constitucional pode e deve ser descartada. Mas o senso comum também adverte que sendo isso possível, essa *simplificação* que representa melhoria deve ser efetivada *em relação a todos* os processos, isto é, *deve ser uma simplificação do procedimento ordinário*. E deve sê-lo porque procedimento ordinário é aquele *modelo* que otimiza a tutela jurídica, mediante a tutela jurisdicional, vale dizer o modelo aplicável à quase totalidade dos processos. Procedimento ordinário é o que traduz o excelente para a quase totalidade dos processos, tanto em termos de garantias quanto em termos de economicidade. A perda de perspectiva da dimensão democrática do processo, mesmo por parte daqueles que utilizam o discurso democrático, mas têm pouca vontade ou pouco traquejo para sua prática, é que leva a se identificar o procedimento ordinário como algo negativo. *Ele deve ser o procedimento por excelência e se por acaso estiver mal estruturado, tarefa prioritária será dar-lhe a melhor feição possível.* Incompreensível que se entendendo inadequado o procedimento ordinário, seja ele deixado como está, apenas injuriado gratuitamente, tentando-se a escapatória pelo que é desigualizador e complicador – gerar miríades de procedimentos especiais, ao sabor de cada comichão processual e sempre acobertando algum tratamento privilegiado.

5. A especialidade do procedimento deve ser, portanto, uma exceção, só justificável em face da absoluta necessidade de se atender a algo tão específico que seria disfuncional e até lesivo adotar-se na sua inteireza o procedimento ordinário. O que se impõe como técnica e politicamente correto é ter-se um procedimento ordinário excelente, porque ele é o meio a ser empregado na esmagadora maioria dos casos. Péssimo, política e tecnicamente, será optarmos por deixar inadequadamente regulado o que deve servir para a quase totalidade dos litígios e nos perdermos em elucubrações cerebrinas para institucionalizar excepcionalidades. Não devemos encorajar a ressurreição da crença arcaica de que para cada pretensão há um procedimento ideal, ou que seja conveniente agruparmos pretensões e tratá-las de um modo procedimental específico. Essa visão, *data venia*, cheira a um romanismo arcaico. Tenho como fundamental, ainda na linha de recuperar a valia das perguntas simples e a importância das respostas simples, jamais perdermos de vista a evidência de que nada é ontologicamente jurídico. Há relações sociais e fatos sociais que, para fins de convivência humana ordenada, *qualificamos* juridicamente. Essa qualificação se dá, num primeiro momento, mediante uma redução de complexidade no espaço do sistema social, ela é o *direito posto*, resultado de uma decisão política que formaliza modelos de decidibilidade para os conflitos que se configurarem na convivência social, predeterminando o que é proibido, devido e permitido. Para concreta ordenação da vida social (composição dos conflitos) há necessidade de uma segunda redução de complexidade a nível de sistema jurídico, por conseguinte, uma segunda *qualificação* que se dá mediante o a *aplicação* do direito posto. Neste preciso momento, institui-se a *certeza* jurídica e o que se cumpria em nível de *validade* faz-se, socialmente, *faticidade*.

6. No processo jurisdicional, este momento de aplicação do direito posto, no tocante ao que é objeto do conflito, constitui o que denominamos de *tutela jurisdicional*. Teoricamente, ela deve ser a atualização, no caso concreto, daquela *tutela jurídica* que o direito posto instituiu. Não vejo porque não sermos rigorosos terminologicamente, quando lidamos com um saber que é substancialmente linguagem. O direito posto define a tutela jurídica que cumpre seja efetivada, quando necessário, pela tutela jurisdicional. No Estado de Direito Democrático foram bem diferenciados os dois momentos e colocados sob a responsabilidade de agentes políticos distintos e com distinta forma de legitimação. O *direito posto* é produzido pela *função legislativa* (predominantemente política) e formaliza o *direito positivo*. Operacionalizando o *sistema*, dá-se a *aplicação do direito posto*, o que se concretiza no âmbito do (sistema) Estado, tanto pela *função administrativa* quanto pela *função jurisdicional* (que permanecem decisões políticas, mas de abrangência mais restrita, porque já delimitadas legalmente (intra-sistêmicas) e submetidas a controles de sua adequação com o juridicamente posto. Disso se conclui que, em verdade, o que se mostra bastante diferenciada é a *tutela jurídica*, porque vinculada à gama dos variados interesses que, no mundo da vida, mobilizam os homens e levam-nos a interagir. A *tutela jurisdicional* é somente e apenas um *dizer (certificação)* sobre aquela outra tutela como devida no caso concreto. Sendo um dizer, linguagem, jamais pode ter a diversidade de tratamento que têm os *objetos* referidos a essa linguagem. E se para esse *dizer* é necessário formalizar-se um procedimento, este proceder, antes de reclamar sua diversidade (o que gera insegurança e faz suspeitar haver o propósito de assegurar privilégios) exige uniformidade. O que reclama tratamento diferenciado, em verdade, porque necessariamente diferenciada, é a *efetivação* da tutela jurídica certificada como devida pela tutela jurisdicional. O momento da *certificação* dispensa especificidades do procedimento. Se eu disser a alguém: "Levante um boi" e disser a outro "Levante o braço", enquanto linguagem, *comunicação* de uma ordem, as duas proposições se equivalem e para se fazerem inteligíveis e legítimas reclamam o atendimento às mesmas regras. O problema surge quando se atenta para a faticidade da ordem. Levantar a mão é fácil. Levantar um boi é bem mais complicado. Disso se recolhe facilmente a conclusão de que é no momento da *efetivação* do decidido que a diversidade se mostra presente e capaz de reclamar tratamento diferenciado. Isso me parece muito pouco e muito pobre para justificar *procedimentos especiais*. O que se especializa é o momento *satisfativo* do procedimento A rigor, por conseguinte, a única *especialidade* pensável será neste nível – no da efetividade da decisão, vale dizer, no da efetividade da *tutela jurídica* certificada como devida pela *tutela jurisdicional*. É essa especificidade que, associada ao princípio da adstrição do juiz ao pedido ou, melhor dizendo, ao *thema decidendum*, pode excepcionalmente reclamar certos ajustamentos na postulação ou na instrução. Mas tão irrelevantes que mais se apresentam como adequações do que como especializações.

7. Perseveremos no propósito de pensar de um modo simples. Nessa linha, percebo que sempre que alguém se dirige a um magistrado, o que dele pretende é que *certifique* a existência de seu direito ou a inexistência do direito de seu contendor a determinado bem da vida que afirma lhe deve ser atribuído ou assegurado, segundo o direito. E isso porque essa *certeza* está sendo contestada por aquele sem cuja aquiescência inexistirá a *certeza* do direito. Assim, podemos dizer que a pretensão à prestação da atividade jurisdicional objetiva originaria e necessariamente a *certificação* da existência de um direito. Mas essa certificação é pedida para que dela decorra a *satisfação* da pretensão que do direito a que se vincula. Quero certificação para lograr *satisfação*. Há situações em que, ocorrendo a certificação, também ocorre a satisfação. E isso se dá porque o bem perseguido é obtenível com o simples dizer do juiz revestido de impositividade. Quando isso acontece, fala-se em *ações declaratórias e constitutivas*. Mas há situações, e até são elas as mais numerosas, em que a certificação do julgador é por si só insuficiente para que ocorra a satisfação. Isso porque o bem pretendido pelo vencedor reclama, para sua efetividade, vale dizer, para se integrar no seu patrimônio, um *ato* do vencido. Ato que se traduzirá em um dar, fazer ou não fazer alguma coisa. Fala-se, aqui, em tutela incompleta, por força desse *plus* que à certificação deve suceder. São as denominadas *ações condenatórias*. Nelas, havendo resistência do vencido ao cumprimento do preceituado (certificado) na sentença, subsiste para o magistrado o dever de *efetivar* o que decidiu. Esses modos de efetivar é que necessariamente devem ser diversificados, dada a variedade de circunstâncias a que pode estar associada a efetivação do julgado. Mas é inadequado dizer-se que isso reclama procedimentos especiais. A cognição prescinde de especializações e a execução pede procedimentos que sejam adequados para a efetivação da tutela jurídica.

8. Esse modo simples de ver as coisas (muitos dirão que não é simples, porém simplório) é transformado num quebra-cabeças enlouquecedor, ou por injunções do poder político ou conveniência do poder econômico, ou pela necessidade de valorização profissional dos que acreditam seja tão mais valioso o saber quanto mais hermético ele for. Os sacerdotes, durante muitos séculos, dominaram os homens mediante o ocultamento de seu pseudo saber e poder. Hoje, infelizmente, o dito saber científico faz o mesmo caminho. Ele que assentou sua legitimação no nobre propósito de libertar os homens das manipulações cabalísticas, deixa cada dia mais de ser algo inteligível para o senso comum, recolhendo-se ao recinto dos seus *templos sagrados* (fórmulas, laboratórios, compêndios, teorias e sub-teorias) em cujos umbrais só podemos penetrar, nós *ignorantes,* com os olhos voltados para o chão e a coluna vertebral curvada em arco. Tal como os antigos sacerdotes, os novos sacerdotes da ciência em verdade são a outra face do poder político e do poder econômico, porque a eles se associaram no propósito de colonização do mundo da vida, o único em que é possível ao homem comum conviver e sobreviver.

9. Pensando assim, que seria uma teoria geral dos procedimentos especiais? Surpreendentemente, ela só pode ser a afirmativa de que *inexiste uma teoria geral dos procedimentos especiais*. Se algum princípio norteador pudesse ser formulado eu o formularia nesses termos. Todos os sujeitos envolvidos em conflitos de interesses cuja solução seja confiada ao Estado, por meio de seu agente político magistrado, têm garantidos, constitucionalmente, seus direitos de postularem, de efetivarem os meios indispensáveis à formação do convencimento do julgador, de exigirem dele motivar satisfatoriamente o que venha a decidir e de disporem, na estrutura da organização política do Estado, de instituições e de instrumentos de controle tanto da legalidade da decisão quanto da legalidade do comportamento do julgador. Se isso inexiste, tudo o mais é perfumaria. Se isso existe, problemas de detalhes são irrelevantes.

10. Para não parecer que sou apenas um discursador inconseqüente, ou um iconoclasta, como já me cognominou um colega, vou tentar analisar dois procedimentos especiais para ver em que consiste essa tão importante especialidade. Escolho, por exemplo, os interditos possessórios. Qual sua especialidade *procedimental*? A previsão da medida liminar, que outra coisa não é senão antecipação da tutela, instituto que deveria merecer regulamentação de caráter geral para sua aplicabilidade (por juizes responsáveis) em todos os casos em que isso se impusesse. E o mandado de segurança? A dispensa de produção de prova em audiência. Mas isso resulta da suficiência da prova documental e sempre que isso ocorre deve haver o julgamento antecipado da lide. Assim, chegamos à conclusão de que o qualificativo de *especial* se dá, em verdade, na quase totalidade dos casos, em virtude da natureza da tutela jurídica a ser efetivada, vale dizer, em termos de satisfação e não de certificação. Problema muito mais de pressupostos de direito material que de procedimento.

11. Ouso dizer, portanto, que todas as catilinárias contra nosso procedimento ordinário são uma forma de despistamento, desviando-se a atenção do homem comum do que é fundamental. Se não é bom o nosso procedimento ordinário, isso só pode ocorrer por força de vícios de origem que fazem dele um péssimo procedimento, mas esses mesmos vícios tornarão péssimos quantos procedimentos especiais forem maquinados. Sendo assim, por que não voltarmos nossa atenção para aqueles vícios e deixarmos em paz a pobre vítima que é o nosso procedimento ordinário? Não posso, aqui, cuidar desses vícios com a profundidade que merecem. Vou apenas mencioná-los, talvez até omitindo alguns e sem preocupação com prioridades. De Norte a Sul blatera-se contra o grande número de recursos que engessam nosso processo. E por que temos tantos recursos? Por dois motivos: os tribunais não abrem mão de controlar os juizes de hierarquia inferior (perdoem falar em hierarquia quando cuido de agentes políticos, mas esta é uma de nossas *peculiaridades*) e o controle dos juízes pelos tribunais é impossível sem uma pletora de recursos, mediante os quais eles possam *corrigir* (passe a heresia) os desacertos dos despachos, das interlocutórias, das sentenças terminativas e das sentenças definitivas proferidas em todos os processo e por qualquer juiz. Só isso já determina um dilúvio capaz fazer naufragar até a arca de Noé. Mas é também necessário que, nos próprios tribunais, uns juízes tenham mais poder que outros, daí a necessidade de recursos inclusive na tramitação dos processos nos tribunais – agravos inominados, agravinhos, agravos de divergência etc. etc.

12. Nem é só. País extremamente centralizador fantasiado de Federação, os "nobres" de Brasília legislam sobre tudo e decidem sobre tudo, mas é no espaço estadual que essas leis e decisões produzem conseqüências. Destarte, toda questão decidida pela Justiça local envolve uma *questão federal,* donde ser possível haver recursos especiais aos milhares e milhares, vindos de todos os recantos, para serem decididos por poucos ministros. E são poucos os ministros porque ampliar a composição do o STJ será macular a majestade desse Egrégio Pretório. Se o Presidente da República atrai tudo, como o centro da Terra, por força da lei da lei da gravidade, por que o STJ vai abrir mão dessa lei tão fundamental? Por outro lado, repensarmos nossa Federação, nem pensar. Como permitir descentralização legislativa se isso importa perda de poder, e só perde poder quem é louco? Além disso, se desde nossas origens fomos centralizadores, desigualizadores, expropriadores, como mudar de uma hora para outra essa *vocação histórica?* Nada mais justo, portanto, do que nos aplicarmos no irrelevante para permitir seja esquecido e encoberto o que é fundamental.

13. Mas não é só. Temos uma Constituição Federal que é um verdadeiro Guia de Cidadania. Para não nos perdermos em nosso espaço cívico, ela nos disciplina a todos e sobre tudo. Nada escapa a sua vigilância. Até espirrar pode, em certas circunstâncias, configurar uma inconstitucionalidade. Ora, se é assim, dificilmente em algum processo, com engenho e arte, não será possível uma prejudicial de inconstitucionalidade. E porque somos uma democracia radical e nosso mais recente espelho são os outros Estados Unidos, os do Hemisfério Norte, com o qual só temos de comum essas duas palavras, instituímos o controle difuso da inconstitucionalidade, pelo que todo e qualquer juiz pode decretar inconstitucionalidades, hoje, inclusive, mediante liminares com eficácia nacional, mesmo que concedida pelo juiz federal de Patos de Qualquer Coisa, que fica em algum lugar do Brasil, sem esquecer que todos os juizes do país podem fazer muxoxo, impunemente, para o que o Supremo decidir sobre incosntitucionaldiade. Daí a nossa algazarra jurídica, o que leva a que ninguém se entenda, porque ninguém ouve o que lhe dizem, tantos são os que estão dizendo tudo ao mesmo tempo e contraditoriamente, enquanto o Supremo Tribunal Federal brinca de ser uma Corte Constitucional.

14. Pretende-se a celeridade do processo, o que pediria oralidade e concentração de atos procedimentais. Isso só será possível quando investirmos com seriedade na formação dos profissionais do direito e aceitarmos que não se pode fazer de funções relevantes para a sociedade uma espécie de espólio familiar ou estamentário, impedindo-se sempre e por todos os meios, a competição entre os competentes e sempre se assegurando o futuro dos filhos e dos afilhados. Sem a formação excelente dos operadores do direito, não podemos ter uma excelente aplicação do direito. E disso não queremos nem falar. Outrossim, sem magistrados do primeiro grau liberados da tutela dos tribunais mas, em compensação, efetivamente responsabilizáveis por seu abusos e desvios, jamais teremos um processo que atenda aos interesses da sociedade. Propugna-se o aumento cada vez maior de poderes para o magistrado, mas se exorciza qualquer discussão sobre sua legitimação democrática e sobre como se assegurar a sociedade contra seus abusos e desvios. Deseja-se libertar o Judiciário da carga insuportável de suas tarefas e demagogicamente se estimula a litigância, só benéfica para proporcionar posturas demagógicas de todos os operadores do direito e alargar o espaço de influência política do Judiciário, em que pese seu alto custo financeiro e social. Ilude-se o povo brasileiro com a empulhação de que se pode solucionar os problemas econômicos, políticos e sociais de um país operando em nível micro, com utilização dos instrumentos jurídicos, quando eles só comportam solução em nível macro e por via do processo político e econômico. Ocultar-se que o litígio é uma doença social, como as várias moléstias são doenças do corpo, e incentivar a judicialização da solução dos conflitos, equivale a se lutar pela ampliação dos hospitais e ambulatórios, ao invés de se investir na profilaxia das doenças. Nada justifica admitir-se como ideal uma sociedade em que médicos e operadores do direito sejam pessoas particularmente favorecidas em termos de oportunidades de trabalho e enriquecimento.

15. Se as coisas não fossem assim, nosso procedimento ordinário seria uma beleza de procedimento. Advogados responsáveis ou mesmo órgãos estatais fariam a triagem prévia do que deve inevitavelmente ser levado aos tribunais, porque resistente à composição extrajudicial. Isso feito, compareceriam os litigantes, tecnicamente assistidos, perante um magistrado bem preparado e aparelhado para a função que definiria quanto necessário para formar seu convencimento e poder decidir. Isso feito, asseguraria a efetividade do que decidiu. Recurso? Só para que, sem efeito suspensivo, se obtenha o controle de validade e legalidade (não revisão de matéria de fato) do que foi decidido, exigindo-se precisa especificação e fundamentação da existência desses vícios. Caso se comportou o julgador de modo ilegal ou moralmente incorreto, indispensável que seja viável sua responsabilização efetiva, que para sê-lo não pode ser confiada aos responsáveis pela função jurisdicional mas a um órgão representativo da sociedade. Tribunais? Sim, mas tribunais cuja função seja restrita àquela tarefa de controle da legalidade e validade de quanto decidido. A par disso, um sistema rigoroso de punição do abuso do direito de litigar e do abuso do direito de defesa, a par de um controle também rigoroso do comportamento dos operadores do direito sem função judicante. Mas para que as coisas sejam assim, indispensável a existência de *cidadãos,* cidadãos verdadeiros, não cidadãos de papel ou tutelados que esses não passam de garrafas vazias em que se apôs um rótulo enganador. E isso só se faz socialmente, mediante o processo político, portanto antes, fora e além do direito.

16. Para completar a paisagem, até porque já me excedi, só resta dizer que todos nós, governantes e governados, graças a Deus temos muitos poderes e direitos, mas nenhuma responsabilidade. E mesmo quando há responsabilidade *formalmente* prevista há a inviabilidade institucional para se apurar essa responsabilidade. Somando--se tudo isso, resulta o nosso supremo desprezo pela lei, que não tem a nossa cara nem é fruto de nosso empenho, nem nos assegura nada efetivamente. E se é assim, vamos fazer gols de mão. Caso algum juiz resolva marcar a falta, haverá sempre um cartola para resolver o problema no tapetão. E viva o povo brasileiro!

NOTAS:

1. *A crítica da razão indolente. Contra o desperdício da experiência,* Cortez Editora, S. Paulo, 2000, p. 55 e segs.
2. Nosso *Direito, Poder, Justiça e processo — julgando os que nos julgam,* Forense, Rio, 1999.

| 16 | DO MANDADO DE SEGURANÇA CONTRA ATOS JUDICIAIS[21]

(Comunicação feita ao 1º Congresso de Direito Processual Civil, realizado em São Paulo, em setembro de 1962).

CAPÍTULO I

SUMÁRIO • 1 – O mandado de segurança e os atos judiciais. 2 – A corrente dos que afirmam seu descabimento de modo absoluto. 3 – Os moderados e a grande diversidade de suas posições. 4 – Os adeptos da ampla admissibilidade. 5 – A Lei 1.533 e a permanência da controvérsia.

I

1. O mandado de segurança surgiu no Brasil como resultante do choque entre duas tendências antagônicas: a necessidade de se emprestar pronta e efetiva tutela aos direitos individuais, em face aos abusos do Poder Público, e a de restringir-se ampliação que se dera ao instituto do *habeas-corpus*, tornado remédio tutelar de outras garantias que não exclusivamente a liberdade de locomoção, bem como os interditos possessórios, fazendo-os também protetores dos direitos pessoais1.

Instituiu-o o art. 113, nº 33, da Constituição de 1934, que estabelecia ser cabível o remédio.

> "para defesa de direito, certo e incontestável, ameaçado ou violado por *ato manifestamente inconstitucional ou ilegal de qualquer autoridade*".

Por iniciativa de João Mangabeira se previra, no anteprojeto de Constituição do Itamarati, a concessão do *writ* em dispositivo que o relacionava à existência de

> "um direito certo e incontestável ameaçado ou violado por *ato* manifestamente ilegal do *Poder Executivo*".

Apresentado o anteprojeto governamental à Assembléia Nacional Constituinte, sofreu êle diversas emendas reveladoras da "preocupação de não restringir-se o mandado de segurança a prevenir ou remediar os atos do Poder Executivo apenas, mas o de compreender-se os atos dos outros dois podêres, quando manifestamente inconstitucionais ou ilegais (2)".

---

21. Texto extraído de GIL, Otto (org.). *Estudos sobre o Mandado de Segurança*. Rio de Janeiro: Forense, 1963.

Os antecedentes legislativos e a amplitude do texto constitucional haveriam de determinar, na prática, questão que surgiu muito pronta – a do cabimento do mandado de segurança contra atos judiciais. Dúvidas e divergências nasceram em tôrno ao problema, dividindo juristas e juízes.

A regulamentação da garantia constitucional, realizada pela Lei nº 191, de 18 de janeiro de 1936, não pôs fim nem a umas nem a outras.

Preceituando em seu art. 4º não ser admissível o mandado de segurança quando se tratasse de liberdade de locomoção, exclusivamente; de ato de que coubesse recurso administrativo, com efeito suspensivo, independente de caução, fiança ou depósito; de questão puramente política e de ato disciplinar, parecia, com o seu silêncio, afirmar a pertinência do *mandamus* contra atos dos juízes. Conclusão esta reforçada com o fato de disciplinar a Lei nº 191, em seu art. 5º, I, *c*, o problema da competência da Justiça Federal para o mandado de segurança contra ato de juiz ou tribunal federal, ou de seu presidente.

Mas que atos do juiz? Os administrativos? E se também os jurisdicionais, quais dentre êles?

Essas interrogações permaneceriam sem resposta do legislador quando da elaboração do *Código de Processo Civil*, o qual, ao regulamentar o instituto em seus artigos 319 a 331, não incluiu os atos judiciais entre aquêles que desautorizavam o mandado de segurança, nem foi expresso em disciplinar a hipótese.

A Constituição de 1946 previu a garantia naqueles mesmos têrmos amplos da de 1934, deixando vivo o debate que esta suscitara.

Só com a Lei nº 1.533, de 31 de dezembro de 1951, se faria menção expressa aos atos judiciais, *afirmando-se* o não-cabimento do *writ* de

> "despacho ou decisão judicial, quando haja recurso previsto nas leis processuais ou possa ser modificado por via de correição".

Nem ela, entretanto, bastou para pôr côbro às divergências, que permanecem.

2. Três correntes se formaram em tôrno ao problema.

Uma delas extremada e radicalmente contrária à admissibilidade do mandado se segurança contra atos judiciais.

Na doutrina, representa-a, como um dos seus mais cultos e brilhantes expositores, o professor Luís Eulálio de Bueno Vidigal, em cuja obra, inclusive, estão expostos e sistematizados todos os argumentos oferecidos em defesa do ponto de vista que esposa (3).

Para êstes, só dos atos administrativos praticados pelos juízes seria cabível o *writ*, excluídos até mesmo os de jurisdição graciosa ou voluntária.

Nos tribunais, tal radicalismo pràticamente não vingou. Isto porque bem poucos juízes se conservam fiéis, rigorosamente fiéis, ao ponto de vista do exclusivo cabimento do mandado de segurança contra atos administrativos dos juízes. A esmagadora maioria, ou quase unanimidade, se limitava a afirmar que, "em princípio", não deveria caber mandado de segurança contra atos judiciais, admissível, entretanto, o *writ* em "casos excepcionais".

Assim procederam Orozimbo Nonato, Filadelfo Azevedo, Lafaiete de Andrada, Carlos Maximiliano, Ataulfo de Paiva, Costa Manso, Goulart de Oliveira, Eduardo Espónola, Laudo de Camargo entre outros Ministros do Supremo Tribunal Federal, que se afirmando aparentemente contrários à admissibilidade do *writ* contra atos judiciais, violentaram a rigidez do princípio em mais de uma oportunidade, em casos excepcionalíssimos, conforme lhe pareceu (4).

3. Daí a segunda corrente: a daqueles que apenas admitiam o mandado de segurança contra atos judiciais como exceção.

As exceções foram construídas ao sabor dos casos concretos, ainda quando muitos tentassem afirmativas de caráter geral que, entretanto, vez ou outra, vulneraram para atender ao *justo* do caso sob julgamento.

Um estudo comparativo de decisões proferidas permite-nos sistematizar as seguintes conclusões:

a) só em face da inexistência de recurso ordinário é possível o cabimento do mandado de segurança contra ato judicial (5);

b) apenas é admissível o mandado de segurança quando inexistir recurso ordinário e fôr manifesta a incompetência da autoridade judiciária para a prática do ato (6);

c) em princípio, havendo recurso ordinário, é incabível o mandado de segurança, contra ato judicial; a excepcionalidade do caso, entretanto, pode autorizar o conhecimento do *mandamus* havendo recurso daquela natureza (7);

d) cabível o *writ* havendo recurso ordinário, quando fôr êste recurso de efeito apenas devolutivo (8);

e) admissível o mandado quando, existindo recurso ordinário, fôr insuficiente para garantir o restabelecimento do estado anterior, em caso de provimento, ou insuficiente para obstar manifesta ilegalidade (9);

f) cabível o mandado quando tiver por objetivo assegurar o respeito à coisa julgada (10).

Nos tribunais, procurava-se construir o cabimento do mandado de segurança em função dos recursos ou da aberração do caso singular, ao invés de fazê-lo pela análise da ilegalidade, em função dos pôderes e deveres do juiz no processo.

Na doutrina, pode-se incluir nesta posição intermediária a Luís Machado Guimarães. Segundo o douto mestre carioca, não poderão ser objeto de mandado de segurança os atos estritamente jurisdicionais, isto é, os atos ordinatórios e decisórios praticados pelo juiz no curso do processo de cognição e até a formação da coisa julgada. E esclarece: "É transparente o motivo desta isenção: é que o processo tendente a obtenção do mandado de segurança também é um processo de cognição, se bem que de rito sumaríssimo; fazer interferir êste processo em outro de idêntica natureza, seria superfetação insuportável. Não se admite o uso simultâneo de dois procedimentos para obtenção do mesmo escôpo".

Cabível, apenas, o *writ* quanto aos atos jurisdicionais em sentido amplo, ou seja, os atos praticados no processo executivo e ao processo cautelar. Quanto a êstes atos, "que são, por assim dizer, jurisdicionais por dependência, e cuja natureza difere nìtidamente da que caracteriza aquêles outros atos anteriormente referidos, nada impede que sejam objeto de mandado de segurança, desde que se tornem irremediáveis os seus efeitos por ausência de recurso com efeito suspensivo e, outrossim, que se verifiquem os requisitos constitucionais da ilegalidade ou abuso de poder e da ofensa a direito líquido e certo (11).

Também nesta corrente intermediária ousamos colocar Guilherme Estelita. O ilustre mestre da Faculdade de Direito da Universidade de Guanabara, depois de cerrada argumentação no sentido do descabimento do mandado de segurança contra atos judiciais, finda por concluir: "o mandado de segurança seria admitido contra ato jurisdicional, mas com objetivos limitados. Sua concessão não poderia ir além de facultar ao impetrante recurso para a autoridade normalmente competente contra o ato judicial impugnado, embora êste fôsse por lei irrecorrível. Não porque o tribunal houvesse, desde logo, por ilegal, o mesmo ato, mas porque lhe parecesse conveniente seu exame pelo tribunal normalmente competente para conhecer dos recursos da causa. Se tal recurso já o concedesse a lei, mas sem efeito suspensivo, a concessão do mandado importaria, nesse caso, em dar-lhe êste efeito, impedindo, assim, a execução do ato" (12).

No Supremo Tribunal Federal sobressaem três Ministros na liderança do movimento que procuraria vencer as primeiras resistências ao cabimento do mandado de segurança contra atos judiciais. Aníbal Freire, Filadelfo Azevedo e Castro Nunes (13). Sem se colocarem em posição extremada, fizeram-se representativos da ala mais liberal dos moderados, os que construíam o cabimento com vistas a situações de caráter geral, fugindo, quanto possível, à excepcionalidade do caso concreto subjetivamente posta. O último dêles, Castro Nunes, inclusive em trabalho doutrinário de alto mérito, afirmando o cabimento do mandado contra as decisões para as quais não esteja previsto em lei recurso com efeito suspensivo. Mas o objetivo do *mandamus* não seria a reforma ou manutenção de decisão, sim exclusivamente impedir que a sentença se execute, dando ao recurso efeito suspensivo (14).

4. A terceira corrente se manifestava pela ampla admissibilidade do mandado de segurança que, à semelhança do *habeas-corpus,* não devia encontrar nos recursos ordinários um obstáculo absoluto à sua impetração.

Na doutrina, ainda nos primórdios da Constituição de 1934, e pioneiro nesse entendimento liberal e amplo do *writ,* distingue-se Augusto Meira.

Para o brilhante professor da Faculdade de Direito do Pará o mandado de segurança, em última análise, não era mais do que uma mudança do nome do *habeas--corpus,* como remédio protetor dos direitos líquidos e certos, de qualquer natureza, ofendidos ilegalmente por qualquer autoridade, como o *habeas-corpus,* nas mesmas condições, amparava a liberdade individual.

E acrescentava: "Nunca ninguém impugnou a possibilidade do *habeas-corpus,* em favor do indivíduo ameaçado ou prejudicado em sua liberdade, ainda que o fôsse em virtude de pronúncia, ou mesmo julgamento de autoridade judiciária. Desde o tempo do império a liberdade individual teve como proteção o *habeas-corpus,* em tais casos, nos processos nulos, na falta de competência, na inexistência de fato punível.

O *habeas-corpus* não era remédio tão sòmente contra violências de delegados de polícia. Mesmo em face de atos de autoridade judiciária êle tinha toda eficiência, em flagrantes arrancados, em prisões preventivas abusivas, em pronúncias desrrazoadas, mesmo em julgamentos definitivos, em processo nulo ou sem fundamento.

E concluía: Por que, em relação ao mandado de segurança, cujo objeto apenas varia, mas cuja finalidade é a mesma, se há de estar a torcer e a mercadejar contra a evidência, contra a lógica, contra a lealdade precípua do indisputável? (15)"

Também nessa posição extremada colocara-se Seabra Fagundes.

O ilustre potiguar ensinava que o atendível, em matéria de mandado de segurança, "é a natureza da lesão (que há de ser gritante, afetando direito líquido e certo) e a impossibilidade (não importando que existente em qualquer hipótese ou sobrevinda na espécie) de reparação, mediante o emprêgo dos remédios comuns. Pode-se novamente recorrer à analogia do *habeas-corpus* para invocar, também, os precedentes e a atualidade da sua aplicação, contra as coerções emanadas de autoridade judiciária, a despeito da existência das vias de recurso e até mesmo quando já utilizadas estas. Jamais do seu uso, nesses casos, decorreram consequências tumultuárias. Em nada se tem tido perturbado o sistema de recursos por êsse amplo emprêgo do *habeas-corpus.* E, na fase em que a êste remédio se reconheceu a possibilidade de amparar direitos pessoais outros que o de locomoção (como âmbito, portanto, que hoje se defere ao mandado de segurança) protegiam-se, também, mediante *habeas--corpus,* direitos afetados por atos judiciais não estritamente atinentes à liberdade física" (16).

Pelo que se vê, ia, inclusive, ao ponto de admitir o mandado de segurança contra a coisa julgada, visto como a impossibilidade de reparação pelos meios comuns, segundo expressas palavras suas, poderia resultar de impossibilidade de existente em qualquer hipótese ou sobrevinda na espécie. Era, no particular, incisivo e explícito:

> "O que importa é saber se, no momento de impetração do mandado de segurança, o ato judicial nêle visado já não era suscetível de reexame pela via ordinária dos recursos. Pràticamente, tanto faz ser irrecorrível o ato por se não ter previsto na lei recurso para êle, como ser irrecorrível porque de impossível utilização, na espécie, recurso admitido genèricamente nos textos legais. Sim, porque tanto haverá decisão normalmente irretratável, quando a sentença tenha trancado a situação contenciosa, por ser a única ou a última cabível em face da lei processual, como quando lhe tenha posto termo, pelo não uso oportuno do recurso" (17).

Entretanto, o mestre nordestino, em face da Lei n. 1.533, de 1959, parece haver-se retratado de sua posição anterior, colocando-se em posição de estreita obediência à literalidade do texto do art. 5.º, II, da mencionada lei, aceitando cabível o mandado de segurança apenas contra atos judiciais insusceptíveis de modificação mediante o uso dos recursos ordinários ou correição. Tudo quanto antes construíra doutrinàriamente, em face do texto constitucional, parece ter sido abjurado, reconhecendo-se ao legislador ordinário o poder de tirar do mandamento da Carta Magna menos do que nêle se continha. Porque, nos parece, ou aquela posição extremada era decorrência necessária da garantia constitucionalmente posta e nos têrmos em que o fora, não podendo o legislador ordinário restringir, ou traduzia mera construção doutrinária de arbítrio, que pareceu por improcedente. Sendo o ilustre jurista silencioso quanto aos motivos de sua nova tomada de posição, fica a dúvida (17-A).

Nos tribunais, essa terceira posição deixou de merecer acolhida ponderável. Ainda quando se pudesse encontrar na afirmativa isolada de alguns juízes base para tal entendimento, a verdade é que jamais ela se firmou jurisprudencialmente. Como já apontado, a posição quase unânime dos tribunais tem sido a intermediária, com prevalência daquela que iria, por fim, vingar no texto da atual lei regulamentadora do instituto, com o adminículo da correição, preconizado por Guilhermes Estelita (18).

5. A indagação que se impõe é a de se em face do texto da Lei n. 1.533, não admitindo o mandado de segurança contra despacho e decisões judiciais, se existentes recursos ordinários ou se susceptíveis de modificação pela correição, já não é de ser posta qualquer dúvida de ordem doutrinária, com pretensões a validade *de lege data,* correspondendo o texto, na sua literalidade, ao alcance da garantia constitucional, ou se o texto diz menos do que devera dizer ou, inclusive, diz o que não poderia ter dito.

Que a rebeldia contra êle existe na doutrina e na jurisprudência é fato que senão pode ocultar.

Assim é que Bueno Vidigal (19) e Celso Agrícola Barbi (20), cujos trabalhos são posteriores à Lei n.º 1.533, insistem no entendimento restritivo da admissibilidade do *writ,* sem encontrar obstáculo para tanto no preceito legal.

Alfredo Buzaid, mestre ilustre e acatado, faz exegese também restritiva das disposições da Lei n.º 1.533, concluindo por ver no inciso II do art. 5.º, não a permissibilidade mas a exclusão do *mandamus* contra despachos e decisões judiciais (21).

Já outros estudiosos vão além da literalidade do texto, afirmando o cabimento do *writ* em hipóteses nas quais se descomportaria, atendido aquêle na sua rigidez.

Assim é que Othon Sidou afirma ser cabível o mandado contra atos do judiciário, quando em face de medidas coercitivas contra que já não cabe recurso consagrado nas leis processuais, ou esse seria vão por tardio e irreparável o prejuízo que a medida venha a acarretar (22).

Castro Nunes permaneceu fiel à sua antiga posição, exigindo do recurso ordinário efeito suspensivo para elidir o mandado de segurança. Arnold Wald solidarizou-se com a conclusão, afirmando-a, inclusive, como a vencedora entre nós (23).

Pontes de Miranda só preexclui a pretensão ao mandado havendo recurso ordinário ou correição quando a modificação conseguível seja tal que, com a decisão judicial em grau de recurso, ou em correição, sendo favorável, se afaste a inquietação ao direito certo e líquido. Se há a via recursal ou cabe a correição, mas a decisão do corpo julgador do recurso ou do corregedor não poderia eliminar a ofensa, ou retirar a ameaça, o art. 5.º, II, não incide, e é intentável a ação de mandado de segurança. Outrossim, se pela lei competiria o recurso, ou a correição, e a jurisprudência o afastou, interpretando a lei, é de apreciar-se recorribilidade ou a corregibilidade ordinária segundo o último julgado do corpo judicial ou juiz para o qual se teria de recorrer ou ao qual se teria de pedir correição (24).

Também os tribunais. Nêles, mesmo depois do advento da Lei n.º 1.533, se tem decidido ser cabível o *writ* se o recurso ordinário não tem efeito suspensivo, bem como contra a coisa julgada. Inclusive, como veremos adiante, já se afirmou não poder a correição elidir o mandado de segurança, o que seria um excesso do legislador, indevidamente posto na Lei n.º 1.533 (24-A).

Pelo visto, a regulamentação de 1951 não afastou as dúvidas anteriores.

Êste nosso trabalho, consequentemente, justifica-se de *lege lata* e de *lege ferenda.* Porque também se cuida de rever a Lei n.º 1.533, estabelecendo-se nova regulamentação para a garantia constitucional, e o que aqui se disser poderá ser útil, aninda quando em pequena parcela, à futura tarefa legislativa (25).

CAPÍTULO II

SUMÁRIO • 6 – A inceitabilidade do argumento de ordem histórica pela inadmissibilidade do "writ" contra atos judiciais: os antecedentes da Constituição de 1934. 7 – A Constituição de 1934 e a confirmação da tendência da amplitude da garantia constitucional. 9 – A matéria nos tribunais. 10 – A Constituição de 194.

II

6. Quando se cuida de apreciar o cabimento do mandado de segurança contra atos judiciais, a primeira objeção, e a mais forte, parte dos que afirmam não abranger a garantia constitucional outros atos senão os *administrativos,* praticados por qualquer dos poderes do Estado.

Argumentam os corifeus desse entendimento que, històricamente, o *writ* objetivou proteger o cidadão dos abusos das autoridades administrativas, contra as quais se levantavam os reclamos gerais, e não contra atos do Poder Judiciário (26).

Tal afirmativa é inexata.

Já Alberto Tôrres, o primeiro a se pronunciar favoràvelmente à instituição de uma nova garantia constitucional, no seu livro "A Organização Nacional" (1914), pág. 367) preconizara a criação de um mandado de garantia para amparar direitos lesados por *atos do poder público ou de particulares.* Entendimento este sem dúvida, de caráter não restritivo.

Edmundo Muniz, no relatório que apresentou ao Congresso Jurídico de 1922, foi expresso em afirmar estarmos necessitados de um instituto semelhante ao recurso de amparo mexicano, com rito porém mais sumário, e que compreendesse tanto a agressão ao direito de partida de *autoridade pública,* como a proveniente de ato privado. A referência ao amparo, onde a imunidade aos atos judiciais não existia (27) e o uso da expressão *autoridade pública* demonstram não estar nos seus objetivos a limitação do *writ* aos atos do Executivo (28).

E se o projeto de Gudesteu Pires, de 1926, limitava o remédio à proteção contra atos lesivos de autoridades administrativas, permanecendo fiéis a esta orientação os substitutivos Bernardes Sobrinhos e Clodomir Cardoso, a verdade é que o substitutivo Odilon Braga foi expresso em concedê-lo contra ato, *decisão* ou omissão de *autoridade pública* e o projeto Sérgio Loreto fugia de qualificar a autoridade, para se cingir apenas à qualificação do ato, que exigia fosse manifestamente contrário à Constituição ou às leis da União. E no § 7.° do seu art. 1.° dispunha sobre a representação das autoridades administrativas, quando a ameaça ou turbação resultasse de atos seus, pressupondo a possibilidade de turbações ou ameaças provindas de autoridades outras que não as administrativas.

7. Por outro lado, se o anteprojeto constitucional, em 1934, restringiu a garantia, deferindo-a apenas contra atos do Poder Executivo, o certo é que inúmeras emendas foram formuladas com o objetivo de ampliar-lhe o campo de incidência.

A do deputado Arruda Falcão estendia o *writ* inclusive às moléstias oriundas de particulares, opinião também esposada na que foi oferecida pelos deputados Lino Leme e Antônio Covello. Mais expressiva que todas, entretanto, a de n.° 726, subscrita por Moraes de Andrade, com o apoiamento de mais doze ilustres representantes do povo, cuja justificativa foi do seguinte teor:

> "Diz-se *poder* só, e não Poder Executivo, porque também o Poder Legislativo pode ameaçar ou violar direito nosso incontestável (como com o de decretar leis retroativas) e o próprio Poder Judiciário o pode (como com o determinar medidas coercitivas contra que já não cabe recurso ou êste seria vão por tardio, e irreparável o prejuízo que a medida produziu)".

Como decorrência disso, afirmou Waldemar Ferreira, em parecer oferecido na Comissão de Justiça da Câmara Federal:

> "O confronto dessas emendas ao anteprojeto do Itamarati revela a preocupação de não restringir-se o mandado de segurança a prevenir ou remediar os atos do Poder Executivo apenas, mas o de compreender-se os atos dos outros dois podêres, quando manifestamente inconstitucionais ou ilegais".

E as tentativas de restrição que surgiram no substitutivo Marques dos Reis, até mesmo a redação do projeto n° 1-A, que poderia dar margem a dúvidas, foram repelidas, vindo a figurar a garantia, no texto definitivo, como cabível para defesa de direito certo e incontestável, ameaçado ou violado por ato manifestamente inconstitucional ou ilegal de *qualquer autoridade* (30).

Mais ainda, o instituto nasceu, constitucionalmente, ao lado e sob a inspiração do *habeas-corpus,* que nunca foi entendido como visando ilegalidade ou abuso de poder oriundos do Executivo, antes abrangendo, pacìficamente, abusos de poder e ilegalidades cometidos pelos membros do Poder Judiciário em sua função jurisdicional.

Esta a verdade histórica: ampliação do campo de incidência do *writ,* sempre esmagadas tôdas as investidas de caráter restritivo, relacionando-se o remédio menos à natureza do ato ou à qualificação da autoridade que à existência de moléstia a direito certo e incontestável, provinda de ilegalidade ou abuso de poder. Tendência, aliás, que permaneceu vigorosa e vencedora, como o demonstraremos.

8. Assim é que, impondo-se a regulamentação do dispositivo constitucional, a iniciativa coube ao deputado Alcântara Machado, em 27 de novembro de 1934, na Comissão de Constituição e Justiça da Câmara, apresentando projeto que, salvo pequenas transformações, veio a constituir a Lei n° 191, de 16 de janeiro de 1936.

Na sua justificativa, cuidando de demarcar os lindes do instituto criado pela Constituição, afirmava seu autor a necessidade da especificação dos casos de não-cabimento do *writ,* visto como seria impossível, a tôda evidência, enumerar as hipóteses de sua admissibilidade.

Entre as exclusões que indicava estavam os atos judiciais. Porque, argumentava, a parte que se julgasse agravada por ato do juiz (atos judiciais ou atos administrativos decorrentes de decisões do Poder Judiciário) teria recursos na legislação processual, para vindicar os seus direitos; e se os houvesse esgotado baldadamente, ou dêles não houvesse lançado mão tempestivamente, seria incurial lhe ensejassem oportunidade para renovar a questão definitivamente julgada. E acrescentava:

"Nem se diga que a Constituição alude a ação de "qualquer autoridade", em vez de se referir apenas a atos do Poder Executivo, como fazia o anteprojeto. Andou com acêrto o legislador constituinte em se afastar do anteprojeto neste lance: se na organização de suas secretarias, ou na formação das listas de antigüidade e merecimento para as promoções de magistrados, um órgão do Poder Judiciário sacrificar direitos individuais, que reunam os requisitos do art. 113, nº 33, caberá o mandado de segurança. Mas a hipótese será, então, do exercício de função administrativa do tribunal ou juiz, e não de decisão judicial (31).

Mas o substitutivo Waldemar Ferreira, que afirmava haver colhido do projeto primitivo, do substitutivo Bergamini e das emendas oferecidas o que lhe parecera convinhável, já se comporta diversamente.

Não se diz nêle descaber o mandado de segurança contra decisão judicial. Diversamente do antes estabelecido, limitava-se a afirmar o descabimento havendo "remédio processual específico de efeito imediato" ou inexistindo "recurso com efeito suspensivo" ou já se havendo constituído a "coisa julgada", o que, sem parcela de dúvida, significa a aceitação do mandado contra os atos jurisdicionais do magistrado (32).

E a emenda Levi Carneiro, de que resultou o texto definitivo, com ligeiras alterações, ainda foi mais longe que o substitutivo Waldemar Ferreira.

Justificando sua proposição, escrevia o ilustre jurista: "Não basta a possibilidade do recurso, mesmo sem efeito suspensivo, para excluir o mandado de segurança: Nossa legislação fiscal admite recurso com efeito suspensivo, mediante depósito ou fiança. *No processo judiciário mesmo, podem apontar-se casos dessa espécie. A modificação proposta visa permitir o mandado de segurança também nesses casos* (grifos nossos). IV – O ato que "constitua a coisa julgada" pode determinar a expedição de mandado de segurança. Não há razão para excluir, nesse caso, como o faz o substitutivo, a garantia constitucional. A coisa julgada, a decisão irrecorrível e final, quando viole direito "certo e incontestável" e sendo manifestamente ilegal ou inconstitucional", há de provocar o mandado de segurança.

É sabido que, em relação ao *habeas-corpus*, também se entendia, a princípio, que êle não caberia contra decisão de juiz competente; por fim a jurisprudência firmou-se no sentido de ampliar a êsses casos a garantia dessa medida constitucional.

De certo, a "coisa julgada" raramente contrariará "direito certo e incontestável", de forma "evidentemente ilegal ou inconstitucional", mas o mandado não será cabível, na generalidade dos casos, por falta dêstes requisitos elementares e não por haver "coisa julgada" (33).

E essa tendência de não-exclusão dos atos judiciais veio a prevalecer, tanto que a redação da Lei n. 191, no particular da inadmissibilidade do *writ,* silenciou quanto aos atos judiciais. Mais ainda, no seu art. 5º, ao disciplinar a competência para o *mandamus,* especificou-a em relação a atos de juiz ou tribunal federal (I, *c*) e atos das Côrtes de Apelação, de alguma de suas Câmaras, de seu presidente ou de outro juiz.

A exposição que vem de ser feita mostra quanto é inexata a afirmativa da tendência restritiva, do ponto de vista histórico.

Assim, a conclusão acertada é não a de que se tenha preocupado o legislador com a natureza do ato, sim com a ilegalidade ou com o abuso de poder. Isso o que se quis remediar com o *mandamus.* Viesse o abuso ou a ilegalidade de qualquer dos agentes de qualquer dos três podêres instituídos.

9. Nem se pode afirmar, igualmente, ter sido vencedora nos tribunais, de início, a tese da exclusão absoluta dos atos judiciais do âmbito da nova garantia constitucional.

Em agôsto de 1935 já o Tribunal de Justiça de São Paulo afirmava ser cabível o *mandamus* contra ato judicial, exigindo apenas que não houvesse, no processo comum, meio específico e imediato para a solução da hipótese (Arquivo Judiciário, vol. 36, pág. 58), entendimento ratificado em decisão do mês seguinte (*Revista dos Tribunais,* vol. 99, pág. 76).

No Supremo Tribunal Federal o Ministro Otávio Kelly afirmava não distinguir a Constituição entre ameaça ou lesão de direito por parte de autoridade administrativa ou proveniente de autoridade judiciária. Quer apenas que a ameaça se positive ou a lesão se manifeste por modo claro e insofismável. E quando do célebre julgamento do seqüestro das rendas do Estado de Minas Gerais, Carlos Maximiliano modificou sua orientação, aceitando o cabimento, porque se trata de juiz evidentemente faccioso, completamente esquecido dos deveres do cargo, que despachara em sentido contrário à lei expressa. Ataulfo de Paiva subscreveu o voto de Carlos Maximiliano. Costa Manso afirmava não haver princípios absolutos, e entre êstes o do descabimento da segurança contra ato judicial, pelo que, atendendo à excepcionalidade do caso concreto, admitia o *writ.* Eduardo Espínola afirmava continuar negando o cabimento, quando se tratasse do interêsse individual, mas que o mesmo não deveria ocorrer quando estivesse em lide o interêsse público (34).

Pelo visto, por êste ou aquêle motivo, pouco importa, o Supremo Tribunal Federal, nem regulamentado fôra o dispositivo constitucional, já admitia o *mandamus* contra atos judiciais, ainda que em caráter excepcional. E admiti-lo, nessas circunstâncias, é jogar por terra o princípio do seu não-cabimento. Porque se admitido, mesmo que em caráter extremo, a conclusão exata é por sua admissibilidade e não pela afirmativa do seu exclusivo cabimento contra os atos administrativos dos juízes. E admitido que foi, cabia construir-se a sistemática de sua admissibilidade, o que se vem procurando fazer através de tantos anos, e não permitir-se vencesse o critério pouco louvável da excepcionalidade, fortemente marcado pelo subjetivismo mais ou menos esclarecido do julgador.

10. Por fôrça de tudo isso, quando da Constituição de 1946, já nenhuma dúvida pairou quanto à extensão da garantia constitucional, frisando o texto definitivo o seu cabimento contra ato de qualquer autoridade, redação já consagrada no projeto da Comissão Especial (art. 159, §29) e que nenhuma emenda de caráter restritivo mereceu. Era, sem dúvida razoável, a consagração definitiva da amplitude da garantia constitucional.

CAPÍTULO III

SUMÁRIO • 11. Os argumentos de ordem dogmática e sua inaceitabilidade; crítica aos ensinamentos de Carvalho Santos e Celso Agrícola Barbi. 12 – A inadmissibilidade do "writ" e a recorribilidade da decisão. Crítica a essa corrente. 13 – A correição parcial como obstáculo à admissibilidade do "mandamus". O alcance exato do art. 5, II da Lei 1.533. 14 – A irrecorribilidade e a coisa julgada. Aceitação dos efeitos rescisórios do "writ". 15 – Crítica à posição de Bueno Vidigal – ineficácia impeditiva da prevenção e da litispendência. 16 – Crítica à posição de Machado Guimarães – a jurisdicionalidade do processo executivo e do processo cautelar. Casos de processo de cognição em interferência. 17 – O mandado de segurança e a eliminação do contraditório. O problema do litisconsórcio na ação constitucional. 18 – Fragilidade dos argumentos em favor da inadmissibilidade. Necessidade de construir-se, sistemàticamente, a admissibilidade.

III

11. Ao lado dos argumentos de ordem histórica, já refutados, pretendem os adeptos da inadmissibilidade do mandado de segurança contra atos judiciais assentar suas conclusões em alicerces de ordem dogmática.

Argumentam que a exegese restritiva do art. 141, §24 da Constituição Federal não encontra nenhum obstáculo legal na circunstância de o dispositivo mencionado afirmar o cabimento do mandado, seja qual fôr a autoridade responsável pela ilegalidade ou abuso de poder. Isto porque a fórmula ampla da lei refere-se à *autoridade* e não à *natureza do ato*. A restrição do *writ* aos atos administrativos do juiz não importa em excluir a *autoridade judiciária* do âmbito do mandado: apenas delimita a *matéria* controlável por aquela via (35).

Também se disse que a expressão "qualquer autoridade" não poderia conduzir à interpretação ampliadora, porque a palavra autoridade teria sido empregada "no sentido de funcionário público, mesmo porque o mandado de segurança visa justamente a coibir os abusos e os excessos do poder de administração" (36).

Sem impugnar os méritos dos autores dos argumentos, impugnamos, entretanto, de modo veemente, a validade dos mesmos.

Em primeiro lugar, por autoridade se compreende, normalmente, todo aquêle que detém qualquer parcela de poder; e os léxicos, inclusive, grafam autoridade como "magistrado que exerce poder", entendimento não desmentido pela técnica jurídica (36-A). Logo, a significação restritíssima que se pretende dar ao vocábulo deveria assentar em bases inequívocas, o que não ocorre. Antes, como já visto, o espírito que presidiu à tarefa do legislador foi, permanentemente, o de ampliar a garantia, jamais o de restringi-la, ao ponto de fazê-la apenas abrangente dos atos do Poder Executivo. A afirmativa de Carvalho Santos, conseqüentemente, tem apenas o caráter de convicção pessoal e pouco autorizada.

Nem mais aceitável se afigura a de Celso Agrícola Barbi.

O texto constitucional concede a garantia para proteger direito líquido e certo, atingido por ilegalidade ou abuso de poder, seja qual fôr a autoridade responsável pela ilegalidade ou pelo abuso. A tônica, conseqüentemente, reside na ilegalidade ou no abuso de poder e é contra êles que se confere a garantia. Destarte, o que cumpre se faça, na correta interpretação do texto constitucional, é incluir qualquer ilegalidade ou abuso de poder. Assim, afirmando-se a imunidade dos atos jurisdicionais à correção pelo *writ*, procede-se graciosamente, *data venia*, porquanto, para que a afirmativa não importe em violência ao justo entendimento do preceito maior, cumpria se provasse a impossibilidade de advir ilegalidade ou abuso de poder da prática de atos jurisdicionais. Não basta deixar de excluir a autoridade judiciária. É muito pouco, pois que o inexcluível é a ilegalidade ou o abuso de poder. E se os juízes, no exercício de sua atividade jurisdicional, podem ferir a direito líquido e certo de alguém, por ato ilegal ou abusivo praticado na função, o texto da Carta Magna, para ser atendido na sua justeza, deve incidir. Por conseqüência, é insuficiente não excluir a autoridade judiciária. O que se impunha fôsse feito seria comprovar a impossibilidade de violência a direito líquido e certo de alguém por fôrça de ilegalidade ou abuso de poder, através de atos tìpicamente jurisdicionais. Comprovado isso, a imunidade se justificaria. Em caso contrário, ela encontra desmentido inafastável na amplitude do texto constitucional.

12. Por outro lado, insiste-se em afirmar o descabimento do *mandamus* contra os atos judiciais em face da existência dos recursos ordinários.

Carvalho Mourão asseverou que a extensão do mandado de segurança aos atos judiciais acarretaria a destruição de tôda a legislação processual e a dispensa de tôdas as formas e têrmos judiciais. Seria o *writ* um meio de subversão da ordem processual. Porque ou as decisões são recorríveis, e o recurso basta para corrigir os desacertos e excessos, ou são irrecorríveis, e a admissibilidade da garantia constitucional se ofereceria como elemento deletério e perturbador (37).

Em resumo, os *meios ordinários* de correção dos atos dos juízes, quando de caráter jurisdicional, são os recursos previstos na lei processual; e êles bastam, nada cabendo, onde êles não cabem, nem cabendo, coisa diversa dêles.

A afirmativa poderia ser posta em outros têrmos: a forma *normal* e *ordinária* de revisão e emenda das decisões judiciais são os recursos previstos no ordenamento processual. A admissibilidade do mandado de segurança, em tais circunstâncias, representaria uma subversão, a rutura da *normalidade,* do que *ordinàriamente* se faz.

Muito bem. Se assim é, deve valer, com igual fôrça, o argumento de que a forma *normal* e *ordinária* de revisão e emenda dos atos administrativos, pelo Poder Judiciário, são as ações previstas no ordenamento processual. A admissibilidade do mandado de segurança, em tais circunstâncias, representa uma subversão, a rotura da *normalidade,* o que *ordinàriamente* se faz.

Nem se venha opor embargos ao paralelo ora apresentado com apoio em argumento romântico, qual o de que o Poder Judiciário "só existe para o fim de assegurar direitos individuais, de manter o império das leis. Admitir, em linha de princípio, que os cidadãos carecem de uma tutela especial contra a atuação dos órgãos dêsse poder é um verdadeiro contra-senso jurídico. Os conflitos que surgem entre agentes do Poder Executivo e os cidadãos decorrem dos conflitos verificados entre os interêsses da Administração e os interêsses privados. Mas a causa geradora de tais conflitos é sempre o uso, pela Administração, dos seus podêres de governo. Com o Poder Jurídico não ocorre a possibilidade de tais choques. Além de êste não defender interêsses próprios que possam entrar em conflito com os dos cidadãos, age sempre inteiramente alheio aos interêsses individuais sôbre os quais é chamado a decidir. Ao juiz ou tribunal é indiferente a sorte dos interêsses privados que servem de objeto à causa sujeita à sua decisão. Não há, pois, motivos para admitir-se que o juiz, no exercício normal de sua atividade específica, viole direitos privados (38).

Em primeiro lugar, não é exato que o Poder Judiciário só existe para o fim de assegurar direitos individuais. E melhor desmentido não pode haver entre nós, inclusive no particular do mandado de segurança, do que a franca admissibilidade do *writ* para dirimir conflitos entre órgãos da mesa pessoa jurídica de direito público, ou de pessoas jurídicas de direito público entre si (39).

Em segundo lugar, o interesse da Administração é interesse *geral* e legítimo, ao qual devem ser subpostos os interêsses individuais. Não é a isso que se obvia com o mandado de segurança, sim ao desvio dos agentes do Executivo quando se comportam, no exercício de suas funções, em termos de legalidade que êle se verifica, somente sofrendo-o a Administração quando seus agentes se desviam dos limites traçados à legitimidade de seu comportamento.

Por igual os juízes são desinteressados e isentos enquanto assim se apresentam. Isto é, no exato cumprimento de suas funções, quando não haverá porque se falar em ilegalidade ou abuso de poder. Mas é a própria lei que reconhece e confessa a possibilidade do desvio do magistrado, falando em juiz suspeito, juiz peitado, juiz impedido, juiz particularmente interessado no litígio, direta ou indiretamente, inclusive no juiz que atua no processo com dolo ou fraude (art. 121, 185 e 798 do *Código de Processo Civil*).

Destarte, a diversidade substancial da função de juiz e administrador, do ponto de vista do interesse, não reside no fato de ser aquêle um terceiro desinteressado (sem interesse próprio) enquanto êste defende um interesse seu.

No que concerne à função, ambos são pessoalmente desinteressados, no sentido de que ambos defendem *interêsses de ordem geral,* que pertencem ao Estado. E ambos são pessoalmente interessados, no sentido do exato desenvolvimento da função em que se acham investidos. Entretanto, cumpre existam remédio que previnam o desvio funcional, quando a autoridade, quer administrativa, quer judiciária, ultrapasse as lindes que lhe foram postas.

Por conseguinte, se os recursos são o *meio ordinário* de correção dos desvios dos agentes do Executivo, as ações o seriam dos desvios do Executivo. De sorte que o surgimento da garantia constitucional inovaria numa e noutra esfera, revolucionando tanto a sistemática das ações, quanto a sistemática dos recursos. Inova, revolucionando, a sistemática das ações ordinárias e especiais até então postas como tutelares do cidadão em suas relações com o Poder Público. Era o excepcional. Inovavam revolucionando, a sistemática dos recursos ordinários e extraordinários até então postos para as partes como meios técnicos de correção dos erros judiciais. Era o excepcional.

Para que tal extensão deixasse de ocorrer, insistimos, era de mister se demonstrasse a impossibilidade de os juízes incidirem em ilegalidade ou abuso de poder no exercício de suas funções jurisdicionais. Fora disso, a limitação atende a critérios inaceitáveis pela assimetria do tratamento que advogam para a ilegalidade praticada pelos juízes e para a ilegalidade praticada pelos administradores.

Guardados os devidos limites, as ações estão para a violação do direito material assim como os recursos estão para a violação do direito processual.

Quando o legislador constituinte, fugindo ao ordinário, ao normal, criou o remédio pronto do mandado de segurança contra as lesões a direito líquido e certo provindas de ilegalidade ou abuso de poder, pretendeu, conscientemente, vulnerar a normalidade das coisas (no sentido de permanência do *statu quo*) em face da excepcionalidade da tutela que certos interêsses estavam a reclamar. Opor ao *writ* o normal, o comum, é pretender invalidá-lo nas suas conseqüências práticas. O mandado de segurança cabe, justamente, onde o comum, o ordinário se mostra incapaz de impedir a ameaça ou reparar de pronto a violação a direito líquido e certo por ato ilegal ou abusivo.

Se êle perturba a sistemática processual, perturba-a unicamente naquilo em que inova. Perturba-a sadiamente, para melhor. E apenas porque violenta a rotina, deixando algo perplexos os que não desejam pôr em equação os dados novos.

O mandado de segurança também perturba e, inclusive, de modo grave, as relações do poder público em nosso País, pelo seu ramo Executivo. Inovou êle revolucionàriamente, tão revolucionàriamente que até hoje ainda há resistências e perplexidades, por um lado, abusos e inconseqüências, pelo outro, males inevitáveis de um instituto com o alcance que lhe foi deferido e cuja regulamentação legislativa não devia, nem podia, nem foi feita em termos muito precisos, transferindo-se aos tribunais e à doutrina a tarefa árdua de construírem as trilhas por onde deveria marchar em boa marcha. A estrada, ainda, não macadamizada, só pode permitir, como ainda o permite, um trânsito pouco cômodo, aos solavancos e aos imprevistos.

13. Quanto às decisões irrecorríveis, objeta-se que para elas ou não foi deferido nenhum recurso, ou os deferidos já foram esgotados, ou não foram interpostos.

O mandando de segurança teria, nessas hipóteses, um duplo inconveniente: fazer recorrível o que recorrível não era a ferir a autoridade da coisa julgada.

Em primeiro lugar, deve-se atender a que, tradicionalmente, em nosso direito, já se vinha fazendo recorrível o irrecorrível e investindo-se contra a coisa julgada formal, ou preclusão "pro judicato", na terminologia de outros, através da chamada reclamação ou correição parcial, consagrada em várias legislações estaduais e que, apesar de malsinada pelo Supremo Tribunal Federal, por êle próprio foi adotada (40).

Refutar-se-á que tal prática tem sido rudemente incriminada por muitos estudiosos, não merecendo vir em apoio da incidência ampla do mandado de segurança. A verdade, entretanto, é que a lei 1.533 a consagrou mencionando-a expressamente como capaz de elidir a garantia constitucional.

E absurdo será antes se prestigiar a correição, dando-lhe a amplitude que lhe tem sido dada em tantas legislações estaduais, ela que é normalmente deferida a órgãos administrativos do Poder Judiciário (Corregedoria e Conselhos de Justiça) em desfavor da garantia constitucional, que é ação, que é atuada mediante o exercício de atividade jurisdicional do magistrado e de caráter contencioso, sendo normalmente deferido seu julgamento às Câmaras Cíveis, órgãos realmente jurisdicionais dos colegiados de segunda instância.

Em trabalho de boa exposição e bom fundamento, Othon Sidou demonstra, com largueza, como deve a reclamação ceder lugar ao isntituto que realmente tem a finalidade de cumprir em nosso direito, de modo legítimo, o papel por ela espùriamente desempenhado (41).

Buzaid, em parecer erudito e cuidadoso, como tudo quanto produz, demonstrou, exaustivamente, não ser possível emprestar-se à correição parcial ou reclamação, que não é recurso, nem ação, a virtude de reformar decisões. Simples providência de ordem disciplinar tôda sua eficácia se exaure dentro da órbita administrativa, jamais podendo se revestir de eficácia jurisdicional, sob pena de flagrante inconstitucionalidade do procedimento dos órgãos corregedores (42).

A verdade de nossos pretórios, portanto, é a de que, de há muito, sem se haver levado o caos aos tribunais nem determinado subversão invencível na sistemática processual, muitas ilegalidades e abusos dos juízes vêm sido afastados através de um procedimento bastardo e inconstitucional no alcance amplo que se lhe tem conferido. Destarte, trazer-se o mandado de segurança para o âmbito indevidamente usurpado pela correição parcial é corrigir-se o errado, possibilitando-se uma aplicação mais exata e mais sistemática dos podêres dos órgãos jurisdicionais de superior instância na emenda das ilegalidades e abusos de poder, praticados pelos juízes nos processos contenciosos.

A correição, no sentido em que foi tomada pela Lei 1.533, ou assim é entendida, ou se terá emprestado ao legislador a absurda intenção de subordinar a garantia constitucional ao remédio espúrio das legislações estaduais, o que desatenderia uma boa interpretação do texto, que pede, antes, seja visto como emprestando à reclamação o único alcance que lhe pode ser deferido: remédio de caráter administrativo, com eficácia restrita à esfera administrativa da função jurisdicional.

O que subverte, não só a sistemática processual, mas também, a própria distribuição constitucional das competências, é o instituto da reclamação como vem sendo entendido, com exageros que clamam pela absurdo e pelo ineditismo, fazendo-se do órgão corregedor inclusive órgão de rescisão dos julgados, qual já ocorrido no Estado da Bahia (43).

14. Pode-se contrapor, entretanto, que o fato de a reclamação vir, de há muito, tornando recorrível o irrecorrível e afrontando a coisa julgada não significa deva o êrro permanecer, agora sob a égide do mandado de segurança. Mas a objeção valeria apenas se não afrontasse o mandamento constitucional. Porque, insistimos mais uma vez, todo argumento vindo à liça é de ser repelido se não traz, como pressuposto necessário, a demonstração de não praticarem os juízes, no exercício de sua atividade jurisdicional, qualquer ilegalidade ou abuso de poder.

A irrecorribilidade não afasta a ilegalidade. Agrava-a. E não será admissível se apresente ela como capaz de elidir o mandamento constitucional. Afirmar o contrário é inverter a ordem natural das coisas, exigindo-se que o ordinário sobrepaire ao constitucional.

A inexistência de recurso resulta do não-deferimento dêle pelo legislador. E se êste concede o mandado de segurança, enche o vazio do silêncio da lei existente, não sendo mais possível se falar em inalterabilidade. E, ainda que por via de ação, como no *habeas-corpus*, ou como na rescisória, verdadeira ação-recurso, a modificabilidade se faz possível e lícita. É o caso do mandado de segurança.

Nem se objete que a coisa julgada não pode ser contra a lei.

Se a coisa julgada não pode ser contra a lei, porque se concede a rescisória? Justamente para se desconstituir em julgado que *secundum legem* não se apresenta. Logo, ainda quando excepcionalmente, a preclusão da coisa julgada pode ser atingida. E uma dessas exceções, hoje em dia, é a decisão irrecorrível que se traduz em ato ilegal ou abusivo, fazendo-se legítima a desconstituição, pelo *mandamus,* do decisório proferido com ilegalidade ou abuso de poder.

Assim como é possível rescindir-se a sentença sob o fundamento de ofensa a direito (a coisa julgada cede à necessidade da exata aplicação da lei), também se pode rescindí-la quando proferida com ilegalidade ou abuso de poder (igualmente aqui tutelada a exata aplicação da lei).

O efeito rescisório do mandado de segurança não é subversão. Absolutamente. Seria ampliação dos casos de rescisão pura e simplesmente. Assim como o fêz, sem nada subverter, a Lei n.º 70, de 20 de agôsto de 1947.

A tarefa que está a exigir muito da meditação e da ciência dos estudiosos não é a de repelir-se o mandado de segurança no particular dos atos jurisdicionais, sim a de construir-se, cientificamente, o que na atividade jurisdicional do magistrado pode se apresentar como ilegalidade ou abuso de poder, e em que condições êsses desvios comportam a correção para garantia constitucional.

15. Também se disse que, uma vez formulada a pretensão perante o juiz competente, estaria êle, e sòmente êle, autorizado a praticar atos que constituam pronunciamento a respeito do pedido ou atos preparatórios dêsse pronunciamento. Contra esses atos preparatórios dêsse pronunciamento. Contra esses atos preparatórios a parte só disporia dos agravos ou da correição parcial. A não ser por essas vias, estariam, pela prevenção e pela litispendência, impedidas quaisquer autoridades judiciárias de conhecer dos atos preparatórios da decisão do juiz (44).

Não nos parece aceitável a afirmativa.

O vocábulo prevenção, ensina Moacir Amaral Santos, vem do latim – *praeventione* – com o significado de vir antes, avisar, prevenir. Na doutrina da competência define um fenômeno processual pelo qual, dada a existência de vários juízes igualmente competentes, firma-se a competência daquele que em primeiro lugar tomar conhecimento da causa. E dessa lição não discrepam outros mestres (45).

A litispendência, por seu turno, é conceito que traduz a "existência material de um processo de conhecimento no tocante a uma pretensão deduzida em juízo", nas expressões de Rosemberg, apresentando entre seus efeitos, e dos principais, o impedir o *bis in idem,* por outro motivo de sua fôrça vinculante no que diz respeito às partes e ao órgão jurisdicional, em relação ao pedido (46).

A prevenção e a litispendência, portanto, obstam, a primeira, que outro juiz se faça competente para conhecer a *mesma causa,* e a segunda, que no mesmo ou em outro juízo se reitere a *mesma causa,* pendente a primeira. Conseqüentemente, uma e outra operam em relação à *mesma coisa,* exigindo identidade de pessoas (sujeitos), de pedido (objeto) e de causa de pedir (título).

Fôsse o mandado de segurança um recurso, não se poderia invocar contra êle nem a prevenção nem a litispendência, porquanto o recurso é *interior* ao processo, no sentido de que se desenvolve na *mesma relação processual*. Por conseqüência, o argumento apenas é oposto na pressuposição de ser a garantia constitucional uma ação. E o é, realmente.

Se o *writ* é ação, faz-se necessário sejam examinados seus elementos, para que, em confronto com os da causa a que se relaciona, verificada a identidade dêles, se proclame a eficácia da prevenção ou da litispendência, como exceções impedientes; ou, observada a diversidade dêles, se afaste, por inválido, o argumento, frente à franca possibilidade do ajuizamento do *mandamus,* sem que para tanto se apresente como empecilho a ação com que se relaciona.

Na causa principal (e usamos êsse qualificativo apenas pela necessidade de diferenciá-la do *writ*), o objeto do pedido é a violação da lei, *fora do processo,* por uma das partes. No *writ,* o objeto do pedido é a violação da lei, *no processo,* pelo juiz. Conseqüentemente, uma primeira diversidade já se apresenta: a de sujeitos; diversidade a que outra de logo se soma: a de objeto; completando-se, finalmente, com a diversidade do terceiro elemento: o fato.

Nem modifica quanto dito a circunstância de a decisão, no *writ,* indiretamente, poder refletir-se sôbre a causa principal. Também os embargos de terceiro têm esta eficácia e nem por isso já se pretendeu impugná-lo na sistemática processual.

Sendo o mandado de segurança, com que se objetiva corrigir violação de lei praticada pelo juiz, em um determinado processo, com ofensa a direito líquido e certo de qualquer das partes ou de terceiro, causa diversa da causa principal, segundo demonstrado, é evidente que nem a prevenção, nem a litispendência podem operar como impedientes do ajuizamento da garantia constitucional.

233

16. Igualmente se ensinou, como aliás já exposto no primeiro capítulo do nosso trabalho, que o mandado de segurança sòmente poderia ter por objeto atos praticados pelo juiz no processo cautelar e no processo executivo, isto porque são êles atos jurisdicionais em sentido amplo, tais como vendas, arrestos, seqüestros, penhoras, etc., atos, por assim dizer jurisdicionais *por dependência* e cuja natureza difere nìtidamente da que caracteriza os atos que o juiz pratica no processo de cognição.

Êstes, sim, os atos estritamente jurisdicionais, a saber, os atos ordinatórios e decisórios praticados pelo juiz no curso do processo de cognição, e até a formação da coisa julgada, estariam imunes à correção pelo *writ*. Isto porque o processo tendente à obtenção do mandado de segurança também é um processo de cognição, se bem que de rito sumaríssimo, e fazer interferir êste processo em outro de idêntica natureza seria superfetação insuportável, não sendo admissível o uso simultâneo de dois procedimentos, ainda que de ritos diferentes, para obtenção do mesmo escopo (47).

Inicialmente pomos embargos quanto à diferenciação que se pretendeu, no tocante ao processo executivo e ao cautelar.

Opinião hoje vencedora, inclusive entre nós, a de que o processo executivo traduz o exercício de atividade jurisdicional do magistrado, não se podendo incluí-lo entre os administrativos. E altamente expressiva, no particular, foi a conversão carneluttiana, havendo o mestre insigne ratificado, em seu livro síntese, sua convicção jurisdicionalista (48).

Ora, afirmando-se como jurisdicionais os atos preparadores do pronunciamento sôbre o pedido, no processo de cognição, será cientìficamente condenável, e arriscarìamos dizer – e também sem possibilidade de justificativa, afirmar-se a não jurisdicionalidade dos atos preparadores do pronunciamento sôbre o pedido no processo executivo.

Por outro lado, também o processo cautelar é processo jurisdicional e não administrativo. E aquí também Cernelutti, o mestre genial e poderoso, que a tantos espíritos influenciou entre nós, mestre da mais alta probidade científica, própria dos sábios, reconhece, revendo-se, a natureza jurisdicional da atividade que o juiz desenvolve no processo cautelar, afirmando-o expressamente no seu recentíssimo "Diritto e Processo" (49).

Destarte, cabe aqui raciocínio idêntico ao que se fêz no particular do processo de cognição e do processo executivo, concluindo-se pela jurisdicionalidade dos atos preparadores do pedido no processo cautelar.

Por fôrça disso, a diversificação pretendida com vistas à natureza do processo cai pela base, porquanto todos êles são manifestações da atividade jurisdicional do magistrado, valendo a admissibilidade para todos, ou se apresentando interdita com relação a todos.

Contudo, ficaria o segundo argumento: o de que é inadmissível a duplicação de processos de cognição com o mesmo escôpo.

E aqui serve como contradita quanto argumentado no item anterior, porquanto se o pretendido com a afirmativa é asseverar-se a identidade entre o *writ* e a causa com que se relaciona, a afirmativa é inexata, como visto antes. Sujeitos, objeto e título são absolutamente diversos na causa principal e no mandado de segurança que dela deriva, por violação da lei, no processo, pelo juiz.

Se a identidade do escôpo se apresenta como significando identidade do resultado material pretendido, também discordamos. Como verdade inafastável se apresenta a diversidade de objeto, que numa é afastar violação da lei *fora do processo,* levada a efeito pela parte adversa, e no outro, violação da lei, *no processo,* consumada pelo juiz.

E se com a assertiva se procura dizer que a correção da violação da lei, no processo, pelo juiz, pode ser obtida através dos recursos ordinários, na mesma relação processual da causa principal, então vale contra a conclusão quanto já argumentado de referência à recorribilidade ou irrecorribilidade das decisões.

Finalmente, se o que se afirma é a impossibilidade legal e técnica de dois processos de cognição em interferência, a afirmativa não teria validade em face do nosso ordenamento jurídico, visto como processo de cognição em interferência nós encontramos legìtimamente pôsto pelo código de processo civil, quando autoriza, por exemplo, a oposição.

17. Afirma-se ainda que o mandado de segurança eliminaria o contraditório, proporcionando a reforma de uma decisão sem audiência da parte contrária (50).

Em primeiro lugar, não seria esta a única hipótese em nosso ordenamento processual. Idêntica situação se observaria com o indeferimento liminar da inicial inepta, ou no reconhecimento, também liminar, da ilegitimidade de parte (art. 160 do *Código de Processo Civil*). Afirmando, nessa altura do feito, a ilegitimidade da parte ou a inépcia do libelo, profere o juiz decisão que beneficia, indiscutìvelmente, a parte contrária, cujo interêsse em defender a decisão do magistrado é inconteste. O agravo, entretanto, se processa sem a bilateralidade da audiência, formada a relação processual apenas entre o autor e magistrado, sem sua angularização no sentido do demandado.

Mas a objeção forte não é esta. O argumento definitivo é o de que a disciplina do mandado de segurança, ontem e hoje, não excluía a aplicação dos arts. 88 e seguintes do *Código de Processo Civil,* disciplinadores do instituto do litisconsórcio. Antes, e necessàriamente, afirma sua aplicação. Destarte, a argüida falta do contraditório é argumento sem apoio na lei; se acaso os tribunais decidem os mandados de segurança sem cuidarem dos princípios disciplinadores do instituto do litisconsórcio, deixando ausentes da relação processual do *mandamus* quem nela cumpria estivesse, são êles que eliminam o contraditório, não a lei nem o instituto da garantia constitucional.

Assim sendo, ou a decisão judicial que se pretende atacar pelo *writ* criou situação jurídica justificadora do litisconsórcio, segundo a previsão do art. 88 do *Código de Processo Civil,* e êle será possível ou até necessário, visto como o mandado de segurança é ação, como tal sujeito aos princípios gerais não expressamente contrariados em sua regulamentação especial, ou não há situação legitimadora do litisconsórcio, e êste deixa de ocorrer, não por ser a espécie caso de mandado de segurança, sim por não se achar justificado o consórcio na lide.

Nem se diga, como já decidido, erradamente ao nosso ver, que o mandado de segurança, dada a sua natureza de ação sumária, não comporta as delongas exigidas pela citação de litisconsortes. Nem se afirme, também, faltar na lei a disciplina de tais situações. Uma e outra afirmativa pecam por negarem a aplicação supletiva das normas do código ao instituto do mandado de segurança, contrariando, por conseguinte, sem razão plausível, texto expresso de lei (art. 20 da lei 1.533).

Sendo ação, nem por ser sumária ela prescinde das normas de ordem geral que regulam o instituto do litisconsórcio. Só a regra expressa em sentido contrário permitiria conclusão diversa, e tal regra inexiste. Por outro lado, se as normas gerais do processo atuam supletivamente, a citação do litisconsorte nada apresenta de estranho ou anômalo, devendo-se processar segundo os moldes comuns.

Nem impressiona a alegação do retardamento. Primeiro, porque não é a brevidade o objetivo único e básico do processo, nem a pressa se mostra como o meio fundamental para alcançar-lhe os fins. Inclusive, com a concessão da medida liminar, podem ser afastados todos os inconvenientes. Se o fundamento do pedido fôr relevante e do ato impugnado puder resultar ineficácia da medida, caso seja deferida (art. 7º, II da Lei 1.533), a suspensão do ato impugnado impedirá a consumação da violação, deixando a pressa de ser valiosa a ponto de subverter os princípios básicos do processo; ou não existem aquelas condições, e algum retardamento do processo do *mandamus* não redundará em sua descaracterização.

Inclusive o argumento vale muito pouco moralmente. Isto porque, negando-se, como se nega, reiteradamente, qualquer sanção ao juiz moroso, seja da primeira instancia, seja da mais alta instancia, a verdade é que os prazos existem na lei e não na prática, no referente aos magistrados; e os processos de mandado de segurança duram o que acham devem êles durar a boa ou má formação do juiz, sua maior ou menor diligência, seu mais apurado ou menos apurado saber, sua real ou aparente probidade.

E por último, se tais impugnações fôssem válidas, elas conduziriam também à inadmissibilidade do *writ* contra certos atos administrativos.

Fora do âmbito dos atos jurisdicionais, portanto na esfera dos atos administrativos, situações análogas se oferecem, e nem por isso já se pensou em negar a admissibilidade do *writ* contra tais atos. Assim é que, apenas para exemplificar, lembraríamos o uso do mandado de segurança contra ato de nomeação do Poder Executivo, que se afirma preterir direito líquido e certo do impetrante. O provimento do *mandamus* acarreta o desfazimento de ato interessando (jurìdicamente) a terceiro, que não foi parte na ação constitucional. Dêste modo, ou aqui também o litisconsórcio se impõe, o que afirmamos, e aquêles inconvenientes apontados estariam presentes sem conduzir à inadmissibilidade do *writ,* nos têrmos da prática dos tribunais, ou se dispensaria o litisconsórcio, em face do rito sumaríssimo do *mandamus* (o que temos como errado) e nada impedirá que, coerentemente, tambem com vistas a êsse "sumaríssimo" se deatendesse aos princípios, no particular do mandado de segurança contra atos jurisdicionais (52).

18. Concluindo: os argumentos apresentados, até hoje, em favor da inadmissibilidade do mandado de segurança contra atos jurisdicionais não se mostram invulneráveis à crítica. Falta-lhes a fôrça da convicção invencível, única bastante para impedir que se ponha o problema, no particular dos atos do juiz, do ponto de vista da ilegalidade ou do abuso de poder, como o exige o mandamento constitucional (52-A).

A perplexidade que muitos revelam e a resistência que outros oferecem à admissibilidade do mandado de segurança contra atos jurisdicionais talvez resida menos na subversão, que tanto proclamam, do que na inexistência de uma tentativa, entre nós, de construção sistemática de sua admissibilidade. Terreno quase virgem e que pedia fôsse desbravado.

Porque assim convencidos é que tentaremos, na parte final dêste estudo, examinar o problema da atividade do magistrado no processo, tentando pôr em equação a possibilidade da violação da lei pelo juiz, como juiz, no processo, e a da emenda dessas ilegalidades através do mandado de segurança.

Tarefa difícil, sem dúvida, exigindo melhor artífice, porém que de há muito nos vem fascinando, porquanto, com Augusto Meira, estamos convencidos de que "se o arbítrio do Executivo é odioso, o despotismo do Judiciário é uma calamidade pública, e os seus abusos contra a liberdade, sendo mais vistosos, eram menos de temer do que os desenvolvidos na sombra, contra a propriedade alheia, nos desvãos de processos omissos e tentaculares" (53).

CAPÍTULO IV

SUMÁRIO • 19. A análise da atividade do juiz no processo como ponto de partida para o estudo da admissibilidade do "writ" contra atos jurisdicionais. 20 – A tipicidade processual. 21 – O dever formal de agir do magistrado e sua violação "in omittendo". 22 – A violação "in faciendo" da lei processual pelo juiz. Os vícios de atividade e os vícios de juízo. 22A – A teoria das nulidades e sua repercussão no campo dos vícios de atividade do magistrado. 23 – As limitações de ordem formal ao poder do juiz: julgar da matéria de fundo. 24 – Os "errores in judicando" e o problema da caracterização do abuso de poder. 25 – Os direitos subjetivos processuais da parte e sua violação pelo ato ilegal ou abusivo do juiz. 26 – As implicações entre o recurso ordinário e o mandado de segurança. 27 – A coisa julgada material e o "writ".

IV

19. O juiz é o terceiro imparcial que julga *super partes*. Vale dizer que, sendo estranho à relação litigiosa, substitui-se aos litigantes no interpretar o comando legal e aplicá-lo. Realiza, pois, a aplicação autoritativa do direito, por haver faltado a aplicação voluntária, que se apresentava como dever aos particulares, em razão da incidência: o encontro dos fatos da vida com os fatos da lei.

Mas a situação do juiz, no processo, e por fôrça do seu poder-dever jurisdicional, não se limita a êste único julgamento de fundo, como se costuma designá-lo na técnica processual; antes, para chegar até êle, o magistrado, bem como as partes, têm que desenvolver atividade que inclui atos das mais diversas categorias. Atos que preparam aquêle julgamento final, pôsto como fim mesmo da jurisdição – certificação do direito para sua aplicação autoritativa.

Logo, para que se possa resolver o problema do cabimento do *writ* contra atos judiciais, o que se impõe, em primeiro lugar, é a análise dessa atividade do magistrado, procurando-se precisar o que nela se pode revestir do caráter de ilegalidade ou abuso de poder, que o art. 1. Da lei 1.533 põe como pressupostos objetivos do mandado de segurança, repetindo o mandamento constitucional (art. 131, § 24).

Até ao presente a tarefa não foi realizada entre nós. Temos, no particular, agido um tanto empìricamente, quase que deixando o encargo da construção, com exclusividade, à intuição pessoal dos magistrados, que se vêem a braços com a falta de princípios diretores, pecando muitas vêzes, por fôrça disso, em decisões cheias de perplexidade, que sacrificam ora as vias normais de correção dos vícios processuais, ora a previsão constitucional do *mandamus*.

O objetivo central dêste nosso estudo foi, precisamente, tentar alguma coisa nesse sentido. Uma primeira tentativa decerta repleta de senões, e sem outra pretensão que a de pôr o problema em foco para a solução dos mais doutos.

20. Já tivemos oportunidade de escrever que, sendo o direito um conjunto de normas reguladoras da conduta dos homens no grupo social, essa regulamentação, contudo, assume caracteres diversos, conforme se trate do direito material ou do direito processual.

O direito material norma as relações entre os homens, porém não as regula prefixando-as. O legislador de direitos substancial não predetermina certos comportamentos para os homens, interditando todos os demais. Antes o inverso é que ocorre: o legislador estabelece, com antecipação, certas conseqüências para formas definidas de comportamento humano, quedando indiferente a todas as demais. *Tudo quanto êle não proíbe é lícito.*

As necessidades da vida é que inspiram a atuação dos homens na grupo social, limitando-se o direito material a valorá-las segundo critérios político-jurídicos.

A necessidade de reprodução da espécie determinou o sexo, e com êle o amor e a família, a coabitação do homem e da mulher com a prole. Não foi o direito quem constituiu a sociedade familiar. Ela é um fato social que o direito qualificou dêle fazendo defluir conseqüências jurídicas.

A posse dos bens da vida, para satisfação das necessidades de ordem material e de ordem espiritual, exige dos homens o desenvolvimento de um sem-número de atividades. Êle cria a beleza e a riqueza, gera a morte e a vida, realiza o bem e o mal. Êle planta, colhe, transforma, transporta, permuta e consome. Êle ama, odeia, subjuga, liberta, pinta, esculpe, compõe. Tôda uma infinita gama de modos de proceder que a vida sugere ou impõe, não a lei. Plantando, amando, colhendo, esculpindo, o homem atua segundo as necessidades da vida e não atendendo a imperativos da lei. O direito apenas qualifica, na massa imensa dos atos humanos, certas categorias de atos, aos quais êle empresta conseqüências jurídicas.

No direito processual o fenômeno é oposto. O legislador não seleciona entre os comportamentos humanos aquêles aos quais pretende emprestar relevância jurídica. Não. Êle determina, com antecipação, uma forma de comportamento, e uma única forma de comportamento, interditando tôdas as demais. Aqui há uma atividade predeterminada, não uma atividade tornada relevante entre muitas atividades possíveis. *Sòmente o que êle prescreve é lícito* (54).

A lei processual afirma-o Couture com sua habitual elegância e limpidez de frase, não está redigida nem como um mandamento, nem como um *status;* nem tampouco está escrita como uma delimitação jurídica para determinar a ilicitude da conduta humana. A lei processual é uma descrição. O legislador descreve como se realizará, no futuro, um processo. Algumas leis, como por exemplo as italianas, são redigidas no tempo presente. Nas leis de formação espanhola, o habitual é a disposição no tempo futuro. O certo, porém, é que, em um e em outro tempo verbal, o legislador determina descritivamente, a evolução e o desenvolvimento do processo.

É esta uma relação dinâmica, em marcha desde a petição inicial até a sentença e sua execução. Tal como se fôsse a descrição de um itinerário a ser percorrido, o legislador descreve como *deve ser esse itinerário* (55).

Portanto, tudo aquilo que o juiz *deve* fazer ou *pode* fazer no processo está predeterminado na lei processual. E quando êle tenta um itinerário diverso, desborda los limites que lhe foram traçados e pratica uma ilegalidade.

Essa primeira verificação nos permite concluir estar a resposta ao problema que nos propusemos, precisamente, no determinar-se o que pode e o que deve fazer o juiz no processo, isto é, realizar-se um estudo dos deveres e dos podêres processuais do juiz.

21. A jurisdição, poder que o Estado exerce em face dos integrantes da comunidade política, aplicando autoritativamente o direito, apresenta-se igualmente como dever do estado frente àqueles aos quais conferiu o direito público subjetivo de ação. Deve de prestar sua atividade jurisdicional, através dos órgãos legalmente investidos do poder de julgar.

Apreciando o problema dos deveres do juiz no processo, ensina Chiovenda que os fundamentais perante as partes (os que interessam, portanto, à matéria em estudo) são:

a) o dever de sentenciar sôbre o mérito da demanda, quando se constitui regularmente a relação processual;

b) o dever de declarar a razão pela qual não pode prover no mérito, quando a relação processual se constituiu irregularmente por falta de pressupostos processuais;

c) o dever de realizar, se legalmente requerido ou ainda de ofício, quando o imponha a lei, tudo que lhe fôr necessário para habilitar-se a julgar.

d) O dever de agir em qualquer circunstância, com retidão e imparcialidade, aí incluso o dever de abster-se nos casos previstos em lei (56).

Em resumo: deve de decidir o litígio no seu mérito (juízo de fundo), dever de declarar a razão pela qual não se pode fazê-lo e dever de realizar, nos limites da lei, quanto lhe fôr necessário para habilitar-se a julgar.

Poderíamos, sintetizando quando pôsto, afirmar caber ao juiz o dever formal de agir.

> "Porque o juiz não tem interêsse próprio no processo, ensina Pontes de Miranda, *de* modo que lhe coubesse atuar ou abster-se, a lei fixou-lhe, com tôda a precisão, as pautas e os conteúdos da sua atividade, de feição tal que, ocorrendo certas situações, lhe toque praticar determinado ato, ato não seu, mas estatal, com o conteúdo que convenha ao caso. Tôda a sua atividade é ordenada no sentido de que, através dêle, seja o estado que exerce o ato. Daí o seu dever formal de obrar. Êsse dever formal de obrar é tão forte que, de todos os funcionários do Estado, o juiz aparentemente o mais tranqüilo e inerte, é aquele de quem se pode dizer estar condenado à atividade. A lei pune-o por parar, por suspender ou retardar atos e diligências, marca-lhe horas certas, prazos estritos, poda-lhe convicções individuais, força-o a mover-se, na sua atuação profissional, por entre linhas que textos miúdos lhe traçam (57)."

Assim, a omissão do juiz apresenta-se como a primeira espécie de violação do seu dever formal de agir, conseqüentemente, como a primeira espécie de ilegalidade por êle praticada. E uma das modalidades de violação *in omittendo,* pelo juiz, da lei processual, é a do excesso do prazo que lhe é deferido para pronunciar-se.

O fato, de tão corriqueiro, já se fêz tolerado, ou talvez até que tido como normal e inevitável. Entretanto, é êle expressão de inequívoca e irrecusável quebra do dever formal de agir do magistrado, importanto em ilegalidade capaz de justificar o mandado de segurança, em tese. E nisso poderia, talvez, estar a melhoria da vida forense brasileira, entregue desafortunadamente, ressalvadas as honrosas e não pequenas exceções, ao desgovêrno de juízes que aplicam a lei às partes e se esquecem de aplicá-las êles mesmos (58).

22. Mas o dever de agir do magistrado não é puro e simples dever de atuar, sim o de atuar *na forma da lei.*

E aqui se põe o problema da violação da lei pelo juiz, agindo em desconformidade com o itinerário que lhe foi pôsto pelo legislador (violação *in faciendo* da lei processual).

A atividade do juiz, no processo, se traduz em declarações de vontade e em comunicações de vontade qúe se revestem da forma genérica de resoluções. "Tôda atividade dos juízes é ato de resolução, ou pressupõe resolução: o juiz é, por definição, o ser que julga (59)".

Essas resoluções ora se apresentam sob a forma de decisões, quer definitivas – *quae finem controversiarum pronuntiationem accepit* – quer terminativas ou interlocutórias simples, ora sob a forma de despachos, pelos quais o juiz se limita a prover a respeito do andamento do processo. Umas e outros, entretanto, "são atos do juiz que consistem em pronunciamentos jurisdicionais. Mesmo os despachos têm um *núcleo decisório,* visto que resultam de um ato mental do juiz para externar sua vontade na aplicação da lei (60)".

São, por conseguinte, tanto decisões quanto despachos *juízos* do magistrado.

E, como pode a lei traçar limites para o juízo do magistrado? Se é êle *vox legis loquentem,* se é êle quem diz o direito, onde buscar-se, na lei, que êle interpreta a aplica, os limites para a aferição da legalidade do seu juízo? Em outras palavras, como pode o juízo do magistrado dizendo o direito, ser uma violação dêsse mesmo direito, uma ilegalidade?

Para responder a esta inquirição, impõe-se distinguir, com Chiovenda, a natureza do juízo emitido pelo juiz quando êle julga da própria atividade, da natureza do que êle realiza quando julga da atividade das partes, distinção que permitiu à moderna doutrina diferenciar os *vícios de atividade dos vícios de juízo.*

Sem dúvida que o juiz (emite juízos) da sua própria atividade, mas julga como qualquer homem, para determinar-se a agir; por isto, se a sua ação é defeituosa, o vício aparece como um vício de atividade e não um vício de juízo. Ao contrário, quando o juiz se pronuncia sôbre o mérito da demanda, pronuncia-se sôbre a atividade *das partes;* os erros que então possam ocorrer serão erros de juízo, seja de fato, seja de direito. E se é possível excluir-se a argüição de qualquer censura contra o "juízo próprio" e verdadeiro do magistrado, não será de excluir-se a censura dirigida contra a atividade do juiz, ùnicamente porque esta é precedida de um juízo (61).

Temos, pois, na exata lição de Chiovenda, antes transcrita, que os juízos emitidos pelo magistrado, como antecedentes necessários ao seu comportamento no processo, se defeituosos, conduzem não a vícios de juízos, sim a vícios de atuação, que traduzem violações da lei processual *pelo juiz (errores im procedendo).*

Estamos aqui, consequentemente, diante de uma segunda espécie de ilegalidade praticada pelo juiz e capaz de justificar, em tese, o mandado de segurança.

Há de mister, contudo, sejam feitas algumas considerações adicionais.

Quando o juiz julga da própria atividade, normalmente e em caráter prévio, já julgou da atividade dos outros sujeitos da relação processual ou dos sujeitos do processo. Deliberando sôbre como agir, êle já apreciou, na maioria das vêzes, como as partes agiram ou como agiram os sujeitos do processo, concluindo da legalidade ou não do comportamento de uns e outros. Nem pelo fato de realizar êsse exame a fim de determinar-se, deixa de existir, na espécie, um juízo, do magistrado sôbre o comportamento das partes.

Inspecionando a regularidade da petição inicial, o juiz aprecia a correção, em face da lei, da postulação do autor (do ponto de vista formal, é o que pressupomos no momento). E o mesmo se pode afirmar de quantas postulações formularem autor e réu no curso da demanda. Quase sempre, para saber como agir, o juiz, prèviamente, atende e como agiram as partes, testando a legitimidade de sua atuação. E sem sombra de dúvida que os despachos ou decisões meramente interlocutórios contêm juízos do magistrado sôbre o comportamento das partes.

A distinção entre este juízo e aquêle a que se convencionou chamar de juízo de mérito reside apenas em que neste o juiz julga do comportamento das partes FORA DO PROCESSO, enquanto naquele o juiz julga do comportamento das partes NO PROCESSO. Também nessa diferença assenta melhor critério distintivo entre o *error in procedendo* e o *error in judicando.* Não exclusivamente, como pretendeu Calamandrei, no destinatário das normas: *erro in procedendo* – o juiz; *error in judicando* – as partes. As normas processuais se destinam às partes, enquanto partes, porque são, como dito, um programa de atuação não só para o juiz, como igualmente para aqueles que pretendem o pronunciamento do magistrado. Em outros termos, são normas que regulam a forma e o modo de atuação do poder-direito de ação e do poder-dever de jurisdição (62).

22-A. O tratamento dos vícios de atividade do juiz, entretanto, não pode ser feito sem que se atenda à natureza *instrumental* das leis de processo.

E porque o processo é o meio (instrumento, para realização do direito objetivo, atuando-se o ordenamento na sua plenitude, as violações das normas que o disciplinam devem ser valoradas, para sua relevância, sempre com vistas ao fim pretendido.

O vício de atividade do juiz, caracterizador, como visto, de violação da lei processual, se existe por si mesmo, como conseqüência da inexecução da lei processual e independentemente dos reflexos que venha a ter sôbre o *conteúdo* do ato final do processo, isto é, sôbre a justiça da sentença definitiva, exige, para que se afirme sua relevância, por conseguinte, para que ocorra sua decretação por via judicial, que se atenda a quantos princípios presidem, em nosso ordenamento processual, ao instituto das nulidades.

Na elegante lição de Calamandrei, o processo, como um organismo vivo, que reage com as próprias energias contra os germes patogênicos que conseguiram introduzir-se no sangue, tende a eliminar as conseqüências dos defeitos que o viciam e a sanar em si mesmo suas debilidades, de sorte que, nem tôdas as inexecuções de prescrições processuais que têm conseqüências sôbre a validade do ato impedem, de igual modo, os efeitos jurídicos aos quais o ato se destina (63).

Assim é que a violação da lei processual, vale dizer, a ilegalidade praticada pelo juiz, só deve autorizar o deferimento do *writ* quando a inexecução *in omittendo* ou *in faciendo* do magistrado haja impedido o ato de alcançar sua finalidade princípio cardinal do tratamento do instituto das nulidades entre nós.

Se a violação da forma predeterminada para a atuação do processo gera a atipicidade do ato, conseqüentemente sua imperfeição, tal imperfeição, por fôrça da natureza instrumental das leis do processo, não determina, de logo e de pronto, a ineficácia do ato irregular (atípico). A imperfeição de tais atos, para levar à ineficácia, precisa de haver determinado a inatingibilidade do fim a que o ato se destinava (art. 273 do c.p.civil).

Parte-se do entendimento acertado de que nem tôda imperfeição envolve ineficácia. O ato imperfeito que alcança o fim a que se destinava cumpriu sua missão, produziu os efeitos que lhe eram próprios, foi eficaz. Seria inconseqüência declará-lo inválido contra a evidência.

A consecução do fim, apesar da imperfeição do ato, constitui um *equivalente* dos requisitos que faltam ou são imperfeitos.

Fêz valioso o legislador o princípio da *equipolência das formas,* tendo como perfeito, para fins da sua eficácia, o ato cumprido por forma diversa daquela prevista na lei (64).

E aqui, mais que alhures, o princípio da finalidade opera eficazmente, porquanto visando a garantia constitucional tutelar o direito subjetivo, o fato de o interêsse haver sido satisfeito, ainda que por vias outras que não as postas na lei processual, elimina a necessidade da tutela, que objetivava, justamente, a procura da satisfação já alcançada.

Por conseguinte, o vício de atividade do juiz, que se mostrou impotente para desviar o ato de sua finalidade, não se apresenta, por fôrça de sua irrelevância, como hábil a configurar uma ilegalidade tutelável pelo *writ* (65).

23. Apreciamos, agora, o problema dos podêres do juiz. Quando se procura enumerar, o mais sinteticamente possível, quais os pôderes processuais do juiz, chaga-se à conclusão de se resumirem quantos lhe são atribuídos em duas categorias específicas e irredutíveis: podêres de decisão e podêres de direção (material e formal) do processo.

Há, contudo, no particular dos podêres do juiz, uma faceta curiosa. É que êles são podêres que se faezm deveres. Ao juiz não é lícito dizer *non liquet*. Nem lhe é permitido quedar-se inativo, condenado que está à atividade, na sugestiva afirmação de Pontes de Miranda. Cumpre-lhe decidir e atuar sempre e necessàriamente, porque a tanto o obrigam sua condição funcional e os podêres conferidos ao particular com a titularidade do direito de ação. E para decidir, faz-se de mistér exerça êle seu poder de direção processual que, em feliz expressão de Lopes da Costa, é inspirado pelo poder de decisão (66) e também êle um dever do magistrado, inclusive com o adminículo de fazê-lo de modo a que a causa tenha andamento rápido, sem prejuízo da defesa dos interessados (art. 112 do c.p.civil).

Alguns aspectos novos, entretanto, devem aqui ser postos em exame. São os diretamente relacionados com o poder do juiz julgar da matéria de fundo e suas limitações de ordem formal.

A mais importante delas é a que exige a necessária correspondência entre o requerido e o julgado, assentando na velha parêmia, ainda hoje válida: *ne procedat judex ex officio: nemo judex sine actore.*

Por fôrça dessa limitação, fica defeso ao juiz pronunciar-se sem petição do interessado e pronunciar-se fora dos limites da petição do interessado. Logo, viola uma norma reguladora de sua atuação no processo o juiz que, não expressamente autorizado pela lei, age de ofício, ou decide além ou aquém ou fora do pedido pelas partes. A sentença *ultra, citra ou extra petita* é sempre a expressão de uma ilegalidade praticada pelo juiz, traduzindo infringência, pelo magistrado, de norma de atuação que lhe fora posta pelo ordenamento processual.

Igualmente no particular da exceção, ou direito de defesa, pôs o legislador fronteiras à atuação do magistrado, vedando-lhe conhecer de exceções substanciais que não tenham sido propostas pelo demandado (art. 4º. Do c.p.civil).

Também, como adverte Chiovenda, a regra *nemo judex sine actore,* no particular dos elementos da ação, significa não poder o juiz, sob pena de incidir em ilegalidade:

a) pronunciar-se a favor ou contra pessoas que não foram partes no processo;
b) conceder ou negar coisa diversa do demandado;
c) mudar a *causa petendi*.

No referente a êste último requisito, deve-se atender, como critério geral e absoluto de limitação do poder do juiz, ao princípio de que o magistrado não pode nunca substituir o fato constitutivo argüido pela parte, como fundamento do seu pedido, por um outro fato constitutivo diverso, de tal maneira que torne diferente a demanda (67).

Finalmente, ainda como consectária da limitação que se vem examinando, não pode o juiz tomar como fundamento para sua decisão fato não provado nos autos.

Se hoje, em nosso ordenamento processual, já foi afastado o velho princípio de *secundum allegata et probata partium judicare debet*, permanece defeso ao juiz julgar segundo fatos não provados. *Quod non est in actis no est in mundo*, é máxima ainda vigente e operando como limite impôsto ao poder de decisão da matéria de fundo pelo juiz.

As limitações que vêm de ser estudadas traçam a esfera de licitude de atuação de magistrado, são normas que regulam e disciplinam sua atividade no processo, pelo que, violando o juiz as obrigações que delas derivam, incorre em vício de atividade (68), caracterizador de ilegalidade capaz de, em tese, legitimar a correção pelo *mandamus*.

24. Resta por examinar o problema de se o *error in judicando* pode constituir uma violação da lei pelo juiz, capaz de justificar sua correção pelo mandado de segurança.

A decisão definitiva do magistrado é o objetivo comum perseguido não só pela atividade do órgão estatal, como também pela atividade das partes. Entretanto, finda a instrução, colhido todo o material que se fêz possível ou pareceu necessário ao pronunciamento de fundo, não surge êle como conseqüência daquela tarefa já realizada, sendo necessário que o juiz o construa através de um paciente trabalho lógico de confrontação dos materiais de fato, que o processo lhe proporciona, com as normas jurídicas que êle conhece por dever de ofício (69).

Êste trabalho lógico, desenvolvido, todo êle, no plano do pensamento, é o que, em sentido estrito, constitui o *juízo* pròpriamente dito, resultado de uma série de silogismos através dos quais o juiz, comparando o caso particular concreto com o fato específico legal de uma ou várias normas jurídicas, deduz, à guisa de conclusão, qual é, no caso particular, a vontade concreta da lei a ser proclamada como existente na sentença.

Pode ocorrer, entretanto, diz Calamandrei, cuja lição vimos transcrevendo, que a vontade concreta da lei proclamada na sentença não coincida com a vontade *efetiva* da lei (sentença injusta), porque, ainda quando se tendo processado de modo regular os atos exteriores que constituem o processo (imune, destarte, de *errores in procedendo*), o juiz tenha incorrido em êrro durante o desenvolvimento de sua atividade intelectual, de forma a que o defeito inerente a uma das premissas lógicas tenha repercutido, necessariamente, sôbre a conclusão. Nesta hipótese, em que a injustiça da sentença deriva de um êrro ocorrido no raciocínio que o juiz leva a cabo na fase decisória, temos um vício de juízo, ou *error in judicando*.

Vê-se, pois, que enquanto o problema do *error in procedendo* diz respeito à validade do processo ou da sentença, o *error in judicando* prende-se à *justiça* da sentença.

E poderá o *error in judicando* configurar uma ilegalidade, uma violação da lei, no processo, pelo juiz?

A *injustiça* da sentença, é lição pacificamente aceita, não influi sôbre a sua validade; isto porque a função social da jurisdição é fazer cessar, em definitivo, a lide, levando a certeza e a indiscutibilidade às relações jurídicas nas quais o direito seja incerto ou controvertido. E se a validade da sentença fôsse condicionada a sua justiça, como bem dito por Calamandrei, ter-se-ia colocado no lugar da primitiva controvérsia originária, uma nova fonte de incerteza e de litígios (69-A).

Conseqüentemente, em linha de princípio, o *error in judicando* não caracteriza vício de atividade do juiz.

Impõe-se, entretanto, seja a análise aprofundada. O que já foi feito, aliás, em termos que nos parecem exatos e ajustáveis ao nosso direito, por Carnelutti, em trabalho sôbre o excesso de poder (70).

O art. 114 do nosso código de processo civil estabelece que o juiz, quando autorizado a decidir por equidade, aplicará a norma que estabeleceria se fôsse legislador.

E se há juízes aos quais a lei permite decidam os litígios prescindindo das normas jurídicas, que não aparecem como premissas impostas à conclusão, isto significa que a imperatividade dessas normas, no juízo de equidade, não importa para o juiz na obrigação de aplica-las.

Se assim é como exceção, deve-se entender que o princípio geral é o da obrigação do juiz de aplicar as normas de direito, decidir as controvérsias *secundum jus*. A ordem jurídica vigente implica na obrigação do juiz de decidir a lide segundo o direito.

E se existe esta obrigação, estabelecida por uma norma autônoma, todo êrro de juízo, pelo menos enquanto não seja êrro de fato, é uma violação da lei pelo juiz, é um excesso de poder, já que o poder assim exercido sai fora dos limites que a lei lhe traça. E também aqui se tem a violação de uma norma reguladora da atividade do juiz, pelo que, em última análise, o êrro de juízo, *in apicibus*, se resolve em vício de atividade.

Com isso não se pretende negar a conveniência da distinção entre *error in judicando* e *error in procedendo,* apenas se quer demonstrar que seria inexato restringir-se a ilegalidade do comportamento do juiz ao simples campo dos vícios de atividade, excluídos os erros de juízo, antes se devendo concluir, para ser exato, que todo vício de atividade pode ser considerado *sub specie* de uma violação de lei, e tôda violação de lei consiste, por sua vez, em excesso de poder, em ilegalidade. Lògicamente, há perfeita equivalência entre ilegalidade e abuso de poder, visto como todo abuso de poder é uma violação da lei (ilegalidade) e tôda violação da lei é um abuso de poder.

Mas o preceito constitucional, instituidor do *writ,* distinguiu a ilegalidade e o abuso de poder. Verdade é que alguns mestres firmam a inocuidade da distinção, ensinando bastar à definição do âmbito do instituto a expressão de ilegalidade, compreensiva de todos os vícios administrativos capazes de ensejar o contrôle jurisdicional. Inclusive o que se queria denominar, especìficamente, abuso de poder. A redundância do texto constitucional se explicaria ùnicamente pelo propósito de antes vivificar o instituto que acanhá-lo, tanto mais quanto tendência restritiva da jurisprudência, notadamente do Supremo Tribunal (71).

O certo, entretanto, é que a lei distingue e ao intérprete cumpre, na medida do possível, harmonizar os mandamentos legais, não afastá-los para facilitar a tarefa interpretativa.

A primeira distinção que se impõe é entre incompetência e abuso de poder, porquanto afronta a boa lógica dizer-se que abusa do poder quem não o possui. "O abuso é qualidade ou atitude do poder *que existe;* a incompetência é expressão de um poder *que não existe"* (Carnelutti).

Feita esta ressalva, e relembrando-se, como já demonstrado, que lògicamente todo abuso de poder é uma violação da lei e que tôda violação da lei, em última análise, se resolve em um abuso de poder, só resta procurar, dentre as violações da lei, quais as que comportariam, por sua especial fisionomia, o qualitativo de abuso de poder.

De início, observa-se não ser todo e qualquer mau uso do poder susceptível de configurar um abuso, porque a não ser assim desapareceria qualquer sentido na distinção entre abuso e a ilegalidade. Não se pode, conseqüentemente, ter como abuso senão um "determinado mau uso específico e grave do poder competente".

Esta direção certa do problema instituída por Raggi não teve dêle uma solução correta, quando afirmou residir o abuso no fato de se fazer acompanhar o uso de uma faculdade competente de uma tal violação da lei que faça o ato inexistente ou nulo de nulidade absoluta,

Adverte Carnelutti que se resvala, assim, do campo do abuso para o campo da falta de poder. Que o ato seja inexistente ou nulo de nulidade absoluta significa que

247

não é exercício de poder. A posição lógica é inteiramente análoga à já observada com relação à incompetência. Não poder e poder excessivo são branco e negro.

Também seria incorreto distinguir-se com Chiovenda, considerando-se abuso de poder todo vício de atividade que não seja vício de incompetência. Lògicamente é correto, mas a distinção no texto constitucional pede se construa o critério diferenciador.

No campo particular da atividade jurisdicional, o abuso do poder será exatamente caracterizado como o poder exercitado para um fim não judicial.

Um juiz que usurpar o poder alheio em dois casos e de duas maneiras: ou porque decide *quando* não pode decidir, ou porque decide *como* não pode fazê-lo.

Se ao juiz não se dá o *poder de decidir,* está-se em face de um caso de incompetência e, portanto, de falta de poder. Quer seja outro o juiz competente, quer seja outro o Poder competente, quer não haja nenhum juiz competente.

Mas do fato de que o juiz tenha o poder de decidir não resulta que êle, ao decidir, esteja impossibilitado de invadir o campo de outro – principalmente o campo não judicial. E essa indevida incursão se verifica quando o juiz *decide por uma forma que se lhe não consente.* Se não há limites para a competência dos juízes, considerados em seu conjunto, êles existem a respeito de suas providências. Em geral o juiz não pode prover senão *secundum jus,* isto é, aplicando as normas de direito objetivo; se êle o faz por outra forma, usurpa um poder alheio, que tanto pode ser o poder *legislativo* (soberania do Estado legislador) quanto do direito subjetivo (soberania do indivíduo). E estamos em frente ao abuso do poder, porquanto, aqui, o poder existe, mas é exercido com abuso, quer fizer, para um fim próprio de outro poder diferente. Aqui não há falta, sim mau uso do poder; e um mau uso específico, caracterizado pela direção do poder à usurpação do poder alheio.

Há, por conseguinte, possibilidade de usurpação de funções alheias, pelo juiz, não só quando julga um juiz que não pode julgar, mas também quando julga um juiz que pode julgar, porem o *faz em forma que lhe não está permitida.*

Poder-se-ia objetar que o juiz faz o que não está consentido quando não julga *secundum jus,* e isto é violação da lei. Atente-se, entretanto, em que o juiz pode não julgar *secundum jus* tendo ou não o propósito de apartar-se dêle. O juízo *contra jus* pode ou não ser intencional. Enquanto o juiz quer declarar a certeza do direito, seu êrro não chega a configurar uma usurpação; esta só começa quando êle quer outro fim diferente. Não é, pois, o *conteúdo,* sim a direção do juízo o que caracteriza o abuso de poder. Qualquer que seja a declaração de certeza, enquanto seja tal, é exercício, não excesso de poder, que tem precisamente a declaração de certeza como objeto. Mas o exercício degenera em excesso quando o juiz não tende à declaração de certeza, sim à *constituição do direito objetivo ou ao exercício do direito subjetivo.* Assim, pois, a fórmula se aperfeiçoa dizendo-se que o abuso consiste na *direção do poder judicial à consecução de um fim não judicial, quer dizer, não à declaração de certeza, sim à constituição do direito objetivo ou ao exercício do direito subjetivo* (72).

Na prática, como precisar? O problema do abuso, no ato judicial, não surge se êle deixa de revestir-se da forma judicial; mas se êle tem a forma, o fim não judicial está oculto. Esta a verdade e nisso o difícil do problema. A situação que a isso corresponde é a de contraste entre a forma e a substância. O abuso de poder apresenta-se como vício oculto do ato e não vício aparente, é "como uma enfermidade cujo diagnóstico não se pode fazer quase nunca diretamente, mas apenas por sintomas". E outro não pode ser êste sintoma senão o êrro do juiz, ou melhor, a gravidade do êrro do juiz. O excesso não é êrro, porem é êste que o denuncia.

Donde se conclui que os confins do abuso de poder, teoricamente bem determináveis, são pràticamente incertos, a ponto de converter-se em tarefa de suma delicadeza a de quem tenha que discriminá-los. Se não procede com prudência, observando minunciosamente o terreno, corre perigo de não observá-los bem e de proceder no terreno da violação da lei quando crê ou deixa crer que se encontra no do abuso do poder (73).

Temos, assim, determinada a última forma de violação da lei, pelo juiz, ilegalidade particularmente qualificada – a do abuso de poder – ocorrente quando êle dirige o seu poder jurisdicional para a consecução de um fim não judicial. Violação esta possível de verificar-se no campo reservado aos vícios do juízo do magistrado, ou seja, do *errores in judicando*.

25. Não basta, entretanto, haja violação da lei pelo juiz, no processo, configurando uma ilegalidade ou abuso de poder; exige-se, ainda, para deferimento da garantia constitucional, que de uma ou de outro tenha derivado ofensa a *direito líquido e certo* do impetrante.

Deve-se, pois, complementar o estudo já realizado com o dos direitos subjetivos das partes no processo, capazes de sofrer violência através de ato jurisdicional praticado com ilegalidade ou abuso de poder.

Há um poder genérico de ação, poder de provocar a atividade jurisdicional do Estado, que tem sua fonte na Constituição e é uma decorrência da interdição mesma da tutela privada dos direitos e da expressa acionabilidade de todos êles, posta como garantia individual pelo art. 141, §4º, de nossa Carta Magna.

Êste poder genérico se faz direito subjetivo com o ajuizamento da petição inicial, determinando a obrigação específica de o órgão jurisdicional prestar sua atividade (diretamente) e a sujeição do réu ao poder jurisdicional do Estado (indiretamente).

Trata-se de direito à atividade do Estado-juiz, através de seu órgão competente, direito a resolução de conteúdo que varia na conformidade dos elementos postos em juízo pelos sujeitos autorizados, sem que se deva falar em direito a uma decisão favorável ou a uma decisão sôbre o mérito (74).

Mas êste direito não se exaure com o ajuizamento da pretensão objeto da controvérsia, prolongando-se, no curso do processo, através do exercício das várias faculdades que o integram, objetivando a realização dos atos previstos pela lei e considerados idôneos para obter o fim que o autor se propôs com a demanda: o acolhimento de seu pedido (75).

Sob igual prisma se apresenta o direito de exceção do réu, assegurado constitucionalmente, e também traduzindo um direito público subjetivo à atividade jurisdicional do magistrado, direito que inclui, como aqueloutro, uma série de faculdades exercitáveis no processo, objetivando a rejeição do pretendido pelo autor.

Em uma ou outra hipótese, estaremos em face de direitos subjetivos, interêsses tutelados pelo ordenamento, cuja violação pelo juiz importará em legitimação para o *mandamus*.

Fora disso, a violação da lei processual não pode sofrer correção pelo *writ*, porquanto nem tôda violação da lei processual traduz violência a direito subjetivo das partes, podendo constituir ofensa exclusiva ao direito objetivo ou desatendimento a deveres impostos ao magistrado, mas não em face dos litigantes.

Nem nos parece constitua obstáculo à conclusão acima o princípio tido hoje como constitucionalmente assegurado do *due process of law*. Aqui se cuida menos da minudência, da observância, ato por ato, das formalidades processuais, do que da garantia ampla do processo legítimo, em têrmos de garantia geral e comum a quantos formulem, perante os tribunais, suas pretensões. É muito mais restrição ao arbítrio do legislador que princípio pôsto à atuação do juiz no *processo devido* (já prèviamente traçado, em sua fisionomia prática, pelo legislador) (76).

Destarte, perfeitamente aceitável a distinção feita, de violações de forma que atingem ao exercício do direito de ação do autor ou do direito de exceção do réu, e violação de formas processuais que se não relacionam diretamente com uma ou outra das situações apontadas. Aqui, o objeto da tutela não é mais o direito subjetivo processual das partes, sim o interêsse público da observância das formalidades do processo como garantia da justiça do seu resultado final, o que é um interêsse geral e não um interêsse particular dos sujeitos da relação processual. O contrôle dessas últimas situações, ora subtraído à vontade das partes, ora pôsto na dependência dela, ainda nesta última hipótese só se poderá realizar através dos recursos ordinários ou extraordinários, jamais por meio do mandado de segurança, porquanto faltaria aqui o pressuposto da existência de direito subjetivo atingido pela violação da lei, no processo, pelo juiz (76-A).

26. Dessa convicção resulta nossa divergência quanto ao ensinamento de elidir o recurso ordinário a garantia constitucional. Não se confundem êles nem têm os mesmos pressupostos.

Para o recurso basta o gravame que, como ensinado na doutrina, é a situação criada por uma decisão em antagonismo com o pedido pelo litigante é capaz de lhe criar algum prejuízo pràticamente avaliável. Assenta na sucumbência e exclusivamente nela, que basta para justificá-lo.

Diversamente como ocorre com o *mandamus,* a pedir violação de direito subjetivo do impetrante.

Um exemplo prático, retirado de nossa experiência profissional, mostrará melhor a diferença apontada.

Impetrou-se mandado de segurança contra ato do Conselho de Justiça do Estado da Bahia, sob o fundamento de que, ilìcitamente, relevara a deserção de reclamação perante êle formulada e não preparada tempestivamente. Sustentamos o descabimento do *writ* porque, relevando a deserção, ainda que o faça de modo evidentemente ilegítimo, o juiz proporciona a subida do recurso à superior instância ou possibilita seu conhecimento, com isto não atingindo a nenhum direito subjetivo do recorrido, ainda quando tenha êste interêsse em que se proclame a deserção, constituindo-se em coisa julgada a decisão recorrida. E nenhum direito subjetivo há, da parte do recorrido, porque, com a decisão ilegítima do órgão jurisdicional, restrição alguma se impôs ao exercício de qualquer das faculdades que integram o direito de ação ou o direito de exceção.

A situação inversa, entretanto, se apresentaria como capaz de merecer tutela através do *writ.* Porque o juiz, ao declarar deserto o recurso se o faz com violação de preceito processual disciplinador da espécie, atinge, com sua ilegalidade, o direito de recorrer da parte sucumbente, portanto restringe, indevidamente, em sua extensão, o direito de ação ou de exceção das partes litigantes.

Outra hipótese, que permite melhor precisar-se a conclusão por nós afirmada, é a do recebimento, pelo juiz, de contestação intempestivamente formulada. Não pode o autor pretender corrigir a ilegalidade através do *mandamus,* porquanto, com o procedimento ilegítimo do magistrado, não foi atingido seu direito público subjetivo de ação. Entretanto, se a recusa da contestação tiver apoio em motivos ilegítimos, o réu poderá pretender seu recebimento através do *writ,* visto como o juiz, negando-lhe o direito de contestar, atingiu, em uma de suas faculdades, seu direito de exceção.

De quanto exposto resulta demonstrado não se confundirem recurso e mandado de segurança, ambos com objetivos diversos e diversos pressupostos, impossibilitados, assim, de se prejudicarem um ao outro, ainda quando, às vêzes, venham a coincidir em seus efeitos práticos (77).

Não se deve esquecer, contudo, exigir a admissibilidade do *writ* a existência de violação ou ameaça de violação a direito do impetrante. Assim sendo, a circunstância de haver recurso ordinário de efeito suspensivo e de ter sido êle interposto prejudica a impetração da garantia constitucional.

Realmente, o efeito suspensivo do recurso afasta não só a violação, que se não consuma, como inclusive a própria ameaça, uma vez impotente a decisão para qualquer repercussão de ordem prática, enquanto não examinada no *ad quem*.

Nesse sentido é que se deve interpretar o art. 5º, II, da Lei 1.533. E sòmente neste. Porque em qualquer outra circunstância a restrição seria flagrantemente inconstitucional, infringente que se mostra da amplitude da garantia constitucional.

Mas se a existência do recurso de efeito suspensivo e sua interposição têm a virtude de afastar a admissibilidade do *writ*, igual virtude não tem a sua mera existência, se não interposto. Se havia a possibilidade da interposição do recurso de efeito suspensivo e não foi êle usado pela parte, não estará ela impedida de lançar mão do *writ*, visto como a ilegalidade ou abuso do poder de poder se consumaram justamente quando se constituiu a coisa julgada formal ou material.

Por esta mesma razão o recurso de efeito apenas devolutivo também não pode afastar a admissibilidade do *mandamus*. Aqui, igualmente, a ilegalidade se consumou, e o recurso ordinário não tem a eficácia de afastá-la, pelo que subsiste a previsão constitucional da admissibilidade da segurança. Nem mesmo o fato de se haver interposto o recurso pode interferir com a admissibilidade do *writ*, porquanto o objetivo e o alcance do recurso são bem mais amplos que os da garantia constitucional. Preferindo o *writ*, ou não havendo recorrido tempestivamente, corre o impetrante o risco de ver repelida sua pretensão, por inexistente ofensa a direito subjetivo seu, embora ocorrendo gravame, prejuízo, desatendimento a formalidade processual, porque no recurso ordinário se possibilita a reforma do decisório com amplitude que não é possível no mandado de segurança.

27. Finalizando esta tentativa de construção sistemática do cabimento do mandado de segurança contra atos jurisdicionais, incipiente, sem dúvida, e a pedir posteriores complementações, resta o exame das implicações entre a coisa julgada e o *mandamus*.

Se a coisa julgada, quer formal quer material, não afasta, por si só, a admissibilidade da garantia constitucional, como já por nós afirmado reiteradamente, exerce, contudo, sôbre ela a influência que lhe é própria, como coisa julgada.

Em primeiro lugar, como sabido, a coisa julgada material tem a virtude de sanar certos vícios do processo. Cobre-as, destituindo-as de qualquer significação jurídica, em virtude mesmo daquela já tão multicitada instrumentalidade das leis processuais (78). Destarte, se violência houve a direito subjetivo do impetrante, cerceando-se o exercício de qualquer das faculdades que integram seu direito de ação (autor) ou seu direito de exceção (réu) e a decisão de fundo foi proferida, passando em julgado, já se não poderá cogitar da relevância daquela violação, afastada com a justiça (derivada da coisa julgada material) do resultado do processo. Nem será mais interponível o *mandamus,* ainda que não vencido o prazo de decadência para o exercício do direito de impetrá-lo, nem será viável a decisão que se venha a proferir em mandado já interposto e não decidido.

Assim não ocorrerá, todavia, se a violação da lei pelo juiz, atingindo direito subjetivo dos litigantes, foi daquelas que configuram falhas que sobrevivem à coisa julgada. Nesta hipótese a eficácia rescindente do *mandamus* opera, quer impetrada a segurança antes da constituição da coisa julgada, quer após sua configuração.

Também pode a violação do direito subjetivo das partes ter nascido da decisão sôbre o mérito, ou com ela, circunstância em que se apresenta a coisa julgada como impotente para afastar a admissibilidade do *writ,* uma vez que ilegalidade ou o abuso de poder não foram cobertos por ela, sim nasceram de sua constituição.

Exemplificar tornaria mais claro o alcance da conclusão.

O juiz repele as provas pretendidas por qualquer dos litigantes, e o que teve cerceado seu direito de ação ou de exceção impetra mandado dee segurança. Prosseguindo feito, chega ao seu término, com pronunciamento do juiz sôbre o mérito, sem que se tenha decidido, ainda, o mandado de segurança. Irrecorrida que fique a decisão de fundo, constituir-se-á a coisa julgada material, que tem a eficácia de cobrir aquêle vício da atividade do juiz, retirando-lhe tôda relevância. Por fôrça disso, já não haverá porque se falar em ilegalidade, carecendo o *mandamus* de legitimidade.

Diversamente ocorreria se, por exemplo, numa ação de despejo, por falta de pagamento, havendo o réu requerido purgação da mora, o juiz, em lugar de concedê-la, julgasse do mérito, argüindo falta de contestação no prazo da lei, decretando o despejo.

Com esta decisão foi que surgiu a violência ao direito subjetivo do réu, pelo que a partir dela se conta o prazo de decadência para a impetração da segurança, não podendo a coisa julgada que derive da irrecorribilidade da decisão interferir no cabimento do *writ,* que nela encontra sua melhor justificativa, em face da consumação da violência (79).

CAPÍTULO V
CONCLUSÕES

V

De quanto exposto nos capítulos anteriores podem ser tiradas as seguintes conclusões:

a) A tendência à ampliação do campo de incidência do *writ* é uma constante histórica, desde suas mais remotas origens, sempre relacionando menos à natureza do ato, ou à qualificação da autoridade, que à existência de moléstia a direito certo e incontestável, provinda de ilegalidade ou abuso de poder.

b) Os argumentos de natureza dogmática postos contra a admissibilidade do mandado de segurança contra atos jurisdicionais não se mostram invulneráveis à crítica, faltando-lhes, pois, fôrça bastante para impedir que se coloque o problema do ponto de vista da ilegalidade ou do abuso de poder, como o exige o mandamento constitucional.

O mandado de segurança é o *excepcional,* o *extraordinário* contraposto ao *normal,* ao *comum.* E se esta contraposição é aceita no campo dos atos administrativos, será incorreto afastá-la no campo dos atos jurisdicionais. O mandado de segurança cabe, justamente, onde o comum, o ordinário se mostra incapaz de impedir a ameaça ou reparar, de pronto, a violação a direito líquido e certo por ato ilegal ou abusivo de autoridade pública.

c) Impõe-se, conseqüentemente, a construção sistemática do cabimento do *writ* contra atos jurisdicionais, o que exige a análise da atividade do juiz no processo e o que nela pode configurar ilegalidade ou abuso de poder.

d) As violações da lei pelo juiz, no processo, configuram vícios de atividade, campo onde se situa o problema da ilegalidade, capaz de, em tese, legitimar o mandado de segurança.

Tais ilegalidades ora se apresentam sob a forma de violação, pelo juiz, do seu dever de atuar (inexecução *in omittendo* da lei processual) ou da violação, por êle, do seu dever de atuar na forma prescrita em lei (inexecução *in faciendo* da lei processual).

e) As violações da lei processual pelo juiz, vale dizer, os seus vícios de atividade, para se fazerem susceptíveis de correção pelo *writ,* devem ser examinados à luz dos princípios que disciplinam o instituto das nulidades processuais, pelo que se foram impotentes para desviar o ato de sua finalidade, não se mostram, dada sua irrelevância, como hábeis para configurar uma ilegalidade tutelável pelo *writ.*

f) O abuso de poder justificador do mandado de segurança é o que se define como um mau uso específico do poder de julgar do magistrado, que o utiliza para fins não judiciais, ou seja, não para a declaração de certeza, sim para a constituição do direito objetivo ou para o exercício do direito subjetivo.

g) Não basta, contudo, para admissibilidade da garantia constitucional, ocorra violação da lei, no processo, pelo juiz. Exige-se também a existência de direito subjetivo do impetrante, molestado pela ilegalidade ou pelo abuso de poder. E isso sòmente ocorre quando a violação atingiu o exercício do direito de ação do autor, ou de exceção do réu, quer na sua inteireza, quer em alguma ou algumas das faculdades que os integram. Fora dessas hipóteses, as violações da lei, no processo, pelo juiz, apenas podem sofrer correção por meio dos recursos.

h) O recurso ordinário, porque não possuindo nem os mesmos pressupostos, nem os mesmos objetivos do *writ*, não pode ter eficácia de afastar o cabimento do mandado de segurança. Apenas a interposição do recurso de efeito suspensivo, porque afasta não só a violação, como a própria ameaça ao direito faz desaparecer um dos pressupostos da segurança, determinando sua inadmissibilidade.

i) Também a coisa julgada formal ou material não prejudica o cabimento do *mandamus*. Contudo, a eficácia sanadora da coisa julgada material, em relação aos vícios do processo, opera como prejudicial do mandado de segurança. Isso ocorre, entretanto, quando a violação da lei nasce da sentença. Porque nesta hipótese é ela mesma o ato constitutivo da legalidade e não a sua sanação.

NOTAS:

1. Ver Luiz Eulálio de Bueno Vidigal, Do mandado de segurança, S. Paulo, 1953; Celso Agrícola Barbi, Do mandado de segurança, Belo Horizonte, 1960; Arnold Wald, O mandado de segurança, Rio 1951; Alfredo Buzaid, Juicio de amparo e mandado de segurança (contrastes e confronto), Revista da Faculdade de Direito de S. Paulo, ano LVI, Fasc. 1, 1961; Guilherme Estelita, Do mandado de segurança contra ato jurisdicional, "Rev. Forenso", vo. 132, págs. 341 e segs."

2. Parecer do Deputado Waldemar Ferreira na Comissão de Constituição e Justiça da Câmara Federal, "Diário do Poder Legislativo" de 18 de setembro de 1935.

3. Ob. Cit, ns. 55 e segs.; também, Celso Agrícola Barbi, ob. cit., ns. 100 e segs; Buzaid, Do mandado de segurança, "Revista Forense", vol. 164, págs. 7 e seg.; Temístocles Brandão Cavalcanti, Do mandado de Segurança, S. Paulo, 3ª edição, pág. 104; em parte, Guilherme Estelita, ob. cit., que finda, na verdade, por fazer concessões que desvirtuam seu inicial radicalismo.

4. "Arquivo Judiciário", vol. 43, pág. 8; "Rev. Forense", vol. 100, pág. 57; Arquivo Judiciário", Pág. 284; "Rev. dos Tribunais", vol. 52, pág. 295; vol. 156, pág. 366; "Arquivo Judiciário", vol. 72, pág. 241; vol. 94, pág. 412; vol. 90, pág. 185; "Rev. Forense", vol. 96, pág. 341; vol. 109, pág. 116; vol. 129, pág. 443; vol. 97, págs. 377 e 340; vol. 108, pág 74; "Rev. dos Tribunais", vol. 156, pág. 366; vol. 160, pág. 284; "Rev. de Direito Administrativo", Vol. 11, pág. 73, etc.

5. S.T.F., em "Rev. Forense", vol. 152, pág. 295; T.J. São Paulo, em "Rev. dos Tribunais", vol. 191, pág. 144, etc.

6. S.T.F., em "Rev. Forense", vol. 156, pág. 366.

7. T.J. São Paulo, "Rev. dos Tribunais", vol. 129, pág 89.

8. T.J. São Paulo, "Rev. Forense", vol. 90, pág 159; vol. 126, pág. 486; S.T.F., "Rev. Forense", vol. 100, pág. 57 e "Arq. Judiciário", vol. 94, pág. 412.

9. STF, Arq. Jud., vol. 72, pág 109; T.J. Minas Gerais, "Rev. dos Tribunais", vol. 181, pág 883; T.J. Alagoas, "Rev. Forense", vol. 131, pág. 514; T.J. Distrito Federal, "Rev. Forense", vol. 134, pág. 132, etc.

10. S.T.F., Arq. Jud., vol. 72, pág. 241; T.J. Distrito Federal, Arq. Jud., vol. 94, pág. 432.

11. *A revisão do Código de Processo Civil,* "Rev. Forense", vol. 114, págs. 9 e 10.

12. Ob. Cit., pág. 346.

13. Ver em *Mandado de Segurança contra decisões judiciais,* de Aderbal Freire, em "Rev. Forense", vol. 130, págs. 361 e segs.

14. Ob. Cit., n.º 55; também com esta opinião se solidarizou Arnold Wald, ob. cit., pág.. 150.

15. *Mandado de Segurança,* "Rev. Forense", vol. 97, pág 772.

16. *O contrôle dos atos administrativos pelo Poder Judiciário,* 2ª edição, pág. 319.

17. Ob. loc. cit.; bem aproximado dessa posição extremada, também Aderbal Freire, ob. loc. cit.

17-A. *O contrôle, etc.* – 3.ª edição, pág. 303; inclusive restringindo ainda mais a posição que tomara em trabalho sôbre a Lei 1.533, publicado na "Rev. Forense", vol. 144, pág. 39.

18. Conclusão que se pode facilmente com o exame das decisões coletadas pelo Centro de Pesquisas da Casa de Rui Barbosa e publicadas pelo Ministério da Educação e Cultura, na sua Coleção de Estudos Jurídicos: *O mandado de segurança e sua jurisdição.*

19. Ob. cit., ns. 54 e segs.

20. Ob. cit., ns 100 e segs.

21. "Ver. Forense", vol. 164, pág. 13. Em recente trabalho sôbre "Juicio de amparo" e mandado de segurança, Buzaid reconhece, expressamente, admitir a jurisprudência, entre nós, e em sua mais larga extensão, o mandado de segurança contra atos judiciais (in "Rev. da Faculdade da Universidade de São Paulo", ano LVI, Fasc. I, 1961, págs. 224-225).

22. *Do mandado de segurança,* nº 59.

23. Obs. cits.

24. *Comentários ao Cód. de proc. civil,* Rio 2.ª ed., vol. V, pág. 173.

24-A. T. J. São Paulo, "Rev. dos Tribunais", vol. 307-131; vol. 314, pág. 401; vol. 261, pág. 519. Também ver importante voto vencido dos Des. J. E. Coelho de Paula e Azevedo Franceschini, em "Rev. dos Tribunais", vol. 300, pág. 425; T. J. Rio Grande do Sul, "Rev. Forense", vol. 181, pág. 244; T.J. Minas Gerais, "Rev. dos Tribunais, vol. 243, pág 520. Também o Tribunal de Justiça da Bahia, em oportunidades várias, das quais destacamos o mandado de seguranla n.º 175, decisão registrada no livro n.º 3, fls, 146 v., e o mandado de segurança n.º 252, decisão registrada no Livro n.º 1, fls. 4 (não foram publicadas em revistas especializadas).

25. Ver publicação do instituto da Ordem dos Advogados, contendo o ante-projeto da Lei do Mandado de Segurança elaborado pelo Instituto, com introdução do Dr. Otto Gil e relatório do Prof. Celestino Sá Freire Basílio.
26. BARBI, ob. cit., n.º 100.
27. Cf. em *O "amparo" como um dos direitos do homem na declaração universal*, GERMÁN FERNANDES DEL CASTILLO, "Rev. Forense" vol. 172, pág. 593; BUZAID, *"Juicio de amparo"* e *mandado de segurança*.
28. Ver em TEMÍSTOCLES BRANDÃO CAVALCANTI, *Do mandando de segurança, os projetos mencionados (págs. 135 e segs.).*
29. Dizia o projeto em seu art, 1,º: "Todo direito, fundado diretamente em dispositivo legal ou constitucional, será protegido pelos juízes e tribunais federais contra qualquer turbação em seu exercício por atos e fatos manifestamente contrários à Constituição ou às leis da União."

E o § 7.º: "Quando a ameaça ou a turbação resultar de atos de autoridades administrativas, serão estas representadas em juízo pelo respectivo procurador da República ou pelo representante da Fazenda estadual ou municipal, conforme a hipótese, recorrendo aquêle obrigatoriamente para a instância superior em todos os casos de concessão de mandado."

30. Em Temístocles Brandão Cavalcanti, ob. cit., págs. 202 e segs.
31. Temístocles, ob. cit., págs. 217 e segs.
32. Temístocles, ob. cit., pág. 236.
33. Em Carvalho Santos, *Código de processo civil interpretado*, vol. IV, pág. 341, 1ª edição.
34. "Arquivo Judiciário", vol. 43, pág. 8.
35. BARBI, ob. cit., n.º 107.
36. CARVALHO SANTOS, ob. cit., IV, pág. 341.
36-A. Autoridade, define Pedro Orlando, é o direito ou o poder de mandar. É domínio e jurisdição, é vontade própria e arbítrio. É poder público, seu agente ou delegado constitucional. (Novíssimo Dicionário Jurídico Brasileiro – verbete "Autoridade").

E José Naufel, no seu Nôvo Dicionário Jurídico Brasileiro, define autoridade como poder que, por sua legitimidade ou legalidade, é credor de obediência por parte de quem de direito. Poder público de natureza estatal, isto é, sócio-político-administrativo, que gera o direito de mandar e de ser ou fazer obedecido. Chama-se também autoridade aquêle a quem é feita a delegação de uma parte dêsse poder. Ambas as definições, sem margem de dúvida, incluem o magistrado.

37. Arquivo Judiciário, vol. 43, pág. 13.
38. GUILHERME ESTELITA, ob. cit., págs. 344-345.
39. "Rev. Forense", vol. 148, pág. 318; vol. 147, pág. 351; vol. 182, pág. 203, etc.
40. Ver E. D. Moniz de Aragão, *A correição parcial*, Curitiba, 1958.

41. "Arquivo Judiciário", vol. 110, pág. 53 (suplemento).
42. "Rev. Forense", vol. 175, págs. 90 e segs.
43. Em processo de inventário o juiz anulou a venda de um acervo comercial, realizada antes do falecimento do *de cujus*, sob o fundamento de representa ato fraudulento, visando prejudicar a esposa de um dos herdeiros, cujo consórcio se realizará para impedir a aplicação de pena criminal (crime de sedução). Inconformados com a decisão os herdeiros *reclamaram* (!!!) para o Conselho de Justiça, e o Conselho (órgão corregedor) reformou a decisão do juiz, mandando fôssem remetidas as partes para as vias ordinárias. Foi voto vencido o Des. Renato Mesquita, afirmando a recorribilidade da decisão e negando ao Conselho competência para a espécie. Como se vê, um caso de subversão flagrante, que demonstra o arbítrio quase desmedido dos Conselhos de Justiça, desmoronando ilìcitamente toda a sistemática processual, a pretexto de estar agindo à sombra do previsto na Lei 1.533. Casos como o ora apontado é que pedem urgente extirpação de nossa vida forense. Infelizmente, o Tribunal da Bahia, revendo uma antiga e acertada orientação, enveredou pelo pior de todos os caminhos.
44. BUENO VIDIGAL, ob. cit., n.º 63.
45. *Direito processual civil,* S. Paulo, 1962, págs. 290-291. Também Rezende Filho, *Curso,* I, pág. 134, 2ª edição. Sem necessidade de outras citações, por ser pacífico o ensinamento.
46. *Tratato de derecho procesal civil,* Buenos Aires, 1955, II, pág. 119. Também noção pacífica, que não pede mais citações.
47. MACHADO GUIMARÃES, ob. loc. cit.
48. *Diritto e processo,* nº 176; Frederico Marques, *Instituiçoes,* V, nº 1.109; Pontes de Miranda, *Comentários,* XIII, pág. 9, etc.
49. N.º 249.
50. BARBI, ob. cit., n.º 105.
51. BARBI, ob. cit., ns. 138 e segs.
52. BARBI, ob. cit., n.º 143.
52-A. Entre as objeções que nos formularam, quando no debate de nosso trabalho no Congresso Internacional de Direito Processual Civil, realizado em S. Paulo, em setembro de 1962, mereceu relevo, por sua novidade, a que nos ofereceu Luís Ambra. Asseverou o ilustre magistrado e professor paulista que, admitir-se o mandado de segurança contra atos judiciais, seria afirmar-se a existência de um direito à forma processual, por parte dos litigantes.

Data venia, não vemos como ser possível sustentar-se razoavelmente a afirmativa.

Sem dúvida que nenhum litigante tem direito a que seu processo se desenvolva segundo determinado rito, legislativamente posto quando do ajuizamento de sua pretensão. Esta assertiva é velha, ainda que não pacífica, e posta como argumento central dos que negam a prevalência da lei velha em face da lei nova, que deu diversa disciplina ao procedimento. Mas o afirmar-se que os litigantes não têm direito adquirido a determinadas formas processuais, sendo lícito ao legislador modifica-las livremente e livremente alterar o *modus procedendi* em juízo, não importa em reconhecer-se o processo como atividade discricionária das partes e do magistrado, vale dizer, que as formas processuais válidas não sejam exclusivamente aquelas postas em lei, como imperativo ao juiz e às partes. Êste processo legalmente disciplinado é o que traduz, em termo de particularidade, o princípio geral constitucional do "due process of law". E nesse sentido é corretíssimo dizer-se que os litigantes têm o direito público subjetivo de verem suas pretensões examinadas *na forma da lei*. A supressão de formalidade pelo juiz, ou a inclusão de formalidade não previstas no itinerário processual traçado previamente pelo legislador, são ofensas a direito subjetivo dos litigantes, irrecusavelmente, visto como, no particular, a atividade do juiz é vinculada, não podendo, sob pena de violação de dever legal, desenvolver-se fora dos limites que lhe foram imperativamente postos.

Uma coisa é o sistema da liberdade das formas processuais, no qual as partes e o juiz são os árbitros da melhor maneira e modo de atuarem seus direitos e seus poderes em juízo, sistema sem nenhuma vigência entre nós; e coisa bem diversa é o sistema da *legalidade das formas processuais*, segundo o qual a atividade das partes e do juiz dirigida à solução da controvérsia, com a aplicação autoritativa do direito que incidiu, não pode ser realizada pelo modo e segundo a ordem que pareçam mais adequados aos litigantes e ao órgão jurisdicional, sim que deve, e de modo necessário (sob pena de ineficácia), realizar-se pelo modo e segundo a ordem que a lei estabeleceu em definitivo e com antecipação (Cf. Calamandrei, *Instituciones*, págs. 244-245).

A violação desta *ordo judiciorum* é violação de direito subjetivo dos litigantes, quase sempre se não têm direito adquirido às formas processuais, suscetíveis de mutação por imperativo do legislador, têm direito, contudo, à forma processual que o legislador fixou, com vistas a êles e ao magistrado, constitutivas da garantia do devido processo legal.

53. Ob. loc. cit.
54. Nosso *A nulidade no processo civil*, Bahia, 1959, nº 10.
55. *Interpretação das leis processuais*, S. Paulo, 1956, pág. 30.
56. *Instituições de direito processual civil*, S. Paulo, 1945, II, n.º 258.
57. *Comentários*, II, pág. 207.
58. O Tribunal de Justiça do Estado da Bahia rejeitou liminarmente mandado de segurança, impetrado com fundamento em excesso de prazo por parte do juiz (Diário Oficial do Estado de 11 de julho de 1961). Não será, entretanto, verdadeira denegação de justiça o fato de o juiz ou o desembargador reter autos em suas mãos, como temos ciência de vários casos, por anos e anos a fio, esperando a prescrição ou o desespêro por parte dos interessados? E que dizer de recursos que ficam em pauta, aguardando, por meses e até anos, se digne o relator a vir julgá-lo? E do desembargador que retém autos nos quais deve lançar um voto vencido, esperando, assim, favorecer pessoa amiga sua, envolvida em crime de responsabilidade? Se alguma reforma está a pedir o nosso Poder Judiciário é a que elimine, de uma vez por tôdas, situações como as apontadas, deixando-se bem claro serem as garantias conferidas aos juízes apenas concernentes à sua independência na aplicação do direito, sem que representem uma alforria absoluta com cumprimento de seus deveres. Urge, com urgência que já não pode mais esperar, se estabeleça a efetiva

responsabilidade do magistrado faltoso, confiando-se sua punição a órgãos capazes de fugir às injunções do "espirt de corps". Ou isso, ou teremos comprometido o Poder que é a espinha dorsal do estado de direito. E com isso teremos comprometido, de modo grave, a nossa condição de homens livres num país livre.

59. PONTES DE MIRANDA, *Comentários*, II, pág. 209.
60. FREDERICO MARQUES, Instituições, II, n.º, 431.
61. CHIOVENDA, *Princípios de derecho procesal civil*, Madri, sem data, § 17, I, e, nota.
62. *Sulla distinzione fra "error in judicando" ed "error in procedendo"*. Tradução española de Santiago Sentis Melendo em *Estudios de derecho procesal civil*, Buenos Aires, 1945.
63. *La casacion civil*, Buenos Aires, 1945, II, pág. 192.
64. J.J. Calmon de Passos, *Da nulidade no processo civil*, n.º 24.
65. Sôbre o problema da finalidade do ato, ver o nosso já citado Nulidade, nº 24.
66. *Direito processual civil*, Rio, 1959, 2ª edição, I, n.º 298.
67. *Princípios*, § 47.
68. UGO ROCCO, *Trattado di diritto processuale civile*, Turim, 1957, II.
69. CALAMANDREI, La casacion, II, pág. 185.
69-A. CALAMANDREI, ob. cit., pág. 197.
70. *Estudios de derecho procesal*, Buenos Aires, 1952, II, págs.. 275 e segs.
71. SEABRA FAGUNDES, *Do contrôle*, Rio, 3.ª edição, pág. 305.
72. Exemplo típico de excesso de poder, ensina Carnelutti, é a violação da lei que comete o juiz quando, sem estar autorizado por ela, julga segundo a equidade (ob. cit., pág. 296). Aqui o magistrado se faz o legislador do caso singular, criando, desautorizadamente, o direito objetivo. De certo modo também se pode dizer que êle cria o direito objetivo quando invade o campo do direito subjetivo, porque este campo não pode ser violado senão pelo legislador. Seria a hipótese, por exemplo, de o juiz revogar um ato que se situasse na esfera do poder discricionário da Administração Pública.
73. CARNELUTTI, ob. cit., pág. 293.
74. J.J. CALMON DE PASSOS, *A ação no direito processual civil brasileiro*, nº. 42.
75. Cf. MICHELI, *Corso di diritto processuale civile*. Milão, 1959, I, n.º 67.
76. F.G. DE SANTIAGO DANTAS, *Igualdade perante a lei e "due process of law"*, em "Rev. Forense", vol. 116, págs. 357 e segs.
76-A. Alguns exemplos práticos talvez precisem melhor o que afirmamos, ao referirmo-nos a faculdades que integram o direito de ação ou de exceção.

O juiz que admite o rito executivo para uma dívida ilíquida, atinge a direito subjetivo do demandado, qual o de responder, um juízo *na forma da lei*. Sofrendo constrição desautorizada, é vítima de ilegalidade do magistrado, que o atinge no direito de sòmente responder em juízo segundo o devido processo legal.

O magistrado que concede reintegração liminar de posse sem prévia justificação e sem que prova documental do esbulho tenha sido oferecida pelo autor, pratica ilegalidade, atingindo ao demandado em seu direito subjetivo público de responder em juízo segundo prescrito em lei, não sofrendo restrições ou limitações em sua vida, liberdade ou patrimônio sem prévia preceituação legal. Mas se o juiz deferiu a reintegração facciosamente, ou seja, com base em prova a tôda evidência inconcludente para o fim, não cabe o *writ*, visto como não foram violadas as formas que traduzem a tutela jurídica ao direito do demandado estar em juízo.

O juiz que indefere pedido de prova testemunhal formulado tempestivamente e de modo legítimo pelo autor ou pelo réu, pratica ilegalidade, atingindo a direito subjetivo do litigante, qual o de poder exercer, sem restrições, no processo, os podêres ou faculdades que lhe foram deferidos como consectário do seu direito de ação ou de exceção (defesa). Mas o juiz que indefere úma prova por considerá-la meramente protelatória, por mais faccioso que seja o seu juízo, não pode ter o seu êrro corrigido pelo mandado de segurança, visto como usou, ainda que reprovàvelmente, de uma faculdade que lhe era deferida por lei. A correção do seu êrro poderá verificar-se através dos recursos ordinários ou pela reclamação administrativa, se suscetível o comportamento do juiz de pena disciplinar.

O juiz que absolve o réu da instância, considerando inexistente a fôrça maior arguida pelo procurador do autor, que não compareceu à audiência de instrução e julgamento, não comete ilegalidade suscetível de correção pelo mandado de segurança, visto como não violou o devido processo legal. Ainda que seu juízo seja extremamente faccioso, tem êle um suporte legítimo. Mas se o juiz absolve o réu da instância com fundamento em hipótese não prevista no ordenamento processual, como se o fizesse por não terem os autos sido preparados no prazo de trinta dias, a contar do despacho que determinou tal preparo, após o encerramento da audiência de instrução e julgamento, esta decisão seria reparável pelo *writ*, visto como se teria imposto à parte uma obrigação processual não prevista em lei, violentando-se a *ordem natural* do processo.

Como bem esclarece Couture, o conceito de *procedimento legal* (due process of law) transformou-se, com o tempo, em símbolo da própria garantia jurisdicional. A garantia da defesa em juízo consiste, em última análise, em não ser privado da vida, da liberdade, ou da propriedade, sem a garantia que supõe a tramitação de um processo realizado na forma que a lei estabelece. E a garantia do devido processo legal não se exaure com o estudo da exceção (direito de defesa), mas *compreende e tutela todo o processo* (Cf. *Fundamentos del derecho procesal civil*, 2ª ed., pág. 45).

Por conseguinte, tôda violação de forma preestabelecida, por parte do juiz, se importa em cercear qualquer das faculdades conferidas ao demandante ou ao demandado, é constrangimento ilegal reparável pelo que, não autorizado em lei, se traduza em ônus ou obrigação para o demandante ou para o demandado.

77. Servira de subsídio, inclusive, a distinção doutrinária que já foi feita entre *meios de gravame* e *ação de impugnação*. Ver a respeito CALAMANDREI, *La casacion*, II, pág. 205.

78. CHIOVENDA, Princípios, § 78, II.

79. No particular estamos retificando a afirmativa anterior, quando nos pareceu a coisa julgada material um obstáculo do *writ*.

| 17 | A LEI ESTADUAL 4.630/85 (JUIZADO DE PEQUENAS CAUSAS) E A NECESSIDADE DE SUA IMEDIATA CORREÇÃO[22]

1. Para bem se entender quanto exporemos a seguir, impõe-se um breve histórico.

O congestionamento do Poder Judiciário e a lentidão de seus pronunciamentos vem estimulando a reflexão de muitos juristas no sentido de encontrar-se alguma resposta, mesmo que provisória e parcial, para o problema, dada sua gravidade e repercussão social.

Juízes e advogados do Rio Grande do Sul tiveram a coragem da iniciativa e imaginaram um juizado informal de conciliação, como forma experimental de tentar-se algum resultado prático e curto prazo e sem alto custo.

Esse juizado informal de conciliação NÃO É ÓRGÃO DO PODER JUDICIÁRIO. E não o é por motivo muito simples e de fácil percepção. Os membros do Poder Judiciário têm jurisdição. Os integrantes do juizado informal de conciliação não a têm. Eles não julgam nem decidem. Apenas aproximam as pessoas, visando eliminar, amigavelmente, os conflitos que entre elas se instauraram e reclamariam solução jurisdicional. Assim, não podem ser criados por lei, como órgãos do Poder Judiciário. Quando muito, se admitiria fossem instituídos como serviço público administrativo, com a finalidade de buscar a conciliação dos desavindos. A força vinculante do acordo feito perante o juizado informal de conciliação resulta do consenso das partes, como transação que é, nos termos do art. 1.030 do Código Civil.

Nesse juizado de conciliação tanto podem funcionar juízes em atividade (o que não me parece aconselhável, pois os retira da atividade para a qual devem ser pagos e à qual devem dedicar todo o seu tempo) como neles estão habilitados a ter assento juízes aposentados, advogados, enfim bacharéis em direito e até leigos.

Isso é que é o juizado de conciliação.

2. O Juizado de pequenas causas é coisa bem diversa.

---

22. Texto extraído de *Revista OAB Bahia*. Ano 1, n. 1, jan. 1987.

A jurisdição, em nosso país, privilégio dos juízes que atendam às exigências constitucionais, é dividida segundo critérios vários, denominada de competência essa jurisdição assim repartida. A primeira divisão é constitucional, tendo-se as várias espécies de justiça: federal, trabalhista etc e a comum, que abrange quanto não incluído nas demais competências constitucionais.

Na jurisdição ou competência constitucional comum, reparte-se o trabalho em termos de território, em termos objetivos e em termos funcionais. Assim, temos as justiças estaduais e nelas as diversas comarcas. Numa comarca, havendo mais de um juiz, cumpre, ou é aconselhável, a divisão objetiva da competência, criando-se diversas espécies de varas: cíveis, criminais, de família, de registros públicos etc. Poder-se-ia, por exemplo, criar Varas de Procedimento Sumaríssimo, Varas nas quais só se ajuizariam feitos que atendessem ao procedimento sumaríssimo disciplinado pelo Código de Processo Civil, lei federal, a única competente para definir tipos de processo e de procedimentos.

Por iniciativa de alguns juristas paulistanos, destacando-se Ada Pellegrini Grinover, Kazuo Watanabe, Cândido Dinamarco e outros, propôs-se que, *na estrutura do Poder Judiciário*, se facultasse aos Estados criar uma Vara diferente, um juízo diferente, do juízo, por exemplo, das Varas de Família, Cíveis, Registros Públicos etc.

Qual a diferença dessa Vara? Nela, os procedimentos, veja-se bem, procedimentos atenderiam a um modelo diverso do ordinário e do sumaríssimo disciplinados no CPC. Esse procedimento específico caracterizaria o chamado juizado de pequenas causas, um órgão do Poder Judiciário, integrante da organização judiciária de cada Estado, a ser preenchido como todos os demais cargos da estrutura do Poder Judiciário, exigindo juízes com as mesmas características dos demais juízes, APENAS SENDO DIFERENTE O PROCEDIMENTO A SER ADOTADO PARA O FEITO DE SUA COMPETÊNCIA.

3. Assim, podemos ter, hoje, nos Estados, em sua organização judiciária, cargos de juízes de quantas entrâncias sejam tidas como necessárias.

Cada entrância será integrada de tantas Comarcas quantas julgadas convenientes. E em cada Comarca haverá tantos juízes da respectiva entrância quantos necessários.

Havendo mais de um juiz numa Comarca, a lei de organização judiciária lhes definirá as competências. Nossa lei de organização judiciária, por exemplo, diz que em Ilhéus haverá juízes esclarecendo que uns serão de Vara Cível, outros de Vara Criminal etc.

4. Pois bem, a partir da vigência da Lei 7.244/84 podem ser criados, em qualquer Comarca, de qualquer entrância, segundo as necessidades detectadas, tantos juizados de pequenas causas quantos desejados. Ao lado das varas tradicionais, mais esta vara – a do juizado de pequenas causas. Com a peculiaridade de ser diferente o procedimento dos feitos que nela forem ajuizados.

Assim, pode haver um juizado de pequenas causas de 1ª entrância em Casa Nova, um 2ª entrância em Santa Inês, um de 3ª em Ilhéus e quantos se deseje na entrância especial.

5. Lógico que, havendo bom senso, e por força da especialíssima competência do juizado e sua destinação bem específica de solução de litígios entre produtores e consumidores, predominantemente, ninguém criará juizados (órgãos de alto custo de manutenção) para atender a nada. São juizados pensados apenas para os grandes centros urbanos, onde o consumo já atingiu altos níveis e a densidade de população faz prever muitos litígios de trânsito e muitos desencontros de que sejam vítimas adquirentes de bens duráveis.

6. O procedimento no juizado de pequenas causas é bastante peculiar.

Ele é optativo. Não obriga ao autor, que poderá desprezá-lo e utilizar-se do procedimento comum. Mas se optar pelo juizado de pequenas causas a citação se fará, obrigando o réu a se submeter ao rito previsto para essas pequenas causas.

Esse rito, no essencial, é o seguinte: o juiz, ao receber a inicial, designa audiência para conciliação. No dia designado, não comparecendo o citado, aplicam-se as previsões do CPC em caso de revelia, julgando-se de imediato o feito (o que já ocorre no procedimento comum).

Comparecendo o réu, tenta-se a conciliação, pelo próprio juiz, ou por conciliador, sob sua orientação. Conciliadas as partes, encerra-se o feito. Caso não desejem conciliar, podem manifestar sua opção pelo juízo arbitral.

E aqui cumpre advertir que o juízo arbitral da Lei 7.244/84 não é diferente do juízo arbitral que o CPC disciplina em seus arts. 1.072 e segs. Os árbitros não são funcionários públicos nem funcionários do juízo. São árbitros. Se funcionários fossem, árbitros não poderiam ser. Juízo arbitral é, por natureza, jurisdição extra--estatal, jurisdição deferida, excepcionalmente, ao sujeito privado.

Inexistindo conciliação e não optando as partes pelo juízo arbitral, o juiz togado instrui e decide o feito, seguindo o procedimento que a Lei 7.244 disciplina nos seus arts. 28 a 30.

7. A lei mencionada, em suas disposições finais, facultou que a conciliação, como disciplinada por ela, de modo diverso do que prevê o CPC, pudesse ser estendida a outras espécies de causas. Assim, a lei de organização judiciária ou lei especial que a modifique, pode definir as causas em que a conciliação, nos moldes da Lei 7.244, deverá ser adotada.

8. Outra inovação posta na lei federal foi a de que se criassem colegiados, integrados de juízes em exercício no primeiro grau de jurisdição, com competência recursal para os feitos decididos litigiosamente no juizado de pequenas causas.

Esses colegiados são órgãos do Poder Judiciário, criados por lei, integrados de juízes que têm as mesmas garantias de todos os juízes, entre as quais a inamovibilidade. Assim, eles não são *designados* para essa função. Eles são investidos nessas funções. Deve a lei especificar que juízes (órgãos, não pessoa física) integrarão esse colegiado em caráter permanente, não se podendo pensar num órgão de recurso constituído aleatoriamente, ao sabor de designações, que violentariam a garantia dos magistrados e representariam insegurança para os litigantes, feridos os princípios da inamovibilidade e do juiz natural.

9. A lei baiana, infelizmente, não se deu conta do problema e data vênia colocou de modo de todo inadequado o problema do juizado de pequenas causas e do juizado informal de conciliação. Encambulhou os dois tornando ambos, a meu ver, impraticáveis, nos termos atuais.

10. Façamos uma breve análise de Lei 4.630/85.

O artigo 1º cria tantos juizados de pequenas causas quantas são as Varas Distritais da Comarca de Salvador.

O reparo inicial é que, em verdade, as Varas Distritais são transformadas em Juizados de Pequenas Causas, nenhum cargo novo se criando no quadro do Poder Judiciário estadual por força disso. E reconhecendo o princípio da inamovibilidade dos magistrados, o art. 4º diz que nesses juizados, uma vez instalados, atuarão os atuais titulares das Varas distritais.

Sobre os inconvenientes dessa criação abundante já nos manifestamos. Aqui nos restringiremos ao que diz respeito aos aspectos técnicos do problema. Esqueceremos as implicações da Lei no tocante ao interesse público.

11. O artigo 2.º da Lei parece desconhecer o que definira antes. E assim é que diz, em seu inciso I, que o Presidente do Tribunal de Justiça organizará anualmente a escala dos juízes que servirão nos juizados. Erro manifesto, data vênia, porque nos juizados funcionarão os atuais juízes distritais. E no futuro, os que para esses cargos forem promovidos ou removidos. Tudo como se faz normalmente no que diz respeito ao provimento dos cargos do Poder Judiciário.

O inciso I é inconstitucional, flagrantemente, sem contar que ele é incompatível com o que diz o art. 1.º e referenda o art. 4.º da própria Lei 4630.

12. Os incisos II e III do mencionado art. 2.º seguem a mesma esteira do inciso I, sempre no pressuposto de que o juizado não é uma Vara como outra qualquer, delas só diferindo no tocante a sua estrutura e ao procedimento dos feitos que nela tiverem curso.

13. O art. 3.º também é fruto da confusão entre juizado informal de conciliação e juizado de pequenas causas. Aquele, porque fora da estrutura do PJ, serviço honorário prestado por pessoas desprendidas e generosas, se previu sua atuação em horas noturnas, para possibilitar seu melhor funcionamento.

No tocante ao juizado de pequenas causas, órgão do PJ, não serviço honorário, seu funcionamento é normal. O que a Lei 7.244 prevê é a possibilidade de serem praticados atos em horário noturno, vale dizer, fora dos limites de tempo postos pelo art. 172 do CPC.

O artigo 3.º impõe o absurdo desses juizados, tão numerosos, com alto custo de manutenção, só funcionarem em horário noturno, com 4 horas apenas de expediente. Não se facultou, como a lei federal já o dissera, mas se limitou sua atuação, também em detrimento do interesse público.

Dada a natureza conciliatória desses juizados, o que se recomenda é a ampliação da faixa de seu atuar, nunca se criar o privilégio, dentro do serviço público, de auxiliares da justiça e magistrados que gozam de um expediente reduzido, em desarmonia com o atuar de todos os demais serviços públicos. Transformou-se em privilégio o que a lei previu como ampliação de serviços.

14. Os parágrafos do artigo 4.º ou estão mal colocados ou dizem coisas absurdas.

O juizado de pequenas causas não é órgão colegiado. É juízo ocupado por um magistrado, seu titular. Juíz monocrático, como todos os juízos de primeira instância na justiça comum. Sem exceção, salvo, no crime, o tribunal do júri e outros criados por lei especial.

Se é assim, que Turma julgadora é essa referida no §1.º?

O que a lei federal permite, atente-se bem, é a criação de colegiados *para efeitos recursais*. O juizado de pequenas causas é monocrático. Dele será titular um magistrado, que poderá contar com um conciliador e terá em seu apoio uma Secretaria. Para atender às necessidades do juizado de pequenas causas, e porque a lei federal previu a opção do juízo arbitral, a Ordem indicará advogados que se disponham a funcionar como árbitros. Esses nomes serão comunicados aos juízes. E as partes, optando pelo arbitramento, escolherão livremente, entre os nomes indicados, o que preferem para árbitro. Os árbitros não são nem podem ser funcionários públicos, com remuneração permanente, o que se pode prever é o pagamento, pelo Estado (já que tudo no juizado de pequenas causas é gratuito) dos honorários dos árbitros, organizando-se uma tabela para cálculo desses custos. O que foi feito na lei estadual é absolutamente inadequado e traduz um insuficiente ou incorreto entendimento da lei federal.

15. Ainda no tocante ao artigo 4.º, esqueceu o legislador da existência dos titulares das serventias que atuam nos juízos das Varas Distritais. Que se fará com eles se não lhes é reconhecida a condição de titulares da Secretaria?

Lembramos que nem pelo fato de se denominar Secretaria, deixa ela de ser órgão correspondente, funcionalmente, aos já existentes, ou seja, nela se concentram as funções deferidas ao escrivão e ao oficial de justiça e demais auxiliares da justiça. A diversidade básica é que, no comum, são esses auxiliares órgãos – agentes, individuais, postos sob a supervisão do magistrado, enquanto numa Secretaria são aglutinados organicamente, com chefia imediata, subordinada ao magistrado.

Cumpre repensar as coisas com vagar e apuro técnico.

16. O artigo 5.º encerra dois inconvenientes, perfeitamente sanáveis. O primeiro, é que impõe, de logo, a criação do cargo de conciliador, quando acertado seria deixar-se que a experiência demonstrasse a conveniência e a necessidade.

Assim, previstos os cargos, seu provimento ocorreria em função das exigências do serviço, após algum tempo de funcionamento do novo juizado.

Estamos absolutamente seguros de que Salvador, ainda um pequeno centro urbano em relação a São Paulo e Rio, não comporta tantos juizados de pequenas causa. Vejamos como as coisas acontecem na prática com o primeiro que for instalado e, cautelosamente, marchemos para a instalação dos demais.

Se ninguém, no Brasil, até agora, ousou instalar um, porque nós começaremos com tantos?

17. O artigo 6.º,como já ficou bem esclarecido por quanto já foi dito, é resultado de um equívoco. O juizado é uma Vara como outra qualquer. Não pode ter servidoras em regime de exclusivo serviço extraordinário, recebendo gratificações.

18. O artigo 7.º incide no equívoco de não ter apreendido o alcance da lei federal, quando coloca a opção pelo juízo arbitral. Não se pode impor árbitros às partes. Eles são colocados a sua disposição, para escolha. Nem são os árbitros servidores públicos, para que se preveja para eles investidura, remuneração etc. Já cuidamos, antes, do assunto.

19. As considerações que vêm de ser feitas demonstram, à saciedade, a inconveniência de se dar aplicação imediata à Lei 4630, votada ao apagar das luzes do período legislativo anterior.

Com a finalidade de colaborar e impedir que determinados equívocos se formalizassem, tivemos contato com membros do Poder Legislativo sendo aconselhado, dada a premência de tempo, a colocar nossos pontos de vista em entrevista dada à imprensa, o que generalizaria seu conhecimento. Assim fizemos. Para surpresa nossa, fomos entendidos como pretendendo hostilizar poderes. Estranhamente, só se colabora dizendo amem. Um veso de autoritarismo mais exacerbado, que mesmo os prepotentes arrependidos e os democratas em aprendizado não conseguem dele se despir.

Voltamos ao assunto ainda por um dever cívico. Sou um profissional do direito na Bahia. Com mais de quatro décadas de serviços prestados no setor público. Sem receio de me atribuir o que não tenho, digo, com serenidade, que servi sempre e nunca me servi. Não fiz carreira política, não enriqueci, não barganhei minhas convicções em troca de poder e influência. Posso, portanto, no mínimo, reclamar credibilidade para meus propósitos.

Pois bem, não diz positivamente em favor de nosso saber jurídico deixarmos que tanto equívocos se documentem numa lei, tornando público para o Brasil que ou somos apoucados no entender as coisas ou somos apressados em nos descartar de nossas responsabilidades.

20. Ainda quando corra o risco de continuar sendo atacado por alguns recém-chegados, que alcançaram seus cargos e obtiveram influência sob o clima de corrupção e aviltamento que caracterizou o autoritarismo, ainda quando ocorrendo esse risco, somado aos prejuízos profissionais que minha atitude acarreta, sinto-me no dever de documentar, para o futuro, como procedi, o que empreendi e porque o fiz.

Paguei, sempre, um alto preço pelo direito de permanecer de cabeça erguida. Depois de tanto investimento, ao fim de minha vida, não posso lançar pela janela o único patrimônio que contituí.

A isso, acrescento, hoje, minha condição de membro do Conselho Federal da Ordem dos Advogados do Brasil. A essa instituição cumpre velar pela defesa da ordem jurídica e por seu aprimoramento. Cuidando-se de problema local, não era o foro federal o adequado para ventilá-lo. Daí porque, me faço presente perante a Seccional baiana, cientificando-a do meu pensar e dos meus propósitos.

Por igual, será essa comunicação encaminhada aos membros da Mesa do Tribunal de Justiça e às lideranças do Poder Legislativo. É o que me cumpre fazer, porquanto, só em caso extremo, utilizarei a prerrogativa constitucional de aforar o problema perante o Supremo Tribunal Federal, mediante ação direta de inconstitucionalidade, oferecida à Procuradoria Geral da República.

21. Reafirmo, concluindo, meu alto apreço pelo Poder Judiciário e pelo Poder Legislativo. Sem eles não há democracia possível. Mas, em contrapartida, quando eles falham, não há democracia sustentável.

Salvador, 11 de março de 1986.

| 18 | O CRÉDITO TRABALHISTA NO DIREITO POSITIVO BRASILEIRO

A supremacia do crédito do trabalhador sobre o crédito fiscal e os créditos com garantias reais. Aspectos processuais[23]

CONSULTA

Em execução de sentença trabalhista, o empregado exequente obteve a penhora de imóvel do executado, sujeito a hipoteca constituída em favor do Banco do Brasil.

Notificado o credor hipotecário da execução, com hasta pública marcada para o próximo dia 3 de junho de 1980, espera-se que ele compareça e, segundo propalado, exercite o direito que se atribui como credor hipotecário.

Diante disso, indaga-se:

A) Que se exige para o credor hipotecário poder pagar-se em execução promovida por terceiro?

B) Sendo o crédito trabalhista tutelado com privilégio superior ao do crédito fiscal, que prevalência se pode reconhecer, em relação a ele, para o crédito hipotecário?

C) Pode embargar, como terceiro, o credor hipotecário ou pignoratício que deixou de promover, quando tinha legitimação e interesse para isso, a competente ação de execução deferida para tutela de seu crédito?

D) Em embargos de terceiro ajuizados na Justiça Trabalhista, pode o juiz do trabalho apreciar o problema da insolvência do devedor, comerciante ou não? E se isso for possível, como opera o privilégio absoluto deferido por lei ao credor trabalhista, em relação aos demais créditos sujeitos a habilitação na falência ou na execução por quantia certa contra o devedor insolvente?

E) Preferindo o crédito trabalhista a qualquer outro, está o credor trabalhista obrigado a habilitar-se em falência, concordata ou concurso de credores (juízo universal), ou pode o trabalhador, em face da preferência absoluta do seu crédito, decretada a falência do empregador, prosseguir na execução, na Justiça do Trabalho, inclusive praceando bens do falido?

---

23. Texto extraído de *Revista LTr*. São Paulo, ano 46, n. 5, maio 1982.

F) Cuidando-se de execução trabalhista, pode o credor hipotecário obter adjudicação do bem, havendo pedido do exequente também no mesmo sentido?

PARECER

1. O devedor responde, para o cumprimento de suas obrigações, com todos os seus bens presentes e futuros, salvo as restrições estabelecidas em lei.

Este princípio é, hoje, preceito legal, consubstanciado no art. 591 do Código de Processo Civil, explicitando o que já se entendia como pacificamente consagrado pelo nosso sistema jurídico de direito privado.

A garantia do credor, portanto, é todo o patrimônio do devedor, salvo as exceções postas expressamente em lei.

Os credores, por seu turno, têm igual direito sobre os bens do devedor comum, não havendo título legal à preferência.

Está a norma consagrada no art. 1.556 do Código Civil que se poderia também expressar em harmonia com a anterior, dizendo-se que **todos** os credores do devedor comum têm direito, em condições de igualdade (**salvo** título legal de preferência) de se pagar mediante a expropriação de **todo** o patrimônio do devedor, (**salvo** as exceções previstas em lei).

2. Do que se expôs, resultam duas limitações à pretensão executiva dos credores: uma, pertinente aos bens do devedor – **impenhorabilidade;** outra, relativa à natureza dos créditos: **preferência**. Pela primeira, ficam excluídos bens do devedor como garantia de seus credores, ainda quando outros bens inexistam ou os restantes sejam insuficientes. Pela segunda, ficam excluídos alguns credores, quando os bens do devedor passíveis de expropriação se mostram insuficientes para satisfação de todos eles.

Observa-se, portanto, que numa ou noutra hipótese, considerações de política legislativa, que atendem a valores sociais ou morais, tidos como predominantes em determinado momento histórico, determinam a institucionalização de situações de vantagem, em benefício de alguns, e de desvantagem em detrimento de outros credores.

Destarte, em matéria de preferências e privilégios, dois posicionamentos são fundamentais para o jurista: ater-se ao que a lei preceitua, mas entendê-la segundo os valores predominantes no momento histórico em que se situa.

Estas as posturas que tomaremos neste Parecer, buscando resposta para as indagações que nos formularam.

3. O Código Civil, no início da sua vigência (1º de janeiro de 1917), distinguindo os títulos legais de preferência em privilégios e direitos reais, subdividindo os primeiros em privilégios especiais e privilégios gerais, discriminou os créditos incluídos numa e noutra categoria, fixando, no art. 1.560 a ordem de seu atendimento: o crédito real preferiria ao crédito pessoal de qualquer espécie, ressalvada a exceção estabelecida no parágrafo único do seu art. 759, seguindo-se os créditos com privilégio especial, depois deles os créditos com privilégio geral e, por último, os quirografários.

Nasceu, portanto, o crédito hipotecário, numa época em que a propriedade privada e o capital pontificavam como soberanos quase absolutos, **já marcado pela limitação do valor humano do trabalho**: acima dele foi colocado o crédito do trabalhador agrícola, privilegiado com o pagamento mediante a venda da colheita para a qual houvesse concorrido com o seu trabalho (art.759, parágrafo único, do Código Civil).

Era bem pouco, mas já era significativo. Um crédito com privilégio geral poderia sobrepor-se ao que gozasse de garantia real, assim dispondo o legislador.

A regra do art. 1.560, por conseguinte, não só comporta a exceção do parágrafo único do art. 759, como também quantas foram ou venham a ser estabelecidas em lei.

Clovis Bevilacqua, comentando o art. 1.557 do Código Civil, escreveu que nosso privilégio

> "difere do de direito francês, que é um direito real e pode prevalecer até contra a hipoteca. No direito pátrio o privilégio é direito pessoal, e só excepcionalmente dará prelação contra o pagamento de dívida hipotecária, como se verá dos arts. 1.560 e 1.564." (Comentários, ed. 1919, vol. V, pág. 322)

Assim, além da exceção já referida existia, no próprio corpo do Código, uma outra, posta em favor das custas judiciais da execução hipotecária e das despesas de conservação do imóvel hipotecado, feita por terceiros, mediante consenso do devedor e do credor, depois de constituída a hipoteca.

Apontava ainda, a doutrina, como exceção, o privilégio reconhecido às debentures pelo art. 1º, § 1º, nºs I e II do Decreto 177-A, de 15 de setembro de 1893.

4. Outras prescrições legais foram surgindo em áreas diversas do ordenamento jurídico, podendo-se salientar, dada sua estreita pertinência com a matéria da consulta, o art. 1º do Decreto 22.866, de 28 de junho de 1933, que rezava:

> "Os impostos e taxas devidos à Fazenda Pública em qualquer tempo são pagos preferencialmente a quaisquer outros créditos, seja qual for a sua natureza.
>
> Parágrafo único. Pelo pagamento respondem todos os bens do devedor, do seu espólio ou massa falida, ainda quando gravados por ônus reais, que não poderão obstar o processo executivo para a respectiva cobrança."

Duas novidades: instituía-se um privilégio geral absoluto, com prelação sobre todos os outros créditos, inclusive os beneficiados com garantia real; ao lado disso, esse privilégio operaria independentemente da existência de concurso, nos termos em que o definira o art. 1.554 do Código Civil, ou seja, mesmo quando não comprovada ou existente a insolvência do devedor, resultante do fato de suas dívidas excederem a importância de seus bens.

5. Em 1943, a Consolidação das Leis do Trabalho (DL 5.452) fez privilegiado o crédito do trabalhador por férias (art. 144) e salários, além de um terço da indenização a que tivesse direito (art. 449, § 1º), privilégio esse, contudo de caráter geral e sem prevalência sobre os créditos com garantia real.

Em 1960, entretanto, a Lei 3.726, de 11 de fevereiro, deu nova redação ao art. 102 da Lei de Falências (DL 7.661, de 21-6-45), que fixa a ordem dos créditos na execução coletiva contra o devedor comerciante insolvente, estabelecendo a partir de 2 de janeiro de 1958, a preferência, sobre os créditos com direitos reais de garantia e demais créditos privilegiados, dos créditos dos empregados por salários e indenizações trabalhistas, a respeito de cuja legitimidade não haja dúvida, ou, quando houver, em conformidade com a decisão que for proferida na Justiça do Trabalho.

6. Nem se ficou nisso. O DL 960, de 17 de dezembro de 1938, em seu art. 60, parágrafo único, fixara preferência, sobre qualquer outra, para as dívidas da União, Estados e Municípios, em todo o território nacional. E porque com o advento da Lei 3.726/60 se pretendesse a prevalência das dívidas fiscais em relação aos créditos dos empregados por salários e indenizações, a Lei 4.839, de 18 de novembro de 1965, foi explícita no sentido de que o art. 60 do DL 960 não excluía a preferência destes últimos colocando, por conseguinte, em plano segundo, os créditos fiscais, e reafirmando o primado inconteste e exclusivo dos créditos por salários e indenizações trabalhistas, apenas com a limitação que posteriormente foi colocada pelo DL 192, de 24-2-67, retirando do privilégio o excedente de um terço da indenização devida ao empregado.

Em 1º de fevereiro de 1967, entrara em vigor o Código Tributário Nacional (Lei 5.172, de 25-10-66), no qual dois artigos são da maior relevância para entendimento da posição atual dos créditos trabalhistas. São eles os de números 184 e 186, que vão transcritos:

> "Art. 184 – Sem prejuízo dos privilégios especiais sobre determinados bens, que sejam previstos em lei, responde pelo pagamento do crédito tributário a totalidade dos bens e das rendas de qualquer origem ou natureza, do sujeito passivo, seu espólio ou sua massa falida, inclusive os gravados por ônus real ou cláusula de inalienabilidade ou impenhorabilidade, seja qual for a data de constituição do ônus ou da cláusula, excetuados unicamente os bens e rendas que a lei declare absolutamente impenhoráveis."

> "Art. 186 – O crédito tributário prefere a qualquer outro, seja qual for a natureza ou o tempo da constituição deste, ressalvados os créditos decorrentes da legislação do trabalho."

7. Estava perfeitamente definido o lugar dos créditos trabalhistas no conjunto dos dotados de prelação no sistema jurídico nacional: créditos com privilégio absoluto nem mesmo ultrapassados pelos de natureza fiscal.

Esta superposição dos créditos trabalhistas aos créditos fiscais foi solução legislativa rica de consequências.

Lembremo-nos, em primeiro lugar, que os créditos fiscais operam o privilégio que lhes é inerente em qualquer tipo de execução, seja ela singular ou coletiva, e em qualquer tipo de concurso, seja ele particular ou universal, e em relação a qualquer espécie do devedor, seja ele civil ou comercial.

Recordemo-nos, num segundo momento, que ao crédito trabalhista foi conferida preferência, no tocante aos créditos fiscais, não em processo de falência, sim em concurso com o crédito fiscal, onde ele se apresente pleiteando sua satisfação.

Atente-se, finalmente, no fato de que as disposições relativas a privilégios são de interpretação estrita, não restritiva, pelo que delas não se pode tirar menos do que contêm, antes, em que pese sua condição de regras de exceção, comportam a interpretação extensiva por força de compreensão.

8. Serpa Lopes, depois de distinguir a interpretação lata da estrita e ambas da interpretação extensiva e restritiva, esclarece:

> "Quer a interpretação extensiva, quer a restritiva, possuem ambas, como sinal marcantes de suas diferenças com a analogia, a qualidade de adaptação às leis de exceção. A razão assenta no fato de não visarem, fundamentalmente, elastecer ou encurtar o raio de ação da norma, mas apenas assinalar-lhe os seus verdadeiros limites, frente à vontade do legislador." (Comentários à Lei de Introdução do Código Civil, 2ª ed., vol. I, págs. 144/45).

Também Carlos Maximiliano. Mostrando a perfeita equivalência entre a interpretação extensiva por força de compreensão e a simplesmente denominada extensiva, invoca o magistério de Paula Batista, afirmando sua utilização para hermenêutica das disposições de direito excepcional (Hermenêutica e aplicação do direito, 4ª ed., pág. 248).

E em que consiste a interpretação extensiva? O que nela se busca é outorgar à norma um sentido maior, em harmonia com a vontade do legislador; já não se cogita do significado de uma palavra (como ocorre na interpretação lata) senão da **mens legis**. O problema está na indagação da vontade da lei, na configuração do seu alcance:

> "pois os preceitos legais devem se estender a todas as hipóteses visadas, quer virtualmente, quer tendo em vista o próprio espírito da lei, posto que as palavras empregadas não ministrem literalmente o material necessário. O fundamento da interpretação extensiva está contido nesta máxima: **ubi eadem ratio, ibi eadem dispositio.** (Serpa Lopes, ob., cit., pág. 143).

9. Foi com apoio em interpretação dessa natureza que Bevilacqua, ao comentar o art. 1.564 do Código Civil, que atribui preferência sobre o crédito com garantia real ao relativo a custas judiciais da execução hipotecária, disse estender-se a preferência ao crédito por custas com a liquidação para se efetuar o pagamento dos credores em concurso.

Realmente, se a razão da preferência, deferida ao crédito por custas na execução singular, está por igual presente na execução concursal, não há como se pretender a não incidência do disposto no art. 1.564.

Interpretação da mesma natureza também levou o Tribunal de Alçada Civil de São Paulo, em decisão de excelente conteúdo jurídico, a entender como extensivo ao concurso de credores o privilégio reconhecido ao crédito trabalhista, na falência, pelo art. 449 da CLT.

Considerando o fato de que a mesma CLT, em seu art. 144, definia como crédito privilegiado, também em concurso de credores, o relativo a férias, que representam induvidosamente salário, concluiu o douto colegiado:

> "Os salários, como as indenizações, representam e correspondem aos alimentos devidos aos empregados pelos serviços prestados. Qualquer que seja a empresa, agrícola, extrativa, mecânica ou comercial, sua posição em face dos salários e das indenizações é a mesma. Não há distinguir entre empresa civil e comercial diante da "ratio legis". A impropriedade da linguagem do texto (art. 449 CLT) pode e deve ser suprida pela jurisprudencia." (Rev. dos Trib., vol. 388, pág. 245).

E com apoio nesses fundamentos, em concurso de credores, portanto fora da falência, reconheceu preferência a crédito trabalhista em concorrência com crédito hipotecário.

Decisão incensurável, a do Tribunal de Alçada Civil de São Paulo. Se o concurso de credores, decorrente da insolvência civil, importava situação em tudo idêntica, para o trabalhador, da que lhe adviria se ação de falência existisse, a necessidade de proteção prioritária ao que lhe fosse devido também se fazia presente (**eadem ratio**), pelo que se deveria ter como incidindo o art. 449 da CLT (**eadem dispositio**).

10. Idêntico comportamento deve ter o interprete em face de disposições como as da Lei 4.839/65 e do Código Tributário Nacional (art. 186), deles retirando todas as consequências necessariamente deduzíveis da **mens legis** que as informaram, de molde a fazê-las incidir sempre que as mesmas razões que os inspiraram estejam presentes.

Vejamos quais foram elas.

Observe-se, de início, ter-se dado ao crédito fiscal posição privilegiada em termos absolutos (cf. Aliomar Baleeiro, Direito tributário brasileiro, 8ª ed., pág. 553), prevalecendo ele **sobre outro qualquer** e **em qualquer circunstância**.

No particular, é inaceitável seja posta alguma dúvida. Como expressivamente referia Pontes de Miranda, em face do privilégio reconhecido pelo art. 60 do DL 960, os direitos reais de garantia sofreram limitação, porque

> "os diretos reais de garantia recaem sobre o valor **extraível** do bem. O valor extraível é o valor do bem **menos** as dívidas fiscais relativas ao bem." (Comentários CPC 1939, vol. IV, pág 482)

Com as modificações posteriores, principalmente arts. 184 e 186 do CNT[24], esse **valor extraível** se limitou ao valor do bem menos **todas** as dívidas fiscais do devedor hipotecário, já consubstanciadas em título com eficácia executiva.

A garantia real, no sistema que passou a viger, se constitui já limitada em seu conteúdo pelo privilégio deferido à Fazenda Pública. Deu-se à prelação do fisco, em verdade, um caráter de privilégio inclusive imobiliário, sem que se lhe tivesse atribuído, o que era dispensável, o direito de sequela.

11. O fato não tem em si nada de estranho ou anômalo. Privilégios dessa natureza existem e operam em outros sistemas jurídicos.

Henri de Page, examinando os privilégios no direito romano e a coerente conceituação que deles se tinha nesse tempo, revela como não só por força da carência de bens móveis valiosos, como pela influência das prerrogativas feudais, o conceito de privilégio se modificou, vindo a sobrepor- -se, inclusive, às garantias reais. Transcrevâmo-lo:

> "C'est au moyen âge, et posterieurment, que la notion de privilège s'altere lentment. Elle devint un ensemble de droits des plus disparates; elle prit en même temps le pas sur toutes les autres sûretés, notamment sur les hypothèques."
> (Henri de Page – Traité elémentaire de droit civil belge – vol. VI, pág. 714).

E adiante, na pág. 716.

> "Ils (os privilégios) ne confèrent de soi, et en principe, qu'un droit de préférence. A ce titre et normalement, ils devraient s'exercer sur toute la masse des biéns du débiteur sauf à respecter les sûretés spécifiques résultants du gage et de l'hypothèque. Mais par suite de l'évolution qui s'est produite dans l'ancien droit, la notion de privilège a été complètement déformée. En telle sorte qu'en droit actuel, il existe des privilèges mobiliers et des privilèges immobiliers ainsi que des privilèges spéciaux et des privilèges généraux. De plus, les privilèges priment toujours les hypothèques."

E os Mazeaud (Henri e Jean) apreciando o problema no direito francês, de que é quase fiel reprodução o belga, depois de acentuar o grande número de privilégios surgidos após a redação do Código Civil, privilégios gerais e ocultos, por força da nenhuma publicidade que deles se exigia, gravando todos os bens móveis e imóveis do devedor, prevalecendo, por conseguinte, sobre o crédito com garantia real,

---

24. Redação original.

mostra como as exigências da reconstrução da França após a segunda grande guerra, reclamando consideráveis empréstimos com garantia hipotecária, levaram à reformulação do antigo sistema. O Decreto de 4 de janeiro de 1955 e a Ordenança nº 71, de 7 de janeiro de 1959 submeteram os privilégios à exigência da publicidade e colocaram-nos em segundo plano no confronto com as hipotecas precedentes a sua constituição.

Apesar disso, entretanto, esclarecem os publicistas referidos, os diplomas legais mencionados,

> "mantiveram, com sua anterior base material, dois dos privilégios gerais sobre móveis e imóveis do Código Civil: o privilégio das custas judiciais, porque estes gastos se realizam no interesse comum dos credores, e privilégio dos salários, por razões sociais" (Lecciones de derecho civil, Parte 3ª, vol. I, págs. 186/88, trad. de Luis Alcalá – Zamora Y Castillo).

12. Os créditos fiscais, portanto, revestiram-se de privilégio que incide sobre todo o patrimônio do devedor, mobiliário ou imobiliário, prevalecendo, sempre em relação aos credores com garantia real, nos precisos termos do art. 184 do Código Tributário Nacional, independendo essa posição de qualquer publicidade (inscrição, transcrição ou averbação) e prescindindo, para ser invocada, de prioridade, no tempo, de sua constituição.

Foi ao crédito fazendário, assim tão fortemente privilegiado, que a Lei 4.839/65 e o CTN sobrepuseram os créditos decorrentes da legislação do trabalho.

O art. 60 do DL 960/38 colocou o crédito fiscal em posição eminente em relação a qualquer credor e em qualquer circunstância, pelo que dispensou a Fazenda Pública de submeter-se a concurso de credores e de habilitação de crédito em falência ou inventário. Isso significou que, pendente ação de falência ou outra qualquer, a pretensão executiva do Fisco subsiste e pode ser objeto de ação própria (cf. Pontes de Miranda, ob. cit., pág. 481).

Atribuído ao crédito fiscal privilégio assim absoluto, sem limitar sua oponibilidade à existência de qualquer tipo de concurso ou procedimento executório, a posição preeminente deferida, com a Lei 4.839/65 e art. 186 do CTN, aos créditos trabalhistas, também sem qualquer limitação de ordem procedimental ou definição de tipo de concurso em que seja invocável, necessariamente significou assegurar-lhe a prelação em qualquer circunstância na qual, mediante expropriação dos mesmos bens, credores de outra classe postulem a satisfação de seus direitos.

Isto o que se deve retirar, necessariamente, da interpretação correta, data venia dos que divergem, das disposições da Lei 4.839 e do CTN, se realmente desejamos atender à **"mens legis"** que as informaram.

13. Parece-nos tarefa sem dificuldades maiores demonstrar-se qual a vontade da lei inferível dos arts. 184 e 186 do Código Tributário Nacional e consubstanciada, também, nas disposições da Lei 4.839/65.

A crescente valorização do trabalho e do trabalhador é fato inconteste em nosso sistema jurídico. Traduz ela não uma peculiaridade de nossas leis, mas um fenômeno universal, muito bem documentado no trecho de Mazeaud e Mazeaud que transcrevemos no item anterior. Mesmo sob a pressão dos poderosos interesses ligados à área da construção civil e do capital financeiro, mesmo sob a pressão das necessidades sociais de moradias oriundas da devastação causada pela segunda guerra mundial, mesmo em circunstâncias tão imperiosas, o legislador francês, privilegiando os credores hipotecários, colocou-os, contudo, em posição de inferioridade em relação aos créditos por salários.

O nosso Código Civil, anterior à legislação social de nosso país, nele será impossível encontrar-se definido o quadro hierárquico dos valores predominantes na sociedade de nossos dias. Já o qualificaram de Código do proprietário e do patrão, do capitalista e do pai de família. E isso revela bem o quanto foi afetado em seu espírito original, para sobreviver na sociedade competitiva, pluralista, participativa e igualitária de nosso tempo.

O nascer de nossa industrialização e a consequente civilização urbana que determinou, que buscaram espaço político em nossa história com a revolução de 1930, provocaram a modificação de nosso sistema jurídico, fazendo nele surgir como personagem em crescente ascensão o trabalhador, inclusive rural. Paulatinamente, direitos e prerrogativas lhes foram sendo conferidos, em busca da obtenção de uma igualdade real que exigia tratar-se de modo privilegiado os economicamente mais débeis.

Na aplicação da lei, reza o art. 5º da Lei de Introdução ao Código Civil, o juiz atenderá aos fins sociais a que ela se dirige e às exigências do bem comum. E é na linha dessa exigência que também se impõe o entendimento de que, colocando o crédito trabalhista em posição privilegiada absoluta, mesmo em face dos créditos fiscais, essa posição foi assegurada aos salários, por força de sua natureza alimentar e da importância social de que se reveste, em relação a qualquer credor e em qualquer circunstância.

Entender-se diversamente seria limitar-se onde o legislador não limitou, condicionar onde nenhum condicionamento foi posto pelo direito, revitalizar-se o que foi posto no ordenamento, de modo expresso e imperativo, como de valia absoluta.

14. A par dessas considerações, outra pode ser aduzida em favor do entendimento de que o crédito trabalhista opera seu privilégio em relação a qualquer credor e em qualquer circunstância.

A lei brasileira fez impenhorável, em termos absolutos, o salário. Também define como dessa natureza os bens que integram o patrimônio público.

Por outro lado, são impenhoráveis, por sua própria natureza, bens de terceiro que se encontrem em poder do executado.

Da conjugação desses dois critérios: impenhorabilidade do bem, dada sua finalidade socialmente relevante, e impenhorabilidade por não mais ser considerado bem do devedor, pode o legislador retirar fundamentos para instituir privilégios de caráter geral e absoluto. E isso ocorreu tanto no que diz respeito aos créditos fiscais como aos créditos trabalhistas.

Na verdade, o tributo é dinheiro devido à comunidade, para assegurar-lhe a sobrevivência e a convivência como sociedade política, por isso mesmo o imposto, como renda do Estado, é impenhorável como todo bem do Estado e, a rigor, desde que devido, já não é mais dinheiro do contribuinte sim dinheiro do Fisco, ainda em seu poder.

Do mesmo modo, o fruto do trabalho de alguém, com finalidade precipuamente alimentar (em sentido lato, que não é o de mera sobrevivência) foi tornado impenhorável e por força de sua especial finalidade – retribuição a uma doação de vida, para produção de riqueza de utilização comum – considerado como dinheiro do trabalhador em mãos do empregador. Justo, portanto, certo e coerente, gozasse ele da mesma situação atribuída à dívida fiscal: crédito que se sobrepõe a todos, porque em sua essência, nada mais é que dinheiro já de propriedade do assalariado em mãos de seu empregador.

E o Estado, coerente com os valores que hoje constitucionalmente postula, sobrepôs à sua própria situação a do trabalhador. Entre as duas, prevalece a deferida em favor do empregado. Por isso mesmo se recolhe primeiro no patrimônio do devedor, o dinheiro do trabalhador ainda em seu poder (salários devidos são, em verdade, dinheiro do trabalhador ainda em poder da empresa) e só depois se procede à satisfação dos créditos da Fazenda Pública, que são, como os salários, dinheiro público em mãos do contribuinte.

15. Em face de tudo isso, entende-se, perfeitamente, o motivo por que os tribunais têm afirmado, com tanta veemência e constância, o caráter absoluto e geral do privilegio deferido aos créditos trabalhistas.

> "Os créditos trabalhistas gozam de proteção especial, sobrepondo-se aos hipotecários. E o que garante esses créditos, em primeiro lugar, é o conjunto dos bens móveis e imóveis que constituem o patrimônio da empresa, aos quais está, por lei, vinculado o trabalhador." (TRT 8ª Região, Dicionário de Decisões Trabalhistas, 16ª ed., ementa 1.131, pág. 159).

> "Trata-se de decidir sobre direito de preferência de dois créditos com dupla penhora sobre os mesmos bens. Agravo provido. Se, em execução contra devedor solvente, concorrem créditos trabalhistas e da Fazenda Pública, têm preferência aqueles, face ao que estabelece a Lei 4.839 de 18-11-65." (TRT 3ª Região, Proc. 146/77, rel. Juiz Danilo Achiles Savassi, 1ª Turma).

E também o porque da assertiva de Murilo Rezende Salgado:

> "o direito fundamental do credor como efeito da hipoteca é o direito de preferência. A seqüela é simples meio ou condição para se exercitar esse direito, ou seja, a preferência de o credor hipotecário se pagar antes de outros credores que não sejam titulares de privilégios que se sobreponham aos seus, **tais como os créditos trabalhistas** e fazendários" (Penhora de bens hipotecados, em execução de terceiros – exercício e defesa dos direitos do credor hipotecário, em Rev. brasileira de direito processual, vol. 20, pág. 108 – grifo nosso).

16. Fixada a posição do credito relativo a salários e indenizações derivadas de rescisão de contrato de trabalho, apreciemos as diversas espécies de concurso de credores e sua disciplina jurídica atual.

A possível e até comum existência de pluralidade de credores de um único devedor, que se tenham de satisfazer com o apurado de um mesmo patrimônio, sugeriu a técnica legislativa, no campo do direito material e no campo do direito processual, do concurso de credores. A execução concursal nasceu, portanto, de ter-se percebido o interesse público genérico de estruturação coletiva da execução. Direito material pré-processual. (Pontes de Miranda, Comentários do CPC 1939, vol. XIV, pág. 210).

O sistema revogado conhecia duas espécies de concurso de credores ou execuções coletivas: a do devedor comerciante, denominada de falência, e a do devedor não comerciante, disciplinada pelo Código de Processo Civil, em seus arts. 929 (por iniciativa do devedor), 1.017 (concurso requerido por qualquer dos credores) e 947 (decretável de ofício, na hipótese de ocorrer mais de uma penhora sobre o mesmo bem do devedor).

Dois regimes, com alcance e estrutura processual diversificados, o que já merecera da doutrina severas críticas, por não beneficiar o devedor civil insolvente como o fazia com o devedor comercial em idênticas condições.

O CPC de 1973 atendeu ao apelo e buscou tratamento tanto quanto possível unitário. Na "Exposição de Motivos", foi claro o Ministro Buzaid: "Neste sistema o devedor civil se equipara ao comerciante. Se este tem direito à extinção das obrigações, decorrido o prazo de cinco anos contados do encerramento da falência (Lei 7.661, art. 135, III) nenhuma razão justifica que o devedor civil continue sujeito aos logos prazos prescricionais, em cujo decurso fica praticamente inabilitado para a prática, em seu próprio nome, dos atos da vida civil" (nº 22).

Distinguiu, assim, o diploma vigente, a execução por quantia certa contra o devedor solvente e a execução, dessa mesma natureza, contra o devedor insolvente, dando a esta última tratamento paritário ao da falência do devedor comerciante.

Ao lado, contudo, dessas execuções coletivas universais, especificas do devedor insolvente, manteve o CPC um tipo especial de concurso de credores, já agora não mais versando sobre todo o patrimônio do devedor e envolvendo todos os seus credores, mas apenas os credores que promoveram a penhora dos mesmos bens do devedor, operando-se ele sobre o produto de sua alienação em hasta pública.

17. No regime do CPC de 1939, como já indicado, a penhora de bem penhorado resolvia-se, **ex vi legis** (art. 947) em concurso de credores. Hoje, ao contrário, a penhora de bem penhorado, segundo preceituam os arts. 613 e 711 do CPC, não gera conseqüências em termos de transformar a execução singular em coletiva universal, mas apenas legitima o concurso entre os credores penhorantes e exclusivamente quanto ao produto da alienação do bem penhorado. Aqui, não se cuida nem se põe o problema da insolvência do devedor, mas apenas se tutela o interesse de vários credores penhorantes se pegarem com o produto da venda judicial dos bens constritos, fazendo valer as prelações de que se afirmem titulares, inclusive a preferência fundamentada no próprio fato da prioridade da penhora (art. 612).

A afirmativa que vimos de fazer tem alicerces na doutrina mais autorizada. È a lição de Humberto Teodoro Jr.:

> "Há, porém, possibilidade de concurso particular na execução do devedor comerciante, nos casos de intercorrência de penhora sobre os mesmos bens ou de existência de privilégios de direito material anteriores à penhora, na forma prevista nos arts. 711 a 713, o que se processará como simples incidente da execução singular, sem ensejar, por isso mesmo, a declaração de insolvência, nem tampouco a convocação geral de credores". (Processo de execução, 3ª ed., pág. 392).

E Celso Neves, comentando o art. 711:

> "A hipótese é sempre de execução contra o **devedor solvente,** em concurso de ações executórias, decorrente de pluralidade de penhoras sobre os mesmos bens, medindo-se a preferência pela prioridade das apreensões judiciais que se tenham feito, ressalvada, sempre, a anterioridade do privilégio ou preferências que exclua a preferência ou preferências dos credores penhorantes". (Comentários, vol. VII, 2ª ed. pág. 162).

No mesmo sentido as lições de Frederico Marques (Manual de direito processual civil, vol. IV, pág. 209) e Amilcar de castro (Comentários, vol. VIII, pág. 347).

18. No caso da consulta, credor trabalhista promoveu, com apoio em sentença condenatória transitada em julgado, execução por quantia certa contra seu empregador, nela se efetivando a penhora de bem objeto de garantia real em favor do Banco do Brasil.

A penhora de bem hipotecado é, hoje, assunto em que descabe qualquer dúvida. As prescrições dos arts. 615, II, 619 e 698 do Código de Processo Civil colocam o problema a cavaleiro de qualquer contestação relevante.

Legítima a penhora, cumpriu-se, por outro lado, a exigência legal da intimação do credor hipotecário. Assim, a futura alienação do bem em hasta pública será eficaz com relação ao credor hipotecário, transferindo-se o bem, para quem o receba por força de arrematação ou adjudicação, livre e desembaraçado.

> "Realizada a arrematação do imóvel hipotecado, com notificação do credor hipotecário, o gravame cola-se ao preço por que se dá a sub-rogação real" (Julgados do Tribunal de Alçada Civil de São Paulo, vol. 34, pag.60).
>
> "A arrematação do imóvel extingue a hipoteca que o onera, quer seja efetuada no próprio executivo hipotecário, quer em outra execução qualquer, desde que tenham sido judicialmente notificados os respectivos credores hipotecários, que na mesma não foram parte." (Rev. Forense, fev. 1940, pag. 124).
>
> "Realizada a arrematação do imóvel hipotecado com notificação do credor hipotecário, o gravame cola-se ao preço por que se dá a sub-rogação real" (T. Ap. São Paulo, em Repertório de jurisprudência do CPC, de Edson Prata, vol. 12, pag. 3.929).

As decisões transcritas nada mais fazem que ratificar a posição dominante da doutrina, hoje pacífica, dada a esmagadora predominância dos que a adotam, cujas raízes estão em Lafayete Pereira, que já ensinava, no seu "Direito das Coisas", ter a arrematação, feita por autoridade da justiça em execução regular, a eficácia de extinguir a hipoteca sobre o bem, na esteira das prescrições de nosso velho direito (Ed. 1922, pag. 597); lição esta subscrita e ampliada, subsequentemente, por Azevedo Marques (A hipoteca, ed. 1919, págs. 114/116), Carvalho Santos (Código Civil Brasileiro Interpretado, vol. X, coment. ao art. 849 CC), Serpa Lopes (Tratado dos Registros Públicos, vol. II, nº 297), Pontes de Miranda (Tratado de direito privado, vol. XX, § 2.516, nº 8), Enrico Tullio Liebman (Processo de execução, 5ª ed., pag. 162), ficando apenas nesses para não alongar, desnecessariamente o rol dos citados.

19. Penhorável o bem hipotecado e, mediante notificação do credor hipotecário, operando-se a sub-rogação do gravame no preço da venda judicial do bem, vejamos como pode o credor hipotecário fazer valer o seu direito.

No regime do Código de Processo Civil de 1939, bastava-lhe protestar por preferência, exibindo o seu título de dívida líquida e certa. Era o que se deduzia, com acerto, das prescrições dos arts. 1.019 e 1.020. O parágrafo único do art. 1.019, inclusive, para espancar qualquer dúvida, dizia expressamente presumir-se a insuficiência dos bens do devedor contra o qual estivesse correndo alguma execução (o que legitimava o protesto por preferência), ressalvando-se aos interessados (inclusive credor exequente) o direito de prova em contrário.

Hoje, tudo se processa diversamente. A penhora de bem penhorado não mais se resolve, **ex vi legis,** em concurso de credores, nem mais se presume a insolvência do executado pelo simples fato de contra ele se promover alguma execução.

Por força disso, o concurso universal deixou de ser decretável de ofício e sempre será processo autônomo, no qual se deve arguir a insolvência do devedor, jamais se configurando como incidente da execução singular.

No caso da consulta, inclusive, por força da qualidade de comerciante do devedor, a execução coletiva universal cabível seria de natureza falimentar.

Incidente da execução singular só o concurso particular de credores, que nada tem a ver com a insolvência do devedor, nem comporta o exame dessa circunstância. E para que esse concurso se instaure é indispensável tenha havido, por parte do credor concorrente, penhora do bem já submetido a anterior constrição pelo primeiro exequente.

20. A afirmativa precedente não é fruto de capricho ou de construção arbitrária do intérprete. Ela tem o respaldo de decisões judiciais, da lição de estudiosos e da coerência com o texto da lei.

A 4ª câmara do Tribunal de Alçada Civil de São Paulo já decidiu:

> "Não será, pois, a simples indicação, nos mesmos autos, do valor atual de seu crédito hipotecário que lhe bastará para dar como cumpridos todos os requisitos pertinentes à sua execução. Na verdade, o devedor tem direito ao devido processo legal e o principio do contraditório é inafastável." (Jurandyr Nilson, Nova Jurisprudência de processo civil, 2ª parte, vol. V, págs. 1.465/66).

Murilo Rezende Salgado, em estudo cuidadoso e bem fundamentado sobre o exercício e defesa dos direitos do credor hipotecário, escreve:

> "Mas, ao que me parece, é necessário o ajuizamento da ação de execução e a efetivação da penhora para, em seguida, requerer (o crdor hipotecário) a instauração do concurso e sua participação, disputando a prelação que o título lhe outorgar. Não será suficiente, pois, o simples protesto, muito usado no regime do Código anterior, no qual se perpetraram grandes injustiças com o credor exequente que, após vencer todos os incômodos e ônus da execução, via, ao final desta, o produto da arrematação ser levado pelo credor privilegiado, mediante simples habilitação de seu crédito". (Rev. brasileira de direito processual, vol. 20, pág 126).

Por seu turno, o exame do texto legal só autoriza essa conclusão, e nenhuma outra.

O art. 711 disciplina o concurso particular sem prever, para sua instalação, o simples protesto por preferência ou rateio. Inexiste, por conseguinte, no sistema atual, essa forma excepcional de legitimação, insuscetível de ser construída no silencio da lei dada sua excepcionalidade e inconveniência, por violar o princípio do devido processo legal.

Por outro lado, a penhora, por si mesma, passou a constituir título de preferência e sua anterioridade importa em prelação entre credores com igual privilégio (arts. 612 e 711, parte final, do CPC).

Esse entendimento ainda é mais exato quando se atenta para o disposto no art. 1.047, II do CPC. Legitimou-se o credor com garantia real para os embargos de terceiro, querendo obstar a alienação judicial do bem gravado, o que careceria de qualquer significação, pudesse ele, credor com garantia real, concorrer na execução promovida por outro credor, mediante simples protesto por preferência.

21. Intimado da penhora do bem hipotecado, o credor com garantia real está de logo legitimado a promover a execução de seu crédito líquido e certo, porque, nos termos do art. 954, II do Código Civil, é causa de vencimento antecipado da dívida hipotecária a execução de penhora sobre o bem oferecido em garantia. E deve promovê-la para legitimar-se ao futuro concurso, se pretender arguir na execução promovida por outrem, o seu direito de preferência.

Se a sua ciência se der sem o tempo suficiente para fazer valer, quando da hasta pública, seu direito de preferência, a lei lhe facultou os embargos de terceiro, com o objetivo de transferir para momento subsequente a venda judicial do bem, de molde a permitir-lhe a habilitação ao concurso.

Figuremos um exemplo, que melhor precisará o pensamento exposto. Penhorado por outro credor o bem dado em garantia, foi o credor hipotecário intimado da constrição. Querendo exercitar o seu direito de preferência, promove, contra o devedor, a competente execução. Ocorre, entretanto, que na ação primitiva o devedor comum não ofereceu embargos, ensejando, com isso, a realização, em curto prazo, da hasta pública. E ao ser determinado dia para sua realização o credor hipotecário, já com execução ajuizada, ainda não obteve penhora, ou sua execução foi embargada, pendendo seu título de sentença que lhe confirme a validade e eficácia. Nessa circunstância, tem o credor hipotecário legitimação e interesse para, mediante os embargos de terceiro, obstar a alienação judicial do bem hipotecado.

Vê-se, portanto, do conjunto de prescrições que hoje disciplinam o concurso particular de credores e dispõem sobre a posição do credor com garantia real, somente ser admissível concluir-se, como concluímos, pela exigência da penhora para a habilitação do credor hipotecário em concurso particular de credores.

22. Os embargos de terceiro são uma ação com rito especial. Ação mandamental na compreensão de Pontes de Miranda (Comentários, vol. XV, pág. 11), ou constitutiva, na visão de Frederico Marques (Instituições, vol. IV, 1ª ed., pág. 453), declaratória, segundo o magistério de Lopes da Costa (Direito processual civil brasileiro, vol. IV, 2ª ed., pág. 305), pouco importa, o certo é que eles configuram pretensão processual que reclama, para seu exame no mérito, tanto a legitimação de quem os propõe, como interesse processual para propô-los, nos precisos termos do art. 3º do CPC.

O interesse processual, já se ensinou exaustivamente, é aquele que se expressa pela indispensabilidade do uso do processo para o autor, sob pena de, não se efetivando, ficar o demandante sem meios para fazer valer a sua pretensão (cf. Arruda Alvim, Comentários, vol. I, pág. 316).

A ação de embargos de terceiro, objetiva resguardar a posse daquele que, não sendo parte na execução, vê consumar-se constrição judicial, sobre bem de que é possuidor, em execução na qual não é parte nem patrimonialmente responsável.

No direito anterior, sem texto expresso, a jurisprudência vinha conferindo ao credor com garantia real o direito de embargar como terceiro, objetivando impedir, em seu prejuízo, a alienação do bem dado em garantia real, em execução da qual não fora intimado nem figurava como parte (cf. Arquivo Judiciário, vol. 47, pág. 340, decisão do STF, e uma outra do T.J. S. Paulo, referida por Pontes de Miranda – Comentários ao CPC 1939, vol. IX, pág. 51). Resolvendo o problema, o novo Código, no seu art. 1. 047, II, legitimou o credor com garantia real para os embargos de terceiro, com a finalidade já indicada.

Não basta, contudo, essa legitimação. Os embargos só se justificam quando presente o interesse em sua propositura, vale dizer, na circunstância de importar em prejuízo jurídico para o credor com garantia real a realização da hasta pública, já determinada em execução promovida por outro credor com penhora do bem objeto da garantia real.

Este prejuízo jurídico, foi demonstrado, só ocorre quando ausentes, ainda, para o credor hipotecário, pignoratício ou anticrético, os pressupostos que o habilitariam a concorrer sobre o preço da venda judicial, por fato que lhe não pode ser imputado.

Consequentemente, é de repelir-se, por absoluta inadmissibilidade, embargos de terceiro que têm objetivo meramente protelatório da execução do credor penhorante, ou visam corrigir consequências derivadas da omissão ou displicência do credor com garantia real. Numa ou noutra hipótese, configura-se o abuso do direito de demandar, sancionado pelo art. 17 do CPC.

23. Outro aspecto da maior relevância ainda é de ser considerado no caso da consulta.

Cuida-se, como visto, de execução promovida perante a Justiça do Trabalho, cuja jurisdição é estrita ao que constitucionalmente lhe foi deferido.

Ora, os embargos de terceiro têm como sujeito passivo, obrigatoriamente, o exequente, vale dizer, na hipótese, o credor trabalhista e, litisconsorciado com ele, o devedor executado. Cuidando-se de embargos oferecidos pelo credor com garantia real, pode o embargado arguir a insolvência do devedor comum (art. 1.054, I). Esta arguição, contudo, depende da propositura, no juízo competente, da ação de execução contra devedor insolvente, porquanto, no magistério de Ernani Fidelis dos Santos, apoiando entendimento de Humberto Theodoro Jr., não basta a simples evidência desse estado, pois a insolvência depende de declaração judicial (cf. Comentários, vol. VI, pág. 522).

No caso sob exame, a insolvência acarretaria a decretação da falência, por ser comerciante o devedor executado, e para sua decretação é desprovida de jurisdição a Justiça do Trabalho.

Nem se sanaria o impasse com a propositura da ação de falência no juízo comum, visto como para requerê-la não tem legitimação o credor trabalhista, já autor em ação de execução com bem constrito e capaz de responder pelo que lhe é devido. E muito menos se eliminaria o conflito invocando-se a legitimação do credor com garantia real, porque ele também cresce de legitimação para requerer a ação de falência, sem renunciar à garantia de que se beneficia art. 9º, III, b da Lei 7.661/45).

Por outro lado, a entender-se prescindível a propositura da ação específica da insolvência (falência ou execução por quantia certa contra devedor insolvente) necessariamente atendível deverá ser a defesa do embargado-credor-exequente no sentido de que, inexistindo outros bens sobre os quais possa fazer incidir constrição judicial para segurança de seu crédito, este, crédito do credor embargado, em situação de concurso, prevalece sobre o do credor embargante.

Esta precisamente, a hipótese da consulta.

24. Convém aprofundar-se a análise do que vem de ser afirmado.

Admitida, por lei, a arguição, em defesa, pelo embargado, para obstar os efeitos dos embargos de terceiro, ajuizado por credor com garantia real, da condição de insolvência do devedor comum, são possíveis as seguintes alternativas:

A insolvência seria decretável no próprio bojo dos embargos, uma vez reconhecida sua existência, procedendo-se, nele, a falência ou a execução contra o devedor civil insolvente, com seu caráter universal. Se esta tivesse sido a solução do legislador (que indubitavelmente não a sancionou), no caso de execução trabalhista tal procedimento estaria vetado ao juiz competente para decidir embargos.

Segunda possibilidade, a de se admitir a arguição de insolvência quando já requerida ela no juízo competente e decretada, ou com decretação em curso. Como exposto, no caso da consulta, chegaríamos à conclusão de ser impossível ao credor trabalhista ajuizá-la, porque já exequente com bens constritos suficientes para satisfação de seu crédito, como também impossível ao credor hipotecário, porque por igual sem legitimidade para a ação de falência, salvo renunciando ao seu privilégio, o que o afastaria da possibilidade de sobrepor-se ao crédito trabalhista.

Terceira possibilidade, seria a de dispensar-se o ajuizamento da ação específica de insolvência, permitindo-se ao juiz da execução apreciá-la **incidenter tantum** e apenas para efeito de julgamento do pedido nos embargos. Nesses termos, haveria competência da Justiça do Trabalho, mas o reconhecimento da real insuficiência dos bens do devedor importaria, paradoxalmente, na improcedência necessária dos embargos de terceiro. Em verdade, se no concurso universal (falência ou execução contra o devedor civil insolvente) a prevalência do crédito trabalhista é inconteste, seria o mais inominável dos absurdos negar-se a tutela ao crédito por salários em nome da insolvência, quando justamente dela é que deriva, de modo mais forte e absoluto, o privilégio dos privilégios que lhe foi atribuído.

Como bem esclarece Pontes de Miranda, nesta hipótese do art. 1.054, I do CPC,

> "a só alegação da insolvência não basta; é preciso que, a despeito de se tratar de crédito com garantia real, o fato de estar insolvente o devedor permita, conforme o direito material respectivo, que se desatenda ao direito real de garantia."
> (Comentários, vol. XV, pág. 117)

Precisamente, o caso da consulta. Conforme o direito material (Lei 4.839/65, art. 186 do CTN e o próprio art. 102 do DL 7.661/45), na hipótese de decretação da insolvência do devedor haverá prevalência do crédito do credor embargado – o exequente trabalhista. Donde a impossibilidade de se acolher os embargos de terceiro do credor com garantia real.

25. Arrolemos as conclusões referidas até aqui, apoiadas em fundamentos os mais claros e amplos que nos ocorreram.

Em primeiro lugar, convencemo-nos de que a crédito fiscal foi alçado, em nosso sistema jurídico, a lugar especialíssimo, no qual predomina, em termos absolutos, sobre todo e qualquer crédito, ainda que beneficiado com garantia real ou dotado de privilégio.

Em segundo lugar, pareceu-nos pacífico o entendimento de que esse privilégio tão eminente foi deferido à Fazenda Pública sem nenhuma restrição de ordem procedimental ou de natureza substancial, podendo ser reclamado em qualquer situação de direito material ou de direito processual, vale dizer, tanto em caso de solvência do devedor como de sua insolvência, tanto em processo de execução singular como em processo de execução coletiva, tanto em falência, quanto em concordata, tanto em concurso particular quanto em concurso universal de credores.

Em terceiro lugar, demonstramos que atendendo a valores emergentes na nova ordem política e social das coisas, no mundo de hoje e no Brasil de após 1930, concedeu-se aos créditos dos trabalhadores, por salários, posição que sobreexcedeu à do Fisco, e a superou em todas as situações que a legislação anterior definira como compatíveis com o exercício do seu privilégio. Assim, conclusão necessária, o crédito trabalhista, habilitado a excluir o crédito fiscal onde ele se mostrasse exigível, passou, por força dessa sua posição eminente, a ser crédito em condições de afastar todo e qualquer credor, mesmo os beneficiados com garantia real, onde se mostrem insuficientes os bens para satisfazer aos credores penhorantes (credores com ação de execução em curso).

Em quarto lugar tentamos demonstrar o acerto do ensinamento de que, em razão de todo o exposto, a insolvência do devedor por crédito trabalhista, antes de afastar a oponibilidade do privilégio desse crédito, em juízo que não o universal da execução coletiva, autoriza e impõe essa oponibilidade, inclusive na impugnação a embargos de terceiro que sejam opostos pelo credor com garantia real.

Finalmente, só a Justiça do Trabalho, nos termos do disposto pelo art. 142 da Constituição Federal, pode conciliar e julgar os dissídios individuais e coletivos entre empregados e empregadores, o que, indubitavelmente, significa competência para executar os julgados por ela preferidos, em face do nexo indissolúvel que se estabelece entre cognição e execução e porque não operada, constitucionalmente, a cisão entre esses dois modos de exercício da atividade jurisdicional, no que diz respeito à Justiça do Trabalho.

26. É matéria não mais sujeita a polêmica em nossas dias e em nossa doutrina, a da natureza jurisdicional do processo de execução, Nem se discrepa desse entendimento na área dos mestres da direito processual do trabalho. Baste-nos mencionar o magistério de Walter D. Giglio (Direito processual do trabalho, pág. 383), Coqueijo Costa (Direito judiciário do trabalho, pág. 528) e Campos Batalha (Tratado elementar de direito processual do trabalho, vol. II, pág. 683).

A atividade jurisdicional, na execução, traduz-se muito mais em atos que em juízos, ainda quando não se possa excluir, da esfera da ação e do processo de execução, pretensões e decisões de natureza cognitiva. Baste-nos recordar apenas os embargos do devedor e o pronunciamento do juiz a respeito da nulidade absoluta da execução.

Destarte, sendo da esfera exclusiva da Justiça do Trabalho o deslinde dos dissídios individuais entre empregados e empregadores, também dela privativa é a competência para a execução dos julgados que profira nesses dissídios, vale dizer, para a prática de todos os atos que integram o processo de execução, inclusive para o pagamento do credor. No processo de execução, este momento corresponde ao da tutela da pretensão posta como objeto do juízo, como, no processo de conhecimento, opera a sentença favorável.

Em que pese a universalidade do juízo de falência, por conseguinte do foro em que ela tem o seu curso, essa universalidade carece de força para se sobrepor ao preceito constitucional que institui, com exclusividade, a Justiça do Trabalho para processar e julgar os dissídios individuais entre empregados e empregadores. Isso é tanto mais exato que o constituinte, quando quis excepcionar, fê-lo, porque era necessário que o fizesse, de modo expresso, tal como acontece no tocante à Justiça Federal, que, segundo o art. 125, I da Carta Magna, cede sua competência constitucional em favor da Justiça Comum por força do juízo universal da falência.

27. Cumpre distinguir, para não incidirmos em equívoco, jurisdição de competência. A jurisdição, poder de aplicar substitutiva, subsidiária e autoritativamente o direito, tem sua fonte na previsão constitucional. Ninguém pode ser juiz sem que lhe tenha sido atribuído, constitucionalmente, o poder de julgar e sem que, administrativamente, se haja investido no cargo a que se vincula sua função de julgar.

Mas o poder de julgar do magistrado, entre nós, não foi constitucionalmente instituído (portanto, não nasce originariamente instituído) de forma abrangente e universal, deixando-se para o legislador ordinário a tarefa de definir a divisão de trabalho entre os sujeitos investidos de jurisdição (competência). O próprio legislador constituinte já institui a jurisdição limitando-a, pelo que se pode falar numa competência constitucionalmente atribuída, que julgamos seria melhor entendida como jurisdição e não como divisão de trabalho intra-jurisdicional.

Os limites postos constitucionalmente ao exercício da jurisdição atuam de modo absoluto, são intransponíveis e repelem qualquer intromissão. Na área constitucionalmente posta como da atribuição exclusiva de determinados juízes, todos os outros carecem de jurisdição, os juízes desse ramo do Poder Judiciário carecem, por igual, de jurisdição, no que extrapola dos limites que lhes foram postos constitucionalmente.

Por isso mesmo temos sustentado ser **inexistente** toda e qualquer decisão de um órgão de determinado ramo do Poder Judiciário no tocante a matéria estranha aos limites de sua atribuição constitucional.

Escrevemos em nossos Comentários:

> "O poder de julgar do magistrado tem suas raízes na Constituição. Por isso mesmo se diz que ela é fonte do poder jurisdicional. Só nos limites nela fixados está o juiz investido do poder de julgar.
>
> Constitucionalmente, o poder de julgar foi repartido entre as chamadas jurisdições especiais (penal-militar, art. 129; eleitoral – art. 137; do trabalho – art. 142; federal – art. 125) e a comum – remanescente. A investidura dos órgãos dessas jurisdições já lhes confere poder de julgar **limitado** constitucionalmente, de sorte que o exercício de suas atividades fora dos limites traçados pela Carta importa, mais que em defeito de competência, em **defeito de jurisdição**. O que façam ou realizem fora dos limites constitucionais é, em tudo e por tudo, semelhante à atividade do **não-juiz**, conseqüentemente, ato inexistente juridicamente, do ponto de vista processual" (Comentários ao CPC, vol. III, 3ªed., pág. 391).

E isso é exato tanto para o processo de conhecimento como para o processo de execução. A legalidade, a eficácia e até mesmo a existência dos atos executórios é matéria a respeito da qual só os juízes do trabalho podem, jurisdicionalmente, se pronunciar.

Este princípio, vale, inclusive, para o processo de falência, ou de concordata ou de execução por quantia certa contra o devedor civil insolvente.

Ignorar esse ângulo do problema é, data vênia, resolvê-lo insatisfatoriamente. E é o que nos parece aconteceu com os que atribuem à Justiça Comum e ao juiz da falência legitimidade para promover atos executórios, com apoio em título constituído na Justiça do Trabalho.

Execução é jurisdição, não administração. Sendo jurisdição, só pode ser realizada por quem constitucionalmente provido do poder de julgar no caso concreto. A distribuição do poder de julgar a nível de norma fundamental é insuscetível de qualquer modificação pelo legislador ordinário. E ofende a esse princípio, deixando-se atingir pelo vício da inconstitucionalidade, qualquer decisão que o contrarie, reconhecendo competência para a prática de atos de execução de decisão trabalhista a juiz outro que não os magistrados integrantes da Justiça do Trabalho.

28. Por força disso, o Supremo Tribunal Federal, em mais de uma oportunidade, já decidiu que é da Justiça do Trabalho e não do juízo falimentar a competência para execução de crédito trabalhista.

Vale a pena transcrito[25] voto proferido pelo Ministro Victor Nunes Leal, no Conflito de Jurisdição nº 2. 954, do Paraná, proferido em 22 de outubro de 1964:

> "Em relação à Concordata, a Súmula 227 dispõe: a concordata de empregador não impede a execução de crédito nem a reclamação do empregado na Justiça do Trabalho."
>
> "Também já temos decidido do mesmo modo em caso de falência, como no Conflito de Jurisdição 2.646, de 6-7-62, D.J. de 29-11-62, p. 789. Ali, iniciada a liquidação durante a concordata, mandamos, unanimemente, que prosseguisse após a decretação da falência.
>
> Em face da Lei 3.726, de 11-2-60, que alterou o art. 102 da L.F. para dar privilégio especialíssimo aos créditos trabalhistas, o dr. Ministro Hahnemann Guimarães tem sempre sustentado a competência da Justiça do Trabalho, seja em caso de concordata, seja em caso de falência.
>
> Durante algum tempo tive dúvida quanto à falência. Mas estou convencido de que deve ser dado igual tratamento à concordata e à falência, já porque a concordata preventiva se pode transformar em falência, já porque a falência se pode converter em concordata extintiva. Não seria lógico, nem corresponderia à similitude dos dois processos, distinguir as situações, no tratamento do problema que ora examinamos." (ver RTJ, 33, pág. 727).

Esse entendimento de nossa mais alta Corte de Justiça foi referendado em momento posterior, quando do julgamento do Recurso Extraordinário nº 52.794, consignado na Revista Trimestral de Jurisprudência, vol.33, págs. 726 e segs.

Antes, também, em 6 de julho de 1962, o mesmo Supremo Tribunal Federal já houvera, em decisão plenária, assentado que:

> "Crédito por salários, havido por decisão transitada em julgado, não está sujeito a concurso de credores, nem a habilitação em falência ou concordata. Cede passo só a um privilégio maior, cuja garantia fica incólume até o limite da dívida." (LTr, 31/638).

---

25. Redação original.

Esta decisão, proferida no Conflito de jurisdição nº 2.645, suscitado pelo juiz presidente da JC de Taubaté, Clovis C. Salgado, acolheu as razões desse ilustre magistrado que também invocava em seu apoio o magistério de Walter T. Alvares e Waldemar Ferreira, no sentido de que a superveniência da falência não suspende a ação nem desloca a competência do Juízo, prosseguindo as ações o seu curso normal, por força da posição privilegiadíssima do crédito trabalhista.

Vale ainda ressaltar que a decisão proferida no anterior Conflito, o de nº 2.954, dizia respeito a hipótese em que, estando em curso a falência da firma Flavio Mendes & Cia., perante o juiz de direito da Vara de Falências, 1ª JC de Curitiba, executando a sentença trabalhista, mandou penhorar e leiloar bens da massa falida.

O STF, nessa circunstância, prestigiou o comportamento do juiz trabalhista, afirmando-lhe a legitimidade, com o que, de modo exato, fez prevalecer a prescrição constitucional.

29. Pode-se argumentar no sentido de que esse entendimento deixaria o crédito trabalhista imune a todo e qualquer concurso. A afirmativa, entretanto, será, errônea, se não colocada nos seus devidos termos.

Há relações entre causas que a doutrina define como de conexidade. Elementos comuns a várias demandas determinam vínculo tão estreito entre elas que a decisão de uma certamente influirá na decisão de outra, havendo o risco de sentenças conflitantes. Entre os vários modos de conexão, destaca-se o denominado de prejudicialidade, quando a decisão proferida numa causa influi no teor ou conteúdo de outra (cf. Barbosa Moreira, Questões prejudiciais e coisa julgada, págs. 37 e segs.).

Entre as muitas formas de prejudicialidade está aquela em que uma das causas, a prejudicial, pende em juízo com competência insuscetível de prorrogação, pelo que se fala em prejudicialidade externa, como por exemplo, a relação existente entre a ação penal por bigamia e a ação civil em que se procura obter a declaração da nulidade absoluta de um dos casamentos. Sem que se decida a questão cível impossível decidir-se a questão criminal.

Nessa hipótese, prevê a lei e, mesmo no seu silêncio, recomenda a doutrina se proceda à denominada suspensão prejudicial do processamento da causa prejudicada.

Havendo processo de falência em curso e existindo execução trabalhista, se colocado o crédito do trabalhador em situação legal de dever submeter-se a concurso com outros, porque não prevalecendo sobre eles estaríamos diante de uma hipótese de prejudicialidade externa, pelo que o recebimento do produto da arrematação só poderia ocorrer, em favor do credor trabalhista, depois de definida, no cível, (que seria o único juízo competente) e na ação de falência, a posição relativa do seu crédito em concurso com outros de igual ou superior posição no quadro geral dos credores.

A competência constitucional da Justiça do Trabalho não pode nem seria afetada. Mas a relação de prejudicialidade entre as causas obrigaria a suspensão da entrega do produto ao credor trabalhista, se a ordem de preferência de seu crédito dependesse de acertamento judicial posto na competência constitucional da justiça comum.

Essa possibilidade foi definitivamente afastada em nosso direito positivo. Dada a posição eminente e incontrastável do crédito trabalhista, independe ele de acertamento judicial para definição de sua posição dentre os credores, de sorte que só outro credor trabalhista com ele pode concorrer, e tal concurso é da competência exclusiva da Justiça do Trabalho, como incidente da execução trabalhista.

30. Enfrentados os problemas da posição do crédito trabalhista no elenco dos privilégios deferidos pela lei brasileira e da posição do credor hipotecário no concurso particular de credores, cabe-nos, agora, examinar a possibilidade do credor com garantia real, em execução trabalhista, obter a adjudicação do bem levado a hasta pública.

Assunto pacífico o de que o direito processual comum é apenas fonte subsidiária do direito processual do trabalho, aplicável exclusivamente nos casos omissos (CLT, art. 769). Por conseguinte, em matéria de processo do trabalho primeiro se deve indagar da existência da norma expressa que disciplina o problema em questão e se ela existir, ao seu teor deve-se cingir o intérprete, colocando à margem quanto, em igual circunstância, prescreva o direito processual comum.

Cuidando da execução trabalhista, a CLT, em seu art. 888, § 1º, prescreve que

"A arrematação far-se-á em dia, hora e lugar anunciados e os bens serão vendidos pelo maior lance, tendo o exeqüente preferência para a adjudicação".

Diversamente dispôs o Código de Processo Civil.

Segundo ele, a adjudicação, pelo credor exeqüente, só é possível se a praça se findar sem lançador (art. 714), pelo que foi excluída a preferência do exeqüente em relação ao arrematante, o que ainda subsiste na legislação processual trabalhista.

Por outro lado, prevê o CPC o concurso entre credores penhorantes, para efeito de adjudicação, desde que hajam obtido constrição sobre mesmo imóvel, e nessa hipótese a adjudicação se deferirá a quem, na licitação entre exeqüentes, oferecer o maior lance, assegurada preferência, em condições de igualdade, ao credor hipotecário (art. 714, §§ 1º e 2º).

Dessa disparidade de preceituações se conclui, sem possibilidade de dúvida, a inaplicabilidade do disposto nos arts. 714 e 715 do CPC ao processo executório trabalhista.

Esta, aliás, a opinião de Wagner D. Giglio (Direito processual do trabalho, 4ª ed., pág. 431) e de Coqueijo Costa (Direito judiciário do trabalho, pág. 596).

No caso da consulta, aliás, mesmo que se propugnasse, contra a lei, a aplicação subsidiária do CPC, ela não beneficiaria o credor hipotecário, por ausência de penhora, em ação de execução por ele promovida, incidindo sobre o bem constrito na execução trabalhista. E a existência de penhora é, no sistema do CPC, pressuposto necessário para concorrer à adjuclicação (art. 714, § 1º).

CONCLUSÃO

Respondemos, assim, às perguntas formuladas:

A) O credor hipotecário, para requerer a instauração do concurso particular e dele participar, fazendo valer sua preferência, deve, antes, ter promovido a execução de seu crédito e obtido a penhora do bem gravado e já constrito.

B) O crédito trabalhista goza, hoje, no direito brasileiro, de privilégio absoluto e geral, incidindo sobre todos os bens penhoráveis do devedor e sobrepondo-se a todos os outros créditos, seja em falência, seja em execução contra o devedor insolvente, seja em concurso particular de credores.

C) Os embargos de terceiro do credor com garantia real reclamam, para sua admissibilidade, a existência de interesse, o que só ocorre quando, por fato alheio a sua vontade, o terceiro não logrou a penhora do bem ou ainda tem seu título pendente de certificação judicial.

D) Nos embargos do terceiro credor com garantia real ajuizado em execução trabalhista descabe o exame, mesmo **incidenter tantum,** da insolvência do devedor comerciante, só decretável no juízo comum: E se admissível for, a demonstração da prevalência do crédito trabalhista, uma vez instaurado o concurso universal no juízo comum, autoriza repelir-se os embargos, porque eles objetivariam atribuir ao credor com garantia real situação de que não desfrutaria, caracterizada que fosse a insolvência.

E) O credor trabalhista não está sujeito ao juízo universal da falência, visto como só a Justiça do Trabalho é competente para julgar os dissídios individuais de trabalho e executar as decisões que neles profira. Destarte, execução trabalhista iniciada não tem seu curso suspenso por força de decretação da falência do executado. Nem se pode obstar a venda em hasta pública de bem que seria arrecadável ou foi arrecadado pela massa, por força do que vem de ser afirmado. O único incidente possível seria o da suspensão prejudicial da entrega do produto, se dependesse de definição, no juízo da falência, a posição do crédito trabalhista no quadro geral dos credores. Isso, entretanto, hoje, no direito brasileiro, se fez despiciendo, visto como ao crédito trabalhista se concedeu, por sua própria natureza e independentemente de qualquer acertamento jurisdicional, posição eminente e incontrastável em relação a outro qualquer crédito, seja provido de garantia real, seja beneficiado com privilégio geral ou especial.

F) Na execução trabalhista, só o credor exeqüente tem preferência para a adjudicação, excluídos desse direito os credores concorrentes, mesmo quando titulares de direito real de garantia.

|19| A COMPETÊNCIA CONSTITUCIONAL DA JUSTIÇA DO TRABALHO[26]

1. A Carta de 1988 instituiu na técnica de repartir, constitucionalmente, a função jurisdicional, criando departamentos estanques, burocraticamente estruturados.

Assim é que seu art. 92, ao lado da definição dos tribunais superiores, instituiu a Justiça Federal, a Justiça do Trabalho, a Justiça Eleitoral, a Militar e a comum, definindo-lhes a competência. E disso decorrem consequências relevantes.

Sendo a Constituição a matriz da jurisdição, se ela já a confere com limites rígidos, isso significa, em última análise, que, fora desses limites, o juiz de determinado segmento é, no que diz respeito à esfera da competência constitucional dos outros juízes, um NÃO JUIZ. Quando se é investido como juiz federal, só se tem jurisdição para o que a Carta define como inserido na esfera da competência dos juízes federais. Fora desses limites, o juiz federal é um não juiz. E o mesmo vale para os demais.

Daí porque sempre afirmamos ser a decisão de um juiz desprovido de competência constitucional uma decisão inexistente, não decisão inválida ou rescindível. Ela é um ato ferido de ineficácia intrínseca e essencial.

Conclusão a retirar do que vem de ser exposto: só os juízes investidos em cargos de magistrado da Justiça do Trabalho podem decidir os litígios apontados no art. 114 da Constituição Federal e só esses litígios podem ser por eles decididos. Conseqüentemente, é da maior relevância precisar-se, com o máximo de exatidão e concordância, o sentido de quanto prescrito pelo art. 114 referido.

2. Diz o texto em questão que à que JT compete conciliar e julgar os dissídios individuais e coletivos entre trabalhadores e empregadores. Aqui a novidade do termo "trabalhadores", substituindo o tradicional "empregados". Alguma conseqüência prática se pode retirar da mudança? Creio que nenhuma. Em primeiro lugar, permanecendo, no outro polo, empregador, necessariamente, pouco importa o escrúpulo semântico, teremos, como ALTER, o empregado. Segundo, a previsão de que a lei poderá estender a competência da JT a outras controvérsias decorrentes da relação de trabalho parece restabelecer o sentido restritivo tradicional. São de competência da TJ os dissídios que envolvem relações de emprego ou situações que,

---

26. Texto extraído de *ADV Advocacia dinâmica*: boletim semanal. V. 10, n. 5, ADV-COAD: fev 1990.

POR FORÇA DE LEI, a elas sejam assemelhadas. Creio não incidir em equívoco afirmado que, no particular, quanto decidido e ensinado antes prevalece, ainda.

3. O art. 114 prossegue dizendo estarem abrangidos os entes de direito público externo. Isto é, os estados estrangeiros e suas representações e agências, no tocante às relações com seus empregados, no Brasil, sujeitam-se à jurisdição brasileira e à competência constitucional da JT.

Afirmei, em conferência proferida em Vitória, que o dispositivo fora infeliz e será inócuo. Objetaram-me, trazendo a baila o trabalho de GEORGENOR DE SOUSA FRANCO FILHO, publicado na Revista Jurídica do Trabalho, Ano II, n.o 4. "Data venia", quanto afirmado pelo ilustre jurista e magistrado não modifica seu pensamento.

Em primeiro lugar, não é a Constituição a matriz para definição da competência internacional da jurisdição brasileira. Não se procedeu assim no tocante a nenhuma outra especialização constitucional, por que a exceção, no particular de JT? Em segundo lugar, vige, em termos de competência internacional, o princípio da efetividade, e será lamentável a Constituição prever uma competência desprovida do poder de império, à qual se oporá a realidade, mais fática que jurídica, da imunidade dos bens integrantes do patrimônio de um Estado estrangeiro. O lugar próprio para atender às múltiplas e variadas exigências do intercâmbio internacional, político e jurídico, além de econômico e cultural, são os tratados e convenções, parecendo-nos lamentável dizer-se, amanhã, para nada, que tratados e convenções são inconstitucionais no pertinente à disciplina da competência jurisdicional internacional.

Finalmente, a justificativa dada, se ser necessário dirimir a divergência jurisprudencial e doutrinária existente a respeito, carece de maior força, pois defere à Carta Magna um papel menor, que lhe cumpre desempenhar.

A Súmula 83 do TFR afirmava competente a justiça Federal para processar e julgar reclamações trabalhistas contra representação diplomática de país estrangeiro. Nada mais acertado. Se era a JF a competente para os litígios envolvendo a União (pessoa jurídica de direito público internacional) lógico dever a ela se atribuir o julgamento dos litígios envolvendo pessoas jurídicas de direito público externo que não apenas o Brasil. À JT só se reservara competência para litígios entre as pessoas jurídicas de direito público interno. E nessa categoria não se inseriam os países estrangeiros.

A nova Constituição eliminou isso. Ao invés de diferenciar em função da pessoa, distinguiu atendendo à natureza da relação jurídica de trabalho. Se o regime não for estatutário nem o específico a servidor público, a competência será, sempre, da Justiça do Trabalho. Em caso contrário, da Justiça Federal e das Justiças Estaduais. Essa definição nova ainda tornou mais sem sentido, "data venia" a incursão constitucional em matéria de competência internacional da JT.

O problema envolve muitas outras dificuldades, inclusive a indagação básica de se é possível submeter uma nação estrangeira à legislação nacional, quando a ela se autoriza estar em território brasileiro sem abdicar de sua condição de nação soberana, apenas submetida a suas leis e aos seus juízes. Isso, entretanto, é somente um complicador a mais de uma questão que, com a "máxima venia", se pretendeu, ingenuamente, resolvida.

4. Diz, ainda, o texto, estarem abrangidos os entes da administração pública direta e indireta dos Municípios, do Distrito Federal, dos Estados e da União. Considero a solução extremamente infeliz. E explico-me.

Não há porque nem como se assemelhar a relação de trabalho privada com a relação de emprego público. Situações fundamentalmente diversas, pedindo disciplina jurídica por igual diversificada. Entregar a solução desses litígios aos mesmos juízes é permanecer na crença de que as pessoas podem realizar o milagre de se reciclarem, a cada instante, para pensar, adequadamente, realidades diversas, que reclamam um despojar-se de quanto antes pensávamos e dos condicionantes antes internalizados, para investir-nos, em termos de novidade, de valores novos e novos condicionantes, exigidos pelo novo que temos que compreender e disciplinar. Só muita ingenuidade ou muita irresponsabilidade pode levar-nos a acreditar seja possível tamanho milagre.

Para simplificar ao máximo: no conflito privado, há sempre o competente de que o trabalho do empregado é a matriz do lucro do empregador (a mais valia), donde ser possível o confronto entre um e outro elemento para deduzir o justo do caso concreto. Sem esquecer que a solução envolverá, sempre, e quase exclusivamente, empregadores e empregados determinados, com repercussão apenas indireta, comumente remota ou até irrelevante, no que diz respeito à sociedade como um todo.

Na relação de emprego público, tudo é diferente. O Estado é, em última análise, o gestor do que é de todos. Ele não dispõe de recursos próprios; nós, contribuintes e cidadãos é que lhe proporcionamos capital, retirando, para isso, uma parcela de nosso ganho. Ele não pode auferir lucro, nem tem esse objetivo. Nada nele é privatizável. Tudo que a ele acresce é ganho coletivo. Falar-se em mais valia, no tocante ao Estado, reclamaria desqualificar-se esse conceito de modo absoluto. O Estado constitucional nada pode arbitrariamente. Seus gastos dependem de autorização legal e reclamam o controle do Parlamento, órgão essencial à fiscalização da coisa pública.

Como diante de tudo isso, disciplinar-se homogeneamente as relações de emprego público a de emprego privado? Essa assemelhação, que a Revolução Golpe de 1964 tentou fazer, em benefício dos que assaltaram o poder, já causou males profundos ao país e respondem, em boa parte, pela proclamada e reconhecida falência do Estado entre nós. À deformação clientelista, que vem de nossas origens, somamos o que resultou do ataque enlouquecido que as elites dominantes e seus corifeus da classe média empreenderam contra os cofres públicos, consumando uma vergonhosa privatização do espaço público entre nós, e da coisa pública.

Urge, a meu ver, definir-se o regime especial do servidor público, eliminando-se essa categoria anômala dos celetistas do serviço, com o que se cortará pela raiz os riscos que a solução constitucional pode significar. Em verdade, só no tocante às agências do poder público que se colocam sob as leis do mercado e operam de forma atípica, como se entidades privadas fossem, é que se faz aceitável o regime constitucional, deferindo à JT a solução dos litígios entre empregado e empregador público.

5. Cumpre, ainda, analisar a parte final do art. 114, "caput". Diz-se aí que, na forma da lei, outras controvérsias decorrentes (dizia-se, antes, "oriundas") da relação de trabalho, bem como os litígios que tenham origem no cumprimento de suas sentenças, inclusive coletivas, também se situam no âmbito da competência da JT.

Distingo. Para mim, duas são as situações, bem diversas, e exigindo interpretação diferenciada. Os litígios que tenham origem no cumprimento de sentenças da JT são da competência exclusiva da JT, independentemente de lei. A matriz dessa conclusão é a própria Constituição Federal. Já sustentara antes, vigente a Carta outorgada de 67, que assim era, porquanto, só mediante expresso mandamento constitucional, se pode dissociar o "imperium" da "cognitio" e do "judicio" na função jurisdicional. O que é do decidido a ela pertence, salvo os casos de prejudicialidade externa.

Situação diversa a que diz respeito a outras controvérsias decorrentes da relação de trabalho. A doutrina distingue o contrato de trabalho da relação de trabalho. Naquele, o trabalho subordinado. Nesta, não só aquele, do qual seria causa, como outros de trabalho sem subordinação. Mas ainda, poderão vir para a competência da JT litígios que, embora não dizendo respeito a relação de emprego ou contrato de trabalho, tenham neles, um dos elementos integrantes da causa de pedir. Mas, aqui, só havendo lei expressa, Tanto lei anterior que, existindo, não tenha sido revogada pela CF, quanto lei nova que venha a ser editada.

6. Encerrando, talvez caiba uma palavra sobre o poder normativo da JT.

No âmbito do direito coletivo do trabalho, em termos de litígios, previu-se, na Constituição de 1988, a negociação coletiva, a arbitragem e o dissídio. Frustradas as duas primeiras formas de composição, faculta-se aos sindicatos interessados ajuizar o dissídio coletivo.

Primeiro reparo: dizendo "faculta-se", eliminou a Constituição a antiga legitimação do Ministério Público? Acredito que não. Facultar-se um sujeito não é legitimá-lo com exclusividade, e nas competências constitucionais do MP se inclui perfeitamente a de suscitar dissídio coletivo (art. 129, IX). Nem a amplitude do direito de greve, nem a ampliação da legitimação dos sindicatos inviabilizam a conclusão.

A segunda observação diz respeito à precisão constitucional de que à JT, nos dissídios coletivos, fica deferido o poder de estabelecer normas e condições, respeitadas as disposições convencionais e legais mínimas de proteção do trabalho.

Esse modo de dizer constitucional tem encorajado alguns juristas a afirmar que a JT tem, hoje, funções legislativas. No exercício de sua competência normativa, e no âmbito dos dissídios coletivos, seus critérios seriam políticos como os de legislador, e como ele apenas submetida aos limites constitucionais.

Repilo, convictamente, esse entendimento. Sem dúvida que o exercício da competência normativa tem a ver com a função legislativa, mas não é exercício de função legislativa, nem poderia sê-lo, porque é, também, atividade jurisdicional. As sentenças normativas são sentenças, decisões judiciais, solução de lide e, nesse sentido, jurisdicional: agir SUPERPARTES e "intra petítum". Disso decorre que o magistrado, na decisão normativa, não pode extrapolar os limites do pedido, ainda quando, no dissídio coletivo, o pedido tenha, por sua própria natureza, caráter generalizador, mas sua generalidade é "situada". Assim, o que pode a JT, em sentença normativa, é apenas aquilo que for necessário, estritamente, e nos termos postos pelos interessados, para dirimir o conflito, fixando preceitos que, embora de caráter geral, representam "aplicação" do direito como posto no ordenamento jurídico, para atuação no caso concreto. Também aqui, como em toda atividade jurisdicional, opera o princípio "jura novit curia", entendido esse brocardo no único sentido aceitável em um estado democrático e social do direito, isto é, o juiz, na sua decisão, sempre motivada (do que não escapa a sentença normativa) aplica canones preestabelecidos, sem que se lhe faculte referir-se, ou apoiar-se em canones por ele arbitrariamente postos para o caso concreto, que lhe cumpre decidir (cf. "GIOVANNI VERDE, Profili del processo civile, pág. 15).

A matéria é fecunda e desafiadora, pedindo reflexão séria, postura científica, sensibilidade política e compromisso com a construção dessa democracia nova que, a falta de outro nome, costuma-se batisar com o nome da democracia participativa.

▶ PARTE II – DIREITO, PODER JUDICIÁRIO, CONSTITUIÇÃO E ESTADO

| 20 | REFLEXÕES SOBRE A REFORMA DO ESTADO[27]

I

Quando se pede reflexão sobre a reforma de alguma coisa implicitamente se coloca a natureza insatisfatória do que existe. Reformar é dar nova forma ou organização a algo existente. Refletir-se sobre a reforma do Estado implica o pressuposto da inadequação do Estado existente. Boaventura de Sousa Santos contrapõe, dialeticamente, *revolução* e *reforma* e afirma terem sido os dois paradigmas de transformação social da modernidade.

A primeira, é feita contra o Estado, enquanto a segunda é consumada pelo Estado. Poderíamos acrescentar que a primeira busca institucionalizar um novo tipo de organização política com o estabelecimento de uma nova correlação de forças, enquanto a segunda procura ajustar o existente para habilitá-lo a superar problemas de desempenho. Não altera a correlação de forças, simplesmente altera a intensidade com que essas forças operam na dinâmica do sistema.

Não podemos esquecer, entretanto, que o reformismo é impensável sem a revolução. As revoluções têm sido sempre o momento inaugural do reformismo porquanto o reformismo só tem sentido político enquanto processo pós-revolucionário. Mesmo quando seu objetivo seja prevenir a eclosão de uma revolução, a sua lógica opera por antecipação da situação pós-revolucionária.

Daí uma indagação fundamental – o que o presente momento histórico reclama é uma reforma ou uma revolução? A palavra revolução pode chocar. Sempre ocorreram como confrontos violentos em que os instrumentos de luta foram armamentos e estratégias militares. Mas será indissociável da revolução o modelo pelo qual elas se consumaram no passado? Acredito que não. Ghandi foi a prova de que outras estratégias de desestabilização se fazem possíveis. E espero sinceramente que sejam possíveis mudanças radicais sem os confrontos militares convencionais. Se isso for inviável, em verdade só poderemos ter uma revolução nos moldes clássicos e ela se mostra inviável e se tentada resultará em favor da dominação e em desfavor da emancipação. Caso a estratégia seja a de prevenir a eclosão da revolução, como frisado por Sousa

---

27. Texto extraído de *Repertório IOB de Jurisprudência*: tributário, constitucional e administrativo, n. 19, out. 2004.

Santos, sua lógica operará por antecipação da situação pós-revolucionária, e isso se mostra bem pouco viável na atual conjuntura.

Fora disso, só a desagregação, por inviabilidade da revolução e pela falta de vontade política no antecipar a situação pós-revolucionária, perdurando a disfuncionalidade da organização tornada obsoleta ou inadequada até sua autodesintegração.

Se essa reflexão for correta, nosso momento histórico não é de consumação de reformas do Estado, mas de construção de um novo tipo de Estado, vale dizer, estamos num contexto pré-revolucionário ou no mínimo pressagiador dessa conjuntura, queiramos ou não. Um período histórico que é demasiado prematuro para ser pré-revolucionário e demasiado tardio para ser pós-revolucionário. É esse o nosso período histórico. Mas, como antes advertido, isso não significa necessariamente mudança para melhor, sim passagem de um tipo de Estado para outro tipo de Estado, que não será nem mais democrático nem mais social, sim um novo Estado.

A história dos últimos séculos já nos comprovou o que venho de afirmar. Foi uma revolução que desestruturou o feudalismo e instituiu o Estado moderno, fruto da associação do rei com a burguesia em desfavor do policentrismo feudal. Uma nova correlação de forças se institucionalizou. Progressiva centralização do poder segundo uma instância sempre mais ampla que termina por compreender o âmbito completo das relações políticas. Concomitante afirmação do principio da territorialidade da obrigação política e progressiva impessoalidade do comando político – ofício, função.

Foi uma revolução que desestruturou o Estado monárquico e institucionalizou o Estado liberal constitucional, também alicerçado em uma nova correlação de forças, buscando a interação entre empresa, Estado e famílias, sob a égide das leis do mercado. Foi uma revolução que substituiu o modelo liberal pelo modelo social-democrático, porque presente uma nova correlação de forças. Para que pudéssemos falar, no momento, em reforma do Estado, teríamos que demonstrar estarmos em face não de uma substituição do Estado Social Democrata, mas de ajustamentos em sua organização com vistas a aperfeiçoá-lo ou refuncionalizá-lo. Essa postura é falsa e mesmo no discurso insosso da terceira via. Queiramos ou não o momento histórico que vivemos não é mais de reformas. Ele está gestando uma revolução ou já é um processo revolucionário em curso. Busca-se a institucionalização de um novo modelo de Estado, em função da correlação de forças existentes ou que se pretende venha a existir.

Vou tentar ser mais claro. O homem é liberdade, capacidade de optar e decidir enquanto indivíduo. A convivência humana exige, para que seja viável, a sua regulação social. Sem coercibilidade a regulação social é inviável e a forma mais acabada de coercibilidade é aquela que se efetiva mediante o monopólio do uso legítimo da força, só possível pelo poder político institucionalizado e centralizador da normatividade social impositiva. Essa institucionalização é fruto do pacto que se consuma entre as forças hegemônicas, com vistas a obterem segurança para sua hegemonia mediante a legitimação da dominação obtida pelo assentimento dos dominados, num jogo de soma positiva de poder. Organização política sem alicerce num sistema de dominação é impensável, como impensável uma organização política duradoura sem legitimação, cujo alicerce é sempre uma ideologia.

O que ocorre no presente momento? A crise do Estado do Bem Estar Social que o consenso de Washington e o projeto do Banco Mundial pretendem ver superado por um novo modelo de Estado liberal desnacionalizado. Tenho ousado dizer que vivemos um momento histórico em parte similar ao que precedeu a substituição do Estado nacional monárquico pelo Estado liberal democrático. A burguesia aliou-se ao rei para desestruturar a organização feudal. Permaneceu a dualidade entre o poder político e o poder econômico. Foi ela superada com o Estado liberal democrático em que se dispensou o rei e se integrou o poder político com o poder econômico. Institucionalizou-se o capitalismo selvagem. O capitalismo organizado necessitou do Estado-nação que centralizava a regulação social e assegurava a territorialização do poder econômico. Nos nossos dias, o poder econômico já não é tão dependente da territorialização e a poliarquia dos poderes nacionais são, hoje, para o capital financeiro volátil e para a extrema mobilidade que a tecnologia deu ás unidades de produção, um entrave ao invés de um benefício. Daí a luta por sua desestruturação mais que por sua fragilização. Como advertem alguns pensadores políticos o capital internacional não quer um Estado fraco sim um Estado diferente, porquanto só um Estado forte pode gerar sua própria fraqueza, que não é interna, mas internacional. Cede-se soberania para um soberano supranacional. O que agrava a atual conjuntura é que esse Estado supranacional ainda não está institucionalizado o que torna o momento presente extremamente amorfo e de difícil operacionalização.

A forma política mais acabada do reformismo foi o Estado do Bem Estar Social nos paises centrais e o Estado desenvolvimentista nos paises semiperiféricos e periféricos. O reformismo assenta na idéia de que só é normal a mudança social que pode ser normalizada. A lógica da normalização deriva de uma **simetria entre *melhoria* e *repetição*.** A repetição é a condição da ordem, e a melhoria a condição do progresso.

A mudança social normal é determinada pela seqüência de momentos de repetição e momentos de melhoria **A articulação entre repetição e melhoria permite conceber a mudança social como um jogo de soma positiva em que o processo de inclusão social sobrepuja o de exclusão social.** Essa perspectiva legitimadora é que está em crise.

O papel central do Estado nacional na mudança social reformista desdobrou-se em *três estratégias fundamentais* – **acumulação, confiança e legitimação.** Através da estratégia da **acumulação** garantiu a estabilidade da produção capitalista Pela estratégia da **confiança** – garantiu a estabilidade da expectativa dos cidadãos ameaçados pelos riscos decorrentes da externalidade da acumulação capitalista e distanciamento das ações técnicas em relação a sua conseqüências Pela estratégia da **hegemonia** garantiu a lealdade das diferentes classes sociais à gestão estatal das oportunidades e dos riscos, mantendo assim sua estabilidade.

Detalhe do campo da intervenção estatal em cada uma das estratégias O campo da intervenção social da estratégia da **acumulação** é a mercantilização do trabalho, de bens e serviços. O **momento de repetição** é a sustentabilidade dessa acumulação e o **momento da melhoria** o crescimento econômico. Código binário promover o mercado/restringir o mercado

A estratégia da hegemonia abrange três campos sociais de intervenção – **primeiro o da representação e participação política; código binário democrático/antidemocrático; A repetição é a democracia liberal e a melhoria a expansão dos direitos.** O segundo campo é o do consumo social – código binário justo/injusto. **A repetição é a paz social e a melhoria a equidade social;** O terceiro campo é o do consumo cultural, a educação e a comunicação de massa. Código leal/desleal. **O momento da repetição é a identidade cultural e da melhoria é o da distribuição do conhecimento e da informação.**

A **estratégia da confiança** abrange também três campos de intervenção social. O primeiro o dos riscos nas relações internacionais avaliados segundo código amigo/inimigo. **Repetição – soberania; melhoria – luta por melhor posição no sistema mundial** O segundo campo o dos riscos das relações sociais (dos crimes aos acidentes) sujeito ao código legal/ilegal, relevante/irrelevante. **Repetição é a ordem jurídica em vigor e melhoria prevenção dos riscos e aumento da capacidade repressiva.** O terceiro campo é o dos riscos da tecnologia e dos acidentes ambientais Código binário seguro/inseguro, previsível/imprevisível. **Repetição o sistema de peritos, melhoria o avanço tecnológico.**

O paradigma reformista assenta em três pressupostos (1) os mecanismos de repetição e melhoria operam eficazmente no território nacional sem grande interferência externa e sem turbulência interna. (2), a capacidade financeira do Estado assenta em sua capacidade reguladora, (3) os riscos e os perigos que o estado gere através das estratégias de confiança não ocorrem com grande freqüência e quando ocorrem é numa escala administrável. Esses pressupostos não mais estão presentes. Logo, o reformismo hoje preconizado a ser qualificado como reformismo tem outra filosofia, outros propósitos e outra estratégia que não os anteriores.

II

Nesse cenário, precisamos colocar o que seja específico de nosso Brasil. Não podemos falar em crise do Estado do Bem Estar visto como jamais tivemos um Estado do Bem Estar. Insensatamente, contudo, constitucionalizamos o mais avançado Estado do Bem Estar do mundo e isso nos fins da década de 80, quando a crise desse modelo já alcançava quase duas décadas. Sempre fomos assim tão avançados em termos formais, quanto atrasados em termos institucionais. Esse descompasso nunca gerou maiores problemas em virtude da baixíssima politização da sociedade. Mas ela vem decrescendo e isso põe na liça uma serie de demandas que por impotência de atendimento pela via política tendem a desembocar no Judiciário, que se politiza de modo preocupante, porque desfuncionalizador, isto é, gerador de ingovernabilidade. A par disso, a natureza estamentária de nossa sociedade favorece a institucionalização de privilégios e esses privilégios se tornam invulneráveis graças a um tipo de organização política que prima pelo excesso de autonomias e escassa institucionalização integrativa e controladora. Somos uma democracia, se é que o somos, em que se consegue casar liberdade sem responsabilidade e poder sem controle e efetiva responsabilização. Prometemos demais a todos, mas só concedemos muito a poucos e frustamos cada vez mais ao maior número. Privatizamos o público quando investidos de poder e publicizamos o privado quando excluídos do rol dos privilegiados sempre à espera da dádiva paternalista que nos descomprometa do risco de administrarmos a liberdade que postulamos. Esta nossa fragilidade interna nos coloca mais vulneráveis internacionalmente.

A despolitização da atividade econômica – a autonomia do mercado – o Estado liberal. Família, Estado, empresa.

A questão social – sua politização e o Estado do Bem Estar Social – a questão social entra na agenda política pela mão da democracia e da cidadania, isto é, foi submetida a critérios não capitalistas – não eliminar o capitalismo mas mantê-lo sob controle – esse controle do capitalismo como conseqüência significou legitimá-lo como causa – o capitalismo realizaria todas as suas potencialidades por via do reconhecimento de seus limites.

Reformismo no seu sentido mais amplo foi o processo político através do qual o movimento operário e seus aliados resistiram à redução da vida social à lei do valor, à lógica da acumulação e às regras do mercado por via da incorporação de uma institucionalidade que garantiu a sustentabilidade de interdependências não mercantis, cooperativas, solidárias, voluntárias. – regulação do trabalho, proteção social contra os riscos sociais segurança contra a desordem e a violência – realizou uma articulação específica entre os três princípios de regulação da modernidade – o do Estado, o do mercado e o da comunidade.

A socialidade do homem – organização, não organismo – impossível falar-se em sociedade humana sem se associar essa coletividade a uma organização – conjunto der instrumentos (órgãos) coordenados por um individuo ou grupo, com vistas à consecução de determinados fins – existe sempre.

Sempre há uma organização política, que centraliza a regulação social impositiva – inclusive convivem e concorrem várias organizações – um sistema pluralista – mais coordenação que subordinação. Nesse sentido sempre houve um centro de poder. Chamamos de Estado um centro de poder institucionalizado na modernidade e por força de imperativos econômicos e políticos.

As matrizes – a cisão da unidade cristã – a reforma – libertar o poder temporal da tutela do poder espiritual – A desconstrução do pluralismo feudal.

| 21 | REPESENSANDO A TEORIA DA CONSTITUIÇÃO[28]

1. A vastidão e complexidade do tema e a limitação do espaço e do tempo de que disponho para dissertar sobre ele impõem-me seja um tanto telegráfico e tópico, sem sacrifício do suficiente para sua compreensão e dos fundamentos em que me apoio para justificá-la. Inicio afirmando que a condição humana assenta em alguns pressupostos. Ela se constituiu quando nossa regulação pelo instinto foi substituída pela regulação social, do que decorreu, necessariamente, para essa espécie nova – o homem, a inelutabilidade da *opção*. Compelido a decidir, fez-se imprescindível a reflexão sobre o comportamento mais produtivo (economia de esforço com obtenção de melhor resultado) e sobre o mais indicado para a boa convivência social (reduzir a competição e o conflito logrando maior cooperação) donde se dizer que a condição humana tem como componentes necessários a lógica e a ética. Mesmo quando se pretende por em cheque a racionalidade humana, essa própria atitude cética já envolve o pressuposto da racionalidade e quando se adota uma posição cética em matéria de moralidade, essa atitude já implica um juízo de valor. Queiramos ou não, somos irremediavelmente prisioneiros desses condicionamentos da condição humana1.

2. Por outro lado, a exigência da opção, que pressupõe a liberdade, a par da inelutável interdependência entre os homens, necessariamente geradora de limitações a essa liberdade, impuseram a organização de sua convivência, também submetida aos imperativos da racionalidade e da moralidade. A par disso, a diferença e a desigualdade entre os homens2, também co-natural à condição humana, faz de toda relação social uma relação de poder, o que, em termos coletivos, impõe a institucionalização de um sistema de divisão do trabalho social e de apropriação do produto desse mesmo trabalho social, o que se dá em termos assimétricos, sempre em benefício dos favorecidos, hegemonicamente, pelo diferencial de poder. Destarte, em toda ordem social há um componente de dominação, sem prejuízo da exigência de um mínimo de consenso (legitimação) indispensável para haver a cooperação que dá estabilidade à ordem instituída. Em síntese – uma permanente tensão dialética entre dominação e cooperação, sujeição e insubmissão, regulação e emancipação3.

3. A essas convicções, somo a de que a interação do homem com o existente se dá, necessariamente, através dos sentidos. O que denominamos de *objetivo* é estruturado

---

28. Texto extraído de *Revista Eletrônica de Direito do Estado*. N. 1, Salvador: 2005.

pelas nossas sensações, que se fazem percepções e se exteriorizam mediante nomes, juízos, proposições, linguagem, discurso. Assim é porque não nos bastam os sinais, suficientes para a comunicação dos outros animais, pelo que acrescentamos os signos, que possibilitam darmos sentido e significação a todas as coisas. Sentido e significação que precisamos dar a tudo e a todo o nosso agir, por força da necessidade de comunicarmos ao outro também a nossa subjetividade. O mundo do homem é em verdade um complexo de sentidos, de significações e de comunicações. Os poetas já expressaram isso pelo gênio de Fernando Pessoa, ao afirmar, indagando: *Pois que é tudo senão o que pensamos de tudo?* Também já se asseverou, com pertinência, que a sociedade não é um conjunto de fatos, sim uma rede de comunicações.

4. Dessa observação recolho a convicção de ser necessário refletir sobre o que chamamos de *real*, o conjunto das coisas duradouras e consistentes que constituem nosso planeta, nossa pátria, nossa cidade, nosso lar, nosso mundo interior, nossas convicções. Em outros termos – o nosso lugar, o nosso espaço, o nosso modo de ser. Refletindo sobre isso, concluo haver algo até ao qual não chegamos, por força da limitação de nossos sentidos. O *nosso real* é bem menor que o existente, o *real cósmico*. Para compreendermos essa limitação, é extremamente útil socorrermo-nos de uma comparação. A imagem de uma cena de filme ou de telenovela a que temos acesso exigiu houvesse uma intensa e significativa atividade, indispensável para que ela se tornasse possível, mas que é *ocultada* na cena colocada para nossa percepção. O "não presenciado", entretanto, é que é o mais relevante. O mesmo se dá em nossa "visão" do Universo. Apenas vemos um "fragmento", produto de um complexo existir e operar que escapa à nossa percepção e apenas pode ser por nós idealizado. Mas esse "fragmento" é que é o significativo para nós, tal qual a cena do filme ou da telenovela. Devemos aprender a conviver com essa limitação e aparente desencantamento, que se nos frustra, por convencer-nos de que esse "oculto" jamais será desvendado, não nos impede de viver a experiência que o "percebido" pode nos proporcionar. A *realidade* a que temos acesso é o chão sobre o qual devemos caminhar.

5. A representação do existente (e do *real cósmico* só podemos ter sua representação, como estruturada em nosso pensamento com a intermediação de nossos sentidos – um fragmento, portanto) é o que chamo de *ideologia* (o que idealizamos como sendo o existente, no complexo tecido dos sentidos e significações que lhe emprestamos). Ela é co-natural a todo ser humano e indissociável do comportamento humano. Quando compartilhada socialmente em termos hegemônicos, se torna *paradigma*. Uso esse termo tanto para expressar a representação produto do senso comum coletivo (do mundo da vida) quanto a resultante do conhecimento filosófico e científico, inclusive em sua dimensão técnica, dos detentores dos saberes especializados e sistematizados, integrados no mundo da administração (poder político) e do dinheiro (poder econômico).

6. Vários têm sido os paradigmas através dos tempos, inclusive paradigmas diferentes têm convivido e convivem num mesmo momento histórico, ainda que em espaços culturais distintos. Nós, ocidentais, já há alguns séculos, pensamos e agimos (prioritariamente) na perspectiva do chamado paradigma da modernidade. Impossível tentar, aqui, analisá-lo profundamente, pelo que nos limitaremos apenas a explicitar suas características mais expressivas e enfatizar o que nele é relevante para o nosso modo atual de pensar o direito. Inicialmente, menciono o que pode ser chamado de *laicização do comportamento humano*, isto é, sua liberação de uma regulação de natureza religiosa prescrita pela divindade e eclesiasticamente formalizada. Deus deixou de ser intermediado pelo sacerdote e passou a sê-lo pela razão, um influxo da divindade em cada indivíduo, não privilégio de alguns, mas dádiva deferida a todos os homens. Posteriormente, desvinculou-se a razão da própria idéia de Deus e ela passou a ser entendida como se bastando a si mesma, um modo de ser da matéria em sua expressão humana. O passo final foi o privilegiamento dado à razão instrumental, por força do êxito obtido pelas ciências exatas, que se atribuíram virtudes outrora deferidas à divindade – onisciência e infalibilidade. O cientificismo passou a marcar decisivamente o conhecimento humano e a técnica se tornou o instrumento de sua validação, graças aos resultados obtidos com sua aplicação aos avanços das ciências, de tudo isso resultando a chamada ideologia tecnocrática, que se refletiu também no campo do jurídico. Traduziu-se, nele, pela ênfase emprestada à dimensão dogmática do direito, exacerbada até ao extremo de uma teoria pura e de uma teoria autopoiética.

7. No âmbito específico do político, de que é indissociável o jurídico, o paradigma da modernidade levou à teorização da soberania popular, com seus consectários dos princípios da igualdade e da legalidade. Se soberano somos todos, enquanto povo, como categoria política, por certo que nenhum homem pode ter outro homem como seu senhor, Sendo assim, e para atender-se à necessidade de sua convivência em termos positivos, necessitavam os homens de deixar de obedecer a outros homens, passando a submeter-se a normas editadas pela *vontade geral* (expressão com que se tentou traduzir a exigência da auto-regulação social). Essa vontade deveria formalizar-se mediante a institucionalização de um processo de produção do direito em termos de expectativas compartilháveis e definição de modelos, previamente tipificados, para solução de conflitos. A crença na infalibilidade da razão humana emprestou a esse produto da vontade geral o caráter de um *direito natural racional*, ainda que de matriz política. Essa convicção trazia embutida uma outra: a de que a razão prática seria tão capaz de definir as leis da convivência humana, como a razão cognitiva se tinha revelado capaz de definir as leis da interação do homem com a natureza, permitindo-lhe manipula-la para os objetivos que se propusesse.

8. Esses fundamentos do paradigma da modernidade estão sendo, hoje, questionados4. A fé absoluta na razão sofreu um desgaste devastador. Denunciou-se que, em verdade, sob a capa dessa *racionalidade,* se ocultava o irracionalismo da hipertrofia da razão instrumental e conseqüente asfixia da razão comunicativa e da razão expressiva, fragmentando-se o homem como ser racional pleno. A ciência e a técnica passaram a colonizar o mundo da vida, desqualificando-o em três de suas ricas dimensões – a solidariedade e a fruição do belo e do prazeroso. Disso resultou a ênfase na domesticação do outro, mediante a desqualificação da atividade política, sufocada pela ideologia tecnocrática. A crise da ciência é também um fato. Começam a surgir os cientistas filósofos, eles próprios problematizando as desmedidas pretensões que alimentaram no passado. No século que findou, Einstein, com a relatividade, Heisenberg com a física quântica, a revisão da matemática e da lógica, os avanços da biologia levaram um premio Nobel das ciências naturais, como Prigogine, a falar no *fim das certeza*5 e filósofos e cientistas sociais, cada vez em maior número, mencionarem a crise, desintegração ou superação do paradigma da modernidade. Há os que acreditam sejam necessárias apenas correções de desvios por ele experimentados, como Habermas6, a par dos que afirmam sua superação, como Boaventura de Sousa Santos7, e dos que desistiram de exorcizar da condição humana sua contingência e ambigüidade, como Zingmut Baumann8, e os que aboliram de seu pensamento todo e qualquer finalismo, como Richard Rorty9. Em resumo, generalizaram-se a inquietação e a insegurança.

9. Impossível tudo isso não refletir sobre o direito, quando subverte o econômico, o político e o ideológico, que são suas bases, ou dizendo melhor, sua matéria prima. No particular do tema que me propus, as premissas que me levam a falar na necessidade de uma revisão crítica da teoria da constituição, elaborada segundo o paradigma da modernidade, são as seguintes: Se o direito é "produzido" pelos homens e não algo que lhes tenha sido "dado". Se ele é produzido para atender a determinadas necessidades humanas, o direito produzido na moldura do paradigma da modernidade pede seja **repensado,** se for exato que estamos saindo desse paradigma e ingressando num outro ainda não precisamente definido, visto como essa mudança de perspectiva é precisamente fruto do aparecimento de novas necessidades e exigências da convivência social.

10. Em que termos repensá-lo? Começaremos nossa reflexão a partir da idéia de *ordem.* Para os pré-modernos, a ordem era um *dado* ao homem, uma ordem natural a que todos deviam necessariamente se submeter. Só lhe cumpria procurar conhecê--la, a fim de ajustar seu comportamento ao que dessa ordem natural decorresse como inelutável Na modernidade, deu-se a inversão. A *ordem* passou a ser *tarefa e projeto* dos homens. Antes de nos submetermos a uma ordem natural, deveríamos nela intervir para lograrmos a *ordem social* desejada na perspectiva do homem. Essa mesma inversão ocorreu no tocante ao direito, sempre associado à idéia de *ordem* na convivência social. Visto, antes, como algo *dado aos homens* (direito natural) que apenas precisavam conhece-lo e aplica-lo, passou a ser uma de suas tarefas. À ordem

natural das coisas correspondia, no passado, a ordem natural (jurídica) da convivência humana. Com o paradigma da modernidade, que a desqualificou, o direito dela se desvincularia, passando a ser entendido como *um que fazer* dos homens. Não algo *dado,* sim algo a ser *produzido* (politicamente) como *ordem jurídica.*

11. Outro aspecto relevante. Enquanto na pre-mdoernidade se via o mundo como pronto, acabado, apenas objeto de contemplação, observação e compreensão, a modernidade privilegiou a idéia de evolução, de um mundo *in fieri.* Ainda mais importante, pensou o mundo humano como algo a ser administrado pelo próprio homem. De tudo isso surgiram e predominaram as idéias de *ordem social, ordem política, ordem jurídica, progresso, planejamento, evolução etc..* Essa *ordem,* como produto do operar do homem, por seu turno, e por força da sua própria matriz racional, pedia fosse compreendida numa perspectiva sistêmica, com os atributos da coerência, consistência e completitude. A *ordem* resultado da vontade (revelada) da divindade, ou recolhida da experiência vivida (tradição), a que os homens deviam se submeter, passou a ser entendida como fruto da vontade política (racional) dos homens, Alterou-se, portanto, o protagonista, não o espetáculo. A pergunta de Hobbes a respeito de se era o monarca ou a razão que ditavam o direito colocava, em verdade, um falso dilema. Nem o poder de produzir o direito foi entendido como prescindindo da racionalidade da ordem que instituísse, nem a razão foi aceita como capaz de assegurar, por si só, a adesão a valores sem a institucionalização da coerção. Subsistiu, portanto, o problema da *legitimação* do poder instituidor do direito. Mas até isso foi descartado, posteriormente, pela ideologia tecnocrática10.

12. Foram os postulados da democracia, da crença no direito racional e no conteúdo normativo da razão prática, a par da idéia de sistema e sua plenitude e coerência o que inspirou o constitucionalismo, saber e normatividade com pretensão de serem, ao mesmo tempo, raiz e síntese de toda a juridicidade. A Constituição foi entendida como expressão dessa *totalidade.* Filha do contratualismo, mas em tensão dialética permanente com a ideologia do progresso, por sua vez também em tensão dialética com a necessidade teórico-prática da estabilidade da organização política. Para superar essas contradições, pensou-se a técnica do poder de emenda pelo Parlamento, mediante um processo qualificado de produção do direito a nível constitucional, a par da interpretação atualizadora dos tribunais constitucionais, de tal modo constituídos que se mostrassem politicamente sensíveis e capazes para essa tarefa. Essas convicções, precisamente, é que já não oferecem a solidez antiga, por motivo mesmo de estar em crise o paradigma da modernidade. Se essa crise realmente existe, impossível descartar-se a crise conseqüente dos frutos que produziu, dentre os quais o constitucionalismo é dos mais significativos em termos político--jurídicos. Daí afirmar que cumpre repensá-lo.

13. Seria estultice acreditar já seja possível perceber-se que novo paradigma se configurará. Nem mesmo estamos vendo ainda suficientemente claro o caminho a percorrer, inclusive em curto prazo. Será, entretanto, estultice de igual natureza nos quedarmos imóveis ou indiferentes, como se algo na história do homem já tivesse surgido pronto num átimo de segundo. A história é feita com erros e acertos, avanços e recuos, apenas sendo fundamental não andarmos às cegas, sim trabalhando o concreto de hoje pensando o futuro, fazendo-o sempre em função de alguns objetivos fundamentais bem definidos. Tudo que tem matriz histórica é transitório, superável, portanto. Disso não escapam nem o capitalismo, como sistema econômico, nem o paradigma da modernidade, como matriz ideológica.

14. No particular do que diz respeito ao nosso tema, o que se me apresenta como mais nítido, e por isso mesmo o melhor indicador da direção em que devemos caminhar, é o convencimento de que o dinamismo de nosso presente não se harmoniza com a visão de universalidade, permanência e abrangência em termos de justiça material que hoje emprestamos às constituições. A par disso, a total descrença no conteúdo normativo da razão prática e a convicção cada vez mais sólida de que as regras da convivência humana são um produto do permanente interagir dos homens na busca de sua melhor solução, desqualifica a procura de soluções definitivas. Nada é para sempre, eterno, sagrado e pétreo. A contingência das soluções, entretanto, não leva ao niilismo, nem ao relativismo desqualificador de tudo, visto como, no processo de construção social da realidade mediante o interagir comunicativo dos homens, as grandes matrizes da condição, humana podem ser a bússola que nos permite sempre caminhar em frente, e não em círculos, mesmo quando ignoremos a que lugar nossa jornada nos fará chegar.

15. E que matrizes são essas? Inicialmente, se aceitamos como inerente à condição humana o imperativo da opção, vale dizer, sermos obrigados a decidir sobre nossa atividade, o *princípio da emancipação* se revela como predominante, dado que ele é que aponta para o máximo de liberdade, isto é, capacidade de optar livre de toda coerção. A par dele, e porque nossa condição humana só é possível mediante nossa interação com o *outro nosso semelhante*, a maneira de torná-la excelente é estrutura-la à base da solidariedade, único modo pelo qual poderemos minimizar o que o outro representa em termos de ameaça à nossa emancipação, sem aniquilar, nesse outro, essa mesma vocação emancipatória. Hannah Arendt[11] tem palavras que a meu ver explicam de modo excelente esse dilema. Somos iguais, diz ela, no básico da condição humana, e se não fossemos iguais jamais nos entenderíamos, nem seria possível a miscigenação sem que dela resultasse a esterilidade dos híbridos. Mas somos diferentes, por força de nossa subjetividade, que nos faz, a cada qual de nós, algo inédito e irrepetível. Mas somos ainda, por mais paradoxal que pareça, também desiguais física e psicologicamente. E essa desigualdade torna as relações humanas relações de poder. Daí a convivência da solidariedade com a dominação e da autoridade com o poder, tudo na dependência de como administramos nossa identidade e nossa diversidade essenciais, vale dizer, como nos comportamos politicamente...

16. Precisamente esses dois princípios são os mais ameaçados com a distorção sofrida pelo paradigma da modernidade. Direito e ciência se acumpliciaram para inibir a vocação emancipatória do homem, prevalecendo-se ambos, para isso, de seus respectivos monopólios hermenêuticos que cumpre sejam contestados e desestruturados12. A par disso, a ciência, aparelhando e fortalecendo o capitalismo com seu aparato técnico, otimizador da reprodução ampliada e da padronização das preferências, os dois pilares que asseguram a expansão capitalista, injetou na vida social, em termos nunca antes experimentados, o veneno da competição como o valor supremo da convivência humana, transformando o outro num adversário. O consórcio entre o poder disciplinar da ciência e o poder político do direito, exacerbou a regulação em detrimento da emancipação e estimulou a competição, em detrimento da solidariedade, fazendo da derrota do outro nossa coroa de louros.. De tudo isso resulta a ênfase dada à coerção, cada vez mais necessária para assegurar as chamadas ordem social, ordem política e ordem jurídica.

17. Se nossa tarefa é estruturar um paradigma em novos termos, capaz de recuperar os valores da emancipação e da solidariedade, cumpre investir contra o que é alicerce do paradigma expirante. Na perspectiva que privilegio, o fundamental é abandonar, em definitivo, toda transcendência em termos de predeterminação do destino dos homens e do modo de ser de cada criatura humana. Os próprios biólogos, quanto mais tentam penetrar os mistérios do genoma humano, menos deterministas se tornam, o que também se dá com os físicos, já repercutindo tudo isso no campo das ciências humanas. Não há um destino, sim opções. Em outros termos – somos condenados a decidir, sem que nossas decisões signifiquem certezas plantadas para o futuro. Se assim é, a decisão humana só pode encontrar referenciais que lhe dêem um mínimo de consistência e justificação na ação comunicativa dos homens, vale dizer, é pelo *médium* da linguagem, expressando o que podemos chamar de sua *representação* do mundo, que os homens devem normatizar sua convivência do modo menos destrutivo possível, o que reclama diálogo e participação. Imperativo construir novas subjetividades capazes de produzir novas estruturas13. E se é assim, só mediante a radicalização da democracia isso será possível.

18. Essa observação nos permite concluir que nenhuma normatividade, enquanto prescrição, tem qualquer eficácia se desvinculada do processo de comunicação humana, por conseguitne de seus protagonistas. É a leitura que se faz do que se comunica que é relevante e quando dela resulta uma decisão, o que realça é o processo que a engendrou, marcadamnente dependente dos que nele se envovlem como protagonsitas. Disso se retira a importância de que a atividade política se deve revestir, dando-se nova prioridade muito mais ao processo de produção do direito que ao que como produto, enquanto proposição, ele representa. Inclusive pela convicção de que não há determinismos históricos, nem é pensável o "fim da história". Constitui-se, portanto, um imperativo a permanente necessidade de "dialogo" (ação comunicativa) entre os homens para institucionalização de valores e fixação de objetivos a perseguir. A ingênua segurança da modernidade iluminista ruiu. A perversa pretensão unificadora e estabilizadora da "globalização" encobre uma estratégia de dominação internacional em novos moldes, mas na roupagem antiga. Todas as declarações universalizantes nada têm de universalizantes. Toda tentativa de regulação ampliada representa mais dominação e menos espaço para a emancipação. O constitucionalismo mal pensado produz frutos não desejados. Daí a critica que já se vem fazendo, com lucidez, à teoria tradicional da Constituição.

19. À guisa de conclusão diria ser necessário nos tornarmos abertos aos desafios das mudanças históricas. O paradigma da modernidade é tão contingente e encerra ambigüidades como tudo que diz respeito à condição humana. Recordo o que denomino de pilares do meu pensar – nada é sozinho, nem nada é para sempre. Ou se radicaliza a democracia ou fracassaremos. E a radicalização da democracia importa em ampliar o controle social sobre o processo econômico, político e, reflexamente, sobre o produção e aplicação do direito, inclusive em sua dimensão dita constitucional, que em si mesma nada tem, ontologicamente, de diverso de todo o jurídico, mas apenas, por opção política, se fez eminente. Por outro lado, cumpre recuperar o pensamento que se preocupa em reintegrar o que a exacerbação das análises e das especializações fragmentou. E esse modo de pensar põe o jurista definitivamente comprometido com o político que, por sua vez, remete ao econômico e tudo isso finda por nos conscientizar de que todo saber é saber do homem e só se legitima se também for saber para o homem. Saem do palco a ciência e a técnica e a ele regressamos nós, os homens. E elas vão para a "caixa do ponto" pois o que lhes cumpre fazer é apenas estarem atentas ao *script*, evitando que dele nos desviemos, deturpando e desqualificando o espetáculo que decidimos representar. Exigência, aliás, a da "caixa de ponto", já quase abolida nos dias de hoje, justamente em favor da espontaneidade e criatividade dos atores.

20. Desmistificar a maior valia da juridificação em desfavor da emancipação e da judicialização em desfavor da legalidade. A falsa proposição – plenitude do direito e insuficiência da lei. Recuperar para a sociedade o poder de sua auto-regulação. Não é uma proposta de esquerda, nem subversiva, nem radical contestadora. A juridificação das relações sociais e a judicialização de sua aplicação sem a democratização da sociedade (controle social é um mal que atinge a todos – o sistema capitalista tanto quanto o projeto emancipatório dos dominados. Sob a capa de um "ganho" mascara-se um retrocesso assustador.

21. Falou-se em desencantamento do mundo, mas em verdade o resultado mais perverso foi o desencantamento da vida. A dominação da natureza pelo saber dito científico gerou um poder que se traduziu em dominação também do homem por esse "saber", conseqüentemente uma exacerbação da dominação do homem pelo homem e o direito se fez instrumento de asseguração dessa dominação. Também ele se tecnificou e desumanizou. Ciência e direito se acumpliciaram para privilegiar o princípio da regulação em detrimento do da emancipação.

22. Como pistas indicadoras do caminho a seguir apontaria urgente revisão do problema do controle da constitucionalidade das leis (problema político) urgente revisão do processo legislativo (problema político) urgente revisão do processo jurisdicional e do processo administrativo (problema político) repensar o processo democrático com ênfase na emancipação e na soldiariedade.

23. No específico do que se fez objeto de nossa reflexão no pesente trabalho, repensar o controle da constitucionalidade das leis e o processo de emenda da constituição se revelam prioritários. Sobre o primeiro, já há algo pensando e que bem revela o grau de inquietação que existe no expírito dos jurias críticos. O livro de Garbarela, o artio de Inocênci Mátires e o de Ingborg Maus. E quanto ao segundo, tudo que tem sido dito a respeito da impossibilidade de se emprestar conteúdo material ao processo democrático, que é apenas processo e somente processo, dado que admitir-se haja alguma forma de justiça ou de verdade definitva é a negação mesma da democracia. E é essa falácia precisamente que fundametna os estados autoritários, sejam eles de esquerda, sejam eles de direito, fanticamente comprometidos, a ponto de aniquilarem no homem sua liberdade e sua capacidade de ser para o outro, em nome de verdades falsamente proclamadas como supremas, eternas, frutos de algo natural.

Notas:

1. Sobre isso, particularmente rico o trabalho de Agnes Helleer.
2. Hanah Arendt.
3. Cuidamos disso em nosso trabalho sobre.
4. Bastante esclarecedor a respeito quanto escrito por Boaverntura de Souza Santos.
5. Ver *O frim das acertezas*.
6. *Direito e demcoracia. Entre fatiocidade e validade*.
7. *Ob, cit*.
8. *Modernidade e ambivalência*.
9. *L' homme speculaire*.
10. O perfil dessa ideologia foi muito bem traçado por Habermas.
11. *A condição humana*.
12. Sobre a crise do chamado controle jurisdicional de constitucionalidade, três trabalhos.
13. BSS a respeito.

| 22 | GLOBALIZAÇÃO, DIREITO E POLÍTICA[29]

1. Globalização é uma palavra particularmente ambígua e vaga. André-Jean Arnaud,[1] invocando o que Georges Mounin chama de *toilette* epistemológica, adverte ser uma questão de rigor científico tentar definir previamente aquilo sobre que se vai falar, principalmente quando se trata de um termo que se tornou de uso comum. Nesse particular, nenhum excede, hoje, o termo *globalização*, porque nenhum outro é tão abrangente e ao mesmo tempo tão inespecífico. As palestras e os artigos que me pedem atualmente sempre referem os temas que sugerem à globalização. Seria ela um fenômeno onipresente e onipotente, impregnando todos os saberes e todos os acontecimentos. Nada surpreendente, por conseguinte, tenha sido convidado para escrever sobre globalização, direito e política, como nada mais necessário do que explicitar sobre que falo, quando falo de globalização, uma palavra que diz tudo e nada significa. Diz tudo porque a tudo ela é referida e não diz nada porque, embora a tudo referida, nada esclarece.

2. Necessário, portanto, estarmos conscientes de que a globalização é um fenômeno de múltiplas faces, com vários campos de incidência e com conseqüências diferenciadas, donde a necessidade de falarmos não de uma, mas de diversas globalizações, todas incidindo sobre homens que as experimentam e por elas são desafiados. Outrossim, para falar de globalização e direito, duas palavras que comportam entendimentos vários, donde sua ambigüidade e vaguidade, se pretendo ser bem compreendido, devo, antes de tudo, precisar o que procuro expressar com uma e outra. No tocante ao direito, minha posição é bem conhecida, de tão reiterada em muitos pronunciamentos meus.2 O direito é a resultante da interação entre o poder econômico e o poder político. Assim é porque só o poder produz o direito, ainda quando, instituindo-o, imponha-se limites e ele o faz para institucionalizar, por seu intermédio, um modelo de divisão do trabalho social e de apropriação do produto desse mesmo trabalho. Por outro lado, não aceito seja possível colocarem-se em conflito duradouro o poder econômico e o poder político, visto como ambos ou interagem funcionalmente ou do confronto decorrerá uma crise de tal gravidade que sua superação se tornará inevitável. Sendo assim, falar-se em globalização, direito e política exigirá uma prévia análise da globalização, tanto em sua perspectiva econômica

---

29. Texto extraído de LEÃO, Adroaldo; PAMPLONA FILHO, Rodolfo (coord.). *Globalização e Direito*. Rio de Janeiro: Forense, 2002.

quanto política, porque elas é que afeiçoarão o direito globalizado. Acentue-se, outrossim, a predominância da lógica econômica, que determina repercussões políticas e sociais imediatas. Sem esquecermos que tudo isso é por nós apreendido com a coloração da ideologia dominante (paradigma) e operacionalizado como se os vários sistemas interagissem sinergicamente, porque necessário para lograr-se uma convivência social ordenada e com a indispensável margem de segurança e previsibilidade que requer, para ser duradoura e produtiva.

3. Entendo por igual necessário lembrar que o homem, desde o momento em que irrompeu da condição de animal regulado pelos instintos e foi compelido a refletir, confrontou-se com o desafio do existente colocado além de sua compreensão e na sua medida mais esmagadora – *o cosmos*. Primitivamente o mitificou e hoje, pretensiosamente, pretende conquistá-lo. *O homem, portanto, é cósmico, por força mesmo de sua condição humana*. Capaz de refletir e de se fazer perguntas, sempre experimentou a necessidade de se questionar e formular respostas sobre o mistério de sua origem e de seu destino nesse contexto que se compõe de tudo quanto ele é capaz de perceber e compreender e de tudo quanto ele, incapaz de perceber e compreender, introjeta miticamente. "A mais profunda emoção que podemos experimentar, disse-o Einstein, é inspirada pelo senso do mistério." E ela é tão mais intensa quanto maior nossa capacidade de pensar, nenhum homem escapando dessa compulsão. Consciente ou inconscientemente, todos tentamos dar-lhe uma resposta e sofremos o impacto da que lhe dermos. Desde as grandes religiões, passando pela filosofia e chegando à física moderna, tenta-se uma explicação, permanecendo o mistério a nos questionar desafiadoramente. Há os pretensiosos que pensam ter encontrado a resposta, e os sábios que se colocam diante dele inquiridores e respeitosos. Exemplo dos primeiros, Jacques Monod, com seu *O Acaso e a necessidade*. Dos segundos, dois físicos, autores de livros recentes de leitura bem proveitosa: Marcelo Gleiser, e sua *A Dança do Universo*, e Ilya Prigogine, com seu *O fim das Certezas*. De tudo, apenas uma conclusão – somos parte integrante de um Todo maior que o pequenino grão de areia que habitamos.

4. O homem também sempre foi *planetário*. O horizonte sempre o fascinou e ele se deslocou na sua direção para alcançá-lo ou desvendá-lo, projetando-se, nessa procura, sempre para adiante. As grandes migrações e navegações se deram sob esse impulso. Hoje, ambicionamos ser interplanetários, deslocando para o alto o nosso horizonte. Procurávamos o que estava no outro lado dos oceanos, hoje buscamos o que está no outro lado do céu. De tudo quanto se tentou até agora, só uma certeza resiste: não temos interlocutores senão neste planeta Terra que, por sinal, como sugere Teilhard de Chardin,3 dada a sua forma esférica, levou os homens, ontem, a se dispersarem, compelindo-os, hoje, a se reencontrarem. Será a "globalização" um nome com que tentamos significar o estranhamento desse reencontro? Ou é apenas uma palavra utilizada para ocultar o desencontro no primeiro momento desse

nosso reencontro? Talvez por isso os franceses prefiram falar em mundialização em vez de globalização. Justificam-se dizendo não se tratar de um puro chauvinismo, tanto que essa opção foi feita também fora dos países francófonos. E isso é exato. Gabriele Muzio4 reproduz argumentos de Tim Ingold em que este antropólogo contrasta a visão do planeta como um mundo de vida, com o homem como parte integrante do conjunto do ambiente, e a visão de um globo. A visão do mundo da vida é uma visão cosmológica comum à maioria das culturas originais do mundo e está freqüentemente associada a uma imagem de esferas concêntricas. Esta imagem pode ser encontrada na iconografia dos antigos astrônomos europeus, assim como na de muitas culturas não européias, freqüentemente incluindo o homem como o centro comum das esferas. Trata-se, esclarece ele, de uma percepção e de um conhecimento do mundo que só podem ser obtidos a partir do local físico onde se está (centro experimental) e por se estar firmemente vinculado a ele. A imagem do globo, entretanto, é algo mais recente, envolve a visão do mundo visto de fora, do único ponto de vista a partir do qual o globo pode ser realmente percebido como tal. A perspectiva global é, destarte, uma criação imaginária, em contraste com a imagem experienciada daquela porção do mundo que a maior parte dos indivíduos humanos ganharia em função de sua presença na Terra. O globo é assim objetivado e destacado do domínio da experiência vivida. A mudança do uso da imagem esférica para o uso da imagem global também faz com que *o mundo*, tal como o conhecemos, seja afastado ainda mais da matriz de nossa experiência vivida. Parece que o mundo, tal como realmente existe, só pode ser experienciado se o deixarmos, conclui Ingold. As visões tradicionais do planeta como um meio ambiente vivo surgem da experiência direta daqueles que nele habitam, que recebem um conhecimento profundo de sua circunvizinhança, que é uma realidade local. Mas de acordo com a ideologia da modernidade da globalização, a perspectiva local é tida como retrógrada, e inferior à perspectiva global. Deste modo uma visão que está enraizada no indivíduo enquanto conectado a seu mundo é paradoxalmente considerada ilusória e incompleta, enquanto a visão global – que somente pode ser obtida abstraindo-nos do mundo e, em última análise, *deixando-o* para trás – é considerada como sendo real e total. Fica evidente, conclui Muzio, que a tentativa de obliterar a dimensão local por meio do globalismo corresponde à necessidade de eliminar a multiplicidade de visões locais e de padrões co-evolucionários, reduzindo-se a visão do mundo a uma única visão global unificada. Isso representa, acentua lucidamente Tim Ingold, a essência da *ontologia global de separação*, tal como oposta à ontologia local de entrosamento.5 Em resumo: sob a aparência de um ganho está sendo ocultado o risco de uma grande perda.

5. Essa face opaca da globalização tem sido insistente e maldosamente posta na sombra. Induzem-nos a pensar e proceder como se os homens tivessem perdido suas raízes, que são locais e necessitam sê-lo. Antes de sermos Humanidade, e diria mesmo que para sermos Humanidade, necessitamos ser *indivíduos*, alguma coisa

única e vitalmente relacionada a nós próprios, essencial para nossa saúde psíquica, como é essencial haver um *lugar* que nos situe no espaço, colocado ao alcance de nossa percepção e no qual possamos interagir com semelhantes que se fazem nosso próximo, Sem nosso chão e nosso vizinho, somos criaturas exiladas de nós próprios. Uma viagem sem retorno ao ponto de partida não é uma viagem, é simplesmente mudança, a procura de um outro local para nos fixarmos, ou se isso não se pretende, será um mero vagar enlouquecido. O homem é indivíduo e é esta realidade fundamental que hoje se procura recuperar. Sem a consciência de nossa unicidade e irrepetibilidade, nada é construível em termos sociais. A chamada crise do sujeito é insustentável por seus próprios fundamentos, porque ela será sempre um dizer do sujeito sobre ele próprio. Diz-nos Rorty, um pouco na linha de Deleuze e Guatarry, que o sujeito pode ser definido, de uma maneira bastante econômica, como uma rede neural, de um lado e, de outro, como uma rede lingüística. Seríamos o centro em que se opera a conexão de muitos neurônios e de muitas significações, Isso, entretanto, soa um tanto esnobe, porque esse centro irrelevante e ilusório tem um correspondente existencial carregado de forte significação. Ele assume o rosto e o destino dos felizes e infelizes, dos opressores e dos oprimidos, dos desesperados que blasfemam e rasgam as vestes e dos que fugiram de tudo, refugiando-se no mundo do faz de conta para o qual escapam drogados ou contemplativos, mas também assume o rosto e o destino dos que são capazes de se indignar e resistir. Esquecermo-nos disso quando falarmos e pensarmos em globalização, será tão insensato quanto o seria demolir-se um edifício em que muitos se agasalhavam em muitos cômodos sem nada se ter ainda construído para abrigar a convivência comum dos desalojados.

6. Feitas essas considerações, e para ser coerente, começo por afirmar que o fenômeno *globalização*, assim sem qualificativos, tem sua mais robusta raiz na *globalização econômica*. A economia continua a ser central para qualquer análise, como lembra Gabriele Muzio[6] precisamente porque é inegável seu impacto de amplo alcance sobre as sociedades humanas contemporâneas, um fato que a qualifica como a mais forte e a mais poderosa de todas as chamadas ciências sociais, sendo apenas lamentável que os economistas tenham fechado seus ouvidos para as falas de outros profissionais e para as mensagens das pessoas comuns, tanto as expressas como as não expressas. A linha oficial do pensamento econômico moderno, acentua Muzio, tem sido a de simplificar o mundo até a um nível que faz com que qualquer tipo de afirmação seja quase que incontroversa e amplamente aceitável dentro da estrutura de uma *racionalidade superior*. Os economistas clássicos preocuparam-se com as relações humanas subjacentes, capazes de explicar a ocorrência do fenômeno econômico. Os neoclássicos, entretanto, aperfeiçoaram um sistema totalmente autônomo de pensamento que é auto-referente e auto-explicativo, pretendendo-se pretensiosamente neutros. Isso já nos alerta, acrescento eu, sobre o perigo de dissociarmos a globalização do discurso atual de suas matrizes econômicas e de sua dinâmica capitalista, a serviço da qual trabalham os economistas puros. Por isso não se pode esquecer o fundamental do processo capitalista de produção. Com ele e pela primeira vez na história humana, bens são produzidos não para atender a necessidades fundamentais do homem, mas para gerar lucro, o qual, por sua vez, não sendo um bem apto para satisfazer necessidades humanas, precisa ser investido para produzir mais bens que, consumidos, gerarão mais lucro, para ser também reinvestido, gerando-se um processo esquizofrênico. Daí a correção da análise de Gabriele Muzio lembrando que "na sua vertente econômica e no coração do processo de globalização, encontram-se dois conceitos que formam o corpo dessa ideologia econômica moderna *escala e utilidade individual*. Quanto maior a quantidade produzida, maior será a eficiência total e mais baixos os custos. O segundo, descreve a essência do comportamento dos indivíduos como sendo o esforço para maximizar sua própria função de utilidade, ou seja, a quantidade e o conjunto dos produtos materiais que satisfarão suas necessidades pelo menor custo possível. Importa, portanto, somente a *quantidade* que é tomada como indicador para medir o sucesso individual e o sucesso do sistema como um todo (a obsessão pelo crescimento do PIB). Em segundo lugar, porque a idéia de utilidade é o fundamento para um *sistema unificado de preferências*. Este ponto é muito importante na medida em que começa a assinalar o principal empenho da fase atual do desenvolvimento globalizado, qual seja a finalização do processo de homogeneização do mundo. Uma ideologia forte e absolutista, bem disfarçada através de sua pretensão de cientificidade e de neutralidade, tem conseguido destruir sociedades e comunidades locais inteiras, na persecução do objetivo de fortalecer a instauração de um único código unificador de comportamento humano e abre caminho para a realização do sonho definitivo de economias globais de escala. Como resultado deste processo o modelo econômico alcança sua perfeição que não é somente descrever o mundo, mas governá-lo efetivamente. Chegamos, assim, ao paraíso – um mercado global, com demanda global, com produção global para manutenção de um capitalismo global. A globalização não é, portanto, um acontecimento acidental ou um excesso extravagante, mas uma extensão simples e lógica de um "argumento". Ela representa a realização acabada e a perfeição do projeto de modernidade e de seu paradigma de progresso.7

7. A força propulsora desse paradigma é a ideologia da onipotência, baseada na convicção da *capacidade ilimitada da tecnologia desenvolvida pelo homem de superar qualquer obstáculo*, o que já está sendo visto como constituindo a *utopia tecnológica*, alimentada por uma pós-modernidade celebratória, como a cognomina Boaventura de Sousa Santos,8 nutrida pelo entorpecente da crença na ineluctabilidade dos acontecimentos e da falta de alternativas de superação confiáveis. Ela se mostra, entretanto, extremamente frágil e muito mais densa em termos de males que de benesses. A ciência, que é sua seiva, comprometeu-se por demais com o mundo do dinheiro e da administração e se propôs a tarefa de colonizar o mundo da vida. Seu fantástico poderio, entretanto, começa a ceder. Sua falibilidade, a expansão de sua capacidade de ação a par de seu déficit em termos de capacidade de previsão, o que veio a criar a chamada *sociedade do risco*, a pulverização e a atomização dos saberes com a perigosa perda da necessária interdependência do existente, tudo isso tem motivado cientistas filósofos a questionarem, hoje, acerbamente, a pretensiosa onipotência dos autocognominados cientistas puros. A Boaventura de Sousa Santos, já citado, acrescentaria Ulric Beck9 e Edgar Morin10, para ficar nestes. A ideologia tecnocrática, que excluiu da avaliação política o resultado de suas atividades, começa a ser denunciada e desestruturada, já se falando, como o faz Ulric Beck, em uma modernidade reflexiva, na qual ciência, economia e política deixariam de ser auto-referentes e se colocariam sob o controle valorativo da sociedade, investida de poder para decidir sobre tudo quanto se pretenda em nome da ciência, que nada mais é que um saber do homem e que só se legitima quanto também a serviço do homem, e do homem concreto, historicamente situado e existencialmente desafiado.11

8. Detenhamo-nos, agora, na dimensão política da globalização. É correto, sem dúvida, afirmar que o poder político não é necessariamente um servo ou instrumento passivo do poder econômico, mas será gravemente incorreto acreditarmos ser possível um divórcio entre os dois que seja profundo e durável, bem como prescindirem os dois da legitimação ideológica. A globalização política, portanto, guarda estreita sintonia com a globalização econômica e sem mudanças nesta será de todo inviável produzirem-se mudanças significativas naquela. Quando o poder econômico se transnacionaliza de modo acentuado, ele interfere no poder político de outras nações. Sempre foi assim. O que se fez diferente hoje foi o modo pelo qual o poder econômico se transnacionaliza e internacionaliza. O antigo imperialismo exigia a ocupação militar, monopólio do Estado, o que dava relevo à cumplicidade do poder político. O novo imperialismo desnacionalizado dispensa a coerção física ou minimiza-a. Daí a fragilização do Estado, enquanto detentor do monopólio do uso legítimo da força. Desvinculada a moeda do referencial "mercadoria com valor intrínseco" ela se volatilizou. E agora essa nova moeda, as "ações" saíram, inclusive, da esfera do controle do poder político e o capital se fez mais especulativo que produtivo, o que levou Robert Kurz a falar em "capitalismo de cassino".12 Se as bolsas de alguma forma, ainda que insatisfatoriamente, emprestam "visibilidade" ao capital financeiro transnacionalizado, sua volatilidade permite que ele trafegue por sobre as fronteiras e soberanias. Mas errará os que acreditarem que assim atuando ele se desnacionalizou. Paul Hirst e Grahame Thompson demonstraram que em verdade as grandes multinacionais ampliaram seu poder e raio de ação, conservaram suas raízes nacionais, que as relações importantes continuam a ser aquelas entre as economias mais desenvolvidas e que os investimentos externos diretos não são assim tão importantes e de que as principais moedas estrangeiras são "administradas", o que não se faz possível com a dos países periféricos, como também, entre os mais poderosos, há pactos para controle do fluxo de capitais, enquanto prevalece a selvageria para os países dependentes.13

9. Fora de dúvida que as transformações ocorridas na economia repercutem forçosa e imediatamente na esfera do político, como o político repercute no econômico, mas há uma diferença relevante entre uma e outra. O econômico possui um dinamismo em parte espontâneo, compulsivo, o que o *atualiza*, mesmo sem haver prévia institucionalização dos instrumentos de que se utiliza. Já o político, dificilmente opera de modo eficaz sem a prévia organização das estruturas de poder. A crise dos nossos tempos se faz mais aguda justamente nesse aspecto. As mudanças experimentadas pelo capital (fluxos) e pelo comércio (volume de negócios) afetaram profundamente as estruturas de poder do passado, centradas nos Estados nacionais. Estes perderam poder de regulação e de coerção e os organismos supranacionais que passariam a desempenhar o seu papel regulador ainda não existem. Lutam os novos burgueses pela desestruturação do "feudalismo" dos Estados-nação, mas ainda não identificaram o Soberano capaz de, financiados por eles, impor aos "antigos senhores" sua autoridade, passando a administrar centralizadamente os interesses econômicos transnacionais. Também será pura ingenuidade nossa acreditarmos que esse poder político transnacional, quando viável, se institucionalizará como uma organização política não excludente. Ela será, como sempre foram, até hoje, todas as organizações políticas historicamente conhecidas, hegemônica e excludente, só que a nível internacional. Destarte, na medida em que a sociedade das nações (não confundir com ONU) careça de poder efetivo para se contrapor ao poder dos países hegemônicos, nem por ser internacional a nova ordem política será mais justa nem menos opressora. A globalização política, em si mesma, não é um bem, nem um mal necessário. Será mais um desafio histórico a ser enfrentado, na permanente tensão dialética entre a liberdade, que luta por emancipação, e a ordem que porfia por regulação. A vitória ficará com os mais persistentes.

10. Creio, outrossim, que o futuro dependerá muito do grau de medo que os poderosos venham a experimentar. Foi o medo do Comunismo que gerou a "era de ouro".14 Talvez o medo de virmos a tornar inabitável o nosso planeta seja o substitutivo adequado para que surjam novas esperanças. A ameaça da superpopulação da Terra, a ameaça da degradação do meio ambiente e a do "desespero" dos excluídos podem ser os pólos da nova Guerra Fria, com a vantagem de que os homens terão a possibilidade de se colocarem, pela primeira vez, em luta contra o que não é humano, mas algo ameaçador para todos os homens. O nosso viver e conviver é um aprendizado penoso e nem sempre coroado de êxito. Quanto mais nos civilizamos mais complexa se torna a realidade e maior se revela nossa responsabilidade. Aperfeiçoa-se nossa reflexão e somos menos protegidos pelos instintos. Aguça-se nossa interdependência sem que proporcionalmente se amplie a nossa solidariedade. Superar esse descompasso é o grande desafio dos homens de hoje, mas a História mesmo quando seja vocacionada para avançar na direção do melhor, revela-se uma caminhada extremamente fatigante e desprovida de certezas. Em que pese essa interrogação, a esperança é indispensável. Por mais cético que seja um homem, sem a energia da crença de que "amanhã poder ser outro dia" nem forças para descrer ele terá. Sendo assim, falarmos, hoje, de política e de direito em termos de globalização equivale a falarmos sobre algo que escapa ainda à nossa percepção. Tudo está impreciso em termos de futuro. Somente há ao nosso alcance um presente de difícil apreensão e compreensão, o que gera mais insegurança que segurança, o que em si não é um mal, pois não nos sentirmos seguros é a energia que nos mobiliza para mudanças que nos proporcionem a paz perdida. Nessa ótica, mantendo a coerência de meu pensamento, só posso concluir que se o poder político conseguir se transnacionalizar, institucionalizando-se nesse nível, criando organismos que detenham o monopólio do uso legítimo da força, o direito se transnacionalizará, globalizando-se. Mas isso só ocorrerá se também o poder econômico institucionalizar-se em termos globais. Mas este novo "centro de poder" terá uma nova coloração hegemônica. Se desestruturar as nações (o que se mostra bem pouco provável mesmo a longo prazo) será constituído por grupos de interesses que lograrem se harmonizar hegemonicamente. E na medida em que se harmonizarem, exercerão seu poder de coerção sobre os demais. A globalização ou transnacionalização, em si mesmas, não são nem um bem nem um mal necessários. Tudo dependerá do processo de produção do direito que vier a se institucionalizar nesse pacto global. Não será pelo fato de ultrapassar os limites dos ordenamentos nacionais que ele será melhor. Também o Estado Moderno ultrapassou o espaço menor do sistema feudal e nem por isso foi um bem em si mesmo. A globalização é fenômeno semelhante. Diferente, apenas, em sua magnitude. A tecnologia permitiu que o poder econômico e o poder político atuassem eficazmente num espaço maior e num tempo menor. O direito, no espaço do mundo globalizado, será aquele que se revelar instrumentalmente adequado para otimizar o modelo econômico que for institucionalizado por decisão política. Se a sociedade recuperar poder político, haverá mais emancipação e menos regulação. Se ela isso não conseguir, só nos resta aprender a viver e conviver no "admirável Mundo Novo".

NOTAS:

1. *Entre modernidad y globalización, Siete lecciones de historia de la filosofia del derecho y del Estado*, Bogotá, Universidad Externado de Colombia, 2000, p. 25.
2. Ver particularmente, *Direito, poder, justiça e processo – julgando os que nos julgam*, Rio, Ed. Forense, 1999
3. *O fenômeno humano*, São Paulo, Ed. Herder, 1970.
4. A globalização como estágio de perfeição do paradigma moderno: uma estratégia possível para sobreviver à coerência do processo, em *Os sentidos da democracia. Política de dissenso e hegemonia global*, Ed. Vozes, 1999, pp. 113 e segs.
5. Ob. e loc. cits. na nota precedente.
6. Ob. loc. cit.

7. Proveitoso me parece transcrever a visão de André-Jean Arnaud, inclusive no particular das repercussões políticas da globalização. André-Jean Arnaud foge de defini-la, preferindo vê-la como um valor paradigmático, podendo dela se falar quando se fazem presentes várias condições que enumera e tentarei sintetizar: a) uma mudança nos modelos de produção, com a facilidade da transferência de uma parte das operações de trabalho de um para outro país, o que contribui para a emergência de uma nova divisão internacional do trabalho; b) vinculação dos mercados de capitais entre si e para além das nações, do que resulta um fluxo livre de inversões sem levar em conta as fronteiras; c) a expansão crescente das multinacionais, que têm seu poder de contratação e de negociação reforçado em nível de uma economia planetária; d) a importância crescente dos acordos comerciais entre nações que formam poderosos blocos regionais – União Européia, Mercosul, Nafta; e) um ajuste estrutural que passa pela privatização e diminuição do papel do Estado, inclusive com adaptação das estruturas econômicas; f) a hegemonia dos conceitos neoliberais em matéria de relações econômicas: a hegemonia do mercado, o livre comércio, a desregulamentação, renúncia do Estado a muitos de seus compromissos; g) uma tendência generalizada em todo o mundo para a democratização, para a proteção dos direitos humanos e um renovado interesse pelo Estado de direito, inclusive com reforço no poder dos juízes; h) o aparecimento de atores supranacionais e transnacionais que promovem essa democracia e esta proteção aos direitos do homem, o fortalecimento e proliferação das organizações não governamentais, inclusive de juristas (Tango – Transnational Advocacy Non Governamental Organization).

O modo de pensar que subjaz a esse paradigma assenta em algumas asserções: a) que a globalização remete a um processo social, econômico, cultural e demográfico que se instala no seio das nações, mas ao mesmo tempo as transcende; b) que os Estados-nação cada vez mais e em certa medida estão excluídos qualitativamente de tais intercâmbios mundiais, que de internacionais tendem a se converter em transnacionais; em que pese isso, os Estados-nação, apesar de seu caráter cada vez mais problemático, continuam sendo um ponto de referência obrigatório; c) que o movimento contemporâneo de globalização dos intercâmbios traz consigo, como contrapartida, uma atenção para os processos locais, as identidades locais, as unidades de análise locais, sem cujo estudo o processo global não se estenderia de forma adequada; que opera em uma dialética permanente com o "local", donde a expressão recentemente forjada – *globalização*; d) que o movimento contemporâneo de globalização dos intercâmbios acarreta um regresso da sociedade civil, que desempenha papel cada vez mais importante na regulação social.

8. *A crítica da razão indolente. Contra o desperdício da experiência*, São Paulo, Cortez Ed., 2000.
9. *La sociedad del riesgo. Hacia uma nueva modernidad*, México, Ed. Paidós, 1998.
10. *Ciência com consciência*, Rio, Ed. Bertrandbrasil, 1996.
11. Gabriele Muzio, na obra já citada, faz reflexões muito ricas, que transcreevemos: As sociedades e sistemas de produção tradicionais contêm um elemento adaptativo, que torna a criação e a utilização da tecnologia dependentes das peculiaridades do meio ambiente circundante, o ecossistema, que está ele mesmo no centro do sistema de crenças como um todo. E este ecossistema é tomado como sendo a constante, enquanto

a inovação tecnológica e sua contribuição para a produção representam uma variável dependente ou residual. Já a ideologia do progresso e da onipotência, na qual a cultura moderna está enraizada, trouxe a tecnologia para o centro. O elemento adaptativo foi erradicado para ser substituído por um sistema de permanente dominação e transformação física. O sistema se encontra assim completamente invertido. A tecnologia passa a ter um papel fundamental no fenômeno da globalização. Com freqüência sua velocidade na última década tem sido associada à retração do estado e à desregulamentação. Será que isso é verdade? E se o for qual é a direção da causalidade?

Na minha opinião as novas possibilidades tecnológicas explicam muito melhor o sucesso quantitativo das "realidades globalizadas" – as gigantescas corporações da indústria e das finanças – do que qualquer decisão de limitar a intervenção estatal. O corpo de inovações que se apresenta sob o nome de TIC (Tecnologia de Informação e Comunicação) com sua possibilidade de criação de redes a baixo custo ao redor do mundo é, em minha opinião, o principal fator que torna possível o capital financeiro tornar-se global. Não nega que a desregulação tenha favorecido, mas esclarece que na direção da causalidade, usando a linguagem dos economistas, os fatores positivos pesam mais que os fatores normativos. Lembra que se ainda fossem exigidos os meios de comunicação antigos, a globalização seria impossível. O mesmo no tocante ao fluxo de pessoas.

O segundo elemento de minha caracterização da globalização pode portanto ser resumido como a *glorificação da tecnologia*. Lembra Raymond Dasman que comparava a evolução e o comportamento dos diferentes tipos de sociedades humanas ao classificá-las em duas amplas categorias – *povos do ecossistema e povos da biosfera* – o aproveitamento do ecossistema local e o aproveitamento dos recursos de vários ecossistemas. A última onda de inovações praticamente erradicou as dimensões físicas e psicológicas do *espaço* e do *tempo*. Os *povos da biosfera* estão sendo transformados no que chamarei de povos do sistema tecnológico.

12. " A Filosofia Míope do Capitalismo-Cassino", em *Os Últimos Combates*, Petrópolis, Ed. Vozes, 1997, pp. 2125 e segs.

13. *Globalização em Questão*, Petrópolis, Ed. Vozes, 1998, particularmente sua Conclusão, pp. 303 e segs.

14. De muito proveito, no particular, a leitura de Erick Hobsbawm, *Era dos Extremos. O Breve Século XX*, São Paulo, Companhia das Letras, 1995, pp. 144 e segs.

| 23 | BRASIL, MODERNIDADE E CONSTITUIÇÃO[30]

Quando se formalizou a vontade política de dotar o Brasil de uma nova Constituição, discutiu-se muito, em continuidade ao que já era objeto de reflexão e debate muito antes disso, sobre a necessidade de se dotar o Brasil de uma carta "moderna", ou que estivesse em consonância com a "modernização" do país ou servisse para assegurar-lhe essa "modernização".

Nessa linha de propósito, diz-se ter trabalhado a Comissão de Sistematização, produzindo o ante projeto CABRAL, levado afinal para apreciação do Plenário do Congresso. Nesse ínterim, formou-se no seio da Constituinte um grupo de reação batizado, para o grande público, com o nome de "Centrão", que buscou contrariar o sentido dado à futura Constituição pelo projeto Cabral, fazendo-o, também, em nome da "modernização" do país, libertado, para isso, da "esquerdização" tentada pela Comissão de Sistematização.

Vê-se, pois, que "modernização" para uns é algo totalmente diverso do que é "modernização" para outros. E o pior é que ficamos todos, os de cá de fora, sem saber precisamente o que seja modernização para uns e para outros. Nem mesmo sabemos com certeza se a "modernidade" é uma realidade já presente na sociedade brasileira e que precisa ser formalmente reconhecida e disciplinada, ou se essa "modernidade" será fruto a colher da "modernização" de nossa Carta Magna.

Pareceu-me, assim, útil uma reflexão nesse sentido, isto é, uma reflexão em que tentássemos entender, ainda que superficialmente e insatisfatoriamente, o Brasil de hoje; situássemos esse país real no âmbito do que poderia ser compreendido como "modernidade", e víssemos em que termos seria possível formalizar um pacto político para que o Brasil seja o país que pretendemos deva ser como país "moderno" ou que lhe preserve a "modernidade" já alcançada, ou a aprimore, aproximando-o de nações que já lograram, historicamente, realizar sua modernidade em termos mais avançados.

Tentemos, então, superficialmente, repito, compreender o que somos e o que precisamos deixar de ser para "modernizarmo-nos".

Toda generalização, quando é extremamente simplificadora, corre o risco de falsear a verdade ou ser bem pouco operacional, por força de sua generalidade e

---

30. Texto extraído de *Revista Ângulos* (Revista dos Estudantes de Direito da UFBA). N° 19, 1988.

simplificação. Mas nos arriscaremos a cometê-las por acreditarmos que, por trás delas, já existe todo um labor sério e profundo de reflexão e análise realizado por cientistas sociais.

A primeira dessas generalizações simplificadoras é a de que somos um país marcado pelo estigma de termos sido um Estado antes de sermos uma Nação. Isso, traduzido em miúdos, significa termos sido, desde a origem, um país em que as coisas aconteceram de cima para baixo. As elites decidiam e o povo se submetia, melhor dizendo, a massa se submetia. O poder político se constituiu e operou de fora (a Metrópole) e do alto (os proprietários de terras e os setores a eles vinculados) para baixo (a população escrava e a escassa classe dos servidores da coroa). Fomos um país que por três séculos, se não mais, tivemos Governo sem ter Povo. E onde há Governo sem ter Povo o exercício do poder político é necessariamente autoritário, despótico, discriminativo e privilegiador.

Esse secular exercício autoritário do poder determinou, nas elites brasileiras, uma postura cultural, algo que está no cerne de seus ossos, que se mostra incompatível com o exercício democrático do poder, só possível quando as coisas acontecem a partir de baixo para cima, e em tal dimensão que isso é o que prevalece e dá coloração à convivência social.

Isso caracterizará um de nossos "arcaísmos", cuja superação nos conduzirá à modernidade política?

Nós fomos, também, um país cuja economia nasceu com o rosto voltado para o mar e as costas para o Brasil. País sem povo, sociedade desprovida de classe média, riqueza alicerçada na ocupação extensiva da terra e na exploração do trabalho escravo, nossa economia sempre teve muito a ver com a "arca" dos senhores e pouco a ver com a "dispensa" dos vassalos, ou dos servos, ou, mais realisticamente, dos escravos.

Num país sem povo, com uma economia voltada de costas para a terra natal (imagem mais poética) nós somos, por atavismo e conseqüência, uma nação que se desenvolve empobrecendo a maioria e enriquecendo progressivamente a minoria. E isso sem escândalo e sem remorso, porque sempre foi assim, por falta de jeito, e permanece assim por falta de freio. Modernizar o país, portanto, seria, talvez, superar esse impasse e fazer a economia nacional voltar seu rosto e fixar seus olhos nesta multidão de homens apelidados de brasileiros?

Se fomos assim e somos politicamente assim, se fomos assim e somos economicamente assim, por via de conseqüência, culturalmente (nome com que buscamos englobar o que sobra) somos, como homens e como povo, o efeito dessas causas. Por isso é que não sabemos exercer o poder como serviço e como compromisso social. Poder e dominação, poder e privilégio, poder e imunidade são coisas que, em nossas cabeças e em nossas práticas, caminham juntas. Do presidente (que se julga senhor de todos) até ao agente policial (que se julga senhor de quem lhe cai nas garras), passando pelos régulos intermediários – generais, governadores, magistrados, prefeitos, ministros, secretários e derivados – todos somos "autoridade" ou não somos coisa nenhuma. Ou se tem poder, e tudo é possível, ou não se tem poder e correm-se todos os riscos, porque inexistem efetivamente freios e controles sociais de qualquer espécie e os institucionais não funcionam contra os detentores de poder, por força de uma solidariedade coletiva inconsciente, mórbida, atávica, deletéria.

Modernizarmo-nos, portanto, nesse aspecto, seria estabelecermos controles sociais sobre o exercício do poder político e do poder econômico, de modo a fazê-los operar como serviço e não como locupletamento?

Por tudo o que foi dito, também é muito frágil, entre nós, o sentido do social. Somos, individualmente, "boas praças", mas, socialmente, ninguém no mundo nos excede em indiferença e alheamento. Colonizamos o nosso compatriota com a mesma frieza e a mesma cupidez dos colonizadores que espezinharam a África, a Ásia e a América Latina. Nosso inimigo está dentro das muralhas de nossas cidades, dentro de nossas fronteiras e não penetrou em nosso país de forma dissimulada. Não foi aqui introduzido, antes sempre esteve entre nós. Canta o hino nacional, faz continência à bandeira, arrota patriotismo e tem nos seus registros a indicação de possuir a nacionalidade brasileira. Ele foi gestado pelo "trágico" de nossa história.

Modernizar o nosso país seria inviabilizar esse tipo patológico de relacionamento social?

Por tudo quanto foi dito suscintamente, somos um povo que, se não nega, de público, a dignidade do trabalho, no secreto de seu coração não crê na valia do esforço físico ou mental continuado, sério, persistente. A sociedade escravagista que fomos nos deu o embevecimento do bem viver e a inaptidão para obtê-lo como fruto de nosso próprio esforço. Por força disso, também somos um país em que o condenado ao trabalho braçal ou menos "nobre", "inferior", é sugado pelas elites e pela classe média com a voracidade de uma ave de rapina. Alcunhado de madraço e imprevidente e sendo o pior remunerado do mundo, o trabalhador brasileiro é o que dá mais de si para sobreviver (fato comprovado, recentemente, em estudo de organizações internacionais) e de quem se exige a mais dilatada e estafante jornada de trabalho nos dias presentes.

Eliminar esse quadro tão pungente é modernizar o Brasil?

Porque somos tudo isso, a coisa pública para nós é "coisa sem dono", que pode ser apropriada, utilizada, fruída, não socialmente, mas individualmente. Do papel timbrado, passando pelo carro oficial, chegamos ao Tesouro, que tudo isso, sendo público, termina por se tornar pessoal ou, quando muito, familiar, bastando, para tanto, o exercício do poder político ou a inserção no aparato estatal.

Modernizar o país é obstar que esse estado de coisas perdure?

Essas as indagações que me parecem fundamentais para que possamos avaliar em que termos a futura Constituição é "moderna" ou "modernizante" de nosso país. A resposta que se dê, entretanto, ao que ela é formalmente, ainda é muito pouco. Porque não será a "modernidade" de nossa Constituição que operará a efetiva modernização de nossa sociedade. Por mais moderna que ela seja formalmente, se permanecemos sendo o que sempre fomos predominantemente, em que pese a modernidade de nossa Carta, seremos, ainda, um país "arcaico". Sobreviverá o abismo que separa o Brasil real do Brasil legal, os compromissos pudicos da ordem jurídica formal e a prática impudica do exercício do poder político e do poder econômico.

Aquilo que não é *efetivo* na correlação de forças presente no social, jamais será *efetivo* em termos jurídicos. A norma é um mero enunciado, quando simplesmente formalizada, desprovido do poder de pautar as condutas, se falta a vontade individual, ou social, ou política que lhe assegura a efetividade. Pouco vale institucionalizar formalmente, se materialmente inexistem as condições que alicerçam toda institucionalização. O que ainda não é historicamente e nem mesmo alcança, formalmente, a dimensão de um dever ser.

Nessa linha de convencimento é que me foi possível compreender as razões pelas quais vamos ter uma Constituição com propósitos modernizantes, a qual, entretanto, organizou politicamente o país de forma arcaica. Acredita-se seja ainda possível deixar que o formal funcione como um biombo que oculta a desarrumação no interior da casa.

Há, contudo, algo promissor. Por isso mesmo eu disse, em entrevista, quando indagado a respeito de se houve para o país algum ganho político com a nova Constituição, que ela comprova haver o país deixado de fazer pipi na cama. Sinceramente acredito que deixamos para trás nossa primeira infância política. Há brechas, poucas e acanhadas, na muralha com que o conservadorismo, o autoritarismo, o colonialismo caboclo se protegeram. Por elas poderemos penetrar, se acreditarmos, firmemente, que a tarefa constitucional é menos um labor de parlamentares, e nunca uma tarefa de doutos, mas um compromisso diuturno de todos nós, que repudiamos ser súditos e servos e queremos ser cidadãos, que repudiamos ser apenas eleitores e desejamos ser co-partícipes na tarefa de governar, que repudiamos ser explorados e pretendemos ver reconhecido e premiado o nosso esforço social.

A construção da democracia é tarefa sem conclusão. Permanece, portanto, nossa responsabilidade, como estudantes e profissionais do direito, no tocante a formalizar, do melhor modo possível, os instrumentos que nos habilitem a alargar as brechas que dão acesso ao maior número, à fruição da riqueza criada pelo esforço de todos, o que somente será possível com o empenho e a luta de todos nós no acompanhamento, no aconselhamento, na cobrança e na fiscalização da tarefa política de dotar o país de uma nova ordem jurídica, harmoniosa com uma nova correlação de forças, que a nossa luta política e o nosso compromisso humano efetivem na sociedade brasileira.

| 24 | DIREITO À SOLIDARIEDADE[31]

Estranhei quando fui convidado para falar sobre direito de solidariedade. Talvez pelo prejuízo, ou convencimento de que o direito é uma dimensão da vida social marcada por peculiaridades que lhe são essenciais e despojada das quais se subsume no mundo vário, diria mesmo tumultuário, do justo, do eqüitativo, do ético e de quantos qualificativos o homem utiliza, no afã de tornar menos perceptível a dimensão de aspereza de sua convivência social.

Costumo afirmar, fazendo-o convictamente, que a condição humana impõe a cada qual de nós, que nos consideramos integrantes da espécie humana, ser, e de modo inelutável, *um dentre os outros, um contra os outros, um com os outros e um para os outros.*

De algum modo, em algum momento de nosso existir, desempenhamos um desses papéis. E o que marca nosso *ser no mundo* é apenas a predominância, mais ou menos acentuada, de um desses modos de ser no mundo. Daí qualificarmos determinado sujeito de egoísta, outro, de agressivo, este de confiável e aquele de generoso. Mas nem o egoísta pôde ser, em todas as situações de sua vida e em relação a todas as pessoas com as quais interagiu, apenas um egoísta. Aqui e ali, em sua existência, poderão ser pinçados momentos de generosidade, de abertura e de desprendimento. Gotas de orvalho que não fecundam a terra, como a chuva, mas dão um pouco de umidade ao ar que respiramos.

Assim é por força de condicionamentos poderosos que decorrem de nossa ineliminável dependência biológica e social, a par de nossa dependência da nossa multifária subjetividade que nos faz sentir plenamente felizes, no sentido de estarmos de bem com nós mesmos, pelas mais variadas e imprevisíveis razões, como, por igual, nos infelicita. Não é por outro motivo que, no imaginário humano, há a história do homem feliz que não tinha camisa e que, por força disso, não pôde colaborar para dar ao rei a saúde perdida; também a narrativa do rei Midas, colocando como ambição de sua vida tornar em ouro tudo quanto tocasse e que foi compelido a renunciar a esse poder para não se tornar sua própria vítima, morrendo de inanição, uma vez que o corpo que a Natureza lhe deu pedia o alimento que o ouro jamais poderia ser.

Que conclusão extrair desse filosofar simplório: a de que o homem, em que pese sua pretensiosa objetividade, nunca é apenas uma de suas muitas faces possíveis, sim

---

31. Texto extraído de LEÃO, Adroaldo; PAMPLONA FILHO, Rodolfo. *Direitos constitucionalizados.* Rio de Janeiro: Forense, 2005.

um caleidoscópio que se mostra de modo diferente a cada solavanco que a vida lhe dá e em função do olhar interior que lança sobre os acontecimentos, colorindo-os ou descolorindo-os, a par do modo como é olhado por seus semelhantes. Tudo que nos é dado objetivamente é parecido com os desenhos que oferecemos a nossas crianças para colorir, que recebem passivamente o quanto a imaginação do artista-mirim lhes desejar imprimir.

Essa dialética entre a dureza do mundo material e o colorido ou descolorido que lhe dá nossa subjetividade chama-se *Vida Humana* e ela nunca é apenas um daqueles modos de ser já mencionados, sim uma sucessão de modos de ser, que não sei bem se administramos ou se por eles somos administrados. Buscando orientar-me nesse labirinto e dele sair, teço o fio de Ariadne que me poderá libertar. De que é feito este meu fio? De algumas convicções pessoais básicas sobre as quais lhes falarei.

A primeira delas, a força decisiva e inelutável que o *Mistério* exerce sobre mim. Li, atribuído a Einstein, um pensamento que se faz sempre presente em minha memória: "A coisa mais bela que o homem pode experimentar é o mistério; essa é a emoção fundamental que está na raiz de toda ciência e de toda arte."

O que entendo por *Mistério*? O impenetrável de nossa origem e o indevassável de nosso destino. Foi por força disso que Hannah Arendt afirmou a impossibilidade de o homem jamais saber algo sobre *sua natureza*, porque isso só seria possível por meio da *revelação* de quem não fosse humano, como nós. E porque todas as *revelações* anunciadas até hoje foram feitas por homens a outros homens, o *Mistério* perdura desafiador e indevassável.

Mas o *Mistério*, bem pensado, é conseqüência, não causa. Conseqüência de sermos, no existente, o único ente que faz perguntas e pretende ter ou precisa ter respostas. Mesmo quando afirmamos haver renunciado à provocação do *Mistério*, só aparentemente por ele não somos atingidos, porquanto nossa renúncia não nos permitirá ser como todas as demais coisas, que simplesmente são, como lembrado por Fernando Pessoa e Cecília Meirelles em versos que casam emoção e filosofia.

Perguntando sobre mim mesmo, deparo-me inelutavelmente com o desafio do *tempo*, que brada a meus ouvidos ter havido um começo e que haverá um fim. Não o começo de tudo e o fim de tudo, mas o começo e o fim deste perguntador que sou eu. Começo, então, a perceber o que foi, e é irrecuperável, o que é, e se revela tão transitório, e o que será, e se mostra tão imperscrutável. Como encontrar a resposta que a Esfinge de Tebas exige de mim para não me devorar? Dei a minha e cada qual de nós deve encontrar a sua, porquanto a resposta dos outros não é aceita pela Esfinge para que não nos devore.

Que resposta eu dei? Talvez pareça simplória, medíocre, preguiçosa etc. Simplesmente disse para mim mesmo: *eu ponho fé na condição humana*. Tudo que existe simplesmente *é* segundo inelutavelmente deve ser. A rocha, a nuvem, o camelo, o carvalho, a ameba e o hidrogênio. Eu também sou como inelutavelmente devo ser: um incansável perguntador numa permanente procura de respostas. E se este é meu modo de ser, que eu seja plenamente neste meu inevitável modo de ser.

Desta primeira convicção eu deduzo uma segunda. O meu perguntar e o meu responder me revelam a mim mesmo como alguém sempre sendo e nunca chegando a ser definitivamente. Dizendo de outro modo: descubro-me como um *processo*, um ser compelido a ir adiante, pouco importando haja realmente algum lugar *aonde chegar*. Já usei, inclusive, o horizonte como referência. O horizonte parece nos dizer que há aonde chegar, caminhando. Mas não alcançamos nunca o horizonte, apenas caminhamos. Foi caminhando, entretanto, que criamos o *Mundo do Homem que É*. Há também um outro horizonte que nosso *olho interior* igualmente acredita existir. Este horizonte se chama *Utopia*. Por causa dele também pomos nosso espírito a caminhar e imaginamos o *Mundo do Homem que Pode Ser* com o qual vamos colorindo o *Mundo do Homem que É*. Como arremate, concluo que nem aquele nem este são o verdadeiro *Mundo do Homem*, mas que *Mundo do Homem* é o *Mundo que é* para nós com o colorido que lhe damos com o *Mundo que pode ser*. A necessidade de segurança no hoje, adubada pela experiência do ontem e com a floração que anuncia os frutos do amanhã. Saudades e lembranças, lutas e comemorações, medos e esperanças... Um pouco de cada coisa na contradição de tudo.

Dessa convicção retiro mais uma outra: a de *minha fé na vocação emancipatória do homem*. Tudo quanto afirmei antes só tem sentido se for possível ao homem escolher entre alternativas, apostar no futuro. E isso implica liberdade e liberdade inexiste sem emancipação. Quanto mais livre é o homem, tanto mais ele se descobre como um infinito de possibilidades.

Essa minha convicção, entretanto, conflita com uma outra: a de que nossa exigência de emancipação para se viver em plenitude a liberdade que se tem, necessariamente eu a compartilho com muitos outros humanos como eu, e que nem eu nem eles podemos realizar nosso propósito emancipatório sem conflitarmos uns com os outros, porque nossas liberdades não percorrem caminhos paralelos, sim roteiros que se interpenetram e se cruzam. O *outro* se mostra também pra mim como um *obstáculo* que precisa ser removido.

Como se não bastasse essa perplexidade, tenho também a convicção de que *necessito do outro* inelutavelmente. Sem ele, minha própria condição humana é irrealizável e também impossível minha sobrevivência. Isso me dá consciência da necessidade de ser também *companheiro* do outro, seu *parceiro e colaborador*. Preciso perder em liberdade para ganhar em sobrevivência.

Como se não bastasse tanta complexidade, deduzo, pela observação e pela experiência, que, embora todos sejamos *humanos*, somos *todos* desiguais. Dessa desigualdade essencial, outrossim, resulta que nenhuma relação humana está isenta do desequilíbrio de posições entre os sujeitos que a instituem. Há sempre um *diferencial* favorecedor de um e desfavorecedor de outro. E o uso desse diferencial em nosso proveito é o fenômeno do *poder*. Assim como a vocação da liberdade aponta para a emancipação, a presença do poder nas relações humanas aponta para a dominação, cujo instrumento viabilizador de sua eficácia é a *regulação*. Necessário ser dito e efetivado o que não pode ser feito e o que se deve ser compelido a fazer. O que sobrar, é o espaço da liberdade. E para que a regulação se dê de modo frutífero, a coerção é indispensável. Desde a sutil coerção da ideologia, que domestica, até à manifesta coerção que elimina ou reduz a liberdade do dominado – o monopólio do uso legítimo da força.

E justamente nesse espaço social é que transitamos, nós, os juristas: o mundo da regulação. O mundo do dever imposto que é muito malnomeado como dever, sendo em verdade sujeição ou obrigação. A esse *dever imposto*, nós contrapusemos, na Modernidade, o *direito dito subjetivo*, ou seja, o poder de exigir de outrem que faça ou deixe de fazer alguma coisa ou transfira para nosso patrimônio o que está no patrimônio dele, atribuindo-nos uma vantagem em detrimento dele, e isso em nome de um *justo* que não é mais um dizer dos deuses, mas um dizer de homens como nós.

Prosseguindo no meu peregrinar reflexivo, concluo que, no passado mais remoto, a ênfase foi no *dever*, antes que no direito, nem mesmo pensável como *direito subjetivo*. E por que isso? Por motivo de que o *dominador*, aquele que podia dizer o que era proibido e o que era devido *transcendia* o humano. Era a Divindade, mesmo quando ela se esgarçasse em mil entidades, inclusive na figura de uma lei natural tão metafísica e transcendente quanto aquele divino já referido. O dominado tinha *deveres*, mas esses deveres ele os tinha, não em face de outro homem, titular de um direito, mas de algo transcendente, poderoso, dominador do próprio homem que representava, entre os homens, o papel de dominador. Era apenas a visibilidade do Dominador Todo Poderoso, tão seu *instrumento* quanto os dominados.

Quando a Modernidade inventou o sujeito, nominou-o como indivíduo e qualificou-o como cidadão, libertando-o (?) da diluição social, eliminando a transcendência ou simplesmente ignorando-a, a titularidade do direito tinha que ser também destranscendentalizada. Agora a titularidade dos direitos era dos homens, não dos deuses. E foi nos direitos do homem que incidiu a ênfase, desvelando-se a dominação não como um inelutável, em face da vontade dos deuses, mas como algo suscetível de ser domesticado, porque com matriz na vontade de nossos semelhantes, mortais e precários como cada qual de nós.

Esse paradigma, casado ao modelo capitalista de divisão do trabalho social e de apropriação do produto do trabalho social, levou ao mais alto grau de dissolução o sentimento e a noção de dever. Ele deixou de ser algo valioso por si mesmo, capaz de autojustificação e universalização, para se tornar uma situação de desvantagem, um incômodo e uma perda de que é legítimo tentarmos nos livrar a qualquer custo.

DIREITO À SOLIDARIEDADE

O paradigma do direito, paradoxalmente, mas coerentemente, alimentou uma sociedade cada vez mais geradora de conflitos, homens cada vez mais egoístas, criaturas humanas cada vez mais distanciadas de compromissos éticos e mais pragmáticas e utilitárias. Se o fundamento de minha dignidade está nos meus direitos fundamentais, de matriz humana, devo empenhar-me até ao limite máximo o quanto necessário para vê-los respeitados. E tanto mais me empenho nisso, mais conflituosa eu torno a convivência humana.

Boaventura de Sousa Santos, em feliz colocação, diz que a Modernidade assentou seu projeto em três pilares: o do Mercado, o do Estado e o da Comunidade. O do Mercado foi satisfatoriamente consolidado, diria mesmo que está plenamente vitorioso neste alvorecer do século XXI. O do Estado, também teve êxito e continua tendo, mesmo sob a aparência (falsa) de Estado Mínimo, dado que o Estado sempre foi o consorte indissolúvel do Mercado (que na ótica capitalista é tudo menos livre competição, sim regulação rigorosa e drástica, pelo poder político, de tudo quanto indispensável para a reprodução ampliada e para a homogeneização das preferências, o corpo e a alma do sistema capitalista). Ficou desamparado e frágil, contudo, o pilar da Comunidade. Por que isso ocorreu? Justamente porque o Mercado e o Estado, para se realizarem plenamente, apóiam-se no poder e na dominação, enquanto a Comunidade tem suas raízes na renúncia à submissão do outro pelo poder e põe sua fé na integração com o outro pela solidariedade. E se o paradigma do direito foi operacional para o Mercado e para o Estado, porque se associa indissoluvelmente à coerção, não pôde, nem poderá servir à Comunidade, que pede a consciência moral do dever para com o outro, que importa em alguma forma de renúncia e de respeito pela *singularidade* do outro.

A solidariedade jamais será compatível com a coerção, donde a impossibilidade de sua convivência com o jurídico. Por isso mesmo falar-se em *direito de solidariedade* é tentar associar incompatíveis. A solidariedade somente se revestirá de eficácia social se for instituído um novo paradigma, centrado no dever. Não à semelhança daquele que informou o pensamento da pré-modernidade, caracterizado como renúncia em face de um Todo Poderoso transcendente, metafísico, dominador, mas de um dever alicerçado na projeção para o outro, humano tanto quanto humano eu sou, da dignidade que me atribuo, por força da valia que experimento em mim mesmo, a partir de minha condição humana. Dito melhor, mediante a projeção no outro de tudo quanto tenho como valioso em mim para configurar a minha dignidade humana.

No espaço do jurídico, a solidariedade é algo bem diverso. É aceitar responsabilizar-se pelo que não se deve ou ser compelido a submeter-se a essa responsabilidade. Tem sempre caráter patrimonial e descarta e dispensa qualquer compromisso ético ou generosidade de espírito. Além de trazer sempre embutido o direito de ressarcimento em face de quem seja realmente o devedor. É um comprometer-se sem se sacrificar.

Esta solidariedade imposta – mesmo quando não tenha o pressuposto da vontade declarada (fruto de um negócio jurídico) pode ser utilizada como um instrumento do que denominamos "justiça social" e erigida à condição de um *direito de solidariedade ou direito à solidariedade*, marcado pela mesma indiferença ou insensibilidade humana que a solidariedade pressupõe no campo das relações privadas. Sou solidário compulsoriamente, por conveniência ou por necessidade de obediência, não por consciência e por exigência do coração.

A atividade securitária e a própria seguridade social são formas de solidariedade jurídica, co-participação imposta em termos de desembolso financeiro para constituição de um fundo comum, administrável em termos de satisfação de carências, sem preocupação de se perquirir sobre culpa de qualquer espécie e de quem quer que seja, vale dizer, descartando o perquirir sobre responsabilidade de algum sujeito. Como se todos fôssemos, em última análise, responsáveis por tudo e por todos, nos termos em que a lei disciplinar essa responsabilidade sem culpa, que pode ser apelidada juridicamente de solidariedade social.

Já se teoriza esse tipo de solução inclusive como uma solução possível para a crise desencadeada pelo chamado capitalismo tardio, que outros chamam de capitalismo desorganizado ou, mais ferinamente, de capitalismo de cassino. Dada a lógica inelutável do sistema, que somente sobrevive casando a reprodução ampliada com a homogeneização das preferências e a ampliação dos desejos, jamais poderá ele dissociar a produção do consumo. Ocorre que o consórcio entre o poder econômico e a ciência (tecnologia) se foi um sucesso em termos de criar produtos, tem-se revelado antropofágica em termos de eliminar consumidores. Em outros termos: se essa associação importou em espantosa capacidade de produzir riqueza, tem-se mostrado incapaz de distribuir a riqueza, gerando, ao contrário, sua concentração progressiva e cada vez mais ameaçadora, porque também cresce de modo preocupante o número dos excluídos do mercado de trabalho e tornados incapazes de consumir quanto produzido. Daí acreditarem alguns teóricos otimistas seja possível ocorra um ato de lucidez por parte dos detentores do poder econômico e do poder político, a ponto de sacrificarem parte de seus ganhos para a constituição de um fundo mundial, internacionalmente administrado, que possibilite um sistema de renda mínima à massa dos excluídos, reintegrando-os no mundo dos consumidores, o outro membro da equação capitalista, que precisa existir para que subsista.

Se isso acontecer, poderemos vir a falar em mais um direito fundamental ou direito do homem – o direito de solidariedade. Um poder supranacional estaria legitimado para expropriar os detentores dos meios de produção de uma parte de seus ganhos, com vistas a restabelecer para todos os homens o seu direito fundamental de serem consumidores. Uma versão em termos de *World Trade Center* da técnica do pão e circo com que os patrícios, no Império Romano, administraram a insatisfação dos excluídos por muitos séculos.

Essa solidariedade, entretanto, como tudo quanto tem matriz no jurídico, pede que o destinatário da vantagem disponha de suficiente poder político para impor ao outro sujeito da relação menos dominação. Daí ter dificuldade em perceber como isso seja possível a partir de uma mobilização dos excluídos, salvo em termos de revolta e em tais dimensões que de novo o medo leve os poderosos a abrir mão de alguma parcela de seu poder.

É também um dos meus convencimentos o de que só a ameaça da ruptura violenta levará a concessões. Se viável a solução, ela será apenas uma concessão dos poderosos, como a que fizeram no período que se seguiu à Segunda Guerra Mundial, por falta de jeito, e logo que se fez possível procuram a todo o custo eliminar. Confiemos nesse milagre da sensatez humana e do pragmatismo capitalista. Se vier a ocorrer, poderão os juristas teorizar sobre mais um direito fundamental – o direito de solidariedade.

A verdadeira solidariedade, a que tem matriz humanista e compromissos éticos, essa verdadeira solidariedade será fruto de uma vitória do homem sobre si mesmo. Exigirá um novo paradigma, uma nova visão de mundo e uma nova ideologia. Para sintetizar ao estremo, diria que a Modernidade, sem dúvida, logrou fazer da tolerância um valor socialmente mais eficaz que a intolerância. Mas com a tolerância apenas aceitamos possa o *diferente* viver ao nosso lado, sem experimentarmos a necessidade de aniquilá-lo, mas permanecemos *indiferentes* em relação a ele. A aceitação é externa, sem que haja aceitação interior. E é nessa aceitação interior do diferente que reside a substância da solidariedade. Não sou mais apenas indiferente em face do diferente, tolerando-o, mas eu me comprometo com ele para lhe assegurar a realização plena de sua liberdade, sendo diferente. E esse modo de ser do coração nenhuma força exterior pode me impor, somente eu imporei a mim mesmo, e isso é que é o dever, o compromisso humano de ver na diferença do outro o mesmo valor e a mesma dignidade que me atribuo, quando me recuso a ser molestado pelos meus diferentes em meu desejo, diria mesmo necessidade de ser diferente.

Por tudo isso é que minhas últimas palavras traduzirão também minha última convicção: a de que nada tenho a dizer nem posso dizer sobre o direito de solidariedade. E por ser evidente esta minha impotência, convenci-me também de que, imperdoavelmente, falei demais sobre aquilo a respeito de que nada tinha para dizer.

| 25 | MAIS POSITIVO E MENOS POSITIVISMO[32]

Tenho como de evidência palmar, em termos de experiência jurídica, o estreito nexo que, ontem e hoje, sempre, portanto, existiu entre o direito e o poder político.

Por mais que se pretenda ocultar, a face do direito se faz visível quando a impositividade se faz presente, não a que deriva da pura força bruta ou da vindicta do que se crê injustiçado, nem a que resulta da coerção difusa que a sociedade (os que conosco convivem mais diretamente) exerce sobre nós, mas aquela que busca se descaracterizar por sua legitimação, revestida da "pureza" que lhe confere a aparente desvinculação de interesses setoriais ou pessoais, menores, enfim, institucionalizando-se como escudeira e guardiã do interesse público, do bem comum, do socialmente justo, como se diz, e por isso mesmo juridicamente devido.

A máscara que se põe sobre a face não muito bela da dominação é a "ideologia", seja ela qual for, tenha que inspiração ou justificação tiver. A verdade é que a feição real do poder político é como a face de Deus – inefável, isto é, inalcançável em sua exata expressão.

Por outro lado, creio que o fenômeno do poder, insuscetível de ser erradicado da vida social, assenta, fundamentalmente, em alguns pilares que lhe dão firmeza ou, se preferirmos, em algumas raízes que o nutrem e robustecem. Em primeiro lugar, a interdependência entre os homens, incapazes, por si sós, de alcançar quanto se faz necessário até mesmo para a manterem na condição humana, ou se "hominizarem", como também se pode dizer. Em segundo lugar, esta peculiaridade do homem, de poder somar a suas necessidades vitais – compartilhadas por ele com todos os seres vivos – aquilo que a moderna psicanálise denomina de desejos, inconscientes em grande número, que nascem, justamente, além da necessidade, depois do apaziguamento do corpo e dos sentidos, como se expressou MICHEL SERRES, e que justamente em razão disso nem podemos dizer quantos são nem como poderão ser todos satisfeitos.

Interdependentes os homens e acossados pelos desejos, são compelidos eles para a quase servidão do social (os desejos, paradoxalmente, nascem da liberdade mas vicejam na dependência e na submissão; quanto mais numerosos são em nós, mais dependentes somos nós), outra alternativa não lhes restando senão inserir-se

---

32. Texto extraído de *Revista dos mestrandos em direito econômico da UFBA*. N° 2, jul. 1991/jun. 1992.

na organização social, que hierarquiza interesses, institucionaliza o poder, limita a liberdade e mutila os projetos individuais de vida. E é nessa dimensão que o direito se faz presente e indispensável. Perde-se em termos de existência pessoal, ganha-se na dimensão da sobrevivência social.

Já se disse, com acerto, que liberdade não protegida significaria, em verdade, a licitude do uso da força privada. Aceita-se sua limitação pelo direito como interdição da força bruta, transferindo-se o confronto entre dominadores (os fortes) e dominados (os fracos) para a área política, que é, sem dúvida, civilizar o conflito, institucionalizando-lhes a solução ou composição.

Esse corpo a corpo entre fortes e fracos (não entre melhores e piores, nem entre mais capazes, mas sim e simplesmente entre quem pode dominar e quem se deixa dominar, ou não tem consciência de sua dominação, ou dela não pode escapar), esse corpo a corpo tem seus alicerces sólidos na necessidade da divisão do trabalho social e consequente disciplina na apropriação do produto desse trabalho. Se não podemos produzir tudo se que necessitamos, algo produziremos para os outros, como estes produzirão também algo para nós. Mas somos muitos e muitos os bens produzidos, tornando-se quase impossível determinarmos o que deve ser de cada um (o **unicuique suum tribuere**) donde o poder político decidir por nós, e ele sempre o faz reservando--se a parte do leão. Só na medida em que a politização e a organização dos dominados (vale dizer, na razão direta da politização da sociedade) gera iguais é que se partilha com equidade (realiza-se menos injustiça ou justiça) porquanto, nesses termos, ninguém é suficientemente leão para reservar-se o fiilé com exclusividade, nem suficientemente cordeiro para contentar-se com nervos, cartilagens e ossos. E as regras do jogo dessa partilha é igualmente o direito que as institucionaliza civilizadamente...

Por último, diria que, desde o tempo que se perde no tempo, tão recuado ele é, os homens sempre oscilaram entre duas posturas fundamentais. Aceitar seu destino como algo imposto pelos deuses ou pelas leis implacáveis dos cosmos ou acreditarem-se capazes de construir a sua cidade, plasmar a ordem social. Nem se alterou esse dilema do mundo contemporâneo, orgulhoso de seu muito saber científico e de sua miraculosa técnica. Todos nos arregimentamos ou no clã dos que vêm na razão um instrumento que apenas nos permite alcançar a **verdade**, que já reside nas coisas e à qual chegaremos com objetividade e neutralidade, se respeitarmos os princípios básicos da lógica formal cartesiana, desvelando as leis que disciplinam a natureza e a convivência humana, que o homem também é natureza, ou nos incluímos no rol de quantos reconhecem a razão como não apenas o "olho" que vê, mas também como um "instrumento" com que opera o homem, construindo a ordem social, plasmando o "mundo", que é a natureza transformada em cultura, em "mundo vivido", permitindo-lhe não só **ver** o mundo objetivo das coisas, como também **plasmar** o mundo social das normas e **expressar** o mundo subjetivo dos afetos. Poderíamos dizer, sintetizando, que todos nos arregimentamos entre os corifeus da razão cognitiva-instrumental (dominadora e mutiladora) ou da razão emancipadora, que é mais que dominação da natureza (e reflexamente dominação dos homens) para também ser libertação da opressão do outro e da opressão que nossos medos interiores exercem sobre nós mesmos.

Os juristas não encapam desse dilema. Ou se arregimentam entre os oranicistas, funcionalistas e sistêmicos (Durkheim, Parsons e atualmente Luhmann) marcados por uma postura fortemente positivista, dogmática, exegética e pretensamente "purificadora" ou se colocam no campo dos que buscam a compreensão do jurista para além do direito positivo, desvendando-lhe o processo de produção, acentuadamente marcado pelo político e pelo econômico, oscilando, também estes, entre o radicalismo do direito justo e uma postura crítica que repudia toda fixidez, toda imutabilidade essencial, toda autonomia do particular ou do fragmentário, assentando o seu saber nos pilares da "totalidade" e do "movimento".

Daí parecer-nos impossível pensar-se o direito ou operar-se com ele, em qualquer de seus compartimentos didático ou profissionais, sem a reflexão prévia e esclarecedora de cunho filosófico, político, econômico e histórico, que oferecem a matéria prima com que opera o produtor jurídico que, como o seu produto conforma, no mínimo que seja, o social, num perpétuo e incessante interagir, ir ou vir, dialeticamente.

Convicto de quanto precedentemente afirmei, não consigo compreender nem aceitar um curso de pós-graduação em que se mostre ausente toda reflexão filosófica, sociológica, política, econômica e histórica. Em termos de "positivismo" jurídico, postura dessa natureza é a exacerbação da alienação. Parte-se do direito posto e imposto e nele se fica patinhando o que, em última análise significa partir de lugar nenhum para chegar a lugar nenhum.

Talvez por causa da prevalência dessa postura na graduação e em muitas pós-graduações foi que Frankfurter, referindo-se aos juristas de nossos dias, disse que cada vez mais os clientes têm advogados e não os advogados clientes.

Formamos profissionais do direito para atuarem como "coroinhas" na celebração litúrgica que o poder econômico e o poder político celebram sacerdotalmente. Figurantes menores e serviçais na celebração do culto.

Estamos realmente vocacionados para tão pouco? Acho que antes de dizermos "sim", os centros de formação de profissionais do direito, máxime os que se atribuem a tarefa da "excelência", devem abrir as janelas e deixar que a luz penetre nos recintos sombrios, húmidos e bolorentos de alguns de seus cursos.

Filosofia do direito, teoria geral do direito, sociologia jurídica, história do direito, economia e ciência política são exigências mínimas para que futuros mestres e doutores saiam das clínicas de recuperação dos "deficientes" e aprendam a andar sem muletas e sem cadeirinhas de roda.

Se é que não sou eu quem está precisando de algum transplante ou de algum aparelho ortopédico...

| 26 | RADICAL SIM, POR QUE NÃO?[33]

Giselly Siqueira

Revista da Anamatra – *O processo demora por culpa do magistrado, da lei ou do advogado?*

Calmon de Passos – Ele demora por causa da cumplicidade de todos. O culpado é o sistema. Eu não posso acusar um magistrado brasileiro pela morosidade da justiça quando há insuficiência de juízes e um desaparelhamento total. O magistrado brasileiro é um herói que trabalha sozinho, sem nenhum apoio logístico. Fui promotor no interior do meu Estado e nem sequer tinha acesso ao Diário Oficial. O magistrado brasileiro é um mártir. Ele tem uma carga de trabalho sobre-humana. Somos o único país do mundo que a primeira instância não vale nada. Eu lhe digo: juiz de primeira instância no Brasil é feto de juiz porque qualquer interlocutória pode ser revista. Ainda mais agora, com esse sistema de agravo e mandato[34] de segurança na Justiça do Trabalho que é uma imoralidade. Isso é desestimulador e permite a xicana[35] de advogados e a cumplicidade de escrivãos e oficiais de justiça. Então, todo o sistema precisa ser revisto como uma unidade. Dizer: vamos reformar o Judiciário não adianta. Enquanto o processo político no Brasil for o que for teremos sempre um Congresso cooptado.

Revista da Anamatra – *Então, o sr. quer dizer que a reforma do Judiciário e nada é a mesma coisa? Os anseios da sociedade em ter um Poder judiciário rápido e eficaz serão postergados mais uma vez? Como mudar essa situação?*

Calmon de Passos – Considero a reforma a coisa mais inócua possível. A reforma só terá um benefício: tornar as coisas piores do que estão. E isso porque a crise não é só do Poder Judiciário, mas também do Poder Legislativo e Executivo. É uma crise institucional resultante, principalmente, do fato de que a Constituição de 1988 é irrealistica e inadequada para disciplinar a realidade brasileira. Só para ser sintético: a nossa Constituição Federal pretendeu ser a mais representativa de uma social democracia avançada, mas foi promulgada num tempo em que a social democracia nos países centrais estava em crise e em desagregação. Foi promulgada para um país que nem havia conseguido se tornar uma social democracia, e, o que é

---

33. Texto extraído de *Revista Anamatra*/Associação Nacional dos Magistrados do Trabalho. Brasília, v. 14, n. 43, nov. 2002.
34. Redação original.
35. Redação original.

pior, um país que foi considerado por Robisbal um monumento de injustiça social. Porque sendo a 11ª economia do mundo é o 78ª país em qualidade de vida. Quando se promulga uma Constituição social democrata para um país de mal trapilhos você é criminoso, irresponsável ou inconseqüente. No meu ponto de vista, que não sei se é o verdadeiro, a única solução para o Brasil é uma nova Constituinte. Sem isso não haverá solução para nenhum problema brasileiro. A Constituição de 1988 criou um clima de ingovernabilidade e assim o Brasil não vencerá, nem suplantará seus problemas de modo nenhum. Salvo com o desrespeito da Constituição, que é o que temos visto diariamente.

Revista da Anamatra – *Mas hoje não há mínima perspectiva para que isso aconteça?*

Calmon de Passos – Não tenho a menor dúvida de que ela virá mais cedo ou mais tarde. Se isso não ocorrer, uma outra solução será a revolução, que espero que não aconteça.

Revista da Anamatra – *Como os magistrados, advogados e operadores do Direito devem lidar com essa realidade que o sr. está apresentando?*

Calmon de Passos – Sempre digo que não sei se o meu ponto de vista é o exato, mas acho que no Brasil perdemos a perspectiva do papel do Direito e das instituições jurídicas. Digo sempre: os ganhos são feitos através da luta política. O Direito, que é uma dimensão do setor hegemônico dominador de uma sociedade, só tem uma finalidade: consolidar o que foi politicamente obtido. Então, colocar no Direito expectativas de transformação social é um equívoco que só vi sustentado no Brasil. Não conheço na literatura universal ninguém que tenha ousado dizer que o Direito é um agente de transformação. O Direito é um consolidador dos ganhos políticos obtidos por uma sociedade. Tanto os ganhos autoritários quanto os democráticos.

Revista da Anamatra – *Como o sr. analisa hoje a formação dos magistrados no Brasil?*

Calmon de Passos – Em primeiro lugar quero dizer que nunca isolo os magistrados dos operadores do Direito. A nossa matriz é a mesma: as faculdades de Direito. Para compreender o Poder Judiciário lembre-se dos nossos colegas de faculdade. O que se sentava a sua direita foi para a magistratura, o outro que se sentava à esquerda foi para o Ministério Público e você foi para a advocacia. Será que vocês, pelo papel social que estão desempenhando, mudaram? Não. Quem foi para a magistratura é aquele mesmo aluno malandro, colador, tapiador e irresponsável ou ao contrário é aquela pessoa séria, responsável, com sensibilidade e preocupado com futuro do seu país. Pode-se considerar as mesmas situações para os outros dois casos. O fato de a gente ser rotulado advogado ou magistrado não muda nada. Aí do País que precisa de bons advogados, bons juízes, bons membros do Ministério Público. Uma Nação que é Nação não precisa de bons isso, bons aquilos, porque todos são bons.

Revista da Anamatra *– O senhor tem alguma opinião quanto a questão do ingresso na magistratura em especial ao quinto constitucional?*

Calmon de Passos – Sou adversário radical do quinto. Esse instituto só serviu para corromper os advogados e membros do Ministério Público, que abdicaram do seu papel de fiscais do interesse do cidadão perante o Poder Judiciário para serem apenas aliciadores de amigos no Judiciário e figurarem nas listas sêxtuplas na oportunidade adequada.

Revista da Anamatra *– O sr. já teve alguma experiência na justiça do Trabalho? Já advogou?*

Calmon de Passos – Nunca tive nenhuma experiência nessa área. Fui promotor de justiça durante muitos anos e não podia advogar, quando me aposentei comecei a advogar na área onde já tinha todo um instrumental teórico, que não era na Justiça do Trabalho. Tenho muito mais um relacionamento com magistrados e advogados trabalhistas do que uma militância forense.

Revista Anamatra *– Mas, como mestre em processo civil, qual a sua opinião sobre o processo trabalhista? Ou o sistema de recursos na Justiça do Trabalho?*

Calmon de Passos – Não percebo porque o processo do trabalho tenha que ser diferente do processo civil. Chego a dizer que vocês tiveram o modelo ideal de processo. E o que é isso? É quando a fase postulatória, é mais um problema entre partes e advogados do que do advogado e o magistrado. Para usar uma expressão popular, os magistrados deveriam receber o processo em termos de audiência preliminar. Vale dizer que as partes e os advogados chegariam dizendo: "excelência não conseguimos acordo nem entendimento de modo algum nessas questões e é isso que colocamos para que o sr. decida". E o juiz diria: "que provas vocês tem para me convencer disso" e então deliberaria como proceder para formar o convencimento dele. Mas, o processo do trabalho não me agrada num todo, porque ao invés da postulação se fazer antes da audiência de conciliação e julgamento, o processo do trabalho colocou a defesa do réu nessa audiência. Sendo a postulação algo do interesse das partes, não entendo porque sobrecarregar o juiz com preocupações com essa fase quando, na verdade, o grande papel do juiz é decidir o conflito que não obteve solução por intermédio das partes. É o que se faz em outros países. Por exemplo, na Alemanha, quando o processo chega às mãos do juiz já é para a audiência preliminar. Nos Estados Unidos, então, a coisa chega a ser extremada. Como disse um ex-aluno meu, recentemente, quase que 60% das causas dos Estados Unidos não chegam aos tribunais porque são resolvidas nos escritórios dos advogados. A lei permite inclusive que os advogados façam instrução das causas. Tudo é feito nos escritórios de advocacia, com a participação das partes, e isso vale como prova em juízo. O que faz com que o processo seja célere. O processo no Brasil é burocratizado. Tem que dar entrada numa petição inicial que é distribuída, que é autuada, que vai conclusas ao juiz para despachar uma inicial para extrair um mandato[36] de citação. É um horror.

Revista da Anamatra – *Na verdade o que é feito nesses exemplos internacionais é mediação extrajudicial. No sistema brasileiro, a Justiça do Trabalho veio como desdobramento de uma justiça administrativa, trazendo assim a idéia da mediação. Então, houve uma mescla das duas figuras. Os juízes do trabalho têm uma dupla atividade. Não são meros julgadores, têm que funcionar como conciliadores para a solução de um problema de caráter social, que é muito mais imediato e necessário que o problema processual da solução do conflito.*

Calmon de Passos – O que é muito pertinente na Justiça do Trabalho e não na Justiça Comum, porque na Justiça do Trabalho as relações são sempre as mesmas: relação de emprego. Onde o que há de dispositivo é muito pouco, é uma relação extremamente regulada por leis e disciplinada por normas cogentes. Ora, então a Justiça do Trabalho tem como objeto de sua decisão um litígio muito diferente do litígio da Justiça Comum, tanto que, de certo modo, a função de conciliador e julgador é compatível com o juiz do trabalho e de uma incompatibilidade total na Justiça Comum. Porque aqui o magistrado para conciliar tem que intervir no mérito, vocês não precisam disso, pois o mérito a respeito do qual vocês intervêm já é um mérito configurado por lei. Então, a interferência de vocês é no fato e não no Direito em si. O Direito do Trabalho tem essas peculiaridades.

Revista da Anamatra – *Mas muitos acham prejudicial o exemplo americano de advocacia de mediação.*

Calmon de Passos – Um advogado nos Estados Unidos não pode ocultar uma prova, se isso acontecer ele perde o cargo e nunca mais pode advogar. São punidos exemplarmente. Outra peculiaridade é que nos Estados Unidos o advogado tem que custear o processo, se ele perder não ganha nada. É uma advocacia de risco. Mas isso é um aspecto cultural impossível de se trazer para o Brasil.

Revista da Anamatra – *Existe no Brasil a lei de arbitragem, como o sr. vê isso?*

Calmon de Passos – Sou cético. A arbitragem tem matriz cultural. É preciso que a sociedade tenha toda uma tradição de mediação. O brasileiro, ao invés de ter essa tradição de mediação e conciliação, tem a tradição de litigiosidade. Temos essa mania, pois nossas instituições sociais são fracas e não se encontram na sociedade instrumentos eficazes de mediação. Assim, nós despejamos na justiça nossas divergências. Isso é típico de uma sociedade de desiguais.

---

36. Redação original.

Revista da Anamatra – *Mas essa tradição está mudando. Um exemplo é a regulamentação das Comissões de Conciliação Prévia, que ainda precisam de ajustes, mas que já são uma realidade. Como o sr. analisa isso?*

Calmon de Passos – Eu seria leviano se dissesse que tenho alguma opinião formada quanto ao tema. Teoricamente essas comissões são uma solução extraordinária, muito positiva. O que na verdade é o Conselho de Homens Prudentes da França? O que são as comissões de fabricas nos países mais adiantados? É basicamente isso. O problema no Brasil é cultural. O nosso sistema sindical é o que chamo de pelego do imposto sindical, não vejo nenhuma legitimidade em nosso sistema sindical. Enquanto países altamente industrializados como os Estados Unidos e Alemanha têm cento e poucos sindicatos, nós já passamos dos 20 mil.

Revista da Anamatra – *Como o sr. analisa hoje as decisões do Poder Judiciário. São conservadoras ou não?*

Calmon de Passos – Não há decisão conservadora. Para mim Direito é como rótulo. Você coloca o rótulo na garrafa que quiser com o conteúdo que quiser. Um exemplo foi um fato que aconteceu comigo ainda quando era jovem. Na época tinha poucos recursos e estava doido para dar um presente para minha namorada, um estivador veio me oferecer um perfume francês que vinha de contrabando e o preço era tão ridículo que eu comprei aquele rótulo lindo. Quando dei o presente, não vou dizer qual era o conteúdo, pois não fica bem numa entrevista como esta. O Direito é assim que tanto serve para wiskye escocês como para outros produtos.

Revista da Anamatra – *Atualmente o sr. considera que o conteúdo do Direito está mais para perfume francês ou para o que não pode ser nominado?*

Calmon de Passos – O conteúdo que a sociedade brasileira injusta, corporativa e estamentária pode permitir. Somos o único país do mundo que não fez sua revolução burguesa, único país do mundo que se diz democrata é ainda Casa Grande e senzala. É um problema cultural-social insuperável.

Revista da Anamatra – *É também um problema político, ou a questão política é resultado dos problemas culturais e sociais?*

Calmon de Passos – Pelo contrário. Na base está o econômico, e como isso não cai do céu, na base de tudo está a decisão política sobre a econômica. Na hora que há uma decisão política sobre a institucionalização de um sistema capitalista tudo mais é conseqüência. Quando você estabelece um sistema capitalista numa sociedade que não teve tradição de luta burguesa se tem um capitalismo como o nosso. Predatório, selvagem, excludente e sujeito ao capital externo. Então, nós que desempenhamos algum papel social, alguma função política, somos absolutamente condicionados por isso. Quando me aposentei como procurador de justiça, me prestaram uma homenagem eu respondendo a essa homenagem disse que cumprindo meu dever fui um agente de iniqüidade, porque dando efetividade às leis do meu País coloquei na cadeia quem estupra menores, mas nunca consegui colocar na cadeia quem estupra cotidianamente meu país.

Revista da Anamatra – *E o futuro do Judiciário, da sociedade?*

Calmon de Passos – Olhe eu não sou profeta. Sou uma pessoa pessimista. O sistema capitalista é incapaz de ser vencido por fora e esse sistema chegou na fase mais destrutiva possível, o capitalismo financeiro internacional desregulamentado. Olhando os dados estatísticos vemos que a concentração de renda aumentou estupidamente e que as desigualdades entre os países centrais e os periféricos aumentaram drasticamente. Nos próprios países centrais já está se criando o terceiro mundo dos excluídos. A tecnologia está comprometendo cada vez mais o mercado de trabalho, a ciência alugou-se ao capital e hoje há uma cumplicidade entre a ciência e o dono do capital. Então, nosso futuro é muito trágico.

|27| CONSTITUIÇÃO – DIREITOS DO HOMEM – DIREITOS DA PESSOA HUMANA – INSTRUMENTOS E INSTITUICÕES ASSEGURADORES DOS DIREITOS DA PESSOA HUMANA[37]

1. A participação que nos foi atribuída integra um contexto sobre a temática dos direitos humanos, no qual nossa tarefa se põe como uma espécie de fecho ou arremate a colocações que a antecedem, fundamentam e condicionam: a relativa à enunciação e concretização dos direitos e garantias do ser humano, a partir dos princípios fundamentais que o alicerçam; a pertinente ao princípio da igualdade e a que trata da perspectiva individual e coletiva da defesa dos direitos humanos.

Desconhecendo o pensamento dos companheiros de Painel, corremos o risco de conflitarmo-nos com o que colocaram para o tema, ou de nos mostrarmos omissos, no particular de aspectos por eles enfatizados. Se isso ocorrer, os ajustamentos se farão, acredito, como consequência das exposições e dos debates, no curso da Conferência.

2. Temos sustentado, em quantas oportunidades surgiram para nos manifestarmos sobre nossa futura Constituição, que devemos ter, no particular, um mínimo de preocupação com problemas finalísticos, contingentes e conjunturais, centrando nossa luta e nossa preocupação no que for pertinente aos meios, isto é, instrumentos a serem constitucionalmente instituídos para assegurar a efetividade de princípios fundamentais e objetivos básicos, que estes, sim, reclamam definição precisa e enumeração tanto quanto possível exaustiva.

3. A outorga de direitos não importa sua efetividade, nem a determina necessariamente. Para que ela ocorra, reclamam-se instrumentos adequados, a par da vontade política de instituí-los e do poder de eficientemente utilizá-los.

Ocuparmo-nos do direito no plano da validade das normas jurídicas e de sua configuração formal é passo importante para sua aplicação, não decisivo, entretanto, porque pobre e alienador no que diz respeito à vida social que ele – direito – como fenômeno, busca compreender e conformar.

---

37. Texto extraído de *Anais da XI Conferência Nacional da Ordem dos Advogados do Brasil*. Belém: Ordem dos Advogados do Brasil, 1986.

Disso decorre a necessidade de instrumentalizar-se, cada direito outorgado, eficientemente, sob pena de tornarmos a ordem jurídica um aglomerado de princípios, de normas, programáticas, de bons propósitos, que nem mesmo se revestem da eficácia dos princípios éticos fundamentais no grupo social.

4. O primeiro desses instrumentos, na ordem de prioridades, escapa ou transcende ao âmbito do estritamente jurídico, situando-se no contexto político-econômico-cultural que subjaz a toda ordem jurídica formalmente considerada, condicionando-a e conformando-a, sendo por ela, em retorno, também direcionada, ainda quando com menor intensidade.

Esse primeiro e fundamental instrumento assegurador da efetividade dos direitos é o nível de politização, conseqüentemente de organização e de poder de participação, dos grupos sociais sobre os quais incide a ordem jurídica formal. A efetividade dos direitos reclama, portanto, decisivamente, exista a vontade social de fazê-los efetivos e o poder político de realizar essa vontade.

Esse nível de consciência política é fruto de uma série de fatores, também metajurídicos, como sejam a educação, o nível de renda, a qualidade de vida em geral, o acesso às informações etc., todo um conjunto de pressupostos derivados da luta política no seio da sociedade, ou seja, da real correlação de forças que nela existe.

Estou convencido, entretanto, de que a obtenção será extremamente facilitada, e inclusive estimulada saudavelmente, se tivermos imaginação e coragem para institucionalizar instrumentos asseguradores da efetiva participação popular em todos os segmentos do poder, o que só se faz viável com a efetividade, correlata, dos denominados direitos humanos, em sua acepção mais lata, asseguradores da real cidadania, pressuposto indispensável de uma efetiva participação.

A consciência dessa verdade levou a que se tentasse juridicizar também esses valores, de modo a que, assegurados eles, se tivesse, como decorrência, a tutela dos direitos fundamentais tradicionais, de cunho mais nitidamente individual e político. São eles os deveres e direitos econômicos, sociais e culturais, hoje também colocados no âmbito dos direitos fundamentais do homem ou direitos da pessoa humana em sua dimensão social.

5. Poderíamos, portanto, concluir que o primeiro instrumento e a primeira instituição asseguradora dos direitos da pessoa humana é a existência de um Estado de direito democrático, social, participativo. Enunciar essa exigência é a postulação constitucional preambular necessária. Instrumentalizá-la, uma conseqüência ineluável. Destarte, em todos os passos da tarefa constitucional dos futuros representantes do povo deve estar presente essa exigência – a legitimidade de qualquer instituição reclama se assegure sua formulação democrático-participativa.

A participação asseguradora desse desideratum, digamo-lo apenas de passagem, não é, necessariamente, a partilha do poder de decidir, mas, sim, sem deixar de ser isso, tanto e quanto possível, é também, com igual valia, o acesso à informação e o poder de controle das decisões e de sua execução, em todos os níveis, sem exclusão de nenhuma. Ausente esta garantia básica, todas as demais garantias se fragilizam e se relativizam.

Se a institucionalização de centros de poder, submetidos ao princípio da legalidade e a controles mútuos foi a grande conquista da democracia moderna, representativa, a verdade é que a história dos últimos 200 anos revelou sua insuficiência para assegurar o exercício do poder político em real benefício da coletividade. Para que o exercício do poder político se torne mais serviço – como deve ser, que dominação – como inadequadamente tem sido – urge submeter os centros de poder, não só ao princípio da legalidade e a um sistema de freios e contrapesos como, precipuamente, a controles diretos pela sociedade civil (governados). E nisso consiste, essencialmente, a democracia participativa.

Do ponto de vista econômico, essa garantia se efetiva mediante a reformulação da atividade econômica, resgatada a empresa para o desempenho de seu papel político e social, o que a politiza sem desfigurá-la, superada, definitivamente, a postura ideológica alienante dos chamados economistas puros. A empresa se define e se institucionaliza como um centro de convergência do capital, do trabalho e da gerência, harmonizando-se o proveito pessoal (lucro) com a satisfação das necessidades coletivas.

A par disso, a propriedade se descaracteriza como forma de apropriação excludente, para formalizar-se, predominantemente, em sua dimensão significativa, como apropriação-participação.

No plano da empresa e da propriedade, o controle social se efetiva pelo planejamento-participativo e pelo empreendimento participativo, incentivado e protegido particularmente pelo Estado.

No campo social, a garantia decorre da universalização da educação básica e do acesso dos mais aptos aos níveis superiores de instrução, assegurado o controle social pela liberdade de ensino e de aprendizado, bem como a participação de pais, alunos e mestres nos órgãos de fiscalização e planejamento das atividades educacionais.

No particular do estrita ou predominantemente jurídico, por ser o específico sobre que nos deveremos deter, dele cuidaremos com maior profundidade.

6. O segundo instrumento assegurador da efetividade dos direitos, dependente do primeiro, mas com especial relevância e dinamismo próprio, é representado pela função jurisdicional.

A efetividade do direito ocorre com o ajustamento voluntário das condutas, na convivência social, ou mediante seu ajustamento autoritativo e substitutivo, pela função jurisdicional. E se, do ponto de vista político, aquela primeira é a grande aspiração coletiva, esta segunda não é menos relevante.

Será absolutamente inócua qualquer formulação de liberdades, direitos e garantias da pessoa humana, em nossa futura Carta Magna, se não procedermos a uma reforma de base do Poder Judiciário, até hoje responsável, na ordem legal e na ordem prática, pela garantia da efetividade dos direitos, sem jamais ter respondido satisfatoriamente a esse seu dever constitucional.

Sobre a matéria já escrevemos em várias ocasiões, inclusive em eventos patrocinados pela Ordem dos Advogados, pelo que nos eximimos de maiores delongas, remetendo-nos ao que dissemos nessas oportunidades, cujas conclusões básicas são as seguintes:

Cumpre desvestir a função jurisdicional de sua identificação com o Poder Judiciário, em suas vestes solenes, em todas as suas manifestações, desde as mais fundamentais até às mais corriqueiras; assim, a diferenciação de formas de investidura, de garantias para o exercício da função, de competência e de organização é um imperativo, como decorrência da diversidade de objetivos perseguidos, ainda quando assegurada sempre a revisão de qualquer julgado, de qualquer juiz, se em jogo liberdades, direitos e garantias constitucionais, pelos integrantes do Poder Judiciário em sentido estrito.

É indispensável legitimar-se a função jurisdicional, democratizando-a, mediante o estabelecimento de controles externos do comportamento de seus integrantes, distinguindo-se a imunidade do juiz em sua atividade **in judicando** de sua responsabilidade perante a sociedade por seus erros **in procedendo**, dos quais os mais graves são os configuradores de abusos de poder e usurpação de funções.

Fundamental assegurar-se o acesso à justiça de todos os brasileiros, máxime dos economicamente hipossuficientes, garantida a assistência judiciária gratuita, parcial ou totalmente, na razão dos ganhos dos litigantes, de modo efetivo e operante, e tanto quanto possível através de entidades não estatais – sindicatos, associações, movimentos etc. – embora amparadas financeiramente pelo Poder Público, de modo a não lhes cercear a independência.

Cumpre ampliar-se a legitimação dos indivíduos para defesa dos interesses transindividuais, bem como de entidades públicas e privadas que incluam em suas finalidades a defesa daqueles interesses, revendo-se o obsoleto conceito de direito subjetivo, relacionado exclusivamente com a apropriação e fruição excludente de bens. Em resumo, os tempos atuais reclamam se dê ao processo também uma dimensão política, que o tipo de sociedade hoje existente exige, privilegiando-se a solução jurisdicional (contraditória-participativa) não só dos conflitos individuais como dos conflitos coletivos.

Também o Ministério Público deve ser alcançado pela reforma. Cumpre distinguir-se a instituição à qual se atribui a defesa da Administração Pública, daquele outro a que se defere a tutela dos chamados interesses indispensáveis, tão independente do Executivo quanto a magistratura, tão representativa da sociedade quanto possível e submetida a controle desta última.

Essas exigências reclamam provimento outro que não exclusivamente por concurso. Chefia com mandato e mediante escolha que não seja exclusiva do Colégio de Procuradores, e submissão, em termos disciplinares, a controles externos sociais.

7. A par disso, a defesa dos direitos humanos e a garantia de sua efetividade deve contar com mecanismos não jurisdicionais, que atuariam não só preventivamente como repressivamente e o fariam de modo menos formal e mais representativo.

Num país com a dimensão continental do Brasil, a solução do Defensor do Povo se me afigura insuficiente, parecendo-me bem mais viável e representativa a criação, desde o nível municipal até ao nível nacional, de Comissões de Defesa dos Direitos Humanos, constituídas em moldes diversos dos que hoje vigoram, com poderes de apurar e promover a responsabilidade dos responsáveis pela violação das garantias e liberdades constitucionais, ainda quando submetidas, em suas decisões, ao controle "a posteriori" do Poder Judiciário.

8. Quarto instrumento será a institucionalização de procedimentos que viabilizem, de modo pronto e preciso, a tutela das liberdades, direitos e garantias fundamentais.

Devem ser mantidos os tradicionais: mandado de segurança, habeas-corpus e ação popular, acrescendo-se outros que a reflexão e a experiência recomendam.

O habeas-corpus, regulado em seu perfil tradicional, deve merecer o reforço de garantias que assegurem seu pronto exame e decisão, prevendo-se como crime de responsabilidade o retardar, falsear informações por parte da autoridade coatora e o dilatar de sua decisão pela autoridade judiciária.

O mandado de segurança deve ser mantido como um processo de natureza documental. Conserve-se, pois, o requisito da certeza e liquidez. Pode ampliar-se, contudo, sua legitimação, o que decorrerá não de um texto específico para ele, mas de uma previsão de caráter geral, que envolva, inclusive, uma redefinição do que seja direito subjetivo.

É possível, entretanto, alargar-se o âmbito da proteção aos direitos e interesses cuja violação ou ameaça de violação descomportem prova exclusivamente documental, prevendo-se, nessas espécies, procedimento sumário com antecipação da tutela.

A ação popular, não me parece deva ser ampliada para outras situações que não as por ela hoje contempladas. A invalidade do ato é um critério que, sem restringir, favorece larga participação política. Transferir-se para os juízes o exame da conveniência e oportunidade da decisão administrativa é incorrer em grande risco, por não ser a autoridade judiciária a melhor aparelhada e legitimada para defini-las.

Deve-se prever a possibilidade do legislador ordinário estabelecer hipóteses em que, por força da extensibilidade do decidido a vasta categoria de pessoas, se faculte a eficácia **erga omnes** da coisa julgada, aproximando-a da eficácia da lei, admitida a revisão política do decidido pelo processo legislativo.

Importa, outrossim, estabelecer-se a garantia constitucional da motivação de todas as decisões, bem como da publicidade dos julgamentos, sem qualquer exceção, permitido o segredo apenas em casos excepcionais de interesse público, e nunca no tocante às partes interessadas.

10. Essas as considerações que me ocorrem no tocante aos instrumentos e instituições asseguradores dos direitos da pessoa humana.

E delas retiro as seguintes proposições, que não excluem as tradicionais, hoje já existentes em nossa Constituição.

Consignamos, apenas, o que é inovação ou modificações do antes instituído.

PROPOSIÇÕES

a) O Brasil é uma democracia social e participativa, organizada sob a forma republicana, baseada na dignidade da pessoa humana e na soberania popular, com o fim de assegurar a todos a liberdade, a justiça, a igualdade e o pluralismo político.

b) Todos os cidadãos têm direito de tomar parte na vida política e na direção dos assuntos públicos do país, diretamente ou por intermédio de representantes livremente eleitos.

c) Todos os cidadãos têm o direito de ser esclarecidos objetivamente sobre atos do Estado e demais entidades públicas e de ser informados pelo Governo e outras autoridades acerca da gestão dos assuntos públicos, desse dever não estando isento, inclusive, o Poder Judiciário.

d) As normas definidoras das liberdades, garantias e direitos fundamentais têm eficácia imediata, independentemente da edição de leis ou decretos de aplicação. Elas são interpretadas e integradas à luz das declarações internacionais de direito das quais o Brasil é signatário.

e) A lei só pode restringir os direitos, liberdades e garantias nos casos expressamente previstos na Constituição, devendo as restrições limitar-se ao necessário para salvaguarda de outros direitos ou interesses constitucionalmente protegidos.

f) As leis restritivas de direito e liberdade e garantias têm de revestir caráter geral e abstrato e não podem ter efeito retroativo, nem diminuir a extensão e o alcance do conteúdo essencial dos preceitos constitucionais.

g) O Estado e as demais entidades públicas são civilmente responsáveis, em forma solidária com os titulares de seus órgãos, funcionários ou agentes, por ações ou omissões praticadas no exercício de suas funções e por causa desse exercício, de que resulte violação dos direitos, liberdades e garantias ou prejuízo para outrem.

h) A decisão judicial que ordene ou mantenha uma medida de privação de liberdade deve ser logo comunicada a parente ou pessoa da confiança do detido por este indicado.

i) O Estado não poderá operar serviços de informações sobre a vida particular das pessoas, convicções filosóficas ou políticas, filiação partidária ou sindical, fé religiosa, salvo quando se trate de processamento de dados estatísticos não individualmente identificáveis.

j) Qualquer pessoa tem o direito de tomar conhecimento do que constar a seu respeito nos registros oficiais, ainda que policiais ou militar e de exigir a retificação de dados incorretos ou inverídicos.

l) São proibidos o acesso de terceiros a fichário com dados pessoais e a respectiva interconexão, bem como o fluxo de dados transfronteiras, salvo em casos excepcionais previstos em lei.

m) Todo cidadão tem o direito de exercer, subsidiariamente, a ação penal contra qualquer agente, funcionário ou autoridade pública, magistrado ou membro do Poder Legislativo, caso o representante do Ministério Público deixe de exercê-la ou se recuse a fazê-lo, no prazo fixado em lei.

n) Omitindo-se a autoridade competente de apurar responsabilidade das pessoas indicadas no artigo anterior, para fins de procedimento penal, qualquer cidadão tem direito de representar à Comissão de Defesa dos Direitos Humanos competente, que a promoverá.

o) Qualquer cidadão é parte legítima para propor diretamente, perante o Tribunal Constitucional, ação de inconstitucionalidade de lei ou ato do Poder Público.

p) A todos é garantido o acesso aos juízes e tribunais na defesa de seus interesses.

q) As entidades públicas e privadas têm acesso aos juízes e tribunais para defesa de interesses transindividuais que se incluam entre os seus fins, podendo a lei ampliar essa legitimação.

r) O acesso à justiça será assegurado a todos, não podendo ser negado por insuficiência de meios econômicos.

s) A assistência judiciária gratuita será prestada preferencialmente por entidades não estatais, que devem ser financeiramente assistidas pelo Poder Público para essa finalidade.

t) Não haverá foro privilegiado nem tribunais de exceção. Todos têm direito ao juiz ordinário predeterminado pela lei, e a um processo em que estejam garantidos publicidade, o contraditório, a ampla utilização de meios de prova pertinentes e o controle das decisões.

u) Os poderes públicos garantirão a defesa dos consumidores e usuários, protegendo, mediante procedimentos eficazes, a segurança, a saúde e os legítimos interesses econômicos dos mesmos.

v) Os poderes públicos promoverão a informação e a educação dos consumidores e usuários, fomentarão suas organizações que devem ser ouvidas nas questões que possam afetar aos consumidores, nos termos em que a lei estabeleça.

x) Lei orgânica regulará a instituição do Defensor do Povo, a nível federal e a nível estadual, a ser eleito pelos respectivos corpos legislativos, em escrutínio público, atendidos os seguintes princípios:

a) mandato não superior a quatro anos;

b) admissibilidade de recondução por igual período e apenas uma vez;

c) idade superior a 35 anos;

d) não ter filiação partidária.

Ao Defensor do Povo podem os cidadãos apresentar queixas por ações ou omissões dos Poderes Públicos, apreciando-as sem poder decisório, sendo-lhe assegurados os meios necessários para desempenho dessas funções.

z) 'Dar-se-á habeas-corpus a todo aquele que sofre ou se acha ameaçado de sofrer violência ou coação em sua liberdade de locomoção, por ilegalidade ou abuso de poder.

O pedido será feito diretamente pelo paciente ou alguém por ele, sem nenhuma exigência de forma e por qualquer meio.

O juiz ou tribunal a quem for dirigido o pedido, se se julgar incompetente, transmiti-lo-á incontinenti, ao órgão judiciário que considere competente, o qual fica obrigado a processá-lo sem poder declinar sua competência.

Tipifica crime de responsabilidade o retardar ou falsear informações, bem como decidir sem a reclamada presteza uma ordem de habeas-corpus.

aa) Conceder-se-á mandado de segurança para a defesa de direito ou interesse líquido e certo violado ou ameaçado de violação por ato ilegal ou abusivo de órgão do poder Público.

Quando a violação ou ameaça não for suscetível de prova exclusivamente documental, o mandado de segurança seguirá o rito comum, permitindo-se a antecipação da tutela, nos termos que a lei definir.

bb) As decisões judiciais serão motivadas e publicadas, excluído qualquer julgamento secreto ou desprovido de motivação, podendo a lei limitar a publicidade apenas às partes interessadas nos casos exigidos pelo interesse público.

cc) Qualquer pessoa física ou jurídica, domiciliada no Brasil, é parte legítima para propor anulação ou a declaração de nulidade de atos lesivos do patrimônio público, inclusive de entidades da administração indireta ou controladas pelo Poder Público.

A lei atribuirá um prêmio pecuniário ao autor, em caso de procedência da demanda, excluída sua condenação nos ônus da sucumbência.

dd) A lei disporá sobre a ação civil coletiva dando eficácia "erga omnes" à coisa julgada de decisões que digam respeito a situações que envolvam interesses comuns a grupos, categorias, entidades ou a número considerável de indivíduos.

Observação: As proposições acima resultaram do exame e análise crítica de preceitos das Constituições européias, particularmente a portuguesa e a espanhola, de sugestões contidas no projeto Fábio Konder Comparato e de colocações pessoais do autor.

| 28 | DEMOCRACIA, PARTICIPAÇÃO E PROCESSO[38]

1. Inexiste *pureza* no direito. O jurídico coabita, necessariamente, com o político e com o econômico. Toda teoria jurídica tem conteúdo ideológico. Inclusive a teoria pura do direito. Nenhum instituto jurídico, nenhuma construção jurídica escapa dessa contaminação. Nem mesmo a dogmática jurídica.(1) Nem o processo, um instrumento aparentemente neutro, estritamente técnico, foge desse comprometimento. Ele também está carregado de significação política e tem múltiplas implicações econômicas.(2)

Não se trata de um problema de super ou infra-estrutura. Há sinergia. À semelhança do que acontece com o ser humano. Vários sistemas: nervoso, respiratório, digestivo, circulatório, muscular etc. Há comandos provindos do cérebro, que compõe o sistema nervoso, mas ele próprio se coloca sob a influência dos sentidos e sofre o impacto da fisiologia e da patologia dos órgãos integrantes dos outros sistemas. Em conclusão: o que existe é uma pluralidade convergindo para uma única realidade essencial: o homem, sua vivência e sua convivência.

Nesses termos, não constitui despropósito associar-se processo a democracia, porquanto, com esse relacionamento, pretende-se, justamente, denunciar a necessária dimensão política do processo jurisdicional e tornar manifestos os vínculos que o prendem ao processo econômico.

Essa reflexão adquire relevo neste momento em que nosso País se dispõe a reformular sua organização política e econômica, modernizando-a na direção quase unanimemente apontada como a comprometida com o futuro: a da democracia participativa.

Ela se faz também recomendável porquanto, nos nossos dias, avulta a convicção de que a efetividade do direito depende da pertinência da tutela que lhe seja deferida, o que envolve não só a definição formal do procedimento adequado, como a organização política adequada da função jurisdicional.(3)

Em última análise, portanto, o problema primeiro, no que diz respeito ao ordenamento jurídico, é menos o que formalmente ele se propõe realizar, e muito mais o que ele instrumentaliza para assegurar sua efetividade.

---

38. Texto extraído de GRINOVER, Ada Pellegrini; DINAMARCO, Cândido Rangel; WATANABE, Kazuo (coord.). *Participação e processo*. São Paulo: Revista dos Tribunais.

Nessa direção é que conduziremos nossa reflexão.

2. O homem apresenta duas características fundamentais, que devem servir de ponto de partida para tudo quanto lhe diga respeito: a liberdade e a sociabilidade.

O homem é livre porque tem o poder de optar, colocar-se objetivos, ao invés de tê-los impostos pelo determinismo da espécie. É livre porque não biologicamente programado.

A sociabilidade é consequência da impossibilidade de cumprir-se a condição humana sem o relacionamento com os outros. Todos estamos absolutamente seguros de que é inaceitável pensar o homem fora da sociedade. Também é convicção comum a todos nós que a sociabilidade do homem resulta não de uma deliberação sua, sim de um imperativo que tem suas raízes na própria condição humana. Há necessidade de associarmo-nos por imperativo biológico (a reprodução), por exigências psicológicas (a linguagem, a comunicação, a transmissão do conhecimento) e por condicionamentos materiais (cooperação para atender, num nível mínimo satisfatório, às necessidades que experimentamos – naturais e culturais).

3. Essa associação dos homens, com os objetivos apontados, dá-se de modo organizado, ainda quando diverso em sua complexidade, mas que se traduz, sempre, num conjunto de indivíduos e de atividades que se integram mutuamente, configurando o que, em sentido amplo, podemos denominar de organização. E toda organização reclama, para sê-lo, gerência e direção.

Assim, os homens se organizam, não simplesmente se ajuntam. E se organizam para que haja um mais racional, por conseguinte melhor, atendimento de suas necessidades (aspecto positivo). A organização, entretanto, hierarquiza homens e interesses, institucionalizando a desigualdade (aspecto negativo), o que reclama coordenação e submissão de vontades: e isso é o poder político.

Vê-se, pois, que a própria condição humana impõe a sociabilidade, a qual, por seu turno, exige a organização, onde se faz presente, de modo necessário, o fenômeno do poder político.

Pensar o homem sem pensar a sociedade é um contra-senso; pensar a sociedade sem pensar a organização, um despropósito; pensar a organização sem pensar o poder, um despautério.

4. O poder político, a meu sentir, é consequencia da escassez dos bens disponíveis para satisfação das necessidades experimentadas pelos homens, somada à interdependência que a apropriação e produção dos bens necessários à satisfação dessas necessidades acarreta.

Se a natureza e a convivência humana espontânea pudessem proporcionar aos homens tudo quanto necessitam para satisfação das necessidades que experimentassem, o sentimento de insegurança seria tão pouco intenso e tão pouco frequentes as situações de conflito, que esse tipo de poder, qualificado de político, se mostraria praticamente desnecessário. A verdade, entretanto, é que vivemos num contexto de insuficiências e carências, o que determina acentuado grau de interdependência; e quanto mais carentes as pessoas e mais inseguras, porque mais dependentes, maior o campo que se oferece à presença e à expansão, na sociedade, do poder político com dominação/submissão.

5. Na visão exposta, conclui-se, forçosamente, ser tarefa básica do poder político a disciplina da vida do grupo com vistas à produção, utilização, fruição, a apropriação dos bens. Porque se há insuficiência, sendo impossível o atendimento de todas as necessidades de todos os indivíduos, há que definir quem ficará com o quê, na partilha do que é produzido e do que está disponível. Por outro lado, se existe interdependência, impõe-se, igualmente, organizá-la, evitando-se a irracionalidade do espontaneísmo. E tanto uma coisa quanto outra conduz ao tratamento desigual dos integrantes do mesmo grupo, o que só se faz possível mediante disciplina coercitiva da convivência social. Só assim se pode assegurar, num mínimo necessário, a efetividade do modelo de produção, utilização, fruição e apropriação dos bens definido pelos que, no grupo, detêm o poder político, que, inelutavelmente, privilegia os detentores desse poder.

6. O instrumento de que se vale o poder político para assegurar a efetividade do modelo adotado é o direito.

O direito não é, portanto; um fenômeno natural, algo posto à disposição do homem pela natureza e sujeito a lei necessitantes. Ele se situa no mundo da cultura, é uma criação do homem, uma das muitas formas pelas quais tenta compreender o existente para sobre ele interagir, conformando-o e direcionando-o no sentido do atendimento de suas necessidades e realização de suas expectativas. Não prescinde ele, portanto, do homem. Nem para sua formulação nem para sua efetivação. E o meio de que se vale o poder político para formular e realizar o direito é o processo, em suas várias manifestações.

O direito só se realiza mediante o consenso dos interessados (processo negocial) ou por via da submissão voluntária ou autoritativa de um deles, desdobrando-se a submissão autoritativa na realização administrativa ou jurisdicional do direito, que envolvem, respectivamente, o processo administrativo e o processo jurisdicional de produção de normas jurídicas.

A civilização, determinando crescente complexidade das relações políticas, econômicas e sociais, terminou por fazer predominar a técnica da formulação das normas jurídicas por categorias, não mais para o caso concreto sim apriorística e genericamente, como penhor de segurança das relações sociais. Este é o processo legislativo.

7. O processo, como técnica de formulação de normas jurídicas e de efetivação do direito conserva, e necessariamente deveria fazê-lo, as conotações políticas e econômicas que conformam o próprio direito a que ele se vincula, instrumentalmente.

Deve-se acentuar, entretanto que o poder político é a resultante da real correlação de forças no grupo social. Assim, antes de ser algo estável, estático, imutável é dinâmico, lábil, instável, submetido a constantes pressões por parte daqueles cujos interesses insatisfeitos e expectativas desatendidas empurram-nos para a contestação e para o confronto, na busca de espaços políticos que lhes foram negados. A esses também servem o direito e o processo como formas coercitivas institucionalizadas de pressão e insubmissão, ainda quando comumente frágil e insatisfatória para solução dos confrontos mais agudos.

8. A ordem jurídica, consequentemente o processo em suas várias manifestações, traz ínsita, necessariamente, essa ambiguidade.

Essa a tensão dialética a que a vida e as vicissitudes do direito estão submetidas. A partir dos governados, busca permanente de espaço político e econômico para o maior número, melhor acesso aos bens da vida e mais equitativa partilha de poder, o que se traduz, no conjunto, numa insofrida luta pela realização do máximo de justiça possível para o maior número de indivíduos. Mas a partir dos governantes, dos detentores do poder, o direito é uma forma de controle social e de manutenção do *status quo*, o que se traduz em cristalizar-se a desigualdade que foi institucionalizada e, por conseguinte, realizar-se o máximo de injustiça tolerável.

O direito é a única forma de realização histórica da justiça. Isso não significa seja o direito a realização da justiça absoluta, ou da mais perfeita forma de justiça. Ele é apenas um projeto de justiça, nos limites da contingência que para ela ditam e para ela põem as correlações reais de forças na sociedade. Pode-se, pois, dizer que uma ordem jurídica realiza tanto mais justiça quanto menos necessidades deixa insatisfeitas e quanto menos expectativas desatendidas ocasiona, e tanto mais injusta quanto mais desigualiza privilegiando, com o que agrava o número dos excluídos e dos insatisfeitos. E a medida de justiça ou injustiça de uma ordem jurídica se afere pelo grau de coerção que ela precisa exercer para assegurar a realização do direto formalmente posto.

9. Conclusão necessária a retirar-se é a de que política, economia e direito são indissociáveis, interagindo entre si, determinando uma realidade única: a da conveniência humana politicamente organizada.

Por outro lado, o processo, como técnica de formulação e realização do direito, está fortemente comprometido com a carga ideológica, política e tem as implicações econômicas que se identificam no ordenamento jurídico a que instrumentalmente ele vincula.(4)

10. Evidenciada a ineliminável correlação entre o político, o econômico e o jurídico, cabe, agora, direcionar nossa atenção para o problema político, ou mais precisamente, para o problema da democracia.

A vocação democrática do mundo moderno nasceu comprometida com determinado pensamento filosófico, que embasou uma compreensão do mundo e do homem que necessariamente defluiu das expectativas econômicas e políticas postas pela burguesia emergente e sobre elas, por outro lado, também influiu.

A compreensão que a ambiguidade oriental e a clássica tiveram do mundo foi, e deveria sê-lo, necessariamente, cosmocêntrica. O homem, ser inteligente e racional, diferenciava-se dos outros animais apenas porque consciente do seu existir, capaz de conhecer e compreender, mas tão servo da necessidade quanto todos os demais seres. Ele apenas vive o drama de ser consciente de sua própria submissão. As Parcas tecendo o destino dos homens é o mais expressivo símbolo dessa visão do universo e da condição humana.

Leis que se colocam acima e fora da vontade dos homens presidem ao mundo da natureza e aos destinos humanos. Os deuses dirigem os destinos dos povos e dos indivíduos. O que se pode unicamente é tentar demovê-los com sacrifícios, ritos e procedimentos mágicos, para que o seu querer inelutável se faça misericordioso.

Assim, a ordem natural e a ordem social escapam ao querer humano, consequentemente, nada mais lógico que entender-se o poder político como algo derivado dessa vontade inexorável dos deuses, donde sua origem divina e, nessa linha, sua legitimação. Essa é a sólida crença de quem governa e de quem é o governado, submetidos ambos a limitações éticas e de cunho acentuadamente religioso, desconhecendo-se, praticamente, controles jurídicos institucionalizados.

O cristianismo, no mundo ocidental, inspirou, progressivamente, uma radical mudança nessa perspectiva. O fundamental da fé cristã põe em relevo a responsabilidade individual do homem na história de sua salvação. Já não há mais uma relação exclusivamente de submissão entre o homem e Deus, antes é aquele que, com o seu "sim", propicia a este a consumação de sua tarefa salvífica. (5)

Essa idéia núcleo, ainda quando sufocada ou ensombrecida sob a roupagem autocrática-imperial da Igreja-instituição, haveria de produzir frutos e desembocaria na revisão renascentista, na rebelião da Reforma e no racionalismo cartesiano. A laicização do saber e a dessacralização da história levaram à concepção antropocêntrica, que culminou por gerar, também, consequências políticas, das quais a democracia moderna é um de seus mais ricos frutos.

Progressivamente se consolida a convicção de que, se a ordem natural prescinde do homem, a ordem social é tarefa de sua exclusiva responsabilidade. A história não se faz sem a intermediação do homem. Nada, no destino pessoal e coletivo está definitivamente escrito ou prescrito. O hoje e o amanhã dos homens e dos povos são frutos do querer humano.

Essa mudança radical no modo de o homem compreender a si próprio e ao cosmos exigiria a busca de uma nova fonte de legitimação para o poder político. Descartada a legitimação metafísica, cumpria buscar-se uma outra de natureza social, histórica. E ela, ineslutavelmente, teve aquela conotação política que se harmoniza com as necessidades e expectativas econômicas então existentes.

A burguesia, emergente no mundo moderno, detentora de poder econômico, mas desprovida de poder político, lutava por adquiri-lo. Associado ao *status* de nobre economicamente vinculado à propriedade da terra, o poder político escapava de todo das mãos da burguesia. Cumpria-lhe, pois, dissociá-lo daquela condição. E isso foi possível pela afirmação da igualdade essencial e originária de todos os homens, o que desqualificava o *status* como forma de legitimação política.

Essa igualdade fundamental de todos os homens, conjugada à visão antropocêntrica do universo, em substituição ao cosmocentrismo clássico ao teocentrismo medieval, com a consequente dessacralização do poder, disso decorrente, levaram à afirmativa de que a soberania tinha sua sede no homem, no indivíduo que, na sua expressão política, é o povo, seu único, exclusivo e absoluto titular.

11. Não bastou dissociar o poder político de suas matrizes divinas. Essencial também desvincular o econômico do político, liberando-se a burguesia, na sua atividade mercantil, das limitações que necessariamente decorreriam do inevitável remanescente intervencionista – autoritário – comparativo do antigo Estado monárquico.

Iniciou-se no econômico a reflexão que lhe reivindicaria especificidade e o configuraria como uma realidade submetida a leis e princípios próprios garantidores de sua autonomia em relação ao político e ao ético. Originou-se no econômico, mas se estendeu a tudo o mais essa febre autarquizante, de certo modo um imperativo da libertação do saber da camisa-de-força teocrático-teológica informadora da tradição medieval mais remota, alcançando ela, progressivamente, todos os campos do conhecimento humano, não só os fenômenos naturais como os fatos da cultura. Sociedade civil e Estado, poder político e poder econômico, direito, política e economia, o social e o individual, o biológico e o psicológico, tudo é visto não mais como facetas de uma realidade única, última e essencial, sim como realidades particulares, reclamando suas próprias leis e princípios, dada a especificidade do objeto e do método de sua investigação.

Consequência natural de tudo isso o retirar-se o econômico do âmbito do político, reservando-se para o Estado a função de policiar a convivência social de modo a garantir o livre jogo das forças econômicas, submetidas exclusivamente às leis do mercado, suficientes para discipliná-la, se também garantida a livre manifestação da autonomia privada, que no contrato teria o instrumento perfeito para harmonizar vontades, interesses e necessidades.

Afirmada a soberania popular, reconhecida a dissociação entre o político e o econômico, consagrada a relevância do indivíduo, estavam postas as bases da democracia liberal representativa.

O Estado democrático nascido na revolução americana e da revolução francesa, elegendo a forma representativa parlamentar, de exercício do poder político como a viável, institucionalizou-se à base da chamada teoria da divisão dos poderes e do sistema de freios e contrapesos.

O povo soberano, impossibilitado do exercício direto do seu poder, escolhe (elege) representantes seus que, como mandatários, vão exercer, em nome do povo, o poder que a ele povo unicamente pertence.

A lei revelava-se como a mais avançada e racional forma de o povo expressar, de modo genérico, abstrato e prévio as regras da convivência social. Editada por intermédio de seus representantes, fixa os limites da atuação de todos, inclusive dos órgãos do poder público.

Institucionalizava-se, portanto, um Estado de Direito, submetido à lei como qualquer indivíduo em nome do povo editando leis (Legislativo) e em nome dele fazendo-as cumprir (Executivo).

A descoberto, entretanto, ficava o problema do controle dessa exata aplicação da lei. Necessário, assim, institucionalizarem-se órgãos que disso se encarregassem, com independência suficiente em relação àqueles a quem lhe cumpria controlar. E foi institucionalizado o Poder Judiciário.

12. Tudo isso ruiu fragorosamente.

A dissociação entre o econômico e o político deixou livre de controles o poder econômico, que é um poder tão necessitado de controles quanto o poder político. As leis do mercado não operaram corretivamente por si mesmas, visto como o mercado não é uma realidade "natural", sim "humana". E a questão social surgiu em decorrência da ferocidade das forças econômicas entregues a si mesmas, impondo-se crescente intervenção do Estado no mundo dos negócios e na disciplina dos contratos.

Esse intervencionismo levou o Executivo a ampliar desmesuradamente suas funções, legislando sempre que reclamadas soluções urgentes, requintadamente tecnificadas, para as quais o Parlamento liberal se mostrou inadequado.

A análise marxista do sistema capitalista desnudaria o inelinimável comprometimento do político com o econômico e de ambos com o jurídico, derruindo a crença na "racionalidade" da lei como expressão da vontade popular. Por seu turno, a revisão do mito da neutralidade do juiz desmistificaria o seu alheamento do processo de produção jurídica e seu descomprometimento político.

Estavam postas as bases para a chamada democracia social. O Estado abandona sua postura liberal, deixando de ser mero guardião das liberdades políticas para se tornar protagonista no cenário econômico. As bases políticas se ampliam, o sufrágio é, agora, universal, novos atores ingressam na cena política e novas demandas se colocam no mercado político. O social se insinua e se expande, em detrimento do individual, e a autonomia privada retrocede sob o impacto do dirigismo contratual, surgindo novas figuras negociais em que o conteúdo dos contratos é quase de todo subtraído ao poder dispositivo dos contratantes. O coletivo se faz presente no processo econômico e no processo político, transformando-se rapidamente a antiga sociedade de vizinhos em sociedade de massa.

O Estado do bem-estar social, desafiado para dar respostas imediatas aos reclamos que a crescente demanda do mercado político lhe formulava, deslocou o seu cuidado e a sua preocupação para atender, de modo eficiente, a esses reclamos de multiplicação e excelência dos serviços públicos. Tentou-se, então, deslocar para a "eficiência", alicerçada na competência técnica e no saber científico, a fonte de legitimação do poder político. Viria ela como consequência do bom resultado obtido e assim, ao invés de estar na origem – a vontade popular – ela se revelaria no fim, a cabo e a termo. Buscava-se uma nova legitimação "metafísica" e elitizante para o poder político. Instituía-se a fé em um novo Deus, sentado num trono diverso daqueloutro tradicional – o da neutralidade e excelência do saber científico e da irrecusabilidade de suas conclusões, em contraposição ao irracional das paixões humanas, presente, predominantemente, no processo político liberal.

A experiência histórica revelou que essa tentativa de legitimação conduziria à opressão, ao estreitamento da esfera da liberdade, hipertrofiando-se nas manifestações do totalitarismo nazi-fasci-stalinista, gerando, por outro lado, o aparecimento de uma nova classe privilegiada e inatingível, os tecno-burocratas, distanciados e independentes da sociedade civil, constituindo-se quase uma casta, pairando acima de todo e qualquer controle social.

A desmistificação da neutralidade científica, a crítica à racionalidade como valor absoluto, a recuperação do intuitivo e do emocional na existência humana, tudo isso pôs em xeque o mito da eficiência e a vocação do Estado para responder satisfatoriamente às demandas sociais.

13. Estamos, penso eu, alcançando um estágio novo no processo de transformação da democracia moderna. Democratizado o Estado, percebeu-se que, embora importante, era insuficiente esse passo, havendo risco de retrocesso. Impunha-se, também, democratizar a sociedade.

A solução institucional pensada para a democracia liberal (democratização do Estado) não responde satisfatoriamente às exigências postas pelo processo de democratização da sociedade. Expandindo-se a esfera de atuação do Estado, para atendimento, tornado prioritário, das demandas dos novos sujeitos políticos, surgidos com a ampliação da cidadania, restringiu-se, correspectivamente, a esfera da liberdade dos cidadãos. O desafio de hoje, portanto, é tornar realidade a democratização da sociedade, sem prejuízo da democratização do Estado. Em outros termos – conservar-se a prioridade do bem-estar social, mas sem restrição ao sacrifício da esfera da liberdade.

Para que isso se faça realidade, urge pensar e implementar os instrumentos adequados, plasmar as novas instituições, enfim definir todo o necessário à consecução desse objetivo. E tudo aponta seja esse caminho o da chamada democracia participativa.

A democracia liberal foi fruto da dissociação entre o político e o econômico. A democracia social representou a tentativa de reaproximação de ambos, assumindo o Estado não só tarefas de promoção, coordenação e planejamento, mas ele próprio se fazendo produtor e empresário. E se isso o elevou à condição de Estado que provê, fê-lo também Estado que oprime.

Marchamos, agora, para um terceiro tempo – o da democracia participativa. Por ela tenta-se manter a interação entre o econômico e o político e sua formulação jurídica, mas porfia-se por superar o exacerbamento do Estado em detrimento da liberdade, recuperando-se, para a sociedade, um poder de controle que a democracia liberal e a social democracia não previram nem efetivaram, salvo pelo mecanismo do voto e pela pressão da opinião pública, que se revelaram insuficientes e insatisfatórios.

14. A participação, característica fundamental dessa nova forma de convivência política, parte do convencimento de que o Estado não é neutro, nem é sempre um mediador confiável. Ele tem uma fisionomia e expressa, não raramente, interesses em conflito com os da sociedade civil. Não só ele se faz aliado de forças econômicas hegemônicas, internas e internacionais, em detrimento dos governados, como, em relação a si mesmo, é gerador de privilégios e de castas que se refugiam, favorecidas e inatingíveis, em seu interior – militares, burocratas, magistrados, oligarquias etc. Em resumo: a democracia direta assenta no convencimento de que todo e qualquer poder entregue a si mesmo, livre de controles ou fragilmente controlado, degenera, aliena-se, distancia-se, oprime e desserve.

Nesses termos, é essencial à democracia participativa institucionalizar controles, pela sociedade civil, tanto do poder político quanto do poder econômico. Não a ponto de paralisá-los, fazendo-os inoperantes, mas suficientes para detê-los, quando tornados ameaçadores.

Nessa linha de pensamento, e do modo mais sintético possível para ficar nos limites impostos a este trabalho, a democracia participativa reclama: participação nas decisões, sempre que possível; controle da execução, em todas as circunstâncias;

acesso às informações, assegurado, no mínimo, a respeito de assuntos mais graves, a setores representativos da sociedade civil.

Pede, portanto, a democracia participativa, não a exclusão do sistema representativo-parlamentar, mas sua ultrapassagem; não a eliminação da intermediação partidária, mas o reconhecimento de sua insuficiência, institucionalizando-se corpos intermediários mais representativos e mais próximos do cidadão e dele mais dependentes; não a desagregação da administração, mas sua descentralização, democratizando-se a decisão regional, local, específica com a participação dos interessados-usuários; não a eliminação da iniciativa privada e da empresa estatal, sim a democratização da empresa, em todas as suas modalidades, colocada, ao lado da propriedade privada e da estatal, como extremos de formas de apropriação, a propriedade pública.

Pode-se dizer para concluir, que a democracia participativa significa a expansão do poder público ascendente, que ultrapassará as fronteiras do estritamente político (no qual o indivíduo é figurante apenas como cidadão) para alcançar as relações sociais, considerado o indivíduo também na variedade de seu *status* e de seus papéis específicos, como sejam o de pai, de cônjuge, de empresário, de trabalhador, de professor, de estudante, de médico, de paciente, de oficial e de soldado, de administrador e de administrado, de produtor e de consumidor, de gestor de serviços públicos e de usuário desses serviços. Torná-lo mais que um simples eleitor, fazendo-o pai eleitor, empresário eleitor, trabalhador eleitor, exercitando sua cidadania nos vários espaços de sua atividade social, não exclusivamente no âmbito do partido ou na episódica convocação dos pleitos eleitorais. Sem se tornar o cidadão total, tão temido pelos que impugnam a democracia direta, ele deixará de ser o cidadão mínimo das democracias políticas, que pagam com crescentes tensões e inquietações sociais essa falta de espaço político deferido ao indivíduo no seu quotidiano, naquilo que se mostrar relevante e nos muitos papéis sociais que, nele, é forçado a desempenhar. (6)

15. Correlacionemos, agora, o processo jurisdicional com os perfis das organizações políticas da sociedade que vêm de ser traçados.

O ineliminável nexo entre o político, o econômico e o jurídico faz com que, necessariamente, o processo se revista de uma fisionomia e busque objetivos que se harmonizam com a filosofia (ou ideologia?) que inspira o Estado e a organização econômica.

Originariamente, caracterizou-se como mero instrumento de poder político, nada representando para o indivíduo, para o governado, dada sua condição de súdito (desprovido de direitos públicos subjetivos). Nessa ótica, o processo é mera praxe, forma disciplinada e tanto quanto possível racional do agir arbitrário (no sentido de a salvo de controles institucionalizados) do governante autocrático, absoluto, ditatorial, totalitário.

Subsequentemente, revestiu-se do caráter de garantia constitucional. Essa foi a feição que lhe deu a democracia liberal. Postos limites ao agir do Estado e definida uma área de liberdades e de direitos tutelados contra o arbítrio (direitos subjetivos) o processo passou a funcionar como o instrumento de que se vale o cidadão, mais que isso, todo sujeito de direito, para assegurá-la, quando ameaçada ou efetivamente atingida por atos desautorizados tanto do poder público quanto dos particulares. Já não é mera praxe, sim o exercício de um direito público subjetivo à atividade do Estado-juiz, cujo papel é justamente o de assegurar a incolumidade da esfera reservada ao senhorio dos indivíduos.

Acredito estejamos caminhando para o processo como instrumento político de participação. A democratização do Estado alçou o processo à condição de garantia constitucional; a democratização da sociedade fá-lo-á instrumento de atuação política. Não se cuida de retirar do processo sua feição de garantia constitucional, sim fazê-lo ultrapassar os limites da tutela dos direitos individuais, como hoje conceituados. Cumpre proteger-se o indivíduo e as coletividades não só do agir *contra legem* do Estado e dos particulares, mas de atribuir a ambos o poder de provocar o agir do Estado e dos particulares no sentido de se efetivarem os objetivos politicamente definidos pela comunidade. Despe-se o processo de sua condição de meio para realização de direitos já formulados e transforma-se ele em instrumento de formulação e realização dos direitos. Misto de atividade criadora e aplicadora do direito, ao mesmo tempo.

16. Cuida-se, portanto, de um problema de ordem política, não de algo que encontrará solução no campo da dogmática jurídica. Trata-se de definir a organização e as instituições que asseguram a democratização da sociedade, e isso é que informará a filosofia do novo processo jurisdicional, não o repensar-se o conceito de legitimação, de coisa julgada e outros afins. Essa a mudança de enfoque se põe como um desafio aos processualistas, chamados a recuperar, para o jurista, a condição de cientistas políticos sob pena de fazerem um discurso sem ouvintes e exercitarem uma ciência sem objeto.

Os desafios já se concretizaram nas sociedades de hoje, tanto nos países desenvolvidos como nos colocados nessa categoria ambígua dos países em desenvolvimento, em que se situa o Brasil, desafiado a queimar etapas, seja no seu desenvolvimento econômico, seja no seu desenvolvimento político. E eles pedem uma resposta que não pode ser meramente formal ou discursiva, mas necessita de ter raízes institucionais, para que tenha algum amanhã.

Correndo o risco de parecer leviano, pelo sumário das colocações, o que pode significar, também, superficialidade, ousarei dizer que esse processo novo, insurgente, assentará, basicamente, nos seguintes princípios:

Superação do mito da neutralidade do juiz e do seu apoliticismo, institucionalizando-se uma magistratura socialmente comprometida e socialmente controlada, mediadora confiável tanto para solução dos conflitos individuais como dos conflitos sociais que reclamem e comportem solução mediante um procedimento contraditório, em que a confrontação dos interesses gere as soluções normativas de compromisso e conciliação dos contrários.

Superação do entendimento do processo como garantia de direitos individuais, alçado ele a instrumento político de participação na formulação do direito pelos corpos intermediários e de provocação da atuação dos agentes públicos e privados no tocante aos interesses coletivos ou transindividuais por cuja satisfação foram responsáveis.

Superação do mito da separação dos poderes e da efetivação do controle do poder pelo sistema de freios e contrapesos, institucionalizando-se controles sociais sobre o exercício do poder político e do poder econômico, servindo o processo como instrumento de atuação desses controles nas situações que forem constitucional e legalmente definidas.

17. É chegado o momento de concluir.

O ponto nuclear de nossa reflexão poderia assentá-lo na afirmativa de que urge, para nós, processualistas, libertar-mo-nos do fascínio de insistir, porque já nem é mais possível prosseguir, alcançadas que foram as fronteiras possíveis, na construção dogmática do processo, iniciada no século XIX e concluída no primeiro quartel de nosso século.

A tarefa de hoje é política, ainda que pensada por juristas-processualistas, responsáveis por teorizar sobre as instituições que compatibilizam as construções jurídicas com a realidade social, econômica e política de nossos dias, tendo em vista a efetivação das soluções transitórias de compromisso, as únicas possíveis de ser oferecidas pela ordem jurídica formal.

Cumpre-nos, assim, usar a dogmática como arma ao invés de fazermos da dogmática a nossa alma de juristas. (7)

18. O homem é um ser imperfeito que se imola e se consome na insofreável e constante luta por alcançar a perfeição. Ele é um prático, pragmático e imediatista que vitaliza o seu quotidiano com a utopia que mantém viva sua esperança num futuro melhor. Ele é o egoísta narcisescamente voltado para contemplação de si próprio e é o dependente do outro, de todos os outros necessários para a plenificação de sua condição humana. Ele é o ser transitório e frágil submetido à lei da morte, mas que edifica com solidez e se abriga com segurança na perenidade das coisas e de sua individualidade. O homem só tem presente, mas é o amanhã do homem que o mantém vivo e atuante.

E porque é assim, irremediavelmente assim, é que me pareceu fecundo, gratificante e desafiador pensar hoje o processo de amanhã, ainda que o tenha feito de modo tão insatisfatório.

NOTAS:

1. Ver Tércio Sampaio Ferraz Jr., *Função social da dogmática jurídica,* São Paulo, Ed. RT, 1980, particularmente o Cap. IV.
2. Ver Andrea Proto Pisani, *Appunti sulla giustizia civile,* Bari, Cacucci Editore, 1982, particularmente a Introdução.
3. Vittorio Denti, *Un progetto per la giustizia civile,* Bolonha, Società Editrice II Mulino, 1982, particularmente "Il processo come alienazione", pp. 117-129.
4. Com maior largueza tratamos do assunto em nossos *Comentários ao Código de Processo Civil,* vol. X. Tomo I. São Paulo. Ed. RT, 1984, na Introdução.
5. Hannah Arendt, *A condição humana,* Rio e S. Paulo, Forense, Salamandra e USP, 1981, pp. 248 e ss.
6. Norberto Bobbio, *O futuro da democracia – Uma defesa das regras do jogo.* Rio, Paz e Terra, 1986, pp. 54 a 56.
7. Leituras indispensáveis, entre muitas outras, seria a dos trabalhos de Vincenzo Vigoriti, *Interessi collettivi e processo,* Milão, Giuffrè, 1979, de Mauro Cappelletti: "Appunti per uma fenomenologia della giustizia nel XX secolo", in *Studi in onore di Enrico Tullio Liebman,* pp. 155 e ss. Giudici legislatori?, Milão, Giuffrè, 1984, "Ordinamento giudiziario: quale riforma?", in *Il foro italiano,* abril de 1984, V, 129. Em parceria com Bryant Garth, "The protection of difuse fragmented and collective interests in civil litigation", nos *Anais do Congresso de Wurzburg,* de 1983, pp. 117 e ss.

| 29 | DIMENSÃO POLÍTICA DO PROCESSO – DIREITO, PODER E JUSTIÇA[39]

1. Prezado colega, presidente desta sessão, companheiros da Mesa, aos quais peço que me permitam personalizá-los na pessoa de meu digníssimo amigo e mestre permanente, JOSÉ CARLOS BARBOSA MOREIRA, principalmente mestre em fidalguia.

O tema que me coube foi escolhido por ter-se constituído, ele, ultimamente, para mim, quase uma obsessão. Estou possuído de um certo sentido de urgência e ponho para mim mesmo o seguinte dilema: O que vale a pena você fazer no pouco tempo que ainda lhe resta? Aquilo que tanta gente está fazendo tão bem, ou aquilo que essas pessoas, tão ocupadas em fazer tudo isso tão bem, não têm tido tempo de cuidar? Essa última opção me pareceu a correta e resolvi esquecer tanto quanto possível a dogmática e tentar transformar-me numa espécie de Calabar dos processualistas, trazendo a público o que nós, processualistas, sem intenções malignas, ficamos sem dizer.

Estou certo ou errado? Não sei responder. Quem me dera soubesse eu o que é a verdade. Acho, entretanto, que todos nós temos um compromisso com uma verdade – aquilo que, por ser verdade para nós, compromete-nos em termos de vida, sobrepondo-se inclusive, ao que por ventura redunde em proveitos materiais.

Só quem é capaz de esquecer o proveito imediato em termos materiais, acredita sinceramente naquilo com que diz se ter comprometido. E resolvi comprometer-me decisivamente com a crença que alimento: a de que é urgente denunciar o comprometimento do Direito com a Política, o comprometimento do Direito com o Poder, o comprometimento do Direito com a Dominação. Omitindo isso, anestesiamos as pessoas, mesmo que o façamos de boa fé, julgando que a alienação a que são submetidas se faz em prol de um valor eminente – a Justiça, que nem mesmo nós sabemos o que seja, porque nunca é e está sempre *sendo*.

Eis porque intitulei esta minha conversa de *"Dimensão política do processo – direito poder e justiça"*.

---

39 ᴳ Texto extraído de *Revista do Ministério Público do Estado da Bahia*. V. 1, nº 2, jan.-dez., 1992.

2. Recordo-me que, depois de meu primeiro concurso, comecei a ensinar processo a partir da célebre trilogia – jurisdição, ação e processo. De certo modo, permaneço coerente, porquanto, hoje, ensino processo a partir, também, de uma trilogia, ainda quando bem diferente daquela – direito, poder e justiça esquecendo um pouco a dogmática e debruçando-me, tanto quanto possível, sobre as provocações existenciais suscitadas pela minha experiência de homem com setenta e dois anos de idade.

Por que, em 1959, ensinei processo a partir daquela trilogia – jurisdição, ação, processo? Porque o jurista que me fizeram não acreditava, jamais, que a política tivesse alguma prevalência sobre o direito. Víamos a política quase como uma má companhia, da qual nos devessemos livrar o mais rápido possível. Ingenuamente, pensava que, mesmo quando morasse no meretrício, estaria a salvo se colocasse em minha porta: "Aqui mora família".

E por que fui formado assim? Porque se algum preconceito marcou o século XIX, preconceito presente em todas as tendências que nele predominaram, foi ele o do menosprezo pelo político, ou de sua subestimação. E isso ocorreu de modo tão incisivo que pensadores, radicalmente divergentes em tudo, nisso se harmonizaram. Assim é que MARX se identifica com um ultra liberal, STUART MILL, como se afinaram os opostos SAINT-SIMON e SPENCER, ENGELS e LOCKE.

Que levou marxistas, socialista e liberais a esse consenso? E que o século XIX foi marcado pela hipertrofia do econômico. Tanto liberais quanto marxistas acreditaram, sinceramente, que o núcleo sobre o qual deviam fazer convergir suas reflexões era o econômico, determinados de tudo, ainda quanto partissem de pressupostos radicalmente diferentes.

Os liberais, porque o ideário da burguesia, eu então chegava ao poder, com a Revolução Francesa, repousava na convicção de que a vida econômica tinha sua própria lei – a lei do mercado, uma espécie de lei natural da vida econômica, devendo-se abandonar a idéia de uma economia política e partir-se para teorizar uma economia pura, cada vez mais próxima das ciências exatas, uma área em que as coisas são como são, e não podem deixar de ser como são, descartando-se qualquer valoração, o que vale dizer, descartando-se do campo do econômico discussões políticas. Destarte, cumpria institucionalizar o "Estado mínimo", garantidor do operar das forças econômicas, que são as reais matrizes do progresso e determinadoras da organização social, com o que se alcançaria o bem-estar geral.

Por trás dessa postura ideológica, certamente a consciência da classe dominante, de que, assegurada a liberdade de operar na vida econômica, os economicamente mais poderosos somariam vantagens, donde o ideário do Estado mínimo, da inelutabilidade da lei do mercado e da prevalência da autonomia privada se mostrar adequado aos objetivos do capitalismo emergente.

Por outro lado, a contraposição de maior êxito a esse entendimento – o marxismo, também se revestiu de caráter antipolítico. Repudiando a "ficção" do mercado e denunciando a intenção perversa do capitalismo, não afastou o determinismo econômico, pregando o radicalismo oposto ao Estado mínimo, fazendo sua bandeira a da socialização dos meios de produção que gerou, na prática, o Estado máximo, o capitalismo de Estado. Elaborou a crença de que, mediante essa radical transformação dos processos e dos meios de produção, seria alcançada uma sociedade justa, sem que para isso se tivesse que transitar pelo país das decisões políticas. Passando a sociedade a deter o controle dos meios de produção, eliminado o lucro como objetivo da atividade econômica, toda a máquina produtiva se voltaria para a produção dos bens necessários, à boa vida humana. Assim sendo, o poder político ficaria sem espaço e desnecessário o Estado, só explicável como forma de institucionalização da dominação capitalista sobre as classes trabalhadoras.

2. O século XIX, foi, portanto, um século pobre em termos de teoria política. O Estado liberal teve seus teorizadores, preocupados com o desmonte do poder absoluto dos monarcas, sucessor do poder fragmentário do feudalismo, para cuja superação se associara a burguesia aos reis, cujo fortalecimento já passara a representar um óbice à expansão capitalista. MONTESQUIEU teorizou sua legitimação, WEBER desvendou-lhe o espírito pragmático-burocrático, MARX denunciou seu espírito demoníaco, teorizou sua malignidade. Mas nem liberais nem marxistas ofereceram uma teoria política para o Estado intervencionista, o Estado social ou do bem-estar. Faltaram, para ele, lembra CANOTILHO, um MONTESQUIEU, um WEBER e um MARX.

Por que isso ocorreu? Parece-nos que a única resposta adequada é dizer-se que, para os liberais, o Estado social, antes de configurar uma superação do Estado liberal, um patamar novo no caminhar da história, era visto como expressão de crise, algo eminentemente conjuntural, mero ajustamento do capitalismo a uma crise que deveria ser superada, ao invés de se acreditar que ela era fruto da superação do Estado liberal. Assim sendo, por que pensar uma política nova e um novo constitucionalismo? O velho catecismo ainda bastava para a caracterização de todos os pecados mortais e veniais.

Na outra vertente, os marxistas só sentiam desprezo pelo Estado social, fruto do maquiavelismo capitalista. Desprezando este e o Estado liberal, nenhuma teoria nova construiram, coerentes com sua crença de que se assim não fizessem, estariam trabalhando para nada. O socialismo levaria à supressão do Estado, ente transitório, desmerecedor, portanto, da reflexão dos estudiosos, salvo como manifestação patológica a ser extirpada.

4. O resultado de tudo isso? Navegando entre CILA e CARIBIDES, como diz CANOTILHO, nos limitávamos a tentar regressar ao ponto de partida (conservadores) ou seguir aventurosamente para diante, forte apenas numa esperança desesperada (os revolucionários) ou simplesmente nos deixar ficar à deriva, entregando ao destino o que deverá ser nossa responsabilidade (os omissos).

Operamos utilizando instrumentos obsoletos, somente úteis para o Estado a respeito do qual se teorizara, mas que historicamente já deixara de ser o Estado real (portanto historicamente não mais existente) ou improvisando ao sabor da conjuntura, caricatamente nem liberal, nem social, apenas oportunista, não num sentido pejorativo, mas numa dimensão estratégica.

Para o Estado Social de Direito nenhuma teorização política satisfatória houve, e por força disso ele nasceu em crise, viveu em crise e corre o risco de estar experimentando seus últimos momentos. E o que é preocupante, ao invés de tentar-se o novo e adequado, tenta-se revigorar o Estado Liberal, o que está na moda, particularmente no Brasil, quando ele já está morto e bem morto e há muito tempo, há mais de três dias e será inútil que um outro Cristo saudosista ponha-se diante dele e ordene: "*LEVANTA-TE E ANDA!*" o milagre não ocorrerá.

Advertiram-me, na Mesa, que minha comparação é herética. Pondo de lado o tom pilhérico da intervenção, diria que o qualitativo de herética é bem posto. É herético tudo que abala nossas convicções, tudo que retira de sob nossos pés as nossas "certezas". Dizer que a restauração do Estado liberal é um milagre irrealizável é heresia. E eu completaria afirmando que essa tentativa não só não é um milagre realizável como não passa, na verdade, de uma mágica vagabunda, mais acertadamente, uma safadeza.

5. A inadequação do instrumental velho para dar uma resposta à nova realidade levou-nos a uma das piores crises da história mais recente dos homens. Não é ela uma crise com raízes em nossa desesperança. A desesperança é algo ineliminável da própria condição humana. O homem é um ser navegante, solto em pleno mar, que ora se vê na crista das ondas, de onde descortina vastos horizontes, ora no fundo do abismo, emparedado, mas com a absoluta certeza de que voltará à crista das ondas no seu navegar. Viver é isso – um processo de permanente ressurreição, de retorno a crista das ondas, somando-se uma nova esperança a cada desesperança nova. Experimentamos no nosso viver momentos de morrinha, de emparedamento, de vontade de ver dado um ponto final em tudo. Toma-se um tranqüilizante, faz-se um "relax", recita-se uma oração ou simplesmente se dorme para acordar no outro dia com a mesma ingenuidade e capacidade de sonhar que se tinha antes da decepção. O que ocorre hoje é diferente. Não é desesperança, é perplexidade. É falta de respostas, e isso é brabo. Não nos afeta tanto a falta de esperança, mas a falta de rumos, como quem precisa ir para casa e não sabe que caminho tomar, ao deparar-se com uma encruzilhada, correndo o risco de com a opção que tomar, caminhar horas, dias, léguas verificando, afinal, que só fez uma coisa – cada vez ficar mais distante de casa. Mas que fazer? Determo-nos para nada solucionar? Teremos, portanto, que enfrentar o desafio.

6. Ouvi há pouco, de um prezado amigo, referindo-se ao nosso labor de juristas, que pouco vale lamentarmos o que temos, pois as coisas são como são e o país em que vivemos é este e não outro e a realidade é esta e não podemos ter a ingenuidade de acreditar que é possível mudá-la miraculosamente.

Gostaria, aqui, de referir-me a um livro de dois autores, um norte-americano, BERGER, e outro alemão, LUCKMAN, livro que li e leio com encantamento – **"A Construção Social da Realidade"**. Eles nos mandam fazer a seguinte reflexão. A sociedade em que estamos inseridos e nos "produziu" não é uma realidade natural, não está submetida a leis naturais. Ela é produzida por nós e com toda a sua aparente "reificação", o seu existir depende de nossa quotidiana produção e confirmação dela. E isso pode ser mudado.

A sociedade me que estamos inseridos e nos "produziu" não é uma realidade natural, não está submetida a leis naturais. Ela é produzida por nós e com toda a sua aparente "reificação", o seu existir depende de nossa quotidiana produção e confirmação dela. E isso pode ser mudado.

Quando vemos as poderosas instituições que nos moldam, quando pensamos na força dos meios de comunicação, nos manipulando, quando nos sentimentos impotentes, quando olhamos para nós mesmos quase não nos sentindo mais como indivíduos, sim como seres frágeis, sem voz, sem espaço, sem resposta, não podemos nem devemos nos desesperar. Lembremo-nos de que a ordem social que aí está, tão poderosa, não caiu do céu. Foram os erros e decisões de muitos homens que a consolidaram. Podemos, portanto, nós homens, modificá-la ou destruí-la, fazendo com que amanhã ela não exista mais.

Vocês não avaliam a luta inglória que tenho mantido com estes seres desprezíveis, de tão minúsculos, que são os cupins. Atacaram eles a minha escrivaninha e eu também os ataco. Minha senhora pulveriza-os com inseticidas poderosos e nos acreditamos vitoriosos. Puro engano. Eles parecem ressuscitar do nada. Um belo dia ressurgem, poderosos, destruidores. E roem, roem incessantemente. Nunca ouvi nenhum cupim dizendo ao outro – "Vamos roer?" Eles simplesmente roem, porque precisam roer para sobreviver, porque nasceram para roer. Nós, homens, nascemos para nos fazer e fazendo-nos fazer sociedade. É a nossa tarefa. É o nosso "roer". Desistir disso é renunciar a viver. Empenhemo-nos, portanto, na tarefa de "fazer" a sociedade. Digamo-nos, a cada instante – "Vou resistir", "Vou negar minha confirmação", "Vou transformar a sociedade em que vivo transformando a mim mesmo, que sou seu construtor". Se isso fizermos, venceremos. Sem dúvida que muitos cupins perecerão sob a ação dos inseticidas. Mas sempre haverá sobreviventes que recomeçarão sua tarefa inelutável de roer. Também a dominação que hoje nos sufoca sacrificará a muitos, mas ela é de todo incapaz de reduzir ao silêncio absoluto todos os homens, e se um só sobreviver resistindo, tudo poderá começar de novo, e talvez a gente possa um reproduzir, na vida, a rebeldia emancipadora do "selvagem" do **Admirável Mundo novo** de HUXLEY.

7. A construção da sociedade pelos homens passa inelutavelmente por sua dimensão política. Como subestimar o político? Como manter a ilusão de que o direito não tem compromissos nem laços com o político? Não pude fazê-lo. E este assunto, que me apaixona há muitos anos, levou-me a formalizar, em minha Faculdade, um curso de especialização em processo no qual, durante dois anos, tento "fazer a cabeça" de jovens colegas. Não é um curso "neutro", é um curso em que eu tento, tanto quanto possível, transferir-lhes, pela reflexão levada a suas últimas consequências, desvendar os condicionamentos políticos do jurídico. E quanto mais velho vou ficando, o sentimento de urgência, próprio dos que têm pouco tempo, de mim se apodera e me faço incansável nessa "lavagem cerebral", pois é necessário que outros assumam a tarefa de levar adiante essa bandeira, pois já não posso levá-la tão longe quanto é necessária.

Lamento que o curto prazo dessa palestra me imponha ser breve e superficial em muita coisa e pareça apressada a afirmativa que vou fazer, a pedir melhor fundamentação do que a até agora oferecida. A verdade mais evidente de nossos dias, a meu ver, é a de que a monumental crise por nós atravessada é, principalmente, uma crise política. Falta-nos uma utopia, falta-nos um projeto. Falta-nos o caminho. E tudo isso falta porque o "sonho acabou". E o sonho acabou para todos, os de direita e os de esquerda, os de cima e os de baixo, os do centro e os da extrema. O marxismo está em crise. O socialismo também. Por igual a democracia social.

O marxismo está em crise. A crença de que o capitalismo de Estado era uma transição à sociedade sem classes morreu em Paris, no ano de 1968, quando um dos setores de maior resistência ao movimento estudantil partiu do proletariado, cuja missão histórica era a realização de sua tarefa messiânica revolucionária. Os messias tinham sido cooptados pelo "sistema".

Também o liberalismo está em crise, porque até o mais ingênuo de seus adeptos sabe que o capitalismo não sobreviverá sem o Estado. Não há mais capitalismo, há o que HABERMAS chamou de "capitalismo tardio", um capitalismo sócio e dependente do Estado a que pede invista na manutenção e ampliação da infraestrutura econômica-social, em indústrias de alto custo e baixa rentabilidade indispensáveis à consolidação da presença de empresas "nacionais" no mercado internacional, e invista, finalmente, em grandes centros de pesquisa, socializando os custos necessários para a produção do saber indispensável à manutenção da reprodução ampliada.

Está em crise o Estado social, precisando de recursos para manter seu financiamento do bem estar e deparando-se com o exaurimento da fonte, quando é sempre crescente a demanda social, configurando-se em flagrante contradição com um sistema econômico que faz do lucro e do reinvestimento sua finalidade ineliminável.

E todas essas crises são crises políticas, derivadas da falta de sintonia entre os três poderes que asseguram a coesão social e não podem operar em contradição, permanentemente. O poder econômico, o poder ideológico e o poder político. Falta aos nossos dias o "sentido" que os integre de modo compatível com o concreto-histórico.

Os três organizam a dominação, cada qual deles em seu setor específico. E o modo mais perverso, porém mais eficaz, de eliminar e reflexão sobre a dominação é menosprezar o político. Busca-se "naturalizar" ou "sobrenaturalizar" o fato bruto do poder. O sacerdote que pretende ocultar sua dominação afirma-se um apolítico; também o fazem o militar, o professor, o empresário, o jornalista, todos quantos, enfim pretendem fundamentar sua dominação em algo menos cru que o poder. Em verdade estes são execráveis. Eles são os piores inimigos. Porque inimigos desleais, à semelhança do mafioso que aparenta render-se, jogando ao chão suas armas, e quando acreditamos esteja subjugado, saca do lugar mais insólito a "arma secreta" que reservara para sacrifício dos ingênuos e dos crédulos. A imagem, se pode parecer cômica é na verdade mensageira de tragédia.

Daí meu horror pelos "apolíticos", vendo sempre neles meus piores inimigos, visto como ninguém, convivendo, construindo, com outros, sociedades, cotidianamente, pode ser apolítico.

8. E o que é político?

A condição humana impõe-nos o desafio de sermos, individualmente, algo único, irrepetível e até certo ponto incomunicável, e não podermos ser, em nossa condição individual, senão socialmente. Convivemos sendo únicos. Sem que tenhamos condição jamais de saber o que é o bem do outro, salvo se o outro isso nos revele.

Há mais de cinquenta anos convivo com minha esposa e ela ainda não sabe perfeitamente o que é bom para mim. Às vezes estou com uma vontade muito forte de estar no meu cantinho, espichar minhas pernas, deixar que o meu cachorrinho venha para perto de mim, pedindo-me que lhe coce a barriga e assim relaxado ficar a ouvir minhas músicas prediletas. Numa espécie de céu, pois se o céu existe deve ser assim: uma cadeira de balanço, um cachorrinho que você ama, uma boa música e a perfeita entrega a coisa nenhuma. De repente, minha esposa me coloca no dilema de compartilhar com ela mais um capítulo de *Pedra sobre Pedra*. Em que pese quanto eu a amo, em verdade ela me rouba o céu. Sem dúvida que a reação "natural" seria experimentar uma vontade de esganá-la, mas há toda uma vida compartilhada, toda uma soma de sacrifícios feitos de parte a parte, e de descobertas recíprocas, e aquela vontade negativa se transforma em pura submissão. Pegando-lhe a mão na minha, penso para mim mesmo, vendo-a sob o que é hoje o que ela foi ontem e digo: "Valeu e vale a pena".

Se é assim com quem me é tão próximo, como será com os outros, bem mais distanciados? Como saber o que é bom para eles, se deles nada ouvir a respeito? Por isso mesmo se diz que só o discurso e a ação, isto é, a linguagem, que revela aos outros o incomunicável de nós próprios, e a vida partilhada realizam a condição humana.

Dependemos do outro não para dominá-lo mas para com ele realizarmos nossa condição humana. O exemplo clássico das meninas lobo diz tudo. Embora nascida de mulher, porque criadas em meio a lobos jamais lograram a condição humana. Quando recuperadas para a civilização, já quase adolescentes, não conseguiram alcançá-la antes da morte prematura. Ainda quando nascidas de mulher não eram criaturas humanas, porque não se socializaram.

Por que é assim, porque minha necessidade não é a do outro nem o que é preciso é aquilo que se coloca na necessidade do outro? O homem, já foi dito pelos que o estudam, experimenta, com todos os outros animais, necessidades. São elas ditadas pela sua estrutura biológica. E nisso eles em nada diferem dos animais. Ocorre, entretanto, que a dimensão específica do homem se objetiva no "desejo", naquela carência que perdura depois de satisfeitas todas as necessidades, porque elas não têm um suporte natural, mas decorrem de psiquê humana, dessa capacidade que o homem possui de se colocar opções além do determinismo dos instintos.

Adoro camarão, por exemplo. Se puserem na mesa cinco quilos de camarão eu marcho para eles deleitado. Como um, como dez, como trinta... e chega a saciedade. Por maior que seja minha paixão pelo crustáceo, a natureza me dirá um basta decisivo, quando saciada. E eu vou ficar olhando os camarões, se insistir nisso, não com deleite, mas talvez até com asco e náusea. Mas qual o limite dos meus desejos? Quem me dirá quantas roupas preciso, quanto sapatos deve ter, quantas mulheres possuir? Só eu mesmo, voluntariamente, ou a sociedade, impositivamente.

Não sendo "naturais" os desejos, mas "culturais", na natureza não está aparelhada para satisfazê-los. Cumpre ao homem produzir os bens que seus desejos sugerem, para vê-los satisfeitos. E somos incapazes de produzir tudo de que necessitamos e ainda aqui dependemos dos outros. Como somos incapazes de produzir tudo quanto exigido para satisfação do desejo de todos, donde a escassez. E uma e outra reclamam que se organize não só a divisão do trabalho como a partilha do produto do trabalho social, o que envolve também a necessidade da organização da coerção. Eis aí presentes e interagindo o poder econômico e o poder político. Organiza-se a sociedade para, mediante a instituição do poder político, hierarquizar-se a satisfação dos desejos, sempre se dando prioridade aos dos que detêm os instrumentos de dominação.

9. As distâncias econômicas, pobreza e a riqueza, não são "inelutáveis" postos em virtude de razões que se sobrepõem à vontade dos homens. A pobreza tem um substrato político. No particular, há um livro excelente e esclarecedor – **"Pobreza política"** – de PEDRO DEMO.

Vejamos, por exemplo, a sociedade brasileira. Será que minha necessidade de morar é diferente da necessidade de Zé Pretinho? Não, de modo nenhum. É a mesma necessidade. Eu, entretanto, tenho um apartamento em que resido, uma casa de praia, mais dois imóveis em que moram uma filha e um cunhado, mais as salas de meu escritório. Tenho poupança aplicada em CDB, em caderneta, no fundão etc. Arregimento-me para garantir a satisfação dos desejos de meus filhos e de meus netos. E por que é assim? Porque tenho qualidades e virtudes que faltam a Zé Pretinho? De modo nenhum. Porque a sociedade está organizada para me proporcionar mais oportunidades de satisfação de meus desejos do que a Zé Pretinho.

Não precisamos ir longe para perceber a dimensão política da pobreza. Por que nós, profissionais do direito, como magistrados e membros do Ministério Público, somos retribuídos pelo serviço que prestamos de modo tão privilegiado, considerando-se a retribuição paga aos demais profissionais? Por que eu ganho mais de oito vezes o que ganha um médico, um engenheiro, um arquiteto? Por que meu privilégio em relação a minha filha, inclusive pós-graduada em Londres e com larga experiência profissional?

Posso perfeitamente colocar-se diante do espelho e encetar um diálogo com minha imagem nele refletida. Monologar que sou inteligente, estudioso, perspicaz, prudente e por força de tudo isso cheguei onde cheguei. Pouca verdade e muita mentira, porquanto o que pesou decisivamente para meu êxito foram as regras do jogo postas para a divisão do trabalho social e partilha do produto desse trabalho, coercitivamente impostas. Há cerca de dois anos, em minha terra, como Procurador de Justiça, era um pária. Todos os meses os magistrados nos humilhavam, comparando nossos vencimentos com o desconto que sofriam para imposto de renda. Sempre perdíamos. Hoje fomos equiparados. Havia demérito antes e mérito agora? De maneira nenhuma. Uma decisão política tirou, outra decisão política deu, sem que para dar ou tirar houvesse consideração outra que não a balança do poder.

10. Nem só em termos de vantagens materiais o poder dita diretivas, consequentemente o político. Se por algum motivo der um tiro em outra pessoa, sou um homicida. Serei processado, denunciado e acusado por um promotor e o tribunal do júri me considerará culpado. O máximo que posso obter, se contar com amigos no presídio, é um regime de fato ou de direito de prisão especial.

Se for policial militar, entretanto, e estiver, por exemplo, no esquadrão da Rota, da cidade de São Paulo, posso até me dar ao luxo de experimentar a minha pontaria em alguém desmerecedor de meu respeito. Posso dizer a um companheiro: "Está vendo aquele sujeito chato, de rabo fresco, vou treinar a pontaria nele". Pumba e já era um cara de rabo fresco. Calmamente colocamos uma arma na mão do morto, ou algumas gramas de maconha ou cocaína, somos capazes, inclusive, de nos produzir alguns arranhões e está configurado mais um ato praticado no estrito cumprimento do dever legal.

Por que diferentes as situações? Porque diferente as "cargas" de poder político presentes em cada situação específica. E apesar dessa evidência, ficamos brincando de faz de conta, como se o direito nada tivesse a ver com isso, ou seja, com o fato bruto do poder e com o político, inextirpável da convivência humana.

11. Nesta reflexão aligeirada que estamos fazendo, como expressar o que seja a nota específica do jurídico? Respondo sempre que na impositividade, vale dizer, uma sanção institucionalizada cuja efetivação se faz função social de alguns integrantes do poder político.

A ordem social, porque não disciplinada por leis da natureza, de sua construção pelos homens, é fruto de uma deliberação deles, que quotidianamente a produzem e confirmam. E porque assim associada à liberdade, é uma ordem permanentemente em risco, se não protegida pelas instituições que modelam os homens para o conformismo, consenso e aceitação. Mas quando tudo isso falha, há necessidade de um poder explícito que se impõe. E é ele o poder de governar e de julgar, que se efetivam através dos indivíduos investidos em suas funções. E isso eles o fazem em nome de algo que se diz posto com antecedência e que devera ser pauta obrigatória para a conduta dos governados, e é nesse "dizer prévio" sobre o "justo" que está o direito.

Mas o direito só terá esta cara feia, cinzenta, carrancuda da coerção e da manutenção do "status quo"? Não. Por menor que seja o espaço deixado pela dominação que o direito formaliza, esse espaço é bem maior que aquele de que desfrutaríamos estivéssemos todos entregues ao operar da força bruta. Há, por conseguinte, necessariamente, um espaço "emancipador" em toda ordem jurídica. E o ser maior ou menor esse espaço é um problema político, porque ele tem a dimensão que tem a maturidade política do grupo social, tanto maior e tanto mais emancipador (por conseguinte mais justo) quanto maior for a presença política do maior número. É, pois, a atividade política que dá a dimensão de justiça do direito, não ele, direito, que representa algo capaz de determinar por suas próprias virtudes, a justiça que se almeja.

Não pode o direito gerar a justiça que os dominados reclamam, porque ele tem necessariamente a cara do poder em que se insere do qual deflui como a bílis é segregada pelo fígado e a insulina pelo pâncreas. Não será jamais a atitude corajosa do magistrado, comprometido com um projeto emancipador, nem a do advogado ou do membro do Ministério Público, em iguais circunstâncias, que mudará o estado das coisas. Queiramos ou não operamos com um instrumento do poder, com a cara que ele efetivamente tiver. E nossa atuação profissional, já por si tão frágil de tão regulamentada que é, por sua própria natureza fragmentária e contraditória, isso inviabilizará.

12. Nós juristas, portanto, queiramos ou não, se nos proclamamos comprometidos com um projeto emancipador do homem, não poderemos resgatar esse nosso compromisso como profissionais apenas, mas precisamos levar esse compromisso efetiva e prioritariamente para o campo da luta política. Nem o direito é neutro, nem nenhum de nós é imparcial. Todos estamos apenas tentando permanecer em cima do muro, agradando a gregos e a troianos, como se operássemos com um saber ascético, objetivo e técnico quando todo nosso operar redunda sempre em manter ou ampliar espaços ou para dominadores ou para dominados, fazendo na esmagadora maioria das vezes sob o constrangimento da inelutabilidade da ordem que nos cumpre efetivar.

Não será, portanto, como nossas iniciais e nossos arrazoados, nossas decisões, nossos pareceres e alegações que mudaremos as coisas, modificaremos a filosofia de vida que preside à convivência social. Sem dúvida que o faremos também com esses instrumentos, mas são eles por demais frágeis para serem decisivos. Só nosso comprometimento político como homem total, cidadão pai, cidadão mestre, cidadão trabalhador, cidadão usuário, cidadão eleitor e quantos mais papéis nos caibam desempenhar. Haveremos que começar principalmente em nossas faculdades de direito, no modo de ensinar a nossa disciplina, tornando artigo de fé em nosso magistério o desvendar a pré-história política, econômica, ética, ideológica, enfim, de todo instituto jurídico.

13. Ouvimos, há pouco, brilhante comunicação sobre reformas em nosso processo civil. Aparentemente, uma coisa neutra. Ledo engano. Na sugestão mais simples se insere, explícita ou implícita, uma conotação política. Nada é neutro e no direito, precipuamente, a neutralidade é mentira e é mito. Acho que não podemos aceitar em nome de uma dogmática que se pretende objetiva e científica, por conseguinte, neutra, descartemo-nos do compromisso político, ético e social que todos temos, estejamos onde estivermos, na OAB, no Ministério Público, no Poder Judiciário. Cada linha que escrevemos, cada postulação oferecida ou decisão dada, cada conferência ou aula que proferimos, queiramos ou não, estaremos sempre ou somando algo ao projeto emancipador do homem, consumindo, gastando, roendo um pouco mais a madeira do tripé em que assenta a dominação, ou apenas colocamos mais um saco de areia na barricada atrás da qual ela se preserva.

14. Já é tempo de concluir e gostaria de fazê-lo refletindo sobre a justiça, ainda quando aligeiradamente como o tenho feito, aqui, em relação a tudo.

Só consegui, até hoje, entender a justiça vinculando-a à satisfação. Só se sente injustiçado quem se vê privado de algo que tem como essencial para libertá-lo de alguma carência que experimenta.

Refletindo sobre mim mesmo, eu me pergunto: "Quando você se sentiu feliz, CALMON"? E não tenho outra resposta. Quando em minha casa de veraneio, depois da minha caminhada, meu banho de mar, meu bom almoço, descanso na rede ouvindo minhas músicas prediletas, sou um homem feliz. E no momento em que, arrotando, liberto as entranhas do que a oprime, essa felicidade alcança o auge. E essa sensação de "completitude" a gente experimenta, por igual, em relação a outros bens relacionados mais com nossos desejos do que com nossas necessidades. Se nenhuma carência me infelicita ou inquieta, o que me falta? Nada. E se nada me falta, onde a injustiça que me fazem? Cada homem é a medida da justiça de que carece. E só com espaço para manifestarmos nossas carências podemos reclamar seu atendimento. Visto como somos muitos a reclamar satisfação, só o espaço político permite o diálogo, o discurso, a argumentação e contra-argumentação, a livre comunicação propiciadora das soluções de transação viáveis e aceitáveis. E é nisso que reside a justiça.

Gostaria de ilustrar com um desses exemplos simplórios tão de meu agrado. Eu não me sinto uma pessoa injustiçada, pelo menos em grau que mereça de mim maior atenção. E não me sinto assim porque não me experimento como carecedor de bens que não possuo. Por determinismo genético, talvez, sou uma pessoa simples. Tenho um amigo que me disse um dia: "CALMON, você nasceu para caixeiro de loja e o destino conspirou contra você, fazendo-o professor, jurista e homem público. Por isso você foi um secretário de Estado que parecia contínuo, um professor com cara de bedel e um Procurador Geral da Justiça com o rosto de servente". Nisso não vejo nenhuma virtude, porque sou assim em razão de só esse modo de ser me fazer feliz, satisfeito, pleno e não carecedor. A dimensão pessoal (sem minimizar o cultural é certo) é tão marcante que me contento com quatro roupas. Uma para casamentos, uma para conferências e duas para o quotidiano. Um cunhado meu, entretanto, possui no seu apartamento um cômodo só para suas roupas. Dezenas de ternos, centenas de camisas, centenas de pares de sapatos. Se lhe tirarem isso será capaz de suicidar-se, pois estará se sentindo desprovido de tudo.

15. O que seja a justiça, que ao direito cumpre efetivar, eu não sei. Ninguém sabe. É algo em permanente fazer-se, mediante a dialética da vida política, que justamente se traduz nessa troca permanente de comunicações e nessa permanente interação de ações, no sentido de que a sociedade se organize e o faça de modo a realizar o máximo de atendimento às expectativas exteriorizadas pelos que, produzindo em conjunto, devem ter, em conjunto, o poder de deliberar sobre a partilha desse esforço comum.

Esta a razão porque digo que o homem mais temido por mim, por vê-lo como o mais pernicioso, é aquele que se diz um justo, por se crer capaz de saber o que seja a justiça e o bem de outro. Em verdade, não passa de um fanático, capaz de matar em nome de Deus, castrar em nome do bem, subjugar em nome da justiça. Esse que se diz justo é na verdade alguém incapaz de realizar a justiça, porque condição essencial para sermos justos é fazermo-nos disponíveis para o outro, permitir que ele coloque livremente suas carências e suas expectativas, a fim de que, dialogando com ele, sejamos capazes de convencê-lo ou de convencermo-nos da melhor solução, ou da única solução possível, atendido o contexto em que as carências se manifestam.

Ser justo com o outro é tornarmo-nos disponíveis para ele, a tal ponto que seja capaz de revelar-se a nós por inteiro, o que nos permitirá penetrar-lhe também o mais íntimo, onde reside a verdade de cada homem. Quando não nos abrimos para o brado de "misericórdia", do outro, já nos fechamos para toda justiça.

Tenhamos, consciência, portanto, de que a justiça que dizemos realizar não é a justiça, sim a opção da ordem jurídica, posta na lei, na decisão do caso concreto, pelo juiz perigosamente "iluminado", construindo o seu "direito alternativo". Porque sempre estamos fazendo não a justiça verdadeira, que embora relativa é real, derivada do diálogo franco e da comunicação isenta de distorções, mas aquela que a nossa pressa e a nossa exigência de "autoridade" nos impõe. E de qualquer forma a inelimínável condição de sermos agentes inseridos numa estrutura de poder político, que tem uma cara que se impõe a nós, inelutavelmente, deve-nos advertir, de uma vez por todas, que nenhum poder se institucionaliza contraditoriamente, para determinar sua própria destruição.

Não podemos como advogados, membros do Ministério Público ou juízes nos tornarmos elementos de contradição no seio do poder político em que atuamos. O poder não contradiz o poder ou um deles deixou de ser poder. O poder é como um carro que perdeu os freios. Desce ladeira abaixo. Você não pode contê-lo. A única coisa possível é a manobra hábil para aproximar o veículo prudentemente dos barrancos, gerando uma resistência pelo atrito, que vá amortecendo a velocidade e reduzindo ou eliminando a possibilidade de desastre.

16. É imperdoável ingenuidade acreditar que podemos mudar as coisas sem que se mude o processo de produção do direito. O direito não é um dado, é um construído. Não um construído sob a força de um inelutável "natural", como a solidariedade social de DUGUIT, mas sob o inelutável da inelimínável responsabilidade do homem de construir sociedade e fazê-lo de modo ordenado, o que reclama seu quotidiano empenho no construí-la e confirmá-la.

Ou mudamos o processo (não procedimentos, como está em moda fazer, não o processo ordinário, o processo cautelar etc. na vasta terminologia dogmática) de produção do direito, repensando as instituições responsáveis pela tarefa ou nada será alcançado. Não há um direito pronto a ser captado. Só há um direito a ser feito, permanentemente a ser feito, em incessante processo de produção, operando com a matéria-prima que a realidade social (econômica, política, ética, etc.) lhe oferece e é nessa linha que se deve empenhar nosso compromisso emancipador.

Isso é possível e nisso precisamos acreditar. Não podemos perder a esperança, até porque perder a esperança é antecipar a morte. No dia em que perder a esperança, não darei trabalho a ninguém, porque se não tiver coragem para por um fim a minha própria vida, a fossa aniquiladora em que imergirei tirará de mim, em termos radicais, a vontade de viver, que é a mais radical forma de morrer.

17. Estamos vivendo uma época sombria. Tudo parece estar conspirando contra a gente. Uma época em que os corruptos tornaram-se campeões de moralidade, em que os notórios ladrões do povo são sacerdotes da nova religião moralizadora, em que os oprimidos pelo autoritarismo que não continuam recitando os velhos "slogans" são reputados reacionários ou liberais, em que quantos souberam, inteligentemente, se beneficiar do autoritarismo e nele colher bens se proclamam revolucionários, legisladores audaciosos e campeões da cidadania. Quando a gente vê uma conjuntura internacional preocupante, o Estado social em crise e em crise o capitalismo, preso na camisa de força da sua própria lógica interna – a da reprodução ampliada, que se não gera mais pobreza no centro, faz crescer, em progressão geométrica a pobreza na periferia (em termos nacionais e em termos internacionais), ressuscitando o medo dos "bárbaros", dentro e fora, nós nos assustamos. Cada dia que passa maior é o nosso medo de nosso semelhante. Já não basta a polícia, temos também agora as nossas grades, as de ferro, em torno de nossa casa, as das barreiras políticas, em torno de nossas fronteiras. Quando vejo isso e o medo de meu semelhante crescendo em mim, eu me enojo de mim mesmo, e me preocupo.

Lembro, aqui, os idos de 40, quando, revisor do Diário de Pernambuco, ainda estudante de direito, saía do jornal às duas da manhã e não querendo aguardar o primeiro transporte, que só às 4h30min chegaria, caminhava pelas ruas de Recife, cerca de seis quilômetros, até a Casa do Estudante, fazendo-o pelo meio da via pública com medo dos cachorros, apenas, sentindo-me feliz quando avistava alguém à minha frente, apressando o passo, porque aquele meu semelhante era um companheiro na solidão da noite. Hoje eu me esquivaria dele, acreditando-o um assaltante. E não estaria errado. Há cerca de dois anos, em S. Paulo, recebi quantia de certo vulto num banco. Inadvertidamente coloquei-me a em um só bolso da calça. Tomei um ônibus. Hora de almoço, veículo cheio. Em pé percebi que junto a mim, um rapaz muito bem apessoado colava-se ao meu corpo. Fiquei desconfiado. Por segurança, pus a mão sobre o bolso, para sentir a presença do dinheiro, ansioso porque se vagasse algum lugar. Isso ocorreu logo a minha frente.

Mais que depressa retirei a mão da calça, para facilitar a manobra rápida do corpo na direção do banco. Sentei-me, aliviado. Estava realmente "aliviado". Na fração de segundo do meu movimento também se fora o meu dinheiro. E o jovem bem apessoado já se dirigia para a saída do ônibus, descendo do veículo. Genial!

Simplesmente genial! Conhecera um craque que nada ficava a dever a BEBETO ou a PAULA.

18. Estamos, portanto, numa época cinzenta, carregada de nuvens que anunciam tempestade, mas não podemos abdicar da esperança. Ter esperança é a única esperança.

Por isso deliberei concluir esta minha palestra lendo para vocês uns versos de CARLOS DRUMMOND DE ANDRADE. Estão no seu livro *"A Rosa do Povo"* e têm o título de *"A Flor e a Náusea"*.

Relata o poeta que um dia saiu de casa numa fossa total. Ele a expressa em termos fortes. Fala da sua impotência e pergunta *"posso sem armas revoltar-me?"* E responde que não *"pois o tempo de completa justiça ainda não chegou, o tempo é ainda de fezes, de maus poemas, de alucinações e espera"*.

Prossegue, pessimista, salientando a inocuidade do esforço. *"Quarenta anos e nenhum problema resolvido"*. Fala em homens menos livres, mas que *"levam para casa jornais e soletram o mundo, sabendo que o perdem"*. E vai mais fundo, como se quisesse chegar ao ápice do abismo e acusa-se de cúmplice de muitos crimes, alguns escondeu, outros achou belos, outros, crimes suaves, que ajudaram a viver. E já desespera. Ameaça pôr fogo em tudo, inclusive nele mesmo e diz que só com o seu ódio pode salvar-se porque esse ódio é o melhor dele e só esse ódio ainda lhe concede uma esperança mínima.

Quanto tudo parece estar consumado, ele olha para o chão e vê uma flor e exclama – *"Uma flor nasceu na rua!"* E exulta, e brada:

> *"Passem de longe, bondes, ônibus, rio de aço do tráfego.*
> *Uma flor ainda desbotada*
> *Ilude a polícia, rompe o asfalto.*
> *Façam completo silêncio, paralisem os negócios,*
> *Garanto que uma flor nasceu.*
> *Sua cor, não se percebe.*
> *Suas pétalas não se abrem*
> *Seu nome não está nos livros.*
> *É feia. Mas é realmente uma flor.*
> *Sento-me no chão da capital do país às cinco horas*
> *da tarde*
> *e lentamente passo a mão nessa forma insegura*
> *Do lado da montanha, nuvens maciças avolumam-se*

Pequenos pontos brancos movem-se no mar, galinhas em pânico.
É feia. Mas é uma flor. Furou o asfalto, o tédio,
o nojo e o ódio".

Estará nascendo, realmente, nesta hora, uma flor no asfalto? Eu diria que sim. Não uma só, mas milhares, talvez milhões, aqui em Porto Alegre, em todas as cidades do Brasil, em todos os espaços do mundo estão nascendo flores no asfalto. Milhares e milhões de mulheres sofrem, agora, as dores do parto e elas vão fazer brotar de seu ventre uma flor como aquela brotou do asfalto. Estas flores também nascem num chão hostil, nascem contra toda expectativa, podem, aparentemente ser feias, mas são uma flor, uma flor que vai vencer o tédio, o nojo e o ódio, porque a vida que surge é só esperança, e é esperança porque é vida humana, início, algo mais forte que tudo, que a bruteza de qualquer asfalto não pode impedir de brotar, que nenhum tédio, nenhum nojo, nenhum ódio pode impedir de vicejar, tornando-a desesperança.

Há flores brotando do asfalto. Podem ser feias, mas são flores. E vencerão o tédio, o nojo e o ódio.

| 30 | ADMINISTRAÇÃO DA JUSTIÇA NO BRASIL

VISÃO PARA ALÉM DO IMEDIATO[40]

1. Costuma-se dizer que o único tempo real do homem é o presente, o instante em que o seu viver se faz realidade. Mas, bem pensado, talvez o tempo único do homem seja o futuro, porque é sempre em função do tempo vindouro que o homem se lança ao desafio do seu agir. Já afirmei isso muitas vezes e repito-o agora. O tempo passado é algo definitivamente perdido; o tempo presente é por demais fugidio, porque cada instante do agora já é passado e o instante por vir ainda é futuro. E é sempre em função do que está por vir, por mais próximo e por mais imediato que seja, que todo o presente se cumpre, que todo o agir do homem se realiza.

O homem é um ser permanentemente provocado para construir algo, principalmente construir-se a si próprio, ser inacabado que é, e inacabável. Por força disso, preferi falar não do Judiciário que é, mas do Judiciário que antevejo, de um Judiciário do futuro. Por conseguinte, entendam que se o meu diagnóstico do Judiciário atual parecer negativo, em realidade não o é, nem negativo nem pessimista. Ele será um pouco com o estrume que se põe à raiz da árvore para fazê-la florescer e frutificar.

Para muitos, as posições contestadoras são vistas como sendo destrutivas, quando na verdade elas são fecundas, porquanto fertilizamos o dia de amanhã se conseguimos dar às pessoas consciência das fraquezas e insuficiências do presente. Se nos deixamos, entretanto, iludir com o dia de hoje, acreditando seja ele algo que merece, necessariamente, ser incorporado, em definitivo, a nossa história pessoal, o que estamos fazendo, na verdade, é antecipar o nosso próprio epílogo.

2. Falar da Justiça no Brasil coloca-nos alguns problemas prévios sob o risco de discursarmos sobre nada. Nenhum problema delimitado espacial e temporalmente prescinde do que a respeito dele transcende o espaço e o tempo que parecem circunscrevê-lo, porquanto cuidar de um problema é ir até suas raízes, estejam em que espaço estiverem, e as suas causas, situem-se elas em que tempo se situarem. A vida humana, pessoal ou social, não é uma linha interrompida, mas uma linha contínua que, como a geométrica, pode ser idealmente compreendida como uma série de pontos, mas tão próximos, tão contíguos, que fazem um.

---

40. Texto extraído de *Bahia Forense*. Legislação, doutrina, jurisprudência. Ano 1, v. 1, 1961.

Aquilo, portanto, que nesta minha fala pode parecer divagação é, na verdade, cuidado com identificar, no problema, o que é essencial para compreendê-lo e, por consequência, para resolvê-lo. Sem chegar ao essencial toda solução é um desperdício.

3. Falar da Justiça e dos serviços públicos que se propõem efetivá-la reclama, antes, falar-se do Direito. A Justiça de que se cuida não é um valor posto para a reflexão dos filósofos, mas resultado prático que se pretende obter como serviço à coletividade, no sentido de exata e pronta aplicação do Direito. Consequentemente, como em toda e qualquer atividade, cuidar apenas dos meios já pressupõe resolvido o problema do fim; e se este ainda não mereceu exata definição, preocupar-se com os meios é correr o risco de agravar os males que podem resultar de sua disfuncionalidade. Os desvios de finalidade somente se agravam quando excelentes são os meios de que se dispõe para efetivá-los. De que nos valeria, portanto, otimizar os meios, no tocante à administração da Justiça, se os fins por ela perseguidos, eles mesmos, forem desserviço à boa convivência social e causa geradora, se não de ilegalidade, deste algo mais que se pressente e se busca realizar, é predominante e denomina-se legitimidade ou Justiça para além da lei?

Por outro lado, falar-se da distribuição da Justiça no Brasil pede que se fale, antes, sobre a distribuição da Justiça no mundo contemporâneo. Certamente muitos dos males e distorções identificáveis têm seu nascedouro em algo que não é peculiar ao nosso país, mas resulta da própria compreensão do Poder Judiciário em nossos dias e do modo de seu funcionamento.

4. Sou uma pessoa sinceramente convencida de que o mundo em que eu vivo é um mundo em crise. Este lugar comum, que nos faz até ridículos ao repeti-lo, quero redizê-lo agora, afirmando, porém, que estou convencido, por igual, de que essa crise é uma crise eminentemente política.

Quanto mais vivo – e já estou chegando ao fim de minha tarefa de viver – quanto mais vivo mais me convenço de que perdemos um tempo precioso com preocupações, primeiro, de ordem econômica, depois, de ordem moral, finalmente, de ordem jurídica, quando na raiz de todos os nossos males estava e está o problema político.

O problema do Judiciário, para mim, é também um problema eminentemente político. Principalmente no Brasil, ele é um problema político, exclusivamente político.

5. Há uma crise no Direito? Indagar-se quanto a isso tornou-se, em nossos dias, quase risível. Tem o sabor de *non-sense*, soando quase como a pergunta que se fizesse a alguém sobre a existência do sol. Faz rir o interlocutor e põe em dúvida a sanidade mental do indagador.

Não nos ocuparemos, aqui, dessa crise, nem buscaremos compreendê-la ou explica-la em si mesma. Seria dar ao tema uma extensão capaz de exaurir os leitores. O óbvio e sua aceitação permite-me tentar apenas entender, no seu bojo, o que seja a crise da Justiça, vista como crise da aplicação do Direito por sua via jurisdicional. A crise da Justiça como uma crise dos juízes, no seio da tormenta maior que é a própria crise do Direito.

6. Desejaria, muito rapidamente, embora, porque o tema é fascinante, mas não pode ser tratado aqui, senão superficialmente, dizer o que, para mim, se coloca por trás desse fenômeno que se batizou com o nome de crise do Direito, crise da Lei, crise da Justiça, crise do Juiz. Principalmente, e para começar, dessa que é a fundamental: a crise do Direito.

Já ouvi falar muito na proclamada revolta dos fatos contra os códigos. Creio, entretanto, que devemos traduzir essa famosa revolta de uma outra maneira.

A esta altura de minha ida, estou convencido de uma coisa: o Direito é o discurso do Poder. Todos fomos trabalhados desde a Faculdade; desde lá, nossa cabeça foi feita no sentido de que, diplomados Bacharéis em Direito, tivéssemos nossa vistas voltadas para justiça ideal, o *jus suum cuique tribuendi* dos romanos, a persecução do justo no caso concreto, um justo muito mais intuível do que suscetível de objetivação ou comprovação racional, inferível, porém, do conjunto de normas constitutivas do ordenamento jurídico positivo, colocado a nossa disposição pelo Poder. Hoje, essa postura me parece mero despistamento ideológico, um véu para nos toldar a vista e só nos permitir perceber tarde demais que a única justiça possível e verdadeira é aquela que é realizada a partir da identificação e do atendimento das necessidades dos que a reclamam, porque, postos à margem na partilha dos bens da vida.

7. O século XIX, a partir da gigantesca tarefa que representou o *Código de Napoleão*, e inspirado nela, suscitou a crença, nutrindo-a vigorosamente, de que se poderia, perfeitamente, cindir as tarefas de editar as leis (dizer o direito) e aplicá--las nas situações concretas oriundas da convivência social. Este segundo momento do fenômeno jurídico foi posto a cargo ou da autonomia privada (fazendo-se os próprios sujeitos, juízes da legalidade de seu comportamento), ou do Estado, pelo Poder Judiciário, dito um terceiro desinteressado, incumbido de atualizar a vontade objetiva da lei, quando desatendida no particular das relações sociais.

Pelos contratos, as pessoas criam a norma singular que lhes governa o proceder na convivência social, atendendo aos modelos postos, com generalidade e abrangência, pela sabedoria do legislador, considerado capaz de categorizar a realidade de tal modo, a nada deixar, dela mesma, fora de seus quadros e de suas previsões. Pelas sentenças, o Estado, por intermédio de seus Magistrados, submetidos ao império da Lei (a suprema manifestação do Direito), edita normas particulares, atendendo, como na hipótese precedente, aos modelos postos pelo legislador, preenchendo, por essa forma, o vazio deixado pela falta de aplicação voluntária do Direito, pelos homens, em sua convivência social. Inclusive as relações com o próprio Estado-Administrador, posto, também ele, sob o império do Direito expresso nas leis que editou. *Pacta sunt servanda* – a Lei é um pacto entre o poder Político e os cidadãos, obrigando, portanto, ao próprio Estado, por seus agentes, no exercício de suas funções.

8. Ninguém expressou melhor essa visão do Direito do que Kelsen, o gênio do formalismo jurídico, com a sua concepção piramidal da ordem jurídica. Governado pelos princípios da derivação e da fundamentação, constrói-se todo o ordenamento, a partir de um momento eminentemente criador do Direito até o ao momento final, essencialmente aplicador. Na base, o contrato, o ato administrativo e a sentença, sujeitos, privados, sujeitos públicos comportando-se, em suas relações, segundo os modelos abstratamente postos pelo legislador concretizados pela vontade dos primeiros e pelas decisões dos segundos.

Tudo quanto se pudesse imaginar fora desse esquema lógico de pensamento e dessa estrutura normativa se apresentava como estranho ao Direito. E o Direito se esforçava por exprimir-se, cada vez mais, como algo muito mais situado na mente que na vida, à semelhança das categorias que a filosofia contrapõe à realidade, com vistas a fazê-la "compreensão" e "conhecimento" na criatura humana.

9. A consequência disso: juristas e juízes foram, progressivamente, demitindo-se de seus compromissos com a política, no seu sentido mais nobre e mais legítimo – qual o de pensar os fins da sociedade e os meios necessários para alcançá-los, organizando-a com esse objetivo. Eles, que sempre tinham sido homens públicos, na significação de homens comprometidos com os problemas advindos da convivência social, empenhados na necessidade de harmonizar conflitos em termos de otimização da sociedade política, passaram a ser "profissionais", conhecedores e manipuladores de uma técnica, aquela necessária para reduzir a generalidade da lei ao particular da norma disciplinadora da conduta dos indivíduos na sociedade. O conteúdo dogmático lhes era fornecido pronto e acabado e só lhes cumprida reduzi-lo à dimensão do caso particular. Uns lógicos, que, por força de se omitirem diante da vida, findaram por emascular-se, fazendo-se eunucos.

10. Estranhamente, ou melhor dito, coerente e inelutavelmente, sua desfiguração como homens públicos, como políticos no mais nobre, abrangente e lídimo sentido, fê-los tornarem-se, cada vez mais, políticos, no sentido estreito de órgãos e instrumentos do poder institucionalizado.

No palco da vida social deixaram de desempenhar o seu papel e passaram a interpretar o que lhes foi atribuído pelo Poder, fazendo-se desnecessários e substituíveis. Para se dar efetividade à vontade do Poder basta a Força. E para se dar forma ao discurso do Poder, suficiente se mostrou o legislador. Aproximando-se do Poder, não para exercitá-lo (decidir), mas para explicitá-lo (declarar-lhe a vontade), o Juiz se fez servidor do Poder. Descaracterizou-se. E também o Jurista.

11. O Direito, em verdade, precisa ser entendido a partir de um duplo enfoque. Do prisma da sociedade política, ou para usar uma terminologia hoje muito em voga, a partir das bases, o Direito é sempre a procura desesperada de um meio para realização do máximo de justiça social; é uma procura de mais espaço para os indivíduos, de melhor acesso aos bens da vida e maior participação no Poder. É, em última análise, esta coisa simples que a gente poderia resumir numa frase: a procura de um lugar ao sol. Mas a partir dos governantes, da cúpula, o Direito não é mais do que uma tentativa de dar o mínimo de espaço social aos indivíduos, o mínimo de participação nos bens da vida e oferecer-lhes o mínimo na partilha do Poder.

O Poder não luta pela justiça possível, sim pela injustiça tolerável por determinada sociedade política em determinado momento histórico. Ele leva sua força opressora até ao limite máximo e só cede quando alcança o ponto de ruptura. O Poder não concede, não renuncia, não negocia, não liberaliza. O poder oprime porque é Poder. E isso não só no Estado capitalista como em toda e qualquer forma de Estado.

Pouca importa quem governa. Todo Governo é opressor se não há participação e representatividade. Pouco importa que se diga que são as classes burguesas ou que são os trabalhadores que governam, pouco importa sejam governantes os civis ou os militares, os leigos ou os clérigos. Se governarem sem participação e sem representatividade, oprimirão. O problema não é de quem governa. O problema fundamental é o da definição das estruturas do Poder e da efetiva existência de instituições que assegurem participação nele e representatividade em seu exercício.

12. Esta a dialética a que a vida e as vicissitudes do Direito estão submetidas. A partir das bases, busca permanente de espaço social para o maior número, acesso mais amplo de todos aos bens da vida, maior índice de participação e de representatividade no Poder, mais efetiva segurança para todos; o que traduz, no seu conjunto, uma busca ansiosa e indormida de Justiça para o maior número. A partir da cúpula, a partir dos detentores do Poder, o Direito é uma forma de controle social, um dique e um obstáculo às tentativas de enfraquecimento e partilha do Poder, luta pela manutenção dos privilégios que o Poder determina com relação à posse e gozo dos bens da vida, o que traduz, no seu conjunto, um esforço no sentido de realização do máximo de injustiça tolerável.

Por isso mesmo o problema do Direito é, acima de tudo, um problema político, porque a ordem jurídica outra coisa não é que o discurso do Poder. E só na medida em que participação e representação se alargam e se fortalecem é que o Direito se faz justo, porque resultante do discurso de um Poder compartilhado pelo maior número.

Tenho certeza de que estamos no limiar de uma época em que a luta de classes será superada como fator determinante da História, preocupação primeira dos estudiosos, e a luta entre governantes e governados, entre o Poder político e a sociedade política se fará presente, porque nesta realmente, e não naquela, reside o fulcro de tudo. A luta de classes, em verdade, foi a primeira visão da luta pelo Poder, hoje perfeitamente caracterizada em virtude do fenômeno que subsiste nos próprios países ditos socialistas, nos quais, por princípio, a luta de classes inexistiria.

O socialismo espera, em verdade, para cumprir, no futuro, sua grande tarefa histórica, pelo projeto político que o viabilize.

13. Das considerações que vêm de ser feitas algumas conclusões podem ser retiradas.

A primeira delas, a de que só um ordenamento jurídico que traduza o discurso de um Poder participado e exercido com representatividade pode permitir a realização de uma Justiça em termos do que é realmente reclamado pelas bases, sendo, por isso mesmo, justiça maior para um maior número. E é com essa Justiça que nos cabe preocuparmo-nos, porque a efetividade do ordenamento jurídico não leva, necessariamente, à realização daquela Justiça ideal com que embalaram os nossos sonhos de jovem e o nosso idealismo de homens, mas ela será, apenas, essa busca da efetividade da ordem jurídica, a realização, no plano social, do discurso do Poder, que, se não participado nem representativo, conduzirá à efetivação do máximo de iniquidade.

14. Aparentemente o cumprimento do dever pelo Magistrado se traduz sempre em algo positivo: a efetividade da ordem jurídica, das leis a que ele jurou fidelidade ao dever, pode-se tornar fonte de iniqüidade, se tem como resultado final a efetividade de leis que apenas traduzem a iniqüidade oculta sob o discurso do Poder, na sua vocação de realizar o máximo de injustiça possível em determinado momento histórico, em determinado espaço social e no tocante a determinada sociedade política.

Nenhum Juiz, portanto, estará justificado apenas porque zeloso e eficiente na exata aplicação das leis e realização da justiça que elas traduzem. Só se justificará quando exigir que as leis contenham a justiça que todos lhe postulam, para que o cumprimento das leis, cuja efetividade lhe foi confiada, se cumpra em termos de resposta satisfatória às aspirações de justiça que a sociedade política realmente espera e reclama.

15. A primeira desmistificação a fazer da figura do Juiz e do papel do Juiz é, portanto, a de revelar esta verdade chocante, mas irrecusável: o bom Juiz, o eficiente Juiz pode ser instrumento da máxima injustiça, quando ele, diligente e exato, aplica leis que representam o discurso de um Poder opressor, fechado em si mesmo, autoritário, expropriador e sem representatividade.

Segunda observação é a da ecessidade de se repensar, por isso mesmo, a função judicial e o papel do Juiz na estrutura do Poder.

16. O juiz romano, nos tempos anteriores ao Império não era um aplicador dae leis. Era um homem público, um político no bom, justo e belo sentido do termo, porque, se existe um vocábulo que precisa ser recuperado, é este: político.

O Juiz romano era um homem comprometido não com a aplicação do Direito, mas com sua elaboração e realização. Sentia-se, antes de um servidor do Poder, um delegado dos seus iguais e um árbitro no entrechoque dos muitos interesses em conflito na sociedade.

17. E o Juiz de nossos dias? Quem é ele? Quem é este Juiz filho do positivismo e do formalismo jurídicos? É o Juiz que vive a ideologia de que o legislador, *a priori*, na sua sabedoria e soberania, elaborou normas de caráter geral capazes de configurar escaninhos onde ele, Magistrado, deve buscar a solução para todas as solicitações da convivência social.

É o Juiz – como costumo ouvir de muitos – um técnico, com habilidade suficiente, acrescento eu, para saber em que gaveta se encontra a resposta do caso de quem lhe reclama uma solução para sua vida. É o grande conhecedor de escaninhos. E, se sabe em que escaninho está a resposta do legislador, é ele um homem apto para dar a solução no caso concreto, por mais complexo que seja, por mais carregado de tensões que esteja, por mais rico de conteúdo existencial que se apresente. Tudo está no escaninho misterioso que só lhe cumpre abrir e desvendar-lhe o conteúdo.

18. Este Juiz, mero aplicador de leis, foi aos poucos se transformando na pessoa mais dispensável socialmente no mundo moderno, porque se fez apenas um meio caminho, uma ponte entre as solicitações da vida social e a solução que lhe impôs, de antemão, o legislador.

E que pode haver de específico nesse Juiz que é apenas a ponte por onde passa quem vai e quem vem? O que esse Juiz dá ou com que ele contribuiu para a vida do Direito? Convidados a essa neutralidade de "passadiço", impuseram-se um dever de neutralidade que mais os aproxima de Pilatos do que daquele que, diante de Pilatos, foi a personalização mesma da Justiça. E essa neutralidade, tornada ideologia, foi aos poucos emasculando o jurista e principalmente o Juiz, começando todos nós, profissionais do Direito, a guardar também nossa consciência moral e nossa responsabilidade social no escaninho do legislador, fugindo de assumir a responsabilidade que a vida em sociedade impõe a todo indivíduo. Poderíamos mesmo dizer, sem sentido de motejo, que o jurista, neste nosso mundo do Direito codificado e do positivismo jurídico, é aquele para quem, como a Carolina da canção de Chico Buarque, o tempo passou na janela sem que ele percebesse que passava.

19. Começaram a destruir-nos doutrinando-nos já nas Faculdades de Direito, onde aprendemos, com ênfase doutoral, que Direito é norma, e tudo o que dela sobre é metajurídico. Que jurista é o que não se aventura nos arraiais nóspitos da sociologia, da filosofia, da ciência política, da economia, mas permanece fiel e firme no território que é o único seu: o dos conceitos, das formas, das regras e dos silogismos. Território com fronteiras bem delimitadas, mas território desabitado, imensa cidade fantasma, ruína de um lugar em que já houve muita vida, muita paixão, muita luta e muito ouro.

Os juristas passaram a ser os habitantes de cidades vazias, porque a riqueza que nelas já houve hoje está em poder de outros. Nã lhes pertence mais, sim aos sociólogos, aos cientistas políticos, aos economistas, aos filósofos.

Já se disse, inclusive, que o currículo de Direito está muito grande, reclamando urgente encurtamento. Concordo com esses adeptos do minicurrículo, porque realmente, para formar aplicadores de leis, seis meses seriam suficientes... ou talvez demasiados.

20. Por solicitação da UNESCO, a Associação Internacional das Ciências Jurídicas realizou uma série de estudos sobre o ensino do Direito em onze países, incluindo alguns do Terceiro Mundo, de todos eles resultando uma conclusão básica ou central: urge recompor a figura do jurista e conscientizá-lo de seu papel social, "um novo modelo ideal de jurista está para nascer, diz o informe da Alemanha Ocidental, ele se distingue do modelo anterior antes de tudo pelo fato de que a ênfase é posta no trabalho crítico sobre e com o direito, na compreensão do político e do social e na consciência da responsabilidade para determinação da fisionomia do amanhã". (*Les sciences sociales dans l'enseignement supérieur; droit,* Paris, UNESCO, 1972, p. 10).

E o Juiz, se não for um jurista, não é nada.

21. E o que é um jurista? É o grande generalista das ciências humanas, um homem capaz de compreender a realidade econômica, social e política em termos normativos coerentes e integrados, capaz de compreender a linguagem dos especialistas e dar unidade e sistematização ao seu discurso. É a grande ponte entre o Poder e a sociedade política, entre o dever dos que governam e as aspirações dos que são governados, mas também um dique posto entre os que pretendem oprimir e os que se recusam a ser oprimidos. Ele é esse dique porque sabe falar a linguagem da convivência social participativa, porque entende a linguagem do Poder e é capaz de decodificá-lo para, desmistificando-a, fazê-la acessível aos cidadãos e possibilitar-lhes a mobilização da resistência.

Quando o Juiz não é um jurista ou quando o jurista não é o que precisa ser, quando Juiz e jurista não se fazem um intermediário entre as aspirações da sociedade e a vocação opressora do Poder, esse Juiz e esse jurista nada mais são do que a *longa manus* do Poder opressor. Por mais dignos pessoalmente que eles sejam, por mais ricos e lantejoulados que se apresentem das chamadas virtudes morais, serão apenas isso: servos do Poder.

22. Encontro certeza no que afirmo examinando-me a mim mesmo. Não fui Juiz, fui um membro do Ministério Público. Que fiz em toda a minha vida senão assumir o papel de instrumento da opressão que minha consciência procurou mascarar? Só tive o prazer, em toda a minha vida, de firmar libelos acusatórios contra os que não usam colarinho nem ostentam gravata. Eu, que sempre fui obrigado a denunciar estupradores de mulheres, tive que ficar impotente e silencioso diante dos estupradores de meu País.

Orgulho-me de dizer que sou um homem de bem, do ponto de vista da moral comum. Em meu bolso nunca entrou dinheiro que não fosse a remuneração do meu trabalho. Sou um homem que sempre me comprometi, decisivamente, com as tarefas postas sob minha responsabilidade. Orgulhei-me sempre de produzir muito e de produzir o melhor que me era dado realizar. Que resolveu tudo isso? Nada. Antes, hoje, tenho a nítida consciência de que quanto mais fui zeloso, como membro do Ministério Público, no sentido da aplicação das leis, mais eu fui instrumento da injustiça institucionalizada. Tanto mais agi quanto mais discriminei e oprimi.

E a gente fica meio triste e meio frustrado, verificando, ao fim da vida, que quanto mais se é melhor numa ordem jurídica ruim, pior se é.

23. Como, portanto, dizermos: "Vamos reformar o Judiciário", quando na verdade o que urge, como tarefa inadiável, é repensarmos as instituições políticas do mundo contemporâneo!

O Direito, já o disse e repito, é, em última análise, na sua expressão formal e na sua realização institucional, o discurso do Poder. Por seu turno, o Poder político é uma consequência ou resultante do embate das forças sociais no seio da sociedade. Consequentemente, o problema do Direito é, primordialmente, um problema político, pelo que a crise do Direito é apenas o reflexo da crise maior, de natureza política, que abala todo o mundo contemporâneo. Em verdade só há um problema: a procura de um modelo político novo para a sociedade contemporânea. O obsoletismo e a disfuncionalidade das instituições vigentes é irrecusável: capitalistas ou socialistas, liberais ou intervencionistas, autoritários ou democráticos, unipartidários ou pluripartidários, o Estado está em crise.

24. Precisamos pensar o novo. Por isso mesmo, eu muitas vezes me magôo com meus alunos e sou com eles até exageradamente incisivo, quando os increpo por estarem repetindo velhas frases, ditos maltrapilhos, que há mais de 30 anos soam monocordicamente aos meus ouvidos. Meu Deus! de frases feitas o cemitério das idéias já está repleto; frases feitas só levam à frustração, porque frases feitas são o revelador da impotência intelectual de seus autores, tão ridículos quanto os velhos senis impotentes que, sem consciência de sua impotência e de sua senilidade, correm atrás das menininhas. E as menininhas nem precisavam correr, porque, se elas parassem, quem correria seriam eles, os velhos senis impotentes.

25. Quero advertir, para não ser mal entendido, que não me julgo o dono da verdade. Costumo repetir ser inelutável para todo homem viver este dilema: ter a sua verdade e saber que ela é verdade. Ai daquele que julga estar com a verdade e ai daquele que não tem a sua verdade. Temos, portanto, que conciliar as duas coisas: termos a coragem de pensar e dizer o que pensamos, colocando-nos leal e decididamente a serviço de nossas convicções; mas ao mesmo tempo compreendemos que são apenas nossas convicções e não a verdade, dispondo-nos a respeitar a verdade dos outros e dar para elas espaço político e cultural. O que digo agora a vocês não é a verdade, mas é a minha verdade!

26. Uma dessas minhas verdades, fruto de muitos anos de vivência e de reflexão, é a de que um dos graves desvios do mundo de hoje, matriz de muitos de nossos males políticos e sociais, é a de que o legislador, nos moldes do modelo da Revolução Francesa, perdeu a sua funcionalidade. Ele só podia ser o legislador dos grandes princípios, e as exigências da vida moderna, com sua vertiginosa mobilidade e seu incontável número de variáveis, não permitem ao legislador aprisionar tal realidade multifacetada em normas gerais, abstratas, básicas, fundamentais, suficientes e eficientes em termos de disciplina da vida política e econômica da sociedade. E que ocorreu? Em face desse vazio deixado pelo obsoletismo da estrutura parlamentar e da inexistência, na organização política, de órgãos intermediários, capazes de exercer o papel de legislador, a meio caminho entre o casuísmo do agir concreto na convivência social e a definição das grandes linhas do comportamento político, inexistindo esses organismos intermediários, capazes de ser representativos e legisladores em termos menos globais, mais flexíveis, menos gerais e menos permanentes, que ocorreu? O Executivo usurpou essa função e passou a exercitá-la. Fez-se o Executivo o grande legislador do mais urgente, do mais miúdo, do que se mostra mais comprometido com a ação concreta. E porque ele é o grande opressor por vocação, e será sempre o grande opressor por vocação, o casuísmo legislativo do Poder Executivo se traduziu na mais intolerável das opressões sobre o cidadão.

27. Fenômeno muito conhecido, porque largamente proclamado, o da denominada revolta dos fatos contra os Códigos, da realidade social contra os "modelos" formais propostos à sociedade pelo legislador, que deu origem a uma pletora de leis que desceram de seu pedestal para se plebeizarem no tumulto dos casuísmos e das soluções de conveniência e de oportunidade. Nessa linha de comportamento, também o legislador se desacreditou. A doença que se instalou na base comunicou-se à cúpula do sistema, que se fez assim, todo ele, um organismo doente, um organismo em crise.

Faltou, na organização política dos Estados nascidos da Revolução Francesa, experiência histórica para perceberem a necessidade de um órgão ou de uma organização intermediária entre o legislador dos grandes princípios e os integrantes da sociedade política, em seu labor cotidiano, justamente o órgão político redutor daqueles grandes princípios a normas abrangentes de fragmentos mutáveis e fugidios da realidade multiforme e quase inapreensível aprioristicamente da sociedade como um todo.

Esse intermediário, por inexistir, permitiu ao Administrador ocupar o espaço crítico, promovendo a hipertrofia, além do tolerável, do Executivo, institucionalizando-se, no mundo de hoje, de modo progressivo e insuportável, como um dominador e não servidor da Nação. Entre o Capital e o Trabalho, da dicotomia posta no limiar do século XX, a intermediação do mais poderoso: o Poder Político, tornado ele mesmo Poder Econômico, cada vez mais autônomo, excludente e apropriador.

28. Urge institucionalizar a participação e a representatividade, pedras de toque de toda saúde política, conseqüentemente de toda excelência jurídica, em órgãos intermediários, disciplinadores de segmentos da vida social que reclamam regras menos estáveis, menos duradouras, mais contingentes e vulneráveis pelos embates da convivência diuturna. E, nesse nível, é o processo e é o Juiz, numa visão nova do seu papel político, que estarão presentes como instrumentos imprescindíveis de garantia daquela participação e representatividade e do respeito aos princípios maiores, diretores de toda a vida do grupo político.

Já se começa a despertar para esse fenômeno e para o correlato da legitimação das coletividades, dos grandes grupos humanos representativos, superando-se a visão tradicional do Juiz e do litigante como partícipes de uma luta inspirada pelos interesses individuais, melhor dito, individualistas, na qual há mais esperteza que técnica, mais burla jurídica que serviço público. Superando-se, também, a compreensão do processo como instrumento a serviço de um Direito posto aprioristicamente pelo Poder político, tornando-se ele próprio, o processo, um momento criador na vida do Direito.

Um Magistrado francês, DOMINIQUE CHERVET, em artigo sobre a crise da Justiça, da Lei e do Estado (*O Estado em crise,* Nikos Poulantzas) denúncia, inclusive, um outro grave aspecto do fenômeno: a ideologia da segurança nacional como justificativa para essa expropriação do papel do cidadão na sociedade política. Fatura o Poder no medo de todos nós, medo que se instila em todos por meios programados de doutrinação cotidiana e por todos os veículos de comunicação social, a partir do próprio Poder interessado. Desta sorte, já que ele, Estado, não tem condições materiais de colocar um policial nos calcanhares de cada cidadão, maquiavelicamente procura tornar cada cidadão um policial, por deformação. Fazer-nos todos servidores do Poder e patrulhadores de nosso concidadão, ao preço de nos libertar do medo que nos aliena.

E na verdade só há uma causa de todo o nosso medo: a hipertrofia do Estado.

Precisamos erradicar esse medo. E só há um modo de fazê-lo: mostrar que o fantasma é uma mistificação. Por isso mesmo estou hoje plenamente convencido de que a meta prioritária a alcançar é a da conscientização das bases, do retorno ao trabalho com as bases da sociedade, com cada indivíduo pessoalmente, na busca ingente de sua conversão, conversão à consciência plena de sua dignidade como homem e do papel que como cidadão lhe cumpre na sociedade. Desmistificar-se a ideologia do Poder, definir-lhe a característica de serviço a despojá-lo da áurea czarista de soberania incontrastável.

29. Quando falo em bases, falo em toda a sociedade política, nos grupos sociais todos, familiar, profissional, esportivo, cultural, universitário, burocrático, civil ou militar. Porque base somos todos nós, que não nos investimos de Poder ou enquanto não investidos de Poder ou não exercendo o Poder. O professor universitário é base; o trabalhador é base; o pequeno empresário é base; o pequeno comerciante é base; os profissionais são base; o trabalhador do campo e o pequeno proprietário rural são bases. Mesmo no Poder, enquanto homens integrantes de outros grupos sociais e comprometidos com pessoas de outros grupos sociais, somos base, somos célula, somos raiz, somos a razão última da própria vida social.

30. O problema do mundo de hoje, portanto, é muito mais político do que econômico, porque, enquanto as decisões econômicas forem tomadas por quem detém o poder em termos expropriatórios e não participativos, elas serão necessariamente também expropriatórias e excludentes. E isso ocorrerá em qualquer tipo de Estado, capitalista ou não, porque todo Poder não participado é opressor, excludente e expropriatório.

O problema de nossos dias, prioritário e urgente, é o de se recuperar o poder de participação dos indivíduos e tornar autêntica a representatividade da sociedade política no Poder.

31. Repensando as instituições, também devemos repensar a figura e o papel do Juiz.

O Juiz do liberalismo econômico é o Juiz "neutro", dito terceiro desinteressado, aplicando um direito "justo", porque expressão da legalidade. Seus valores básicos foram e ainda são: a propriedade, a autonomia privada e o respeito pelas liberdades formais.

O juiz do autoritarismo é um Juiz engajado, doutrinado, agente do Poder e órgão de efetivação da vontade do ordenamento autoritário. Aplica um direito que serve a um fim declaradamente posto como único "justo". Seus valores básicos: o Estado, os interesses que ele, Estado, representa, que podem ser os de uma classe, de uma raça, de uma religião, ou simplesmente de uma ideologia do Poder – a segurança nacional.

O Juiz do futuro será um Juiz participante: nem neutro nem engajado. Não é um neutro, porque não vive a ideologia de que na Lei está todo o Direito, só lhe cumprindo revelar ou detectar a vontade do legislador. Não é um engajado, porque descomprometido com qualquer ideologia oficial. Mas representativo da comunidade do que delegado do Poder. Até certo ponto, um Juiz legislador, porque com poderes normativos, mas precipuamente um magistrado, visto como disciplinará, tendo em vista o embate dialético dos interesses em conflito no processo, que deverá ser largamente participativo, mas submetido, em seu desenlace, aos grandes princípios postos pelo legislador maior, mandatário do povo como sociedade política global. Assim, o processo se fará ao mesmo tempo jurisdicional e legislativo, pondo-se como momento intermediário entre a formulação das linhas mestras da convivência social e a exigência da disciplina das contingentes e mutáveis relações dos grupos e das comunidades no seio da sociedade política. Os valores básicos desse Juiz do futuro serão uma nítida percepção da eminência da vida política, da co-responsabilidade de todos na vida social, da preeminência dos interesses gerais e do limite intransponível da dignidade da pessoa e uma exata compreensão do Poder como serviço. Será um estadista, não um burocrata. Um político, no seu lídimo sentido, não um funcionário público. Um generalista das ciências humanas, não um rábula de borla e capelo.

32. Superada como está a compreensão tradicional do Poder Judiciário, como superada a noção do Juiz nascida do positivismo jurídico e do formalismo jurídico, certo que toda otimização desse Juiz defasado historicamente será pouco rentável investimento. Apenas estaremos aperfeiçoando as disfuncionalidades e desvios da instituição inadequada.

O problema primeiro e mais urgente é menos pensar a melhoria dos serviços da Justiça, como entendida hoje, e sim sua reformulação institucional e constitucional.

Esclareça-se, entretanto, que nem por ser prioritária a tarefa que prepara o futuro podemos esquecer o problema de hoje, de agora, vale dizer, o problema da distribuição da justiça (neste ano de 1982), em nosso sofrido e espoliado Brasil. Mas urge que se pense no hoje com exata visão das exigências do amanhã.

33. Impossível compreender o nosso Judiciário sem que se tenha uma nítida percepção de nossa história política, de nossa estrutura econômica e de nosso perfil cultural.

Somos, por origem, um país politicamente autocrático, centralizador e elitista.

Sofremos do mal da ausência de uma classe média significativa nos três primeiros séculos de nossa história e do mal da ausência de um proletariado que se tenha organizado a partir de suas raízes e por força de sua própria combatividade. O século XIX foi um século de integração do imigrante e de ausência de uma força-trabalho organizada. E no primeiro quarto do século XX nossa classe média e nossa classe trabalhadora em quase nada influíram. Aquela se inseriu numa estrutura pouco vocacionada para favorecer a participação, e ela mesma, classe média, se fez cartorialista e dependente, tanto do setor público, como dos setores empresariais, predominantemente exportadores, latifundiários e monocultores. O latifúndio e a monocultura inviabilizaram também uma classe média rural capaz de marcar presença política.

Somos, portanto, um país que fez história sem seu povo. Por isso mesmo um país que se estrutura formalmente em termos de participação (mesmo insuficiente), mas atua, de fato, em termos de autoritarismo, por todos os seus segmentos, inclusive nos periféricos ou excêntricos ao Poder.

34. Provavelmente muitos dos leitores pensarão que esse meu modo de dizer representa quase uma agressão a todos nós. Peço vênia, contudo, para justificar quanto afirmado.

Em 1622, uma das mais prósperas regiões do Brasil, a da capitania de São Vicente, em sua mais importante cidade, contava com 13 oficiais artífices, 5 alfaiates, 3 sapateiros e 3 ourives, 1 serralheiro e 1 barbeiro. E nos grandes engenhos, além do senhor feudal, negros cativos e agregados. Fora deles, a vastidão do latifúndio utilizado na criação do gado para fornecimento de carne aos engenhos. Nas cidades, a burocracia militar e civil lusitana e os que aqui aportaram para consumar a apropriação da riqueza local e retornar ao Reino, meta e Meca de todas as esperanças.

E o povo brasileiro, onde estava o povo brasileiro? Foi ele um grande ausente em 200 anos de história.

Melhoraram as coisas no século XVIII? Decisivamente não. Para aqui emigraram cerca de 300.000 portugueses, que trouxeram não a motivação de ficar, criar raízes e construir um mundo novo, sim a de enriquecer e voltar às terras lusitanas, cuja falta lhes falava tão fundo no coração, que gerou o fenômeno do mazombismo, ainda hoje presente em toda a elite nacional: essa esquisita sensação de que, estando no Brasil, em nosso país, em nossa terra, estamos culturalmente exilados.

35. Também no século XVIII o Brasil foi um país sem povo, num sentido mais substancial do que o de simples aglomerado de gente sob um governo qualquer.

Numa das conferências pronunciadas na Semana do Nordeste, em Salvador, em maio de 1981, alguém disse que a imagem mais expressiva do povo brasileiro é a que se pode retirar do quadro de Pedro Américo sobre o grito do Ipiranga. Um carreiro conduzindo sua junta de bois e olhando estupefacto, sem saber do que se tratava, um príncipe lusitano, em uniforme português, com espada de além-mar, dando o grito, também lusitano, de independência ou morte.

Se quisermos ser realistas, concluiremos que a República se fez também, de certo modo, à revelia e sem a partipação do povo. Deodoro fardado, no meio de homens fardados, proclamando a República, enquanto o país dormitava: Os fatos políticos, inclusive, ainda hoje, nascem muito mais da inquietação e da ambição dos quartéis do que da mobilização popular e da organização da sociedade política.

Normalmente o povo assiste a paradas militares transmudadas em acontecimentos cívicos. E bastaria para tirar a prova real de tudo isso recordar o abastardamento da sociedade civil em nossos dias e a arrogância com que chefes militares ditam normas ao povo que adquiriu as armas em que eles se apóiam.

36. E por que tudo isso? Por que as coisas se passam desse modo? Por que somos um povo marcado por algo negativo e inelutável? Porque somos um subpovo, ou, como dizem os aristocratas oriundos das senzalas, porque somos uma mestiçagem de negros burros e índios preguiçosos? Discordo e rejeito. Não há homens e sub-homens, nem lhes marca a excelência a cor da pele ou a coloração dos cabelos e dos olhos. Somos assim por força do modo pelo qual se desenrolou a nossa história, consequência de como se estruturou a nossa economia e se procedeu à nossa colonização. Somos assim porque as determinantes econômicas, políticas e culturais assim nos fizeram, e só neste século se apresentam as condições que favorecem a nossa presença como povo em nossa história, co-partícipes dos acontecimentos e não apenas passivos e estupefactos assistentes das decisões de cúpula e de gabinete.

A maturidade e a consciência política só se alcançam com a práxis, na escola da atividade política concreta, no embate das lutas e resistências cotidianas, não por meio de compêndios, ordens do dia e plataformas de governo ou estatutos de partidos políticos. E só na medida em que se oferece para nós o espaço que possibilita essa luta e essa presença se inicia o nosso aprendizado e se efetiva a nossa participação

Repito aqui o que já disse: o Poder não concede, não transige, não liberaliza. O Poder, por essência e vocação, oprime, exclui, expropria. Só o Poder participado é Poder-Serviço, e a participação nunca é obtida como dádiva, mas é sempre conseguida como fruto da resistência indormida dos que adquiriram consciência de sua cidadania.

37. Nesses termos, como poderemos exigir de nossos Juízes que sejam plenamente Juízes? Como ser Juiz em sua integral significação quem não encontra respaldo numa opinião pública organizada e militante? Quando analisamos o comportamento dos grandes Juízes de países nos quais a Justiça tem realmente dimensão política, que concluímos? Que tais Juízes são Juízes desse modo porque o Poder lhes dá respaldo? Louca ilusão. Não. É porque a sociedade política lhes outorgou tal desempenho. Quem dá poder e independência ao Juiz não é a Lei, porque a Lei é sempre discurso do Poder. Quem dá a independência e poder ao Juiz é a opinião pública, é a consciência do valor Justiça nos integrantes da sociedade política, porque é nela que o Juiz se apóia e é a ela que deve prestar contas.

Tudo isso inexiste entre nós. Somos, como povo, alienados de nosso valor de cidadãos. Oprimimos quando podemos e nos deixamos oprimir passivamente, como se não houvesse alternativa. Por isso mesmo o Juiz no Brasil é o grande solitário, o herói sozinho, porque tem contra ele toda a manipulação opressora do Poder e não encontra, na opinião pública, nenhum respaldo para sua resistência.

Ninguém é mais solitário neste país do que o Juiz digno e com sensibilidade política, porque ele é aquele homem que nem mesmo conta com a solidariedade dos colegas, visto como se faz um corpo estranho, incomodativo, numa instituição que por tradição e conveniência sempre se acomoda.

38. Quem é o Juiz no Brasil? Se o Poder político entre nós é elitista, expropriador, autoritário, marginalizador e não participativo, o Juiz, nessa estrutura de poder, só pode ser, como ele, também portador dos mesmos vícios.

Por isso mesmo, nessa estrutura, o Juiz é um autocrata, dono do cargo, não um servidor público. Dono no sentido do abuso, não no sentido do livre exercício de seu poder. A independência formal existe, mas inexiste a independência real. Porque esta lhe é cerceada pela estrutura de Poder, construída em benefício da hipertrofia do Poder Executivo.

Aparentemente, o Juiz brasileiro é um homem com grande soma de poder. Exerce sua jurisdição tanto no tocante ao direito privado como no âmbito do direito público. O próprio Executivo a ele se submete. Tudo pode e nenhum Poder a ele se sobrepõe.

Esse Juiz assim poderoso, entretanto, é em verdade um frágil e vulnerável órgão do Poder. Sem suporte político nas bases, depende, de sua investidura a sua aposentadoria, das benesses do Executivo, pelo que é sempre a vontade desse todo-poderoso que prevalece. Se não pode remover o magistrado rebelde, pode imobilizá-lo na carreira. Se não lhe pode reduzir os vencimentos, pode desfavorecê-lo familiarmente. Se não pode afastá-lo do cargo, pode retirar-lhe todas as condições de atuar em nível mínimo de razoabilidade.

39. Destarte, o Juiz, no Brasil, só é livre e poderoso para não cumprir o próprio dever. Diante de sua omissão e de sua prevaricação o Poder Público se posta indiferente e a sociedade política insensível ou impotente. Se o Executivo não aceita sua intervenção fiscalizadora e controladora, aplaude até ou queda-se distante em face de suas violações do dever constitucional de prestar justiça aos cidadãos.

Sem o suporte político da sociedade e sem ser necessário para que o Poder político efetive sua vontade, o Judiciário ficou sempre à margem dos grandes acontecimentos de nosso país. E na única vez em que foi solicitado a funcionar como árbitro (em 1945) trouxe para o exercício do poder os vícios de cooptação e afilhadismo que seu desamparo institucional lhe impôs como salvaguarda. Mesmo quando algum Juiz, isoladamente, tenha-se alçado muito acima de sua instituição e marcado presente em determinadas situações de nossa vida política, a instituição, como um todo, foi sempre reacionária, obediente e fiel ao discurso do Poder, muito mais uma sua *longa manus* do que vocacionada para se contrapor aos seus abusos em benefício da sociedade política.

40. Por força disso, nunca foi prioritário. Os gastos públicos com ele são irrisórios. Seu fortalecimento institucional sempre protelado, sua dependência progressivamente agravada. Como prova recente de tudo isso bastará recordamos a atual Lei Orgânica da Magistratura, um retrocesso e uma afronta. Com ela nada se construiu em favor dos jurisdicionados nem a benefício da instituição. Apenas se fortaleceu o Executivo e foram favorecidos os órgãos de segunda instância, para cuja constituição prevalece a vontade do Executivo.

41. Senti-me no dever de desmistificar um pouco a áurea com que se busca ocultar a realidade, com que se procura envolver o profissional e o estudioso do Direito, como eu mesmo já me deixei envolver por muitos anos. Por muitos anos me orgulhei de minha profissão e acreditei estar dando o melhor de mim na minha comunidade em resposta ao que de mim ela reclamava. Hoje, entretanto, me vejo em corpo inteiro. Fui um diligente órgão de uma ordem jurídica bem pouco justa e bem pouco merecedora de aplauso. Por isso mesmo se me afigura como tarefa urgente, a mais urgente para a mocidade acadêmica, a mais urgente para juristas, advogados, professores, magistrados ou membros do Ministério Público, a mais urgente para o homem comum, a tarefa da desmistificação do discurso ideológico, o mais pernicioso de todos, que é o discurso do Poder. Se alguma subversão grave nos ameaça, não é ela a subversão dos marginalizados. A maior e mais grave das subversões é a que busca, a todo preço e a qualquer custo social, fazer do discurso do Poder um objetivo nacional permanente.

42. Quem são os juristas no Brasil? Quem é o Juiz em nossa pátria? Quem fui eu como membro do Ministério Público? Fui um elemento de contradição ou de contestação? Fui alguém que me opus à injustiça institucionalizada, me fiz sensível às exigências da sociedade política, abri alguma brecha no todo monolítico do Poder? Não. Eu fui um acomodado ao lado de muitos acomodados. E quem são os Juízes de meu país? Homens que se estão pondo em confronto com a estrutura do Poder e contra qualquer tipo institucionalizado de justiça? Não. De modo nenhum. Também eles são acomodados como eu o fui. E, se não o fossem, não poderiam ser Juízes.

43. Diante dessa irremediável a gente compreende que fortalecer a magistratura, como ela é, emprestar-lhe mais dinamismo e fazê-la mais produtiva em nada de positivo redundará. Será otimizar o ruim, por paradoxal que pareça. Não se pode pensar na otimização dos meios se não se pensar primeiro nos fins para que esses meios são implementados, porque, quando aperfeiçoamos meios para gerar disfuncionalidades, estamos, em verdade, incidindo em crime contra o interesse público.

Antes de pensar em aparelhar melhor a Justiça que temos, o que precisamos fazer é pensar a justiça que precisamos ter.

44. Não me preocupou, neste meu enfoque, a postura pessoal do magistrado. Tudo quanto referi foi referido com vista à instituição Que ela, sim, carece de urgente reformulação. Nós, juristas, estamos condenados a servir desservindo, por mais dignos que sejamos em termos pessoais, enquanto tivermos do Direito a visão acanhada e emasculada com que nos doutrinaram a serviço da ideologia do Poder. E como indivíduos, sozinhos, por mais heróicos que sejamos, nada poderemos fazer contra tudo isso, impotentes que somos para romper nossa servidão individual. Não acusei indivíduos, mas me confessei a todos denunciando uma compreensão do Direito que urge seja definitivamente repudiada por todos nós.

45. Eis o panorama do nosso Poder Judiciário:

Insuficiência de Juízes e sobrecarga de trabalho. Comarcas vagas (de direito) e comarcas vagas de fato (Juízes ausentes e Juízes omissos). Má qualificação do juiz, por força de sua baixa remuneração, e nenhum estímulo para sua reciclagem ou possibilidade de proporcioná-la. Carreira feita à margem de todo e qualquer real merecimento; antes o que é comum é ascender mais rapidamente quem mais facilmente transige ou serve; compra-se a promoção com o favor político. Corrupção que se alarga de modo alarmante e intolerável. Subversão total da hierarquia, sendo os oficiais de justiça, hoje, na estrutura judiciária, a mais poderosa das autoridades. Perguntaram-me porque não me dediquei à advocacia depois de aposentado. Respondi não gozar de suficiente saúde para isso, pois meu coração sexagenário dificilmente suportaria a pressão das humilhações e o desgaste das subserviências. Um serventuário hoje é mais petulante e poderoso que o próprio Governador do Estado. Se pedisse uma audiência ao Governador, sei que seria recebido com educação e apreço. Mas corro o risco de sofrer a pior das humilhações num contato com um oficial de justiça, confiante em sua total impunidade, assegurada, como lhe é, por antecipação.

Precisamos ter a coragem de reconhecer e confessar: a classe dos advogados está sendo submetida a vexames e humilhações intoleráveis. Já nem nos cumpre defender prerrogativas. Estamos, nessa altura dos acontecimentos, necessitando de reclamar respeito e tratamento, no mínimo, razoavelmente educado.

46. Por tudo isso, indago de mim mesmo. Vale a pena medicar o gigante doente? Ou não será melhor deixá-lo morrer, para que um outro gigante, jovem e robusto, lhe ocupe o lugar e seja capaz de retomar o sonho que este gigante já sonhou?

Acredito que a hora presente, em nosso país, não é a hora de medicar gigantes, mas é a hora de fazer com que esta nação comece a parir gigantes.

| 31 | A MISSÃO DAS FACULDADES DE DIREITO[41]

1. Dois artigos publicados na *Rivista di diritto processuale*, cuja leitura venho de concluir, fizeram-me indagar qual seria, no momento e entre nós, a missão das Escolas de Direito?

Um deles, assina-o Carnelutti, sempre douto e fascinante pelo que diz e pela forma por que o faz (Rivista di dir. proc., julho-setembro de 1959, pág. 343).

O outro, firma-o Cappelletti, professor da Universidade de Macerata, que se tem revelado um estudioso do melhor quilate (idem, janeiro-março de 1959, pág. 39).

2. Qual a missão do jurista? Indaga Carnelutti. E responde:

A sabedoria é uma riqueza. E capaz de levar à perdição, como aquela representada pela posse das coisas materiais, se dela não nos desfazemos, transmitindo-a. Assim como o rico se liberta da maldição evangélica dando o que é seu, assim o sábio se redimirá com transmitir aos outros a sua sabedoria.

A sabedoria enquanto se manifesta falando ou escrevendo, não é uma riqueza que se possa gozar conservando-a só para si.

Além de que não é uma riqueza que se possa produzir, e não só gozar, exclusivamente para si. O saber, para crescer, melhor ainda, para nascer, tem necessidade de ar livre, como a semente.

Mas a quem transmiti-lo?

Uma tendência, melhor dito, uma tentação cada vez mais difundida entre os doutos é a de *falarem entre êles*.

Sem dúvida é uma necessidade a conversa entre doutos em todo ramo da ciência. A comunicação não pode ocorrer senão através de uma série de círculos concêntricos, do mais restrito ao mais amplo. E o falar entre os doutos implica a formação daquela linguagem técnica que se estabelece, no fundo, por motivos de economia e encontra na linguagem matemática o seu exemplar extremo e glorioso.

Os juristas, sem dúvida, têm necessidade, primeiro que tudo, de se comunicarem entre êles; e para esta comunicação escolhem a via mais direta e mais breve. O jurista, entretanto, não pode ser um hermético. Seria um êrro, apesar da autoridade

---

41. Texto extraído de *Revista Ângulos*. V. 10, n. 16, ago. 1960.

de HEGEL, pôr-se em contraste a ciência e a arte: a arte não opõe à ciência, antes a implica e a supera. Um núcleo de ciência existe sempre implícito na obra de arte; e, por outro lado, a ciência, enquanto se manifesta, diríamos mesmo, enquanto se faz, realiza a arte (mette capo all'arte). Por êsse motivo não se pode ver uma antítese entre ciência e arte, no sentido de que esta se dirige a muitos e aquela a poucos; o certo é que a ciência não é verdadeira ciência se não se contempla na arte, por isso, através os círculos mais restritos, o homem de ciência deve antes tender a alcançar círculos mais longínquos, onde o falar *entre nós* não pode ser considerado senão como uma etapa para o falar *com os outros*, isto é, fazer saber a quem não sabe aquilo que, justamente por que não sabe, tem a necessidade de saber.

Fazer conhecer o direito é, portanto, a missão do jurista e não somente conhecê-lo para si; mas não seria errado dizer *conhecer* em lugar de *fazer conhecer*, justamente porque, conhecer e fazer conhecer se implicam reciprocamente.

Contudo, conhecer ou fazer conhecer que outra coisa significa senão *descobrir a verdade*? E eis que a noção de verdade interfere com a noção de direito. Haverá então um *direito verdadeiro* e um *direito falso*?

O problema, se não há engano, está todo aqui. O problema hoje ou, talvez, o problema de ontem. Não o problema de antes de ontem, pois que os romanos não o tiveram. A visão que tinham do direito era dominada pela idéia da justiça, que outra coisa não é senão a verdade do direito.

Vê-se, por conseguinte, que o problema, em última análise, é um problema de retôrno, de volta às origens, fazendo-se missão do jurista a da descoberta da verdade do direito, vale dizer, da justiça.

3. O apaixonado convite do mestre, incitando os juristas a fazerem seu o problema da justiça, levaram-me a recordar GIACOMO DELITALA, que ao estudar a crise do direto na sociedade contemporânea, anatematiza os formalistas italianos, por fazerem do *purismo* de sua ciência o refúgio da capitulação: "Os vinte anos de ditadura haviam quase inadvertidamente induzido-os a se refugiarem na contemplação da estrutura formal do direito e a prescindirem da consideração dos valores. Determinado, como é, por exigências da lógica, o estudo daquela estrutura não era constrangido a levar em conta a realidade; e pode ser muito bem o que o florescimento da preocupação formalista tenha representado uma reação mais ou menos consciente contra as ideologias políticas dominantes: estéril e covarde reação que não constitui, para nenhum de nós, um orgulho, sim uma vergonha" (La crisi del diritto, pag. 81 – Pádua, 1953).

4. Realmente, se a *geometria* kelseniana foi contribuição genial das mais relevantes para a ciência do direito e constitui, ainda hoje, um seu capítulo básico, seria um crime contra o futuro pretendermos que nêle se encerra todo o direito.

"A norma é uma abstração, não a realidade do direito. A rigor, até o fato é uma abstração enquanto é separado da história; mas desta, que é a dose mínima da abstração, se pode prescindir. Ora, o fato não é a norma do código, mas o legislador, que a institui, ou o juiz ou o *subditus* que a aplica. E basta esta observação elementar para convencer de que o momento da justiça é imanente no direito, como e porque no meio é imanente o fim. Por isto o *ser* do direito se identifica com o *dever ser*; e está justamente nessa inadmissível distinção entre esses dois têrmos o êrro capital da teoria pura" (Carnelutti, loc. cit., pág. 347).

Ainda mais: as palavras que expressam a norma, como tôdas as palavras, têm, ao lado de uma função referencial ou descritiva, também uma função emotiva. As modernas indagações em tôrno da linguagem puseram em claro que as ciências normativas não podem servir-se de uma linguagem de têrmos descritivos. Antes a ciência do direito deve ter em vista que a linguagem de que ela se utiliza é *emotiva* e inteiramente conexa com as instituições jurídicas; e dêste fato importante deriva a consequência de que a linguagem do direito sòmente pode ser entendida em têrmos subjetivos e de experiência interior. (Cf. Contributi ad una nuova teoria pura del diritto, Alessandro Giuliani, pág. 174 – Milão, 1954).

Vale dizer: inútil dissociar-se o direito da história. Mais que inútil, errado e prejudicial. E surpreende que a desumanização do direito, paradoxalmente, se empreenda quando mais se fala e se prega a humanização do direito.

O formalismo jurídico como solução total para a ciência do direito apenas é compreensível e explicável como uma fuga às fascinantes, porém dolorosas e desconsertantes solicitações de nossos tempos.

5. Das Faculdades de Direito sairão os futuros legisladores e juristas, juízes, membros do ministério público e advogados. A êles se confiará não a tarefa exclusiva da construção teórica do direito, de sua estruturação formal, sim a de sua *realização* na vida. Êles irão ser a *vox juris*, dando expressão concreta aos fins de paz social do direito, se temermos afirmar que eles irão realizar a JUSTIÇA.

E como diz Carnelutti, não é senão a experiência do direto que permite conceder-lhe o *ser*, isto é, o seu valor, que outra coisa não é senão a quantidade de ser de uma coisa (de um aspecto de realidade). É o ato de formação da norma, que descobre a tensão, para adequar o meio ao fim de justiça; é o ato de sua aplicação, que verifica por resultado daquele esforço. Por isso a experiência jurídica integral não é um nem outro dêstes atos, porém sua combinação (Ob. cit., pág. 347).

Mas não serão os estudante de hoje nem legisladores, nem juristas, juízes, membros do ministério público ou advogados, sim perniciosas contrafacções, se das Faculdades de Direito se ausentarem conhecendo apenas a estrutura formal do direito, se apenas lhes proporcionarmos cadáveres para que se adestrem em dissecá--los, sem lhes havermos oferecido, para a meditação e exame, os conflitos dos que sofrem e se afadigam da tarefa de viver.

Como lhes será possível, amanhã, curar as enfermidades, se restringirmos, hoje, todo seu aprendizado a dissecar cadáveres, incisar tecidos mortos, suturar vasos em que não mais circula a seiva da vida, sentir sob suas mãos hábeis apenas a placidez estéril da morte?

Não basta a anatomia.

Há de mister que os aprendizes de hoje tenham sob os olhos e em suas mãos a vida estuante, corações que palpitem ao ritmo incansável das sístoles e das diástoles, tecidos que reajam ao toque mais brusco ou menos exato, lábios que praguejem e roguem, imprequem e orem; enfim, que se lhes confiem vidas humanas, destinos e não corpos embalsamados.

Indispensável também a fisiologia

E como dar-lhes isto se nós, os mestres, nos deixarmos anestesiar no refúgio covarde dos juristas puramente formais? Se, temerosos de afirmações num mundo tão inseguro e tão complexo, desconhecermos inclusive o que somos neste mundo? Se despirmos o direito de todo juízo, êle que em si mesmo é um verdadeiro juízo de valor? Se não tivermos a coragem de advogar as prerrogativas da justiça?

- Estas indagações me ocorreram ao ler o artigo de Cappelletti sôbre o depoimento pessoal e princípios gerais do direito processual civil na Alemanha Oriental e na União Soviética.

Na zona soviética da Alemanha – a Deutsche Demokratische Republik – permanece ainda em vigor a velha Zivilprozessordnung, que disciplina o processo civil germânico desde 1º de Outubro de 1879, com pequenas alterações posteriores, que não alcançaram no fundamental.

Se os textos se oferecem idênticos do ponto de vista literal, a compreensão de que se lhes empresta, entretanto, nas duas partes da Alemanha dividida, cada vez mais se distancia uma da outra, inspiradas que estão, em suas origens, diria mesmo, na *emoção* que as determina, por convicções e aspirações diversas.

O próprio Cappelletti refere-se a S. N. Abramov, jurista soviético, que empresta relêvo especial à necessidade "de se entenderem e aplicarem as normas e os institutos processuais à luz dos princípios que exprimem a nova consciência social."

E essa *inspiração* que *motiva* o entendimento do conteúdo da norma tem levado a que muitos preceitos da velha Z. P. O. sejam considerados como inaplicáveis, e outros muitos tenham merecido aplicação bem diversa daquela que se lhes dá na chamada Alemanha Ocidental.

Tal *revolução de conceitos* assenta em muito pouco, aparentemente: um quase nada de preceitos que põem fins de ordem geral à jurisdição. A nova Lei de Organização Judiciária da DDR, de 2 de outubro de 1952, em seu artigo 2º, estabelece que são fins principais da jurisdição, seja penal, seja civil, a *tutela*: do ordenamento social e estatal, apoiado na Constituição da DDR e de sua organização jurídica; dos fundamentos da economia socialista e sobretudo da propriedade socialista e dos planos econômicos; dos interêsses constitucionalmente legítimos das organizações políticas, econômicas e culturais; e em último lugar – a tutela dos legítimos direitos e interêsses dos cidadãos.

Tão pouco em palavras e tanto em conseqüências!

E isso num ramo do direito que já se pretendeu seja aquêle menos comprometido com a história, mais neutro diante da vida!

Cappelletti acentua que só o diverso entendimento do valor e do alcance do princípio dispositivo, e dos princípios da lealdade e da verdade processual, pela doutrina processualística de inspiração comunista, permite entender-se que, à base de um mesmo código, profundas divergências funcionais e estruturais já sejam observáveis no processo civil das "duas Alemanhas".

6. As considerações de Carnelutti e as comprovações de Cappelletti reforçaram em mim um velho entendimento – o de que o direito tem suas raízes profundamente imersas na vida e que sua *concretezza* é indiscutível, traduzindo-se na sua *realização* pelos que o aplicam, devendo esta aplicação ser justa necessàriamente, no sentido de que deve necessàriamente realizar a vocação de seu tempo.

Cumpre, conseqüente, sejam postas abaixo as muralhas que se erguem entre o prático e o teórico do direito, como se êles tivessem por campo de atividades setores estanques. É indispensável que "o jurista teórico não se forme sòmente sôbre os livro, porém tenha a fôrça e a coragem de imergir-se no direito vivo, ao invés de fazê-lo no direito mumificado que se conserva nas estantes das bibliotecas", e que os práticos não amesquinhem a vocação do direto, menosprezando as linhas mestras e inspiradoras que a teoria lhe proporciona, e por consequência levando a realização do direito a descambar para o terra a terra mesquinho da rabulice.

A própria crise do direito tão decantada, não será ela antes uma crise dos juristas, que em lugar de decidirem a uma revisão de seus conceitos, com vistas à realidade que se desdobra ante seus olhos, preferem homisiar-se na tôrre de marfim das chamadas teorias puras, "que pretendem ser ao mesmo tempo independentes de tôda experiência e válidas para tôda experiência?

Parece já ser tempo de abandonarmos a posição que se fêz dominante e que Harold Laski increpou, afirmando ser "um exercício na lógica e não na vida". E em vez de lamentarmos que os fatos não sejam como pretendemos seja o direito por nós teòricamente construído, passemos a conhecer os fatos para construir o direito que os traduz.

Não é que a conduta humana deva ser o objeto da preocupação do jurista. O direito é a ciência normativa e a norma se apresenta como o primeiro momento de sua indagação. O que se pede, isto sim, é que se não desnude a norma de seu conteúdo, que se não faça dela um mero esquema formal, antes se assente em definitivo que norma e atividade humana constituem um binômio não suscetível de simplificação.

7. Esta conciliação criadora é a missão das Faculdades de Direito. Se soubermos realizá-la, entregaremos à comunidade os legisladores e juristas, juízes, membros do ministério público e advogados capazes de transmudar – à semelhança de um milagre – os textos velhos das velhas codificações em normas vivas e atuantes.

Para tanto bastará bem pouco. Se o artesão tiver o gênio do artista, basta-lhe o cinzel e o bloco de mármore, que a beleza êle a criará da pedra bruta.

Quanto não pode tirar daquele singelo art. 5º da Lei de Introdução ao Código Civil, determinando que na aplicação da lei o juiz atenda aos fins sociais a que ela se dirige e às exigências do bem comum?

Que revolução não se contém no preceito do art. 145 da Constituição Federal, ao determinar que a ordem econômica se organize seguindo segundo os princípios da justiça social, conciliando a liberdade de iniciativa com a valorização do trabalho humano?

E a intervenção estatal no domínio econômico (art. 146)? E o uso do direito de propriedade condicionado ao bem-estar social (art. 147)? Tudo isso sôbre o alicerce das garantias individuais, resguardando o súdito da vocação totalitária do poder.

8. Temos a convicção – que parecerá, inclusive, um tanto insensata, quando, mais que nunca, sofremos do terror de ser esmagados em definitivo – temos a convicção de que o século XX já completou sua tarefa destruidora. Tudo quanto se podia demolir e solapar foi atingido – de Deus ao mais mínimo dos valores humanos. Agora cumpre reconstruir. E é o que sentimos está sendo feito e se traduz na ansiedade universal daquilo que se chamou de "convivência pacífica". Soubemos, inclusive (mas infelizmente ainda não tivermos acesso aos textos), que Gurvitch realizou em Paris uma série de doze palestras sôbre o tema, demonstrando como capitalismo e comunismo se renovam, e até certo ponto e por enquanto, sem se descaracterizarem, tendendo para uma zona comum, que será o regime de amanhã, mediante concessões que as necessidades ditarão. Vale dizer: temos direito a crer num futuro de paz não muito remoto, quando se complete a ascensão da classe proletária, que é o sentido da história nos dias que vivemos.

Assim sempre foi. Assim será.

E nessa tarefa de construção do futuro o lugar do jurista não será dos últimos. Muito menos o lugar do prático do direto. A um e outro cabe encontrar os caminhos novos, não sòmente nos textos de hoje, porém, e principalmente, nos velhos textos, que se transmudarão ao influxo das novas inspirações.

Isso eles poderão fazer amanhã se agora – quando são apenas discípulos – nós, os que pretendemos ser mestres, lhes soubermos transmitir, ao lado do conhecimento dos textos e da disciplina dos princípios fundamentais, a realidade do cotidiano da vida do direito e a vocação da justiça.

Esta nossa missão é a missão das Faculdades de Direito.

| 32 | A FUNÇÃO SOCIAL DO PROCESSO[42]

I

1. Fundamental, para a comunicação humana, o consenso entre o emissor da mensagem e seu receptor, no tocante ao significado e alcance das palavras utilizadas no discurso. Daí me parecer indispensável inicie refletindo sobre o significado do termo *função*, a partir do que centrarei meu pensar no significado de *função social*, para concluir determinando o que é, no meu entender a *função social do processo*. J C Barbosa Moreira, em 1984, falando na Universidade de Coimbra sobre a função social do processo, advertiu tratar-se de um conceito "polifacetado" Tentarei, aqui, precisar qual dentre essas muitas faces foi por mim eleita.

2. Rodotá definiu função como algo contraposto a estrutura, o dinâmico em relação ao estático. Função seria a maneira concreta de operar de um instituto, de um direito, de uma organização etc. Parece-me insuficiente. *Processo* é vocábulo que também significa modo de operar, o mesmo se podendo dizer do termo *procedimento*. Cumpre, portanto, determinar mais precisamente o que torna *função* um modo de operar.

Tudo quanto existe, existe para alguma finalidade, no sentido de que tudo quanto existe está associado a conseqüências de que é causa ou pressuposto e lhe revela a *função*. Os seres da Natureza cumprem funções que lhe são inerentes e necessárias, ditadas por algo a que emprestamos os atributos do divino, ou buscamos explicar rejeitando toda e qualquer metafísica. O homem, entretanto, por força de sua especificidade – ser não absolutamente determinado – ultrapassa esses limites e pode se imputar funções ou estas lhe podem se imputadas, com vistas a objetivos que lhe são propostos ou impostos socialmente.

Parece-me valioso, portanto, para maior precisão do conceito de função, distinguirmos a atividade ou o operar do indivíduo voltada para seus objetivos pessoais, daquela que realiza direcionado para alcançar objetivos relacionados com interesses que o ultrapassam, izendo mais diretamente com os da convivência social. Será impróprio, por exemplo, falar de função quando o agir está direcionado de modo perdominante ou exclusivo para o interesse do agente. Incorreto, pois, dizer-se que

---

42. Artigo disponível em: <http://www1.jus.com.br/doutrina/texto.asp?id=3198> Acesso em: 26 ago 2014.

alguém estuda para *cumprir a função de educar-se*, mas seria adequado afirmar-se que alguém estuda para *desempenhar as funções de médico*, porquanto está se habilitando a fim de atender, também e principalmente, a necessidades e objetivos de outros sujeitos Quando se diz que o fígado é um órgão ao qual se associa a função hepática, estamos afirmando que ele desempenha certa atividade cujos efeitos são direcionados em benefício de outros órgãos ou funções que, por sua vez, servem ao homem, em termos de totalidade. *Eis o que para mim é função – um atuar a serviço de algo que nos ultrapassa*

Função social, consequentemente, pode ser entendida como o resultado que se pretende obter com determinada atividade do homem ou de suas organizações, tendo em vista interesses que ultrapassam os do agente. Pouco importa traduza essa atividade exercício de direito, dever, poder ou competência. Relevantes serão, para o conceito de função, as conseqüências que ela acarreta para a convivência social. O modo de operar, portanto, não define a função, qualifica-a.

3. A palavra função, no campo do direito, adquiriu relevância com o chamado Estado de Direito Democrático. A igualdade essencial de todos os homens -postulado básico da democracia – implica a resultante, necessária, de que todo poder humano é fruto de outorga, formaliza-se como competência e efetiva-se como serviço. Esse pensamento representou um ganho no esforço civilizador de eliminar da convivência social toda e qualquer forma de arbítrio. O processo civilizatório deu à força bruta o caráter de dominação necessitada de justificação, transmudou a dominação em poder como serviço aos homens, segundo a vontade (lei) divina, fundamento de sua legitimação, até aos nossos dias em que todo poder só se legitima como serviço aos homens – função – exercido nos estritos termos da competência e da legitimação formalmente postas pela vontade geral, expressa nas leis (humanas). O agente público passou a não ter vontade própria, sim a da lei – competência (atribuição) que se faz dever (retribuição) pelo que se fala hoje, não em poder, sim, mais adequadamente, em função legislativa, executiva e jurisdicional. A própria autonomia privada teve suas fronteiras delimitadas pela lei – o agente privado não pode querer o que a lei lhe proíbe nem omitir-se de querer o que ela lhe impõe.

Nosso século transportou para a área privada reflexão que fora feita para o setor público. Passou-se a falar em função social da propriedade, função social da empresa, função social do capital etc. As forças que haviam aberto brechas na muralha política também agora tentavam fazê-las na muralha econômica. E essa reflexão produziu frutos em nosso século, do Estado intervencionista e do dirigismo contratual, inclusive tentando-se definir a função social dos meios de comunicação Já não é apenas o agente público que deve exercitar os poderes que lhe são reconhecidos como dever de servir nos limites da outorga que lhe foi conferida, também aos agentes privados se interdita o exercício das faculdades que decorrem da liberdade que lhes é reconhecida e assegurada de modo a determinarem um desserviço aos interesses sociais.

4. Esse novo cuidado com a função social do agir humano é conseqüência de uma reação à visão nova que o iluminismo introduziu na cultura ocidental – a descentração do indivíduo em face da sociedade. A modernidade se contrapôs, de forma radical, ao comunitarismo da Idade Média e da Antigüidade, mesmo clássica, Sem se retornar à velha absorção do indivíduo pela sociedade, buscou-se definir limites à autonomia privada, com vistas a preservar a convivência social desejável. A ênfase dada à racionalidade (laicizada) individual e conseqüente autonomia do agir humano, que embasaram o liberalismo político e o liberalismo econômico, provocou disfuncionalidades que o originaram a chamada questão social e provocaram, com seu absolutismo, a reflexão que levou à antítese das concepções coletivistas, cuja síntese foi o pensamento social-democrático, matriz da elaboração a teórica da função social dos direitos subjetivos, públicos ou privados.

5. De quanto dito, conclui-se que, se no âmbito do direito público o poder existe nos limites da outorga, por conseguinte, estritamente em termos de competência, tudo o mais lhe sendo vetado, no campo da autonomia privada é o inverso que ocorre, legitimado o sujeito de direito a explicitar sua liberdade com amplitude, salvo os limites e obstáculos postos expressamente pela lei. O termo função social, consequentemente, no âmbito do direito privado, só comporta concreção de seu conteúdo mediante uma formulação negativa. Impossível dizer-se, satisfatoriamente, qual seja a função social de qualquer indivíduo ou organização, traçando-se-lhes exaustivamente o seu agir, ou simplesmente se enunciando princípios, por mais numerosos e genéricos que sejam, Só negativamente é possível delimitar-se o espaço da função social do agir do homem ou de sua organizações. Enquanto liberdade, poder de atuar sobre as coisas e sobre outros homens, o homem não tem limites intrínsecos, salvo os naturais. Limitar a liberdade, o poder em que ela se traduz, é torná-la função, vinculá-la a determinados objetivos, pelo que lhe são postos limites. A função social é, assim, menos o que a atividade deve proporcionar que aquilo que ela não pode produzir, por lhe ter sido interditado.

Chequemos essa nossa assertiva com algumas funções bem conhecidas. O pátrio poder, por exemplo, antes de ser dominação dos pais sobre os filhos é muito mais serviço para eles. Impossível, contudo, definir o que cumpre a um pai concretamente fazer para servir aos filhos; esse seu dever de servi-los ficará assegurado, entretanto, com a precisa determinação do que não lhe é dado fazer. A obrigação dos pais educarem os filhos, alimentá-los etc. é tão ampla e tão relativa, tão elástica que nada diria, se não sancionássemos o descumprimento desses deveres, tipificando essa violações, como maus tratos, abandono, condenação a prestar alimentos, perda do pátrio poder etc. Mais expressivo, ainda, refletirmos sobre a função social da propriedade. Algo ambíguo, indeterminável de modo operacional e insuscetível de ser imposta efetivamente. Mas tudo se transforma quando cuidamos de sancionar o que não deve ser feito, por traduzir a ultrapassagem dos limites postos ao exercício do direito de propriedade, ao domínio (poder) do proprietário. Servidões, ônus, dever de utilização, perda pela expropriação etc.

Ao revés, em termos de direito público, é da sua própria essência que todo e qualquer direito ou poder seja exercido no interesse coletivo, pelo que lhe seria conatural uma função social como motivo e não como limite. Isso posto, definir a função social de uma função pública é, em verdade, traçar-lhe o espaço que, no universo do interesse coletivo, lhe é particularmente reservado. Muito mais delimitação que definição.

6. No vasto campo das funções públicas, o que se reserva como função social para o processo? Para respondermos a ela teremos ainda que perguntar: de que processo cuidamos. A resposta esclarecedora é a de que apenas trataremos do processo de produção do direito, particularmente daquele processo de produção do direito que oferece como produto uma decisão judicial. – Todo saber é **saber do homem** e tem como móvel um **saber sobre o homem.** Tudo, portanto, começa nele e se direciona para ele. Particularmente, tudo que só pode existir mediante o homem, porque por ele produzido, reclama que a reflexão que sobre isso se faça implique uma reflexão sobre o próprio homem.

O direito, que é um **construído** – algo impensável e irrealizável sem o homem que o produz e aplica, que dele se utiliza e a quem deve servir, não foge dessa necessidade. Nossa condição humana nos impele a indagar sobre o que as coisas são, por que e para que elas existem. Quando nos defrontamos com algo cuja existência independe de nós, a prioridade é sabermos o que isto *seja,* porquanto só conhecendo o seu ser e o seu proceder poderemos com ele interagir ou sobre ele agir. Enquanto o homem não conheceu algo sobre a energia, foi incapaz de utilizá-la de modo excelente. Diversamente ocorre, a meu ver, quando lidamos com tudo quanto diz respeito à condição humana, ao homem como realidade específica e total. Aqui, o prioritário é saber o *por que* e o *para que*, visto como, nesse âmbito, o *ser* é sempre resultado de um *operar* do homem. Ele se faz, aqui, o **criador,** e como tal é aquele que dá existência a algo com vistas a determinada finalidade que se propôs e por motivos que se colocou. Destarte, ocupando-nos daquilo que somente existe porque o homem lhe deu existência, só seremos capazes de falar sobre o seu *ser* se antes tivermos refletido sobre o seu *por que* e *para que.*

Nas ciências exatas e naturais, o objeto disciplina o cientista. Resiste a ele e o desqualifica, dada a possibilidade do controle da exatidão da teoria pela experiência dirigida. Nas ciências humanas é diferente. Porque ciências da *compreensão* – algo que não está nas *coisas* mas na mente humana – o cientista adquire poder sobre o *objeto,* que é por ele definido e influenciado, pelo que a desconfirmação das teorias elaboradas só pode ser discursiva, insuscetíveis que são de se submeter a uma experiência dirigida e somente viável um controle diferido no tempo e pela verificação histórica (o fluir dos acontecimentos) o que lhe tira toda operacionalidade.

Dentre as ciências humanas o Direito é talvez a mais vulnerável. Pura linguagem, é facilmente manipulável, mas porque é um *dizer* que se faz perigosamente *decisão*, poder de interferir na liberdade e no patrimônio das pessoas, essa manipulabilidade reclama vigilância permanente e senso crítico apurado de quantos integram o universos dos denominados juristas. Nada é mais pernicioso que se substituir o esforço pela cientificidade do Direito pelo *discurso jurídico*, um amontoado de palavras despidas do mínimo de coerência que se exige de qualquer discurso com pretensões de racionalidade.

5. Nessa linha de preocupação, tentemos apurar o nosso pensamento, para o que devemos perguntar-nos *por que* e *para que* o homem *produz* o Direito. A única resposta aceitável, a meu ver, é a de que o Direito se faz necessário como técnica civilizadora da solução dos conflitos inevitáveis que decorrem da convivência humana. As causas desses conflitos podem ser aqui descuradas, visto como nos basta, para o fim que nos propomos, a certeza de que há conflitos reclamando composição e que essa composição, para ser frutuosa, deve ser decisão de terceiro, estranho ao conflito, e decisão com força de submeter os contendores, à revelia de suas vontades, ou seja, decisão de conflito por quem investido de poder político.

Fundamental para nossa reflexão atentarmos para o fato de que a convivência humana não se dá em termos de uma "ordem" predeterminada e necessária, antes se revelando, também ela, como algo *construído* pelo homem, fruto, em sua dimensão mais significativa, de deliberações humanas, motivadas por uma complexa gama de interesses, insuscetíveis de serem colocadas geneticamente como disciplinados pelo Direito, mas apenas suscetíveis de se inserirem em seu espaço regulador em termos de conseqüências, na medida em que configurarem um conflito irresolvido socialmente. Isso nos autoriza a concluir que o Direito não está na matriz do comportamento humano, pelo que ele é apenas um espaço da ética, não a própria ética, que o ultrapassa e inclui. Assim sendo, ao Direito não cabe a função de informar e conformar o comportamento humano, em sua dimensão social, sim e exclusivamente a função de solucionar os conflitos que decorram dessa convivência e escapem à composição pelos próprios interessados. Essa função ele a cumpre de dois modos; colocando expectativas compartilháveis, que permitam um mínimo de previsibilidade de como serão compostos os conflitos que vierem a se instaurar na convivência social (o denominado direito material) e definindo o modo pelo qual os interessados e os agentes públicos devem atuar para solução dos conflitos de interesses não compostos ou insuscetíveis de ser compostos pelos próprios interessados (o denominado direito processual). Nessa perspectiva, distinguiu-se o *processo legislativo* do *processo jurisdicional*, delimitada a função de cada qual deles no espaço amplo da disciplina da solução dos conflitos, específica do Direito.

O Estado contemporâneo, por força de seu intervencionismo e em decorrência da crescente juridicização da convivência humana, tornou-se, também, regulador de ampla área da vida social, maxime em sua dimensão econômica. Chegou-se a falar em direito promocional e sanções premiais, no qual a função de solução de conflitos quase se deixava superar por esta outra dirigente e direcionadora, mediante estímulos ou imposições. Assim, ao lado da função de solução de conflitos haveria a de implementação de decisões políticas voltadas para a implementação de comportamentos sociais, ora prevalecendo uma, ora outra.

Essa mudança de enfoque, se verdadeira, em nada alcançou o fundamental da teoria da democracia, ou do Estado de Direito. Permaneceu válido o princípio de que à função legislativa, eminentemente política, cumpre definir diretrizes, princípios e regras e formular planos a que se submete a atividade dos agentes públicos, que só podem o que a lei lhes confere ou atribui, o que vale, por igual, para os magistrados enquanto órgãos de uma das funções do Estado – a jurisdicional. Assim, inexiste uma vontade política a par e ao lado daquela operacionalizada pelos órgãos integrantes da função legislativa, únicos constitucionalmente autorizados para formular políticas. Os três poderes, harmônicos, no sentido de que convergem, mas independentes, porque autônomos em suas funções, implementam uma vontade política única, aquela formalizada em termos de princípios e regras, planos e projetos só implementáveis se sacramentados pela lei (em sentido lato equivalente a Direito) atendido o processo constitucionalmente previsto para sua formulação.

O alargamento que se deu em termos de funções do Estado não importou em alteração substancial da função de julgar, voltada ainda e exclusivamente para a solução dos conflitos, apenas enriquecido esse universo dos conflitos, antes juridicamente impossíveis de configuração, entre os sujeitos de direito em geral e os agentes públicos, limitados, agora, pela lei, por conseguinte suscetíveis de serem questionados perante o Poder Judiciário. Não se institucionalizou, por força disso, um Poder que aos demais se sobrepôs, porque também ele se colocou sob o império da lei e suscetível de deslegitimação pelos demais Poderes e pela vontade soberana do povo.

Nenhuma limitação, portanto, em termos de definição política, sofreu a função legislativa, que permaneceu como a única forma legitimada de formalização da vontade geral, democraticamente expressa e institucionalizada. A novidade foi a atribuição dessa função, com maior ênfase, a agentes executivos e judiciários em dimensão diversa da anterior e com alcance diferenciado. Aos agentes executivos se deferiu função legislativa excepcional e sempre submetida ao controle e ratificação final do Parlamento, de que são exemplos os decretos-lei e as medidas provisórias, para apenas se mencionar o que foi tipificado e disciplinado expressamente entre nós, e aos agentes do judiciário, indiretamente isso ocorreu, como conseqüência da necessidade cada vez mais imperiosa da edição de normas com conceitos indeterminados e a crescente mais valia dos princípios e das diretrizes politicamente definidas, a pedir concreção para disciplina dos casos concretos. Isso, entretanto, não alterou a antiga correlação funcional, ou seja, a de que há uma primeira redução de complexidade, de natureza política, para definição de generalidades, e uma segunda redução de complexidade a partir dela, para particularização do que foi definido em termos gerais, com visas a sua aplicação no caso concreto. O processo político disciplina e conforma aquela primeira função. O processo jurisdicional e o processo administrativo disciplinam e conformam essa segunda função. Nenhuma delas livre e soberana se sobrepondo à única soberania reconhecível num sistema de Estado de Direito – a vontade popular, atuando segundo o processo político constitucionalmente instituído. Consequentemente, a validez das decisões formalizadas pelos agentes das funções enumeradas só ocorre se forem produto de um devido processo legal constitucionalmente institucionalizado, seja um devido processo legal legislativo, seja um devido processo legal administrativo ou jurisdicional. Democracia e arbítrio são incompatíveis e a própria discricionariedade se faz cada vez mais prisioneira de pressupostos legais.

6. Quanto posto até aqui nos permite levar a indagação adiante. Identificada a função específica do Direito e mencionado o processo de sua produção, cumpre aprofundar a reflexão dirigindo-a para a relação existente entre o processo de produção do Direito e o produto que dele resulta, ou seja, no que nos interessa, entre o processo jurisdicional e a sentença, como aplicação, pelo juiz, do direito material legislado.

O homem se relaciona com objetos que se colocam para ele em diferentes perspectivas. Alguns são o que são por origem e função, sem pressuporem, para que sejam, a existência do homem e o seu operar. São aqueles que subsisitiriam sendo, caso o homem desaparecesse da face da terra. A isso denominamos de **Natureza** Um animal, uma planta, uma montanha, um arroio, tudo isso **é** e permaneceria sendo, mesmo quando inexistisse o homem. Ele dá **nome** a esses entes, mas não é este nome que lhes confere a **existência** Sem ele não haveria **árvore**, enquanto imagem, nome, significação, sentido, mas haveria a substância que o homem percebe e nomeia como árvore, ainda quando não **percebida** nem **compreendida** como árvore.

Ao lado desses, há uma série de objetos que inexistiriam inexistisse o homem. Operando sobre a Natureza, ele cria entes que, se mantendo Natureza em sua entificação, são acrescidos de uma significação, sentido ou função que o homem lhes empresta. Uma vez criados, entretanto, se revestem de autonomia, o que lhes permite **ser sem o homem**, subsistindo como Natureza modificada. Denomino de **produtos** esses objetos, resultado do **trabalho** do homem, operando sobre o que a Natureza lhe proporciona. O animal é utilizado como força motriz, a árvore fornece a madeira que possibilita os móveis, o mesmo podendo ocorrer com os minerais e quanto se ofereça ao homem como **matéria ou material.**

O homem, entretanto, faz objeto de seu saber e de sua reflexão, com repercussões sobre seu agir, o que não se reveste do caráter de Natureza (porque sem o homem inexistiria) nem se apresenta sob a forma de produto de seu trabalho (porque não subsiste sem o homem e apenas é enquanto processado pelo homem) Dizem respeito esses objetos apenas à *convivência humana* e se fazem necessários em virtude da exigência fundamental que têm os homens de *emprestar sentido e significação ao seu agir e ao seu conviver.*

Operando sobre o que integra o mundo físico (matéria, material) o homem, pelo **trabalho,** transforma o *dado* pela Natureza em algo que, sendo **produto,** permanece matéria, vinculado à estrutura que lhe foi posta pela Natureza. Matéria revestida de significação, de sentido, cumprindo uma função que lhe é atribuída pelo homem, porém matéria. A árvore de que faço tábuas não existe para isso, mas o homem pode destiná-la para isso. Se a madeira não é a cadeira que com ela se faz, a cadeira, mesmo enquanto *produto,* permanece sendo madeira (árvore morta) como a árvore (viva) de que provejo; e subsiste como tal, depois de produzida e dissociada do processo de sua produção, porque é matéria.

No operar o homem com o que produz sociedade, as coisas se passam diversamente. Aqui, o agir humano se dá em termos de comunicação, expectativas compartilhadas, inexistindo a *matéria ou o material* no sentido que se dá ao termo; e se de algum *produto* se pode falar, será ele constituído pelo *sentido compartilhado* (comunicação)

Hannah Arendt (4), com genial acuidade e sensibilidade, afirma ser indispensável compreendermos o homem em suas três dimensões, ineliminíveis, que convivem e conviverão sempre em nós, ainda que com predominância diferenciada, Essas atividades são o **labor**, o **trabalho** e a **ação**, todas fundamentais, porque a cada qual delas corresponde uma das condições básicas mediante as quais a vida foi dada ao homem na Terra.

O **labor** é a primeira, é a atividade que se vincula ao processo biológico do corpo humano e nisso em nada nos distinguimos dos outros animais. Mas, enquanto todos os animais permanecem prisioneiros desse ciclo, o homem, o *animal laborans*, escapa a sua difícil situação como prisioneiro do ciclo interminável do processo vital e da eterna sujeição do labor ao consumo. Isso se dá pela mobilização de uma outra capacidade humana: ***a capacidade de fazer, fabricar e produzir***, que é atributo do *homo faber*, o qual, como fazedor de instrumentos, não só atenua as dores e as fadigas do labor, como erige um mundo de durabilidade. A redenção da vida, mantida pelo labor, é a **mundanidade,** mantida pela fabricação. Ao trabalho do corpo, o homem associa o trabalho de suas mãos, direcionado por sua mente. Tudo que o homem produz com seu trabalho, ele reifica (torna determinada *coisa* o que inexistia antes como tal). A solidez inerente a todas as coisas, até mesmo às mais frágeis, resulta do material que foi trabalhado; mas esse mesmo material não é simplesmente o dado e disponível, como os frutos dos campos e das árvores, que podemos colher ou deixar em paz, sem que com isso alteremos o reino da Natureza. O **material**, ao contrário, já é um produto das mãos humanas, que o retiraram de sua natural localização, seja matando um processo vital, como no caso das árvores que têm que ser destruídas para que se obtenha a madeira, seja interrompendo alguns dos processos mais lentos da natureza, como no caso do ferro, da pedra ou do mármore, arrancados do ventre da terra. Aqui se faz presente um elemento de violência.

Não cessa aí, entretanto, a atividade do homem. Projeta-se ela numa terceira dimensão, a mais carregada de significação, que ela qualifica de **ação**, em que se põe não mais a Natureza ou o Mundo, com seus integrantes naturais, mas o especificamente humano, o exclusivamente humano – *a palavra, o discurso, a comunicação.*

A pluralidade humana, diz Hannah Arendt, é condição básica da ação e do discurso e ela, pluralidade, tem o duplo aspecto da igualdade e da diferença. *Se não fossem iguais, os homens seriam incapazes de compreender-se entre si e aos seus ancestrais, ou fazer planos para o futuro e prever as necessidades das gerações vindouras. Se não fossem diferentes, se cada ser humano não diferisse de todos os que existiram, existem ou virão a existir, os homens não precisariam do discurso ou da ação para se fazerem entender.* Com simples sinais e sons poderiam comunicar suas necessidades imediatas e idênticas (5).

Ser diferente, entretanto, não eqüivale a ser *outro* – ou seja, não eqüivale a possuir essa curiosa qualidade, a *alteridade,* comum a tudo quanto existe. Em sua forma mais abstrata, a alteridade está presente somente na mera multiplicação de objetos inorgânicos, ao passo que toda vida orgânica já exibe variações e diferenças, inclusive entre indivíduos da mesma espécie. Só o homem, porém, é capaz de exprimir essa diferença e distinguir-se; **só ele é capaz de comunicar a si próprio e não apenas comunicar alguma coisa** – como sede, fome, afeto, hostilidade ou medo. No homem, a alteridade, que ele tem em comum com tudo o que existe, e a distinção, que ele partilha com tudo que vive, torna-se *singularidade*, e a pluralidade humana é a *paradoxal pluralidade de seres singulares.*

A ação e o discurso são os modos pelos quais os seres humanos se manifestam uns aos outros, não como meros objetos físicos, mas na específica condição de homem, em sua singularidade.

7. O Direito, já foi dito, não existe na Natureza, é *produzido* pelo homem, mas ele não se reifica como os objetos produzidos pelo trabalho. Situa-se no universo do discurso e da ação e somente é enquanto discurso e comunicação, linguagem, processo, fazer, operar.

Ontologicamente, portanto, nada é jurídico ou antijurídico, lícito ou ilícito na conduta humana O jurídico é **sentido e significação** que se empresta a determinados atos dos homens, para que seja atendida uma específica função socialmente imprescindível. Daí afirmar, com propósito de causar impacto, que *o direito não existe como objeto material.* Nem é sólido, nem líquido, nem gasoso. Não tem estrutura atômica nem molecular. Nem é animal, nem vegetal, nem mineral.

Consequentemente, **não existe como Natureza.** E isso afirmo para conscientizar as pessoas de que o Direito não nos é dado, como são dadas as realidades do mundo físico (orgânico e inorgânico) **só existindo enquanto produzido,** representado, sempre, pelo **resultado** do agir comunicativo dos homens, um que fazer setorial no fazer comunicativo global que é a sociedade, jamais se reificando, jamais se entificando dissociado do homem e de sua vontade.

Ao pensar o *direito,* ingressamos numa dimensão diferente (nova) da realidade. Antes, o mundo do *ser* – da matéria e da concreção, onde operam o labor e o trabalho – agora, o mundo do *dever ser,* construção do homem, um tecido de *comunicações,* realidade indissociável de uma *compreensão* e de um *querer* humanos, e que somente **é** enquanto fruto de uma vontade que o concretize, incapaz de ser faticamente e subsistir se dissociada do sujeito e de seu *querer..*

A cadeira, enquanto madeira, **é**, sem que sobre isso o querer humano tenha qualquer espécie de poder. A função e a estrutura da árvore decorrem de um *querer* (passe o termo) que denominamos de *lei natural.* Quando a madeira é tornada cadeira, passa a desempenhar uma função que, enquanto cadeira, lhe foi *atribuída* por um querer humano, indispensável, inclusive, para conservá-la como tal. Dissociada da função que o homem lhe atribuiu, é *madeira,* árvore morta, possível de ser usada como lenha ou simplesmente não ter serventia. Só associada ao querer humano, que lhe imputa a função específica, **é** cadeira.

Com o Direito, também um *produto* do operar do homem, tudo se passa diferentemente. Aqui, o produto jamais se reifica, adquire autonomia e se dissocia de seu produtor; mais que isso, só existe e dele se pode falar, em termos de efetividade, enquanto associado ao seu produtor e enquanto processo.

Para ajudar um pouco a compreensão do que vem de ser afirmado, evoco a música. Ela inexiste como fenômeno, realidade sensível, fora do processo de sua produção. Quando o cantor silencia, quando o *virtuose* deixa de tocar seu instrumento, tudo cessa. A música não é mais como realidade objetiva. A partitura na qual foram consignadas as notações musicais, que permitem reproduzir a melodia por outrem que não o seu criador ou primitivo executor, não é melodia, não é som, não é música, nem harmonia, nem acordes. É nada para o ouvido e para a sensibilidade do homem. Uma pura possibilidade, um **nada** sem o homem que desse nada faça ressurgir a melodia tornada notação musical após sua criação. E cada reprodução da melodia será um ato criador, porque marcada pela personalidade e pela técnica do interprete, semelhante, não igual, contudo, ou até mesmo desfigurada pela incompetência do executor.

8. Também o Direito não é o texto escrito, nem a norma que dele formalmente se infere, nem os códigos, nem as consolidações, nem as leis, nem os decretos, nem as portarias, nem os tratados e monografias. Tudo isso é silêncio... Só possibilidades e expectativas. O Direito apenas **é** enquanto processo de sua criação ou de sua aplicação no concreto da convivência humana.

No exemplo da cadeira, o trabalho de quem a fabricou foi um *instrumento*, meio, utilizado para produzi-la, mas que, uma vez produzida a cadeira, se torna de todo prescindível para a existência do produto e sua utilização. Com a música, tudo é diferente. A melodia não é algo que se *dissocia* do processo de sua produção e do produtor, porque ela só consegue existir, como realidade sensível, associada a um e a outro. Dizer-se que, nesse contexto, o processo é um instrumento, um meio, no mesmo sentido em que isso foi dito com relação ao esforço físico, ferramentas ou máquinas empregadas na fabricação da cadeira, será incorrer-se em erro de graves conseqüências. **Aqui, o processo é algo que integra o próprio ser do produto, tem com ele uma relação substancial, não instrumental.** Sem o processo, não há o produto, e só enquanto processo há produto; a excelência do processo é algo que diz, necessariamente, com a excelência do produto e o produto só adquire entificação enquanto é processo, um querer dirigido para o *criar* o produto e *mantê-lo* sendo.

Se o Direito **é** apenas depois de produzido, o *produzir* tem caráter integrativo, antes que instrumental e se faz tão fundamental quanto o próprio *dizer* o Direito, pois que o produto é, aqui, indissociável do processo de sua produção e sobre ele influi em termos de resultado. **O produto também é processo, um permanente fazer, nunca um definitivamente feito.** Produzido pelos homens para atender a uma função essencial à existência humana, ele se situa no âmbito daqueles produtos que jamais se reificam, adquirindo autonomia do seu produtor, porque fruto da atividade do homem no campo do discurso e da comunicação, com que se busca dar sentido e significação às coisas e à convivência humana Conseqüência necessária: **a relação entre o processo de produção do Direito, seja como enunciado, seja como decisão, e o seu produto (lei, ato administrativo, sentença e negócio jurídico) não é de caráter instrumental, meio-fim, sim de natureza substancial, integrativa. O direito é o que dele faz o processo de sua produção.**

Foi na década de 70, na Alemanha que Haberle afirmou a existência de um *status activus processualis,* vendo nesse *status* a dimensão procedimental dos direitos e liberdades. Estigmatizado por uns, aplaudido por outros, obrigou a reflexão dos juristas a caminhar nessa nova direção e já na década de 80 se reconhecia que a imbricação entre direitos fundamentais, organização e procedimento deixara de ser um simples " movimento da moda" e tornara-se postura inelimável do pensar jurídico.

Canotilho, em tópicos de um Curso de Mestrado sobre direitos fundamentais que ministrou, em 1990, na Faculdade de Direito da Universidade de Coimbra, justamente sobre *Direitos fundamentais, procedimento, processo e organização,* assevera que o impulso decisivo para o *procedimento* e a *organização* abandonarem o estatuto de "estrangeiros" na "cidade constitucional" foi dado por Konrad Hesse, em trabalho que apresentou, em 1978, na IV Conferência de Tribunais Constitucionais da Europa ao escrever, "no seu peculiar estilo, plástico e incisivo"

> Para os direitos fundamentais poderem desempenhar a sua função na realidade social eles necessitam, não apenas de uma normação intrinsecamente densificadora, mas também de formas de organização e regulamentação procedimental apropriada.
>
> Por sua vez, os direitos fundamentais influem no direito da organização e no direito de procedimento. Esta influência verifica-se não apenas nos direitos especificamente procedimentais, mas também nos direito materiais.

Retomando Canotilho. Num primeiro momento, lembra ele, a preocupação foi a de "enunciar" os direitos fundamentais "garantísticos-judiciais" e " garantísticos-processuais", mas os problemas de "organização" e de "procedimento" ganharam progressivamente o caráter de direito público material e normativamente plasmados no direito constitucional. Se isso não acontecera antes, expulsando-se as dimensões organizatória e procedimental do âmbito da proteção dos direitos, liberdades e garantias (exceto quando se tratasse de "direitos processuais" clássicos) só se pode explicar pela incomunicabilidade que um setor da doutrina pretendeu estabelecer entre "parte orgânica" e parte "subjetivo-relacional" da Constituição, entre um direito constitucional material, ao qual pertenciam os direitos fundamentais, e o direito objetivo organizatório, dentro do qual se inseriam os direitos procedimentais, concebidos como integrando o direito constitucional organizatório ou direito administrativo.

Esta insulação deve ser superada e a idéia de procedimento se tornou determinante na evolução do direito público na última década e a participação procedimental passou, ela mesma, a ser um direito fundamental. A idéia de procedimento fez-se indissociável dos direitos fundamentais, mas a participação "no" e "através" do procedimento já não é tanto um instrumento funcional da democratização, mas uma dimensão intrinsecamente complementadora, integradora e garantidora do direito material. O direito procedimental/processual não é apenas um meio adequado de realização de um direito subjetivo material preexistente, pois a relação entre direito processual/procedimental não se reduz a uma relação de meio/fim, antes se reconduz a uma relação de integração (cf. Canotilho, Tópicos de um Curso de Mestrado sobre direitos fundamentais, procedimento, processo e organização, em *Boletim da Faculdade de Direito da Universidade de Coimbra*, v. LXVI, 1990, pp. 151 e ss.

Direito e transformação social. O jurista, um prisioneiro do *status quo* ?

O episódio da promulgação da Constituição – crença de que passáramos a dispor dos instrumentos adequados (Constituição cidadã) O salto qualitativo – o mais vasto enunciado de direitos fundamentais – o mais vasto elenco de instrumentos de participação – o mais amplo espectro de diretivas emancipadoras

Minha reação negativa desde o primeiro momento – as razões que a aditavam – crença firme na precedência do político – o direito não conforma o social. Quatro anos de sua vigência. Conseguimos apenas instalar a desordem jurídica – os problemas continuam desafiando

Conclusão correta: não é do direito que nos devemos socorrer para resgatar o homem. Nem é o melhor, nem o mais adequado instrumento. /talvez seja até o mais frágil e desmobilizador.

Para fundamentar essa minha conclusão é a fala de hoje e o título que lhe dei.

II

A crise como sinal de nossos tempo – um lugar comum.. Falar em crise não importa pessimismo, nem conotação negativa. Antes de ser uma manifestação patológica é inerente ao próprio processo histórico (como a febre no organismo?) – Toynebee – desafio, resposta. Os chineses – *wei-ji* – perigo, oportunidade – Marilyn Fergusson – nossa patologia é nossa oportunidade.

Características da crise atual – sua extensão planetária – sua profundidade – sua extensão – todo o saber, toda o planeta, todo o conviver.

Onde suas matrizes? O que marcou a modernidade e hoje fragilizou-se – a crença na supremacia da razão e no potencial da liberdade. As duas grandes utopias que gerou – a da emancipação pela razão e a do progresso pela atuação da liberdade esclarecida; em face da natureza, a ciência; em face do semelhante, a lei; em relação a nós próprios, o tribunal de nossa consciência.

Tudo isso ruiu. A razão, de emancipadora se fez instrumental e opressora – a ciência e a técnica a serviço da dominação da natureza e do homem – fez-se racionalidade técnica.

A ciência moderna e sua relação ditatorial com seu objeto; dogmatiza sua visão da natureza e naturaliza os processos sociais, atribuindo à dinâmica da história um funcionamento sistêmico, regido por leis abstratas e imutáveis; desprezamos o *maktub* oriental mas forjamos o nosso.

A desmistificação dessa racionalidade. Marx e Freud – condicionamentos sociais; Max Weber -razão substancial (fins e valores) razão instrumental (meios e fins). Foucault – inter-relacionamento entre poder e saber – a mentira da objetividade da ciência e sua neutralidade; Horkheimer, Adorno e Marcuse – o lado repressivo da razão.

O desespero e o desencanto pos-modernista Lyotard – o dissenso(paralogia) na raiz da interação social; a inútil procura de universais; tudo é fragmentário, permanentemente aberto e permanentemente instável.

O mito do progresso. Saint-Simon – a lei suprema do progresso do espírito humano tudo arrasta – tudo que resta fazer é obedecer a esta lei

Natural se projetasse esse entendimento ao social – a natureza sugere aos homens, em cada época, a forma adequada de governo e as instituições necessárias a cada corpo social. Estavam postas as matrizes da nacionalidade técnica e da ideologia tecnocracia e seu projeto de "servidão humana"

Seus descaminhos se fizeram evidentes mesmo para o homem comum – a prevalência do *ter* sobre o *ser* – a fragmentação do homem como ser pessoal – o crescente dirigismo estatal e seu paroxismo nos totalitarismo de direita e de esquerda – fragilização da sociedade – ambas conseqüências da lógica interna do capitalismo.

Antes sempre se produziu para atender a necessidades postas pelos homens (integrantes do grupo) hoje se produz para lucrar – lucra-se para reinvestir – reinveste-se para produzir novos lucros, donde o induzimento de necessidades para gerar consumo – passamos a consumir para atender a necessidades dos produtores

Essa lógica interna imperiosa gerou o capitalismo tardio – marcado pela crescente e indispensável intervenção do estado.

a) manutenção e ampliação da infra-estrutura (transportes, saneamento, saúde etc)
b) investimento direto em empresas de alto custo e baixa rentabilidade (espacial, atômica, aérea etc)
c) criação de grandes centros de pesquisa com socialização de altos custos no desenvolvimento de tecnologias fundamentais para a manutenção da reprodução ampliada

A ciência e a tecnologia assumem o papel de verdadeiras forças produtivas e o estado passa a dispor desses instrumentos – assume o papel de *promotor* do progresso

Na medida em que esse esforço logra êxito, busca legitimar-se pelo desempenho – nasce a ideologia tenocrática

O papel da ideologia – impedir a tematização dos fundamentos do poder. Tradicionalmente, as normas são legitimas (não discutíveis) porque fundadas em visões do mundo que historicamente se sucediam – inclusive a do direito natural de a da justa troca derivou (fundamento do liberalismo). Agora é diferente: não há normas, há *regras*, suprime-se o problema; o poder é legítimo não por obedecer a normas legítimas, sim por atender a regras técnicas; delas não se exige que sejam justas, sim que sejam eficientes (eficazes); não há o que legitimar – a lógica das coisas sendo o que é, não pode ser alterada por decisões políticas.

A despolitização das massas – a dominação burocrática – decisões (políticas) pelos experts – os sacerdotes da nova religião.

III

A ciência e a prática do direito não podiam colocar-se a salvo desse desmoronamento. Na década de 50 a "crise do direito" – certo consenso "antipositivista" Na década de 60 – a crise da "compreensão do direito" Nesse particular, só dissenso.

Os marxistas -crise da filosofia do direito burguês, sem condições de oferecer uma teoria de legitimação do exercício do poder, nem uma teoria da direção desse mesmo exercício.

O atraso da ciência jurídica, incapaz de dar uma resposta nova em face da mudança de paradigma e crescente complexidade da sociedade e a falta de consenso no tocante a problemas fundamentais, gerando sobrecarga à metodologia jurídica (democracia, direitos fundamentais, Estado)

A crise do Estado liberal em transição para o Estado Social, cedendo espaço a uma doutrina centrada na solução de conflitos em favor de uma engenharia social, fugindo-se do direito legal para o dinâmico direito judicial, tudo isso agravado pelo confronto ideológico.

Mas se a crise do direito se insere na crise da modernidade, ela tem suas anotas específicas.

As idéias do iluminismo eram origem a uma mentalidade marcada:

a) *por uma nova consciência do tempo (consciência histórica que rompe com o tradicionalismo de continuidades naturalmente dadas)*

b) *um novo conceito de* prática política *(sua compreensão sob o signo da autodeterminação e da autorealização)*

c) *uma nova representação do que seria legitimação (o discurso racional como base de legitimação de todo domínio político*

Sendo a nacionalidade e a liberdade inerentes à condição humana – igualdade de todos os homens – a soberania do "povo" – dimensão política da totalidade.

A vontade geral como expressão dessa soberania – os óbices da democracia direta – a democracia representativa – os *inputs* (formação de opinião) – os mandatários – os *outputs* (decisões) – a lei -sua racionalidade e generalidade.

Um passo para a identificação direito =lei =Estado= ciência jurídica – dogmática

O positivismo jurídico se instalava no trono; na sua raiz, o que foi antes desvendado – razão instrumental, racionalidade técnica, ideologia tecnocracia.

Se esse paradigma está em crise, estão em crise os paradigmas do direito

As mudanças na física. A ordem intrínseca e a harmonia de um cosmos obediente a uma lei (mecanicismo newtoniano) foram substituídas por um labirinto impenetrável que só se torna transponível graças as indicações fornecidas pelos cientistas e a descoberta da "ordem objetiva" foi substituída pela imposição de uma ordem ilegível sobre uma diversidade sem sentido.

As mudanças na economia – Peter Druck – não há mais teorias – administram-se problemas cujas soluções geram outros problemas. As mudanças políticas – do Estado liberal para o Estado social, sem que se tenha formulado uma teoria política pertinente.

Tudo isso leva a que tenhamos um dissenso "critico" convivendo com uma prática dogmática ou um discurso "emancipador" seguido de uma prática tecnocrática, por conseguinte autoritária, de dominação.

Qual o prejuízo básico derivado dessa ambigüidade? Permanecemos acreditando seja o direito uma instância autônoma, subsistente por si mesma e capaz de conformar o social – reduzir o pluralismo social, a permanente conflituosidade da sociedade a uma unidade formal, equilibrar antagonismos a harmonizar interesses mediante um processo de construção de categorias conceituais, princípios gerais, ficções retóricas que depurariam as instituições jurídicas de quaisquer antinomias ou lacunas.

Repele-se o ético, o social, o econômico, o político para o espaço do meta-jurídico ou com um discurso "emancipador" se coloca tudo isso no espaço sub-jurídico.

Na postura nova permanece o prejuízo antigo – o encobrimento da dimensão política do jurídico, seu ineliminável comprometimento com o poder.

À dominação velha sucede uma dominação nova – que é um retrocesso – da lei para o julgador – de todo deslegitimado

O jurista se propõe uma tarefa emancipadora que não pode cumprir. É o que tentaremos justificar.

IV

Impossível pensar algo que diz respeito ao homem sem pensar, antes, sobre o próprio homem as colocações sobre natureza e cultura, produto etc. A relação do homem com seu ambiente caracteriza-se pela abertura para o mundo. O homem vai além do estritamente biológico. O mundo fechado dos animais não humanos – estruturas determinadas pelo equipamento biológico – há um meio que o condiciona e ao qual ele se condiciona

Os animais são um corpo – o homem é um corpo, mas por outro lado ele tem um corpo – ele experimenta a si próprio como uma entidade que não é igual a seu corpo mas que ele tem, ao contrário, esse corpo ao seu dispor. -a ordem social não faz parte da natureza, não deriva, portanto das leis da natureza – quais seus fundamentos básicos? Necessidades, desejos, escassez etc; os indivíduos são feitos, ao mesmo tempo que eles fazem e refazem, pela sociedade cada vez *instituída*; num sentido eles são a sociedade.

Os dois pelos irredutíveis são *o imaginário radical instituinte* – o campo de criação do social – histórico – de um lado, e a *psique* singular de outro lado. A partir da psique, a sociedade instituída faz a cada vez indivíduos – que como tais não podem fazer mais nada a não ser a sociedade que os faz.

O requisito mínimo para que o processo de sublimação (a heteronomia) possa desenvolver-se é que a instituição ofereça à psique *sentido* – isso é obtido pela "doutrinação", a *paideia*, família, classe, idade, ritos, escola, mitos, leis etc

A instituição da sociedade exerce um *infra poder radical* sobre todos os indivíduos produzidos por ela – é um poder de Ninguém e não localizável

Se definirmos como poder (a definição de Cator) – é imediato que o maior poder concebível é o de pre-formar alguém, de tal modo, que *por si mesmo* ele faça o que queríamos que fizesse, sem nenhuma necessidade de dominação ou de *poder explícito para levá-lo* ª..... Da mesma forma é imediato que isso cria para o sujeito submetido a essa formação, ao mesmo tempo corpo social, a aparência da mais completa espontaneidade e a realidade da mais total heteronomia social.

Mas a sociedade não consegue nunca exercer o seu poder de forma absoluta. É sempre possível a "transformação" ou a hiper lentaalteração dos modos de fazer e representar sociais

Há um sem número de defesas sociais – mas o fato de que podem fracassar, e nem certo sentido fracassam sempre, o fato de que pode haver crime, litígio violento insolúvel, calamidade natural, guerra etc é um dos revezes do *poder explícito*

Há sempre e haverá sempre uma dimensão da instituição da sociedade encarregada dessa função essencial: restabelecer a ordem, garantir a vida e a operação da sociedade contra todos e contra tudo o que atual ou potencialmente, a coloca em perigo

O poder legislativo e o poder executivo podem ficar dissimulados nas instituições (no costume e na interiorização de normas hipoteticamente eternas) mas um poder de julgar e um poder de governar devem estar implicitamente presentes sob uma forma qualquer, uma vez que haja sociedade

Não basta o monopólio da palavra legítima, nem o monopólio da significação válida, indispensável o monopólio da violência. O poder explícito -instâncias que podem emitir injunções sancionáveis – é ineliminável de qualquer sociedade. As sociedades sem Estado não são sociedades sem poder

O político não se confunde com a instituição do conjunto da sociedade. Os macro-poderes, econômico, político e ideologico. O Poder econoimico organzia a produção mediante a atribuição da propriedade de certos bens o que permite induzir o trabalho do outro. O poder ideológico institui o consenso, induz o conformismo e oferece a legitmação) O poder político organiza a coerção, assegura ao restabelecimento da ordem, quando fracassam os dois macro-poderes. O meio pelo qual se articulam no corpo social é o Direito O direito não é o ponto de partida, é o encerramento, o fechamento. E por que ele é isso?

O futuro e sua incerteza – o papel do compromisso – o direito pressupõe um compromisso pactuado, sua previsão é essencial. Ou teriamos ao caos, que opera com o puro arbítrio – a produção do direito mais a partir da sociedade e mais a partir do poder instituído.

Não há o *específico* do direito, como há do econômico ou do político. O jurista opera com a matéria prima que o social lhe proporciona o processo de produção do direito e a música -

O homem experimenta a natureza da mesma maneira dual e equívoca que o escultor encontra a massa disforme da pedra: ela está diante dele complacente e convidativa, esperando pelo momento de absorver e encarnar suas idéias criadoras – mas sua disposição para se entregar é altamente seletiva; de fato, a pedra fez a sua própria escolha, muito antes que o escultor pegasse no cinzele. Dir-se-ia que a pedra classificou as ideais do escultor em atingíveis e inatingíveis, razoáveis e não razoáveis. Para ser livre, para agir, o escultor deve tomar conhecimento dos limites da sua liberdade: deve aprender a ler o mapa de sua liberdade traçado sobre os veios da pedra (Zygmunt Baumann)

A sociedade é uma segunda natureza e a ordem social opera aproximadamente como a ordem natural. Se o jurista esquece que a sociedade já fez sua própria escolha antes que o jurista elaborasse suas leis, suas normas, seus sistemas e suas teorias ele apenas violentará inutilmente a pedra e nenhuma obra de arte produzirá.

O desvario de nossos legisladores e juristas dos últimos tempos. Nossa ordem jurídica não nos informa nem nos conforma – ela nos *deforma* – os juristas do ar condicionado.

Só pela via política há transformação e só pela transformação individual se chega à transformação social e política. Não é a ordem jurídica que emancipa, sim a *conversão* que a rebeldia persistente, o estranhamento audacioso e lúcido, a ruptura consumada é que move montanhas Não somos nem o futuro nem a revolução

Quando outros pretendem emancipar-nos ou nos propomos emancipar alguém, o que estamos fazendo em verdade é manter a dependência e a dominação. Não somos nem o futuro nem a revolução.

| 33 | A FORMAÇÃO DO CONVENCIMENTO DO MAGISTRADO E A GARANTIA CONSTITUCIONAL DA FUNDAMENTAÇÃO DAS DECISÕES[43]

Eminentes colegas que integram esta mesa, meus mestres que estão me honrando com a perda de tempo em me ouvir, meus colegas dos dois plenários, do plenário que está me vendo ao vivo e do plenário que está me vendo através dos instrumentos da tecnologia: o tema da minha conversa com vocês já foi esclarecido; eu gostaria de dizer que vou tentar estudá-lo em duas partes: numa primeira, colocando as premissas das conclusões a que vou chegar na segunda parte. Não será uma perda de tempo, porque eu sou daqueles que acreditam que mesmo quando se pretende tratar dogmaticamente um problema jurídico, as premissas do pensamento desse jurista devem ser explicitadas, porque é um equívoco nós pensarmos que a linguagem do jurista é isenta. Por trás da linguagem de cada jurista estão os pressupostos ocultos do seu pensamento. E na segunda parte, a partir das premissas que eu coloquei, vou tentar concluir sendo coerente, aí sim: lógico, racional.

Uma das coisas que eu não aceito é que nós saibamos o que é o direito. Para mim o maior equívoco do jurista é ele viver acreditando do que sabe o que é direito, e a partir dessa crença ingênua ele já começa a operar com o direito. Esse troço que vou dizer a vocês, muito rapidamente: o que é para mim o direito. E a primeira pergunta que me fiz foi esta: onde que está o direito? Há coisas que eu sei onde estão. A Natureza age com o tempo e eu sei que alguma coisa está na Natureza porque quando eu reflito para mim mesmo se eu, homem, com todos os meus semelhantes homens desaparecêssemos da face da terra, se o Universo desconhecesse essa criatura homem, o que subsistiria? A Natureza. Então, se todos nós perecermos amanhã na grande hecatombe atômica, o Sol continuará gerando crepúsculos. Não haverá quem chame o fenômeno de crepúsculo, não haverá ninguém que se comova diante desse espetáculo de beleza. Mas o Sol continuará, apenas lamentando a ausência daquele ser diferente, capaz de louvar. Então, isso é a Natureza. O direito está aí?

Eu digo às vezes aos meus colegas, quem me trouxer cinqüenta gramas de direito, uma grama de direito, eu dou o que quiser. Ninguém até hoje me trouxe, nem embrulhado, nem sem embrulhar, nem putrefato, nem ainda conservado. Então eu

---

43. Texto extraído de *Livro de Estudos Jurídicos*. Rio de Janeiro: Instituto de Estudos Jurídicos, 1991, v. 3.

cheguei à seguinte conclusão: o direito não está na Natureza. Mas também há coisas que estão aparentemente associadas à Natureza, mas foi o homem quem gerou, com seu trabalho. Por exemplo, este livro, esta garrafa, este microfone. Se os homens desaparecessem da fase da terra não haveria nem livro, nem garrafa e nem microfone. Mas no momento em que o homem, com seu trabalho, produz a garrafa, o livro e o microfone, eles adquirem um ser próprio, e se houvesse uma guerra atômica em que os homens morressem, por algum tempo a garrafa seria garrafa, o microfone seria microfone, os livros seriam livros... e vale dizer, embora produtos da cultura, adquirem uma entificação que se desprende daquele homem que os produziu.

Mas há outras coisas que estão no mundo da cultura e que não conseguem esta entificação dissociada do homem. E a imagem que eu gosto de trazer à baila – até por força da minha paixão pela música, embora eu seja o sujeito mais desentoado do mundo, coisa curiosa, tenho ouvido miserável. Eu tenho uma filha com muita sensibilidade musical. Eu gostava muito de cantar. Perdi o hábito de cantar pelos protestos dela, que se considerava agredida. Hoje eu sou um sujeito que canta para dentro. Mas, apesar disso, eu sou um apaixonado por música e me lembro da música. O que é a melodia? Digamos que se estivesse aqui com uma partitura musical, "Ave Maria" de Schubert, eu mostrava ao auditório e nada. Só serviria para que? Para enrolar charque ou para outras necessidades mais prementes, mas o que era ela em termos de música, de melodia, de beleza, de estética? Porque a música que o homem produz é alguma coisa indissociável do produtor e do processo. A música, enquanto alguém com sensibilidade, enquanto alguém que domina técnica musical, utilizando um instrumento, que pode ser a sua própria voz, traz a melodia ao fenômeno, e eu ouço a música, adoro música. Quando acaba, quando Caetano fecha a boca, só fica em mim a emoção, e isso é lindo. Quando o grande virtuoso do piano encerra a execução do seu concerto, só fica isso, a lembrança. Alguma coisa que eu guardei dentro de mim mesmo e que eu procuro trazer à baila, uma energia existencial. Mas para os outros, fora do meu mundo subjetivo, não existe nada. Aqueles sons não estão mais presentes em canto nenhum, são ausência. Só dentro de mim mesmo aquela emoção é capaz de dar algum sentido, alguma significação a um momento de minha existência.

Onde estará o direito? Não está na Natureza, até hoje não me trouxeram cinco gramas, duas gramas ou cem gramas de direito. Não consigo ver o direito dissociado do seu produtor e do processo. Que isso de dizer (dizem até que sou irreverente demais) que a Constituição do Brasil (nem trouxe, mas não foi por desrespeito, foi por esquecimento) é aquilo, não é. Eu canso de dizer: isso, (os meus colegas acham até graça) eu boto na mesa (aqui eu não boto) e sento em cima. Porque não é nada, é ridículo a gente pensar que a Constituição são aqueles artigozinhos escritos. Que o Código Civil são aqueles artigozinhos escritos, pura mentira. Aquilo é como a partitura da "Ave Maria" de Schubert. E quem é esse virtuoso, quem é esse que, realizando o processo da criação do direito, oferece o produto – fenomenologicamente – direito? Ali um, o Desembargador José Carlos Barbosa Moreira. Que operário espetacular! Quem quiser contratá-lo corra, porque é dos mais altamente qualificados. Mas sem ele, sem o talento, sem o gênio, o direito é nada. O direito é a voz daquele que o produz. Então onde está o direito? Essa dimensão da cultura em que o produto jamais adquire entificação senão no momento do processo e sob a responsabilidade do produtor.

Depois que eu respondi a mim mesmo onde está o direito, eu me perguntei, e para que o direito? As coisas não acontecem sem justificativa. Quando a gente diz que uma coisa não tem justificativa, é porque a gente ignora qual seja, e o direito tem uma justificativa. E, na minha concepção, qual é a justificativa do direito? Eu penso: é, realmente se os homens...., eu penso muito nisso, o homem ser descartado. Acabou, acabou o homem. As coisas continuavam, a trajetória do Sol, ou da Terra em trono do Sol, duravam o mesmo tempo, o ciclo das estações ocorreria do mesmo jeito, porque existe uma ordem natural. Alguma vontade, que eu não sei qual é – para mim eu sei, individualmente, mas não estou autorizado a dizer a vocês, porque para mim essa vontade é Deus, uma palavra na qual eu incluo o mistério do que eu não alcanço. Mas não sei. O certo é que a ordem natural tem por trás dela um intérprete. Mas, e a ordem social? Essa criatura diferente, portadora dessa faculdade que a gente já vai discutir a dimensão dela, e que se chama liberdade. Eu costumo dizer que a liberdade é uma coisa muito simples, não é fazer o que quer, é não saber o que de fazer. O boi sabe, a tartaruga sabe, a vaca sabe, meu cachorrinho sabe. Eu não sei, minha neta não sabe. Eu sou um indivíduo permanentemente em perplexidade procurando encontrar respostas para as opções que a minha liberdade me impõe. E eu também sei que não posso, na minha condição humana, ser o outro.

Ser o outro. Aquele exemplo das meninas-lobo é um exemplo científico, aquelas meninas que, não se sabe qual a razão, que nunca se chegou detectar, foram criadas por lobos. E essas meninas, uma que, se calculou, tinha 8 anos e a outra que tinha 12 anos, não sabiam falar, andavam de quatro pés, comiam carne crua, tinham medo do dia e enxergavam melhor à noite, eram animais. Porque o que dá a condição humana não é o fato de ter nascido de mulher, é mentira. O que dá a condição humana é a intersubjetividade. Sem o outro ninguém é humano, é por isso que a gente tem esse ser dependente, dependente até para sobreviver como espécie, à procura da outra, ou a outra procurando o outro, é uma das coisas mais belas da vida porque é o processo essencial da vida. O amor é a semente da vida. Então, a dependência do outro é marca registrada do homem. Mas como conviver se somos livres, se a nossa liberdade não tem obstáculos visíveis, concretos, materiais? A Natureza põe obstáculos, o homem tem a ciência, vence esse obstáculos. Mas o obstáculo que o outro põe à minha liberdade, como vencê-lo? Só há um processo, organizando a convivência social. E organizar a convivência social é hierarquizar. Ninguém pode organizar sem hierarquizar.

Eu dizia outro dia a meus colegas do curso de especialização: uma vez eu tive um encontro, éramos setenta e tantas pessoas, e queríamos uma fotografia para ficar como lembranças. Sabem quem se transformou no chefe e no condutor? O fotógrafo. " Vamos pessoal, pára, pára todo mundo aí, os menores na frente". Eu corri logo. "Os menores na frente", e o homem ainda mandou os menores ficarem de cócoras. "Fica de cócoras!". Eu fiquei de cócoras. "Vocês aí! Não, você vai para trás, chega para junto mais, chega!", e todo mundo como uma besta, obedecendo. Ainda disse, "um sorriso!". Eu não me senti humilhado, realmente não me senti humilhado! "Fiquei de cócoras, baixinho para frente", porque eu compreendi aquele objetivo que eu tinha de ter uma lembrança do grupo dependia disso. Ele se tornou superior por necessidade, em termos de beneficiar a todos. É o poder.

A organização pede poder, porque o poder é um serviço que tem a resposta do bem de muitos ou do bem de quase todos. Mas é um poder que não pode ser aconselhamento, é um pode que não poder se revestir daquela dimensão de autoridade que..., chamo a atenção sobre isso, há momentos em que você obedece porque aquele que ordena o atrai, você não se sente dominado, você se sente quase que glorificado em atender. Você já experimentou o que é a ternura do filho, que ama sua mãe, obedecer a ela? Qual é o filho que ama sua mãe e se sente diminuído porque ela lhe deu uma ordem? A obediência é uma resposta de ternura. Quando a gente obedece a quem ama, se gratifica. Isso é poder, mas não é esse o poder que é socialmente é realizável. O poder socialmente realizável, infelizmente, é o que pede dominação e força. É o poder político. E o instrumento de impositividade de que o poder político se vale é o direito. Então, o direito, que é um produto do homem, a gente fica sabendo (a gente fica sabendo!? Eu fiquei sabendo!) que é um produto do poder. Passei a não me deixar enganar, ou seja: o direito é o homem quem cria e o homem cria através da sua dimensão de poder político.

O direito, portanto, não é uma coisa que gera justiça. O direito é uma coisa que gera ordem. Em termos de exercício de poder, pode ou não gerar justiça. Bom, isso aí depende de que? Do operário, e depende do processo. Eu entrego uma tábua de jacarandá a um operário vagabundo, eu vou fuzilá-lo, porque ele pegou a minha madeira-de-lei e me entregou uma droga, mas se eu entregar a um artista eu vou ficar gratificado. Então a gente não sabe o que o poder político vai gerar em termos de direito. É um processo político.

Muito bem! Depois que eu cheguei a esse ponto, eu digo: e o poder político vai buscar direito onde? Ele vai produzir, mas tudo tem uma matéria-prima, eu não posso produzir sem matéria prma. Houve um tempo em que se acreditou que o direito estava na mente de Deus. O homem criava à imagem e semelhança de Deus, este ser absoluto onde o justo absoluto está presente, nós recebemos por herança e por reflexo o justo relativo. Todo homem tem o sentimento inato do justo e se ele deixar que esse sentimento inato do justo chegue ao nível de sua consciência, ele pode realizar justiça. Então, realizar justiça é descobrir o justo absoluto na sua dimensão transcedente. Ninguém mais acredita. Você pode até acreditar que quando reza: "Creio em Deus Pai...", mas não socialmente, não na prática, não no concreto. Depois se aceitou que o direito fosse buscado na tradição, os valores dos fundadores, por exemplo, o direito romano era muito em cima da tradição. Também hoje a mentalidade moderna repele isso. Depois se admitiu que o homem tinha uma qualidade inata também pela sua racionalidade e que, trabalhando com a sã lei da razão ele seria capaz de deduzir o justo. Mas eu acabei de falar a vocês do exemplo científico das meninas-lobo, e se elas tivessem essa qualidade inata delas, elas não teriam ficado de quatro pés, não teriam morrido cedo, incapacitadas de se adaptarem à condição humana. Elas deveriam ter, porque nasceram de dentro de mulher, mas não tinham porque lhes faltou a intersubjetividade. Para mim o direito é um produto da história. É o produto da convivência social, do confronto das forças, no concreto da coexistência. O direito é um produto da vida política. É onde se vai buscar o direito.

O Legislador, o Magistrado e o Administrador não podem evocar um justo que eles por peculiaridade muito pessoal são capazes de incorporar. Correto, se eu fosse um adepto da doutrina espírita, eu acreditaria que seria capaz de sair de um aparelho e incorporar o espírito de alguém que já não existe mais. Mas é preciso que eu tenha esta fé, porque se eu não tiver esta fé eu não vou acreditar nisso e não vou aceitar que a disciplina da minha vida seja posta em cima de uma fé que não é fé. Então, quando se tenta transferir para o direito positivo esse justo absoluto que ele contém de modo radical, definitivo, e se traz para o mundo do empulhação, e pior do que isso, é dominação. Porque o direito é alguma coisa sempre construída dialeticamente, discursivamente, no dar e tomar, num discurso jurídico, na tentativa de chegar à solução razoável.

Muito bem! Se eu estou nesta caminhada, eu pergunto: e como se produz o direito? O direito não sabe andar por aí. O direito é uma realidade que não se dissocia do produtor e do processo, o direito se cria pelo processo. Que processo? Aquele processo, que hoje substitui aquelas matrizes? Não. Histórico, e são as normas gerais e abstratas, a lei. O direito positivo não é o direito. O direito positivo é a matéria-prima com que os operadores do direito vão produzir aquele bem que atende às necessidades. É como uma espécie, que eu vou colocar daqui a pouco, de não permitir que você faça a roupa com um paralelepípedo, que você engarrafe cianureto de potássio, é só isso, uma disciplina da matéria-prima com que o operário do direito vai trabalhar.

Mas essas normas gerais e abstratas não levam a nada, não interferem na realidade: "ninguém será preso senão em virtude de ordem judicial ou em flagrante delito". Meu Deus, acredite nisso. Acredite, trouxa, acredite. "Todos são iguais perante a lei", acredite. Então a norma geral e abstrata chama-se empulhação. Não sabem como eu fico inquieto e ao mesmo tempo acho graça, quando qualquer jurista diz: "Esse texto diz isso. Não entendo como se compreenda de outra forma". Ou seja, o que é que ele está dizendo? Não é o que o texto diz, ele diz "eu só aceito quem compreender esse texto como eu estou dizendo que é". Meu Deus, o direito não comporta isso, nunca há só erro ou acerto em direito, verdade ou falsidade, há procura. E, tudo aquilo que prevalece é certo no direito. Eu digo às vezes para Eliana, "quanta tese minha hoje é direito e foi aceita, e quanta tese minha hoje é droga porque foi repelida". Eu escrevi um artigo pretencioso, convencido de que estava – desculpe a expressão grosseira – dando dentro – sobre a adjudicação compulsória, sustentando que a ação de adjudicação compulsória tinha desaparecido do direito brasileiro. Ninguém deu a menor atenção, ninguém. Eu vivo doido que alguém me diga: concordo com você, ou... Nada. Aí eu desisti, eu digo, bom eu uma besteira, porque não foi socialmente incorporada. Então, em direito, a grande luta do jurista é argumento para ser aceito a fazer dessa aceitação algo suficientemente forte para se revestir de impositividade. O magistrado é o único que pode ameaçar o sujeito a aceitar o que ele está dizendo, de qualquer jeito. Sim, porque ele está com o porrete na mão. Se eu fosse magistrado eu dizia: não tem ação de adjudicação compulsória! Duvido que um advogado não aceitasse, e o que adiantava ele não aceitar?

Mas isso não é o direito, isso é o arbítrio. Ora, porque o inspetor de veículo ou um soldado da polícia militar me dá muita da porrada e me leva preso em ordem judicial, isso é direito? Agora, se não é o poder do desgraçado do soldado, é o magistrado, é diferente? Não. Só que é mais fácil você punir o soldado. É difícil como o diabo, não é fácil não, não é fácil. Punir o soldado? O cão, que é fácil. Eu era presidente da ordem em meu estado, estávamos dando uma festinha na Caixa de Assistência dos Advogados, dois colegas se desentenderam, um deu uma bofetada no outro. O imbecil que tinha tomado a bofetada, que não merecia ser advogado, tinha um módulo policial defronte, ele foi se queixar. E quando colega que tinha dado a bofetada nele ia saindo, ele apontou: "Foi aquele!" O soldado não teve dúvida, pegou o advogado, levou-o para dentro do módulo. Um conselheiro da Ordem, filho de um grande advogado baiano, que já tinha falecido, uma família de prestígio, soube, chega no módulo, tira a carteirinha e diz assim: "Boa noite, eu sou advogado". Quando ele disse assim "eu sou advogado", o soldado virou-se para ele e disse: "Ah, eu adoro advogado" Virou o braço, deu-lhe um murro na boca do estômago e ele caiu sentado. Eu, como Presidente da Ordem, representei ao comando da polícia militar que nunca me deu resposta. E, quando me perguntavam: você não vai cobrar dele não? Eu digo: Eu? Meu estômago? Um sujeito magrinho como eu, franzino, chego no Comandante da Polícia Militar: "e o senhor? Eu adoro advogado". Já foi!

Ora, então, estas normas particulares, na minha opinião (na minha opinião, não... quer dizer...), lendo e ... muita gente pensando, e o terreno mal o permite.

Às vezes a gente pensa diferente porque entendeu mal o que leu. Você cria a norma particular, contratualmente, autorizada. Administrativamente, uma autotutela, suscetível de um controle **a posteriori,** ou então numa função de heterotutela, jurisdicionalmente. Aquele terceiro, desinteressado, **super partes,** que vai disciplinar uma situação jurídica que diz respeito a pessoas com as quais ele não tem vínculo e com cujos interesses ele não sente direta e pessoalmente comprometido. Pronto, está aí a fórmula de criar o direito. E aí eu lhe pergunto: quem é o juiz? Um órgão do governo, um agente do poder político, num sistema político. E aí eu começo a me perguntar: é uma ingenuidade eu pensar que o judiciário pode me dar uma justiça que não seja aquela que está no sistema político em que eu me insiro.

Essa ingenuidade que o brasileiro, que é pigmeu político, dizia eu nesse instante, está agora assim: "eu fracassei politicamente, me cansei. Diretas Já, Nova República, Constituição 88. Ah, mas tem um salvador da pátria, o Judiciário". Que ingenuidade! Só serve para uma coisa, para colocar o magistrado bem intencionado, patriota, mas menos avisado, a se aforar a um papel e a uma função política que ele não pode ter e, se exercitar, vai subverter a ordem jurídica. Porque isso é inelutável, o magistrado não é um homem para se contrapor à ordem jurídica. O magistrado é um homem para dar concreção a uma ordem jurídica. Ordem jurídica que tem uma feição política inelutável, porque não tem sentido que você imagine uma contradição dialética dentro do exercício do próprio poder. Quando isso se dá, vem a desestabilização, a revolução e a reinstitucionalização do poder.

E aí eu chego a essa indagação. Muito bem, já cheguei até aqui, o juiz é um operário do direito. Com a matéria-prima do direito positivo, mediante o processo jurisdicional, ele vai me entregar o produto, a sentença. Mas como é que esse processo ocorre? O estado de direito tem um postulado base. Como não se acredita mais que alguém possa ser delegado de Deus e por isso tenha poder, como não se acredita mais que alguém nasça da barriga da mulher já predestinado a mandar nos outros- entre as abelhas sim, entre as formigas sim, mas entre os homens não. Ainda não se chegou a esse ponto de o menino parido, ou até antes de parido, que hoje há muitos exames precoces, dito: "É, um grande estadista, especialista em economia, vai ser ministro da economia". Ora, isso era uma beleza, Zélia não tinha caído. Se ela tivesse nascido genericamente predestinada a ser uma economista, mas só Deus sabe. Era uma incógnita a Dª Zélia, agora vem a incógnita do Sr. Marcílio, e assim... É Marcílio? É Marcílio, não é? Vê, ministro recente e eu ainda não estou suficientemente identificado. Ele estava a nível de relações exteriores, agora que ele está a nível de relações interiores, e eu não tenho ainda muita convivência. Mas isso é mentira. Isso é mentira. Hoje qualquer pessoa comum sabe que alguém tem poder, porque eu estou delegando. Então ninguém tem poder sobre mim, e nem pode me olhar de cima nem dizer: "sabe com quem está falando?" Me respeite!

439

A cidadania é isso, é você ter a consciência de que a autoridade é seu servidor. E a autoridade ter consciência de que é servidor. E o magistrado, o governador, o ministro, o inspetor de quarteirão, o soldado de polícia são servidores públicos. O que significa, no estado de direito, que todos eles têm o poder outorgado, só podem o que a lei lhes confere. Ninguém tem poder discricionário, arbitrário, sem limites, sem aquele poder que a vontade social e institucionalizada delimitou. Tem o poder no limite da competência que lhe foi outorgado. Muito bem, então hoje o magistrado está autorizado constitucionalmente a criar a norma para o caso concreto, mas o processo de criação dessa norma hoje é também um processo que o vincula e recebe o nome genérico de devido processo legal. O magistrado tem o poder de delimitar a minha liberdade. O magistrado tem o poder de interferir no meu patrimônio, mas ele só está legitimado a fazê-lo se ele construiu, produziu a norma que vai interferir na minha liberdade e a norma que vai interferir no meu patrimônio obedecendo ao devido processo legal. A lei..., dizia eu há pouco, a gente se preocupa muito com a legitimidade do magistrado. Ah, Deputado não é eleito? É. Presidente da República não é eleito? Vamos eleger Juiz. Deus me livre e guarde.

A legitimidade democrática do magistrado não resulta de uma delegação **a priori,** na minha opinião. A legitimação do magistrado é um **a posteriori**, é na medida em que o magistrado edita normas, respeitando o devido processo legal, e é na medida em que o magistrado edita normas, respeitando a matriz jurídica que lhe é fornecida que ele se legitima. A legitimidade do magistrado resulta da sua decisão, respeitando o processo de produção dessa sentença, e o conteúdo que essa sentença deve ter. Por isso mesmo é que os americanos, com a sensibilidade que é muito própria dos americanos, tem um tipo de incompatibilidade com o juiz que nasce da decisão. È o que eles chamam **personal weight**. O juiz não era parente, não era interessado, mas o juiz decidiu a causa tão parcialmente, o juiz decidiu a causa de modo tão evidentemente distorcido e parcial que ele se tornou incompatível, a decisão dele carece de legitimidade. Porque justamente a legitimidade do juiz não é um **a priori**, a legitimidade do juiz é um **a posteriori.**

E aí nós chegamos ao problema especificamente de minha palestra. Quando se estuda a fundamentação das decisões, até hoje o que é que se tem feito? Estudar o problema da fundamentação num esquema dogmático. A compreensão da fundamentação da decisão em termos de discurso jurídico, ou em termos de direito positivo, quando, na minha opinião... Lógico que é muito importante a gente indagar: a fundamentação do magistrado é um silogismo? O juiz opera a nível da lógica dedutiva? A fundamentação do juiz é um problema de tópica, como quer **Viewüeg?** A fundamentação do juiz é um problema de retórica, como quer **Parelman?** Tudo isso é bonito, tudo isso é interessante, tudo isso é bonito, tudo isso é interessante, tudo isso esclarece o processo de formação do convencionamento do juiz, mas o que é fundamental é saber que a fundamentação do juiz é a resposta política que ele dá para explicitar a sua legitimação. Porque só é decisão do magistrado a que ele dá áquele cidadão – que é cidadão, não é súdito – aquela devidamente legitimada do ponto de vista constitucional. Aquela fundamentação em que o juiz torna explícito que ele respeitou o devido processo legal, e que ele está respeitando as matrizes de produção de direito que lhe são oferecidas pelo sistema. vale dizer, o **iura novit curia** não é arbítrio de o juiz construir o direito que lhe parece justo. É, construir, ele só pode construí-lo a partir da matéria-prima que opera. O professor **Verdi**, inclusive, tem um trabalho excelente, mostrando que o devido processo legal, as garantias do devido processo legal, principalmente a da bilateralidade, não é apenas respeito à matéria de fato, mas também alcança a matéria de direito.

Chegado a esse ponto, eu vou, rapidamente, dizer para vocês o que é que me parece ser uma fundamentação constitucionalmente aceitável de uma decisão. O juiz, em primeiro lugar, é aquele que sabe nada dos fatos, e que, por isso mesmo, devem as partes – e o próprio juiz tem uma parcela de poder para se tornar conhecedor dos fatos, produzir a prova, a instrução probatória. E o juiz, também, na sua decisão, tem que dizer que fatos ele considera como atendíveis para embasar sua decisão. Muito bem, diz o Código de Processo que o juiz forma livremente seu conhecimento. O que é que o código está dizendo e o que é a única coisa que se pode compreender? É o que o juiz tem que indicar na sua decisão o fato que ele tem por verdadeiro e fundamentar porque esse fato ele tem por verdadeiro, referindo as provas que estão nos autos e que embasam o seu convencimento. Mas se ele parar aí, é juiz que vai decidir sem legitimidade, porque a bilateralidade do processo, que é garantia do devido processo legal, impõe ao juiz que ele diga, explicitamente, porque a versão contrária, da parte adversária, é repelida. Sentença que na sua motivação não torna explícito porque determinado fato é aceito pelo juiz, com base em determinadas provas, e porque as provas contrárias a essas provas que ele acolheu foram por ele repelidas, é sentença sem legitimidade, Pode até no final das contas a gente chegar à conclusão de que é justa, que às vezes você vai de canelada em canelada e chega ao centro. Pouco importa, isso é outra coisa, isso é outro problema.

Recentemente, na minha experiência profissional, eu senti isso na carne, Era uma ação de reconhecimento de sociedade de fato, um médico e uma médica, em que ela dizia ter vivido junto com ele e pretendia a divisão do patrimônio. Eu tentei provar, fiz uma prova longa, e que na verdade... Primeiro tudo, ele era um homossexual, duvidoso que ele tivesse essa paixão toda pela mulher, mas podia ser gilete. Depois, é que eles conviviam num sanatório, que não é analogicamente um motel. Um sanatório de doentes mentais, fazer analogia com motel, é muito delicado. Se eles fizeram suas estrepulias, foi "en passant". Depois, eu tentei demonstrar que, na verdade, só depois que essa moça foi demitida do hospital, ficou numa situação desesperadora, é que ele a trouxe para a companhia dele, o que datava apenas de quatro anos antes de sua morte. O acórdão do tribunal, reformando a sentença do juiz do primeiro grau, patati, patatá, patatá.... é um acórdão que você dizer que não está fundamentado e até um crime, porque são quarenta e oito páginas. Mas só apreciou a prova dela. Todas as críticas que eu tinha feito aos depoimentos dessas testemunhas, mostrando contradições, mostrando a amizade íntima, mostrando a contradição pessoal, foi desconhecido. O que é que adianta o acórdão ter analisado em quatro páginas a prova? Ele é um acórdão não fundamentado. Violentador, vergonhosamente, da garantia do devido processo legal, porque firmou seu convencimento sobre os fatos unilateralmente, e escancaradamente unilateral, porque se limitou a apreciar provas que diziam respeito ao interesse da autora, não tecendo nenhuma consideração quanto aos motivos porque repelia a prova da parte contrária.

Então, fundamentação de fato, a minha opinião, que legitima a decisão do juiz, é essa, em que a parte sabe – e aí o juiz é livre, aí é que está o livre convencimento do juiz, de dizer: "eu estou convencido da verdade deste fato. Estou convencido por força de tais provas. Provas que na minha opinião não foram tornadas inatendíveis com as críticas que forem feitas a ela, por isso, por isso...". Aplauso para este juiz, por mais contrária que tenha sido a decisão dele aos meus interesses. Isso é magistrado. A gente se levanta, chama de excelência e fala bem dele nos corredores do Forum. Mas, fora disso, o juiz está decidindo sem legitimidade, ele está cometendo um abuso de direito, ele está me dando porrada, e pode dar. Ora, num país onde um soldado dá porrada num advogado defronte da Caixa de Assistência, um juiz não pode me dar porrada? Então, nós sabemos que tomamos porrada a torto e a direito. Mas o que é que acontece com quem aceita tomar porrada? Está abdicando de sua cidadania. Isso é que é trágico. E que os grandes magistrados sabem disso perfeitamente, que não há nenhum desrespeito à autoridade deles quando a gente, técnica e respeitosamente, tenta fazer prevalecer, sobre o convencimento pessoal dele, a dimensão do nosso direito de concidadão, manifestar também o nosso ponto de vista.

E o direito? Ah, bom, o direito é um problema que o juiz sabe. **Iura novit cúria:** me dê um espaço que eu lhe dou o direito. Meu Deus! Onde está esse direito que o juiz sabe? Nós vimos que não está na Natureza, não está nos textos, está no processo e no produtor. Então, o direito que ele sabe é aquele direito que ele, pessoa física sabe, que às vezes é nenhum. Há magistrados do melhor quilate moral – a maioria. Há magistrados com a melhor vocação de homem público, mas está a segurança de que não há um magistrado analfabeto? Na minha terra há. Onde está a segurança de que não há magistrados corruptos? Na minha terra há. Onde está a segurança de que o magistrado tem espírito público? Na minha terra há magistrados destituídos totalmente de espírito público. E porque o cidadão se torna servo daquele outro cidadão que apenas passou por um processo de um concurso de provas e títulos e foi nomeado magistrado, o que é que faz aquele homem se tornar miraculosamente diferente?

Eu tive a honra de ter vários colegas do curso de especialização aprovados num concurso recente de magistrado, felizmente oito rapazes e moças da melhor qualidade. Então, dizia eu numa das minhas aulas: está aqui, ó, Justino. O que era ele como nosso colega? Estudioso, leal, cordial, prestativo e diligente. Se ele fosse safado, o concurso não lhe daria nenhuma virtude, ele continuaria sendo um safado. Como é safado um juiz da minha terra, que eu neguei inscrição a ele, como Conselheiro da Ordem, que não tem nenhuma autoridade moral, e hoje é magistrado. Acabei de dar um parecer sobre uma decisão dele – já está em terceira instância – em que ele comprovou que continua sendo o marginal de sempre, porque a sentença era um caso de encarceramento por prisão de flagrante. É como eu digo: há certas decisões tão manifestamente prevaricadoras que autorizam a prisão em flagrante.

Mas o que é que isso escandaliza? As pessoas dizem, "Calmon é inimigo da Magistratura". Eu? Eu, que sento na Constituição, totalmente tranquilo, mas me curvo respeitoso diante de José Carlos Barbosa Moreira, desrespeitando a Magistratura? Eu, que sei que o meu direito é o que ele disser, é o que James disser, é o que ele disser, é o que qualquer dos magistrados do plenário disser? Eu? A Magistratura para mim é tão sagrada, tão importante, tão fundamental, que só há um modo de nós homenagearmos o magistrado. Eu fiz essa demagogia com três amigos que foram nomeados para os tribunais federais regionais: Lázaro Guimarães, em Recife, Eliana e Tourinho em Brasília, pediram que eu os saudasse, e depois de eu falar – eram meus amigos – eu lhes disse: só tem um jeito de eu demonstrar de público o agradecimento nosso pelos juízes que vocês foram: me ajoelhei e beijei a mão dos três. É a única homenagem que se pode prestar a um grande magistrado. Essa humildade. Você está diante de um homem que ousou se revestir de uma função santificadora. Agora, o mau magistrado, eu ainda não descobri o castigo para ele. Já até inventei uma vez, pegar ele nu, amarrá-lo numa praça pública, com uma bacia de sal e outra de pimenta, obrigando a todos os cidadãos, com um espeto, molha no sal, molha na pimenta, e... cotocó!

E você pensa que puniu? Você pensa que este sofrimento terrível resgatou esse mau magistrado? O mau magistrado, ainda não inventaram uma pena para ele. E o bom magistrado, ainda não se conseguiu uma recompensa adequada. A Magistratura, portanto, é isso, e quem reclama que atuação da Magistratura encontre sua legitimação na fundamentação de sua decisão não é inimigo da Magistratura. E que direito é esse que o juiz constrói? Rapidamente, está aqui um amigo, colega e hoje grande magistrado federal, que sabe quantas vezes a gente conversou sobre isso, e eu dizia que ele, "olhe, nêgo, você vai ser magistrado, não se engane nunca, o justo vai ser aquele sentimento subjetivo, ético, profundo que você vai sentir diante do caso concreto". Mentira que o juiz não está encontrando o justo na lei, na formação dogmática dele, só se ele for um péssimo juiz.

O bom juiz, ele se emociona com aquele doente que o procura. É como o médico, a paixão do médico por aquela vida anônima que está dependendo do saber técnico dele. Ele não sabe nem quem é. O que ele está vendo ali é um desafio.

"eu vou vencer a morte". O bom magistrado é aquele que diante do indivíduo que postula diz: "eu vou impedir que você sofra uma injustiça". Mas isso é um perigo! Esse justo subjetivo é necessário, existencialmente básico, mas é um perigo. Aí é que vem a tarefa civilizadora do juiz. Esse justo existencial, pessoal, ele vai tentar vesti-lo com a dogmática jurídica. A dogmática jurídica civiliza o subjetivismo e o emocionalismo do magistrado. Então, ele vai tentar buscar no seu sistema jurídico a justificação dogmática. E, depois disso, ele precisa fazer mais uma prova: se essa decisão que ele está conseguindo dogmaticamente fundamentar é politicamente fundamentável, se corresponde àqueles valores socialmente corretos. E o juiz ainda passa por uma última prova, é se tudo isso ele não deve tipicamente submeter a uma redução sociológica, digamos assim, em face da peculiaridade do caso singular. E depois dessa tarefa, magnífica, excepcional, ele dá a sentença. É por isso que no direito alemão as decisões começam com a conclusão, depois vem a fundamentação. E Calamandrei disse, com muita acuidade, que a fundamentação é a apologia que o juiz faz da conclusão que tomou. Por conseguinte, a fundamentação da sentença não é o caminho que levou o juiz a decidir como decidiu. A fundamentação da sentença é a explicação, é a justificação política-jurídica que o juiz dá de porque chegou àquela conclusão.

E é nessa estrutura e nessa visão política da fundamentação, essencial para a legitimação do magistrado, que eu quis abordar hoje o tema. E, para concuir: por que é que essas coisas me apaixonam? Por que é que eu podia ser um profissional vitorioso na minha terra? Eu podia se hoje um advogado que despachava minhas questões na casa dos desembargadores. E sou hoje uma pessoa malquista por mais da metade do meu tribunal, cada dia menos malquista, para meu orgulho, e passei por essa experiência magnífica: o futuro presidente do tribunal me chamou e disse, "olhe mestre, eu quero me penitenciar, eu quero que o senhor saiba que eu não fui justo com o senhor, e eu gostaria que o senhor estivesse presente na minha posse, para eu dar uma demonstração pública de apreço ao senhor". É um consolo que, perto de eu morrer, eu estou conseguindo recuperar os amigos que eu pensei que tinha perdido. E não estou recuperando os patifes que eu queria que permanecessem meus inimigos. Eu estou vivendo esta glória, conseguindo ter como meus inimigos os crápulas, e recuperando os bons para o seio da minha estima, que eles nunca perderam. Eu posso ter perdido a deles, mas eles nunca perderam a minha.

Eu vou dizer a vocês porque. Porque se o homem vive sem uma crença muito forte de que viver vale a pena, é melhor não viver. Eu tenho dito ultimamente, nesses tempos tristes, nesses tempos assim, pobres de esperança, que a melhor forma de a gente ter esperança é meditar todo dia sobre essa verdade: viver é um projeto irrenunciável. No dia e que a gente nasce, tem que viver, e reparem que bobagem, que tolice é não aproveitar essa oportunidade que a vida nos dá de viver. Essa paixão pela vida! Há um pensador que disse: "No momento em que a gente perde a sensibilidade e o deslumbramento diante do prodígio da vida, começa o pecado, começa a auto--destruição". Quem ama da vida, quem reflete um pouco sobre a significação forte de que é ser único, até sofrendo, é uma grandeza do homem essa capacidade de ele sofrer. Aquilo que parece o aniquilamento do homem criador é sua exaltação. E só o homem é capaz desses extremos. Então se nós estamos vivos, e vivos na condição humana, nós não podemos deixar que essa riqueza que é a vida pessoal de cada um de nós seja aniquilada. É por isso que o pensador que mais me fascina no momento presente é Habermas, porque Habermas é o único que tem uma mensagem que é uma luz no fundo do túnel, convidando o homem a voltar a meditar, a incorporar com sua grande utopia a crença de que o homem é sempre um projeto, é sempre um processo, é um ser caminhando para a utopia da sua emancipação. Utopia que não é inutilidade de um sonho, mas é a coragem de sonhar um sonho.

Como disse o poeta, e um poeta cético, como foi Fernando Pessoa, o que a gente leva de frustrante não são os sonhos que a gente não realizou, são os sonhos que a gente não teve a coragem de sonhar. E o jurista que não é um pouco esse homem com sensibilidade de sonho, não valeu a pena ter sido jurista, mas ele deve colocar-se como o instrumento que confia em que ele, contribuindo para fazer de cada indivíduo a expressão de liberdade (e liberdade política, que é a dimensão da cidadania), não diminui Magistratura nenhuma. Ele a eleva, ele a convoca e ele a traz para a tarefa de transformar um aglomerado de homens, não em servos, mas em cidadãos, em seus iguais, em companheiros da mesma jornada no sentido dessa emancipação, utópica e necessária.

| 34 | O ADVOGADO E O PROCESSO NOS 20 ANOS DO ESTATUTO[44]

DR. MARCOS BRUNO – Pelo regulamento da Conferência, o expositor terá 20 minutos para discorrer sobre o tema, em seguida será aberto o debate e a palavra franqueada por 3 minutos, com prorrogações de mais 3. Tenho a honra de passar a palavra ao mestre, ao eminente Dr. José Joaquim Calmon de Passos.

DR J. J. CALMON DE PASSOS – Eu quase que iniciaria de um modo um tanto estranho, com uma questão de ordem, porque na verdade ignorava que o tempo que me destinaram fosse de 20 minutos e fui tomado de surpresa. Não sou palrador, mas imaginei uma conversa com vocês mais longa. Talvez eu não tenha a agilidade mental suficiente de cumprir tudo nos 20 minutos.

DR. MARCOS BRUNO – Minutos que serão prorrogados quantos sejam necessários.

DR J. J. CALMON DE PASSOS – Peço, então, em termos regimentais, uma prorrogação de 10 minutos.

DR. MARCOS BRUNO – Concedido, Excelência.

DR. J. J. CALMON DE PASSOS – Acredito que conseguirei transmitir para vocês uma síntese das preocupações que quis trazer para os colegas no tempo que pedi, 30 minutos.

Inicialmente, agradeço à Seccional do Rio essa distinção que me conferiu, à qual de certo modo me senti adequado, não por mim, mas pelas coincidências que se relacionam com a minha vida. Porque, sendo baiano, posso invocar nesta hora o nome de um advogado, com todas as letras maiúsculas do seu nome – e não será Rui Barbosa, esse lugar-comum de todo baiano – mas João Mangabeira, que foi, no início de sua vida, na zona perigosa do cacau, um grande advogado militante dos interesses privados e que chegou ao fim como um grande advogado militante do interesse público. E também feliz porque, por problemas de ordem familiar, me formei na Faculdade de Direito do Recife e fui aluno de Nehemias Gueiros, de quem me recordo para transmitir a vocês a lembrança daquele professor, que, na ditadura do Estado Novo, agonizante como esta, foi posto na prisão de cueca; numa prisão tão baixa para ele, que, sendo tão alto, passou mais de doze horas de cócoras, sem

---

44. Texto extraído de Congresso Nehemias Gueiros, 1983, Rio de Janeiro. *Anais...* Rio de Janeiro: Ordem dos Advogados do Brasil, 1983.

condição de se erguer. Mas o poder arbitrário, que para diminuí-lo precisou colocá-lo nessa masmorra, teve que se curvar, ele sim, definitivamente, porque os brasileiros reivindicaram novamente a sua cidadania.

Esses dois nomes justificam a minha presença aqui e me estimulam a colocar para vocês, não preocupações de ordem dogmática – embora o título da palestra seja "O Advogado e o Processo" – mas de ordem institucional bem larga, pois, para mim, nenhum instituto é mais carregado de significação política, nenhum instituto é mais adequado para o advogado do que o processo.

No momento em que enxergamos no processo apenas a pequena arma para solução das querelas de vizinhos, realmente não conseguimos nem advogados com letras minúsculas, porque o advogado é aquele que entende que o processo é o grande instrumento que o Direito nos concede para construir o próprio Direito. É admirável isso. É através do processo que nos fazemos geradores do Direito, na única dimensão realmente jurídica, aquela da vida e da definição da convivência social em qualquer espaço físico deste planeta que chamamos de Terra. E, por isso, acho que não podia falar sobre o processo sem dizer a vocês que ele é o óvulo e o esperma, o espermatozoide do Direito, porque é no processo que o masculino e o feminino dele se encontram para gerar a vida.

Não posso falar do processo sem falar do Direito, e aqui me vem uma lembrança curiosa. Certa vez, fui convidado para fazer uma exposição a alguns religiosos e usei, como tema de minha palestra, a Fé. Ao almoço, um sacerdote virou-se para mim e disse: "Ora, Calmon, mas você fez uma grande tolice; veio falar a religiosos sobre a Fé, quando o pressuposto do todo religiosos[45] é que ele crê." E eu disse a ele: " Pois a maior descrença está entre os que fazem da Fé profissão... Trago esta mesma preocupação para nós, juristas. Vocês poderiam me perguntar: "Tem sentido sermos convocados para ouvir falar sobre o Direito, quando o pressuposto de todo jurista é que ele sabe o que é o Direito?" E eu lhes responderia, sinceramente, porque estou respondendo a mim mesmo: "quem menos crê no Direito é o jurista". Se nós nos esquecermos de, cotidianamente, estar refazendo nosso exame de consciência e nossa meditação profissional, o renascer daquela Fé, que um dia nos levou a essa opção profissional, terminamos caindo no ranço cotidiano e começamos a esquecer que o Direito é alguma coisa muito mais importante do que a dogmática, do que a nossa jurisprudência, do que os nossos artifícios silogísticos para ganhar causas. Só assim recuperamos essa ideia fundamental de que o Direito é algo do que disciplina e dá sentido ao destino de cada criatura humana. Por isso, peço que me perdoem, se vou gastar uns poucos minutos em dizer a vocês, não o que é o Direito, porque não tenho pretensão de ser o portador da verdade, mas o que é a minha verdade, a minha

---

45. Redação original.

verdade pessoal, como eu, José Joaquim Calmon de Passos, vejo o Direito, como sinto o Direito, como eu me comporto diante dele e como me comprometo com ele.

A essa altura de minha vida, já estou naquela fase em que a gente começa a ficar surpreendido por que achava, há vinte anos atrás, que um homem com sessenta anos era velho. Eu não me sinto velho. Afinal de contas, a gente está concluindo gloriosamente, porque toda vida que se conclui é uma vitória. A essa altura da minha vida, com toda essa bagagem de experiência que tenho, o que é para mim o Direito? Só cheguei a uma conclusão: para mim, o Direito é fruto, em primeiro lugar, dessa coisa que nos marca dentre todas[46] os seres criados, que é liberdade. É por ser o homem um animal dotado desta faculdade, que denominamos liberdade, que o Direito é indispensável. Mas, afinal de contas, o que é a liberade[47,] esta coisa que a poesia conta de modo tão belo e com que nós, juristas, nos comprometemos de modo tão positivo? O que é esta liberdade? Eu não a vejo assim, poeticamente. Para mim, a liberdade é o fato de a natureza não nos ter informado a respeito do que devemos fazer, enquanto todos os animais recebem a graça de saber como se comportar. Ainda ontem, na televisão, eu via o hipopótamo (não lembro bem se do zoológico daqui ou de São Paulo) em dores de parto. Na hora em que a bolsa rompeu e o filhinho nasceu, esse filhinho já era auto-suficiente para nadar, para se locomover, já precisava muito pouco da mãe, porque a natureza tinha dado a ele todo o necessário. Mas a minha netinha, nascida há quatro meses, era o mais desprotegido de todos os seres, porque nasceu sem nenhuma informação biológica e toda dependente deste compromisso humano que eu, minha milher[48,] a mãe dela e o pai dela vão assumir para torná-la uma criatura humana.

Então a beleza da liberdade é isso, é esse o desafio de nós termos começado sem nada saber e sermos capazes de conquistar a própria sabedoria. E como é que o homem desfruta dessa sua liberdade? É convivendo. O homem é um ser que não pode ser solitário; não existe nada que marque mais negativamente o homem do que a solidão, porque o homem só completa a sua condição humana na troca de vida com outro ser de sua espécie. Isso é tão básico que, até para que o homem sobrevivesse, a natureza o obrigou a procurar aquilo que já se disse que é a outra metade de nossa alma, aquele ser humano de outro sexo. Mas convivendo, sendo livre e sem nenhuma informação biológica a respeito do que deve fazer e como fazer, o homem corre o risco de querer e fazer mais do que o necessário ao seu querer e ao seu fazer. A liberdade do homem não tem obstáculos em sim[49] mesma, porém a natureza e a convivência social lhe põem obstáculos. E, mais do que isso, porque desinformado

---

46. Redação original.
47. Redação original.
48. Redação original.
49. Redação original.

biologicamente para o seu agir, a atividade do homem, sua conduta, vai lhe impor opções. E o que leva o homem a ser obrigado a fazer opções? A necessidade.

É um outro dado que me impressiona e me provoca: o agir do homem resulta da dinâmica de uma energia que assenta em algo meio misterioso e inexplicável, o que nós chamamos o nosso sistema de necessidades. Provocado pela necessidade, o homem vai em busca daquele bem que a satisfaz. E, aí, todo o drama da existência humana: os bens são poucos para satisfação das próprias necessidades básicas, daquelas necessidades que não é ele quem cria, mas é a própria natureza que lhe impõe, quanto mais para as necessidades maiores e mais numerosas, aquelas que a cultura engendra nas expectativas humanas. Ah! Como somos escravos de nossas pseudo-necessidades! Lembrava eu recentemente, falando a alunos, que Sócrates já dizia ao tempo dele (imaginem o que não devia ser a Atenas do tempo de Sócrates, o que não seriam as lojas de modas do tempo de Sócrates, ridicularias que as nossas cidade do interior hoje repudiariam) vendo a futilidade da sua época: "Como são numerosas as coisas de que eu não tenho necessidades". O que Sócrates não diria deste mundo de hoje, que está se autodestruindo para afirmar a necessidade de satisfazer necessidades que não existem, que foram artificialmente criadas para, de modo drástico e terrível, desunir os homens fazendo do homem o lobo do próprio homem!

Ora, se as necessidades são muitas, se os bens são escassos, o homem desde cedo precisou disciplinar a distribuição dos bens da vida. Porque, se houvesse bens para todos, o Direito seria a coisa mais desnecessária de todas as formas de controle social. Mas, como os bens são escassos e as necessidades são muitas dentro da perspectiva quase sem limite das ambições pessoais, é necessário assegurar a sua satisfação a priori. O Direito surge, então, como uma forma de sistema de controle social, não como um instrumento de justiça, mas como a forma institucionalizada da mais iníqua, da mais drástica das injustiças. Nós fomos todos doutrinados, em nossas escolas, para acreditar que o Direito era um instrumento que nos levaria, na sua aplicação, à Justiça. Na verdade isso é a maior de todas as mentiras, porque o Direito, em última análise, é a formulação da vontade do poder, estratificando um modelo de distribuição da vida que exclui sempre a maioria do gozo e da fruição deles. Tenho a impressão até de que essa verdade é tão evidente e se tornou mais acessível porque vivo num país onde isso grita a meus olhos todos os dias, em todos os instantes. Sei que vivo num país de privilégios, num país onde a ordem jurídica, em nome de quantas ideologias ou pseudo-ideologias se tenham construído nesses quatrocentos e tantos anos de história, só serviu para uma coisa: para privilegiar uma pequena minoria e para desprivilegiar aquilo que, na verdade, é o povo brasileiro.

Ora, eu descobri, então, essa coisa terrível para mim: que essa profissão pela qual eu optei, essa profissão a que dediquei toda minha vida, esse esforço tão titânico, afinal de contas, ao fim de tudo, não fez de mim outra coisa senão um instrumento de efetivação de uma ordem iníqua. Então, eu olho o outro lado do Direito que nos resgata, o lado do Direito que nos convoca e nos justifica. É que o Direito é a única forma que a sociedade civil tem de criar os canais de sua participação, institucionalizar um novo modelo de distribuição dos bens da vida, que seja mais justa e mais equânime. Descobri que o Direito é profundamente ambíguo, e tanto pode ser o instrumento da iniquidade, como pode ser o instrumento da liberdade, da participação e do resgate social dos homens. E descobri, então, isso ainda mais terrível: é que tinham me ensinado, na escola, que o Direito é puro, que o Direito é dogmática jurídica, que o Direito é uma série de conceitos, que o Direito é um sistema bonito, harmônico, tão arranjadinho, parecendo uma mulherzinha feita para nosso usufruto. O Direito é a Miss Brasil do conhecimento humano, tão bonitinha, cinturinha certa, cadeirinha certa, coxinha certa, tornozelo certo, etc... E não era! Porque o Direito será aquilo que nós fizermos que ele seja. Também descobri que o profissional do Direito, o jurista, é o mais político, o mais comprometido e o mais engajado dos homens. Descobri que a dogmática jurídica que me tinham ensinado não era o meu saber, era o meu bisturi. Era apenas aquela arma necessária, aquele instrumento indeclinável que eu precisava utilizar para salvar a vida em perigo, posta sob meus cuidados e sob minha responsabilidade. Então compreendi que nós, advogados, nós, magistrados, nós, representantes do Ministério Público, nós, assessores jurídicos, nós, profissionais do Direito, somos pessoas permanentemente problematizadas e desafiadas, perante nossa consciência moral, diante do caso que nos é confiado. Não há neutralidade no Direito, nem no juiz, nem no advogado, nem no assessor jurídico, e nós precisamos assumir a responsabilidade moral da decisão que estamos dando, da interpretação que estamos advogando.

Li há pouco um anátema de um juiz francês diante de uma constatação que ele mesmo fez e que o marcou. Ele indagava dele mesmo: "Afinal de contas, quais são os criminosos que a França precisava punir? Aqueles que colaboraram com Petain e que a Resistência executou, ou os que negaram a colaborar com ele e os colaboracionistas executaram? Não, nenhum desses foi criminoso; criminosos foram os magistrados de minha terra, que, com a mesma indiferença e o mesmo descomprometimento moral, mandaram para morte, em nome do Direito, os homem que colaboraram. São esses amorfos morais que, em nome de um compromisso com a lei que nenhuma moralidade tem em si mesma, que se negam a se comprometer com os homens, com os valores, em nome de um Direito neutro que não existe; são esses os criminosos de nosso tempo e de todos os tempos."

É por isso que eu quis trazer para vocês essa minha preocupação. O que é o processo? Eu me recordo – eu, um pobre diabo ingênuo – de como achava bonita a ginástica mental do processo, perder uma aula inteira falando sobre relação jurídica, sobre o Direito abstrato de ação, que não é abstrato é concreto, que não é concreto é paralelepípedo, eu achava lindo falar na situação jurídica, se a situação jurídica é relação jurídica, etc. Então, um dia, descobri que não estava falando nem mesmo sobre o sexo dos anjos porque, se os anjos existem, o problema do sexo é real. E esses problemas da dogmática jurídica nunca serão reais, serão apenas estratégias mentais; não que tudo isso não tenha validade, tudo isso é lindo e necessário como uma disciplina do pensamento a serviço do Direito; mas não que isso seja o Direito.

Pois bem, antes de tentarmos fazer um confronto entre o tempo do nosso Estatuto e o nosso tempo de hoje, que seria a conclusão da minha palestra, gostaria de chamar a atenção de vocês para uma outra coisa que me preocupa, mas me preocupa e muito, porque a solução para isto tem que sair do jurista. Mas, afinal de contas, o que é jurista? Em última análise, temos hoje uma má consciência de nossa profissão, como se nesse mundo do pragmatismo, nesse mundo da automação, nesse mundo da racionalidade, nós fôssemos uns seres meio perdidos, brincando de nada. E, no entanto, somos essenciais a qualquer sociedade, porque o jurista, em última análise, é esse admirável desconhecedor de tudo. O jurista é aquele homem que, sendo um desconhecedor de tudo, é o único que conhece a todos. Então, a grande função do jurista é traduzir, em linguagem de convivência social, este saber setorial de todos os campos da investigação científica e transformar isso num sistema ordenado e coerente de normas. O jurista é o homem capaz de, usando a linguagem específica do técnico que ele não entende, falar a linguagem universal da norma que todos compreendem e que permite aos homens conviver. Não viver junto, porque viver junto é a coisa mais fácil do mundo. Viver junto é facílimo. Nós vivemos, hoje, juntos, nas grandes cidades até sem querer. Você entra no elevador, está junto; você entra no cinema, está junto, você entra num ônibus, está junto; mas a gente não convive.

Pois o jurista é o grande artífice que transforma esse viver juntos em conviver. Isso aconteceu, de certo modo, com Revolução Francesa. Nós vínhamos de um tempo anterior, em que o processo era, principalmente, o instrumento da criação do Direito e não da aplicação do Direito. O certo é que o processo era aquele instrumento através do qual se construía o Direito no caso concreto, porque o Direito dado aprioristicamente era escasso e pobre. Veio a Revolução Francesa, o dogma da separação dos poderes, esta beleza de dogma. E aqui abro parêntesis. Dizia eu, ontem, em Curitiba, que todas as nossas instituições estão necrosadas. Eu sou hoje profundamente convencido de que o nosso Parlamento é fóssil, a nossa Judicatura é fóssil, o nosso exercício da advocacia está fossilizado. E nós querendo que essas instituições velhas, pensadas pela Revolução Francesa, para uma realidade bem diversa da nossa, ainda correspondam às nossas necessidades. Naquela época, elas respondiam, e respondiam de modo magnífico. E o que está no núcleo do pensamento que a Revolução Francesa, em termos de teoria política, nos legou? Que o povo é aquele em quem assenta a soberania, que o povo deve-se reger pelas normas que ele, povo, edita. Mas, como é impossível a democracia direta, o povo elege seus representantes que, traduzindo a vontade do povo, editam as leis. E essas leis gerais traduzem a vontade ou o consenso popular, que o Executivo deve aplicar e o Judiciário deve aplicar;

o Executivo, aplicar originariamente, adimplindo os deveres públicos que assumiu; o Judiciário, aplicar substitutivamente, quando aquela aplicação originária deixou de existir. Então, nem o Executivo legisla e cria Direito, nem o Judiciário legisla e cria Direito, porque são ambos meros aplicadores de um Direito que o legislador editou e que traduz o consenso popular. O dogma da lei. Este risco de associar o justo ao legal; e o risco maior de descomprometer a nós, advogados, do compromisso de realizar o Direito no caso concreto. Nós fomos mentalmente estruturados para acreditar que nos justificamos apenas cumprindo o dever, que é aplicar bem a lei.

De sorte que a nossa postura profissional – pelo menos a minha – sempre foi a de, ao invés de primeiro nos apaixonarmos pelo caso, pela provocação que a vida nos dá, nos preocupamos, em primeiro lugar, em descobrir o escaninho ou o silogismo em que aquele caso concreto podia ser aprisionado. E isso, o que nos fez? Fez com que nos distanciássemos cada vez mais da sociedade e nos tornássemos politicamente desnecessários, e fez com que o jurista terminasse sendo essa pessoa dispensável no mundo de hoje. Todos temos a consciência nítida de que perdemos o nosso espaço político, de que a sociedade já não nos convoca, nem exige mais de nós aquele tipo de participação de responsabilidade que exigia tempos atrás. Por quê? Porque formos cada vez mais dogmáticos, cada vez menos nós fomos políticos, no bom, no justo e rico sentido. Isso possível durante algum tempo. Mas que aconteceu em prazo muito curto? A dinâmica da sociedade industrial fez com que as necessidades de normatização se tornassem prementes, e, o que é mais importante, a sociedade em constante mudança fez com que essas normas fossem sempre de duração precária. Ora, o legislador tradicional que a Revolução Francesa nos tinha dado era um legislador a longo prazo. O juiz era o homem formado e vocacionado constitucionalmente não para criar o Direito, apenas para aplicar o Direito que lhe era dado.

Quem sobrou, então, para assumir o papel de legislador? O Executivo. O Executivo apropriou-se da função de legislar porque as necessidades sociais reclamavam e, institucionalmente, não havia ninguém capaz de ocupar esse espaço vazio; e o Executivo, legislando sem controle social, tinha de gerar o que gerou hoje, a hipertrofia do Estado, um Estado que se tornou poderoso a tal ponto que, no mundo moderno, as instituições já não funcionam no sentido que deviam funcionar. O nosso desencanto com o Parlamento, pela pouca presteza com que ele responde às nossas necessidades, nos frustra; o nosso desencanto com o juiz, cada vez mais distanciado e descomprometido com os problemas humanos, nos frustra; e esse Executivo, cada vez mais presente em termos de Poder, que assusta e domina, nos frustra; e hoje nós estamos órfãos de instituições que respondam à nossas necessidades. Se Marx foi um gênio, pensando como pensou o mundo capitalista do seu ângulo econômico, o Marxismo tem essa dívida social grave: não teve uma teoria política. E o grande problema do mundo atual é que a gente sente, lá no fundo, que reconstruir uma sociedade mais justa em termos de acesso de todos aos bens da vida é um imperativo; mas nos falta a teoria política para transformar em realidade esta aspiração. E a grande convocação para todos nós, hoje, é repensarmos as instituições de modo que se encontrem as soluções institucionais que respondam a essa exigência dos homens atuais, de mais justiça social. Mas não conseguiremos essa justiça social com as instituições que estão aí.

Vamos deixar de ser crianças e pensar que realizaremos justiça social com liberdade, com o Parlamento que nós temos; que realizaremos justiça social com liberdade, com o Executivo que nós temos; que realizaremos justiça social com a Magistratura que nós temos. O desafio, portanto, existe para nós, juristas, Esse desafio não é para o economista, cujo saber é específico e setorizado. Nem mesmo o cientista político tem estrutura para pensar isso. Ele é capaz de fazer reflexão sobre os princípios básicos que informam a teoria política, mas é incapaz de gerar, normativamente, as instituições políticas. E é essa a tarefa que está esperando por todos nós, essa a tarefa que está desafiando todos os juristas e, principalmente, o advogado.

Afinal de contas que é o advogado? Tenho eu dito, em inúmeras oportunidades, que a liberdade que informa todos os regimes democráticos assenta nessa coisa simples e decisiva que é a participação. Onde há participação, há democracia. Qualquer que seja a forma institucional do país, onde não há participação, não há democracia. E a participação só se faz por dois modos: mediante o engajamento direto dos interessados ou mediante o engajamento representativo desses interessados. E a representação para a participação só pode ocorrer em dois níveis: ou no macroconflito ou no microconflito, pois a participação é necessária quando os interesses humanos se entrechocam; não é na harmonia, nem na convivência sem choque que a participação se faz necessária; ela se faz necessária quando os interesses se contrapõem e se conflitam. E essa representação no macroconflito é a política do parlamentar; mas a representação política no microconflito é a do advogado.

Eu chego a dizer que, se o juiz é a voz da lei, por conseguinte, ele será muito mais a voz de poder instituído do que a voz do cidadão; a voz do cidadão no contexto político é o advogado. E, se o advogado perde a sensibilidade para sentir e se comprometer com essa dimensão política do seu agir, ele é um pobre-diabo, apenas um técnico do Direito, aquele que melhor seria se não estivesse com os autos, nem com a pasta do advogado. Na verdade, quando perdemos a sensibilidade no processo, no mais simples dos processos – na humilde, singela e despretensiosa ação de despejo por falta de pagamento – se o advogado não assume essa ação, ciente e consciente do comprometimento político e humano que há por trás disso, ele não é um advogado. Bastaria lembrar, apenas como sugestão, o que é hoje, no nosso Brasil de agora, uma ação de despejo por falta de pagamento. Que provocação está sendo posta para o advogado, que muitas vezes está defendendo um constituinte em mora com o seu locador porque ele vive num país onde ser proprietário é privilégio e cidadania, e onde não ser proprietário é execração!

A tribuna do advogado para a sua reivindicação política é aquela humilde ação de despejo, e, em cada uma que ele tiver, denunciar incessante e bravamente a ordem jurídica iníqua e desigualizadora à qual estão querendo que ele sirva, quando ele, como advogado, só tem um direito e um dever: o de servir à Justiça. E que justiça? Iludem-nos falando numa justiça ideal, aquela justiça que a gente nunca sabe qual seja, nunca sabe o que é, nunca sabe o conteúdo que tem. Muito mais desconhecida do que a noiva do turco, porque pelo menos a noiva do turco ele conheceu na noite de núpcias; e se arrependeu de ter conhecido, mas conheceu. E a gente não tem nem o direito de se arrepender de ter casado com essa justiça, porque não se vai ver nunca a cara nem o corpo dela. Quando, na verdade, a justiça é uma coisa diferente, muito concreta, muito palpável, muito fácil de ser identificada. Porque a justiça é simplesmente o acesso de todos aos bens da vida indispensáveis para satisfação de suas necessidades.

Então, a justiça ou a injustiça de uma ordem jurídica é fácil de prever, porque, se alguém não tem o alimento no prato, a ordem é injusta; se há alguém que não tenha as vestes do corpo, a ordem é injusta; se alguém não tem o teto sobre sua cabeça, a ordem é injusta, e, se alguém esbofetear uma sociedade, fazendo uma festa de ostentação para o casamento de uma filha, quando não se consegue, nesse mesmo país, nem mesmo dar condição de filho àquele que se pariu, esta sociedade é injusta, e ninguém precisa mais de nenhum dado ou referência para protestar ou para se colocar frontalmente contrário a essa ordem jurídica.

O advogado é o homem que tem o dever de denúncia permanente de injustiça no macroconlito e no microconflito, e é através da nossa luta, é através da nossa doutrinação, que os juízes fazem justiça. Não pensemos que a justiça vem deles para nós. O juiz é, por força da sua investidura, muito mais um representante do poder do que da sociedade civil. Mas nós somos os homens que têm um compromisso com a sociedade civil e com aqueles que confiam em nós, com aquele que nos colocou como seu representante e seu patrono. É com ele o nosso compromisso, compromisso do ponto de vista da sua condição humana e do ponto de vista da sua condição política de cidadão.

Para concluir, que é, então, o processo? Eu gostaria de fazer um breve confronto entre os anos 63 e os anos 83. Quando surgiu o nosso Estatuto, o que era o Brasil? O que era o mundo nos anos 60? Um mundo romântico e iludido. Nós tínhamos saído da Segunda Guerra Mundial, e saímos dela com algumas perspectivas. Primeira perspectiva: o mito do desenvolvimento econômico. A gente acreditava (e como eu acreditava!) nessa coisa ingênua de que bastasse que se deixasse as forças sociais empreendedoras operar em todos os cantos do mundo para que tosos[50] os povos se resgatassem da miséria e da necessidade. Nós estávamos empenhados no ciclo desenvolvimentista. Juscelino era um ídolo, Brasília, um símbolo; e este país que ninguém segurava e São Paulo que não parava eram o nosso orgulho. Eu sentia orgulho de ser brasileiro nessa época; hoje, não tenho nenhum orgulho, só vergonha. Mas senti orgulho de ser brasileiro, me comovi muitas vezes. Eu sentia esse país assim como que lançado para frente, me sentia, como todos os meus companheiros de convivência social, desafiado. Nós acreditávamos que a experiência da guerra, tão dolorosa, nos tinha levado a descobrir a necessidade de o mundo ser um só. O segundo grande sonho era a união da América Latina, o Mercado Comum Europeu. A Europa vai ser os Estados Unidos da Europa, os sonhos da fraternidade dos homens.

Qual foi o terceiro grande sonho do pós-guerra? Foram tantos os sonhos vividos por todos nós quando da edição do nosso Estatuto! O sonho de que tínhamos, como homens e como sociedade, nos libertado. Aqueles valores tradicionais estavam liquidados e nós íamos construir um mundo diferente. Os Beatles na música, a Contracultura, os jovens de minha faculdade, que geração notável! Uma geração rica, corajosa, desafiadora, inovadora. Que beleza as minhas brigas com meus alunos, que muitas vezes fechavam a porta da nossa sala para não perturbar no corredor, e a batalha campal se travava ali mesmo, na sala de aula. Que tempo! Tempo em que eu me sentava com um aluno para ele me colocar em dia com a Filosofia, porque ele estava mais em dia com ela do que eu, ou me sentava com um outro para me colocar em dia com a Sociologia, porque ele estava muito mais em dia com ela do que eu. Que tempos ricos! Que tempos cheio de esperança!

E o que é que existe vinte anos depois? O sonho do desenvolvimento econômico transformou-se no mito do desenvolvimento econômico. Ao invés de hoje nos convocarem para o desenvolvimento, nos advertem de que, ou nós paramos com essa perdulária produção de coisas desnecessárias ou criaremos uma situação ainda mais grave de escassez. O Clube de Roma adverte: o mundo não tem condições para um padrão de vida falso como o dos países desenvolvidos. Bastaria que a China tivesse o padrão dos Estados Unidos para que não sobrasse nada na Terra para mais ninguém. E, por conseguinte, se a Terra não tem para favorecer aos homens, a todos eles, aquilo que os americanos têm para manter o seu padrão de vida, quem está errado é o americano. O que é que nós estamos vivendo hoje? Um mundo só? Ao contrário. O mundo está completamente retalhado, profundamente dividido, mas o fenômeno mais grave do mundo de hoje não é a divisão de todos os povos, e sim a divisão interna das próprias nações. Hoje colocamos dentro de nosso país os inimigos mais sérios que nós podemos ter e que, infelizmente, são as Forças Armadas. Só conto dois episódios agora para mostrar como essa coisa é de suma gravidade.

---

50. Redação original.

O episódio do Chile, ontem à noite: um general execrado, repudiado por toda a Nação, se sente no direito de usar as armas que os chilenos lhe deram, sob a bandeira que simboliza a sua terra, para massacrar seus irmãos em nome da manutenção de um poder que ele usurpou sem dignidade e sem justificativa. Eu dou um outro exemplo: o México pediu moratória e, pedindo moratória, ele precisava, drasticamente, limitar certos ganhos. Precisou reduzir, num país com a inflação de quase 100%, os acréscimos do salário a 15%, o que significaria uma expropriação mais do que violenta. E o que fez o Governo mexicano para assegurar essa medida drástica? Deu aos coronéis das Forças Armadas 100% de aumento, e a todos os militares 45%, transformando os soldados mexicanos em mercenários que recebem o salário da traição ao povo que eles deveriam defender. Ninguém se iluda. Estamos vivendo hoje um problema institucional sério, que é a existência de Forças Armadas regulares que, por necessidades das tensões universais, se arvoram no direito de se prover dos equipamentos mais destrutivos. Pior que isso: esses aparatos coercitivos não estão dirigidos para outros povos, e sim para seus próprios concidadãos, querendo importa-lhes não a vontade nacional, mas a vontade expropriada da Nação por uma força sem legitimidade.

Isso não havia em 1963. Ingenuamente, em 1963, nós nos considerávamos todos engajados no mesmo processo de recuperação nacional e hoje estamos nesse equívoco. Não podemos prescindir de nossos soldados. Eles são fundamentais para a nação; nós não podemos colocá-los como nossos inimigos. Eles têm que ser nossos aliados e nossos companheiros. Eles são nossos irmãos, os noivos de nossas filhas, membros de nossa família. Eles falam a nossa língua, e devem ter, lá no fundo, o mesmo patriotismo que nós temos. E por que esse terrível equívoco de se criar a imagem desse inimigo interno, como se aqueles que lutam dentro da sociedade por adquirir um lugar melhor, no banquete da divisão de bens que a vida favorece a todos, sejam subversivos e sejam réus?

O desafio do nosso tempo é que, enquanto em 63 acreditaríamos no Estado como aliado, pois era ele o grande dinamizador do desenvolvimento econômico, era ele que deveria ser prestigiado e favorecido para nos levar a bom termo, hoje, todos recuamos ante esse fantasma em que se transformou o Estado, que, ao invés de proporcionar bem-estar, proporciona controle social, entra cada vez mais na vida íntima de cada um de nós, gera para todos nós um clima de medo e terror e, acima de tudo, essa postura psicológica desalentadora, que é dar consciência de impotência ao indivíduo diante de toda essa parafernália. Tudo mudou, e mudou também o advogado. O advogado em 63 era capaz de se sentir justificado e situado sendo o advogado de empresa, sendo um agente propulsor do desenvolvimento econômico. Como a gente inventou nome para fugir da má consciência da nossa profissão; o direito econômico, a advocacia de empresa, o direito para o desenvolvimento. Nós todos queríamos sair da má consciência para dizer que estávamos engajados nessa marcha para Shan-gri-lá. Mas hoje, graças a Deus, o advogado percebeu o seu descaminho.

Hoje o advogado é convocado justamente a reassumir o seu grande papel histórico e resgatar para a sociedade as instituições políticas que lhe permitam conviver com a liberdade. Se eu me orgulhei, um dia, de ter sido alguém que optou pela profissão do Direito, como eu me orgulho hoje de ter feito essa opção! Nenhum cientista político, nenhum administrador tem em sua esfera missão mais desafiadora, mais carregada de riscos, mas em compensação mais fecundas em dividendos do que nós, advogados.

Vocês já estão sentindo isso. Agora mesmo, na minha Seccional, um advogado, Conselheiro, levou cinco tiros no tórax (felizmente parece que não morrerá) de alguém empreitado por um adversário seu num processo em que ele tentava apenas exigir dele – um contrabandista e um desviador de dinheiros públicos – o retorno daquilo que é da comunidade e de que ilicitamente se apropriara. Na minha terra já morreram três advogados porque patrocinaram posseiros contra grileiros; na minha terra, advogados têm sido agredidos na polícia porque patrocinam o respeito à cidadania daquele que só é marginal porque economicamente desvalido. Então, nós estamos recuperando, perante a sociedade, aquela fisionomia nova, não de um parasita social, mas de um líder que tem a coragem de empunhar novamente a bandeira, reeguê-la do chão, onde pensavam que ela estava definitivamente caída, levantá-la de novo e fazê-la tremular e convidar a todos para reiniciar essa marcha de resgate da valentia e da condição humana na convivência social. Nós voltamos a ser aqueles que, na frente, ensinam os caminhos que conduzem à liberdade. Muito obrigado.

DEBATES

DR. MARCOS BRUNO – Senhores, estão abertos os debates. Os que quiserem debater podem usar o microfone, e os que tiverem proposições devem fazê-los por escrito à mesa.

DR. JOÃO BAPTISTA LOUSADA CÂMARA – Eu desejo, inicialmente, fazer uma sugestão no sentido de que V. Exa. encaminhe um pedido à Seccional para que esta conferência gravada seja editada em fita cassete e posta à venda, porque tenho certeza que este momento se perpetuará em todos nós que vamos adquirir essas fitas. É uma sugestão da Secretaria.

DR. MARCOS BRUNO – Em boa hora o advogado Lousada Câmara, que é um homem sensível, sugere – a Presidência aceita, com o apoio do plenário – que essa conferência, que está sendo gravada, seja editada através de fitas cassetes. Está aceita a proposta e aprovada pelo plenário. Há uma pergunta dirigida ao nosso conferencista, que passo a ler: "A liberdade deve nortear a[51] exercitamento profissional do advogado, e parece-me que o exercício dessa liberdade necessita de um instrumento de trabalho. Indagaria do eminente conferencista se esse instrumento de trabalho, que é o Estatuto da Ordem dos Advogados, nascido numa época romântica, se apresenta ainda hoje como instrumento suficiente para levar o advogado a assumir sua função na sociedade".

DR J. J. CALMON DE PASSOS – Tenho a impressão de que, no decorrer da minha palestra, mostrei como seu cético diante da norma. Não creio que a norma, que o discurso, que é uma proposição, que é um conceito, que é um enunciado, gere consequências na ordem social. Se a norma tivesse o poder de gerar consequências na ordem social, este país seria um país razoavelmente bem institucionalizado.

Eu me recordo de que nem era ainda estudante de Deireito[52,] estava apenas me preparando para ingressar na Faculdade de Direito, quando, ouvi, de um amigo francês, palavras de grande louvação à nossa Lei de Acidentes do Trabalho. E ele dizia assim: "Nós não conseguimos ainda, na França, chegar a um estado tão evoluído." O Brasil se dava ao luzo de, em 1934, ter a Lei de Acidentes do Trabalho mais evoluída do mundo, porque não era para ser aplicada. No entanto, em 1983 o Brasil ainda é o campeão do mundo de infortunística do trabalho; o que prova que a lei é uma inocuidade. Quando por trás da lei não estão as instituições reais, não está o comportamento social efetivo, não está o cidadão em condições de exigir respeito à sua cidadania, a norma é uma inutilidade.

Esse mesmo Estatuto que está ai, que nos permitia, na época de Juscelino, exercer a profissão com tanta respeitabilidade, que nos permitiu, numa determinada fase, exercer a advocacia sem maiores percalços, de 1969 a 1974 se tornou uma inutilidade. O Estatuto podia dizer o que quisesse quanto à prisão especial, que eles batiam mesmo na cara do advogado. Ainda ontem tive uma conversa com o Presente da Subseção de Londrina, no Paraná, que dizia que a Política Federal, nesse período forte da repressão, cansou de deixar ao sol, horas a fio, inúmeros advogados, até que eles pudessem ter acesso ao preso que iam defender. Há poucos dias, em minha terra, um funcionário da Petrobrás vinha num carro e, sem querer, atropelou um motoqueiro que imprudentemente cortou a sua frente. Felizmente o motoqueiro teve ferimentos não muito graves. O funcionário da Petrobrás desceu do carro, deu o seu cartão e prontificou-se para qualquer coisa. Quando chegou em casa, dois policiais estavam esperando por ele, levaram-no para a Delegacia e disseram: "Quem atropela irmão de Delegado apanha." Serviciaram esse homem, fizeram miséria; a esposa dele telefonou para uma colega nossa, que, mais do que rápido, foi à Delegacia de

---

51. Redação original.
52. Redação original.

Polícia. Destrataram-na, disseram nomes feios, quiseram apalpá-la, ela chorando. A certa altura, nessa situação desesperadora, ela disse: "Vou contar isso ao meu irmão Serapião". Os policiais perguntaram quem era Serapião ela respondeu que era Juiz de Futebol. Aí, cessou toda a coação.

A gente precisa deixar de ser romântica e entender que as leis não dão nada a ninguém, nem tiram; a lei é uma inocuidade, é um discurso vazio. O que me interessa o que está escrito em meu Estatuto, se nós, como instituição, não tivermos força e presença para exigir que o que está escrito nele se cumpra e se respeite?

Por que foi que cessaram as sevícias a essa advogada quando ela disse que era irmão do Juiz Manoel Serapião? Porque o Juiz de Futebol Manoel Serapião faz parte de uma estrutura social que tem poder. Enquanto ela dizia que era advogada, o Delegado não teve nenhum receio de seviciá-la porque sabia que a Ordem local, como instituição, não tinha força para conseguir qualquer punição contra ele. Então, eu responderia ao colega: antes de perdermos tempo em saber como o Estatuto deve ser redigido, devemos ganhar tempo criando, nós, com a nossa postura social, o Estatuto a que temos direito. Nós fazemos as leis com o nosso comportamento social e político; depois o legislador as formaliza. Mas, se vamos esperar que a partir da norma, da edição legal do discurso do poder, as garantias nos cheguem, estamos tremendamente iludidos. Respondo a este colega: urgente não é reformar o nosso Estatuto, urgente é reformar o nosso comportamento.

DR. CELSO SOARES – Meu querido Professor Calmon de Passos: eu queria colocar uma questão que agora, pela a sua resposta anterior, se torna ainda mais importante para mim. Há um grupo de advogados, capitaneados por Roberto Lyra Filho, que vem travando uma discussão sobre a crítica do Direito, e edita uma revista chamada "Direito e Avesso", que a duras penas está no seu terceiro número e onde se coloca a questão do Direito fora da norma estatal, uma posição que consiste em abolir da mente do advogado o fetiche da norma.

Gostei muito de sua palavras anteriores, porque me adiantaram o pensamento. Nesse sentido, gostaria que o professor falasse alguma coisa a respeito de o advogado, para melhor cumprir a sua missão social, lutar pela criação de instrumentos que permitam romper com a estrutura do Judiciário e do processo – que têm uma evidente conotação ideológica de controle social, como bem lembrou noutro dia aqui o Professor Miguel Baldez – e trazer, para dentro da prática do processo, direitos que ainda não estão reconhecidos, a não ser individualmente, mas que pertencem à coletividade, que inclusive até já o exerce em alguns casos.

Nós temos prática disso, reconhecida em lei, apenas na negociação coletiva entre empregados e empregadores, por exemplo, onde a convenção inscreve normas que vão vigorar e que estão fora das normas do Estado. Mas é preciso que se dêem instrumentos para que se tenha esse aporte na nossa prática para que aquilo que se chama hoje de interesses múltiplos ou difusos possa começar a ser representado, elastecendo-se, por exemplo, a legitimação, de modo que entidades possam postular e que se estenda a substituição processual já existente em alguns casos, como os Sindicatos, embora limitada. Enfim, de que maneira se pode ampliar esse caminho pela instituição de um mecanismo, e que mecanismos se poderiam abrir para esta participação maior. Obrigado.

DR J. J. CALMON DE PASSOS – Meu caro Celso, toda vez que você me questiona, eu já fico motivado para a resposta. Ele é tão rico no questionamento que até nos enriquece a capacidade de responder sobre essa preocupação, tão positiva, de libertar o Direito da lei. Olhe, se existe alguma coisa a respeito da qual nenhum de nós pode perder tempo, é justamente nos libertarmos do fetiche da legalidade. Sou um cidadão respeitável porque cumpri a lei; muito bem, eu já fui membro do Ministério Público, muito cioso no cumprimento dos meus deveres, nunca atrasei processo, nunca deixei de libelar, nunca deixei de sustentar no júri a acusação. Exame de consciência final: fui um grande patife (Risos).

O meu zelo pela lei me levou a ser um instrumento de inocuidade, porque, como já disse antes, tenho a consciência nítida de que servi a uma Ordem que põe na cadeia as vítimas e obriga o Ministério Público a se banquetear com os criminosos. Agora mesmo, no Brasil, isso está bem provado. Nós seríamos, se fôssemos membros do Ministério Público, convocados a colocar na cadeia qualquer menor delinquente que, alcançando a maioridade, se fez marginal; enquanto isso, seríamos obrigados a nos sentar ao lado dos homens que se envolveram na negociata vergonhosa da Delfin, da Coroa, da Carvalho & Carvalho e da Capemi. Então, Celso, o que você está dizendo é de uma evidência total. Precisamos nos libertar da crença de que o justo está na lei e entender a lei como discurso do poder. A grande tarefa do advogado é desmistificar o discurso do poder que está na lei. Eu às vezes digo a meus alunos: "No dia em que vocês conseguirem provar que a lei está dizendo uma coisa diferente da que diz, vocês começam a ser juristas e advogados." A nossa grande tarefa, então, é resgatar na linguagem legal a justiça para o caso concreto. Ora, e o que está acontecendo no mundo de hoje? O problema é que nós ainda estamos vivendo a ideologia da Revolução Francesa e ainda não conseguimos construir a nossa própria ideologia política. Porque, se o marxismo foi rico em nos dar uma visão ideológica numa dimensão sócio-econômica, foi paupérrimo em nos dar a visão numa dimensão político-institucional. Nós estamos precisando nos resgatar dessa falta e dessa omissão. Pois bem, por força dessa nossa ideologia, filha da Revolução Francesa, o nosso entendimento de Direito Subjetivo é um entendimento tremendamente anti-social.

Eu disse a vocês que o homem age à base das necessidades que ele experimenta. À base das necessidades que experimenta, ele procura os bens que satisfazem essa necessidade. Chamamos de interesse essa relação que há entre a necessidade e o bem que a satisfaz. E como nós construímos o Direito Subjetivo? Nós construímos o Direito Subjetivo com aquele Direito que versa sobre o interesse que desemboca na apropriação de um bem qualquer. Só reconhecemos o Direito Subjetivo quando alguém pode se apropriar, excluindo outro do gozo de um determinado bem. E, no entanto, os interesses humanos são mais ricos. Eu classifico os interesses no que eu chamo de interesses excludentes e não excludentes. E dou um exemplo: se todos nós aqui gostássemos de música clássica e uma orquestra começasse a tocar a Nona Sinfonia de Beethoven, todos ficaríamos felizes. Juntos, felizes e irmanados, ouviríamos a Sinfonia de Beethoven. Eu ainda me viraria para o meu vizinho e diria: que coisa linda, não? Quer dizer: não teríamos nenhuma necessidade de nos hostilizar, porque todos nós experimentaríamos a mesma plenitude, a mesma satisfação de nossas necessidades, sem precisar excluir o outro. Mas se, por exemplo, se trata de matar a sede, então eu me torno um animal. Na medida em que os interesses são excludentes, o homem é uma fera, é um animal. A mesma coisa acontece com os bens. Os bens, ou são insuscetíveis de partilha ou são partilháveis. Nada mais partilhável do que a terra, e, no entanto, que faz o homem? Ele se apropria, excluindo. E nós chamamos a essa apropriação excludente de Direito Subjetivo. Em vez de dizermos que é o delito, dizemos que é Direito subjetivo.

Direito Subjetivo não é aquele que desemboca na apropriação de um bem, excluindo os demais, mas na apropriação de um bem que atende a uma necessidade nossa. E, se essa necessidade pode ser atendida sem precisar excluir os demais, é necessário que todos os outros, em iguais condições de necessidade, tenham acesso e direito a esse mesmo bem. De sorte que os interesses chamados difusos, Celso, os chamados interesses coletivos, não são nada de interesses coletivos. São apenas interesses de um cidadão, de um indivíduo, de uma pessoa humana, não se reveste desse caráter egoístico e excludente de ser necessário ou exigir a sua apropriação para satisfação de minha necessidade. Por que eu preciso me apropriar do ar puro que eu respiro? Para que ele seja puro? E por que eu não tenho direito ao ar puro? Só porque ele não é meu? É esse Direito Subjetivo que se traduz no interesse compartilhável que é o mais rico, o mais nobre, e é aquele que juridicamente devia ser melhor protegido. Então, na verdade, o que precisamos é reformular o Direito Subjetivo, recusando nele o seu conteúdo tradicional e enriquecendo-o em função das necessidades e das exigências da pessoa humana.

E nós advogados não devemos – e Celso diz muito bem – esperar pelo legislador. Não existe nada mais nobre do que um advogado que vê indeferia por inepta sua petição rica em desafio e revolucionária. E, tendo a coragem de desafiar todos os dias o quietismo e imobilismo dos juízes, um dia vamos poder encontrar algum que se sensibilize. Vamos, portanto, redigir petições ineptas, mas petições que fiquem como documento da postura revolucionária dos advogados deste país no ano de 1983.

Há poucos dias, na minha terra, fizemos uma inépcia dessas. Eu dei assessoramento jurídico, mas quem assinou a petição não fui eu, foram dois ex-alunos meus, jovens. Eu fui o pai da criança, eles foram a proveta onde o menino se desenvolveu, mas magnífico na sua juventude e na sua coragem de inovar, na sua coragem de assumir a responsabilidade pública dessa posição, defendendo o direito de moradia contra o direito de propriedade, sustentando com uma juridicidade bonita, um silogismo bem armado, segundo o qual acima do direito de propriedade está o direito de moradia, numa síntese muito rápida da fundamentação jurídica. É que a Constituição garante o direito à vida, à liberdade e à propriedade. Então, o raciocínio é: se a Constituição pôs em primeiro lugar o direito à vida, esse direito à vida não é o direito de ser morto, é o direito de sobreviver na condição humana; portanto, tudo aquilo que é indispensável para que a vida ocorra em condições humanas é garantia primeira da Constituição, que, quando diz direito à propriedade, não diz direito de propriedade. É preciso dar importância às preposições. A Constituição não garante o direito de propriedade, ou seja, não garante o direito de quem já se apropriou porque foi o primeiro ladrão a chegar (risos); ela garante o direito à propriedade, ela garante a todos poderem ser proprietários de quê? Daquilo de que cada indivíduo precisa se apropriar para sobreviver em condição humana. E uma das coisas de que o homem precisa se apropriar para viver em condição humana é o lar, é o teto. E o teto reclama um espaço físico onde se assentar. Então, aquela área em que se faz necessária a implantação de alguém para ter um teto que lhe assegure a vida, que é primeiro direito constitucionalmente garantido, prevalece sobre o direito de propriedade.

Se a Constituição diz que ninguém pode ser desprovido da sua propriedade sem justa indenização e que a propriedade tem função social, o que o juiz tem que fazer é avaliar, no caso concreto, essa desapropriação indireta pelo interesse social. Os tribunais não construíram o instituto da desapropriação indireta em favor do Estado que, arbitrariamente, invade a nossa propriedade e depois nos paga uma indenização? Então desapropriação por interesse social também pode ser indireta. Significa que, se o Estado é omisso e retardatário em atender as necessidades básicas, o povo fez por ele e então deve indenizar essa terra que foi ocupada pelos chamados invasores. Mas qual é o valor dessa terra? O valor dessa terra tem como parâmetro a sua função social. Se o invasor privou a propriedade de uma função social que ela exerce, cabe a justa indenização; se o invasor ocupou uma propriedade que nenhuma função social tinha, na nossa petição eu não tive coragem de pedir que metesse o proprietário na cadeia porque era demais; que pelo menos ele fique consciente de que aquilo, que para ele não valia nada, para outros serviu tanto. Então, nós precisamos ter a coragem de ser ineptos; mas ser ineptos nessa trilha, como diz o Celso, de abrir caminhos, abrir estradas largas, para que se construa uma ordem jurídica nova, em função dos valores atuais que não são os valores que a Revolução Francesa tão bem explicitou. Ou a gente se liberta de Danton e Rebespièrre ou vamos terminar na guilhotina!

DRA. GLÓRIA MÁRCIA PERCINOTO – É uma surpresa sempre renovada ouvir o colega Calmon de Passos expor com tanta veemência e com tanta clareza qual é a missão atual do advogado. Já ficamos surpreendidos em Florianópolis com a sua participação no painel "O uso do Solo Urbano" e mais ainda agora. Na esteira de suas palavras, eu gostaria de fazer duas proposições, mas não sem antes ouvir a sua ponderação – ou a sua veemência, melhor dizendo. É que a preocupação que o Sr. tem e que nós todos temos tido com o que já se chamou de contabilidade macabra dos assassinatos de advogados que vêm tomabando na defesa de interesses coletivos é muito grande. E a Ordem, como todos sabemos, tem atribuição de fazer a defesa da classe dos advogados, e sabemos que o nosso Estatuto consagra com todo o rigor quais são as nossas prerrogativas, e essas prerrogativas só são consagradas no interesse da coletividade; não são absolutamente privilégios.

Toda vez que o fato lastimável da perda de um colega ocorre, a Ordem se pronuncia, os jornais da Ordem se pronunciam, às vezes a grande imprensa toma conhecimento e divulga. Mas será que nós não podemos ter outros mecanismos de denúncia e de acompanhamento desses casos que já se acumulam às dezenas? É no Pará, é na Bahia, aqui no Estado do Rio, são inúmeros os colegas que sofrem todo tipo de perseguição porque exercem esse tipo de advocacia, muitas vezes sem qualquer remuneração e com abdicação de seus próprios direitos. Muitos desses colegas no Rio de Janeiro nós insistimos que participem dos quadros da Ordem, e eles, muito constrangidos, dizem que têm tanto que fazer, nessa área de defesa de interesses coletivos, que mal têm tempo para poder dedicar algumas horas à Ordem dos Advogados. Então, que mecanismos poderemos, dentro do que já existe, usar para fazer com que a Ordem se pronunciasse rapidamente e pudesse desenvolver até uma campanha de preservação desse exercício profissional, que na verdade é a preservação de um direito coletivo de toda a comunidade? Não estamos defendendo apenas o advogado, e sim o direito coletivo de os cidadãos de[53] se pronunciarem e se manifestarem (veja-se, agora, o exemplo dos mutuários das 5.200 liminares).

Uma outra questão que eu também proporia ao professor Calmon é a divulgação dessa jurisprudência de interesses coletivos. Nós sabemos que alguns juízes lúcidos assumiram o Poder Judiciário e a Administração da Justiça e, utilizando o artigo 5º da Lei de Introdução, estão atendendo os fins sociais. Mesmo assim, essa jurisprudência quase não aparece nos repertórios. Que eu saiba, são apenas quatro os artigos que tratam de direitos coletivos, se o Professor Lyra não se lembrar de mais nenhum, nem o senhor; na verdade a prática desses advogados, desses jovens advogados, já é muito grande.

---

53. Redação original.

Então eu lhe indagaria: que mecanismos a Ordem deveria elaborar para podermos divulgar essa jurisprudência de interesses coletivos, sobre o qual a grande imprensa geral se cala?

DR. J. J. CALMON DE PASSOS – Eu tenho até uma experiência pessoal nessa área de violência a advogados, principalmente nas disputas em torno das questões relativas à terra. E sinto o drama da minha impotência, que nasce, inclusive, da própria ambiguidade de nossa profissão. No nosso Conselho Seccional, temos advogados vinculados, politicamente, a muitos dos mandantes desses crimes. Tentamos uma providência no caso de Lyra, e o Conselho, quase que por unanimidade (não na minha gestão, mas na de Geraldo Sobral) entendeu que não se devia levar avante o processo.

Ambiguidade começa no nosso seio. Se nós temos muitos de nós voltados para a defesa daqueles que são os posseiros, temos também inúmeros colegas mais poderosos e melhor aparelhados, defendendo os grileiros, que contam, inclusive, com o apoio do poder. Outro dia mesmo, eu Presidente da Ordem, tive vergonha de mim mesmo. Quatro colegas, desse tipo de advogados que estão lá no interior, se sacrificando, correndo riscos enormes, me procuraram para expor a sua situação e me pedir providências. E eu lhes disse "Não tenho nenhuma". Ah! Essa impotência! E não tenho nenhuma por quê? Vou tentar dizer a vocês. Dois juízes descarados, venais, patifes, agentes de defesa dos interesses de grileiros, mandados para área pelo Governador do Estado. Juízes que eu fui apresentar a eles, perante o Corregedor, que é uma lesma, um verme. Mas ainda assim é o Corregedor. Saio dali, vou para o Presidente do Tribunal de Justiça. Ele me diz que eu oficie, que ele leva para o Tribunal Pleno, onde há uma bancada do Governador que conferencia para saber que orientação dar ao voto em qualquer decisão. O que posso fazer?

O Secretário de Segurança da minha terra é um ex-torturador, um Coronel do Exército, um animal, um furibundo; o máximo que posso conseguir dele é ele não me desautorar enquanto Presidente da Ordem, mas corro o risco, inclusive, de ele me dar uma banana. Olho para a Ordem, não tenho recursos. Essa zona conflagrada fica a uma distância imensa, e o Estado é grande. O que é que vou fazer? Meio desesperado, estou pedindo aos colegas que documentem essas situações graves para eu representar no Conselho Nacional da Magistratura. Mesmo assim, sem nenhum entusiasmo, por que eu só avalio que recepção os Ministros do Supremo não vão dar uma reivindicação dessa natureza. A grande imprensa se autocensura quando não interessa a ela divulgar determinados assuntos.

Depois da greve do dia 21, eu fiz uma nota muito forte, muito violenta, e nenhum jornal de minha terra publicou; um fez leve referência à nota e outro, muito sabidamente, botou nas ocorrências policiais. O que se há de fazer? O que eu posso fazer é isso: convocar o povo brasileiro a que ele faça a Revolução que precisa fazer para ter a posição política que precisa ter. Vou dar um outro exemplo a vocês: um colega nosso, Conselheiro, que trabalha como provisionado no interior do Estado, tem a seguinte técnica nessa área conflagrada: ou ele requer a reintegração de posse, obtém a liminar e pára a ação, ou, se são os posseiros que pedem a reintegração, antes de o juiz fazer qualquer justificação, ele pede um seqüestro. O juiz seqüestra. Então, se a ação começa pelos posseiros, os grileiros tomam a posso pelo seqüestro; e, se eles começam a ação pela reintegração de posse, tomam-na com liminar. Há processo parados há mais de 8 anos. Isso tudo é documentado no Tribunal de Justiça.

Caro colega, que é que eu posso fazer? Tenho que esperar as oportunidades que cada caso concreto me proporciona, e agir. Dou toda a razão a esses colegas decepcionados, porque na verdade eles chegam diante de uma Ordem impotente. Caímos então ao nível da denúncia, mas até o nível da denúncia é perigoso, porque a repetição esvazia a força do impacto. A primeira denúncia da Ordem se lê; a segunda, pode ser... Mas quando vem a terceira, dizem logo: "esses advogados já estão enchendo". Mas eu lhe prometo que, assim que tiver uma decisão, ponho num quadro e mando para todas as Seccionais com uma moldura bem bonita e com figa de guiné.

Posso dizer a vocês o que é a Justiça de meu Estado. Houve uma invasão muito célebre, que ficou conhecido como das Malvinas, que é um caso vergonhoso. Vou contar só para se ver a imoralidade do sistema em que vivemos. Há mais de oitenta anos, um poderoso Prefeito Municipal aforou a uma família quase 1/3 da área devoluta de Salvador, com o compromisso de ali gerar riquezas. Essa família plantou ali a especulação, esperou que os anos passassem e resgatou esse aforamento. Eu funcionei nesse processo de quase 1/3 da área metropolitana de Salvador por 20 centavos. Ainda me lembro desse processo porque junto tinha um saquinho com uma moeda. Fui obrigado a sofrer a situação de humilhação de ver essa gloriosa família quatrocentona de patifes conseguir 1/3 quase da área metropolitana de Salvador com uma moeda de 20 centavos! Pois bem, como foi na área de propriedade dessa família, eles requereram uma ação de reintegração de posse como liminar; o Juiz de primeiro grau concedeu.

Ia ser um desastre, mais de 5.000 pessoas, a polícia em pé de guerra. Nós nos mobilizamos, fomos a um desembargador nosso amigo, um rapaz em que a gente tinha alguma confiança, e lhe fizemos um apelo para que desse a liminar. Nós o metemos em brios, lembramos seu tempo de estudante, seus sonhos de jovem. Ele tomou então a decisão: dou a liminar. Demos um jeito na distribuição e o mandado de segurança caiu na mão dele, que deu a liminar. Foi um escândalo! Mas foi lindo! Ele sozinho contra vinte e cinco colegas. O desembargador se encheu de coragem cívica, porque aí virou o pai da criança, defendendo a situação. A sala cheia daqueles invasores. Botamos no Tribunal gente descalça, gente suja, gente fedendo a suor, aquela desgraça! Mas verificamos que íamos perder. Sabe o que ele fez? Ele disse: "Não cometem arbitrariedade em favor dos grileiros, mas eu vou cometer!" Meteu o processo embaixo do sovaco e viajou. O Governo ficou naquele impasse: quinze dias, vinte dias e aquela tensão desgraçada. Um mês depois, negociou. Hoje aquele pessoal tem um espaço. Conseguiu-se[54] essa coisa linda, mas não está na decisão. Cadê a decisão? A decisão foi dando porrada em tudo quanto foi invasor. Então, minha colega, eu quero dizer para você isso: temos que continuar e temos que acreditar, principalmente você, que está nessa plenitude. Portanto, você tem muito caminho, tem muita luta, e continue... continue e se justifique como criatura humana, e principalmente do Direito.

DR RICARDO PEREIRA LYRA – Meu caro professor Calmon. Há algum tempo nós, aqui no Rio de Janeiro, temos nos preocupado muito com os problemas de controle do uso do solo urbano e um grupo de advogados vem preocupado com a fixação de alguns instrumentos de lege ferenda no sentido da regularização fundiária ou, em outras palavras, no sentido de legitimação de posse ou atribuição de títulos às áreas faveladas. Vem-se cogitando de algumas soluções, entre as quais, uma adaptação do usucapião "pro-labore", usucapião rural, numa formulação adaptada para criação do usucapião especial urbano, evidentemente que com algumas adaptações, para evitar a ação de incorporadores e de especuladores depois de regularizada a terra. É evidente que, se nós amanhã admitirmos que sejam usucapidas as áreas do Vidigal, alguns meses depois uma imobiliária vai lá e compra dos favelados, não estabelecendo limitações para revenda, etc. Uma segunda solução, aí já um pouco avançada, quando não fosse possível sobretudo diante de uma certa cerimônia que os juízes do Judiciário conservador têm, seria admitir-se, incidentalmente ou até mesmo não incidentalmente, uma ação de reconhecimento, de legitimação de posse comunitária.

Nós temos conhecimento da grande luta que na Bahia se tem desenvolvido no sentido da regularização de Alagados, através de uma solução que não parece muito feliz, que é a autorização da concessão do direito do uso do Decreto-lei 271, de 1969, mas que não chega, a meu ver, a um resultado satisfatório. De modo que eu gostaria de indagar a V. Exa., como jurista sensível que é aos reclamos da justiça social, qual seria, na sua concepção, essa lei do solo urbano. Com uma edificação compulsória, com direito de preempção, um solo criado embutido em alguns artigos sem estar expressamente referidos como tal? E sobretudo com o grande perigo com o qual nós temos nos defrontado, tenho absoluta certeza, porque por nosso intermédio fiz chegar às autoridades governamentais, partindo de um determinado grupo, exatamente a previsão do usucapião especial do solo urbano como forma de regularização dos títulos das áreas faveladas e o Governo, no último momento, eliminou o capítulo referido àquele artigo onde se disciplinaria essa questão do usucapião especial urbano. Como vê V. Exa. a possibilidade de chegar-se a uma titulação das áreas faveladas e das populações carentes em termos de loteamentos inconclusos, enfim,

---

54. Redação original.

todos aqueles problemas. Qual seria a sua contribuição no sentido da elaboração de novos instrumentos? Usucapião especial urbano? A legitimação da posse comunitária? Como é que V. Exa. veria uma só solução equânime nesse sentido?

DR. J. J. CALMON DE PASSOS – Eu não me sinto muito confortável para responder porque a indagação foi eminentemente técnica – embora com preocupação das mais ricas, com os valores humanos subjacentes ao Direito – e eu não tenho uma reflexão ainda amadurecida sobre o assunto. De sorte que as minhas colocações podem se ressentir disso. Eu sou uma pessoa que não gosto de falar sobre aquilo que ainda não foi objeto de minha maturação. Até mesmo o problema do projeto de lei sobre o solo urbano eu deleguei a um companheiro que esteve aqui no Rio de Janeiro e participou do seminário que vocês fizeram, Adroaldo Leão, que é quem está trabalhando imensamente nisso, mas com o qual eu ainda não troquei idéia.

Participei na Semana do Nordeste, como ouvinte de um dos painéis em que a problemática do solo urbano foi posta. De sorte que as minhas informações são um tanto assim de jornalismo jurídico, e eu não gosto de me sentir apenas informado. Gosto de me sentir situado no problema. Mas, como muitas situações semelhantes já passaram em minha mão e o problema já foi objeto de minha preocupação, eu lhe digo com sinceridade: a dificuldade não é um instituto para solucionar o problema, porque a nossa inventiva jurídica é rica e nós poderíamos lançar mão de vários institutos, inclusive do reconhecimento do direito de moradia com o direito constitucionalmente assegurado, o que importaria numa obrigação ou dever de desapropriação para interesse social direita ou indireta. Não percebo que a resistência dos proprietários vá ser maior ou menor em função do instrumento técnico que ofereçamos para a solução do problema.

Mas haverá entre eles algum que pareça de melhor utilização? Eu acredito, e lhe digo isso sem que essa reflexão tenha amadurecido, que o usucapião ainda é que eu vejo com mais simpatia. Por um motivo muito simples: é a única solução em que a propriedade se incorpora definitivamente ao patrimônio daquele que carece desse bem, cujo gozo pede apropriação, e apropriação em termos definitivos. Sou extremamente simpático ao instituto do usucapião, embora eu saiba que os grandes advogados vão levantar perante o Supremo a tese da inconstitucionalidade por ofensa ao direito de propriedade. Nós precisaríamos, na verdade, não de uma reforma em termos de legislação ordinária, mas de reformas em termos constitucionais. E aí retornamos sempre ao mesmo problema: as preocupações com mudanças na legislação ordinária resultarão, provavelmente, improfícuas, enquanto não tivermos o respaldo constitucional que ofereça, a essas decisões da legislação ordinária, condições de implementação.

Na verdade, talvez, a resistência pela perda da propriedade do solo urbano seja muito maior do que a resistência pelo do solo rural. Porque o Governo, em última análise, hoje é menos cúmplice e sócio do grileiro no campo do que cúmplice e sócio do grileiro na cidade. Na minha terra todos nós sabemos que o poder está associado aos grandes especuladores do solo urbano, sabemos que os líderes políticos do poder têm empresas incorporadoras que estocam terrenos valiosíssimos. Sabemos que a grande realização governamental, nas célebres avenidas do vale, foram objeto de enriquecimento ilícito do grupo privilegiado do poder, por que, muito antes de as obras serem implementadas, estes terrenos já estavam apropriados para efeito de valorização e negócio. E sabemos também que a nossa legislação tributária é impotente para ir buscar, na mão do proprietário que se enriqueceu às custas do investimento público, o retorno que lhe é exigido.

Então eu lhe respondo, Ricardo Pereira Lyra, que a melhor solução será aquela[55] que tiver suas raízes numa mudança constitucional da estrutura findiária da posse da propriedade da terra em nosso país.

DR. MARCO BRUNO – Eu queria pedir ao plenário que, se tivesse indicação a fazer à Mesa, o fizesse por escrito. Porque, depois do último colega inscrito, vamos submeter as proposições ao conferencista para que ele examine a possibilidade de incorporá-las a sua tese em seguida submeteremos ao plenário as conclusões do Professor Calmon de Passos.

AROLDO ARGOLO SAMPAIO (estagiário) – O ilustre conferencista afirma que a norma, na prática, é inócua e desrespeitada, e que, portanto, não tem tanta importância prática. No entanto, tal estímulo à subjetividade não desenvolveria um estado crescente de arbitrariedade e anarquia pior do que o que nós vivemos? A minha questão é a seguinte: o que a Ordem dos Advogados do Brasil, enquanto instituição, poderia fazer objetiva e realisticamente para regulação desta situação?

DR. J. J. CALMON DE PASSOS – A resposta à primeira indagação: a preocupação que o colega tem é que, no momento em que o advogado se liberte do fetiche da lei, caia no subjetivismo. Eu não vejo por que uma coisa conduz a outra. Porque, repare bem, colega, o que é a lei? Será que a lei é realmente alguma coisa liberta totalmente do subjetivismo de alguém? Não. A lei é a consequência duma valorização de sujeitos em condições de dar a essa valoração o suporte da coerção institucionalizada. A lei já foi a vontade do príncipe, a lei no meu Estado já foi a vontade do coronel, a lei no Brasil, infelizmente, já foi a vontade de muito general e ainda está sendo em parte.

Então é uma ilusão pensar que a lei surge de um processo de racionalidade absoluta e de absoluta neutralidade. Isto é uma postura ideológica mistificadora. A lei é o trabalho da subjetividade de muitos, quando não é o trabalho ou resultado da subjetividade do todo poderoso. O que é a sentença do juiz que aplica a lei, senão fruto da sua subjetividade? Ontem mesmo, em Curitiba, eu tive o exemplo gritante

---

55. Redação original.

de quanto entra o subjetivo na suporta decisão objetiva. Eu entendo que a nova lei do parcelamento do solo aboliu a adjudicação compulsória e a necessidade de ação do promitente comprador para ter o domínio. Por quê? Porque a minha motivação valorativa, a minha formação e a minha sensibilidade social levam a isso, parece que é um bem a ganhar. Dois juízes, no Paraná, lutaram comigo como feras, brandiam a lei, não enxergavam o artigo que eu estava apontando, porque para eles a ação de adjudicação compulsória deve continuar; a mesma lei, o mesmo texto, nos colocou em postos opostos: eles afirmando, peremptoriamente, que em termos de racionalidade a ação subsistia. Eu afirmando, peremptoriamente, que em termos de racionalidade a ação não subsistia.

Nada é objetivamente neutro nem imparcial; a neutralidade científica é a maior mistificação ideológica do mundo de hoje. Nada é neutro, o homem não pode ser neutro em nada; o homem, em qualquer posicionamento seu – eu ousaria dizer que até na matemática – faz opção e compromete o seu subjetivo. Ora, quando nós queremos libertar o advogado e o magistrado da lei, queremos defender a escola do direito livre? Nunca. Será que havia subjetividade e arbítrio na época clássica do Direito Romano em que o pretor, no processo, era quem editava a norma para o caso concreto? Pelo contrário, foi uma grande época rica e fecunda, porque, quando você é provocado para editar a norma em vista do caso concreto, tem que fazê-lo dialeticamente, não arbitrariamente, no grande confronto de opiniões que é o processo. Processo de que você pode até fazer um pequeno parlamento dos pequenos conflitos que nem chegam a ser aqueles grande macros nem chegam a ser tão mesquinhos quanto os micros; a sentença normativa do Direito do Trabalho é um exemplo magnífico do que pode-se fazer com um processo em termos de criação do Direito.

Será que se pode falar em arbítrio e subjetividade nos dissídios coletivos do trabalho? Então, o que propugnamos é isso: que, em vez do juiz começar pensando na lei que tem que aplicar, comece a pensar no caso concreto, cuja justiça ele tem que normalizar. Apenas a gente está transferindo aquela subjetividade do legislador, tão próximo do poder, para uma subjetividade relativa do magistrado, mais próximo da sociedade. Então, na verdade, nós estamos otimizando a lei. Porque, quando mais distancia há entre a norma e a vida, maior probabilidade de defasagem entre uma e outra; e, quanto mais próxima a edição da norma daquela situação existencial que ela precisa disciplinar, maior probabilidade tem de ser justa para o caso concreto. Então, abandonar o mito legal é algo que nós temos que obter; porque obter isso é justificarmos, em termos de serviço, a uma comunidade que nos qualificou e nos privilegiou para servi-la.

O colega pergunta ainda o que pode a Ordem fazer em torno disso. Eu disse, na reunião de Presidentes de Seccionais em São Paulo, falando sobre a nossa Comissão de Direitos Humanos, que a Ordem precisa ter consciência de que ela não é o Arcanjo Gabriel do povo brasileiro – postura **data venia,** meio ingênua e até pretensiosa de que ela é guardiã de todas as prerrogativas dos cidadãos brasileiros. Quem se resgata é o povo. É uma ingenuidade pensar que se pode dar algo a alguém. O máximo que a Ordem pode dar ao cidadão brasileiro é a sua solidariedade e a sua presença. Mas, acima de tudo, o que a Ordem tem que fazer é desmistificar o discurso do poder e mostrar ao povo brasileiro que não espere dela, Ordem, nem de nenhuma instituição, o lugar a que ele faz jus, porque é ele, povo, que tem que tem[56] que ocupá-lo e conquistá-lo na luta e no empenho do dia-a-dia, o que significa no seu compromisso político intermitente.

DR MARCOS BRUNO – eu penso que, por uma razão difícil de explicar, porque as coincidências não se explicam com facilidade, a conferência do Professor Calon[57] de Passos acabou-se constituindo na síntese do Congresso como um todo. Colegas que aqui estão e que acompanharam os debates dos diversos painéis que se realizaram no curso desses três dias hão de confirmar o que estou dizendo aqui, Por também curiosa coincidência, a Carta que está sendo elaborada, e em cujo esboço tive a honra de participar, traduz, exatamente, o que, com propriedade, com brilhantismo, mas sobretudo com muita sensibilidade, nos disse aqui o Professor Calmon de Passos.

Diante desses fatos coincidentes, pelo que se ouviu das intervenções dos colegas, me parece que a aprovação da conclusão desta conferência não deva ser de outro modo senão pela aclamação. Eu proponho ao Plenário que aprove as conclusões do conferencista por aclamação, em vista do que aqui foi dito, mas especialmente porque o que aqui foi dito também a síntese do próprio Congresso.

Antes de encerrar os trabalhos, eu gostaria de agradecer ao professor Calmon de Passos por sua vinda ao Rio de Janeiro, especialmente agradecer ao conferencista pelo que aqui nos disse hoje. O Professor Calmon de Passos nos trouxe momentos de profunda reflexão. Evidente que a sua preocupação é a preocupação de todos nós, advogados, que a partir de agora sentimos ainda mais convencidos e mais fortes para desempenharmos o papel de transformação social que devemos desempenhar.

Seremos a alavanca que vai transformar as instituições que o Estado nos oferece ao sabor das suas conveniências, e haveremos de transformar este quadro com petições ineptas, sim, professor, com coragem. A partir do encerramento desse Congresso, terá a classe saída grandemente enriquecida, porque por certo será unânime a consciência de que o advogado vai ser realmente um instrumento da grande revolução social, institucional e democrática deste país. Está encerrada a sessão.

---

56. Redação original.
57. Redação original.

| 35 | SUBSÍDIOS PARA UMA EFETIVA REFORMA DO PODER JUDICIÁRIO[58]

I

Surpreendente que se cuide subsídios para uma reforma do Poder Judiciário quando, há pouco mais de 2 anos, o Congresso foi fechado e poderes excepcionais foram exercidos em nome da necessidade de se promover essa reforma e, inclusive, se editou a Lei Complementar nº 35, de 14 de março deste ano de 1979.

Subsídios para uma reforma que já está feita?

A dura realidade é que de tudo se fez, menos cuidar da reforma do PJ. Ela foi apenas o engodo com que se atrai a caça e que, no final, não serve ao bicho mas apenas é útil ao caçador astucioso. O PJ foi a grande vítima de uma manobra política com manifestos intuitos de preservação do poder, a qualquer preço. Os mesmos de sempre, como ironicamente os qualifica um programa humorístico de televisão, asseguraram-se vantagens políticas indevidas; o Poder Judiciário, entretanto, saiu mais indigente do que antes, sem nada de positivo realizado em seu benefício e muito de negativo prescrito em seu desfavor.

Indaguei de mim mesmo se era a pessoa adequada para lhes falar sobre o tema que me foi indicado. Porque, eu confesso aos senhores, fui e sou um pessimista a respeito de tudo quanto se relaciona com a reforma do Poder Judiciário em nosso País.

Ainda quando apenas se cogitava dessa reforma, na fase dos chamados estudos preliminares, que alcançaram o fabuloso conteúdo de 94 volumes, para nada, já escrevia, em jornal de meu Estado, revelando-me cético no tocante aos frutos a serem colhidos. E dava as razoes do meu ceticismo:

A primeira preocupação que me assaltava era a de que os responsáveis pela decisões fixassem seus olhos exclusivamente no ápice da pirâmide, esquecendo suas bases. Representa coisa nenhuma, acrescentava, polir-se o vértice, se as partes inferiores estão gastas e carcomidas, pondo em risco a segurança do todo.

A reforma dos tribunais não será a reforma do PJ, advertia, pois os tribunais refletem a boa ou má saúde do corpo inteiro, vale dizer, dos juízes de primeira instância, que realmente vivem a verdade do cotidiano judiciário.

---

58. Texto extraído de *Revista da AMAGIS* (Associação dos Magistrados Mineiros). Ano I, vol. I, 1983.

Pouco vale se remunerar bem os ministros e os desembargadores, se os juízes tiverem apenas vencimentos de sobrevivência.

Pouco importa instalar bem os órgãos de segunda instancia, se os de primeiro grau sofrerem a humilhação de instalações inadequadas, valendo eles muitas vezes menos que os arquivos e as escrivaninhas das secretarias dos tribunais.

Pouco importa velar pelo *status* dos ministros e desembargadores, se dos juízes inferiores se tira até mesmo a segurança de poderem disciplinar seus subordinados mais imediatos – escrivães e oficiais de justiça – minando-se-lhes a autoridade, deixando-os impotentes e frustrados, o que se traduz em desinteresse pela boa ordem dos serviços judiciários, primeiro passo para o descalabro geral.

Pouco importa aumentar o número de ministros e desembargadores ou criarem-se tribunais de alçada se a Justiça, no primeiro grau, continuar emperrada, com baixa produtividade, desaparelhada e incapaz de alimentar, com novos feitos, o número novo de juízes da cúpula.

Pouco importa dotar as secretarias dos tribunais do que de mais moderno se conheça em termos de equipamentos e serviços de apoio, se na justiça inferior tudo permanecer obsoleto e ultrapassado, insuficiente e precário

Pouco importa, a final, vestirmos bem a nossa Justiça da cintura para cima, se da cintura para baixo, justamente onde se localizam as partes pudendas, ela permanecer esmulambada ou nua.

Só uma reforma de base será realmente reforma, dizia eu, em fevereiro de 1976. E quanto a essa reforma é que era e sou demasiadamente cético. Não acreditava que se consumasse nem mesmo fosse tentada, e realmente nem se consumou nem está sendo empreendida em termos acreditáveis.

O que previa aconteceu. E aconteceu de forma ainda mais negativa e insatisfatória do que imaginara, porquanto, nada se tendo disposto em termos de reforma de base, nada se fez, por igual, no tocante à melhoria da cúpula do sistema judiciário.

Até mesmo o STF, aparentemente o grande beneficiário da reforma, com o acréscimo de poderes que obteve, em verdade apenas os conseguiu na dependência da iniciativa do Procurador Geral da República, mero degelado da Presidência da República, demissível *ad nutum*, o que significa, em última análise, a subordinação do órgão da mais alta hierarquia de um dos Poderes, que é proclamado independente, ao todo poderoso Executivo, transformado, em nosso País, no absoluto político, pairando acima do bem e do mal.

A chamada Lei Orgânica da Magistratura Nacional, LOMAN, como já a qualificam, na febre de tudo simplificar em termos de siglas, é uma lei insatisfatória, que só pode ser entendida como obra de extrema ingenuidade ou de má fé extrema.

Ela parte do falso pressuposto de que o único de problema do Judiciário é o desregramento e a indisciplina de seus integrantes. Por isso se constituiu numa lei exclusivamente disciplinar. Fixa sanções, prevê punições, preocupa-se com proibir, limitar, cercear. E nenhuma providencia ou palavra contém no sentido de apoiar, prover, incentivar, prestigiar e assistir. Isso nunca.

A Lei Orgânica da Magistratura nada dispõe sobre a melhor formação técnica dos juízes e de seus auxiliares. Nada prevê sobre o disciplinamento da carreira, afastando a cooptação e o afilhadismo. Silencia quanto ao fornecimento de meios materiais e de recursos financeiros indispensáveis para a modernização administrativa do PJ. Em síntese, nada contém de positivo. Toda ela é um rigoroso Código Penal da Magistratura ou Regimento Disciplinar da Magistratura, como foi apelidada.

Enfim, fruto bem característico de um Executivo cheio de mazelas que se arvora em Catão da nacionalidade.

Todas essas nossas considerações se impunham para justificar o título desta palestra – subsídios para uma efetiva reforma do PJ. Reforma que foi anunciada e não foi feita, mas que urge seja realizada. E que, por permanecer irrealizada, ainda rcelama, em verdade, subsídios.

II

Sempre que se cuida de reforma do Poder Judiciário os interessados nela, reais ou aparentes, experimentam deformação de comportamento cujas causas arrisco-me a enunciar.

Falando-se em reforma do PJ sempre se pensa em reforma do processo, como se uma coisa fosse indissociável da outra e, o que é mais grave como se a reforma do processo esgotasse a reforma do PJ.

Redenti, em discurso na abertura do Congresso de Direito Processual Civil de 1950, já advertia, na Itália, que ao se empreender uma reforma processual acredita-se que todos os procedimentos previstos foram idealizados na crença e no pressuposto de que os meios para atuá-los – homens e coisas – estarão disponíveis no momento oportuno (Atti del Congresso Internazionale di Diritto Processuale Civile (30 settembre – 3 ottobre 1950). Discorsi Inaugurali (Padova, Cedam, 1933, pág. 31).

Nessa mesma linha de pensamento, em 1972, Vittorio Denti retomaria o tema, asseverando que nenhuma reforma séria do processo pode ser estudada sem uma paralela e adequada reforma de organização judiciária (Riforma o Controriforma del Processo Civile? em Riv. di Diritto Processuale, Ano XXVIII (II série) nº 2, pág. 287).

E no período intermediário também Pavanini, mencionado as frustrações que derivaram da aplicação do Código Italiano de 1942 e de sua posterior reforma, na década de 50, aponta como causa, com particular ênfase, a circunstância de que faltou, concomitantemente, a reforma judiciária, indispensável para adequar a magistratura às novas exigências, impostas para uma eficiente apicação do novo diploma legal. (Riforma del Processo Civile, em Riv. Trimestrale di Diritto e Procedura Civile, Ano XX n.º 2 – 1966, pág 613).

Na verdade, em termos de reforma do PJ, três enfoques são fundamentais, a meu ver, e da solução de todos eles, necessariamente é que resultará a excelência do que se pretenda empreender.

Reformar o PJ é, em última análise, otimizar os resultados da atividade jurisdicional. E essa atividade, como toda e qualquer atividade fim do Estado, reclama, para sua excelência, a excelência dos agentes que afetivam, a excelência dos meios de que eles se valem e a excelência dos procedimentos que venham a ser adotados. Em outros termos, a melhoria de qualquer função estatal só decorre da melhoria que se realize em termos de recursos humanos, recurso materiais, recursos financeiros e procedimentos.

Ora na reforma do PJ, o processo constitui, apenas, este último tipo de recurso. É ele o instrumento técnico de que se valem os agentes da atividade-fim para implementá-la, utilizando-se dos recursos financeiros e materiais de que disponham. Destarte, por melhores que sejam esses procedimentos, nada produzirão de positivo, em termos finais, se inadequados e insuficientes forem os demais tipos de recursos, inclusive e principalmente os recursos humanos alocados aos serviços públicos da Justiça.

Ouso dizer que pouco ou quase nada precisamos em termos de reforma do processo, ou seja, de modos de proceder em juízo.

O instituto do julgamento antecipado da lide é inovação que, em mãos hábeis produzirá excelentes frutos. Se limitarmos os efeitos dos recursos, em alguns casos, ao meramente devolutivo, teremos, sem maiores mudanças, os bons resultados do procedimento monitário. A instituição de uma fase preliminar escrita e breve no procedimento sumaríssimo, a extensão, a ele, do julgamento antecipado e a melhor disciplina da instrução nesse tipo de feito se nos afiguram suficientes para dar-lhe o sentido que se pretendeu emprestar-lhe.

Nossa execução já é expendita. E o processo cautelar, muito bem disciplinado, em mãos hábeis, será excelente meio de tutela dos direitos.

Os poderes do juiz, entre nós, já bastam para eliminar a chicana, e a desburocratização do agravo de instrumento completará a excelência do vigente sistema de recursos.

Pelo visto, quando nada da ótica em que me coloco, quase nada se tem a fazer no tocante ao processo, mas na verdade tudo está por fazer em termos de organização judiciária.

Ouso dizer que em termos de processo já temos um instrumental satisfatório, não se podendo atribuir aos tipos de procedimento utilizáveis entre nós as mazelas inúmeras e graves do nosso sistema judiciário.

A doença deve ser localizada em outras áreas que não a do processo e se nela é possível apontarem-se edemas e ulcerações, são feridas e tumores que encontram sua causa e matriz em outras regiões do corpo judiciário. E de pouco vale lavar e pensar feridas se permanecem vivos e atuantes os germes causadores do mal que transitam, impunes, no sistema circulatório da Justiça.

III

A excelência do procedimento processual assenta, ao nosso ver, em bem pouca coisa: a) – uma fase preliminar, expedita, para fixação dos fatos e das pretensões, em que prevalece a forma escrita e predomina a iniciativa das partes interessadas; b) – uma fase subseqüente, na qual concentração, oralidade e imediatidade presidem à tarefa de instrução e decisão da causa.

A primeira etapa requer bons advogados. Será que os temos em numero[59] suficiente? E a segunda, número suficiente de bons juízes, boa qualidade técnica dos recursos humanos utilizados em funções auxiliares, bom aparelhamento dos ofícios de justiça e racionalidade dos procedimentos cartorais. Será que os temos em termos satisfatórios?

Quando as indagações e preocupações alcançam esse tipo de problemas, aí meu pessimismo se agiganta. Justamente aqui, no que é decisivo, é que só desesperança e desencanto eu colho, se mais não for, a médio prazo.

É tarefa inútil idealizar a realidade. Os fatos são os fatos e pesam inexoravelmente. Somos o que somos e só nos resta compreender bem o que somos para tentar construir o que devemos ser.

E o que somos?

Um país no qual, num cálculo otimista, cerca de sessenta por cento de sua população ainda permanece à margem de qualquer participação significativa na vida nacional. Esse numeroso contingente humano não representa parcela do povo num estágio de civilização rural e arcaica (o que seria grave mas não desesperador), sim uma massa humana miserável ou quase isso, vivem aquém do nível mínimo de

---

59. Redação original.

subsistência em termos de hoje, desprovida de consciência política, conseqüentemente impossibilitada de qualquer participação efetiva na vida nacional, mesmo sob formas primárias de organização.

Essa corte de jecas tatus habita no campo e na periferia das grandes cidades, enche casas nas cifras estatísticas, mas representa, de fato, um imenso vazio na vida brasileira.

Na parcela restante, os trabalhadores mais qualificados, a burocracia civil e militar e os pequenos e médios empresários e proprietários de terra perdidos na perplexidade de muitas contradições e descaminhos.

E no ápice dessa pirâmide quasímoda o um por cento dos privilegiados que têm o máximo e podem tudo.

Essa minoria vive uma filosofia política que se incorporou, por tradição e por inércia, ao seu modo de ser cotidiano e da qual não se liberta, em termos de comportamento, ainda quando possa teorizar sobre ela com estilo diverso daquele com o qual está comprometida, irremediavelmente, a sua *praxis*. Filosofia de que se contaminou, sem se aperceber de sua força destrutiva, toda a Nação, colhida nas areias movediças das falsas expectativas que lhe apontaram.

A análise dessa realidade, neste momento, seria inadequada e levar-nos-ia muito além e para campo diverso daquele que se constitui objeto de nosso interesse imediato, por isso mesmo, ouso simplificá-la, ressaltando apenas, de seu amplo contexto, o que de modo mais particular diz respeito aos serviços públicos da Justiça.

IV

Noticiou-se que um eminente chefe de Estado europeu, irritado diante de determinado comportamento das mais altas autoridades de nosso país, desabafou agastado: O Brasil não é um país sério!

Não creio que nos quisesse apontar como um povo desprovido de caráter. Mas certamente quis expressar com sua frase contundente o que, tenhamos a coragem de reconhecê-lo, é a mais grave deformação do caráter nacional.

Somos um povo que experimenta um profundo desprezo pelas leis e é ateu impenitente e inconquistável em face do sagrado Direito.

Falta ao nosso povo, governantes e governados, sensibilidade no que diz respeito ao direito como instrumento harmonizador de interesses no seio da coletividade. A lei, para o brasileiro, é uma ficção ou um ornamento, que ele usa porque isso é de bom tom em países que pretendem a condição de civilizados e modernos, ou que pode ser útil quando se pretende perseguir, dificultar, pôr obstáculos ou dominar.

Por isso mesmo, ao lado do nosso ordenamento formal, exuberante, para não dizer requintado, vive a Nação sob o império do direito informal, que se constrói casuisticamente, ao sabor dos interesses e das paixões, do poder de que se dispõe ou da fraqueza de que se está revestido.

Dita a lei para o caso concreto, entre nós, na verdade, o agente do poder ou o que a ele se associa. Não só os que detêm maior soma de poderes, mas todo e qualquer sujeito investido de um mínimo de autoridade, num acordo nacional tácito de que manda quem pode, e quem manda pode tudo, enquanto um mais poderoso não lhe obsta o exercício desse poder de fato.

Desde o soldado e desde o servente de uma repartição qualquer, até ao general de Exército ou ministro de Estado, todos somos legisladores e a lei, entre nós, é o que quer a vontade ocasional de quem empolga qualquer parcela de mando.

O juiz não aplica o CPC, e sim o que o seu arbítrio lhe dita. O inspetor de trânsito não aplica o Código de Trânsito, mas o que o seu bom ou mau humor determina. O delegado de polícia não aplica a lei penal, material ou processual, mas o que o seu capricho ou ódio ou interesse lhe inspira. O diretor não aplica a legislação de pessoal, mas o que lhe motiva o seu afeto ou desafeto. E assim poderíamos ir em escala quase infinita, para demonstrar a absoluta inanidade dos milhares e milhões de artigos de lei que, com rigor vernáculo ou com despudor vernáculo, com boa técnica ou sem técnica nenhuma, nós formalizamos com volúpia diarréica, objetivando apenas vestir de bom tom o corpo nu desse país de todos os possíveis, ansioso por ingressar no clube fechado das nações politicamente organizadas, mas, incansável, na prática, no tornar impossível esse objetivo.

Em compensação, todos nós, meros cidadãos, mesmo os que não temos a dita de ser parentes ou amigos de alguma autoridade, todos nós mandamos às urtigas, com facilidade encantadora, todas as prescrições que nos impingem: pisamos na grama, cuspimos no chão, jogamos lixo nas ruas, fumamos no elevador, falamos com o motorista, damos contra-mão com faixa dupla, estacionamos o carro em cima da calçada etc., etc., para apenas mencionar algumas transgressões monumentais que traduzem o exercício do poder político entre nós.

V

Quando é esse o estado de espírito de que está possuído todo um povo, o direito só pode ser visto como algo muito secundário e dispensável, perfume que se deve usar apenas para evitar o plebeismo do cheiro do corpo, quando ele é muito ativo, e a gente tem companhia ou visita de cerimônia.

Desse estado de coisas resulta, necessariamente, a falta de sensibilidade dos Governos para os problemas da Justiça e a absoluta ausência de pressão, por parte da enfermiça opinião pública nacional, no sentido de obter melhor contraprestação jurisdicional, porque nem para governantes nem para governados o serviço público da Justiça está em grau eminente de prioridade.

E se isso é, culturalmente, assim, muito mais grave se tornou com as diretrizes políticas que se atribuiu o Estado a partir de 1964.

Desde esse tempo, com exacerbação quase suicida, até aproximadamente 1974, só o desenvolvimento econômico se fez meta desejável e os investimentos no setor social, inclusive os altamente prioritários da saúde, do saneamento básico e da educação, alcançaram altos níveis de insensatez.

Como pretender-se, nesse clima de delírio de rei Midas, pensar no pão que mata a fome de justiça, se nem mesmo se pensou no pão que mata a fome do corpo necessitado de sobrevivência?

O fenômeno generalizado da deterioração dos serviços públicos tradicionais, fruto da inchação de nossas cidades e da alocação insuficiente de recursos para colocá-los à altura da nova demanda, alcançaria também o serviço público de Justiça, de forma mais grave que aos outros, porque justamente o menos dotado de força de pressão suficiente para alterar o rumo dos acontecimentos.

Enquanto isso ocorria no setor do Governo, outro grave fenômeno aprofundava a crise: o da deterioração do ensino superior do Brasil, máxime do ensino do Direito, colocado na área maldita das Ciências Humanas. Entregamos à comunidade, nesses últimos anos, profissionais que deixam muito a desejar em sua expressiva maioria e entregamo-los aos borbotões, sem forma nem figura de juízo, na fabricação em série das escolas improvisadas por todo o País a que se associaram, por imperativo de uma reforma universitária que nasceu mutilada pela carência crescente de recursos, as faculdades federais.

E, no entretanto[60,] sem recursos humanos adequados, será esforço inútil pensar-se em melhoria dos serviços da Justiça.

VI

Acresce, ainda, que mesmo restabelecida a excelência dos cursos de graduação, a verdade que pede reconhecimento é a de que eles são, por natureza, insuficientes e inadequados para preparar um bom magistrado.

Cumpria tivéssemos, como já reclamado por muitos estudiosos, uma escola de magistrados, na qual se matriculariam todos os formados em direito que pretendessem o ingresso na carreira judiciária, realizando estudos especializados e dirigidos para as necessidades de suas futuras funções, concomitantemente com estágio junto a juízos ou tribunais, submetendo-se, ao fim de dois ou três anos, a concurso de provas e de título para ingresso na magistratura. E a essa mesma Escola, em nível

---

60. Redação original.

mais exigente de estudos, deveriam voltar aos juízes, ao longo de sua carreira, para a reciclagem necessária e melhor qualificação técnica, postas como indispensáveis ao seu acesso aos grandes centros interioranos, às capitais e à segunda instância.

Assim não acontece hoje, nem jamais aconteceu entre nós.

Ingressando na magistratura, mediante concurso de provas e de títulos (pouco exigente, em muitos lugares, dado o desinteresse pela profissão), sem qualquer treinamento especializado, antes ou depois da investidura, o juiz é deixado ao sabor da correnteza.

Sua carreira far-se-á aos azares da sorte e ao impulso dos favores políticos. Para ela pouco pesam o seu saber e a sua diligência.

A formação profissional do juiz, por seu turno, ficará a cargo de seus próprios esforços e deve ser obtida à custa de seus parcos recursos, como resultado da experiência adquirida no exercício das funções, o que é um risco e um desserviço. Nem dispõe do apoio de uma biblioteca básica e mínima que lhe forneça informações que o atualizem. Nem lhe proporcionam cursos, nem o encorajam com estímulos para seu aperfeiçoamento.

Investido na função, ele aplicará o direito que muitas vezes já esqueceu ou domina mal, ou que entende e aplica de forma desatualizada. Tenta, com o bom senso e o sentido do justo, suprir o que a ciência não lhe concede. Ou nem mesmo isso faz, se perdeu, por desencanto e fadiga, ou nunca teve, por deformação moral, a consciência de sua responsabilidade social.

E acima de tudo ele tem a perfeita e exata percepção de que pesa muito mais para seu êxito o favor político que conceda, mesmo em desfavor da lei a que deve servir, e o seu grau de envolvimento afetivo com os juízes da cúpula do Poder Judiciário que o seu saber, produtividade e lisura.

VII

Há graves carências materiais nos serviços da Justiça e escassez de recursos financeiros, e dessa insuficiência devemos cuidar. Mas há uma carência que é prioritária: a do homem responsável por fazer Justiça.

Carência que resulta da falta de preocupação dos responsáveis pela criação de estímulos e apoios, que permitam ao juiz digno ser um técnico em dia com os segredos do seu mister. Carência que decorre do desinteresse pela fixação de critérios objetivos e rígidos, que permitam ao magistrado construir seu merecimento, para ascender na carreira sem precisar ruborizar-se na humilhante mendicância de votos. Votos que lhe deviam ser dados, se critérios existissem, e porque não existem, muitas vezes lhe são negados, paradoxalmente, por motivo do merecimento que possuem, e são conferidos, como graça especial, aos que, desmerecendo a Justiça, souberam se comprometer com a iniqüidade.

Carência, por final, de uma estrutura de controle que, de modo efetivo e não meramente formal ou ocasional, induza o magistrado ao cumprimento do dever, respeitadas e atendidas as limitações possíveis. Sistema esse que, se instituído, permitiria fossem os justos dignificados pela comunidade a que servem, como abnegação anônima; justos a que chamei um dia de heróis do cotidiano. E permitiria, por igual, se libertasse a comunidade dos maus juízes, para os quais nem castigos nem palavras, nem anátemas existem equivalentes ao mal que seu desserviço representa para os homens.

Há carência material na Justiça, sem dúvida. E devemos eliminá-la. Mas há uma carência prioritária: a do homem responsável por fazer Justiça. Enquanto esta não for superada, mesmo quando excelentemente assistidas todas as outras, permanecerá o Poder Judiciário em crise crônica e grave. Nada se reforma enquanto o próprio homem não experimenta, em si mesmo, a mudança que renova e transforma, que reforma, portanto, as coisas sobre que atua e os acontecimentos dos quais participa.

E é dessa reforma primordial que temos nos esquecido, da qual também nem mesmo leviana ou apressadamente cuidaram o Pacote de Abril e a Lei Orgânica da Magistratura. E dela nos temos descuidado, esquecidos desta verdade: a de que o homem é a medida de todas as coisas; e o juiz é medida de toda Justiça.

Portalis, um dos colaboradores na redação do Código Civil francês, nos idos do século passado, fez uma declaração que se tornou antológica, tal a força de sua verdade: *"On a vu des États bien gouvernés avec des mauvaises lois par des bons magistrats; mais on n'a jamais vu de pays, quelque excellentes que fussent ses lois, biens gouvernés par des hommes sans lumière er sans justice".* Em tradução livre poderíamos exprimir o seu pensamento dizendo que se pode identificar Estados bem dirigidos por bons magistrados, em que pese a má qualidade de suas leis, mas que jamais alguém pôde apontar um país, por mais excelentes que sejam suas leis, bem dirigido por homens sem ciência e sem consciência. Ciência que é o discernimento, a capacidade de perceber o real e discipliná-lo coerentemente. Consciência, que é retidão do juízo, a sensibilidade para o justo reclamado pelos homens no momento histórico em que se situam.

O nosso Ruy também escreveu uma frase que se imortalizou e hoje esta esculpida em bronze no pórtico do fórum que, em Salvador, adotou o seu nome: "Não há tribunais que bastem para abrigar o direito, quando o dever se ausenta da consciência dos magistrados".

Em resumo, poderíamos recordar a sabedoria helênica: o homem é a medida de todas as coisas. Em seu favor se dirigem todos os caminhos, ou serão eles apenas descaminhos. E dele depende o resultado de todas as jornadas, para que não sejam mero vaguear sem rumo e sem sentido.

O homem é a medida de todas as coisas. E o juiz é a medida de toda Justiça.

E que estamos fazendo pelos juízes? Onde os estamos preparando? Como os estamos protegendo das pressões e das tentações? Como os estamos estimulando para que perseverem no sacrifício a que se propuseram? Que apoio e que aplausos lhes temos dado para que se não fatiguem antes da hora do revezamento?

Minha reposta é uma só: nada. Nem nós, nem o Estado, nem as leis de ontem nem a famigerada lei de hoje. E ouso dizer que sem juízes é inútil pretender Justiça e é mero exercício verbal falar-se em reforma do Poder Judiciário.

VIII

O problema que vimos de abordar é o mais grave, por isso mesmo prioritário, mas não é o único, nem pode ser resolvido com exclusão de muitos outros, que afligem e inviabilizam uma satisfatória prestação dos serviços públicos da Justiça.

A boa qualidade dos recursos humanos alocados às tarefas auxiliares do juiz também é indispensável. Para eles, como para os magistrados, reclamam-se formação técnica adequada, estímulos para seu permanente empenho no exercício das funções, regime disciplinar severo, sem excesso, e remuneração que atraia para os cargos quem seja portador da qualificação desejada.

Urge, contudo, que o investimento feito em termos de pessoal não deixe de apresentar o rendimento adequado por deficiência dos recursos materiais disponíveis, Se é inadmissível ver-se o bom equipamento ocioso por inoperância ou incompetência, não menos inadmissível é dispor-se de auxiliares bem treinados e motivados sem que lhes sejam oferecidos os instrumentos necessários para seu bom desempenho.

Nesses instrumentos incluem-se, também, as rotinas a que deve obedecer sua atividade, visto como de sua adequação depende, tanto quanto da boa qualidade do equipamento, a maior ou menor produtividade do setor.

No particular das rotinas a serem atendidas pelos auxiliares da Justiça no desempenho de suas atividades, e pelos magistrados em sua atuação de caráter não decisório, cumpre nos conscientizarmos de um outro problema que reputo da maior importância, seja porque descurado, até hoje, em termos de solução, como principalmente porque, a grosso modo, dele não tomam consciência os responsáveis pelo bom desempenho do Poder Judiciário.

Já é hora de sabermos discernir, com segurança o que seja atividade jurisdicional, em sua especificidade, tarefa a se deferir, exclusivamente, aos magistrados, daquilo que constitui a administração dos serviços judiciários.

Há no processo, sem dúvida, tarefas especificamente técnicas, que reclamam especialização e treinamento adequados, mas um grande número de atos e de procedimentos se inserem no processo ou lhe são conexos e indispensáveis, mas nada têm a ver, de modo particular, com o conhecimento jurídico e com atividades decisórias ou de verificação de fatos que ao juiz se defere, no processo, com exclusividade.

Até hoje, entretanto, matém-se uma duplicação das atividades desnecessárias e uma injustificável irracionalidade na utilização dos parcos recursos disponíveis, apenas porque se insiste na ultrapassada idéia de que não só atividades jurídico-processuais, como tarefas de cunho nitidamente administrativo, que comportariam desconcentração e centralização para sua melhor racionalidade, devem conviver no chamado juízo, a cargo dos magistrados e dos escrivães.

O que se prática no Judiciário em termos de distribuição, de comunicação, de documentação e de informação, apenas para mencionar esses aspectos, reveste-se de obsoletismo estarrecedor, para o qual a única explicação plausível é a de que de tal modo se sacralizou a pessoa do juiz que se deixou na sombra o seu irrecusável papel técnico, de caráter especializado, por isso mesmo reclamando, como o reclamam toda as demais formas de atividades-fim, sua diferenciação das atividades-meio, que a ela servem e apoiam.

Exemplifico: ninguém jamais ouviu dizer que um cirurgião ou chefe de clínica hospitalar seja pessoa envolvida com toda a atividade-meio em que assenta e de que depende o seu labor especializado. A ele cumpre a tarefa, aqui e agora, de operar, de diagnosticar, de prescrever a terapêutica, e isso é intransferível e inerente ao seu saber científico. Na Justiça, entretanto, o juiz não é aquele que preside à verificação dos fatos e lhes aplica o direito que incidiu, mas um homem envolvido com um experiente gigantesco, que o assoberba e esmaga, por força da burocratização desnecessária e errônea do seu labor especializado. O mesmo se poderia dizer do escrivão, para o qual convergem tarefas e responsabilidades de que se poderia descartar, sem que disso resultasse, para sua atividade especificamente documentadora de atos do procedimento, qualquer prejuízo.

Lembro só para exemplificar, nem poderia fazer mais do que isso nestas circunstâncias, a simplificação das rotinas na distribuição dos feitos, a padronização e preconstituição dos mandados, a centralização de seu cumprimento e do seu controle, a utilização mais generalizada do Correio como mensageiro judiciário, a simplificação das intimações e do número delas e, por último, a utilização mais intensa e mais adequada dos recursos mecânicos na documentação judiciária.

De relevância cada dia mais acentuada, temos o problema da informática e da cibernética jurídica. No particular, a Revista de Consultoria Geral do Estado do Rio Grande do Sul publicou, em seus números 18 e 22, trabalhos interessantes, nos quais Iran de Lima, procurador da Fazenda Nacional, em Brasília, e Maria Isabel

Ribeiro Fonyat, assessora jurídica da Consultoria Geral e professora de direito civil, estudam as possibilidades da cibernética e da informátcia no campo do direito, principalmente do processo civil, demonstrado sua validade e a urgência de sua adoção, estudos aos quais acrescentaríamos o de maior envergadura, realizado por Dino de Santis Garcia, que o intitulou de "Uma Introdução à Informática Jurídica" (José Bushatsky Editor).

IX

Impõe-se a conclusão desta nossa palestra.

De um pecado ela padece, reconhece-o: o de sua generalidade, A abordagem do tema ganhou em amplitude e perdeu em penetração. Pareceu-me este o melhor modo. Isto porque, qualquer dos aspectos vistos, se analisado em suas últimas conseqüências, reclamaria todo o tempo que me era destinado e todo aquele de que dispunha para estudá-lo. Diante dessa perspectiva, receei eleger um dentre todos, para oferecer-lhe o tratamento merecido e o mais útil em termos práticos. Afigurou-se-me, assim, de melhor aviso e mais próximo do que me haviam pedido – subsídios, e só subsídios, para uma efetiva reforma do Poder Judiciário – apontar, tanto quanto possível exaustivamente, os fatores inibidores da excelência ou até mesmo da razoabilidade do serviço público da Justiça entre nós, segundo a percepção que dele tenho.

Enumerei-os, alongado-me um pouco na análise dos que me parecem prioritários. E busquei, acima de tudo, demonstrar as causas que, a meu ver, operam no sentido de, já tantos anos decorridos e tantas tentativas feitas, continuarmos porfiando e esperando por uma melhoria do Poder Judiciário, que não veio. Antes, aquilo a que assistimos, hoje, é à piora progressiva desses serviços, seja no tocante aos recursos humanos, seja até mesmo no que diz respeito aos recursos materiais. Isso em termos nacionais, até porque a melhoria por acaso identificável, de caráter excepcional, em algum Estado ou em alguma cidade, é pedra de escândalo no conjunto gritantemente insatisfatório dos serviços judiciais em todo o país.

Os senhores ouviram as palavras de um homem que tenta ver as coisas como são, sem colorí-las, embora não se deixe assustar nem vencer por elas, ainda que se apresentem cinzentas e carregadas de tons escuros. Isso porque eu creio, firmemente, no sentido positivo do esforço humano a longo prazo. E nisso crendo, sou um homem de esperança. Esperança que não ponho no alcance da minha breve e pouco significativa existência, mas que incluo na existência da espécie humana, que vejo como um produto do Acaso e da Necessidade, mas como sinal e instrumento, no Universo, de uma vontade que transcende ao Tempo e ao Espaço e, por conseguinte, transcende à duração de minha vida pessoal e de meu viver biológico.

Nesse Absoluto – que eu chamo Deus e que mostrou sua face humana em Jesus de Nazaré – eu me deixo imergir e no seu seio realizo a ousada caminhada do meu viver pessoal, solidário no conviver com todos os que comigo experimentaram o mesmo desafio, o desafio desta jornada em que há bem-aventuranças, multiplicação de pães, entradas triunfais, mas há também traição, abandono, iniqüidade, flagelação e morte. Tudo isso coroado, entretanto, pelo hosana da ressurreição, milagre que se verifica cotidianamente em cada criança que, na face da terra, recomeça, um pouco adiante, a aventura da Vida, em busca de sua plenitude.

Eu creio na Justiça. Amei-a perdidamente e ainda a amo. Dei-lhe o melhor de meus esforços e espero dar-lhe, ainda, as últimas de minhas forças. E não me arrependo deste amor doado, porque acredito, com firmeza, que a Justiça estará no amanhã dos homens se ela for, no dia de hoje, o seu empenho e seu compromisso.

| 36 | A MISSÃO DO ADVOGADO EM FACE DOS NOVOS DIREITOS FUNDAMENTAIS DA CONSTITUIÇÃO BRASILEIRA[61]

I

1. O tema sugere reflexões: a missão do advogado, os direitos fundamentais e como se articulam na Constituição vigente.

2. A missão do advogado é a de todo profissional, acrescida do que lhe for específico. E o profissional é aquele que serve utilizando o seu saber técnico. A sociedade investe na sua formação, assegura-lhe certos privilégios para receber o préstimo de seus serviços. Sua remuneração é apenas contraprestação, não a finalidade do seu atuar.

As profissões, normalmente, têm objetivos precisos; a do médico, salvar vidas, restabelecer a saúde; a do engenheiro, construir com segurança etc. Metas de fácil comprovação e avaliação. Com o advogado, ocorre diversamente. O seu saber em si mesmo é ambíguo e estende sua ambiguidade ao exercício da profissão.

A matriz do Direito é a solução de conflitos, que têm, sempre, duas faces. E em cada qual delas está presente o advogado e essa presença se faz em nome do Direito. Destarte, um advogado se contrapõe a outro advogado. E quem serve a quem desserve? Ou se ambos servem, qual a serventia do advogado, afinal? Se dissermos que é a efetividade do Direito, um deles atuou em sentido contrário ao objetivado pelo Direito. Desserviu ou Direito. Se dissermos que a realidade da justiça, a ambiguidade permanece.

O que nos move, afinal? A realização do justo no caso concreto? a efetividade da ordem jurídica? o proveito financeiro? a vitória a todo custo?

3. Se nessa perspectiva individual é assim, como será do ponto de vista social? Dimensionada socialmente, qual será a missão do advogado? A defesa das instituições? Isso nos atrelaria ao pior conservadorismo: porfiar pela manutenção do "statu quo". O aperfeiçoamento das instituições? Nada mudaria. Que legitimidade temos para dizer aos outros quais as melhores instituições? Nossa cidadania não é uma

---

61. Texto extraído de *ADV Advocacia dinâmica*: Seleções jurídicas. N. 4. Rio de Janeiro: COAD, abr. 1989.

cidadania qualificada, que nos outorgue tamanha excelência ou preeminência, nem o nosso saber.

Que espera de nós a sociedade? Em que termos somos úteis para ela, justificando o que despende conosco?

Creio que nada experimenta crise mais grave entre nós, advogados, no particular do exercício do nosso saber técnico, que essa dimensão social da Advocacia. Os vinte e cinco anos de autoritarismo provocaram uma espécie de transe nos profissionais do direito e ainda não conseguimos sair dele.

Quando um país se mobiliza para a guerra, a existência de um objetivo comum e prioritário apaga, praticamente, as diferenças; os papéis sociais se igualam – soldados em defesa da Pátria. Quando a paz retorna, esse estado de espírito se esvanece. Tentar fazer sobrevivê-lo será apenas alienar-se.

Imaginemos, por exemplo, que os curandeiros lograssem empolgar o direito de curar. Alijados, os médicos se mobilizariam, todos eles, sem divisões possíveis, no sentido de restabelecer o primado da ciência. E com eles todos os segmentos esclarecidos da sociedade. Restabelecido o privilégio do saber científico na área da saúde, permanecerem os médicos mobilizados para a antiga luta seria uma insensatez. Nem a sociedade, nem a classe médica estariam mais sensibilizadas para ela, porque as motivações desapareceram. Os fatos são outros e as exigências também.

Aconteceu com os profissionais do direito algo semelhante. O autoritarismo é a negação da cidadania e da lei. E a substituição da vontade da lei pela vontade sem contraste do detentor do poder é a ruína mesma da advocacia. Quando o indivíduo se aniquila e desce à condição de servo ou de súdito, dissemo-lo na VI Conferência Nacional da Ordem dos Advogados, em 1976, também os juristas e, predominantimente, os advogados, se colocam na área dos dispensáveis. Para a servidão, bastam o beleguim e o vergudo, logados ou não.

Assim sendo, a mobilização da classe dos advogados para a luta política foi um imperativo e com ela se colocou solidária toda a sociedade, ávida por recuperar a segurança da ordem jurídica e a qualificação da cidadania. De certo modo isso já foi obtido, pouco importa de que forma imperfeita ou não excelente para muitos, mas em grau suficiente para desmobilizar, de modo acentuado, a sociedade e a classe dos advogados para a luta, aparentemente ganha no seu principal. E esse dado é fundamental, quando se pensa a missão do advogado, hoje, no Brasil. A diferença essencial entre a luta de ontem e a de hoje é que agora, desaparecida a força daquela motivação maior, a luta se desenvolve fragmentariamente, pelos vários grupos, em função de seus interesses mais específicos. Criado o espaço político para a divergência e o confronto, a conflituosidade dos interesses dispersa os homens e também, como consequência, os advogados. Não mais se identifica o combate dos advogados com o da sociedade, nem há mais, com intensidade antiga, uma luta dos advogados como categoria profissional.

4. Há um papel político do advogado, como cidadão. Em nada diverso do que é desempenhado pelos demais homens, seja qual for a sua formação técnica. Essa cidadania ele a exerce como pai, como mestre, empregador, proprietário, empregado, eleitor, etc. Mas há algo que lhe é específico. Sua arma é o seu saber jurídico e o direito é indissociável do político, do econômico e do social. Enquanto outros profissionais, no momento mais significativo do seu agir técnico abstraem, de modo quase total, a dimensão social, política, econômica do seu agir, o advogado, justamente aí, precisa de otimizar o seu saber e aguçar a sua sensibilidade política, econômica e social. Destarte, sua condição de cidadão, de partícipe do exercício do poder, também se faz presente no momento do seu exercício profissional.

Poderíamos, portanto, definir a missão do advogado como representada pelo patrocínio de interesses individuais ou coletivos na sua dimensão política, econômica e social, referindo-os a uma ordem jurídica global, em termos do justo possível e desejável. E isso dialeticamente, por meio da crítica e o confronto dos interesses contrapostos, mediante uma racionalidade dialógica ou comunicativa, para usarmos uma terminologia que está na ordem do dia.

Concluímos, assim, que o precípuo para nós, advogados, é a definição prévia das regras do jogo e o respeito a essas regras, na busca da solução que se procura justificar como a mais razoável, por força da amplitude do debate e do livre confronto das opiniões.

Donde afirmamos que nada descaracteriza mais o advogado que a intolerância. Nada lhe desvirtua mais a profissão que a deslealdade em fase das regras do jogo. Nada lhe atrofia mais a visão que a perda da perspectiva social, ética, política e econômica do problema que lhe é confiado.

5. Parece-me, portanto, inadequada vincular a missão do advogado a metas concretas, de qualquer natureza, sociais, políticas, econômicas etc. Devendo ser um homem de convicções, cumpre-lhe jamais se tornar um homem com certezas dogmáticas. Todo convencimento seu é provisório, filho do debate de hoje, que poderá amanhã, em outra linha e com outros componentes, desemborcar numa solução diferente. O que dele se exige á a coerência que alicerça a convicção, não a intolerância que elimina a busca da verdade, e as verdades do advogado ele não as tem pré-fabricadas e aplicáveis a tudo e a todos. Ele é o garimpador da gema rara que procura na ganga bruta do caso concreto, posto sob o seu patrocínio, e com o qual, aceitando-o, se compromete, nisso empenhando todo o seu saber e com a ética indissociável do seu agir profissional.

6. Destarte, tenho como acertado concluir-se que a missão do advogado é eminentemente política, mas numa dimensão que o diferencia dos demais protagonistas políticos. O médico, por exemplo, defronta-se com uma vida que corre perigo e tenta vencer a doença e a morte, mas encara esse desafio como um problema individual. Nem o social, nem o econômico, nem o político marcam presença significativa no momento forte de seu agir profissional. Com o advogado assim não se passa. A própria atividade processual, a organização judiciária em que atua, a dependência em que se coloca em face da decisão judicial, tudo isso o condiciona social, política e economicamente. O próprio bem que procura realizar tecnicamente se coloca na dependência muitas vezes frustrante dos que foram agraciados com o exercício do poder político de decidir.

Ninguém mais necessitado de independência que o advogado; ninguém mais dependente do que ele. Ou se exaure num confronto desgastante e cotidiano, ou se descaracteriza e sucumbe. E disso não se pode libertar, porque é o próprio direito, que ele busca efetivar, que é político em sua matriz e na sua aplicação, e carrega em seu bojo ético, o econômico, o social na dimensão crítica que assumem no momento do conflito, que cumpre seja solucionado.

II

7. O que dizer sobre os direitos fundamentais?

Por mais céticos que sejamos, há um dado que parece evidente: a civilização caminha numa linha ascendente de complexidade-consciência.

O alargamento do campo do saber desvenda a complexidade do existente e que tudo indica evoluiu e evoluirá numa linha de ampliação dessa complexidade, em termos naturais e em termos sociais. A par disso, há um crescente alargamento do nível da consciência individual. O homem da antiguidade sentia-se parte dos cosmos. Seus vínculos eram com o todo natural e social. Sua individualidade incipiente apresentava-se como um valor de parca intensidade. Caminhamos, no largo da história, para a afirmação de nossa individualidade. E isso alcançou dimensão universal no mundo moderno, com reflexos na política, na economia, na ética e na filosofia.

A Declaração dos Direitos do Homem, forjada ao calor da insurreição de 1789, foi a afirmação solene, formal, dessa verdade. Desse sentir, diria melhor. O homem, na sua individualidade, como um ser biográfico, pessoa, ser irrepetível e incomunicável, faz jus à tutela de tudo quanto necessário para preservá-lo assim, único, pessoal, irrepetível. E se esse sonho individualista iria sofrer os embates da realidade social que a competição capitalista produziu, reclamando-se uma revisão crítica de suas posições iniciais, o certo é que os valores nele subjacentes não se desqualificaram, sim foram repensados em termos novos, mais realísticos, acrescendo-se ao individual o que, sendo social, diz respeito ao indivíduo e o preserva como pessoa.

O somatório dessas dimensões constituem o que hoje denominamos de direitos fundamentais: o que precisa ser tutelado em favor do indivíduo, para que se afirme como pessoa, inclusive em termos sociais. (Ver o Anexo I).

8. Podemos cogitar desses direitos fundamentais numa dimensão filosófica, discutindo o que deva, neles, ser incluído. Podemos analisá-los numa perspectiva universalista ou internacionalista, buscando confrontar o que se tem entendido como tal entre as Nações. O que nos interessa, entretanto, no momento, é examiná-los em sua dimensão positiva – como estão definidos em nossa Carta de 1988, ainda quando não nos pareça que o tratamento dogmático, hermenêutico, dos direitos fundamentais possa desprezar a perspectiva filosófica e do direito comparado. A matriz do que se legisla está no que se pensou a respeito do legislado, que tem matriz numa história mais abrangente que a história local. "Scire legis non est hoc: verba earum tenere, sed vim ac potestatem". É o valor, o pretender axiológico que se coloca como escopo da vontade de poder (como vontade social) que constitui a mola mestra do jurista, seja ele advogado ou magistrado.

9. Qual a novidade, em termos de direitos fundamentais, que se pode colher na Constituição de 1988? A meu ver, duas são as novidades. Concedeu-se menos, em termos de poder, para limitar as liberdades fundamentais; alargou-se, portanto, a esfera da autonomia pessoal. Acentuaram-se, entretanto, os deveres sociais, tanto os do Estado, quanto de associações e de indivíduos, no tocante à proteção e ao respeito à pessoa humana. Ganhou-se em liberdade com acréscimo de responsabilidade.

Alguns exemplos podem elucidar. A inviolabilidade do domicílio, a prisão em flagrante, as garantias do devido processo legal, a eliminação da censura, os novos institutos do "habeas-data" e do mandado de injunção, a inconstitucionalidade por omissão, a maior seguranças no emprego, a securidade social, a liberdade da organização sindical, o direito de greve etc.

Esse aspecto positivo de nossa Carta, no entanto, é em muito neutralizado por um outro, negativo: uma organização política arcaica.

O executivo foi estruturado em termos de presidencialismo, o que foi um erro político de consequências ponderáveis. Já estamos experimentando seus resultados negativos. Nem se diga que a ampliação dos poderes do Congresso contrabalança. A meu ver, agrava. O processo legislativo ou é lento ou se sujeita a riscos de avaliação que o comprometem e para obviar um e outro inconveniente termina por se degradar em mero órgão de referendo.

O judiciário teve a pior organização de sua história entre nós. Tudo que de negativo se tem apontado no Judiciário herdado do liberalismo foi consagrado e ampliado constitucionalmente. Os avanços e as mudanças que hoje lhe são reclamados a Constituição rejeitou.

O Legislativo e sua matriz político-partidário não tiveram melhor solução. Praticamente se deixou tudo como antes, que era péssimo, mantendo-se, inclusive, o corpo estranho de uma Justiça Eleitoral oriunda da Justiça Comum, em moldes que o tempo demonstrou spo tem servido para deformar a limpidez do processo eleitoral e comprometer a credibilidade e operosidade do Judiciário.

A grande aspiração de nossos dias, que é a possibilidade do controle, pela sociedade civil, do exercício do poder político e do poder econômico, foi de todo alijada de nossa Constituição. O poder só não será exercido autoritariamente e fisiologicamente entre nós se assim não o quiserem seus agentes, não porque estejamos institucionalmente aparelhados para impedi-lo.

Infelizmente, como sempre, foi liberalizante o nosso discurso e arcaizante nossa prática. (Ver Anexo II).

10. Só um ganho eu vejo, em relação ao passado, mas me sinto inseguro para dizer em que termos e com que intensidade as coisas ocorrerão.

A sociedade brasileira avançou muito nos últimos anos. Amadureceu um pouco no exílio do autoritarismo. Termos, hoje, uma classe trabalhadora, nas cidades, mais organizada e melhor preparada para o embale político. No campo, onde inexistia, a organização sindical é, em nossos dias, um dos fatos mais auspiciosas. A classe média começa a compreender que sua aliança, sem condições, com a elite arcaizante finda por responder negativamente para ela. Há uma crescente consciência nacional de que investir no homem é a grande meta e só por esse modo resgataremos nosso país da condição de colônia de sua própria elite dominante.

Tudo isso, provavelmente, servirá de suporte real para ganhos institucionais. E porque à vista uma reforma constitucional a curto prazo, talvez consigamos aparelhar o navio antes do naufrágio.

III

11. Já se torna possível, a esta altura, abordar a última das indagações que nos cumpria responder. Em face desse contexto, qual o papel do advogado, hoje, na sociedade brasileira, em termos de aperfeiçoamento de nossa vida constitucional?

A título de introito diria: é uma incógnita como responderemos, na condição de povo, no futuro, no decisivo embale que se travará entre o autoritário e o democrático, entre o arcaizante e o modernizador. Mas será nesse espaço de luta e nessa perspectiva que a missão do advogado, em face dos direitos fundamentais como explicitados na Constituição de 1988, deve ser analisada.

12. Como dissemos antes, o advogado é um cidadão, com a responsabilidade comum a todo cidadão. Disso não cuidaremos, porque nessa tarefa ele não se distingue nos demais cidadãos. Pretendemos abordar, apenas, o que lhe cumpre como cidadão profissional do direito, especificamente.

Em primeiro lugar, lembremos-nos de que o advogado é a "vox civis loquetem". Se o juiz é a palavra efetiva da lei, o advogado é a palavra efetiva do cidadão. Isso significa que ele pretenderá mal e pretenderá inutilmente se não pretender o que efetivamente pretende o cidadão que ele patrocina. É um grave erro, com dimensão paternalista e conotação demagócia, querer o advogado o que em verdade não postula o cidadão que ele representa. Fica apenas na área do discurso inócuo o pleito que, por detrás de si, não tem uma vontade privada ou política efetiva. A luta do advogado é portanto, a luta do seu cliente, e quando ele substitui a vontade e as expectativas dele pelas suas, fica apenas na dimensão do discurso jurídico inconsequente, desmoralizante e estéril.

12. Essa identidade, tão necessária, entre as crenças do cliente e as do advogado, entre as expectativas de um e de outro, essa harmonia ou essa solidariedade é a alma do verdadeiro patrocínio. Se no dia a dia dos interesses menores, na morrinha do cotidiano ou do que julgamos assim despido de maior desafio ou de maior nobreza, essa identidade pouco pesa às vezes, procurando o profissional agir assepticamente, com o pseudo-distanciamento do técnico (o que julgamos pouco positivo, dado o inelimínável conteúdo humano de lodo confronto) se assim pode ser no microconflito irrelevante quase em sua dimensão social, aquele que é verdadeiramente advogado não aceita essa postura se em jogo interesse de maior abrangência e, inclusive, porfia por desvendar o social que se oculta por trás dos aparentemente irrelevantes conflitos menores.

Este, parece-me, o primeiro papel do advogado; tornar visível a dimensão social do conflito, aparentemente restrito e pouco abrangente. Esse desvelar das dimensões macro do que aparentemente só interessa aos litigantes no pleito é a pedra de toque do jurista.

13. Mas o jurista é, também, um costurador de retalhos. Ele recolhe os fragmentos, os pedaços daqui e dali e com eles confecciona a peça útil, que vai ornamentar o ambiente ou agasalhar ou vestir o usuário.

A vida social é plena de conflitos, mas anseia por coesão e dela necessita, porfia por ser solitária e ordenada. E a visão e compreensão dessa ordem desejada operam como balizas que obstam os desvios graves nas rotas que não foram pré-traçadas. Pois bem, o jurista é o homem com talento, informação e sensibilidade suficientes para tentar construir a coerência na incoerência, a solidariedade na dispersão, a racionalidade na aparente irracionalidade das paixões. Ele é um generalista que se liberta da superficialidade, porque não é artífice dos retalhos com que cose a colcha ou a veste, mas os recebe feitos por quem tem competência para tecê-los. Sua sabedoria é a de dar harmonia a esse conjunto policrômio e polimórfico.

14. Um dos pilares, melhor dizendo, o alicerce mesmo dessa construção da harmonia social é a interpretação constitucional. Explicitar as ideias-força que presidem à vida de um grupamento político, nem determinado momento histórico; construir a moldura do quadro que lhe dimensiona a extensão, definir as cores e proporcionar os instrumentos e colocá-los ao alcance dos que se dispõem a pintar o quadro segundo a própria inspiração. Buscar não a uniformidade indesejável e inatingível, não a mesmice da despersonalização nem a paz dos pântanos, sim precisar as regras do jogo para a lealdade do combate. E nessa tarefa o papel do advogado é inexcedível. E socialmente é essa a sua missão.

15. Para concluir, lembraríamos o que parece fundamental no jurista advogado.

Como classe ou categoria profissional, seu compromisso primeiro é com a ordem jurídica em que a vontade do poder não se sobreponha ao direito, como expressão da vontade social, alcançável mediante o processo da racionalidade comunicativa, o que exige o livre e isento confronto dos prós e dos contras de toda situação concreta. Como profissional, o advogado não é necessariamente socialista nem capitalista, direita ou esquerda ou centro, conservador ou liberal. Estes são qualificativos que não podem ser postos para determinação do substantivo advogado.

Como classe ou categoria profissional a missão do advogado é a de buscar o sentido social que se oculta à sombra dos microconflitos que lhe cumpre patrocinar, construindo, assim, com o seu saber técnico, utilizando o material que o saber técnico dos segmentos especializados da sociedade lhe proporcionaram, a ansiada harmonia e unidade de ação do grupo, sempre inatingida, mas que cumpre ser perseguida como o valor núcleo da convivência social.

Como classe ou categoria profissional tem cada advogado e todos os advogados a missão de servir ao cliente, ser leal para com ele e identificar-se com seus interesses, sem jamais sobrepor essa lealdade à maior que deve à ordem social. Assume a paixão do cliente, mas a civiliza e educa, colocando-a nos estritos parâmetros daqueles objetivos maiores. É sempre um paladino, nunca um mercenário.

No particular, portanto, dos direito fundamentais que a nossa carta de 1988 outorgou, ou reconheceu, melhor dizendo, aos que vivem em nosso País, seu papel é o que lhe cumpre sempre e foi antes apontado. Construir-lhes a harmonia do atendimento, fazê-lo compreensíveis ao homem comum, empenhar-se na suta tutela em favor dos que lhe reclamarem o patrocínio, e tudo isso realizar com fidelidade às regras do jogo, que pedem tolerância, diálogo e a construção da verdade pelo convencimento.

16. Seria imperdoável, entretanto, não nos ocupássemos, aqui, do possível papel a ser desempenhado pela corporação dos advogados – a OAB.

Se o advogado, como indivíduo, como cidadão e como profissional, incumbe o que foi dito, que se espera de seu órgão de classe?

Para mim, aquele mesmo descomprometimento sectário que se impõe ao advogado, enquanto tal, deve ser exigido de sua corporação. Também ela, como ele, viveu o momento magnífico da mobilização total para o restabelecimento do Estado de Direito. Também ela, como ele, deve desmobilizar-se, para fazer-se aberta ao diálogo, ao pluralismo, à busca dialética da melhor solução pelo confronto das divergências. Também como ele não pode ser intolerante nem dogmático, fechada, acrítica.

Mas se o advogado se faz paixão e luta quando patrocina o cliente, e isso a ele deve, a Ordem dos Advogados também se faz paixão e luta naquilo que lhe cumpre socialmente realizar em prol dos advogados.

Desse prisma, a Constituição de 1988 é rica de provocações e de oportunidades. Deferindo às entidades associativas legitimidade para representar seus filiados judicial e extrajudicialmente (inciso XXI, art. 5º), prevendo o mandado de segurança coletivo (inciso LXX, alínea "b"), legitimando-a a impetrar o mandado de injunção (inciso LXXI), legitimando-a para a propositura da ação direta de inconstitucionalidade, inclusive por omissão (art. 103), dando-lhe ampla participação nos concursos para seleção e recrutamento de magistrados (art. 93, I) e poder para a constituição da lista de composição do quinto dos tribunais (arts. 94, 111, § 2º etc) possibilitou-lhe presença ativa no campo da tutela dos direitos fundamentais em favor dos advogados, fortalecendo-os no exercício de sua atividade profissional, na renovação política do pensamento e da postura dos tribunais, na luta pela moralização da atividade jurisdicional e seu aperfeiçoamento, no expurgo da ordem jurídica de leis espúrias que procurem comprometer a limpidez dos compromissos constitucionais.

São estas tarefas desafiadoras, que pedirão da ordem qualificação intelectual, autoridade moral e preparo técnico, sempre preservando aqueles princípios básicos do agir do advogado os quais, paradoxalmente, são denunciadores de sua fraqueza, mas também certificam sua virtude e sua serventia.

| 37 | ADVOCACIA – O DIREITO DE RECORRER A JUSTIÇA[62]

I

1. O tema que me foi proposto: Advocacia – o Direito de recorrer à Justiça, apresenta-se como desdobramento de um outro mais abrangente: independência e autonomia da Ordem dos Advogados do Brasil.

Esta correlação se me afigurou fundamental, para que pudesse bem fixar o alcance e o conteúdo do que me propunham apresentar à consideração dos participantes desta VI Conferência Nacional.

Muito mais que um tema estritamente de direito processual. Mais, ainda, que um tema vinculado, de modo exclusivo, ao direito de exercício da profissão por diplomados em ciências jurídicas. Diria, mesmo, tratar-se de um tema que nos convida a ultrapassar os limites menores do exame dos poderes e das prerrogativas do advogado, no processo, como patrono da parte.

Eu o vi diretamente inserido no tronco que é o do problema do direito como disciplina da liberdade, acoplado, necessariamente, ao da tutela dessa liberdade juridicamente ordenada, mediante a garantia do acesso de todos ao seu juiz natural, assegurando-lhes, ainda, para isso, os instrumentos do devido processo legal.

Assim o entendi. Assim o desenvolverei.

II

2. Está escrito no Capítulo 2 do Livro do Gênesis que Deus, após criar o homem, viu que não era bom que ele estivesse só. E deu-lhe uma companheira. Assim, desde que o homem é homem, na simbologia bíblica, ele convive, relaciona-se com seus semelhantes e desses semelhantes não pode prescindir. Dessa mesma verdade a ciência também nos dá testemunho.

Há duas assertivas que, por força do tempo e de sua constante repetição, se tornaram lugares-comuns: o homem é um animal social e o homem é o lobo do próprio homem. Aparentemente contraditórias, com efeito, se somam para expressar a verdade do homem. Somos seres incompletos, incapazes de realização pessoal

---

62. Texto extraído de *Revista da Faculdade de Direito de Uberlândia*. Vol. 6, n. 2, 1977.

sem a aceitação de nossos semelhantes, vocacionados para sermos um com os outros (amor, cooperação, interação) permanecendo, entretanto, um em meio aos outros, sentindo-nos, cada qual de nós, um ser inédito e irrepetível. E este eu exigente compele-nos a ser, também, um contra os outros pelo desamor, que gera a competição e os conflitos. A síntese desse processo dialético é a vida de cada qual de nós, oscilando entre o mais e o menos desses extremos. E é também a vida do grupo.

Em síntese, a realidade é a do inevitável viver convivendo.

3. A convivência humana implica a exigência do direito, que é forma de vida social, como se expressa Legaz y Lacambra(1), não uma forma qualquer de que se possa livremente prescindir, sim uma forma necessária, com necessidade ontológica.

A convivência humana jamais se apresenta como interação anárquica ou desorganizada, salvo manifestações patológicas e ocasionais. Em sua normalidade, é convivência ordenada. Sorokin diz ser o grupo social organizado quando seu núcleo de significados e valores, bem como o motivo para a interação do conjunto de indivíduos que constitui o grupo, é algo congruente consigo mesmo e assume a forma de normas jurídicas que definem, com precisão, todas as ações e reações relevantes dos indivíduos integrantes, em suas relações recíprocas e com estranhos e o mundo em geral; exigindo-se, mais, que essas normas sejam efetivas, obrigatórias e, se necessário, impostas pela força na conduta das pessoas integrantes. A característica central de uma interação organizada (grupo, instituição ou sistema) é, depois, a presença de normas jurídicas, que são o componente de significados e valores no seu aspecto regulador e controlador da conduta.

O ordenamento jurídico traduz ou busca traduzir uma fórmula de transação entre os interesses em conflito no grupo e sua excelência ou sua deficiência deriva, justamente, da exatidão maior ou menor com que expressa o que é realmente desejado ou tolerável em determinado momento histórico.

4. A norma jurídica, entretanto, como toda norma é um padrão abstrato, mantido mentalmente, e que delineia certos limites para o comportamento, como a define Harry M. Johnson. E elas, para se tornarem operantes, necessitam não só de ser aceitas mensalmente, mas também de ser consideradas dignas de adoção no comportamento real. Em outras palavras, devem elas ser normas de tal modo sancionadas que o infrator seja punido e os que a elas se adaptam sejam recompensados pelo grupo(2).

A adesão do indivíduo ao preceito contido na norma em outras palavras, a interiorização da norma por quem dela é destinatário, reclama, portanto, como precedente, a compreensão de seu conteúdo, à qual deve seguir-se a aplicação, traduzida no ajustamento da conduta ao preceituado normativamente, nos termos em que foi compreendido o preceito por quem a ele se devia submeter.

Em suma, a operacionalidade normativa, mesmo no campo do direito, ou principalmente nele, exige uma série de processos, que se iniciando com o interpretativo culmina com o de adequação da conduta real ao modelo normativamente proposto.

5. As normas jurídicas regulam relações inter-subjetivas, estabelecendo, de antemão, ainda quando genérica e abstratamente, no confronto de interesses e na exigência de cooperação que a vida social determina ou exige, qual dos sujeitos em relação deve ser reconhecido como titular de uma situação de vantagem, disso decorrendo posições de dever, obrigação ou sujeição para outros.

Por conseguinte, a norma objetiva, legislada em função de interesses de ordem geral, põe, correlativamente, no que diz respeito à necessidade de sua observância, o problema da posição do indivíduo, que reconhece na inobservância do direito objetivo também a lesão a um interesse individual e que, por conseguinte, considera a violação da lei também como violação do seu direito subjetivo, que não é mais do que a posição subjetiva assumida pela norma jurídica, no que diz respeito ao titular da situação de vantagem por ela mesma estabelecida(3).

6. A efetividade do preceito normativo, já o vimos, coloca-se na dependência da adesão daquele ao qual ela se destina, pelo que fica posto para o direito o problema da resistência por parte do destinatário da norma, impondo-se a criação de mecanismos de natureza coercitiva, que assegurem ao titular da situação de vantagem o resultado normativamente pretendido e não voluntariamente produzido por quem à norma deverá ajustar sua conduta.

Tolerou-se, historicamente, que a efetividade da norma, consequentemente a tutela do interesse que ela protege, fosse obtida por atuação dos próprios interessados, mediante o exercício da defesa privada. Mas essa solução foi breve e episódica, marchando o grupo politicamente organizado para a solução institucional do problema, mediante o monopólio, pelo Estado, do poder de coercitivamente impor a efetividade dos preceitos por ele sancionados.

O Estado se assenhoreou, progressivamente, do poder de editar o direito, fez-se o legislador por excelência, com o objetivo de alcançar o ponto ideal de equilíbrio entre os interesses individuais e sociais em cada momento histórico. E quer formulando-o para ocaso concreto, pela voz de seus juízes, como o fez Roma, em seu período clássico, quer formulando-o genérica, abstrata e aprioristicamente, sob a forma de leis, como predomina no mundo moderno, impôs-se ao Estado também avocar, monopolisticamente, a tarefa de aplicação autoritativa do direito legislado. Da formulação do direito, de modo genérico e abstrato, à formulação do direito de forma concreta e particular, pela sentença, nada se subtraiu ao seu poder.

O direito subjetivo, por conseguinte, significa o interesse individual protegido pela força do Estado, não direito de empregar a força privada em defesa do interesse individual(4).

7. Carnelutti, num dos seus últimos livros (**Diritto e processo**, pág. 33), um dentre os muitos que produziu em sua vida fecunda e criadora de jurista, ensinou que se diz ser o direito um método para unir os homens. E indaga: Mas por que é necessário fazê-los se unir? Num primeiro momento, responde ele, falei da necessidade de compor os conflitos de interesses; mais tarde, em termos um pouco menos econômicos, da necessidade de eliminar a guerra e de obter a paz. "Não eram erradas estas visões, conclui o mestre, mas elas não chegavam ao fundo do problema. Por essa forma eu punha o fundamento do direito na sociedade em lugar de pô-lo no indivíduo; isto era, se não um erro, pelo menos uma imperfeição. Não havia ainda entendido que a sociedade existe para o indivíduo, não o indivíduo para a sociedade; que o direito é feito para o indivíduo, para salvar o indivíduo, não a sociedade. A salvação da sociedade depende da salvação do indivíduo, não a salvação dos indivíduos da salvação da sociedade".

Disciplinar a vida social é, pois, necessariamente, atribuir direitos e correlativamente, obrigações. Não só direitos oponíveis a outros indivíduos do grupo, postos em situação de igualdade jurídica, mas direitos oponíveis aos indivíduos ocasionalmente colocados em posição predominante, como detentores dos instrumentos de coerção. Direitos privados subjetivos e direitos público subjetivos. Direitos que o indivíduo pode invocar em suas relações de ordem econômica, familiar ou social, mas igualmente direitos que ele pode opor, como indivíduo, ao próprio Estado, autolimitado em seu poder de editar o direito como, por igual, no de aplicá-lo originária ou substitutivamente.

Estado de direito é, pois, aquele, e somente aquele em que se reconheça ao indivíduo a titularidade de direitos públicos subjetivos, não apenas formalmente enunciados, mas efetivamente assegurados pelo deferimento ao indivíduo de meios eficientes de tutela para efetiva concretização dos direitos deferidos.

8. Se o Estado, num processo histórico progressivo, e tudo indica que irreversível, retirou do indivíduo o poder de tornar efetiva a satisfação de seus interesses juridicamente tutelados, atribuindo-se com exclusividade, esse poder, essa expropriação determinou a necessidade, também indeclinável e irreversível, de atribuir-se ao indivíduo o poder de exigir do Estado a prestação dessa atividade e a disponibilidade de todos os instrumentos necessários para esse fim.

Jurisdição sem direito de ação atribuído **uti civis** e sem a efetiva garantia dos instrumentos processuais adequados para esse fim não é jurisdição, é arbítrio. Ou se quisermos utilizar termo menos forte e mais camuflador, será administração pública de interesses privados, se é que tal antinomia é possível de ser aceita e capaz de ser compreendida.

9. Na história biológica, fala-nos a ciência do homem, racional e livre, como o ápice de uma evolução que, assentando suas raízes na matéria inorgânica, desabrocha na complexidade-consciência deste ser que pode pensar a si mesmo e ao Universo em que se situa. Na história política, poderemos falar, igualmente de um ser que ascende em sua racionalidade e em sua liberdade, emergindo da condição de escravo e súdito para a de cidadão. De quem serve e é utilizado para a de quem se solidariza e participa.

A história da civilização, disse-o Calamandrei, é a história da luta contra a autodefesa, o que equivale a dizer que a jurisdição e a ação, servidas pelo processo, são a forma civilizada de composição dos conflitos de interesse que inevitavelmente se instauram no interior do grupo social.

Poderíamos também afirmar, correlativamente, que a história da civilização é a história da superação do escravo e do súdito pelo cidadão, porquanto onde este inexiste, inexiste aquela. E cidadãos só existem onde há segurança para os direitos e direitos atribuídos aos indivíduos em face do Estado.

10. Os anglo-saxões, mais que outro qualquer povo, elaboraram e institucionalizaram esses princípios, hoje consagrados na Declaração Universal dos Direitos do Homem, formulada pela Assembléia das Nações Unidas, em 10 de dezembro de 1948, e subscrita pelo Brasil. Nela está escrito que toda pessoa tem direito de dirigir-se aos tribunais nacionais competentes, a fim de que a protejam contra os atos que violem seus direitos fundamentais, reconhecidos pela constituição ou pelas leis. Como, por igual, toda pessoa tem direito, em condições de plena igualdade, de ser ouvida publicamente e com justiça por um tribunal independente e imparcial, para determinação de seus direitos e obrigações ou para exame de qualquer acusação que lhe seja feita em matéria penal. (nº 8 e 10).

Resume-os a expressão inglesa **due process of law**, pela primeira vez usada por Eduardo III, no estatuto de 1354, ampliada, posteriormente, em sua compreensão, por obra de juristas ingleses e norte-americanos, consagrada, hoje, pela 5ª e pela 14ª Emendas à Constituição dos Estados Unidos.

11. Entre nós ninguém melhor que Ada Pellegrini Grinover estudou o alcance do due process of law no terreno do direito processual constitucional brasileiro, desde os primórdios da Carta do Império até a atual Constituição, após a Emenda nº 1, outorgada em 1969 (5).

De todas as garantias que podem ser inferidas do due process of law, sobreleva a da inafastabilidade da proteção judiciária expressa, pela primeira vez, na Constituição de 1946, mas que os estudiosos já consideravam implícita no sistema anterior, como decorrência necessária da independência dos poderes.

A Carta de 1946 assim a enunciou, em seu artigo 141, § 4º:"A Lei não poderá excluir da apreciação do Poder Judiciário qualquer lesão de direito individual". Manteve-a nesses termos a Constituição de 1967 (artigo 150, § 41'). Não ousou suprimi-la a Emenda nº 1, imposta em 1969, que renumerou o dispositivo, passando a garantir a constituir o artigo 153, § 4º da Carta Vigente.

12. Em nossos dias, não apenas o direito brasileiro consagra o princípio ao nível de garantia constitucional. Também a Alemanha (artigos 19, § 4º e 103, I, de sua Constituição) e a Itália (artigos 24 e 113 de sua Constituição) o consagram expressamente. Sem contar com o reconhecimento de sua existência implícita em outros ordenamentos jurídicos, como resultante necessária das garantias processuais constitucionalizadas em seus diplomas fundamentais.

13. A garantia constitucional que assegura a todo indivíduo nacional ou não, o acesso aos tribunais para tutela de seus direitos quando violados, não pode ser entendida, adverte-o, com acerto Ada Pellegrini, como mero direito à sentença. "Os princípios informadores do processo já garantem o dever fundamental do juiz à prestação jurisdicional que uma vez recusada, levará à configuração do abuso de poder, não de inconstitucionalidade. Bem pelo contrário, é nas fases sucessivas à propositura da ação que o autor como o réu, podem encontrar obstáculos à obtenção de um pronunciamento de mérito, por impedimento superveniente internos ou mesmo estranhos ao processo. E a possibilidade de deduzir em juízo um direito mediante a instauração do processo, reduzir-se-ia a bem pouco se não se garantissem, constitucionalmente, os meios para obter o pronunciamento do juiz sobre a razão do pedido"(6).

Em síntese, a garantia constitucional, longe de resumir-se na possibilidade de deduzir em juízo um direito, mediante a instauração de um processo, representaria a garantia constitucional dos meios necessários para a consecução do pronunciamento jurisdicional sobre a "razão" do pedido"(7).

14. Idêntica é a lição de Mauro Capelletti, apreciando o artigo 24 da Constituição italiana, conjuntamente com seus artigos 25 e 113, que equivalem ao nosso artigo 153, § 4º. Para ele esta garantia constitucional, antes de outra qualquer coisa, impede ao legislador privar os particulares, sub-repticiamente, dos direitos reconhecidos no plano substancial, negando aos titulares de tais direitos o acesso aos tribunais, como ocorreu, em muitas oportunidades, no sistema fascista. Em segundo lugar, ela se opõe a todo e qualquer propósito de reduzir o número dos procedimentos mediante a transferência de certa classe de casos dos tribunais para órgãos de natureza administrativa.

O artigo 24, complementa ele, ainda quando deixando liberdade ao legislador para modelar a ação e a defesa segundo a estrutura e as exigências do processo, impõe que se reconheça aos particulares, em qualquer circunstância, uma possibilidade concreta de fazer valer, em todo momento ou fase processual, suas razões em juízo, sem limites e modalidades tais que convertam o exercício do direito de ação e de defesa em impossível ou excessivamente difícil. Para esse fim, foram-se enucleando uma série de garantias implícitas no preceito constitucional que, operando de maneira diversa no curso do item processual, tendem, precisamente, a tutelar a efetividade da garantia principal. O artigo 24 da Constituição (equivalente ao nosso artigo 153, § 4º) vai-se plasmando, pois, segundo as necessidades dos vários tipos de procedimento e vai assumindo um alcance e um conteúdo diferenciado nas fases singulares, até converter-se na matriz de garantias diversas que, ainda quando incidindo cada qual delas em um momento particular do processo, aparecem todas finalísticamente dirigidas para um resultado comum: a instituição e o desenvolvimento do contraditório. (**Las garantias constitucionales de las partes, en Proceso, ideologias, sociedad**, pgs. 542/3).

15. Consequentemente, pode-se afirmar que do artigo 153, § 4º, da Constituição do Brasil deriva o direito de acesso aos tribunais, mediante um processo em que esteja assegurado o direito de ser julgado por um juiz independente e imparcial, preconstituído pela lei (direito ao juiz natural), processo cujo custo não seja incompatível com a "capacidade econômica dos. litigantes e no qual, em todo o curso do procedimento, fiquem assegurados a igualdade das partes, o contraditório, o direito à prova e à motivação das decisões nele proferidas

16. A garantia constitucional do acesso aos tribunais jurisdicionais mediante o devido processo legal, é garantia, como visto, que não retira de si mesma sua própria justificativa. A norma processual constitucional é, também ela, norma instrumental, direito a serviço do direito, expressando nessa instrumentalidade o seu ser valioso.

E que direitos merecem a tutela da inafastabilidade da apreciação judiciária, mediante o devido processo legal?

Se esses direitos não tiverem, também eles, no texto constitucional sua definição básica, será vã a garantia. Seria como se dar saúde física a um ser mentalmente enfermo. Vigor para nada, vida para morte.

Prende-se, consequentemente, a garantia do **due process of law** ao denominado **substantive process of law** que, por sua vez, carece de significação se o Estado não reconhece ao indivíduo direitos que a ele mesmo, Estado, sejam oponíveis, funcionando como limites ao seu arbítrio de detentor dos instrumentos de coerção social.

17. Esses direitos, ditos fundamentais, foram tradicionalmente vistos como direitos políticos pelo denominado Estado liberal, nascido da revolução burguesa que deu origem ao mundo da civilização industrial. Direitos consubstanciadores da participação do indivíduo na vida política da comunidade, como sejam direito de voto, de pensamento, de palavra e de imprensa, de religião, de reunião e de associação, de movimento, de intercâmbio, de iniciativa econômica, etc,

Esses direitos, entretanto, nos termos em que foram formulados pela Revolução francesa, em harmonia com as exigências históricas daquele momento, revelaram-se insuficientes e, o que é mais graves, foram manipulados com vistas a obstaculizar exigências novas que o próprio mundo industrial suscitara.

Calamandrei, com a limpidez de pensamento e a pureza de forma que lhe é peculiar, estudou admiravelmente o fenômeno. Diz o mestre florentino que "eliminados com a declaração dos direitos do homem e do cidadão, os obstáculos que naquele momento se opunham concretamente à livre expansão do indivíduo na vida política, o privilégio e a exploração assumiram outras formas e se organizaram protegidos por outras trincheiras; de maneira que, pouco a pouco, não os direitos de liberdade em geral, sim aquela enumeração cerrada de direitos de liberdade, tal como havia sido formulada de acordo com exigências históricas hoje em dia superadas, pareceu converter-se, por sua vez, frente às novas exigências, em instrumento feito para defender o privilégio e para impedir a expansão das liberdades em círculos cada vez mais amplos. Caídos, com a proclamação teórica da igualdade política de todos os cidadãos, os obstáculos jurídicos que, sob o **ancien régime**, haviam reservado a categorias sociais restritas a participação no governo da coisa pública, a liberdade encontrou seus obstáculos não mais no plano político, sim no plano econômico; deslocando-se a luta pela liberdade daquele para este setor(8).

A crescente industrialização experimentada pelo mundo ocidental, o fenômeno nascente e progressivo da urbanização a apropriação privada da técnica e dos instrumentos de produção foram revelando, também de modo crescente, a insuficiência das liberdades políticas, em sua outorga formal, para garantir a livre participação dos indivíduos na vida da comunidade, obstados dessa participação não mais pelos privilégios políticos, sim pelos privilégios econômicos. "A inviolabilidade da propriedade privada e da iniciativa privada no plano econômico, que desde o início se apresentara como defesa da riqueza produzida pelo trabalho e como necessária integração da personalidade moral no plano material, veio a ser, através da herança ilimitada, liberdade para os ricos de acumular riquezas cada vez mais incalculáveis, privilégio dos nascidos ricos de continuar sendo ricos sem trabalhar e através do desenvolvimento da grande indústria, criação de monopólios capitalistas, não menos tirânicos do que o haviam sido no **ancien régime**, os privilégios políticos que a Revolução Francesa destroçara".

À sombra dessa desigualdade, mantida e incentivada as liberdades políticas se converteram em liberdades burguesas, isto é na liberdade de os ricos explorarem os pobres. Observou-se, portanto, ser necessária uma revisão dos denominados direito fundamentais a serem constitucionalmente assegurados somando-se, aos direitos políticos, consagrados, os novos direitos de liberdade de natureza social, com vistas a libertar o homem da servidão econômica.

Não se trata, portanto, acentua o grande mestre, da substituição daquele rol de liberdades políticas advindas da Revolução Francesa, sim de somarem-se às velhas liberdades as novas liberdades sociais, que encontram naquela sua premissa e sua condição, de modo a que se realize na história um novo tipo de democracia, que já não será apenas política, mas também econômica(9).

Esta nova democracia caracteriza-se, precisamente, pela manifestação nas Constituições dos povos de uma nova categoria de direitos dos cidadãos que, junto às liberdades políticas tradicionais, foram denominadas, pelos constitucionalistas, de direitos sociais, cuja função é a de garantira cada um, como integração das liberdades políticas, aquele mínimo de justiça social, ou seja, de bem-estar econômico, que se manifesta como indispensável para libertar os indivíduos da escravidão da necessidade e para coloca-los em situação de poderem valer-se, também, de fato, daquelas liberdades políticas que formalmente são proclamadas como atribuídas a todos os cidadãos(10).

18. A garantia constitucional do **due process of law**, por conseguinte, não é apenas a garantia dos direitos subjetivos de liberdade de natureza política, nem dos direitos privados que deles derivam e recebem no ordenamento jurídico ordinário sua expressão, mas igualmente dos direitos subjetivos de liberdade de natureza social, no sentido em que foram apresentados, direitos do indivíduo como ser biologicamente necessitado de nutrir-se e socialmente necessitado, por igual, de educar-se para conviver em condições especificamente humanas, sendo, pois, de repelir-se todo tratamento jurídico que o enfoca simplesmente como mero fator de produção, consumidor ou contribuinte.

De um lado, portanto, situam-se os direitos individuais, políticos, clássicos de liberdade, entendidos como a garantia da participação do indivíduo na vida política da comunidade, por conseguinte, os direitos de voto, de pensamento, de palavra, de imprensa, de religião, de reunião e de associação, etc., os direitos, em suma, pelos quais lutou, nos últimos séculos, a ideologia liberal; do outro lado, os direitos sociais, ou seja, a liberdade com relação ao desemprego e da fome, da necessidade, da ignorância, da exploração e do medo econômico.

19. Mauro Cappelleti, o mais fiel e o mais eminente dos discípulos do grande mestre florentino, recordando-lhe a lição, mostra como o talento e a acuidade mental de Calamandrei já haviam percebido que os primeiros, isto é, os direitos políticos, têm caráter negativo, enquanto os últimos, ou seja, os econômicos têm caráter positivo. O Estado, quando reconhece os primeiros, não se compromete a fazer alguma coisa de positivo em favor de seus titulares, mas apenas assume o dever, garantido constitucionalmente, válido, por conseguinte, também para o legislador, de abster-se, de deixar que o cidadão realize, sem perturbações, certas atividades a respeito das quais, mediante estes direitos, se lhe quer assegurar o livre exercício. É por isso que as liberdades políticas têm mais importância como dever do Estado do que como efetivo direito do cidadão.

Os direitos sociais, inversamente, têm um conteúdo positivo, representam dever de agir do Estado; dever, além disso, que tem um caráter de permanência, tem necessidade de ser cumprido permanentemente e com vigilante assiduidade, porque não é dos que se cumprem e se exaurem de uma vez. Aos direitos sociais de liberdade, corresponde, com efeito, a obrigação de o Estado remover os obstáculos de ordem econômica e social que se opõem à livre expansão moral e politica da pessoa humana. Enquanto com os direitos tradicionais se procura salvaguardar a liberdade do cidadão da opressão política, com os novos direitos sociais se tende, por seu turno, a salvaguardá-la da opressão econômica.

Ambos têm a mesma finalidade, sem dúvida: a defesa da liberdade individual, mas os meios são diversos; porquanto, para satisfazer os direitos sociais o Estado deve empenhar-se ativamente na tarefa de destruir o privilégio econômico e de ajudar o necessitado a libertar-se da necessidade, o que não logrará alcançar com a cômoda inércia do laissez faire, mas implica uma tomada de posição no campo econômico e uma série de prestações ativas na luta contra a miséria e contra a ignorância(11).

20. Direitos individuais de natureza política ou direitos individuais de natureza econômica, apenas merecerão eles esse qualificativo se deferidos aos indivíduos de modo não apenas formal, mas substancial, armados de instrumentos que lhes assegurem a efetividade, sempre que negados ou violados.

Todas as liberdades são vãs, proclamou-o Calamandrei, nome de invocação necessária quando um processualista busca o que de mais alto há em sua ciência, todas as liberdades são vãs, disse ele, se não podem ser reivindicadas e defendidas em juízo, se os juízes não são livres, cultos e humanos, se o ordenamento do juízo não está fundado, ele mesmo, sobre o respeito da pessoa humana, que reconhece a todo homem uma consciência livre, única responsável por si mesma, e por força disso inviolável(12).

Por conseguinte, só é legítimo Estado de direito aquele que defere aos indivíduos direitos que a ele, Estado, possam ser oponíveis. E esses direitos fundamentais, para que sejam exaustivos, devem não só dizer respeito à segurança política, como por igual à segurança econômica dos cidadãos. E apenas serão efetivamente direitos se providos dos instrumentos, também constitucionalmente assegurados, que lhes permitam sempre se fazer efetivos, quando violados.

21. É nesse direito inalienável de acesso aos tribunais, deferido constitucionalmente a todos os indivíduos, com os consectários que dele se inferem, é nesse direito fundamental que assenta, segundo nosso entendimento, a razão de ser do advogado e o seu direito, também inalienável e fundamental, de requerer em juízo.

22. "O processo, disse-o Redenti, está cheio de formas e termos, de nulidades, inadmissibilidades, preclusões e caducidades; o juiz não pode decidir **ultra petita**; o julgado absorve o deduzido e deduzível; há o espectro do ônus da prova; há a dificuldade de reduzir a termos jurídicos os fatos rudes e naturais da vida; a verdade e o bom direito se encontram sempre em perigo nesse pélago do **modus**. Nem se pode pensar que o juiz vai socorrer, salvo com restritíssimas providências, às partes e remediar seus erros de tática ou de forma, visto que tal conduta poderia turbar-lhe a imparcialidade e o tornar suscetível de ser responsabilizado, o que prejudicaria ao seu prestígio"(13).

Há, por conseguinte, entre a postulação da parte e a prestação jurisdicional do Estado um procedimento complexo e informado por princípios e expedientes técnicos-jurídicos.

23. Simplificar as formas e reduzir as exigências de natureza processual só é um bem até onde uma e outra providência não significam deferir ao Estado, pelo seu órgão jurisdicional, arbítrio intolerável, em detrimento da tutela dos direitos individuais.

A atividade processual, já tivemos oportunidade de escrever, é uma atividade juridicamente regulada, ou seja, uma atividade que se efetiva através de formas prefixadas em lei.

Já Se quis ver nisso um mal. Toda uma série de diatribes e de sátiras atingiu e ainda atinge as formas processuais. Elas correspondem, entretanto, a uma necessidade indeclinável; se acaso representam um mal, são um mal necessário. Na verdade constituem um bem, um valioso instrumento de tutela da liberdade. Na bela imagem chiovendinna, as razões que poderíamos invocar para que teria a pomba para maldizer do ar que diminui a velocidade do seu vôo, esquecido o viajor do céu de ser o objeto da diatribe condição necessária para o seu próprio vôo.

Ihering já advertira comprovar a história a existência de uma recíproca dependência entre a forma e a liberdade e de um paralelismo entre as linhas do desenvolvimento de ambos. Os períodos de maior florescimento da liberdade assinalam também o reinado do maior rigor da forma, que impede degenere a liberdade em licença, sendo uma garantia de disciplina(14).

24. Disso se conclui, com evidência palmar, ser socialmente necessário exista uma categoria de profissionais com preparação especializada e experiência legalmente controlada, dos quais possam as partes se utilizar para condução dos processos em que são interessadas, fazendo-o com fidelidade e correção técnica, para que o bom direito, como se expressa Redenti, não termine por naufragar nos baixios e nos escolhos do processo. E conclui: "isto que pode parecer aos profanos um ônus injustificado para as partes, termina por se constituir, ao contrário do imaginado, um auxílio praticamente indispensável ao funcionamento da justiça e uma garantia (embora nem sempre infalível) contra indevidos infortúnios"(15).

25. A formação profissional serve ao indivíduo, é assumida com vistas a sua realização pessoal, mas ela é, também, serviço devido ao público e interesse geral, por força da irrecusável necessidade de especialização de tarefas e divisão do trabalho que a vida social exige.

Investir a sociedade em um profissional sem utilizá-lo é um contrassenso. Utilizá-lo sem lhe assegurar o exercício profissional e sem retribuí-lo, uma injustiça e uma incongruência.

Consequentemente, o exercício profissional é dever social de quem recebeu a formação adequada, dever de servir que oferece a outra face de direito-prerrogativa do exercício profissional e da garantia de seu exercício eficaz.

Empenhando boa parte de sua vida para tomar-se um conhecedor da técnica do direito, ao manipulá-la em favor dos indivíduos e dos interesses gerais, o jurista, particularmente o advogado, serve e deve ser servido em retribuição.

Por conseguinte, no exercício da advocacia há o exercício de um direito, e sob esse ângulo é lícito falar-se em direito do advogado requerer em juízo.

Mas esse direito, ao nosso ver, é direito de segundo grau, ou de inferior posição hierárquica. Porque direito a serviço de outro direito, este, sim, preeminente, que é o direito fundamental de todos ao acesso ao juiz natural e ao uso dos instrumentos do devido processo legal.

26. Costuma-se falar, em nossos dias, na decadência ou declínio da atividade forense do advogado e na ascensão e relevo do papel novo que ele é chamado a desempenhar como conselheiro ou consultor, no assessoramento dos agentes governamentais, e dos empresários e executivos privados. A industrialização e a massificação da produção e dos vários aspectos da vida urbana, disse-o Luiz Gonzaga do Nascimento e Silva, acarretam uma significativa diminuição do recurso ao Judiciário para solução dos conflitos de interesses(16). **Data venia**, não comungamos com esse entendimento.

Pode-se identificar, sem dúvida, uma fuga dos tribunais, pela defasagem que se operou entre os serviços da justiça, mal aparelhados e deficientemente modernizados, e as exigências da multiplicidade das relações econômicas e sociais do mundo industrializado e urbanizado de nossos dias. Por força disso, muito direito é sacrificado, perecendo por deficiência de pronta tutela estatal; muitas lides são compostas preventivamente nos gabinetes dos advogados ou são evitadas pelo aconselhamento técnico dos consultores. Numa ou noutra hipótese, entretanto, a atividade do jurista só se faz possível e valiosa por motivo da possibilidade do acesso aos tribunais, constitucionalmente assegurado a todos os indivíduos, e por motivo da existência de tribunais independentes e de um processo legalmente disciplinado.

Retirar a garantia do acesso ao Judiciário é retirar toda e qualquer segurança para os direitos, o que equivale a suprimi-los. E onde os direitos são expropriados do cidadão o jurista é figura de museu.

O jurista é, sempre, o advogado. Judicial ou extrajudicialmente atuando, o jurista é o advogado que orienta para prevenirem batalha para remediar a violação dos direitos dos indivíduos, isolados ou associados. E só pode fazê-lo se tribunais existem e tribunais independentes e se têm como instrumentos de sua atuação um processo legalmente disciplinado e constitucionalmente assegurado.

27. Já se disse que o magistrado é a **vox legis loquentem** é a lei a pronunciar-se, a se fazer ouvida. O advogado, analógica mente, é a **vox civis loquentem**, é o direito do indivíduo, a voz do cidadão que se faz audível e exigente, perante os magistrados em defesa dos direitos que lhe foram atribuídos.

Não tem o advogado, à semelhança do magistrado, no processo, interesses que lhe sejam próprios. Seu interesse é o interesse do constituinte, que ele formula e patrocina perante os tribunais de que espera a segurança e proteção a que faz jus.

Calamandrei, com perspicácia, já ressaltara essa aparente antinomia da atividade advocatícia. "Representante em face do juiz do interesse privado do cliente, o advogado deve realizar no processo uma atividade essencialmente parcial, ou seja destinada à vitória de seu constituinte; mas essa parcialidade institucional se transforma, quando de encontro com a parcialidade contrária do patrono do adversário no processo, em força que ajuda a descobrir a verdade e que atende, portanto, ao interesse público da justiça"(17).

É nessa parcialidade do patrono das partes, inspirada por seus princípios éticos, não manipulada sem escrúpulo e sem ciência, é nessa parcialidade sã que reside o mais eficiente instrumento da imparcialidade do órgão judicante.

28. Cercear o advogado é cercear o cidadão. Limitar as prerrogativas do advogado é limitar as prerrogativas do cidadão. Constrangê-lo é constranger aquele.

Nada é mais gratificante para o advogado que perceber esta solidariedade ineliminável entre seu status profissional e o do indivíduo na sociedade política. Quando o indivíduo se aniquila e desce à condição de servo ou de súdito também os juristas, e preponderantemente os advogados, se colocam na escala dos dispensáveis. Para a servidão bastam o boleguim e o verdugo, togados ou não.

Quando porém o indivíduo se faz cidadão, quando sua dignidade pessoal é reconhecida em face dos que empolgaram o poder político e os instrumentos eficazes de coerção social, quando o indivíduo é preservado em sua condição humana de ser racional e livre, também o jurista, e principalmente o advogado, se faz a voz eloquente elo direito desse cidadão. Porque onde há cidadão há juízes e onde juízes existem os advogados também se fazem imprescindíveis.

29. Essa nota tão peculiar da profissão do advogado impõe, como conseqüência inalienável, a da independência de seu órgão de classe, do órgão em que os profissionais do patrocínio jurídico se arregimentam para se autodisciplinarem, mas por igual se autopreservam, como garantia do papel que lhes cumpre desempenhar na sociedade.

A independência e autonomia da Ordem dos Advogados é um consectário da independência e autonomia do advogado, como esta é um consectário inelim inável da existência do indivíduo como valor eminente na sociedade, titular de direitos que ele pode opor a outros indivíduos, quer sejam eles simples cidadãos quer se encontrem investidos de autoridade como governantes.

Em Roma, a corporação dos advogados perdeu sua autonomia e poder quando os tiranos se fizeram imperadores. E é muito conhecida a assertiva de Napoleão, ao ser instado para restabelecer a Ordem, desconstituída com a avalancha niilista dos primeiros tempos da revolução francesa.

Em uma carta escrita por ele a Cambacéres, referindo-se ao decreto com que se pretendia restaurar a Ordem dos Advogados na França, há o seguinte tópico:

> "O decreto é absurdo; ele não deixa margem a nenhuma ação contra eles (os advogados). Eles são facciosos, artífices de crimes e traições; enquanto tiver a espada a tiracolo (**au coté**) jamais assinarei semelhante decreto: quero que seja possível cortar a língua de um advogado que dela se sirva contra o Governo"(18).

Como se entender ou como se conciliar uma Ordem dos Advogados, mero apêndice de um Ministério qualquer, com a possibilidade de o advogado, com independência e altivez, patrocinar interesses contra a prepotência do Estado?

No momento em que o advogado, mesmo indiretamente, seja alguém passível de disciplina e punição, em termos profissionais, por iniciativa de membros do Governo, deixará ele de ser advogado, para ser mero agente administrativo da onipotência estatal, mascarada sob a aparência de uma legalidade meramente formal, que é modo prostituído de formular o direito.

No momento em que a Ordem dos Advogados for atingida em sua independência e submetida ao controle e à vinculação de um órgão do Executivo, ela deixará de ser um colégio de advogados para se tornar colegiado administrativo, mero executor das decisões governamentais.

30. Independência dos juízes e independência dos advogados, são duas sólidas rochas sobre as quais se pode construir, com segurança, a liberdade dos indivíduos.

Sem tribunais e sem advogados não há homens livres. E não há tribunais onde os juízes são carrascos, nem advogados onde o acesso aos tribunais, em condições de segurança e de igualdade, não é assegurado aos cidadãos. Não bastam, contudo, a independência dos juízes e a segurança do acesso aos tribunais. Indispensável também a independência dos advogados. Não só a independência formal que resultada afirmativa, pela norma jurídica, de prerrogativas que lhes são asseguradas, mas aquela independência de maior valia que J. Guimarães Manegale ressaltou em belas e ardentes palavras:

> "Sem independência, independência de caráter, mas também independência de espírito, não vemos, a bem dizer, necessidade de advogados. De que valem, com efeito, o elmo, a viseira a couraça, o escudo e o montante, se por baixo da armadura lateja a alma do desertor? Os pusilânimes, os covardes, os eunucos os invertebrados não precisam de diploma: a poltroneria não é uma arte, é uma

degenerescência. Não se inventou um curso ou uma aprendizagem para o traquejo dos subservientes – que já nascem sabendo"(19).

Se não há tribunais que bastem para abrigar o direito quando o dever se ausenta da consciência elos magistrados, na afirmativa de Rui, parafraseando-o, poderíamos dizer que não há garantias constitucionais que bastem para segurança dos cidadãos quando o dever se ausenta da consciência dos advogados.

IV

31. É hora de concluir.

O mundo de nossos dias é um mundo em crise, proclamam-no, cansativamente, todas as vozes, num coro monofônico e enervante. E realmente ele é um mundo em crise. Mas ele não é um mundo em desagregação ou involução. Agonizam sem dúvida, tipos de civilização, formas de vida, determinados valores e crenças, mas sobrevive o homem em seu esforço de ser mais como pessoa e ser mais como membro da sociedade política.

Assim como ontem, ao obscurantismo do direito absoluta dos reis, expressão política da decadência do feudalismo, sucedeu a vitória da burguesia, ascendendo o plebeu da condição de súdito, para a de cidadão, assim também ao obscurantismo de nossos dias, expressão política da decadência do liberalismo econômico (que se não pode nem deve equiparar ao liberalismo político), sucederá a vitória dos trabalhadores, que ascenderão da condição de fator de produção à de participantes da vida política dos povos.

Assim como ontem aos privilégios da nobreza foram opostos os direitos de liberdade política, que possibilitaram a civilização industrial, assim, no mundo de hoje, os povos líderes institucionalizamos direitos de liberdade econômica, opondo-os aos privilégios de nossos tempos, o que possibilitará a civilização da solidariedade.

O mundo de nossos dias é um mundo em crise, mas não é um mundo de desesperanças. Ele nos convida a renovar, hoje corno ontem, a profissão de fé que se identifica com, a razão mesma da vida: é necessário redescobrir o homem.

É necessário redescobrir o homem, e redescobri-lo numa dimensão nova, mais rica e mais desafiadora. Esta a grande e inadiável tarefa de nossos tempos. Exumar da velha Grécia e dos sábios sofistas a máxima que era verdade àquele tempo e permanece ainda hoje verdadeira: o homem é a medida de todas as coisas. Inclusive do Estado, inclusive dos chamados interesses gerais ou interesses públicos, ou outro qualquer qualificativo que se pretenda adjudicar aos interesses que são dos homens corno comunidade de serem livres, racionais, responsáveis e igualmente destinados para a vida e para a morte.

Neste mundo auto qualificado de ocidental e cristão é necessário redescobrir-se o Cristianismo, dar-lhe o conteúdo que lhe deu aquele que foi, de modo radical, um homem para os homens, um homem a serviço dos homens – Jesus chamado Cristo.

Crentes ou descrentes, pouco importa, para todos nós, homens, deve-se fazer evidente a verdade de que o homem está no princípio e no fim de todas as coisas. Aos olhos de Deus e aos do sábio.

E nesta tarefa de redescobrir e redimensionar o homem na sociedade política, nas relações econômicas, na viela cultural a nós juristas cabe papel preeminente.

O direito é a técnica da liberdade. E a liberdade é a matriz mesma: da condição humana. E será vã aspiração a de quem quer que seja que pretenda eliminar do homem a sua aspiração de ser livre como pessoa, de afirmar-se em sua unicidade irredutível, porquanto, já o disse Benedetto Croce, e vale a pena repeti-lo agora, dar por morta, a liberdade vale tanto como dar por morta a vida e por esgotados seus íntimos mananciais(20).

REFERÊNCIAS:

1. Introducción a la ciencia del derecho – ed. 1943, pg. 154.
2. Harry et Johnson, Introdução sistemática ao estudo da sociologia, ed. 1967 – pg. 9.
3. Calamandrei, Instituciones de derecho procesal civil, ed. 1943, pg. 144.
4. Calamandrei, ob. loc. cit.
5. As garantias constitucionais do direito de ação – ed. Rev. dos Tribunais e Os princípios constitucionais e o Código de Processo Civil, ed. José Bushatsky.
6. As garantias constitucionais do direito de ação, pg. 76, citando Comogllo.
7. Ob. cit .. pgs. 100 e 157.
8. Processo e Democracia, apud. Mauro Capelletti, Los Derechos sociales de libertad em la concepción de Piero Calamandrei, em Proceso, ideologias, sociedad, pgs. 118/9.
9. Ob. cit., pg. 120.
10. Ob. cit. pg. 121.
11. Ob. cit. pg.121.
12. Processo e Giutizia, in Revista di Dirltto Processuale, 1950, l, pg. 289.
13. Diritto processuale civile, ed. 1947, l, pg. 131.
14. A nulidade no processo civil, pg. 31.
15. Profili.,ed. 1939, pg. 337.
16. O papel do jurista no processo de desenvolvimento, em Rev. da Fac, de Direito de Uberlândia, v. 2, n. 2 -- 2º semestre de 1973.
17. Istituzioni, ed. 1944, pgs. 253/4.
18. Apud. Carvalho Neto, Advogados, como aprendemos, como sofremos,como vivemos, pg. 385.
19. Advocacia como arte. Apud A advocacia e seu estatuto, Nehemias Gueiros, ed. 1964, p. 26.
20. A história como tarefa da liberdade.

| 38 | MEIO AMBIENTE E URBANISMO: COMPREENDENDO, HOJE, O CÓDIGO FLORESTAL DE ONTEM[63]

- I -

Pouco importa constitua a verdade algo suscetível de ser alcançado pelo homem, ou represente sua busca, apenas, o perseguir uma miragem. O incontestável é que todo ser hmano, para sentir-se estruturado, necessita de convicções. Elas é que são as verdades constitutivas dos alicerces sobre os quais edificamos nossa segurança existencial.

São três as convicções fundamentais que orientam, hoje, minha compreensão do mundo e dos homens: (I) todo saber é saber do homem e só se legitima se posto a serviço do homem; (II) nada é sozinho e (III) nada é para sempre. Consequentemente, elas também informam o meu saber jurídico-teórico e minha prática jurídica. Nessa perspectiva, por conseguinte, é que abordarei o problema da compreensão, hoje, do Código Florestal de ontem, na moldura dos questionamentos postos pelo urbanismo e pela necessidade de preservação do meio ambiente das cidades.

Se nada é sozinho, duas conclusões de logo se impõem. Nenhum problema é exclusivamente jurídico, devendo sempre ser referido a seus vínculos com o conjunto dos saberes que fazem da sociedade objeto de suas investigações. A par disto, deve-se atentar para o fato de que, no pertinente ao próprio sistema jurídico, tudo se inter-relaciona, nada havendo de estanque ou insulado, donde se dizer que interpretar um dispositivo jurídico implica a compreensão de todo o sistema.

Finalmente, pensar o sistema exige sua compreensão na perspectiva do momento histórico e do contexto social que ele pretende regular, vale dizer, deve ser compreendido e ponderando-se o impacto de seus condicionamentos econômicos, políticos e ideológicos.

Nessa perspectiva é que analisarei os textos legais invocáveis para solução de possíveis conflitos entre as exigências de preservação do meio ambiente e a função social das cidades.

---

63. Artido extraído de *Revista Magister de Direito Civil e Processual Civil*. Ano III, número 14, set./out. 2006.

Pensando como jurista, sou obrigado a trabalhar com textos revestidos de validade jurídica, mas para compreendê-los com o objetivo de aplicá-los tenho que ultrapassar sua literalidade e singularidade, mais que isto, contextualizá-los no todo do sistema social.

De início, considerando que o Código Florestal data de 1965, editado na vigência da CF de 1946 que em verdade se transmudou na de 67, por força do golpe militar de março desse ano, e porque pretendendo compreendê-lo em seu alcance de hoje, sou obrigado a considerar, confrontando, o que o advento da CF de 1988 significou em termos de mudança em relação a quanto antes se regulava e hoje se pretende regular.

O que me parece mais significativo nessa perspectiva é o tratamento inovador dado ao Município pela CF de 1988. Como advertido pelos que a analisam, nenhuma de nossas anteriores constituições incluiu o Município como integrando a estrutura da Federação, sendo considerados uma entidade submetida aos Estados ou ao poder central. A própria CF de 1967, que lhe reconheceu alguma autonomia, não incluiu na estrutura da Federação, somente outogando-a para a *administração* de quanto pertinente ao seu peculiar interesse e no tocante à organização dos serviços públicos locais (art. 15, II).

Bem diversa a postura da Constituição vigente. De forma peculiar, ao arrepio de quanto disciplinado antes e inovando, inclusive, em termos de direito comparado, incluiu o Município na estrutura da Federação (art. 18) e lhe atribuiu competência legislativa sobre assuntos de interesse local, bem como para suplementar a legislação federal e estadual no que couber e ainda promover, nesses termos, o adequado ordenamento territorial, mediante planejamento e controle do uso, parcelamento e ocupação do solo urbano (art. 30, I, II e VIII). (1)

De tudo isso decorre a exigência de se proceder à leitura do Código Florestal, hoje, quando em jogo interesse do Estado e do Município, numa perspectiva inteiramente nova em relação ao passado.

Esta conclusão se torna ainda mais peremptória quando se atenta para os problemas do meio ambiente na perspectiva das cidades. A CF de 88 não atribuiu à União competência exclusiva no particular da disciplina de sua defesa nem do de sua regulação, quando em jogo problemas urbanos, colocando tais matérias também na esfera da competência dos Estados (art. 23, VI) e dos Municípios, aos quais deferiu, inclusive, função legislativa suplementar, nos termos já precedentemente acentuados.

Colocada a proteção do meio ambiente como matéria da competência concorrente da União e dos Estados, reservou-se para aquela, nos precisos termos do §1º do art. 24 da CF, apenas a competência para estabelecer *normas gerais*, preservada a dos Estados para suplementá-las (§2º), o que se estende aos Municípios naquilo que for pertinente ao interesse local (art. 30, II).

Necessário, portanto, precisarmos o que se deve entender por *normas gerais* no texto constitucional. Manoel Gonçalves Ferreira Filho diz não ser fácil conceituá-las pelo ângulo positivo.

> "Pode-se afirmar, e corretamente, *acrescenta ele*, que normas gerais são princípios, bases, diretrizes que hão de presidir todo um sistema jurídico. Sempre haverá, no entanto, em face de casos concretos, dúvida até onde a norma será efetivamente geral, a partir de onde ela estará particularizando.
>
> Mais fácil é determinar o que sejam 'normas gerais' pelo ângulo negativo. Quer dizer, indicar os caracteres de uma norma que não é 'geral'; é, consequentemente, específica, particularizante, complementar.
>
> Realmente são particularizantes as normas que visem a adaptar princípios, bases, diretrizes a 'necessidades e peculiaridades regionais', como está na parte final do art. 24, §3º." (2)

Eros Roberto Grau, aprofundando quanto geralmente ensinado, diz

> "(...) que as normas gerais (I) constituiriam regras que conferem concreções a princípios que Canotilho denomina de políticos constitucionalmente e conformadores, inobstante as normas gerais também vinculem princípios e princípios que sejam também vinculados por normas que não se pode qualificar como normas gerais (II) consubstanciariam a ordem de condutas uniformes visando a prevenir conflitos entre as entidades da federação e/ou então os que nela estejam situados (III) suprem lacunas constitucionais e (IV) no Brasil respeitam as matérias enunciadas no art. 22 da Constituição de 88, todas elas são, no Brasil, normas nacionais/normas gerais."(3)

Paulo Afonso Leme Machado, por sua vez, analisando o art. 24, §1º da CF de 88, afirma que normas gerais são aquelas que, por sua natureza, podem ser aplicadas a todo o território brasileiro, advertindo, contudo:

> "Há uma diferença que me parece sutil, mas que merece ser apontada: a norma não é geral porque é uniforme. A generalidade deve comportar a possibilidade de ser uniforme. Entretanto, a norma geral é aquela que diz respeito a um interesse geral.
>
> A doutrina constitucional de um país federal como o Canadá assinala que 'se entende que o caráter simplesmente desejável de uma lei federal uniforme em uma certa matéria, não a torna de interesse ou importância nacional'.
>
> O art. 24, §1º da CF prevê a generalidade da norma federal, o art. 24, §3º prevê a peculiaridade da norma estadual e o art. 3º, I, prevê o interesse local da norma municipal.
>
> A norma federal não ficará em posição de superioridade sobre as normas estaduais e municipais simplesmente porque é federal. A superioridade da norma federal – no campo da competência concorrente – existe porque a norma federal é geral.

A norma geral que ao traçar diretrizes para todo o país, invadir o campo das peculiaridades regionais ou estaduais ou entrar no campo do interesse exclusivamente local, passa a ser inconstitucional."(4)

Comparando essas posições, pareceu-me mais didático precisar-se o que sejam *normas gerais*, no específico dizer do art. 24, §1º, mediante um procedimento analógico, confrontando-se o que na teoria geral do direito se entende como norma geral e norma particular com o que se deve compreender como norma geral e norma suplementar ou peculiar em nível de distribuição constitucional de competências legislativas.

A norma geral, na teoria geral do direito, é aquela que tipifica genericamente situações fáticas, procedendo-se a sua concreção quando a conduta típica se realiza na vida social entre sujeitos determinados. Verificada a situação fática correspondente à tipificada normativamente, diz-se ter havido *incidência*, donde legitimar-se a edição da norma particular pelo julgador, ainda que deva fazê-lo vinculado às lindes postas pela norma geral.

Diversa é a significação de "normas gerais" no âmbito da distribuição constitucional das competências legislativas. A União edita a norma geral, fixando princípios e regras genericamente aplicáveis. Quando há especificidades ou peculiaridades, dado que houve situação fática autorizadora da *incidência* da competência legislativa dos Estados e dos Municípios, ficam estas entidades autorizadas a exercitá-la.

Destarte, assim como o julgador, na primeira hipótese, está legitimado para editar a norma particular, dando concreção ao comando posto pela norma geral, visto como, no caso concreto, configuram-se os elementos exigidos para a incidência, também aqui, o Estado e o Município estão legitimados a dar concreção à norma geral, editando a lei (norma geral) que irá disciplinar a situação peculiar autorizadora do exercício de sua competência constitucional.

Tentando precisar ainda mais o entendimento que se deve dar à expressão *normas gerais* na espécie, eu me socorreria de um princípio fundamental ao Estado de Direito Democrático, qual seja o princípio da liberdade: vale dizer, tudo é permitido ao homem para dar expressão a sua liberdade: salvo aquilo que a lei proíbe ou impõe. Em que pese a sua abrangência, são admitidas as chamadas *normas dispositivas*. Elas não violentam o princípio da liberdade, visto como somente incidem no silêncio dos interessados, como forma de eliminar a disfuncionalidade que resultaria da falta dessa manifestação. Pois bem, o princípio federativo institucionalizado na CF de 88 da prioridade do específico e peculiar da situação local, havendo a omissão da entidade federativa interessada, supre-se com a incidência da norma geral federal. Destarte, pode-se concluir que a incidência da norma geral federal é impositiva quando ausente qualquer peculiaridade em nível estadual ou municipal, entendendo-se como tal a falta de exercício pelo Estado ou Município das competências que lhes foram deferidas. Reivindicar-se a predominância da lei federal só é aceitável quando, inexistente alguma peculiaridade autorizadora do exercício da competência dessas entidades da Federação, deixe ela de ser aplicada.

Nesses termos, caso os limites postos pelo art. 2º do Código Florestal fossem impositivos para os Estados e Municípios, sem se atender a peculiaridades que existam, o art. 2º deixaria de ser norma geral, no sentido de balizamento da distribuição das competências legislativas, para se tornar norma legal de incidência impositiva no caso concreto, já lhe imputando diretamente as consequências, identificando-se, destarte, de modo totalmente desautorizado dogmaticamente, a meu ver, os conceitos de norma geral no âmbito da teoria geral do direito, com o de norma geral na moldura constitucional da distribuição de competências legislativas. Tal entendimento é descabido, sob pena de se negar conteúdo tanto à competência concorrente, quanto à competência suplementar dos Estados e dos Municípios, que lhes foram asseguradas constitucionalmente.

Operassem os limites postos pelo art. 2º como máximos e impositivos, careceria de sentido e alcance práticos, na perspectiva da solução dos problemas urbanos, quanto disposto no art. 4º do Código Florestal com sua nova redação. Aos órgãos estaduais e municipais estaria apenas reservado o papel de meros "verificadores", em termos materiais, do respeito aos limites postos no art. 2º do Código Florestal. Ter-se-ia gasto muitas palavras para dizer muito pouco ou até o desnecessário. Mais absurdo, ainda, o entendimento de serem *mínimos* os limites indicados no art. 2º do Código Florestal, permitindo-se aos Estados e aos Municípios *agravá-los*, com a consequência ilógica e desastrosa de se entender que, em áreas urbanas, os sacrifícios imponíveis ao meio ambiente devem e podem ser maiores que os previstos para as áreas rurais, quando o mais elementar bom senso, mesmo o de um Conselheiro Acácio, brada justamente o contrário, dado que o meio ambiente rural é predominantemente *natural*, enquanto o meio ambiente urbano é eminentemente *construído*.

Para encerrar a análise estritamente jurídica do problema, lembraria que prevalece, hoje, o entendimento de que toda e qualquer interpretação de texto jurídico deve, em última análise, ser uma interpretação segundo a constituição.

Invocarei, inicialmente, a autoridade de Karl Larenz. Diz-nos ele que pelo fato de precederem as normas constitucionais, em hierarquia, a todas as demais normas jurídicas, uma disposição da legislação ordinária que esteja em contradição com um princípio constitucional é inválida, mas esta invalidade só deve ser pronunciada quando impossível interpretá-la em conformidade com a Constituição.

> "Examina-se, por conseguinte, em primeiro lugar, se uma interpretação, reconhecida como inconstitucional é, de acordo com os 'métodos de interpretação tradicionais' a única – e então a disposição é inválida – ou se também é possível que resulte uma interpretação conforme a Constituição. Se uma interpretação, que não contradiz os princípios da Constituição, é possível segundo os demais critérios de interpretação, há de preferir-se a qualquer outra em que a disposição viesse a ser inconstitucional." (5)

Nesse mesmo sentido, Riccardo Guastini:

> "La interpretación conforme es, en suma, aquella que adecua, armoniza la ley y la Constitución (previamente interpretada, se entiende) eligiendo – frente a una doble posibilidad interpretativa – el significado (o sea, la norma) que evite toda contradición entre la ley y la Constitución."(6)

Por fim, Lenio Luiz Streck:

> "Alçado à categoria de princípio, a interpretação conforme à Constituição é mais do que princípio, *é um princípio imanente da Constituição, até porque não há nada mais imanente a uma Constituição o que a obrigação de que todos os textos normativos do sistema seja interpretados de acordo com ela.*" (7) *(grifo do original)*

- II -

Se a análise estritamente jurídica nos conduziu ao entendimento de que, entre nós, se deu prevalência constitucional aos aspectos regionais, locais e peculiares em matéria de urbanismo e meio ambiente das cidades, veremos que ele não somente resiste, como é fortalecido pela análise interdisciplinar do problema. É o que tentaremos fundamentar.

Marcelo Lopes de Souza (8), com suporte em Japiassu lembra que:

> "Muito se clama por *interdisciplinaridade* na pesquisa científica contemporânea, mas o que mais se vê, na melhor das hipóteses, é *pluridisciplinaridade* (justaposição de conhecimentos disciplinares diversos, agrupados de modo a evidenciar as relações entre eles; cooperação sem coordenação) ou mesmo uma mera *multidisciplinaridade* (conhecimentos disciplinares diversos veiculados sem que haja uma cooperação entre os especialistas). A verdadeira interdisciplinaridade pressupõe uma cooperação intensa e coordenada, sobre a base de uma finalidade (e de uma problemática) comum."

Esta ênfase na integração dos saberes se faz particularmente exigente no tocante ao problema das cidades, espaço social por excelência no mundo contemporâneo. O mesmo autor citado (9) acentua que nenhuma das disciplinas sustentadas pela divisão do trabalho acadêmico em vigor, de cunho positivista, que se baseia em um esquartejamento da realidade social concreta em partes ("estruturas", "subsistemas", etc.) pretendidamente autônomas (economia política, cultura, espaço, história) consegue dar conta dos processos e fatores que explicam a transformação das relações sociais e a produção do espaço social, sobretudo no caso de um ambiente complexo como o urbano.

Forte nesse entendimento, sempre me inclinei, como jurista, a repelir a pretensão estulta dos que interpretam e aplicam os textos legais como se eles nada tivessem a ver com as relações sociais que efetivamente ocorrem na interação entre os que convivem em determinado espaço político, juridicamente institucionalizado. Crítica também extensiva aos especialistas das ciências exatas e das ciências humanas que desprezam ou desconhecem a capacidade das decisões jurídicas interferirem, em nível micro, na realidade social.

No tocante aos problemas da cidade, a interdependência se acentua de modo particular, dado que ela é, no mundo de hoje, o espaço onde ocorrem os fatos sociais significativos (políticos, econômicos, jurídicos, culturais), todos eles revestindo sua crueza com a roupagem da ideologia, que legitima a inelutável relação comando/obediência, indissociável de toda e qualquer organização social, colocada para o homem como de sua responsabilidade, desprovido que foi da proteção da regulação pelo instinto, benefício concedido, entretanto, a todos os outros animais.

Os fatos sociais significativos se desenrolam no espaço das cidades e nele estão todas as instituições representativas de nosso tempo. Alfredo Sirkis, invocando David Engwitch e acentuando a crescente urbanização que ocorreu na Modernidade (e se tornou vertiginosa, entre nós, nos últimos 40 anos), diz que as cidades são "a concentração de gente e estruturas que facilitam a troca de informação, amizade, bens materiais, cultura, conhecimento, intuições, habilidades e também troca de apoio emocional, psicológico e espiritual. Elas são, enfim, o reconhecimento de que, para desenvolver nossas plenas potencialidades necessitamos daquilo que outras pessoas nos podem dar." (10)

Conclui-se, por conseguinte, que o problema do meio ambiente urbano é algo de extrema complexidade e diversidade, sendo mais correto falarmos em "meios ambientes" e não em um único e predominante meio ambiente. Os problemas envolvidos são os mais variados, desde habitação, trabalho, educação, saúde até locomoção, lazer e produção e cultura, tudo interligado e conectado, exigindo sempre uma compreensão integrativa, jamais "esquartejadora" da realidade, o que somente pode gerar aleijões em termos de saber e de decisões políticas.

Reiner Maderthaner (11) arrola dez conjuntos de necessidades do meio urbano, cada um deles encerrando diversos aspectos específicos. E cada qual dessas diferentes necessidades deve ser satisfeita em um ou vários domínios de fruição: habitação, trabalho, circulação, diversão, consumo, eliminação de lixo/resíduos apontando ele, também, as consequências de sua não-satisfação, que transitam desde o esgotamento físico e psíquico até à raiva, que gera conflitos e nutre a violência.

Mesmo quando seja possível refletir cientificamente sobre as necessidades básicas de uma comunidade a partir de conhecimentos empíricos acumulados sobre seu modo de vida e seus problemas, jamais se deve reconhecer ao cientista o direito de pretender definir as necessidades concretas de tal ou qual grupo em lugar dos próprios interessados, o mesmo raciocínio valendo no tocante aos parâmetros do desenvolvimento, sobretudo, no pertinente às adaptações singularizantes, que não deverão ser especificados à revelia dos sentimentos, dos valores e das expectativas dos cidadãos. (12)

Ainda aqui, portanto, a conclusão é em desfavor das regulações generalizantes e impositivas.

Acrescente-se ao que vem de ser posto o fato de que estamos nos afogando num mundo de perplexidades, fruto da urgência de nossas muitas perguntas e da carência assustadora de respostas confiáveis para elas.

Geraldo Mário Rhode(13) nos lembra que o século XX produziu eventos extraordinários na teoria do conhecimento e nos paradigmas científicos. Seu início foi marcado pela invasão das desordens nas ciências ditas "duras" (ou ainda deterministas, termodinâmicas, etc.) e a inclusão das noções de probabilidade, incerteza e risco em diversas disciplinas. O findar de nosso século assistiu ao definhamento do paradigma cartesiano-newtoniano, substituído por uma visão de mundo integradora, sística, conjuntiva e holística. Acrescenta que, mesmo dentro da visão economista atual, quatro fatores principais tornam a civilização contemporânea claramente insustentável: o crescimento populacional humano exponencial; depleção da base de recursos naturais; sistemas produtivos que utilizam tecnologias poluentes e de baixa eficácia energética; sistema de valores que propicia a expansão ilimitada do consumo material.

Comungando com tais colocações, estou convencido de que ou conseguiremos, racional e cooperativamente, estruturar um novo paradigma ou ele será mudado pela implacabilidade das forças naturais.

Tudo isso afeta, de modo acentuado, a problemática das cidades. Porque impossível uma abordagem total, tentarei pinçar o que me parece mais significativo.

Do ponto de vista econômico, coloca-se, com maior peso, o problema de como se compatibilizar o sistema capitalista de produção com a exigência, cada vez mais evidente, de se preservar o meio ambiente. (14) A resposta do cognominado desenvolvimento sustentável é apenas um nome e não uma solução.

Desenvolvimento sustentável é algo de que todos falam e ninguém sabe precisamente o que seja. Mais que isto; antes de se falar em desenvolvimento sustentável deveria ser deixado claro o que se deseja sustentar, em favor de quem e por que maneira. Exige-se, ainda, seja explicitada que visão do mundo suporta as reflexões e as teorias propostas sob a égide do "desenvolvimento sustentável" e quais são a consistência lógica e o significado ético e político dessas reflexões e dessas terapias. Sempre se deixa na sombra o fato inexorável de que, na base de tudo, está o relacionamento do homem com a Natureza e que a condição humana implica a intervenção na Natureza. Lembrando Hannah Arendt: enquanto todos os animais permanecem prisioneiros do mero metabolismo dos alimentos que lhe nutrem o corpo e proporcionam seu crescimento e sobrevivência, o homem associa ao trabalho do corpo o trabalho de suas mãos, direcionado por sua mente. Torna-se *homo faber*, construtor do *Mundo*. Mantendo-se, contudo, inelutavelmente na Natureza o homem se transforma, entretanto, em um destruidor da Natureza. (15)

Do ponto de vista político, ressalta o problema, diria antes o desafio ameaçador, que é o de se compatibilizar os reclamos do desenvolvimento capitalista no nível por ele hoje alcançado, com as exigências cada vez mais prementes de justiça social, entendido este termo como relacionado à satisfação das necessidades de todos os homens, o que se revela cada vez mais difícil de ser alcançado num mundo em que se fomenta muito mais a satisfação dos desejos que o atendimento das necessidades. Mundo em que o valor de troca expulsa o valor de uso das relações humanas cujo objeto é tudo quanto os homens produzem com o seu trabalho e colocam no trono a utilidade em detrimento da significação. (16)

Na perspectiva das chamadas ciências exatas, o fato marcante é o da progressiva perda de confiança na sua capacidade de prever as consequências de quantas intervenções na Natureza ela provoca em sua cumplicidade com o imperativo da reprodução ampliada que é o coração mesmo do sistema capitalista. Como salientado por Boaventura de Sousa Santos, a ciência moderna desenvolveu uma grande capacidade de agir, mas não desenvolveu uma correspondente capacidade de prever, donde as consequências de uma ação científica tenderem a ser menos científicas que a ação científica em si mesma, disso decorrendo o desequilíbrio e a falsa equivalência de escalas entre as ações técnicas e as consequências técnicas. (17) Em resumo – agravamos os riscos e o medo do amanhã.

Tudo isso converge e se torna particularmente agudo precisamente no espaço das cidades, porque elas são o lugar no qual os homens fazem a sua história ou cumprem o seu fado.

Quanto posto até aqui aponta para uma conclusão inelutável. Não há soluções válidas, de caráter geral, implementáveis em todas as situações. Não há a *cidade*, sim cidades concretas, diferentes em seu modo de ser e diferentes em termos de problemas e de soluções. Não há o problema do meio ambiente urbano, mas problemas do meio ambiente das cidades.

Em resumo: a nível macro, somente são possíveis, hoje, com relativa segurança, traçar diretrizes e fixar limites intransponíveis, ficando para solução a nível micro a exigência de ponderação das muitas variáveis e dos muitos fatores que incidem em cada caso concreto.

O planejamento regulatório enfraqueceu-se em nossos dias por força da pressão do mercado em tempo de desregulamentação, flexibilização e diminuição da presença do Estado no espaço do planejamento e da gestão urbanos e em que as parcerias público-privadas se revestem o caráter de solução ideal. Nesse contexto, lembra Marcelo Lopes de Souza, o planejamento com um mínimo de sentido público, expresso por meio de um conjunto de normas e regras de alcance geral relativas ao uso do solo e à organização espacial, é eclipsado, negligenciado e, não raro, acuado pela enorme ênfase que passa a ser posta em *projetos urbanísticos*, sejam de embelezamento, "revitalização" ou outro tipo. (18) E tudo isso se dá não gratuitamente, mas por força dos conflitos de interesses no contexto social, sempre solucionados em favor de quem disponha do diferencial de poder no caso concreto.

Este mesmo autor, ressalta a complexidade do problema e das soluções possíveis, arrolando nada menos que nove tipos de planejamento que hoje disputam primazia em termos de hegemonia política e qualificação técnica, sem, contudo, arriscar-se a emprestar a qualquer deles a capacidade de solucionar os problemas emergentes e se impor social e politicamente. (19) E este é mais um dado em favor da predominância do regional, do local e do peculiar em matéria de problemas de interação entre as exigências da cidade e a preservação do meio ambiente.

– III –

Concluindo: Parece-me evidente a necessidade de ser compreendido o Código Florestal na moldura de quanto hoje traçado pela vigente Constituição Federal no particular da autonomia dos Estados e Municípios e da competência concorrente que lhes foi deferida, o que ainda mais se acentuou com a recente MP 2.166-67/01, alterando a redação do seu primitivo art. 4º.

Precisamos aceitar o inelutável de que as cidades são construídas, necessariamente, sobre o aniquilamento da Natureza, nem sempre suscetível de ser recomposta em termos satisfatórios. O que se exige é a ponderação de valores, com vistas a harmonizar o meio ambiente natural com o meio ambiente construído; e isto só é passível de análise e ponderação em face do caso concreto. Daí a irrecusável primazia do regional, do peculiar e do local, só desqualificáveis pela comprovação da manifesta incompatibilidade entre eles e valores constitucionais de maior relevância. (20)

Entendendo que a plena realização da condição humana dos indivíduos conviventes é o objetivo fundamental que deve ser socialmente perseguido por todos nós, não só em termos de reflexão especulativa, como também em nosso agir nas situações particulares e concretas, refleti a partir do homem sobre o questionamento que me foi proposto, como indivíduo ou como espécie, mas na particularidade de sua condição de habitante de uma cidade. Em outros termos: nutri-me das reflexões dos que se preocupam com tudo quanto é necessário para que as cidades se coloquem a serviço da plena realização da condição humana. Não o fiz sonhando, mas, tanto quanto possível, com os pés no chão, ainda que com os olhos fitos no horizonte.

Por estar convicto de que nada é sozinho, procurei refletir sobre os homens que habitam a cidade, enquanto coletividade, ainda que entenda jamais possa o coletivo aniquilar o valor do individual. Sem o homem singular não há a sociedade, como sem esta não é possível a condição humana. Também aqui, não integrar é falsear. O sacrifício do individual em favor do social deve sempre ser resultado de uma ponderação de valores, sendo aceitável dizer-se que o sacrifício do indivíduo em favor da sociedade somente se legitima quando disso resultarem benefícios para um maior número de sujeitos.

Outrossim, se nada é sozinho, nenhum problema pode ser pensado sem que seja referido a todos os demais que com ele interagem no universo da cidade. Assim sendo, o meio ambiente urbano é muito mais do que o meio ambiente natural, também devendo ser considerado o meio ambiente construído, suas exigências e implicações.

Finalmente, se nada é para sempre, o problema tem que ser pensado em termos da realidade hoje, tanto no pertinente ao direito positivo, como na perspectiva dos valores e instituições sociais de agora. Isso implica o imperativo de entendermos o Código Florestal com os olhos de nossos dias, o que também vale para todo o sistema jurídico, que não é mais o do início de sua vigência (1965), sim o da Constituição Federal de 1988, também esta exigindo sua compressão à luz do momento atual, sem esquecermos que as quase duas décadas decoridas, no mundo da contração do espaço/tempo, correspondem a séculos de outrora.

Para sintetizar ao máximo a brutal mudança de perspectiva, diria que migramos da bipolarização da guerra fria, transitamos pela euforia da globalização e hoje estamos apreensivos em face do confronto fundamentalista, tudo isso transcorrendo sobre o pano de fundo de um capitalismo que se deslocou do chamado capitalismo organizado, eminentemente motivado para a produção, para um capitalismo desorganizado, qualificado por alguns como capitalismo de cassino, por sua predominante natureza especulativa.

São estas ambiguidades que não podemos eliminar e que temos de administrar. Necessitamos, portanto, pensar o meio ambiente colocando-o sob o guante de seus condicionamentos políticos, econômicos e ideológicos.

Considero ainda relevante acentuarmos a especificidade de nossa atuação como juristas. Todos somos prisioneiros de um sem número de condicionamentos, mas o jurista submete-se a um que lhe é específico. Há grilhões em seus tornozelos – o sistema jurídico em que atua, cuja preservação é fundamental para sua legitimação e para a estabilidade social. Posso, como cidadão comum, acreditar que existam alternativas para se pensar um mundo diferente e, nessa condição, me comprometer socialmente com determinados valores ou comportamentos que se mostrem adequados para esse fim. Como profissional do direito, entretanto, eu sou "prisioneiro" de um sistema que me impõe limites intransponíveis e veta um sem número de comportamentos socialmente possíveis. Sem dúvida que podemos ser, como juristas, prisioneiros sob regimes diferentes. É possível cumprirmos nossa pena confinados numa solitária ou numa cela exígua, como também é viável fazê-lo com a largueza de quem a cumpre numa penitenciária agrícola. Apenas o horizonte de nossos limites é que são variáveis. Mas haverá sempre um muro, uma cerca eletrificada, uma muralha que nos diz: "Vocês não podem ir além. Eu sou intransponível, sob pena de vocês incidirem em um comportamento ilegítimo e socialmente indesejável, por isso mesmo punível".

As alterações de "limites" só a luta política tem condições de realizar. Ao Direito, por conseguinte, a única tarefa que lhe é reservada é a de dar concreção ao que antes foi conquistado, mediante a institucionalização dos agentes e procedimentos necessários para isso. As mudanças somente ocorrem pela via do processo político. As adaptações é que são factíveis pela via do Direito. Por isso mesmo, se algo é ameaçador para a democracia é o ativismo judicial, por imprudente, ou a apatia judicial, por covardia ou comodidade.

Nós, juristas, deveríamos ter sempre presentes a lúdica advertência de Castoriadis: "uma sociedade justa não é uma sociedade que adotou leis justas para sempre. Uma sociedade justa é uma sociedade onde a questão da justiça permanece constantemente aberta, ou seja, onde existe sempre a possibilidade socialmente efetiva de interrogação sobre a lei e sobre o fundamento da lei. Eis aí uma outra maneira de dizer que ela está constantemente no movimento de sua auto-instituição explícita". (21) Mas esta justiça sob permanente questionamento é a justiça política, aquela que se traduz em ganhos ou perdas para os dominados, não a que nos cumpre efetivar como juristas, que somente pode ser aquela previamente instruída, como antes já por nós frisado, e que é fruto da luta política, sua consequência, nunca algo que a possa substituir.

Como acentuado tanto por Marcelo Lopes de Souza quanto por Ricardo Toledo Neder, nenhuma solução será possível sem uma radical mudança de padrões de comportamento social, e esta é uma atividade política que, por sua vez, somente se mostra viável havendo um espaço público, o que lhe é vital. Justamente o mais trágico e preocupante de nossos dias é que perdemos, enquanto indivíduo e povo, o espaço público e nosso destino está sendo decidido em esferas que escapam de todo a nosso controle.

Estou convencido, outrossim, de que nenhuma solução para os problemas da cidade será satisfatória se antes não solucionarmos o que é fundamental – compatibilizar as exigências da reprodução ampliada e da uniformização das preferências, vitais para o capitalismo, e a necessidade de preservação do meio ambiente urbano ou rural em termos de segurança para o futuro.

Ocultar ou escamotear este problema será uma insensatez. Tenho como bem ilustrativa dessa postura, consciente ou inconsciente, a leitura de um livro que se intitula, expressivamente. *Meio ambiente no século XXI*. Dos seus vinte e um colaboradores, nenhum enfrentou o problema que é fundamental: a compatibilidade do sistema capitalista, com sua exigência vital da reprodução ampliada e fomento de desejos para alimentar a febre consumista de que ele se nutre, num mundo superpovoado e desigual, e a preservação ambiental. Daí talvez se haver substituído o *slogan* "salvar o planeta" pelo de "manejar o planeta".

Desejaria, a esta altura, deixar claro que não demonizo o capitalismo, considerando-o um fruto maligno produzido pela maquinação de mentes humanas perversas ou egoístas. Como não vejo nenhum sentido em se demonizar a servidão feudal ou a escravatura greco-romana, ou a ibérica ou a do sul dos Estados Unidos da América. A história humana é tecida por acontecimentos que transitam pelo que os homens acreditam seja fruto de suas livres decisões, donde por elas serem responsabilizados, e deságuam em tudo quanto escapa à responsabilidade de quem quer que seja, em face da real impotência dos homens de impedir a implacabilidade de forças que não domina nem identifica, apenas mitifica e manipula sob a forma de religião ou de ciência, o que levou Zygmunt Bauman a indagar: "até que ponto é verdadeiramente livre o homem livre?".

Todo meu empenho se direciona, portanto, para a tentativa de compreender, num mínimo que seja, o mundo em que vivo e que papel nele me foi reservado. Estou convencido de que nossa condição humana exige de nós a coragem de empreender, mas também a virtude de aceitar o que escapa de nossa compreensão e de nossa capacidade de fazer acontecer.

Talvez só nos seja dado acreditar, com Hannah Arendt, que há um imprevisível e que ele vem sempre sob a forma de milagre. Ou, se quisermos, recordar S. Paulo, que nos manda esperar, mesmo contra toda esperança. Só uma coisa é inaceitável: deixarmo-nos sucumbir sob o peso da contingência e da ambiguidade que convivem com a condição humana, como convive com cada homem a sua sombra. Precisamos ter consciência, entretanto, de que só vemos nossa sombra quando nos expomos à luz. E só teremos condição de mudar o Mundo se aceitarmos o percalço da contingência e da ambigüidade, que apenas são a sombra projetada por força de nossa determinação de abandonar as trevas do medo e da ignorância, e nos expormos aos desafios de insistir nas perguntas e elaborar respostas para elas, que nem por serem provisórias, deixam de ser as certezas de hoje, que bastam para justificar a nossa coragem de ser.

NOTAS:

1. Somemos a isto o advento do Estatuto da Cidade (Lei nº 10.257, de 10.07.01) unanimemente reconhecido como fortalecedor do papel político do Município na regulação dos problemas urbanos, particularmente com o relevo emprestado ao plano diretor, por ele qualificado como *instrumento básico da política de desenvolvimento e expansão urbana* (art. 40).

2. *Comentários à Constituição brasileira de 1988,* Saraiva, 1988, v. 1, p. 195-96.

3. *Licitações e contratos administrativos:* estudo sobre a interpretação da lei. São Paulo: Malheiros, 1993, p. 12.

4. *Direito ambiental brasileiro.* São Paulo: Malheiros, 1996, p. 35-36.

5. *Metodologia da ciência do direito.* Lisboa: Fundação Calouste Gulbenkian, 1983, p. 410-411.

6. La constitucionalización del ordenamento jurídico. In: *Neoconstitucionalismo(s),* Madrid: Trotta, 2003, p. 57.

7. *Hermenêutica jurídica e(m) crise.* Porto Alegre: Livraria do Advogado, 2000, p. 231.

8. *Mudar a cidade:* uma introdução crítica ao planejamento e à gestão urbanos. Rio de Janeiro: Bertrand Brasil, 2001, p. 100.

9. Ob. Cit., p. 101.

10. O desafio ecológico das cidades. In: *Meio ambiente no século XXI.* Rio de Janeiro: Sextante, 2003, p. 219.

11. *Apud* Marcelo Souza. Ob. Cit., p. 77.

12. Cf. Marcelo Souza. Ob. cit., p. 78.

13. Mudança de paradigma e desenvolvimento sustentado. In: *Desenvolvimento e natureza:* estudos para uma sociedade sustentável. São Paulo: Cortez, 1995, p. 41.

14. Andri Wener Stahel tem trabalho a respeito da melhor qualidade e rica fundamentação publicado sob o título *Capitalismo entropia: os aspectos ideológicos de uma contradição e a busca de alternativas sustentáveis,* inserido numa série de estudos que a Cortez Editora publicou sob o título de *Desenvolvimento e natureza. Estudos pra uma sociedade sustentável,* São Paulo, 1995, p. 104 e segs.

15. *A condição humana.* Rio de Janeiro: Forense Universitária, 1981, p. 152 e segs. Também sobre as relações entre o homem e a natureza ver Eliana Marta Barbosa de Morais, A idéia de natureza na prática cotidiana, in: *Geografia da cidade,* Goiânia: Alternativa, 2001, p. 79 e segs., e também Ricardo Toledo Neder, *Crise socioambiental:* estado & sociedade civil no Brasil (1982-1988). São Paulo: Annablume, 2002, p. 401 e também Andri Wernwer Stahel, ob. cit.

16. Nenhuma prova é mais significativa de acerto de quanto acima afirmado do que os dados alarmantes, relativos a 1999, hoje agravados, que podem ser vistos na publicação do Worldwatch Institute, *Sinais vitais 2000,* Salvador: Uma Editora, p. 72-73. Acrescentarei palavras de Fábio Feldman, lembrando-nos que cada vez mais se amplia o entendimento sobre a situação de risco em que a Humanidade se encontra em função das alterações que ela mesma tem provocado no planeta. A urgência dos problemas está nitidamente colocada. Entretanto, nem sempre está claro para cada cidadão deste planeta o papel que exerce na sua condição de consumidor, ou seja, no poder político que lhe é conferido em relação às escolhas que faz. De certa maneira, o consumidor afluente encontra-se atordoado pelo gigantesco repertório de opções de consumo que possui, sem se dar conta de suas repercussões. (Meio ambiente e consumismo. In: *Meio ambiente no século XXI.* Rio de Janeiro: Sextante, 2003, p. 155.)

17. *Crítica da razão indolente:* contra o desperdício da experiência. São Paulo: Cortez, 2000, p. 3. Também, Ulrich Beck, *La sociedad Del riesgo:* hacia uma nueva modernidad, Barcelona: Paidós, 1998.
18. Ob. cit., p. 138.
19. Ob. cit., p. 208-213.
20. CUNHA, Luís Henrique, COELHO, Maria Célia Nunes. Política e gestão ambiental. Artigo incluído na série de estudos publicados pela Bertrand Brasil sob o título de *Questão ambiental:* diferentes abordagens, sob a coordenação de Sandra Baptista da Cunha e Antônio José Teixeira Guerra, p. 48-50, apresentam um quadro da evolução das políticas ambientais brasileira desde 1930 aos dias atuais em que acentua a predominância, a partir de 1988, das preocupações regionais e locais. No mesmo sentido, MARCELO LOPES DE SOUZA, ob. cit., p. 402.
21. Apud SOUZA, Marcelo Lopes de. Ob. cit., p. 176.

| 39 | MEDIDAS PROVISÓRIAS[64]

1. A abordagem de um instituto jurídico, com repercussão em ampla faixa de interesses, corre o risco de comprometer-se se contaminada por duas posturas inaceitáveis no estudioso: a carregada de emocionalidade e paixão ou a de pura inspiração demagógica. A paixão exacerbada, cega inconscientemente quem reflete; com a demagogia, busca-se, conscientemente, cegar os destinatários da reflexão, para proveito de quem reflete. Tentarei abordar o tema proposto esforçando-me por libertar-me dos dois males. Se vou conseguí-lo, não sei. Que vou tentá-lo, estou seguro.

2. Gostaria de iniciar lembrando que, a meu ver, todo problema jurídico comporta, ou até mesmo exige, um tratamento em termos de pura lógica, quando operamos com conceitos, categorias, sistemas e conexões mentais, e uma análise sócio-política, na qual é a partir do concreto, do histórico, do instigante da convivência humana que nos situamos.

Na primeira, perseguimos a harmonia do pensamento. Na segunda, aceitamos o desafio de operar na construção da harmonia da convivência humana.

A par disso, e talvez como conseqüência disso, ao jurista se impõe, sempre, distinguir o formal do substancial no seu saber e fazer-se capaz de dar ao substancial a prioridade que reclama e ao formal, a função que lhe é própria: a de ordenar mentalmente a realidade aparentemente desordenada na sua complexidade.

Buscarei refletir obediente ao que vem de ser dito mas, ainda aqui, sem estar seguro de conseguí-lo, embora induvidosamente certo de que vou tentá-lo com o melhor de minhas capacidades.

3. Comungo com os que afirmam ser da essência da democracia a partilha do poder. Não há segurança para a liberdade de muitos se poucos monopolizam a formulação das decisões, ou se poucos decidem sobre tudo.

Generalizou-se a afirmativa de estar superada a teoria clássica da divisão dos poderes: legislativo, executivo e judiciário. Mas, na lúcida advertência de LÖWENSTEIN, se é válida a crítica, é inaceitável que à teoria clássica outra não seja contraposta. Criticá-la não pode equivaler a descartar a necessidade da partilha do poder para a democracia.

---

64. Texto extraído de Conferência Nacional da Ordem dos Advogados do Brasil, XIII, 1990, Belo Horizonte. *Anais...* Belo Horizonte: OAB. 1990.

Reflexão que vem sendo amadurecida, para dar uma resposta a essa necessidade, é a de que, sendo a atividade humana sempre um agir em função de objetivos que o homem se propõe, necessitando ele, para alcançá-los, definir igualmente os meios adequados para esse fim, cumpre distinguir, na atividade humana, o ético (finalístico) do técnico (instrumental).

Essa dicotomia se faz presente, por igual, no agir coletivo, quando o ético assume a dimensão do político, a que se vincularia a instrumentalidade do técnico.

Não que o ético e o técnico sejam compartimentos estanques. Impossível pensar o político sem considerar a viabilidade técnica da realização do objetivo proposto, como inaceitável definirem-se os meios sem levar em conta a dimensão ética do objetivo que buscamos implementar. O que cumpre seja salientado é a predominância do juízo ético (político, por conseguinte, na dimensão social considerada) que ele, sim, é condicionante e limitador dos meios utilizáveis. Equivocado seria, isso sim, afirmar-se que tudo quanto tecnicamente é factível está eticamente legitimado.

Com base nessa reflexão, conclui-se pela necessidade de se diferenciar, na vida social politicamente organizada, a função que se traduz na definição de objetivos éticos, consequentemente que define políticas, daqueloutra apenas comprometida com a determinação e utilização dos meios que lhes proporcionem a execução. Fala-se, quanto à primeira, em policy determination, qualificando-se a segunda de policy execution. Aquela, do ponto de vista da convivência humana organizada, é normativamente superior, porque mediante ela é que se define que interesses em confronto, conflito ou interferência, na sociedade, devem prevalecer, a quem serão atribuídas as situações de vantagem e a quem se imputarão situações de desvantagem impositivamente obteníveis.

A essas duas funções referidas, somar-se-á uma terceira: policy control; a de controle da execução das políticas e da utilização dos meios elegidos para implementação daquelas.

O que cumpre, para assegurar-se o essencial da democracia, é partilhar essas funções, alocando-as organicamente na estrutura do Estado, de modo que nenhum as concentre e nenhum a elas se subtraia.

4. Dessa colocação retiramos o convencimento de que é secundário preocuparmo-nos com o aspecto formal das normas que são produzidas pelos operadores públicos do direito, se normas de caráter geral ou normas de caráter particular. Isso é irrelevante e deve considerar-se superado. Se definirmos como lei o que se reveste do caráter de norma geral, produto da função legislativa, será irrelevante, também, qualquer consideração de natureza orgânica, pouco importante quem edita essas normas como órgão público. E nem pelo fato de não se originarem do Congresso se deve, de pronto, feri-las de ilegitimidade e negar-lhes validade. O que se precisa averiguar é se essas normas gerais definem políticas, determinam situações de vantagem, em função disso impondo desvantagens, enfim se a função que as informa é de policy determination. Porque se o forem, a competência é estrita daqueles órgãos dotados de máxima representatividade, aos quais a Constituição haja deferido o poder de definir políticas, no sentido que vem de ser posto e não com o alcance de mera definição de prioridades e de diretrizes. Assim se exige porque indispensável à segurança dos governados e essencial à partilha dos poderes.

Já no tocante a normas que apenas cuidam de implementação das políticas, definindo meios e disciplinando sua utilização para o fim politicamente posto, antes se recomenda a alocação dessa competência aos órgãos de execução fazendo-se menos relevante, aqui, a representatividade. De certo modo deferir-se competência para executar é legitimar-se para disciplinar a dimensão técnica da atividade necessária à execução. Nem se põe em risco, com essa desconcentração, a segurança dos governados, porque desvios e abusos são eliminados pela atividade dos agentes da função de controle.

5. À luz dessa análise é que se deve procurar compreender a denominada função legislativa da Administração Pública no Estado contemporâneo, intervencionista, promotor de desenvolvimento, regulamentador da atividade social e econômica em muitos de seus aspectos, o que leva a não se poder descartar a necessidade de se conferir à AP competência para normatizar com generalidade.

Reclama-se contra a onipresença do Estado, em nossos dias, no cotidiano das pessoas e denuncia-se o paradoxo de virmos logrando progressivamente um mínimo de cidadania, em nome de um máximo de justiça social, mas a correção da crítica não importa admitir-se que o Estado seja novamente mandado para a sacristia da vida política, ou seja, reduzido a um mero guardião das regras do jogo político e econômico, sim o de formalizarem-se controles, pela sociedade, tanto do poder político quanto do poder econômico, restabelecido o equilíbrio dos poderes fundamentais, o econômico, o político e o social.

Inútil tentar-se eliminar a função legisferante da Administração Pública ou drasticamente reduzí-la. A dinâmica da vida moderna, a extrema mutabilidade dos acontecimentos sempre se superporá àquelas intenções. O que urge é precisar melhor o que seja definição de políticas e o que se traduz em atividade executora dessas políticas, reservando-se constitucionalmente aquelas funções para os órgãos de maior representatividade do pluralismo da sociedade contemporânea; somando-se a isso a institucionalização de um sistema de controles, não apenas integrados por burocratas e tecnocratas auto- suficientes, mas de elementos que conjuguem sua representatividade política ao profissionalismo dos técnicos.

Nessa perspectiva é que tentaremos compreender o instituto das medirdas provisórias.

Elas são necessárias, importando inviabilizar-se a gestão da coisa pública a retirada, do Executivo, de instrumentos que lhe permitam atuar com presteza diante dos inesperados ou inevitáveis acontecimentos que perturbam o estado das coisas e reclamam providências urgentes. A divisão de funções clássica estruturou-se sobre uma realidade hoje radicalmente modificada pelos fatos. Cumpre assentar a reflexão na única base sobre a qual ela pode operar com segurança: a inelutabilidade dos fatos. Denominar as medidas provisórias de instrumento do autoritarismo ou pretender deslegitimá-las em termos radicais é comportar-se, a nosso ver, de modo ingênuo se não anti-social.

7. O Parlamento foi pensado para uma sociedade em que as coisas ainda aconteciam, no máximo, a médio prazo e os fatos políticos e econômicos comportavam sua disciplina em termos de duração, o que possibilitava uma reflexão prévia razoavelmente segura sobre a normatização jurídica dessa realidade. Tudo, hoje, é diferente. Já se afirma, inclusive, inexistir uma teoria econômica válida e se transpõe a tônica social para o fragmentário e particular. Por isso mesmo o Parlamento clássico impôs o parlamentarismo, no qual Governo e Parlamento se harmonizam, a ponto de descaber preocupações maiores quanto à partilha das funções definidoras de políticas e executoras delas.

Com o presidencialismo é diferente. Maxime num país em que se soma ao seu mal intrínseco o não menor mal de um federalismo frágil e artificial, agravado pelo baixo nível de politização da sociedade.

Nesse contexto, duas exigências ressaltam: a inelimável necessidade de armar-se o Executivo de instrumentos que lhe permitam atender à premência dos acontecimentos e ao imprevisível desse acontecer. Isso sem se descartar a adequada previsão de controles e limites, que impeçam o administrador de ultrapassar o necessário e descambar no arbítrio.

Eis o meridiano e o paralelo que nos permitem, pelo seu cruzamento, determinar o lugar exato, no mapa político-institucional das medidas provisórias.

8. Dentre os modos pelos quais se aparelha a Administração Pública, no Estado contemporâneo, para atender às funções que lhe foram deferidas, inclui-se o poder de iniciativa do processo legislativo, só[65] em termos concorrentes (arts. 60, II e 61 *caput* da CF) como privativamente (art. 61, § 1º da CF).

No exercício do seu poder de iniciativa, o Executivo subordina-se à discrição do Legislativo, ainda quando sobre ele detenha algum poder de pressão, na medida em que pode expor o Parlamento ao julgamento político da sociedade. Esse, poder, entretanto, é insuficiente em determinadas circunstâncias. Donde pensar-se um

---

65. Redação original.

poder de iniciativa que imponha ao Congresso o dever constitucional de decidir. Aceitável falar-se, aquí[66,] de um poder de iniciativa qualificado. A par do privativo, apenas inibidor da atuação do Congresso, este seria um poder de iniciativa dotado de coerção, com função comissiva: obrigar o Congresso a decidir.

Num sistema democrático em que a representatividade do pluralismo social seja levada em conta, impensável construir-se a predominância do Executivo, nesse tipo de poder de iniciativa. Teríamos, em verdade, autoritarismo, não democracia, como ocorreu no sistema político da Carta de 1967 e da Emenda nº 1 de 69, quando os decretos-leis se faziam leis por decurso de prazo. Daí a exigência de afeiçoar o instituto à predominância do Congresso que embora compelido a examinar a iniciativa do Executivo no prazo de trinta dias, nem por deixar de fazê-lo empresta ao ato da Administração a eficácia de um ato do Congresso.

Assim entendo a configuração jurídica das medidas provisórias na dicção do art. 62 de Nossa Constituição Federal. Um poder de iniciativa qualificado pela natureza relevante e urgente das providências consideradas necessárias pelo Executivo. Qualificação que lhes empresta eficácia de poderem de logo incidir, mas com incidência contida, por força do caráter provisório dos efeitos que determina.

9. Não me ocorre, entretanto, como construir um entendimento que assegura ao Parlamento omitir-se do seu dever de decidir, emprestando a essa omissão o significado de decisão política, revestida do caráter de adimplemento do dever que lhe foi constitucionalmente atribuído. E porque não equiparo a omissão ao adimplemento, recuso a possibilidade de impedir-se o Executivo de renovar a medida provisória não apreciada pelo Congresso no prazo em deveria fazê-lo, dando-lhe o mesmo conteúdo ou modificando-o no que lhe pareça conveniente ou necessário.

Sinto-me seguro nesse entendimento, por motivo de que o processo de produção do direito, seja ele legislativo, administrativo ou jurisdicional, é incompatível com a omissão. Normas jurídicas não são produzida omissivamente.

10. Por outro lado, o poder de iniciativa qualificado, exercitado mediante a edição de medidas provisórias, é contrabalançado com a previsão da provisoriedade dos efeitos que a incidência de seus preceitos determina.

Esse aspecto do instituto leva a outra reflexão. No direito público, a provisoriedade da execução viabiliza a segurança do interesse tutelado, mas obsta sua satisfação.

Prevendo a Constituição Federal que a medida provisória perderá sua eficácia desde sua edição, se não convertida em lei no prazo de trinta dias (art. 62, pr. único) fixou o carater provisório de seus efeitos, donde dever-se casar, na espécie, a incidência, que autoriza a segurança, com a provisoriedade, que descarta a satisfação.

---

66. Redação original.

Possibilitando a incidência, arma o Executivo dos meios com os quais necessita operar, no curto interregno da vigencia da medida provisória, para solução dos problemas que inspiraram sua edição, vetando se revistam esses efeitos da condição de definitivos, resguardando, por esse modo, o cidadão do risco de interferências em sua liberdade ou em seu patrimônio de natureza mais grave.

11. Com esse entendimento, descartam-se dois problemas de envergadura: o definir-se, de logo, com segurança. o que é policy determination e o que é policy execution ou policy control no contexto da medida provisória, dando-se o tratamento adequado para cada qual delas, segundo sua natureza. Em segundo lugar, garante-se o cidadão, eliminando-se os riscos que lhe poderiam advir da admissibilidade de alguma constrição satisfativa, no curto prazo de vigência da medida provisória.

A par dessa vantagem, elimina-se, igualmente, o inconveniente de alguma regulamentação casuística pelo Congresso, de constitucionalidade duvidosa e de alcance prático discutível.

12. Para concluir, uma última reflexão.

Uma das características da democracia é a transparência do poder. E nada colabora mais para isso do que a exigência de fundamentação para as decisões de Poder. Nem haveria exagero em dizer-se que carece de legitimação, num sistema democrático de governo, qualquer decisão desfundamentada. Tornar transparente para os governados as razões que levam o agente público a decidir como decidiu é indissociável da natureza representativa do poder que ele exerce, mandatário que é. Menos que poder, o que lhe é deferido é função, poder a serviço de outrem, só atribuido para possibilitar a resposta do serviço prestado.

As normas de carater geral postas pelo Congresso atendem a essa exigência, porquanto as discussões parlamentares cumprem essa finalidade. Já no tocante às normas gerais postas pelas medidas provisórias, o mesmo não ocorre, donde a necessidade de serem fundamentadas, para se fazerem transparentes. Por esse modo, inclusive, favorece-se o controle político da urgência e relevância constitucionalmente exigidas para legitimar o proceder do Executivo, juizo esse, a nosso entender, de todo subtraido do controle jurisdicional, mas sem dúvida necessário em termos políticos e sociais.

13. Estas as reflexões que me ocorreram, as quais entrego à crítica de meus pares, nesta XIII Conferência Nacional da Ordem dos Advogados do Brasil, com o que lucraremos todos. Eu, corrigindo meus erros, os que me lerem e criticarem, ganhando lucidez, para mais exato tratamento de um tema de tanta relevância, libertando-se dos equívocos em que por acaso tenha incidido.

PARTE III – TEMAS DE DIREITO CIVIL

| 40 | **PROMESSA DE COMPRA E VENDA – COMPENSAÇÃO DE CRÉDITOS – RETROVENDA – TRANSAÇÃO NULA**[67]

NÚBIO GADELHA DO ESPÍRITO SANTO e sua mulher propuseram, contra o BANCO ECONOMICO S/A, ação ordinária de indenização. Como fundamento do pedido que formularam, indicam a existência de negócios jurídico tendo por objeto imóvel de propriedades deles, autores, com estipulação de pacto de retrovenda, desatendido pelo Banco, disso resultando-lhes prejuízos, não só pelo que deixaram de ganhar, inclusive dividendos não distribuídos pela Construtora Núbio Gadelha S/A, como também o que perderam em decorrência da recusa, pelo réu, de praticar ato negocial que era devido.

Segundo autores, em 30 de abril de 1976, prometeram vender ao Banco, de forma irrevogável e irretratável, o imóvel constituído do lote n.o 8, da Quadra E, situado à Rua Tenente João Cicero, em Recife, pelo preço de Cr$ 2.500.000.000, pagável mediante compensação de créditos do Econômico contra os autores, em quantia equivalente, relativos a contratos de financiamento RECON.

Simultaneamente com esse contrato, esclareceu-se, em carta aditiva, que o negócio celebrado abrangia o Edifício Tívoli, em construção no terreno acima referido, a ela se acrescentando uma outra, também de caráter aditivo, na qual foi assegurado, a Núbio Gadelha e sua esposa, o direito à recompra, no prazo de um ano, do terreno e de suas acessões, pelo mesmo preço da venda, acrescido dos juros de 6% ao ano.

Algum tempo depois de ultimados os negócios indicados acima, a Construtora Núbio Gadelha S/A, Núbio Gadelha e sua esposa propuseram ação contra o Banco Econômico e o Banco Econômico de Investimentos S/A, pleiteando, entre outras coisas, "a nulidade do contrato de promessa de compra e venda do terreno e do prédio em construção, denominado Edifício Tívoli, por caracterizar um pacto comissório e pela inexistência dos débitos garantidos".

Em curso este processo, a Construtora e seus litisconsortes requereram a liberação do vínculo da promessa de venda relativa ao Edifício Tívoli, substituindo-o por fiança bancária. Contra esse pedido se insurgiu o Banco, inclusive demonstrando que o direito real derivado da promessa, assegurador de adjudicação compulsória,

---

67. Texto extraído de *ADV Advocacia Dinânima: seleções jurídicas*. Rio de Janeiro, n. 11, nov. 1988.

não podia ser substituído por mera garantia pessoal. Nessa mesma oportunidade, o Econômico requereu alvará que lhe possibilitasse a transferência dos direitos de promitente comprador do imóvel compromissado a quem melhor preço oferecesse, de logo afrontando os autores para que exercessem seu direito de preferencia, pagando o preço respectivo, como pactuado. Retrucaram os autores, insistindo em que não se cuidava de preferência, mas de retrovenda, opondo-se à concessão do alvará, reconhecendo que a verdadeira natureza do negócio jurídico em apreço só poderia ser obtida com o transito em julgado da decisão que pusesse fim ao litígio. Estranhamente, em que pese a afirmativa ultima, pretenderam readquirir o bem; marcaram o dia 29 de abril de 1977 para que o Banco viesse receber o preço devido, como pactuado, protestando por sua repetição, desde que fosse julgada procedente a ação em curso, sob pena de omissão do Banco ser interpretada como recusa em dar cumprimento à obrigação assumida na carta aditiva. O Banco, insistindo na tese de cuidar-se de preferência, não de retrovenda, prontificou-se a receber, no dia aprazado a importância que calculara como devida, fixada em Cr$ 3.632.060,01. Cientes os autores, elaboraram minutas de escrituras de distrato, que o Econômico teve como insatisfatórias, razão pela qual não compareceu, propondo a suspensão da instancia para que os entendimentos prosseguissem. Porque não decididos esses incidentes, audiência marcada para 5 de maio de 1977 foi suspensa, seguindo-se a isso uma série de petições de ambas as partes, repisando velhos argumentos e insistindo nos anteriores propósitos. Por fim o magistrado indeferiu todos os pedidos, de cujo despacho ofereceram os autores agravo retido. Esse agravo, quando da apelação, deixou de ser objeto de sustentação, pelo que dele não conheceram os julgadores do segundo grau.

Desprezando a decisão do juiz do feito, e a pretexto de que a empresa Imobiliária Belém Salgadinha S/A manifestara interesse na aquisição do prédio, NÚBIO GADELHA e sua esposa se interpelaram o ECONÔMICO, para que comparecesse no dia 12 de setembro de 1977, às 10 horas da manha, no Cartório Hélio Coutinho, a fim de outorgar aos interpelantes o competente instrumento de liberação do imóvel, sob pena de responder por perdas e danos.

Como se impunha, dada a anterior determinação judicial, deixou o Banco de atender à esquésita interpelação.

Diante disso, foi proposta a ação de indenização, como noticiado inicialmente, devidamente contestada, alegando o réu a inexistência da retrovenda, configurando o pactuado apenas a estipulação do direito de preferência em favor dos autores, inexistindo, assim, a obrigação de vender; apontarem, igualmente, a impossibilidade de atender à interpretação (se não fosse ela de todo descabida contratualmente) por força da litigiosa da coisa e da precedente determinação judicial.

Em curso a indenização, ultimou-se o julgamento da ação em que propugnavam os autores a nulidade do contrato de promessa de compra e venda do terreno e do

Edifício Tívoli, decisão hoje transitada em julgado, por força de confirmação na superior instancia e não conhecimento do recurso extraordinário interposto.

Enquanto isso ocorria com a ação de nulidade, a indenizatória foi tida por improcedente, oferecendo o juiz, como fundamento de seu decisório, o convencimento, que lhe ficou, de na espécie não se cuidar de retrovenda, porquanto essa estipulação, para que como tal seja atendida, exige sua estatuição no próprio instrumento da compra e venda. Pactuada em instrumento independente, é mera promessa unilateral de vender. Destarte, nenhum ato ilícito teria sido praticado pelo réu, donde a rejeição do pedido.

Inconformados, NÚBIO GADELHA e sua mulher apelaram sustentando a tese de que, mesmo constando de instrumento à parte, valeria como retroveda o estipulado; mas ainda quando assim não fosse, em termos práticos, operaria com igual eficácia, sob a roupagem de promessa unilateral de venda. Donde serem devidas as perdas e danos reclamadas.

Quanto à litigiosidade do imóvel, entendem os apelantes que ele só obstaria a alienação a terceiros, não impedindo negócio jurídico que se ultimasse entre as parte do processo.

CONSULTA

Tendo em vista o histórico retro, indaga o BANCO ECONÔMICO S/A:

Anulando o contrato de promessa de compra e venda, com a estipulação adicional de preferência em favor dos promitentes vendedores, que pretendem eles configure um pacto de retrovenda, pode-se ainda invocar esse ato jurídico para dele retirar consequências que importem em responsabilidade civil do promissário comprador?

PARECER

1. Toda demanda exige, para sua configuração, sejam determinados os três elementos clássicos que a estruturam e lhe são essenciais: sujeitos, pedido e causa de pedir.

Entre esses três elementos há um nexo indispensável e uma correlação necessária. Para que se formule um pedido (pretensão a determinado bem) é de mister se invoque um fato jurídico (causa de pedir) que lhe sirva de suposto, devendo aquela postulação ser oferecida por quem portador da situação legitimante (legitimação) posta pela norma que se traz a colação como juridificante do fato narrado.

Não há, por conseguinte, tutela deferível, quando o pedido assenta em fato materialmente inexistente ou juridicamente inexistente. Numa ou outra hipótese, deixaria ele de ser fato jurídico apto a configurar a causa de pedir.

Este o problema nuclear da hipótese submetida a nosso exame e que será objeto das considerações que se seguem.

2. Nasce a relação jurídica quando um fato da vida (uma conduta, melhor precisando os termos) se apresenta como suscetível de ajustar-se a certa previsão normativa, posta pela ordem jurídica. Diz-se que este é o momento da incidência. E àquele fato chamamos, por isso mesmo, de fato gerador da incidência originária.

A relação jurídica, uma vez configurada, estabelece um vínculo entre sujeitos que se põem em situações opostas: a um se atribui uma situação de vantagem (diz-se que ele é sujeito ativo da relação, ou titular de um direito) e a outro uma situação de desvantagem (sujeito passivo da relação ou titular de um dever).

Excepcionalmente, o direito e o dever, pela só incidência do fato gerador originário, se cumprem em plenitude. O que comumente acontece é importar o nascimento da relação jurídica na constituição de uma situação jurídica em que se inserem, potencialmente, faculdades, ônus, sujeições, obrigações e muitas outras situações subjetivas que, para sua atualização, reclamam a ocorrências[68] de fatos novos, posteriores, que irão determinar o surgimento de relações jurídicas derivadas ou filhotes, como as qualifica PONTES DE MIRANDA.

Esses fatos novos não geram relações jurídicas novas, apenas atualizam o que se continha na relação jurídica originária. Denominamo-los, por isso, de fatos geradores da incidência derivada. Destes nascem pretensões (para o sujeito ativo) e obrigações e sujeições (para o sujeito passivo).

Para exemplificar. Quando as vontades dos sujeitos interessados acordam a respeito do uso e gozo de determinado bem infungível, que o possuidor direto (proprietário ou não) se dispõe a transferir (tornando-se possuidor indireto) mediante certa retribuição, diz-se ultimado um contrato de locação (art. 1.188 do Código Civil). Nasce uma relação jurídica, da qual derivam pretensões e decorrem obrigações, cuja atualização vai reclamar o advento de novos fatos, que não o primitivo acordo de vontades. Assim é que, vencido o mês, nasce para o locador a pretensão aos alugueis, e para o locatório a obrigação de satisfazê-los. O termo estipulado para vencimento da contraprestação financeira é fato novo, gerador de uma relação jurídica derivada, invocável, como aquela, para fundamento de uma situação de vantagem que o sujeito ativo da relação jurídica se atribua.

Transpondo para o âmbito do direito processual essas categorias do direito material, teremos o que, na dogmática processual, denominamos de causa de pedir. Constituiu-se ela da conjugação do fato gerador da incidência originária (que poderíamos também denominar de causa de pedir remota) com o fato gerador da

---

68. Redação original.

incidência derivada (categorizável como causa de pedir próxima). Sem aquela, falece suporte para esta. Sem esta, falece suporte para a pretensão ajuizada.

3. No caso sob exame, qual a causa de pedir posta por NÚBIO GADELHA e sua mulher na ação indenizatória?

A narrativa que fazem é muito clara a respeito.

Em 30 de abril de 1976, por escritura particular dita de promessa de compra e venda, devidamente registrada, prometeram vender ao Banco, de forma irrevogável e irretratável, o imóvel constituído do lote de terreno próprio, n.o 8, da Quadra E, na Rua Tenente João Cícero, bairro de Boa Viagem, cidade do Recife. Fixou-se o preço de Cr$ 2.500.000, equivalente, na data, a 17.575.92800 UPC, pagável mediante a compensação de créditos do Banco contra os promitentes vendedores, relativos a Contratos de Financiamento RECON, dando o promissário comprador a devida quitação.

Com esse negócio jurídico, ultimado numa única unidade de tempo, configurou-se relação jurídica entre NÚBIO GADELHA e sua mulher, de um lado, e o BANCO ECONÔMICO S/A, do outro. Fixaram-se direitos e obrigações, correspectivamente. E tudo se cumpriu de uma só assentada.

Na oportunidade em que se ultimava a negociação acima referida, as mesmas partes, em instrumentos diversos, declararam: NÚBIO GADELHA e sua mulher, que a promessa de venda incluía o edifício em construção (Edifício Tívoli) e que eles, promitentes vendedores, se obrigavama concluí-lo no prazo de um ano; o BANCO ECONÔMICO – que assegurava a NÚBIO GADELHA e sua mulher o direito de preferência, pelo prazo de um ano, a contar de 30-04-76, para recompra do lote de terreno pelo preço da venda, acrescido de 6% de juros, ao ano, com pagamento à vista, fazendo-se a conversão das UPC para cruzeiros, na data de recompra.

Ainda quanto diversos os instrumentos e, num certo sentido, diversas as declarações de vontade, configuram elas uma unidade de propósito, de natureza negocial, em que, com vistas a se quitarem os devedores de parte do seu débito, prometem vender, de modo irrevogável e irretratável, bem imóvel, que esclarecem constituir-se de um terreno e sua acessão, cuja construção se obrigam a ultimar, ficando-lhes assegurada a preferência para recompra do bem dado em pagamento, no prazo de um ano e nas condições explicitadas.

Eis aí o fato gerador da incidência originária e, por conseguinte, a causa de pedir remota.

No interregno de duração da avença adicional (preferência para a recompra) asseveram os autores ter-lhes sido feita uma proposta de aquisição do Edifício Tívoli pela Imobiliária Belém Salgadinho S/A, em razão do que interpelaram o BANCO

ECONÔMICO, desejando exercitar seu direito de recompra, havendo recusa, por parte deste, de adimplir o que era devido.

Eis aí o fato gerador da incidência derivada, a causa de pedir próxima, acontecimento de que deriva a pretensão dos autores e em que eles assentam a obrigação do réu.

Bem determinada a causa de pedir da demanda indenizatória, que repercussões sobre ela acarreta a coisa julgada da ação anulatória, na qual os mesmos autores, litisconsorciados com a Construtora Núbio Gadelha S/A, pleitearam, contra o BANCO ECONÔMICO S/A e o BANCO ECONÔMICO DE INVESTIMENTOS S/A, a declaração da invalidade do negócio jurídico ultimado em 30 de abril de 1976?

4. A plena realização do negócio reclama seja ele examinado do ponto de vista de sua existência de sua validade e de sua eficácia.

No plano da existência, verifica-se a ocorrência dos elementos indispensáveis para a configuração do negócio jurídico como tipo de determinada espécie. Responde-se à indagação: houve fato (material) que comporte a tipificação (jurídica) que se pretende tenha ocorrido? Por exemplo: houve compra e venda? Se a resposta é afirmativa, de negócio (juridicamente) existente se cuida. Em caso negativo, temos um fato (pois não se trata de inexistência material) que não se ajusta à tipificação pretendida, donde se dizer que estamos diante de um caso de invalidade e ineficácia, por inexistência. Do fato (material) a consequência jurídica pretendida não é inferível. O que não significa a impossibilidade absoluta de tipificação desse fato para outra ordem de consequências jurídicas.

5. No plano da validade, distinguimos o negócio jurídico nulo do anulável, aceitando-se, como diferença fundamental entre ambos, a circunstancia de que, havendo nulidade, opera a deficiência desde o momento da incidência, retirando, "ab initio", do negócio, toda e qualquer possibilidade de produzir efeitos jurídicos; enquanto a anulabilidade não impede seja ele apto para produzir consequências no mundo do direito, o que só com a sua desconstituição, e a partir dela, deixará de ocorrer.

A lição é sabida, mas comporta ilustração:

> "La nota che differenzia fondamentalmente la nullita della annullabilità é data dal diverso modo di realizarse della inefficacia. Mentre il negozio nullo non produci effeti, il negozio annullabile produce i suoi effeti (ANTONINO CATAUDELLA, verbete "Negozio jiuridico – invalidità ed inefficacia – Enciclopédia Forense)."

E PONTES DE MIRANDA esclarece que a nulidade ocorre:

> "se a falta de satisfação do pressuposto (de validade) acarreta deficiência que se faz sentir, no mundo jurídico, desde a entrada e para sempre, do suporte fático." (Tratado, vol. 4, § 356, n.o 2).

Nem diverge ORLANDO GOMES, doutrinando que o ato nulo não produz qualquer efeito, como reconhecido desde os clássicos, segundo o princípio geral de que "quod nullum effectum", enquanto na anulabilidade o subsiste até que seja anulado judicialmente (Introdução ao direito civil, 2.a ed. págs. 405 e 407).

Também CARVALHO SANTOS (Código Civil interpretado, 3.a ed., vol. III, pág. 233).

E poderíamos, se não fosse de absoluta irrelevância, encher folhas e folhas com referências doutrinárias a respeito de verdade tão óbia[69]: NULO É AQUILO QUE NENHUM EFEITO LEGAL PODE PRODUZIR.

6. Essa distinção entre o nulo e o anulável, universalmente aceita, é rica em consequências praticas.

Desse prisma, e no que diz com sua aptidão para produzir efeitos jurídicos, tanto a inexistência quanto a nulidade se mostram irmãs, a tal ponto que muitos mestres repudiaram a possibilidade ou a necessidade de distinguí-las.

Seja inexistente, seja nulo, o negócio jurídico deficiente experimenta a mesma inaptidão, originária e absoluta, para determinar qualquer consequência jurídica, bem como igual inadequação para ser invocado como suporte fático ou causa de qualquer consequência jurídica.

Declarar inexistente uma relação jurídica é certificar a não ocorrência de quaçquer vínculo juridicamente relevante entre dois sujeitos, atendido o suporte fático invocado. Declarar inválida (absolutamente) a relação jurídica que entre eles se constituiu é certificar a deficiência do vínculo estabelecido, para determinar qualquer consequência jurídica, desde sua origem.

O ato jurídico nulo, preleciona PONTES DE MIRANDA:

"é tratado como se não tivesse existido nunca." (Tratado, vol. IV, §358, pág. 12)

Tanto a sentença que declara a inexistência, quanto a sentença que declara a nulidade, ambas operam tornando certo (indiscutível) exclusivamente o que sempre foi, nada acrescentando ao que foi, salvo a certeza jurídica.

"La acción de nulidad, doutrina LLAMBIAS, es la que se intenta en procura de una certificación judicial de la invalidez de acto nulo, que facilite la destrucción de sua efectos materiales.

Segun se ha visto (§ 22) la sentencia de nulidad en nada altera el régimen juridico del acto nulo La invalidez del acto deriva de la ley que lo irrita y no de la sentencia que nos es exigida intrinsecamente por la índole de la falla del acto. La sentencia se limita simplemente a certificar la invalidez, com lo que viense a facilitar el proposito de las partes interessadas en la desctrucción de las

---

[69]. Redação original.

consecuencias materiales producidas." (Efectos de la nulidad y de la anulación de los actos jurídicos, págs. 69/70).

E no § 22 por ele referido lê-se:

"Cuando el acto ha sido ejecutado, la parte que aspire a desvirtuar sus consequencias materiales deverá, si la contraria no se allana a ello, deducir uma acción de nulidad.

No si piense, sin embargo, que la admisión de esta accion pueda originar una nueva situación de echo que reconozca en ella o en la sentencia que la admite su causa. No LA SENTENCIA DE NULIDAD NADA INNOVA, NO ACUERDA DERECHOS, NI LOS QUITA. SOLO RECONOCE O DECLARA QUAL ÉS VERDADERO ALCANCE DE LA SITUACIÓN PREEXISTENTE AL EXPEDIR LA PATENTE O CERTIFICACIÓN DE QUE EL ACTO CUMPLIDO, POR NULO, CARECE DE EFECTOS." (ob. cit. pág. 44) (grifos nossos)

Também BIAGIO DE GIOVANNI:

"Il giudice, decidendo la nullità di un atto. No rende rilevante l'atto nè lo qualifica, ma disattende che l'atto sai un tipo di atto. Qualificato è il comportamento del giudice che da vita all atto (un tipo di atto: la sentenza) relevante è l'atto (la sentenza) che risulta dal comportamento dal giudice, non l'atto di cui si disattende che sia un tipo de atto." (La nullità nella lógica del diritto, pág. 78)

7. Quando da propositura da ação indenizatória, podiam NÚBIO GADELHA e sua mulher invocar o negócio jurídico ultimado em 1976, para dele retirar a construção de um direito de que se afirmavam titulares – o de recompra do imóvel que deram em pagamento ao BANCO ECONÔMICO.

Ainda quando um tanto contraditoriamente, porque imputavam de absolutamente nulo o contrato (numa demanda) enquanto dele buscavam retirar consequências (em outro litígio), era lhes facultado pedirem o que pediram. Nenhuma inépcia havia na postulação, visto como presente (em tese) a causa de pedir, justificadora de quanto pretendiam (pedido).

Não era recomendável, contudo (técnica e eticamente) invocasse o BANCO a nulidade, elidindo quanto perseguido por NÚBIO e sua esposa, porquanto batalhava seriamente, e convictamente, na ação originária, pela validade do negócio jurídico que ultimara.

Já agora tudo muda de figura. Os autores da indenizatória lograram êxito na demanda originária.

Foi declarada a nulidade absoluta do negocio jurídico a que se vincula o propelado direito de recompra, que os autores dizem ter sido violado, retirando dessa violação o direito que se atribuem a ser ressarcidos das perdas e danos experimentados. A sentença, já transitada em julgado, declarou nulo (nenhum) o contrato firmado em 1976, conseqüentemente as cartas aditivas dele oriundas, porque, assevera o julgador, configurava ele um pacto comissório, vedado por lei (objeto ilícito).

8. Tem a certificação judicial a eficácia de eliminar do mundo jurídico o fato que se traduziu, materialmente, no acordo de vontades documentado nos instrumentos que as partes firmaram. Como relação jurídica, como fato jurídico, como negócio jurídico inexistem, e são inaptos para produzir qualquer consequência. Donde sua curial e absoluta inaptidão para operarem como causa de pedir de qualquer demanda. O ato jurídico realizou-se (materialmente) mas foi declarado nulo e a sentença "decretando-lhe a nulidade, empurra-o para inexistência" (cf. PONTES DE MIRANDA, ob; cit. § 381, n.o 3).

Assim, o transito em julgado da decisão declaratória de nulidade importou em descaracterizar, como causa de pedir, na demanda indenizatória, o negócio jurídico anexo ou adjeto de retrovenda, ou que outra configuração típica tivesse.

Não há mais por que se falar em promessa de compra e venda, direito de preferência, promessa unilateral de venda, pacto de retrovenda, ou o que quer que seja, porquanto nulo (nenhum) como já certificado judicialmente, o negócio jurídico concluído, em 1976, por autores e réu na ação indenizatória.

Se alguém invoca ato jurídico nulo, para fundamento de seus direitos, pretensões e ações, a outra parte pode, durante o processo, ainda incidentemente, isto é, ainda como questão prejudicial, ou quanto a algum efeito que se lhe espere ou haja esperado, alegar a nulidade.

Esta lição do mestre PONTES DE MIRANDA (Tratado das ações, vol. IV, § 161, n.o 3) serve, como a luva à mão, para encerrar este Parecer. Diante da coisa julgada da ação de nulidade, pode o Banco, e deve, argüir a nulidade absoluta do negócio jurídico do qual pretendem os autores retirar a pretensão que ajuizaram. A respeito de negócio jurídico nulo é de todo inadequado falar-se em inadimplemento. Por conseguinte, nenhuma violação houve a direito dos autores, pelo que nenhuma indenização é devida. Não é o réu quem diz. Nem o autor deste Parecer. Quem o disse, com império, foi o Poder Judiciário, que não pode colocar-se em contradição consigo próprio, dizendo, aqui, diferente do que disse ali, só para atender à conveniência dos autores.

CONCLUSÃO

Considerando todo o exposto, respondemos à pergunta formulada:

Declarado nulo o negócio jurídico que, em 1976, ultimaram NÚBIO GADELHA e sua mulher, de um lado, e o BANCO ECONÔMICO S/A, do outro, nulas, igualmente, as estipulações documentadas nas cartas aditivas.

Se a violação de direito à recompra é o que invocam os autores para pedirem o que pedem, falta-lhes, hoje, fundamento para sua pretensão, visto como foi considerado deficiente o negócio jurídico do qual ele se originaria.

Isso equivale à inexistência da causa de pedir, que se importaria inépcia, caso ocorresse originariamente (art. 295, parágrafo único, I, do CPC) hoje determina a improcedência da ação, a ser declarada em grau de apelação, negando-se provimento ao recurso interposto.

Confirma-se a sentença de primeiro grau, ainda que por outro fundamento.

| 41 | A AÇÃO DE ADJUDICAÇÃO COMPULSÓRIA EM FACE DA LEI 6 766/79 (PARCELAMENTO DO SOLO URBANO)[70]

O advento da Lei 6 766, de 19 de dezembro de 1979, que dispõe sobre o parcelamento do solo urbano, suscitou um sem número de problemas, tanto de direito material quanto de direito processual, dos quais apenas um eu quero destacar fazendo-o objeto desse nosso estudo: o da ação de adjudicação compulsória.

Elegêmo-lo não só por envolver indagações de relevo quer de natureza processual, quer de conteúdo substancial, como, principalmente, porque mereceu, assim nos parece, disciplina inteiramente nova com a Lei 6 766/79, determinando conseqüências práticas do maior alcance, ainda não evidenciadas, ao que sabemos, pelos que se têm ocupado com a exegese e aplicação do novo diploma legal.

Duas indagações nos fizemos fundamentais no particular. A primeira, se subsiste, em face da Lei 6 766/79, a ação de adjudicação compulsória relativamente a imóveis loteados; a segunda, se subsistindo ela, ainda atende ao rito do procedimento sumaríssimo. Ou, em outros termos: carece, hoje, o compromissário comprador, para adquirir a propriedade do bem prometido a venda, quando de imóvel loteado se cuide, da outorga de escritura definitiva por parte do compromitente-vendedor? Se precisar, deve obtê-la, caso recusada pelo vendedor, mediante o ajuizamento de ação de adjudicação compulsória? Se assim for, a que rito ela atenderá, ao ordinário? ao sumaríssimo? a algum procedimento especial disciplinado na 6 766/79?

Todos sabemos que só com o advento do D.L. 58/37 se pôs uma disciplina específica para os imóveis loteados, buscando-se oferecer melhor tutela aos compradores e meios eficientes de atuação do poder de polícia das autoridades administrativas.

O D.L. 58 previa a averbação, no Registro de Imóveis, do contrato de compromisso de venda, esclarecia não dispensar esse registro nem substituir os atos constitutivos ou traslativos de direitos reais na forma e para os efeitos das leis e regulamentos dos registros públicos pelo que, em decorrência, previa, em seu art. 15, o direito de o compromissário obter escritura definitiva, dispondo, para o caso de recusa do compromitente, sobre a ação de adjudicação compulsória como mero de

---

70. Texto extraído de *Revista de Tribunal de Justiça*. Ano XX, vol. 18, 1982.

se obter judicialmente o cumprimento da obrigação. Por seu turno, assegurava ao compromitente, paga todas as prestações, intimar o compromissário para vir receber a escritura definitiva, sob pena de ser depositado o lote comprometido por sua conta e risco, respondendo ainda pelas despesas judiciais e custas do depósito.

A redação primitiva do art. 16 do D.L. 58 indicava, como rito da ação de adjudicação compulsória o seguinte: intimação inicial ao compromitente para outorgar a escritura no prazo de 5 dias; se nada argüia, o juiz adjudicava o lote ao comprador. Em caso de impugnação, seguia-se o procedimento contraditório.

Com o advento do CPC de 1939, deu-se ao procedimento um rito algo diverso. A intimação se fazia para outorga da escritura definitiva no prazo de 5 dias; nada argüindo o compromitente, adjudicava-se o lote. Se o vendedor alegasse matéria relevante, haveria contestação do comprador, em 5 dias; manifestando-se necessidade de produzir prova, adotava-se o procedimento sumário, previsto no art. 685 para as medidas cautelares.

Entrado em vigor o CPC de 1973, a Lei 6 014, de 27 de dezembro de 1973, mandou aplicasse à ação de adjudicação compulsória o rito sumaríssimo, que o novo diploma processual prescrevia em seus arts. 276 a 281.

Em 20 de dezembro de 1979 iniciou-se a vigência da Lei 6 766, que dispõe sobre o parcelamento do solo urbano, abrangendo não só o desmembramento como o loteamento, pelo que se inaugura disciplina nova para o velho instituto.

Diante desse fato, justo indagar-se: Como estão as coisas hoje em dia? Subsiste a Lei 6 014, consequentemente a redação que ela deu ao art. 16 do D.L. 58, nesse particular ainda operante, ou foi revogado o D.L. 58 em sua inteireza, sendo inadmissível falar-se, hoje; em incidência do seu art. 16?

A solução, a nosso ver, deve ser buscada mediante dois tipos de indagação. O primeiro, a partir do estudo e da aplicação dos princípios e preceitos que presidem aos problemas de direito intertemporal. O segundo, voltado para uma interpretação sistemática da Lei 6 766/79. Da conjugação dos resultados de uma e outra dessas indagações surgirá a resposta que perseguimos.

Vejamos, em primeiro lugar, os problemas de direito intertemporal.

A Lei 6 766/79, em seu art. 55, limita-se a dizer revogadas todas as disposições em contrário, sem especificar, analiticamente, as normas que por ela foram atingidas. Revogação genérica, no dizer dos doutos, mas revogação expressa, como afirmam, igualmente (cf. Serpa Lopes, *Comentários à Lei de Introdução ao Código Civil*, 2.ª ed., vol. I, pág. 54). Consequentemente, inexistindo revogação expressa em termos particulares, com enunciação dos diplomas e preceitos revogados, a Lei 6 766/79, nos precisos termos do art. 2.º, § 1.º, da Lei de Introdução ao Código Civil (D.L. 4 657/42) revoga as anteriores.

a) que com ela forem incompatíveis,
b) ou versavam a matéria que ela, agora, inteiramente regula.

Eis, portanto, os dois parâmetros: toda matéria idêntica à que é hoje versada, inteiramente, pela Lei 6 766/79 deixou de ser, por força dessa inteireza da lei nova, objeto de regulamentação de qualquer lei anterior. Toda disposição de lei anterior que seja incompatível com o que dispõe a lei nova, também perdeu a vigência.

TOSHIO MUKAI, ALAOR CAFÉ ALVES e PAULO JOSÉ VILLELA LOMAR (Loteamentos e desmembramentos urbanos, *Comentários à nova Lei 6 766*, de 19.12.79, 1.ª ed. afirmam que subsistem, do D.L. 58, ainda vigentes, alguns dispositivos e entre os quais apontam os arts. 15 e 16. Para esses autores, são eles de natureza instrumental, isto é, nitidamente processual, e sendo processual não estão revogados, apesar de ab-rogado o D.L. 58. Seriam, pois, os arts. 15 e 16, preceitos compatíveis com as disposições da Lei 6 766/79 (pág. 137).

ARNALDO RIZZARDO *(Promessa de compra e venda e parcelamento do solo urbano,* ed. Ajuris, págs. 145 e segs.) ainda quando não cuide expressamente do problema, trata largamente da ação de adjudicação compulsória e a vê, não só do ponto de vista substancial como do ponto de vista procedimental, como atendendo, em tudo e por tudo, à disciplina do D.L. 58/37. Desse modo, indiretamente, endossa as conclusões de Mukai, Café e Villela.

Deles divirjo, com pesar e temor.

A previsão da ação de adjudicação compulsória e do rito sumaríssimo para seu tratamento judicial resultavam do D.L. 58, que disciplinava o loteamento e venda de terrenos para pagamento em prestações, matéria hoje inteiramente disciplinada pela Lei 6 766/79. Aquele diploma legal era misto, contendo disposições de direito material e de direito instrumental (para respeitar a terminologia dos autores) ou processual (como melhor me apetece). Também a Lei 6 766/79 é diploma que não só encara os problemas do parcelamento do solo urbano de seu ângulo substancial, como o faz, igualmente, no tocante à disciplina judicial das pretensões que decorram tanto do desmembramento quanto do loteamento do solo urbano. Consequentemente, de nenhuma valia, *data venia,* dizer-se que disposições de natureza processual não reproduzidas na lei nova subsistem vigentes, porque compatíveis com ela.

Isso é inadmissível por duas fortes razões.

A primeira, já apontada, a de que a Lei 6 766/79 disciplina processualmente os institutos que menciona. Assim é que ela traça o procedimento em caso de impugnação do registro (art. 19), na hipótese de existência de pré-contrato ou figuras que equipara ao pré-contrato, havendo recusa do promitente-vendedor (art. 27), bastando-nos essas duas referências para deixar fora de dúvida o que vimos de afirmar: a

Lei 6 766/79 é lei que regula não só substancial quanto processualmente as situações que definiu.

A segunda razão é que se não há de misturar ou confundir compatibilidade (a ser perquerida quando a matéria não foi inteiramente disciplinada pela lei nova) com exauribilidade, prevista na segunda parte do art. 2.º, § 1.º, da Lei de Introdução. De compatibilidade só se pode cogitar quando a hipótese não é de lei nova que disciplina inteiramente a matéria antes objeto da lei cuja revogação se perquire. Aqui, a revogação independe da compatibilidade ou incompatibilidade: é conseqüência, pura e simples, da exauribilidade, da vontade manifestada pelo legislador de dar nova ordenação ao velho instituto.

Valha-nos a lição de SERPA LOPES:

> "... quando a revogação tácita de uma lei decorrer de sua incompatibilidade com a lei subseqüente, deve-se entender no sentido de que a lei antiga não fica revogada senão nas disposições necessariamente incompatíveis com a lei nova, o mesmo não ocorrendo quando a revogação defluir da circunstância de uma lei nova regular inteiramente a matéria contida na anterior".

E esclarece adiante:

> "diz-se que a lei regula inteiramente a matéria da lei anterior quando, *dispondo sobre os mesmos fatos ou idênticos Institutos Jurídicos, os abrange em sua complexidade*" (grifos nossos, ob. cit., págs. 55/56).

Tudo quanto o D.L. 58 continha de pertinente ao loteamento de imóveis e sua venda está definitivamente revogado, por força do advento da Lei 6 766 que, de modo orgânico e sistemático, ofereceu nova e exaustiva disciplina aos institutos referidos.

Vejamos, agora, se do ponto de vista de uma interpretação sistemática da Lei 6 766/79 igual resultado é obtido.

Interpretar uma norma, já se afirmou, é menos evidenciar o que ela já diz do que explicitar o que nela expressamente não se contém, mas virtualmente nela está, porque necessariamente deve estar, para que haja coerência e inteireza na disciplina de determinado instituto jurídico.

Explicitar o que não se contém expressamente na lei se consegue mediante a investigação dos fins a que a lei se destina, da identificação dos valores que tutela e pela construção da coerência lógica e axiológica de seus muitos dispositivos.

Como salienta RECASEN SICHES, o essencial, na obra do legislador, não é o texto da lei, mas é o pensamento dos valores que a lei visa. Assim, o recomendável na obra do juiz (conseqüentemente, do intérprete) não é o apego incondicional ao texto, mas o prevalecimento daqueles valores, daqueles bens que o legislador tinha em mente ao elaborar a lei e que o juiz tem de levar em conta no seu julgamento do caso concreto (cf. L. Fernando Coelho, *A lógica da decisão jurídica, em Lógica jurídica e interpretação das leis,* pág. 156 e Recasens, *Panorama del pensamiento jurídico en el siglo XX,* vol. I, págs. 536 e segs.).

Que se propõe a Lei 6 766/79? Aparelhar o Poder Público de instrumentos que coibam o abuso do parcelamento do solo urbano, em detrimento dos interesses supra-individuais e, igualmente, tutelar os adquirentes de terrenos desmembrados ou loteados, prevendo para eles remédios processuais e conseqüências de direito substancial que os resguarde contra os abusos dos loteadores, em detrimento dos interesses individuais.

Há, por conseguinte, a preocupação de tutelar o interesse público, armando o Estado de instrumentos que o habilitem a atuar preventiva e repressivamente, bem como a de tutelar o interesse particular, num e noutra hipótese com vista a oferecer maior garantia à propriedade privada de lotes e a coibir a especulação e o locupletamento dos loteadores e desmembradores.

Preside, assim, à tarefa de interpretação da Lei 6 766/79, levada a cabo pelo jurista, seja ele magistrado, doutrinador ou advogado, a idéia-força ou idéia-mestra de que sempre, na dúvida, constrói-se a solução a define-se a interpretação que diz melhor com o interesse público ou o interesse particular por ela privilegiados, valorativamente, porque esse o fim social a que ela se destina, e deve comandar a tarefa de sua aplicação, como imperativamente posto pelo art. 5.º da Lei de Introdução.

Atendidas essas premissas, façamos a exegesse do que na Lei 6 766/79 é explícito e tem aplicação ou implicação com os problemas cuja solução queremos equacionar.

Elegemos, por sua relevância, os arts. 27 e 41 da Lei 6 766/79. Segundo nos parece, do entendimento do que explicitamente eles dizem pode ser inferido o que virtualmente prescreve a lei a respeito da adjudicação compulsória e da natureza jurídica do compromisso de venda.

Diz o art. 27 que se aquele que se obrigou a concluir contrato de promessa de venda ou de cessão, não cumprir a obrigação, o credor poderá notificar o devedor para outorga do contrato, ou oferecimento da impugnação no prazo de 15 dias, sob pena de proceder-se ao registro do pré-contrato, passando as relações entre as partes a serem regidas pelo contrato-padrão.

Esclarece adiante, em seu § 3.º, que havendo impugnação daquele que se comprometeu a concluir o contrato, observar-se-á o disposto nos arts. 639 e 640 do Código de Processo Civil.

Antes, no § 2.º, ficou expresso que, para fins do art. 27 (por conseguinte, para fins de obter a execução específica do pré-contrato) terão o mesmo valor de pré-contrato a promessa de cessão, a proposta de compra, a reserva de lote ou qualquer outro instrumento, do qual conste a manifestação da vontade das partes, a indicação do lote, o preço e o modo de pagamento e a promessa de contratar.

De quanto se acaba de transcrever, algumas conseqüências do maior relevo podem ser tiradas.

Em primeiro lugar, menciona-se como modalidade de negócio jurídico, a promessa (pré-contrato) de ultimar contrato de compromisso de venda e por igual se diz valer pré-contrato, como vale pré-contrato a promessa de concluir contrato de compromisso de venda, a promessa de cessão, a reserva de lote etc., nas condições indicadas.

Acreditamos não seja pretender demasia afirmar-se, como o fazemos, que a doutrina e a lei só conhecem duas figuras típicas: a do contrato e a do pré-contrato. Mesmo porque seria demasia, por traduzir uma inocuidade, falar-se em pré-contrato de pré-contrato, que é figura de existência impensável. Para ser possível um contrato preliminar de um outro contrato preliminar seria tão despojado de elementos sobre que incidisse a determinação da vontade dos obrigados que se tornaria contrato com objeto inexistente, ou objeto indeterminado, ou insuficientemente determinado. Evidentemente, para se configurar como contrato, mesmo preliminar, ele exige um mínimo de determinação que já o caracteriza, necessariamente como contrato preliminar a um outro contrato definitivo e nunca contrato preliminar a um outro contrato igualmente preliminar.

Quem se obriga a concluir contrato de promessa de venda se obriga em um pré-contrato (contrato preliminar ao contrato – definitivo – de compromisso de venda), equiparando-se a esse pré-contrato de compromisso de venda a promessa de cessão, a reserva de lote etc., podendo ser compelido a outorgar o contrato (definitivo) de compromisso de venda. Caso não o outorgue, procede-se ao registro do pré-contrato, passando a reger-se as relações entre as partes (promitente e promissário) pelo contrato-padrão (contrato de compromisso de venda, nos precisos termos do art. 18, VI da Lei 6 766/79).

O outro dispositivo cuja exegese nos parece da maior relevância é o art. 41 da Lei 6 766/79.

Diz ele que, regularizado o loteamento ou desmembramento pela Prefeitura Municipal, ou pelo Distrito Federal, quando for o caso, o adquirente do lote, comprovando o depósito de todas as prestações do preço avançado, poderá obter o registro de propriedade do lote adquirido, valendo para tanto o compromisso de venda e compra devidamente firmado.

Aqui, vê-se que a lei, de modo expresso e inequívoco, associa ao compromisso de venda a aquisição da propriedade, mediante seu simples registro, uma vez regular o condomínio e pago o preço devido. Nenhuma ação se reclama, nem a formalização de nenhum contrato definitivo. Pura e simplesmente o negócio jurídico concluído, de compromisso de venda, uma vez registrado, habilita à aquisição do domínio.

A declaração de vontade do vendedor se fez completa, plena e eficaz quando da formalização do compromisso de venda. Dele nada mais se pede, nem se reclama, nem é necessário.

Concluí-se, do exposto, haver o legislador atribuído ao compromisso de venda o caráter de contrato definitivo, modalidade de contrato de compra e venda, desfigurando-o como contrato preliminar. Também se infere que, uma vez registrado, atribui a propriedade do lote ao compromissário-comprador, que adquire, com isso, direito real, embora resolúvel, sujeito à condição de sua desconstituição em caso de inadimplemento.

Essa conclusão se faz imperiosa e indescartável, porque, em face de quanto dispõe os arts. 27 e 41, se repelida, chegaremos a conclusões disparatadas, inconseqüentes e conflitantes com os objetivos confessados e manifestos que presidem à Lei 6 766/79.

Senão vejamos.

Quem firmou compromisso de venda de modo regular, tendo por objeto loteamento regular, vê-se na contigência de, mesmo registrado o instrumento do negócio jurídico concluído, ser obrigado a obter escritura definitiva e agir judicialmente para obtê-la, caso resistente o compromitente-vendedor.

Quem apenas firmou promessa de concluir um compromisso de venda, ou apenas possui uma proposta de compra ou reserva de lote pode, se não logrou a conclusão do contrato de compromisso de venda, obter coercitivamente sua conclusão, mediante procedimento contencioso, com incidência dos arts. 639 e 640 do CPC. Assim beneficiado com a coisa julgada material dessa decisão, nenhuma necessidade terá, depois, de escritura definitiva, porque o vínculo da vontade ao negócio já é fato certificado judicialmente. Suficiente será provar a quitação do preço.

Quem contratou com loteador inescrupuloso, por conseguinte se viu a braços com a impossibilidade de registrar seu compromisso de venda, terá apenas que esperar a regularização do loteamento e, provando a quitação do preço, obter a propriedade do lote, sem necessidade de nenhuma ação de adjudicação compulsória.

Destarte, como fruto de uma exegese inadequada, a Lei 6 766/79 penaliza quem anda segundo a lei e favorece quem contrata ou se envolve com burladores e violadores da lei.

O compromisso de venda oriundo de uma reserva de lote vale propriedade. O compromisso de venda relativo a um loteamento irregular vale propriedade. Mas o compromisso de venda que prescindiu de um contrato-preliminar e diz respeito a loteamento regular, este só atribui domínio se houver a outorga, voluntária ou compulsória, de uma escritura definitiva.

Conclusão absurda, que se não pode imputar ao legislador. Se ele a tivesse posto expressamente, cumpria ao bom senso do intérprete contornar essa literalidade. Absurdo incompreensível, *data venia*, é que nada tendo sido dito expressamente nessa linha se tente construir soluções que a prestigiam.

Entende-se, portanto, a esta altura, porque a Lei 6 766/79 nenhuma referência fez a ação de adjudicação compulsória, nem previu rito para essa demanda. Nada disse sobre ela, como nada disse sobre a ação do compromitente-vendedor para compelir o compromissário-comprador a receber a escritura definitiva, como previsto no art. 17 do D.L. 58. Uma e outra carecem, hoje, de qualquer sentido.

Permanece, apenas, a ação disciplinada no art. 27, ação deferida a quem tenha o direito de exigir de outrem que conclua um contrato de compromisso de venda. Recusando o promitente a prestação devida, a ela será compelido em processo de rito especial, que se inicia com a notificação (judicial) do devedor, com pedido cominatório para que outorgue a escritura de compromisso de venda ou impugne a pretensão do autor, sob pena de proceder-se ao registro do pré-contrato, passando as relações entre as partes a se reger pelo contrato-padrão.

Impugnado o pedido, o procedimento segue o rito ordinário, porque para ele não se previu continuação com algum procedimento específico, donde incidir o procedimento ordinário.

A sentença que dê pela procedência do pedido produzirá o mesmo efeito do contrato a ser firmado, isto é, será objeto de registro e assegurará ao vencedor ter suas relações com o vencido disciplinadas nos termos do contrato-padrão.

Subsiste uma indagação.

O D.L. 58, em seu art. 22, dizia que os contratos, sem cláusula de arrependimento, de compromisso de venda e cessão de direitos de imóveis não loteados, cujo preço tenha sido pago no ato de sua constituição ou deva sê-lo em uma ou mais prestações, desde que inscritos a qualquer tempo, atribuem aos compromissários direito real oponível a terceiros e lhes conferem o direito de adjudicação compulsória, nos termos dos arts. 16 do mesmo D.L. 58, 640 e 641 do Código de Processo Civil (redação dada pela Lei 6 014, de 27.12.73).

Que o art. 22 do D.L. 58 permanece vigente não tenho dúvida. Ele versa matéria não regulamentada pela Lei 6 766/79, e por sua vez nenhuma incompatibilidade tem com o novo diploma legal. A 6 766 é estrita para os imóveis desmembrados ou loteados. O art. 22 incide em caso de imóveis não loteados ou desmembrados.

Assim, o compromissário comprador de imóvel não loteado, hoje, ainda dispõe da ação de adjudicação compulsória.

Se assim é, qual o rito a adotar-se nessa hipótese?

O sumaríssimo, dir-se-á. A remissão ao art. 16 do D.L. 58 mesmo revogado este, faz com que tudo quanto nele se continha seja considerado, hoje, conteúdo do art. 22, que sobrevive. Nesses termos, o rito seria, ainda agora, o sumaríssimo.

Nosso modo de ver o problema é diferente.

Continuamos firmemente convencidos de que a melhor postura do interprete é sempre identificar o valor que mereceu tutela de determinada norma, quando de sua edição, e entendê-la sempre, no correr do tempo, como a serviço desse valor, por mais diversificada que seja sua manifestação como fato, na vida social.

Quando se legislou estendendo ao compromissário-comprador de imóvel não loteado o benefício da adjudicação compulsória o que se buscou alcançar foi a paridade de tratamento judicial desse sujeito ao dispensado aos compromissários-compradores de imóveis loteados. Tratamento partidário, para uns e outros.

Não chegamos a afirmar, embora pudéssemos fazê-lo, que se pretendeu o tratamento partidário do ponto de vista do direito substancial, igualmente, fugimos de enfrentar esse problema, que nos fascina, entretanto, limitamo-nos a asseverar, porque induvidosa, a manifesta intenção da lei de oferecer tratamento processual partidário a ambas as situações, sendo-lhe indiferente, para isso, cuidar-se de imóvel loteado ou não.

E qual, em nossos dias, o tratamento processual oferecido pela lei para os compromissários-compradores de imóveis loteados? A ação do art. 27. Ação cominatória, de rito especial: notifica-se o compromitente a outorgar escritura definitiva (satisfazendo-se ao que reclama o art. 27 em seu § 2.º) no prazo de 15 dias. Se o notificado silencia, vale como definitivo o negócio jurídico preliminarmente pactuado (se possível seu cumprimento e não excluído pelo título – art. 639 CPC). Se impugna, adota-se o rito ordinário, devendo o juiz, a final, prolatar sentença que, se pela procedência, produzirá o mesmo efeito do contrato definitivo que deveria ser firmado (art. 640 CPC).

Este nos parece o procedimento a adotar-se. A referência ao art. 16 do D.L. 58, feita pelo art. 22, é, no nosso entendimento, referência ao tratamento processual, dado pela lei às hipóteses de imóvel loteado. Não, necessariamente, ao meio e modo por que eram tutelados os imóveis loteados no momento em que se submetiam ao regime jurídico o D.L. 58.

Situação similar pode ser recordada no tocante à ação rescisória na Justiça do Trabalho. O art. 836 da CLT. previa a rescisória nos termos dos arts. 793 a 800 do CPC de 1939. Deixou este de viger. No Império do CPC de 1973 temos sustentado, e boa parte da doutrina o faz, reger a espécie não mais os arts. 793 a 800 do CPC de 1939, porquanto o valor tutelado pelo dispositivo é o de tratamento partidário da rescisória no processo civil e no processo trabalhista. Mudando aquele, deve este mudar. Esta paridade é que foi disciplinada, não a cristalização da solução normativa posto pelo Código de 39.

O mesmo aqui, no tocante ao art. 22 do D.L. 58. Tratamento partidário da pretensão a haver contrato definitivo tanto de imóvel loteado quanto de imóvel não loteado.

Sabemos que há pensamentos contrários, e que inclusive o TST entende vigorante o conteúdo do art. do CPC de 1939, em matéria de rescisória, e o mesmo se poderia dizer quanto ao art. 22 do D.L. 58 – vigorante, ainda, o teor do art. 16 do D.L. 58, no caso incorporado ao texto do art. 22, mas esse entendimento, *data venia*, não é o único possível, nem é o melhor. Antes ele se me afigura violador do que se mostra mais relevante na atividade exegética: a preservação da tutela dos valores que inspiraram o legislador na sua formulação inicial. Isso não significa querer que as coisas sejam sempre como foram (isso é imobilismo e preservação do *status quo*) mas querer que o valor sobreviva e se faça operante, mediante a mudança da postura do intérprete. Muda-se a interpretação para que se mostre sempre presente a justiça. Cristalizar-se o entendimento de ontem é normalmente, incidir-se na increpação do velho brocardo: *sumus jus, summa injuria*.

Concluindo:

A Lei 6 766 é lei que regulou inteiramente tanto os aspectos de direito material quanto os aspectos de direito processual pertinentes ao parcelamento do solo urbano, seja sob a forma de desmembramento, seja sob a forma de loteamento.

Nesses termos, e em face do que dispõe o art. 2.º da Lei de Introdução ao Código Civil, no que diz respeito com loteamento, o D.L. está revogado e nenhuma de suas disposições subsiste.

Da exegese dos arts. 27 e 41 da Lei 6 766/79 conclui-se que tanto os titulares de compromisso de venda no caso de loteamento irregular, como os titulares de contrato preliminar a um contrato de compromisso de venda ficam dispensados de obter escritura definitiva, atribuindo-lhes domínio o registro puro e simples do compromisso de venda ou da sentença que lhes assegurou o regime jurídico do contrato-padrão.

Seria absurdo inaceitável concluir-se que essa mesma lei deve ser entendida como exigindo, de quem titular de compromisso de venda em loteamento regular, a obtenção da outorga de um contrato definitivo. Ter-se-ia beneficiado o menos e penalizado o mais.

Destarte, chega-se à conclusão de que hoje, pelo regime de 6 766/79, o compromisso de venda devidamente registrado atribui domínio, embora resolúvel, por inadimplemento do compromissário-comprador.

Ação para compelir a outorga de contrato hoje só é prevista e necessária para as hipóteses do art. 27 da Lei 6 766/79, que dizem respeito a contratos preliminares (pré-contratos) de compromisso de venda, equiparando-se a esse pré-contrato a reserva de lote etc.

Finalmente, a ação de adjudicação compulsória se tornou desnecessária a ação do compromitente-vendedor para compelir o comprador a receber a escritura. Daí o silêncio da Lei 6 766/79 a respeito, não uma omissão, mas uma exclusão consciente e necessária.

Quanto aos imóveis não loteados, se carecerem, ainda hoje, de ação de adjudicação compulsória, esta ação é a do art. 27 da Lei 6 766/79, ação cominatória, com notificação que vale citação, para outorga da escritura definitiva, atendendo-se, no caso de impugnação do compromitente-vendedor, ao procedimento ordinário.

| 42 | NULIDADE, ANULABILIDADE E RESCINDIBILIDADE DA PARTILHA – A PARTILHA INJUSTA, SUA INVALIDAÇÃO[71]

HISTÓRICO

Em 13 de março de 1959, faleceu JOSÉ DIONÍSIO DE ANDRADE, deixando viúva meeira e filhos legítimos, em número de cinco. Habilitaram-se à herança também quatro filhos adulterinos que faziam jus, nos termos da legislação então vigente, a metade do que viesse a caber aos filhos do casal.

Procedeu-se ao inventário, declarando-se, como bens do espólio, a propriedade agrícola São José, de 178 hectares, terrenos titulados ao Estado da Bahia, com todas as suas acessões, outra propriedade agrícola denominada Paisandu, com 254 hectares, terrenos devolutos ainda não devidamente titulados, bem como todas as suas acessões, uma propriedade agrícola denominada Lisboeta, com 20 hectares, em terrenos do Estado ainda não titulados, com todas as suas acessões, uma propriedade denominada Castelo Novo, com 21 hectares, em terrenos do Estado ainda não titulados, com todas as suas acessões, uma propriedade denominada Itamirim, com 18 hectares, em terrenos do Estado ainda não titulados, com todas as suas acessões, uma propriedade Bom Jardim, com 9 hectares, 21 ares e 68 centiares, em terrenos próprios, com todas as suas acessões, e uma propriedade denominada Quaraci, com 50 hectares, em terrenos do Estado ainda não titulados, com suas acessões.

Observa-se, do relatado, que somente duas propriedades eram em terrenos próprios, sendo todas as demais em terras devolutas do Estado, ainda não devidamente tituladas.

Além delas, foram declaradas duas casas de residência e duas mangas de capim colonhão, em terrenos aforados na Reserva Posto Indígena Caramuru, uma com 466 e outra com 200 tarefas, e semoventes de várias espécies.

As fazendas S. José, Paisandu e Bom Jardim tinham plantações de cacau e foram avaliadas, respectivamente, em Cr$ 3.274.000,00, 1.403.000,00 e 248.150,00 (por ter apenas 9 hectares). As demais nenhum benefício apresentavam, inexistindo nelas

---

71. Texto extraído de *ADV Advocacia dinâmica*: seleções jurídicas. Rio de Janeiro. N. 4, abr.1988.

qualquer plantação, salvo a de Quaraci, que era fazenda com plantação de coqueiros (600 pés). Suas avaliações foram as seguintes: Lisboeta – Cr$ 95.000,00; Castelo Novo, Cr$ 127.000,00; Itamirim – Cr$ 111.000,00; Quaraci – Cr$ 200.000,00.

As duas mangas tiveram a estimativa de Cr$ 600.000,00, a de 466 tarefas, e Cr$ 400.000,00, a de 200 tarefas. O gado orçou em Cr$ 608.000,00 e as casas de residência foram avaliadas em Cr$ 600.000,00 e Cr$ 120.000,00 ambos em Itabuna, sendo que a segunda em terrenos de terceiro, arrendado ao morto.

Estimados os quinhões e a meação, chegou-se à seguinte determinação de valores: meação Cr$ 3.905.575,20 – quinhão dos filhos legítimos: Cr$ 572.817,69; quinhão dos adulterinos: Cr$ 260.371,69.

Considerando os bens, sua natureza, localização e exploração (rentabilidade) e em razão dos valores definidos para a meação e os quinhões, procedeu-se a partilha nos termos abaixo indicados.

Para a meeira, o bem de maior valor – a Fazenda S. José, completando-se sua parte com a casa em que residia e semoventes.

Para os filhos do casal, estabeleceu-se comunhão, à base de 1/5 para cada, nos bens Paisandu, Lisboeta, Castelo Novo, Itamirim e Bom Jardim, mais 1/5 na casa construída em terrenos de terceiro, completando-se o quinhão com 1/5 na manga aforada ao Posto Indígena (a de 466 tarefas) e semoventes.

Para os adulterinos, 1/4 para cada na fazenda Quaraci, 1/4 na manga aforada ao Posto Indígena (a menor), completando-se os quinhões com semoventes.

A partilha assim feita mereceu a concordância de todos os interessados, inclusive ao Ministério Público e foi julgada em 17 de dezembro de 1959, inexistindo recurso da decisão.

Quase 20 (vinte) anos decorridos, em 29 de setembro de 1979, os filhos adulterinos ANTÔNIO CARLOS, TÂNIA, JOSÉ DIONÍSIO E ROBERTO ingressam em juízo com ação que denominam de nulidade de partilha, contra seus irmãos filhos do casal, pleiteando a decretação da invalidadeda partilha feita, sob fundamento de ter sido vulnerado o princípio da igualdade. Isso porque, afirmam, as terras próprias ficaram para a viúva e filhos do casal, enquanto para eles só terras devolutas e mangas de capim em terreno arrendado ao "de cujus" e uma fazenda de coqueiros, sem que houvessem recebido um só pé de cacau.

Entendem ter sido violado o prescrito pelo art. 1.755 do Código Civil, sendo nula a partilha, segundo preceito dos arts. 145 e 146 do já referido diploma legal.

Oferecendo sua contestação, os réus alegaram, preliminarmente, a prescrição da pretensão dos autores, contestando, mais, tenha sido iníqua a divisão feita, o que se propuseram provar, requerendo a produção de provas: depoimentos pessoais, perícia e audiência de testemunhas.

Replicando, os autores negaram a ocorrência da prescrição, porque entendem que se cuida de nulidade absoluta, cujo prazo prescricional é o comum, de 20 anos, ainda não cumprido. A nulidade absoluta teria resultado da violação a literal disposição de lei na feitura da partilha – o art. 1.775 do Código Civil.

Entendeu o magistrado ser a hipótese de julgamento antecipada da lide. Depois de haver convertido o feito em diligência para que viessem aos autos certidão de nascimento dos autores, proferiu sentença, dando pela procedência da ação.

Para o magistrado houve infringência do disposto no art. 1.775 do Código Civil e isso configura hipótese de nulidade absoluta, incidindo, portanto, o prazo vintenário para a prescrição. Conclui, ainda, ser pertinente, na hipótese, a ação anulatória, como ajuizada, e não ação rescisória, aceitando, portanto, a correção do procedimento dos autores.

Passando ao mérito, afirma o juiz que a alegação dos demandantes "está favorecida pela inocorrência de controvérsia, independendo de prova" pelo que se afirma em condições para, de pronto, ter como admitida a desigualdade na partilha. Mas apesar disso, tece comentários a título de fundamentação. Chama a atenção para a natureza não própria dos bens dados aos filhos adulterinos, terrenos aforados (as mangas) e terras devolutas (a Fazenda Quaraci) enquanto os filhos do casal receberam bens da real propriedade do espólio. Isso torna evidente a desigualdade. Mas, quando assim não fosse, a partilha seria nula por ter realizado a transferência de bens inalienáveis, como são os bens públicos.

Desta sentença recorreram os réus, insistindo na prescrição, demonstrando o cerceamento de defesa havido, porquanto o juiz teve por admitidos fatos que os réus jamais admitiram e, com base nisso, os impediu de produzir qualquer prova; finalizam demonstrando ter havido a igualdade exigida por lei, que não é cega e absoluta, mas aquela que o caso concreto possibilita, respeitadas[72] os demais cânones que presidem ao instituto do partilha.

CONSULTA

Em face do relatado, pergunta-se:

A) É a própria, para a espécie, a ação anulatória, ou deveriam os autores valer se de rescisória, única admissível?

B) A partilha judicial pode ser anulada como se anulam os atos jurídicos em geral? No caso dos autos, a partilha foi judicial ou fruto de negócio jurídico entre os interessados?

---

72. Redação original.

C) A sentença proferida nos autos do inventário e partilha de JOSÉ DIONÍSIO DE ANDRADE foi sentença meramente homologatória?
D) Dispõem, ainda, os autores da pretensão de anular a partilha concluída em 1959?
E) Houve injustiça na partilha feita? Mesmo quando injustiça houvesse, por ofensa ao previsto no art. 1.755 do Código Civil, seria caso de rescisão, de anulação ou de nulidade absoluta?

PARECER

1. Nos termos do art. 1.572 do Código Civil, por só efeito da morte, transmitem-se aos herdeiros todos os direitos e obrigações do "de cujus". Estabelece-se, portanto, necessariamente, quando existente pluralidade de interessados, um condomínio ou co-propriedade em todos os bens deixados pelo morto. E se nas co-propriedade originadas de ato inter-vivos se tolera, sem prazo certo, permaneça, segundo a vontade dos interessados, a comunhão, na co-propriedade por força de sucessão impõe a lei se proceda à divisão dos bens e, quando impossível a efetivação material dessa divisão, que se precise, no mínimo, a quota-parte de cada comunheiro.

Como ensina PONTES DE MIRANDA, a partilha, no sentido estrito do Direito das Sucessões, é a operação processual pela qual a herança passa no estado de comunhão "pro indiviso", estabelecida pela morte e pela transmissão por força da lei, ao estado de quotas completamente separadas, ou ao estado de comunhão "pro indiviso" ou "por diviso" "por força da sentença". (Tratado de Direito Privado, vol. LX, § 5.988, n.o 1).

2. Por força da sentença, disse-o o mestre, e disse-o bem. Porque se a lei tolera a partilha amigável, como negócio jurídico divisório, nega-lhe eficácia em certas circunstâncias, se não integrado ele pela decisão homologatória do magistrado. Assim, ou a partilha é "deliberação" do juiz, ato de conteúdo decisório determinador das quotas, ou – é homologação do que decidiram os interessados no negócio divisório que concluíram.

Sem que se distinga, e bem, a partilha que resulta de decisão (dita judicial) e a partilha que é consequência de negócio jurídico concluído entre os interessados (dita amigável), muita imprecisão será perpetrada, com prejuízo para o acerto das conclusões que forem oferecidas. A segunda é um ato jurídico negocial, que deve ser tratado como se tratam os negócios jurídicos em geral, a primeira é um ato processual de natureza decisória, cuja disciplina atende ao que a lei processual prescreve para atos dessa espécie.

3. A partilha, portanto, não é ato atributivo de direito, mas ato declaratório de direito adquirido precedentemente (pelo fato jurídico da morte do "de cujus"), constitutivo da situação nova (transformação da comunhão de direito sucessório em

comunhão inter-vivos ou em não comunhão) e executório da obrigação de dividir que a lei impõe aos herdeiros.

O figurar na partilha não atribui a ninguém, necessariamente, a condição de herdeiro e de titular de direitos transmitidos pelo "de cujus", como o fato de ter sido excluído da partilha não elide a titularidade do direito sucessório. E isso ocorre justamente porque a partilha não é constitutiva de direito, nem constitutiva nem declaratória da condição de herdeiro, mas pura e simplesmente efetivação da obrigação de dividir entre os que se declaram herdeiros e nessa qualidade comparecem em juízo para figurar na divisão dos bens.

Quando a lei tolera que se discuta no processo de inventário a condição de herdeiro ou a pertinência dos bens ao espólio, tolera que se insira no processo de inventário e partilha ação de conhecimento que seria ajuizável de forma autônoma e independentemente do processo de inventário e partilha.

4. Essas duas considerações preliminares são de importância fundamental para se entender o problema posto para nosso Parecer. Porque ambas estão na raíz mesma das discussões e dúvidas que pairam sobre o problema da validade ou invalidade da partilha e dos meios processuais utilizáveis para se obter a declaração ou decretação dessa invalidade, por consequência, também o do prazo de caducidade do direito ou da prescrição da pretensão de obtê-las.

5. Se a partilha se efetiva mediante ato dos interessados, que ultimam um negócio jurídico divisório, por sem dúvida que a invalidade desse negócio jurídico deve atender ao que se prescreve para os atos jurídicos em geral, pouca relevância oferecendo, no particular, a sentença do juiz, se necessário, porque meramente homologatória do dato de vontade das partes. A sentença opera, nessa hipótese, mais no processo que no campo do direito material. É, antes, ato de reconhecimento da legitimidade do negócio jurídico para fim de extinção do processo (liberar-se o juiz da prestação jurisdicional que lhe foi postulada).

Diversamente ocorre na partilha judicial. Aqui, inexiste qualquer vontade das partes, de cunho negocial ou não negocial, havendo apenas, quando muito, postulação, para fins de merecer decisão judicial. Em verdade, a partilha se faz como ato de decisão do magistrado, sentença no seu mais lídimo e completo significado. Assim sendo, a validade ou invalidade da partilha se resolve no problema da validade ou invalidade da decisão, como em todo e qualquer feito, afastadas as regras que disciplinam a validade ou invalidade dos atos jurídicos em geral, por inadequadas.

No primeiro caso, com acerto, fala-se em ação de nulidade ou ação de anulação, a depender de que se cuide de declaração de nulidade absoluta ou de decretação de nulidade dita relativa (anulabilidade). Na segunda hipótese, só de ação rescisória se pode cuidar, porque esse único modo conhecido e admitido para invalidação das sentenças definitivas, já transitadas em coisa julgada.

No particular, oportuna é a lição de CARPENTER:

> "Com relação à partilha é preciso distinguir: ou se trata de uma partilha amigável (por instrumento público, por termo nos autos do inventário, por escrito particular homologado pelo juiz) que é um ato jurídico governado pela comunhão ou vontade das partes, ou se trata de uma partilha judicial, que é ato judicial governado pela vontade do juiz. No primeiro caso, a partilha pode ser nula (Código, art. 145) e, então, para desfazê-la caberá a ação de anulação. No segundo caso a partilha pode também ser nula, mas então não terão cabimento os preceitos do Código Civil sobre nulidade dos atos jurídicos, sim terão cabida as regras de direito processual sobre nulidade de processo e nulidade de sentença, e, pois, para desfazê-la caberá o recurso de apelação ou o recurso de ação rescisória, ou mesmo o recurso extraordinário (Manual do Código Civil, vol. III, págs. 446/47 – n.o 250 e 251)

6. O atual Código de Processo Civil, com técnica perfeita, pôs a distinção de modo a não mais permitir divagações pouco doutas e desvios lamentáveis.

Diz ele, em seu art. 1.029, que a partilha amigável (qualquer que tenha sido o modo de sua efetivação – instrumento público, instrumento particular ou termo nos autos do inventário) pode ser anulada por dolo, coação, erro essencial ou intervenção de incapaz. Por outro lado, no art. imediato (1.030) esclarece que a partilha JULGADA por sentença é rescindível, não só nas hipóteses antes mencionadas, como ainda se feita com preterição de formalidades legais, ou se preteriu herdeiro ou incluiu quem não o seja.

Eis aí, posta com precisão a clareza, a disciplina única aceitável em matéria de validade ou invalidade de partilha: anulação, quando feita por ato privado dos interessados; rescisão, quando resultante de deliberação (decisão – julgamento) judicial.

7. No caso da consulta, a partilha não foi amigável. Feito e concluído o inventário, fez-se o esboço de partilha, sobre o qual opinaram os interessados, JULGANDO, o juiz por sentença a partilha que propôs, foi aceita pelos interessados e teve como atendendo aos ditames da lei, por consequência, em consonância com o direito dos interessados.

Se a partilha julgada por sentença, dúvida nenhuma pode subsistir quanto à inadequação da ação de nulidade ou de anulação para invalidá-la. Nos precisos termos do vigente CPC, só ação rescisória é admissível. Nenhuma outra. Porque atos de juiz não se anulam, são rescindidos ou reformados, por meio da ação rescisória (ação de impugnação) ou pelos recursos (meios de impugnação sem o caráter de ação).

Este modo de ver o problema não é novo. Os melhores estudiosos da matéria já o haviam precisado. Mas a partir de 1.o de janeiro de 1974 deixou o problema de ser objeto de debate doutrinário para se revestir do caráter de prescrição de direito positivo.

8. O art. 486 do Código vigente, repetindo norma que já continha no art. 800, parágrafo único do CPC de 1939, diz que os atos judiciais, que não dependem de sentença, ou em que esta for meramente homologatória, podem ser rescindidos, como os atos jurídicos em geral, nos termos da lei civil.

Os autores da ação anulatória da partilha pretendem invocar esse dispositivo, para justificar a adequação da demanda que propuseram. Falta-lhe contudo, serventia para tanto.

Na arguta colocação de BARBOSA MOREIRA, "não obstante lhes chame o CPC de "judiciais", porque realizados em JUÍZO, quer a lei referir-se a ATOS DAS PARTES. Ato praticado por ORGÃO JUDICIAL é insusceptível de ataque pela ação anulatória do art. 486. Em primeiro lugar, aponta nesse sentido a própria redação do dispositivo. De um ato do juiz pode dizer-se com propriedade que NÃO CONSISTE em sentença, que não constitui sentença; nunca, porém, que NÃO DEPENDE de sentença. E se interpretássemos o "não dependem de" como equivalente a "não consistem em" ou "não constituem", chegaríamos ao resultado, manifestamente absurdo, de que o texto autoriza a impugnação, pela via examinada (ação anulatória) de todos os atos do órgão judicial não consistentes em sentenças: decisões interlocutórias, despachos e atos sem natureza de PRONUNCIAMENTO (instrutórios, por exemplo). Qualquer deles seria passível de desconstituição "nos termos da lei civil". (?) (Comentários, vol. V, págs. 183/4, 4.a ed).

Só ATOS DAS PARTES, por conseguinte, podem ser objeto de desconstituição mediante ação anulatória. Cuide-se de atos aos quais nenhuma decisão homologatória se sucede (exemplos: renúncia ao direito de recorrer, outorga de poderes em procuração por termo nos autos etc.), seja a hipótese de atos das partes que reclamam integração, para fins processuais, por meio de sentença homologatória (exemplos: desistência, transação etc.). E justamente aqui a sentença é meramente homologatória porque se limita a imprimir a ato não oriundo do órgão judicial força igual à que ele teria se de tal órgão emanasse – isto é, a EQUIPARAR um ao outro, sem nada acrescentar à substância do primeiro (cf. BARBOSA MOREIRA, ob. cit., pág. 186).

Vê-se, pois, de modo decisivo, que o caso da consulta jamais poderia ensejar ajuizamento de ação anulatória, visto como nenhum ato das partes (sujeitos privados ou particulares) é impugnado, sim um ato do órgão jurisdicional, uma sua decisão envolvendo a partilha de bens do espólio. E nenhum juiz de primeira instância tem competência para desfazer o que foi objeto de decisão de um outro magistrado. Em nosso direito, isso só é possível mediante recurso (se ainda não consumada a preclusão) ou pela ação rescisória (se preclusão já se efetivou).

9. Sentença homologatória é aquela em que a vontade do juiz, como órgão de realização do direito, se faz ausentes, e apenas sobressai sua função controladora e ratificadora da atividade das partes. Todo o decisório se situa no querer dos interessados e o juiz não pode querer por eles, substituindo-os nesse momento do fenômeno jurídico, porque a lei, na espécie, sobrepõe à vontade do juiz a vontade dos interessados, que ela, vontade dos interessados, é que vai operar como instrumento de realização do direito.

Na partilha judicial ocorre justamente o contrário. A lei tolera que os interessados manifestem suas preferencias mas não vincula nem submete o juiz a essas preferencia, sim lhe impõe considerá-las, decidindo pelo meio de partilhar que lhe pareça mais consentâneo com o direito. Assim, é a vontade do juiz, não a vontade dos interessados que opera como instrumento de realização do direto.

LOPES DA COSTA já advertira:

> "Com efeito, o ato jurídico de direito privado que representa a partilha amigável é um contrato. E como é da própria etimologia da palavra, é da essência do contrato o acordo da vontade das partes. Ora, como se pode enxergar um contato na sentença que julgou uma partilha judicial contra a oposição que lhe fez uma das partes? Tocaria às raias do absurdo" (A administração pública e a ordem jurídica privada, ed. 1961, pág. 18).

Mesmo PONTES DE MIRANDA, dos mais liberais em termos de admissibilidade da ação anulatória, assim se pronuncia:

> "Há diferença inafastável entre a invalidade da partilha amigável, feita em escritura pública, e as outras partilhas (judicial ou homologada), como há entre essas. Se houve julgamento, ou por se tratar de partilha judicial (nela judicialmente se partilha) ou por ter sido homologada a partilha amigável (nela judicialmente se homologou a partilha amigável) tem-se de propor a AÇÃO DE INVALIDADE DA SENTENÇA, mesmo quando se tenha de apreciar o que concerne à partilha amigável como ato jurídico. Houve coisa julgada e só se propõe a ação de invalidade (de nulidade ou de anulação), ou a ação rescisória, que essa sempre só é concernente à sentença. (ob. cit. § 6.020, n.o. 1, págs. 345/46).

No caso da consulta, partilha de bens havendo interessados incapazes, vetada estava a partilha amigável, por conseguinte, retirada qualquer relevância decisiva à vontade das partes. A partilha foi ato decisório do juiz, de cunho contencioso, sem nenhum caráter homologatório. E o que se pretende, de modo totalmente desautorizado, é desconstituir um ato do juiz, de natureza decisória, já transitado em julgado, como de desconstituem os negócios jurídicos de direito privado: por ação anulatória.

10. Fala-se em nulidade absoluta da partilha judicial, mas na verdade fala-se inadequadamente. O que pode ocorrer é a existência (que muitos denominam de nulidade absoluta) da sentença que determina e julga a partilha. Seja porque proferida por quem desprovido de jurisdição, ou contra quem não foi parte (inclusive por absoluta falta de citação), ou por quem não dispunha de capacidade de ser parte, ou a que teve por objeto fato impossível ou ilícito, como, por exemplo, a sentença que partilhou com estrangeiro bem que a lei só admite seja de propriedade de brasileiro.

Essas hipóteses, que PONTES DE MIRANDA arrola as de nulidade absoluta, são, em verdade, casos de sentenças inexistentes que, por força disso, jamais transitam em coisa julgada, pelo que sempre se pode obter a declaração dessa invalidade absoluta.

Muitas decisões de tribunais, e alguns doutrinadores, se reportam, por igual, à hipótese de nulidade absoluta da partilha que se fez com exclusão de algum herdeiro. Em verdade, nula não é a partilha judicial nessa circunstância. Se aquele que é herdeiro ou obtém o reconhecimento de sua situação de herdeiro (petição de herança) faz jus a uma quota parte dos bens, para satisfazer-lhe ao legítimo interesse outra alternativa não há senão o desfazimento da patilha antes feita. Desfaz-se a partilha, não porque tenha sido nula, sim porque outra precisa ser feita, como exigência da vitória em juízo do que peticiona a herança. E este, como terceiro, está imune à coisa julgada da decisão proferida no processo de inventário e partilha. Contra ele, só pode ser alegada a prescrição vintenária, nem mesmo se admitindo a incidência, na hipótese, da prescrição das ações reais, isso porque o art. 1.772 do Código Civil excepcionou, estabelecendo o prazo vintenário para a prescrição entre herdeiros.

Quando se analisam as decisões dos tribunais que reconhecem a nulidade absoluta de partilhas judiciais, observa-se que todas elas versam sobres os casos em que houve exclusão de herdeiro, tendo este, em ação autônoma, pleiteado a sua herança. Por força do reconhecimento desse direito é que, como consequência, se invalida a partilha, e se invalida sem atendimento ao prazo menor, inadequado na espécie.

Confiram-se, nesse sentido, as decisões do Supremo Tribunal Federal (Jurisprudência brasileira, vol. 16, págs. 84/89 e Revista de Direito, vol. 13, pág. 30), do Tribunal de Mato Grosso (Jur. brasileira, vol. 13, págs, 134/36) do Tribunal do Rio Grande do Sul (idem, págs, 240/41) do Tribunal do Paraná. (Rev. Direito, vol. 115, págs. 464/65), do Tribunal de S. Paulo (Rev. dos Tribunais, vols. 175/627, 55/210, 86/210, 39/287, 81/360, 181/879, 254/360, 257/236).

Na espécie objeto da consulta isso não ocorreu. Os herdeiros estiveram presentes no inventário, devidamente representados, houve a participação do Ministério Público e o processo de inventário e a partilha se consumou perante hjuiz[73] com jurisdição, tendo a partilha sido judicial, como exigida por lei. Os bens partilhados não são bens fora do comércio, nem a transferência dos direitos levada a termo feriu disposição de lei que os tornava intransferíveis.

11. A partilha sob análise foi impugnada por ter sido feita com violação do que prescreve o art. 1.775 do Código Civil. Ter-se-ia, assim, vulnerado literal disposição de lei (material), caso, irrecusavelmente, de ação rescisória, nos precisos termos do art. 485, V do Código de Processo Civil.

---

73. Redação original.

É rescindível a sentença de mérito, transitada em julgado, quando violar literal disposição de lei. E isso é o máximo que poderia ter ocorrido. Determinando o art. 1.775 a maior igualdade possível dos quinhões, esse princípio teria sido desatendido pelo magistrado. Nessas circunstâncias, nenhuma nulidade absoluta é invocável, porque a hipótese estaria descartada de qualquer das incidências do art. 145 do Código Civil, como já demonstrado.

Reforçando esse nosso entendimento temos hoje o expressamente previsto pelo art. 1.030, inciso II do Código de Processo Civil, que declara rescindível, e não absolutamente nula, a partilha feita com preterição de formalidades legais, isto é, sem atendimento ao que prevêem a lei material e a lei processual para perfeição (tipicidade) da partilha.

No sentido do que acabamos de afirmar há, também, o magistério prestigioso de PONTES DE MIRANDA:

> "A partilha que não observou o princípio do Código de Processo Civil do art. 505, não é NULA, mas RESCINDÍVEL". (ob. cit., § 6.024, n.o 4, págs, 359/60).

12. Na verdade, a alegada injustiça da partilha inexistiu, tendo-se atendido ao que era possível em face das circunstâncias e se apresentava como mais indicado e justo no caso concreto.

Que a meação da viúva exigia imputar-se a ela a fazenda São José, de maior valor, é induvidoso, porquanto se assim não se tivesse feito teríamos a meação composta de bens situados em vários lugares e se constituiria, na fazenda São José, um condomínio entre dez pessoas (a viúva, os filhos do casal e os filhos adulterinos), sob pena de não se preencher devidamente o quinhão da meeira.

Por outro lado, o mais elementar bom senso recomendava não se colocar em condomínio os filhos do casal com os filhos adulterinos, dadas as divergências existentes, criados que era sem convivência entre si, fruto do distanciamento havido entre as respectivas genitoras.

O total dos quinhões dos filhos adulterinos somava Cr$ 641.000,00, impossível de ser imputado a qualquer das propriedades como um todo. Excluída a que foi posta na meação, a que restava, com cacau, ultrapassava, de muito, o valor desses quinhões, e as demais de nenhum benefício dispunham salvo a fazenda de cocos, denominadas Quaraci. Logo, só uma das três soluções era possível: estabelecer condomínio em propriedade que não comportava divisão cômoda, a fazenda Paisandu, entre os nove filhos, legítimos e adulterinos, completando-se os quinhões com condomínio nas demais; aquinhoar os adulterinos só com propriedades sem qualquer benefício; reservar para eles a fazenda Quaraci, produtora de cocos. Entre elas, qualquer juiz acolheria a última, não porque fosse ideal, sim porque a mais satisfatória, em face das circunstancias.

Alega-se que a terra é arrendada. Falso. A terra é devoluta e pode ser titulada, como as demais o são. Diz-se ainda que foram os herdeiros aquinhoados com terras arrendadas no que diz respeito com a manga de capim colonhão. Também sem exatidão o informe. Os direitos sobre a terra foram constituídos por escritura pública e são apontados na descrição dos bens como sendo terras objeto de aforamento, fato de que não se ofereceu prova em contrário. Na descrição do quinhão dos autores isto está declarado e deve ter sido objeto de registro.

Convém relembrar, segundo consta do histórico desta consulta, que a fazenda Paissandu, produtora de cacau, era em terrenos não titulados, somando 254 hectares, que imputados a nove herdeiros, daria um quociente de vinte e poucos hectares para cada um, inferior ao módulo, o que tornava o bem indivisível. Partilhando-se esse bem entre todos os irmãos ficaria estabelecido um condomínio que jamais teria a solução da divisão. Muito pior com a fazenda Bom Jardim, com seus diminutos 9 hectares, menos que fazenda, uma bruaca.

13. O art. 505, inciso II, do Código de Processo Civil, vigente ao tempo da partilha, determinava que, ao efetivá-la, o juiz providenciasse por preservar os herdeiros de litígios futuros.

Doutrina e jurisprudência, ao apreciarem o dispositivo, indicavam como mal a evitar o condomínio, principalmente o condomínio entre herdeiros desavindos ou sem convivência amistosa.

PLÁCIDO E SILVA, nos seus Comentários (vol. II, n.o. 1.276) escrevia:

> "Assim, por exemplo, devem-se evitar que fiquem como Condôminos do mesmo bem herdeiros que se saiba não manterem relações amistosas, havendo entre eles incompatibilidades conhecidas. A co-propriedade em semelhantes condições somente será germe de litígios futuros que a própria lei manda prevenir".

Mesmo na vigência do atual CPC, HAMILTON MORAES E BARROS insiste:

> "As regras que o art. 505 do Código de Processo Civil de 1939 mandava observar nas partilhas, continuam válidas e inspiram tanto à partes quanto ao juiz.
>
> [...]
>
> "Não deve, pois, ser germe de próximas discórdias como [...] a colocação de coisas em condomínio". (Comentários, 2.a ed., vol. IX, pág. 307).

E os tribunais:

> "Evita-se a comunhão entre pessoas notoriamente desavindas." (Rev. Forense, vol. 35, pág. 565 e vol. 64, pág. 591)

> "O dar de tudo parte aos herdeiros redundaria, muitas vezes, em incomodidade para todos os herdeiros (TR. MINAS GERAIS), e, no mesmo sentido, advertindo que ao invés de desfazer a comunhão se lhe daria continuidade, o que é de evitar-se, ver a decisão da Corte de Apelação do D. Federal (decisões apontadas e comentadas por PONTES DE MIRANDA, ob. cit. §6.024, pág. 360).

14. Aceitamos, contudo, fosse admissível a ação anulatória. Ainda assim, no caso da consulta, ela já seria insuscetível de ajuizamento, por força da prescrição da pretensão.

A partir do advento do CPC de 1973 numa nova disciplina se instaurou no particular, superado tuto quanto antes se discutiu e elaborou com vista à remissão que o Código Civil, em seu art. 1.805, fazia ao art. 178, § 6.o, n.o V do mesmo Código, bem como no tocante ao que devia constituir requisito para a nulidade absoluta ou para a nulabilidade da partilha.

A caber ação anulatória, só poderia ela ser ajuizada no prazo de um ano, contado esse prazo segundo o previsto no parágrafo único do art. 1.029 do CPC, e nos casos estritamente ali mencionados.

Os autores pretendem a anulação sob o fundamento de que ocorreu violação do art. 1.775 do Código Civil, importando essa violação em nulidade absoluta, nos termos dos arts. 145 e 146, parágrafo único do Código Civil.

O dispositivo referido menciona que no partilhar os bens, observar-se-á, quanto ao seu valor, natureza e qualidade, a maior igualdade possível. Esta regra da boa partilha, entendem os autores, se violada, traz como consequência a nulidade absoluta da partilha, tanto que invocam o art. 145 do mencionado Código Civil, ainda que sem precisar em qual dos seus incisos incidiria a argüida desigualdade dos quinhões advindo da partilha.

Nem no regime anterior ao CPC de 1973 tal irregularidade importava nulidade absoluta do ato, nem muito mesmo hoje, quando o regime de nulidade da partilha se fez bem mais severo no sentido de estabelecer a segurança das situações dela advindas (rever o que foi dito nos itens 10 e seguintes).

O ato é absolutamente nulo, diz o art. 145 do Código Civil, quando praticado por pessoa absolutamente incapaz. Não é a hipótese da consulta. A partilha foi judicial não amigável. Também é nulo o ato quando for ilícito ou impossível seu objeto. E por igual de uma nem de outra hipótese se cuida. O objeto do ato foram os bens do espólio, e tais bens nem são bens vetados por lei como objeto de atos jurídicos, nem se cuidou de algo sem possibilidade de concretização.

15. O juiz, de modo estranho, sem que o fato tivesse sido posto como causa de pedir anulatória, ao fim de sua decisão, invoca, também, também como fundamento, o que considera nulidade insanável: a partilha teria transferido a propriedade de bens inalienáveis. E isso porque, tendo o "de cujus" acessões e posse em terras do Estado, essas terras foram objeto da partilha, quando não pertenciam ao falecido.

"Data vênia", há uma série de equívocos no particular. O que se partilha são os direitos e obrigações do morto, que incidem sobre determinados bens, corpóreos ou incorpóreos. Não se partilha apenas domínio, mas todo e qualquer direito, seja ele pessoal ou real, seja ele dominial ou direito real na coisa alheia ou direito real de garantia.

Se o falecido tinha a efetiva ocupação de terras devolutas e nelas implantara acessões, consolidando, assim, seu direito de preferência à aquisição do domínio, tais direitos não só podem como devem ser objeto de inventário e partilha. Assim sendo, a licitude[74] vislumbrada pelo magistrado inexiste, visto como quanto se partilhou foi quanto possuído pelo "de cujus". A partilha não atribui propriedade da terra de outrem aos herdeiros do falecido, sim lhes declara a transferência do direito de posse e da titularidade das acessões que eram do inventariado.

Frisa-se, aliás, que terras devolutas não eram apenas aquelas que vieram a se incluir no quinhão dos autores mas terras devolutas eram também as da fazenda Paisandu, Lisboeta, Castelo Novo e Itamirim, partilhadas com os filhos do casal.

A arguição de ilicitude do objeto da partilha, portanto, invalida-se pela base, insuscetível de consideração de maior valia.

16. Diz ainda o art. 145 do Código Civil que o ato é nulo quando não se revestir da forma prescrita em lei. Também não é esta a hipótese dos autos. A lei impõe a partilha judicial quando incapaz algum herdeiro e judicial foi a partilha, respeitada a prescrição legal quanto à forma do ato.

Nulo ainda o ato quando for preterida alguma solenidade que a lei considere essencial para sua validade. Muito menos, é cabível essa previsão. Nenhuma das formalidades do processo de partilha foi omitida, tanto que nenhuma é arguida. E se preterição houvesse, seria de prescrição de natureza processual, que só pode servir de suporte à ação rescisória, jamais à ação anulatória de ato jurídico da parte.

17. Finalmente, indica-se como nulo o ato que a lei taxativamente assim declare. E também aqui falha a prescrição quando invocada em favor dos autores. Nenhum artigo de lei diz taxativamente que a partilha injusta é absolutamente nula. Antes o que se prescreve, taxativamente, é que ela é anulável, porquanto toda e qualquer injustiça de uma partilha só pode resultar de erro, dolo, simulação ou coação, seja dos interessados, na amigável, seja do órgão jurisdicional, com ou sem solução com os interessados.

Fácil concluir-se, portanto, que a hipótese da consulta, quando muito, configuraria caso de anulabilidade, jamais e por nenhum fundamento caso de nulidade absoluta.

18. Admitindo-se, numa construção a mais abstrusa possível, seja anulável a partilha judicial e não apenas rescindível, o prazo para sua anulação seria de um ano, nos termos do art. 1.029, ou de dois anos, se por analogia (inadmissível) se atendesse

---

74. Redação original.

ao disposto no art. 1.030, ou no máximo de quatro anos, numa construção desrespeitosa da lei e violadora de todos os princípios hoje vigentes, considerando-se sem valia os arts. 1.029 e 1.030 do CPC e vigente o art. 1.825 do Código Civil.

Concluída a partilha em 1959, ao tempo de sua efetivação o mais novo dos herdeiros ora autores da nulatória tinha cinco anos. Em 1970, portanto, alcançou a puberdade, quando se inicia a contagem do prazo prescricional. E mesmo se de quatro anos fosse o prazo: venceu-se ele em 1974, só sendo ajuizada a demanda em 1979, já cumpridos nove anos do início do prazo da prescrição quatrienal (que não existe, na espécie, como demonstrado, porque já vigente o CPC de 1973).

19. Para concluir, a lição de alguns mestres:

ERNANE FIDÉLIS DOS SANTOS, examinando, à luz do CPC vigente, o problema da invalidade das partilhas, responde, incisivo:

> "Não há, portanto, distinção de nulidade simples com nulidade de pleno direito. A questão gira na órbita dos princípios gerais do processo.
>
> Assim, a rescindibilidade da sentença está estritamente ligada à disciplina da coisa julgada. Se a pessoa participa do processo como parte, a imutabilidade da sentença lhe afetará. Daí estar sujeito ao prazo decadencial de dois anos, para propor ação rescisória, no caso de sentença rescindível, e de um ano no caso de partilha amigável (Comentários, vol. VI, pág. 433).

BRENO FISCHER, depois de exaustiva análise da orientação de nossa doutrina e de nossos tribunais, conclui:

> "A ação de NULIDADE DE PARTILHA JUDICIAL por infração de literal disposição de lei ou de direito expresso prescreve em cinco anos (hoje, os dois anos do art. 495) (Código Civil, art. 178, 10.o, VIII e art. 145; Código de Processo Civil, art. 798, letras "b" e "c" – o autor se refere ao CPC de 1939).

O Tribunal de Justiça do Rio Grande do Sul decidiu:

> Autor e Réu foram contemplados na partilha atacada que, por envolver interesse de menor, foi judicial, circunstância de que decorre sua natureza contenciosa, geradora da coisa julgada material (cf. CARPENTER, Manual do C. Civil, vol. IV, tomo 2, págs. 477/78). Segue-se, pois, que arredada que fosse a prescrição anual do art. 178, § 6.o V do C. Civil não escaparia o autor do prazo extintivo de cinco anos do art. 178, § 10, n.o VIII do diploma substantivo (ação rescisória) que BEVILACQUA relaciona com as partilhas nulas de pleno direito (Código Civil, 1919, vol. VI, pág. 297).
>
> Enfim, se simplesmente anulável a partilha, como já se considerou nesta Corte em caso análogo (Rev. dos Tribunais, vol. 157, pág, 652) a prescrição se perfaz num ano; se nula "pleno jure" se reputar, a opção doutrinária será restrita sobre esse mesmo lapso ânuo e o quinquênio da ação rescisória". (Revista dos Tribunais, vol. 398, págs. 150/51)

CONCLUSÃO

Considerando quanto foi exposto, respondemos às perguntas formuladas:

A) A ação anulatória é de todo inadmissível na hipótese. Cuida-se da partilha judicial, não de partilha amigável, contrato, passível de desconstituição pelos vícios atinentes aos atos jurídicos em geral. A partilha judicial é decisão, sentença em processo contencioso, só suscetível de declaração de inesistência[75] (que muitos denominam de nulidade absoluta) ou de ação rescisória.

B) A partilha judicial, como esclarecido na resposta antecedente, é ato processual do juiz, de natureza decisória. Sentença, que põe fim ao processo com julgamento de mérito. (art. 269 CPC) só pode ser rescindida, quando já transitada em julgado. Se inexistente (o que alguns chamam de nulidade absoluta) comporta ação declaratória dessa sua inexistência. Os casos de inexistência são casos limites, que dizem respeito com ausência de jurisdição do órgão público, de capacidade de ser parte desses mesmos interessados, ou da ausência de conclusão pelo juiz ou da existência de conclusão excluída pela ordem jurídica vigente. Em nenhuma dessas hipóteses incide o caso da consulta.

C) A sentença proferida nos autos do inventário e partilha de JOSÉ DIONÍSIO DE ANDRADE não foi homologatória, porque nenhuma vontade das partes existia com eficácia predominante sobre o poder de decidir do magistrado. Havendo interessados incapazes, a lei material e a lei processual vetam a partilha amigável, única sujeita a homologação. Seria absurdo ter-se a decisão sobre partilha judicial como homologatória. O juiz estaria homologando seu próprio poder de decidir.

D) Os autores já decaíram do direito de propor ação rescisória, de há muito. Ação anulatória e inadmissível, como já explicado, porque se cuida de partilha judicial.

E) A partilha não violou, como feita, disposições do art. 1.775 do Código Civil, porque concluída em consonância com o que dispunha o art. 505 do Código de Processo Civil então vigente. E mesmo hoje ela ainda seria efetivada nos mesmos moldes. Como sabemos, o Estatuto da Terra prevê a fixação de módulos para fins de constituição da propriedade autônoma. No caso da consulta, nenhuma das propriedades permitia a futura divisão, e isso significaria, caso se partilhassem todos os bens entre todos os herdeiros, manter os filhos legítimos e os adulterinos em condomínio forçado por toda a vida, gerando litígios e os adulterinos em condomínio forçado por toda a vida, gerando litígios futuros

---

75. Redação original.

de gravidade bem previsível. Dado o valor da meação e dada essa circunstância, outra alternativa não havia para o juiz senão partilhar como partilhou.

Admitindo-se, o que não é o caso, tivesse havido violação do art. 1.775 do Código Civil, essa violação a literal disposição de lei torna a sentença rescindível, se judicial a partilha, e apenas anulável, se amigável ela for. Assim, mesmo nessa hipótese, careciam os autores, a esta altura, de pretensão à desconstituição da partilha feita.

| 43 | REGISTRO PÚBLICO – JUSTIFICAÇÕES DE ÓBITO – EFEITOS PROBATÓRIOS NA INVESTIGAÇÃO DE PATERNIDADE[76]

HISTÓRICO

Em março de 1975, faleceu João Martins da Silva, tendo-se instaurado o competente procedimento de inventário e partilha, no qual pretendeu habilitar-se Fernando de Oliveira, invocando a qualidade de filho natural do **de cujus**, conforme certidão de nascimento que exibiu e na qual se indicava ter sido declarante o falecido João Martins da Silva, que o reconhecia como seu descendente.

Já em fase adiantada o inventário, souberam a inventariante, viúva meeira, e os herdeiros que a certidão exibida por Fernando não correspondia à verdade dos assentamentos existentes no Registro Civil, o que foi confirmado, porquanto, no livro mencionado na certidão trazida para o bojo dos autos só constavam declarações que eram atribuídas ao falecido João Martins, inexistindo, entretanto, não só a assinatura do pseudodeclarante como das testemunhas indicadas no contexto do termo.

Denunciado o fato ao Juiz do inventário, este, com irrecusável acerto, excluiu Fernando de Oliveira dentre os herdeiros de João Martins da Silva e o remeteu para as vias ordinárias, se pretendesse, realmente, ver certificada sua condição de filho do **de cujus**.

Proposta a ação de investigação de paternidade, em abril de 1976, os réus ofereceram contestação, na qual, como preliminar, argüiram a impossibilidade do pedido feito por Fernando Oliveira, visto que, sendo sua mãe Gerolina Prisco de Oliveira, casada civilmente com Virgílio Oliveira, desde 1921, inexistindo prova de estar viúva ao tempo em que Fernando se afirmava concebido, seria ele filho adulterino **a matre**, inviabilizando-se a declaração de paternidade de outrem que não o esposo de Gerolina, dada a presunção legal, absoluta, que resulta dos arts. 337, 338, 340/43 e 346 do Código Civil.

Percebendo a gravidade e alcance da preliminar argüida pelos réus, em junho de 1976, já ocorrida a litispendência na ação de investigação de paternidade e

---

76. Texto extraído de *Ciência Jurídica*. Belo Horizonte, ano VI, vol. 46, jul./ago. 1992.

concluída a fase postulatória, na qual fixados ficaram os fatos e os fundamentos jurídicos da ação e da defesa, D. Gerolina Prisco de Oliveira – certamente induzida por Fernando Oliveira ajuizou na Comarca de Ipirá, (já em curso, na Comarca de Salvador, tanto o inventário de João Martins da Silva quanto a ação de investigação de paternidade) uma justificação para suprimento de falta de registro de óbito de seu marido Virgílio Oliveira, pedindo a audiência do Ministério Público, sem requerer a citação de qualquer interessado, inclusive sem nenhuma referência ao processo de inventário e à ação de investigação de paternidade já pendentes.

Processada e concluída a justificação, lavrou-se o registro do óbito, expedindo--se certidão que Fernando Oliveira pretende produza efeitos na ação investigatória, no sentido de elidir a defesa oferecida pela viúva e filhos de João Martins da Silva.

CONSULTA

Considerando o que foi exposto, indaga-se:

a) Foi regular o procedimento adotado para a justificação do óbito de Virgílio Oliveira?

b) O fato justificado – morte de Virgílio Oliveira – pode ser objeto de verifi- cação no Juízo da ação de investigação de paternidade?

c) É lícito ao Juiz da investigatória repudiá-lo ou há coisa julgada derivada da justificação feita?

d) Faz-se necessária ação anulatória ou rescisória da decisão proferida na justificação para que o fato justificado seja suscetível de verificação e avaliação na ação investigatória?

PARECER

1. Ex facto oritur juris. Todo direito nasce de um fato. Seja o enunciado latino, seja sua expressão vernácula, ambos traduzem uma verdade secularmente aceita.

Mas o fato (histórico) para ter ingresso no mundo do direito, há de ser objeto da *ciência* (conhecimento) de um sujeito (homem) e motivador de um ato de sua vontade.

Nenhum acontecimento da vida (fato histórico) gera conseqüências jurídicas (torna-se fato jurídico) enquanto não transita pelo conhecer e querer de um ser humano. Ele, enquanto não certificado na sua existência material (cognição), por quem é sujeito do dever ser jurídico, ou titular da situação de vantagem que deste dever se resulta, e enquanto não é implementado (atuação) nas conseqüências que a norma lhe imputa, é mero fato histórico, despido de significação jurídica.

O que vimos de enunciar é válido tanto no campo da chamada aplicação voluntária do direito, na qual a verificação e a atuação se realizam pelos próprios sujeitos postos em relação como decorrência do acontecimento da vida (fato histórico) juridicamente qualificado, quanto no âmbito da aplicação dita autoritativa, em que a verificação e atuação se cumprem por ato do Estado-Juiz, (jurisdição).

Em outras palavras, poderemos dizer que os fatos (históricos), para que se tornem fatos jurídicos, reclamam estejam provados (verificados) por alguém que, em face desse convencimento, ajusta seu comportamento ao dever ser prescrito normativamente. Isto ocorre tanto na hipótese de adimplemento (aplicação voluntária) quanto na de execução (aplicação jurisdicional).

2. PONTES DE MIRANDA, com a acuidade de sempre, anotou essa particularidade e dela cuidou em seu Tratado de direito privado:

> "Dizer-se que prova é o ato judicial, ou processual, pelo qual o Juiz se faz certo a respeito do fato controverso ou do assunto duvidoso que os litigantes trazem a Juízo (cf. MELO FREIRE, "Institutiones", IV, 126: **Probatio est actus judicialis, quo litigantes judici de facto controverso, vei de re dubia fidem in judicio faciunt**) é processualizar-se, gritantemente, a prova. A adução, introdução ou apresentação tanto pode ser em Juízo quanto fora dele. O herdeiro paga a dívida do **de cujus**, que se lhe cobram, com as provas produzidas; e aquelas pessoas que têm muitos negócios exigem que se apresentem as faturas, com as provas, para que se lembrem das contas que hão de pagar. Pensar-se em prova judicial quando se fala de prova é apenas devido à importância espetacular do litígio, nas relações jurídicas entre os homens. As provas destinam-se a convencer da verdade; tal o fim. Aludem a algum enunciado de fato (*tema probatório*) que se há de provar. Não só têm por fim convencerem Juízes, nem só se referem a enunciados de fato que se fizeram perante Juízes." ("Tratado", vol. III, p. 404.)

3. A verificação dos fatos, portanto, seja em Juízo (campo do direito processual) seja fora dele (âmbito do direito material) reclama a *prova* desses fatos, que se efetiva por vários meios, dentre os quais destacamos os documentos, as testemunhas e a percepção do fato pelo próprio sujeito interessado em sua verificação.

Esta indeclinável necessidade de verificação dos fatos e a circunstância de que é excepcional a relação de imediatidade entre o fato e todos os que têm interesses jurídicos relacionados com ele, conduz o ordenamento jurídico a reclamar, em muitas circunstâncias, sob pena de invalidade, a preconstituição da prova, dando-lhe caráter constitutivo necessário do próprio direito (instrumentos **ad substantiam**) ou simplesmente prescrevê-la com vista à segurança maior das relações jurídicas que do fato derivam (documentos **ad probationem**).

Destes, alguns, embora não necessariamente exigidos para constituição do direito, uma vez feitos se revestem de eficácia constitutiva (como, por exemplo, o contrato de locação mediante escrito dos interessados), outros são, por natureza, desprovidos dessa eficácia, sendo apenas representativos do fato, sem que da sua inexistência decorra a inexistência de direitos, ou da sua existência necessariamente derive a constituição de direitos.

4. O documento que preconstitui a prova de um fato pode ser elaborado pelos próprios interessados, ou por um deles unilateralmente (quando a lei o autoriza) ou por terceiro, que o produz por determinação dos interessados e segundo suas declarações (de fato ou de vontade) atendido o procedimento prescrito em normas de caráter administrativo ou de natureza jurisdicional.

De quanto exposto recolhemos que a formação de um documento (seja em sentido lato, seja em sentido estrito, seja público ou particular, revista-se, ou não, da natureza de instrumento) ou é livre ou mereceu, no todo ou em parte, disciplina legal. Nesses termos e no tocante a todo e qualquer documento, podem ser postas indagações pertinentes: a) à natureza jurídica do documento; b) a sua autenticidade ou falsidade; c) à regularidade de sua formação; d) à verdade ou inverdade do fato nele representado; e) à eficácia probatória que dele pode ser retirada e f) à eficácia constitutiva que se lhe pode atribuir no campo do direito material.

5. Os registros públicos configuram solução encontrada pelo legislador para dar segurança e publicidade a determinados fatos, atos ou negócios jurídicos, impondo-lhes a preconstituição da prova de sua ocorrência.

> "La possibilità di rendere pubblici, fatti, atti o negozi giuridici (pubblicità) costituisce un servizio pubblico di grande importanza, normalmente assunto da particolari organi della publica administrazione, ma che può essere deferito anche ad organi giurisdizionali, che assumono questa particolare attività amministrativa, allo scopo di rendere possibile il regolare svolgimento dei rapporti privati." (UGO ROCCO, "Tratado di diritto processuale civile", vol. VI, Tomo II, p. 507.)

O art. 1º da Lei nº 6.015, de 31 de dezembro de 1973, é preciso a respeito, apontando como finalidades dos registros públicos a autenticidade, a segurança e a eficácia dos atos jurídicos. Esses fins não são comuns a toda e qualquer espécie de registro público, distinguindo-se os que são reclamados como formalidade essencial, porque indispensável à aquisição do direito ou a sua subsistência (**v.g.** a aquisição da propriedade imobiliária dependente da transcrição do título), de outros em que o registro apenas se impõe para que o ato seja oponível a terceiros (locação oponível a terceiro adquirente), ou meramente cautelar (segurança contra risco de extravio ou perda de algum documento particular) ou sim- plesmente para efeito de publicidade (conhecimento geral).

Nesta última categoria se incluem tanto o registro civil do nascimento quanto o do óbito (cf. WILSON DE SOUZA CAMPOS BATALHA, "Comentários à Lei dos Registros Públicos", vol. I, pp. 46/48).

6. Não se reclama, para que alguém seja sujeito de direito, capaz de adquirir direitos e investir-se de obrigações que esteja devidamente registrado no cartório competente o seu nascimento.

A personalidade jurídica tem seu fato gerador no nascimento com vida e o registro é mera formalidade para fins de segurança e publicidade jurídicas, não se revestindo de nenhum caráter constitutivo.

Também a morte é fato físico, que acarreta conseqüências jurídicas independentemente de haver ou não assentamentos de sua ocorrência em registros públicos ou privados, comportando esse fato, como tal, toda e qualquer espécie de prova, seja no sentido afirmativo, seja no sentido negativo.

Sem o registro de óbito, diz a Lei 6.015/73, nenhum sepultamento será feito (art. 77) mas não diz, nem poderia dizê-lo sem conduzir a absurdo intolerável, que sem o assentamento de óbito inexiste o fato morte.

O inverso é por igual verdadeiro: a existência do assentamento não importa, necessariamente, na existência do óbito. Muito menos os dados de fato inseridos no assentamento resultam verdadeiros só por nele constarem.

Destarte, conclusão tranqüila, jamais posta em dúvida, é a de que a existência do assentamento do óbito, no registro público, prova, **juris tantum**, a data do óbito e o lugar de sua ocorrência, bem como a causa que determinou o passamento, comportando qualquer dessas circunstâncias prova em contrário, sem que para tanto se tenha de propor, especificamente, ação anulatória de registro público, o que só se compadeceria com a hipótese de atribuir a lei, a esses assentamentos, o caráter constitutivo de direito ou de prova privilegiada, com exclusão de outra qualquer (cf. ODILON DE ANDRADE, "Comentários ao CPC", 1939, vol. VII, ed. 1941).

7. Os assentamentos no registro civil têm seu momento adequado prescrito em lei. O relativo ao óbito das pessoas, faz-se de imediato, com vistas ao sepultamento. Tolera-se, entretanto, seja ele realizado tardiamente (art. 78 da Lei 6.015), prevendo-se, para isso, um prazo preclusivo.

Não realizado nesse tempo hábil, faculta o legislador, em circunstâncias excepcionais, se supra a falta de assentamento mediante justificação judicial.

O sistema em vigor, que no particular não representa novidade, porquanto o mesmo já previsto no Decreto 4.857, de 9.11.39 e no Decreto 18.542 de 24.12.28, impõe:

a) o sepultamento com prévio assentamento do óbito no registro público, mediante a apresentação de atestado médico indicador da **causa mortis**, legitimando, para isso, *qualquer* interessado;

b) o registro do óbito após o sepultamento, e em prazo curto (três meses), exigindo-se a declaração de duas pessoas qualificadas que tenham presenciado ou verificado a morte, também por declaração de *qualquer* interessado;

c) o suprimento da falta de registro no tempo adequado, mediante proce- dimento judicial, promovido com a participação de todos os interessados e também do Ministério Público.

8. Dos fatos da vida que devem ser levados a registro público para efeito de publicidade (não para fins constitutivos, como já esclarecido) normalmente decorrem conseqüências jurídicas para o interessado que promoveu o registro bem como para terceiros. E em relação a estes o fato encontra no registro a sua prova por excelência, ainda quando sujeita a impugnação ou invalidação, seja na sua verdade, seja na sua eficácia.

O interesse público na publicidade desses atos é de tal monta que para seu re- gistro são fixados prazos breves, sob cominações mais ou menos graves, bem como se permite, superados estes, se proceda, excepcionalmente, a assentamentos extemporâneos, já entretanto, sob controle jurisdicional, mediante procedimento de jurisdição voluntária.

Aqui, como ali, o resultado final da atividade pública é o mesmo: assegurar a publicidade do ato, mediante a pré-constituição de sua prova.

O suprimento da falta de assentamento temporâneo, por conseguinte, não é expediente técnico deferido a quem pretende, em processo contencioso, produzir prova de fato sujeito a registro, o que a faria procedimento cautelar de constituição de prova ou de antecipação de prova. Outra finalidade não pode ter nem lhe foi assegurada senão a de preconstituir prova de fato que deveria ter sido temporaneamente levado a registro público.

9. O procedimento formativo do assentamento temporâneo é extrajudicial e perante o oficial do registro civil. Já o procedimento formativo do assentamento extemporâneo é judicial e perante o Juiz competente em sede de jurisdição voluntária.

A atual Lei 6.015 regulou a espécie nos termos em que já o fazia o Código de Processo Civil de 1939, em seus arts. 595 a 599.

Apreciando o revogado diploma processual, no particular, PONTES DE MIRANDA ensinava que por esses dispositivos o legislador retinha com o Juiz parte do que historicamente passara ao notário. O princípio que ficou da incompleta passagem da função de cooperação quanto à forma e aos assuntos, do Juiz ao notário, foi o de estarem repartidas as atribuições de *inserção* e de *mudança*. O oficial de registro não muda **per se**, quer dizer – não supre, não complementa, não retifica, não restaura. Não se corrige. Não se desdiz. A ressalva só se lhe permite em continuidade – antes de outro ato ter tornado definitiva a apropriação daquele ato omisso ou errado, pelo tempo e pelo espaço do livro de assentamentos. A própria vontade dos interessados é inoperante. A razão está em que se trata de *comunicação* de *conhecimento* e não de *declaração de vontade* ("Comentários CPC 1939", vol. VII, pp. 392/93).

Assim, a falta de assentamento de óbito, no momento para isso previsto em lei, só pode ser suprida mediante procedimento judicial que a lei disciplinou (arts. 109 a 113 da Lei 6.015/73) denominando-o de justificação para efeito de retificação, restauração ou suprimento de assentamento do Registro Civil.

Cuida-se, sem dúvida nenhuma, de procedimento de jurisdição voluntária, porque com ele incompatível a solução de qualquer conflito de interesses com repercussão no campo do direito material.

Este caráter de jurisdição voluntária atribuído ao procedimento de retificação, restauração ou suprimento de assentamento do Registro Civil é entendimento pacífico da melhor doutrina, devendo-se salientar, entre nós, PONTES DE MIRANDA (ob. cit. p. 386). WILSON DE SOUZA CAMPOS BATALHA (ob. cit. vol. II, p. 327). FREDERICO MARQUES ("Jurisdição Voluntária", p. 294 – 2ª ed.). LOPES DA COSTA ("A administração pública e a ordem jurídica privada", p. 294) e na doutrina estrangeira FAZZALARI ("La giurisdizione volontaria", p. 231). MICHELI ("Forma e sostanza della giurisdizione volontaria", em Riv. Diritto Processuale, 1947, I, pp. 101 e segs.) e VICO (I procedimenti di giurisdizione volontaria, pp. 219 e segs.).

Mas o *documento* que se obtém com esse procedimento é um assentamento de óbito, em seu atendimento, em sua eficácia e em sua credibilidade e oponibilidade em tudo igual ao que se obteria com o assentamento temporaneamente realizado.

10. Disso se deduz, com segurança, a invalidade do procedimento judicial com vistas à constituição de assento em registro público quando se tornou controvertido o fato registrando, por força de litígio pendente, no qual é relevante e pertinente a discussão da verdade ou inverdade do fato que se pretende seja objeto de assentamento.

A evidência dessa conclusão já foi objeto de prescrição legal e de consideração doutrinária e jurisprudencial.

A Consolidação, aprovada pela Resolução de 28.12.876, determinava, em seu art. 331:

> "Não faz fé em Juízo a justificação produzida sem citação da parte, ou acerca de fatos sobre que se está litigando, nem pode substituir a inquirição tomada nos autos dentro da dilação."

Na doutrina, o magistério de CARVALHO SANTOS, Código de Processo Civil Interpretado, vol. VIII, p. 296 é também muito claro:

"O que faz preciso esclarecer é que a justificação para prova de fato sobre que se litiga, a dizer, já articulado na inicial ou na contestação – não pode ser admitida, devendo sempre ser julgada improcedente, pois isso importaria em permitir que qualquer das partes apresentasse articulados cumulativos, pois tais seriam os que servissem de base à justificação, como bem acentuavam, já ao seu tempo, as velhas *Ordenações*." (L, 3º, Tit., 20, § 27).

O caso da consulta é típico.

Proposta ação de investigação de paternidade, os réus, na sua defesa, argüíram a preliminar de ilegitimidade do autor, por lhe faltar qualidade jurídica para obter a declaração pretendida, dada sua condição de adulterino **a matre** quando de sua concepção, caso verdadeiros fossem os fatos por ele invocados para comprovar sua gestação a partir do investigado.

Buscando elidir a arguição dos réus, o autor, por interposta pessoa e obliquamente, promoveu justificação com vistas a obter assentamento do óbito do esposo de sua genitora, indicando para seu falecimento data que, a ser verdadeira, afastaria, por completo, a procedência da preliminar de ilegitimidade levantada pelos réus no processo da investigatória.

Se tanto fosse possível, ter-se-ia desvirtuado o registro público em sua finalidade, que de prova preconstituída, com o objetivo de publicidade do fato documentado, para segurança das relações jurídicas futuras com ele relacionadas, se transformaria em ato declaratório da existência de fato com eficácia constitutiva de direitos, oponível **erga omnes** e tornado indiscutível em qualquer processo e por qualquer Juiz, inclusive aquele ante o qual esse mesmo fato se tornara, em processo contencioso de sua competência, controvertido e relevante, assegurando-lhe a lei o poder de sobre ele formar o seu livre convencimento (art. 131 CPC).

11. Nem será demasia, para demonstrar a absoluta impossibilidade de admitir-se justificação sobre fato que se apresenta como objeto de verificação judicial em processo contencioso, aduzir-se argumentos novos, porque são eles poderosos e decisivos.

O primeiro diz respeito à inadmissibilidade, no direito brasileiro, de ação declaratória para se certificar a existência ou inexistência de um fato. Este entendimento é pacífico e pede poucas indicações de ordem doutrinária. Invoquemos, contudo o magistério de alguns doutos: CELSO AGRÍCOLA BARBI, "Ação declaratória principal e incidente", 4ª ed. p. 93; ARRUDA ALVIM, "Comentários ao CPC", vol. I, p. 336.

A aceitar-se a justificação produzida no caso da consulta e afirmá-la eficaz como prova que obrigue o Juiz da investigatória, é reconhecer-se aquela justificação como representando ação declaratória da existência de fato (o que é inadmissível) e, o mais grave, ação que conduziria a decisão eficaz sem que o contraditório se tivesse instaurado o que, no entendimento unânime dos estudiosos, importa em inexistência da própria decisão e do processo em que ela foi proferida.

Por outro lado, a admitir-se a justificação como constitutiva da prova da verdade do fato que nela se documentou, verdade esta insuscetível de rejeição pelo Juiz da investigatória, estaríamos, também, violando o preceito muito claro do art. 469, II do CPC, que exclui da imutabilidade e da inatacabilidade da coisa julgada os fatos que serviram de fundamento às decisões proferidas em sede de jurisdição contenciosa.

Se num processo em que a sentença final, de mérito, por transitar em coisa julgada material, faz indiscutível o direito que certificou, os fatos, no tocante a sua verdade, ficam de fora dessa cobertura, como se aceitar que um procedimento de jurisdição voluntaria, em relação ao qual seria impróprio falar-se em coisa julgada material, no sentido e com o alcance que o instituto recebe no âmbito da jurisdição contenciosa, tenha o condão de tornar indiscutíveis e imodificáveis os fatos que meramente documentou?

Essas duas considerações, como dissemos, se as anteriores não procedessem, bastariam para fulminar, decisivamente, qualquer pretensão no sentido de excluir, na ação investigatória, tanto o ônus da prova da morte de Virgílio, quanto a possibilidade de produzir-se a prova em contrário que for pertinente e relevante.

Isto posto, procedamos à analise, em profundidade, da viabilidade de se reexaminar os fatos objeto da justificação em sede contenciosa, bem como de se proceder a essa discussão em processo no qual não é parte o autor da justificação.

12. A vigente Lei dos Registros Públicos (6.015 de 31.12.73), em seu art. 112, dispõe:

> "Em qualquer tempo poderá ser apreciado o valor probante da justificação, em original ou por traslado, pela autoridade judiciária competente ao conhecer de ações que se relacionam com os fatos justificados."

Este princípio não é novidade. Ele já estava consignado no art. 597 do CPC de 1939, **verbis:**

> "O despacho do Juiz que manda restaurar, suprir, ou retificar o assentamento, não fará caso julgado nas ações fundadas nos fatos que constituírem objeto do novo assentamento ou da retificação ordenada."

Nem inovou o CPC de 1939, pois preceituação análoga já se continha nas leis brasileiras, desde o Decreto 9.886, de 7.3.88 (arts. 24 a 30), repetida nos Decretos nº 18.542, de 24.12.28 (art. 120) e 4.857, de 9.11.39 (art. 120).

Por força disso, a doutrina jamais discrepou no ensinamento de que, a qualquer tempo, e por qualquer Juiz, a matéria objeto da justificação para efeito de suprimento de registro civil pode ser reexaminada. Nesse sentido, baste-nos invocar PONTES DE MIRANDA ("Tratado de Direito Privado", vol. I, p. 229). SERPA

LOPES ("Tratado dos Registros Públicos", vol. I, p. 234, ed. de 1938), bem como julgado do Tribunal de Apelação do Distrito Federal (D.J. de 13.8.42, p. 306) em que se afirma que:

> "Não se há de invocar força de coisa julgada material por parte de sentença nas justificações, porque lhes falta elemento declarativo suficiente."

No vigente sistema processual, essa verdade ainda é mais decisiva e seria inferível dos preceitos que disciplinam, hoje, a coisa julgada entre nós, mesmo quando fosse omissa a respeito a lei específica.

Na verdade, como se lê no art. 469, I do CPC, não faz coisa julgada a verdade dos fatos, estabelecida como fundamento da sentença. Isto significa que, nem mesmo em processo de jurisdição contenciosa, cujas decisões de mérito transitam em coisa julgada material, o reconhecimento, em juízo, da verdade de um fato torna-o indiscutível, em sua existência e em sua relevância, num outro processo, ainda que entre as mesmas partes.

Se isso acontece em sede contenciosa, seria demasiado colocar-se o fato meramente documentado em sede de jurisdição voluntaária numa situação privilegiada, sem paralelo no campo dos fatos documentados pelas partes ou documentos pelos Juízes em processos de natureza contenciosa.

13. Sem prejuízo do que se expôs, um novo fundamento pode ser trazido a colação para demonstrar-se a discutibilidade dos fatos objeto de justificação.

O documento público (qualquer que ele seja, formado perante oficial público e tendo-o como autor material, ou formado perante Magistrado, tendo como autor material o escrivão) o documento público faz prova da *formação da declaração* das partes (declaração de vontade ou declaração de conhecimento).

E, como adverte MOACYR AMARAL SANTOS:

> "O fato de que as partes declararam o que nele se contém se há como verdadeiro até que se demonstre a falsidade da afirmação do oficial público. Todavia, este apenas certificou o que *ouviu* das partes, não que estas lhe houvessem feito declarações verdadeiras. Em consequência, o documento público prova *a formação das declarações das partes e não sua eficácia*, isto é, prova a verdade extrínseca das declarações e não sua sinceridade... Assim, no que concerne à *formação das declarações das partes* o documento público faz prova *até que se demonstre sua falsidade*; no que toca à sinceridade das declarações, ao seu conteúdo, faz prova que, todavia, *poderá ser elidida por prova em contrário*, pelos meios admitidos em direito." ("Comentários ao CPC, vol. IV, 2ª ed. p. 170.)

Na justificação, portanto, o que está provado e não pode ser inquinado de falso, sem elementos convincentes nesse sentido, é a verdade de que os interessados (no caso de justificação, as testemunhas) declararam quanto se consignou no respectivo termo de depoimento. Só isso e exclusivamente isso. A *verdade* dessas declarações e a *eficácia* que delas se possa retirar são matéria sempre sucetível[77] da prova em contrário que lhes retire a força de convencimento ou da demonstração de sua inaptidão para a eficácia jurídica pretendida.

14. Comprovada a possibilidade de, em sede contenciosa, discutir-se a verdade ou inverdade dos fatos objeto de justificação, vejamos se é possível a decretação da invalidade da própria justificação em juízo contencioso, sem que para isso se exija a propositura de ação específica perante o Juiz da justificação.

Comecemos pela prata da casa. Escreve PONTES DE MIRANDA:

> "O princípio de que a nulidade do registro pode ser decretada, ainda sem que se proponha ação de nulidade, portanto **incidenter** e sem ligação com regras jurídicas sobre competência para mandar ao Juiz do registro, é princípio geral de direito. Diz respeito ao registro e não ao título." ("Comentários ao CPC de 1939", vol. VII, p. 390.)

Também WILSON DE SOUZA CAMPOS BATALHA:

> "A ação em foco (de retificação, restauração ou suprimento de assentamento de registro civil) tem meramente natureza administrativa, com efeito constitutivo passível de nulificar-se face a processo contencioso sobre o mesmo assunto." ("Comentários à Lei de Registros Públicos", vol. II, p. 327.)

Nem discrepa a doutrina estrangeira. FAZZALARI, apreciando o problema da anulação dos atos de jurisdição voluntária em sede contenciosa, depois de justificar a admissibilidade da ação específica de nulidade desses atos, acrescenta:

> "Senonchè la querela di falso, inquanto é somministrata unicamente contro la falsitá dell'atto pubblico, non esaurisce i remedi giurisdizionali in ordini agli atti in esame. Contro i loro vizi (si pensi ache all'incompetenza, al vizio di forma o di procedimento) deve considerarsi aperto l'adito ai giudice ordinario in contenzioso nel senso che il soggetto il cui diritto sia pregiudicato dagli effetti del atto invalido (vuoi che si tratti di terzo indipendente, vuoi che si trate di soggetto che l'atto, si fosse valido, legittimamente coinvolgerebbe) sia legitimato a chiedere ai giudice l'eliminazione di tali effetti: e in proposito si a giá chiarito che la legittimazione passiva non cade sull'autore dell'atto invalido, sibbene su chi mutua da quegli effetti la propria posizione giuridica (pregiudizievole per l'attore) (La giurisdizione volontaria, p. 232)."

A ela acrescentamos a de VISCO que empresta sua adesão ao que decidiu a Corte d'appello di Milão, em 14.3.47:

> "...non può certo ritenersi inibito all'autorità giudiziaria, in sede comtenziosa, di accertare se un provvedimento di volontaria giurisdizione abilitante a un determinato negozio giuridico, ai fini della validità dei negozio medesimo, sia stato legittimamente ottenuto o meno o sia viziato in quanto ottenuto mediante frode processuale così da non potersi ritenere valido e conseguentemente non

---

77. Redação original.

potersi ritenere la validità dei negozio che l'invalido provevedimento abbia potuto legitimare" ("I procedimenti di giurisdizione volontaria", p. 67).

15. Dentre os vícios que permitem a invalidação do ato de jurisdição voluntária em sede contencioso sobressaem os vícios de procedimento. Se discutível seria admitir--se, no processo contencioso, pudesse outro Juiz examinar a conveniência e a oportunidade do ato de jurisdição voluntária, é extreme de dúvida seu poder de apreciar a legitimidade do ato, reconhecendo-lhe a doutrina o poder de decretar-lhe a invalidade, inclusive por vício no procedimento de voluntária jurisdição.

No particular, a lição de FAZZALARI, transcrita no item precedente, é bem expressiva. Reproduzimo-la, aqui, para bem fixá-la: a ação especffica de nulidade não exaure os remédios jurisdicionais que a lei defere para invalidação do ato de jurisdição voluntária. Contra os seus vícios (pense-se, por exemplo, na incompetência, *no vício de forma ou de procedimento*) deve considerar-se aberto o acesso ao Juiz ordinário em processo contencioso, no sentido de que o sujeito cujo direito seria prejudicado pelos efeitos do ato inválido (quer se trate de terceiro independente, quer se trate de sujeito que o ato, se fosse válido, legitimamente alcançaria) seja legitimado para reclamar do Juiz a eliminação de tais efeitos: *e a propósito já se esclareceu que a legitimação passiva não incide no autor do ato inválido, sim sobre quem fundamenta naquele efeito a própria posição jurídica* (prejudicial para o autor) (grifos nossos).

16. No caso das justificações, nenhum juízo de conveniência ou de oportunidade é emitido pelo Juiz em sede de jurisdição voluntária. Limita-se ele a decretar a constituição da prova (documentação) tendo-a como realizada. Sua função fica bem próxima da do notário que confecciona o documento, nele consignando as declarações que as partes fizeram em sua presencça. Limita-se a isso e não estende seu ofício à certificação da verdade ou inverdade dessas declarações nem de sua eficácia. Documenta declarações e só. Também o Juiz, na justificação, não acerta a verdade do fato justificado. Sua decisão carece de efeitos declaratórios. Simplesmente torna certo que a prova se cumpriu como documento, vale dizer, que os fatos que lhe foram declarados pelos interessados são os fatos documentados. Nem lhes certifica a verdade nem a inverdade, nem sua existência (na vida) ou inexistência.

17. A justificação promovida por GEROLlNA PRISCO DE OLIVEIRA padece de algum vício que a possa invalidar? A resposta é tranquilamente afirmativa.

O art. 109 da Lei 6.015, à semelhança do que já exige o art. 595 do CPC de 1939, reclama a ciência dos interessados para que se supra a falta de assentamento do registro civil.

Interessados, esclarecia JORGE AMERICANO, comentando o diploma de 1939, são "aquelas pessoas cujas relações com o requerente possam ser afetadas pela modificação do registro ou seus sucessores. O conceito de tais relações e respectivas modificações é dado pelo exame da lei substantiva em cada caso concreto". ("Comentários", vol. II, p. 523, ed. 1941.)

Essa exigência de conhecimento dos interessados da justificação em que se pretende suprir a falta de assentamento no registro público não é nova, antes tradicional em nosso direito, que a vem impondo, sem solução de continuidade, tanto no Decreto 9.886, de 7.3.88 (há quase um século) em seus arts. 24 a 30, como nos subseqüentes Decretos 18.542/28 (art. 117) e 4.857/39 (art. 117).

O atual Código de Processo Civil, aplicável subsidiariamente a todo e qualquer procedimento de jurisdição voluntária, mesmo quando disciplinado por lei especial (como é o caso da justificação para fins de registro público) prescreve, incisivamente, que nos procedimentos de jurisdicão voluntária devem ser citados, *sob pena de nulidade*, todos os interessados.

18. Ora, no caso da consulta, quem se configurava como interessado, ao tempo em que se promoveu a justificação? Fora de qualquer dúvida que como tal necessariamente se apresentavam os réus na ação investigatória de paternidade, na qual o fato da morte de Virgílio Oliveira (fato justificando) se tornara controvertido e era relevante para a decisão final do litígio. A presença dos réus na justificação apresentava-se como fundamental, porque nela eles poderiam reinquirir testemunhas, impugnar documentos e, inclusive, recorrer.

Todas essas faculdades processuais lhes foram subtraídas por força do procedimento incorreto da justificante, que mais de 50 anos (!!!) decorridos da morte de Virgílio e sem nenhuma razão que explicasse tão tardio ajuizamento do feito, logrou, ao arrepio da lei, documentar fato que era objeto de verificação em processo contencioso pendente, no qual a data da morte de Virgílio se tornara essencial para fundamentar a condição de filho adulterino a **matre** do autor.

Esqueceu-se a justificante, como passou desapercebido ao digno Magistrado que admitiu a justificação, que o registro extemporâneo não é deferido sem qualquer limitação no tempo, sim e exclusivamente quando a prova do óbito se faz indispensável, por esse meio, para publicidade e segurança de alguma relação jurídica. E isso é de difícil ocorrência quase meio em processo próprio. Logo, a modificação de estado que decorre de justificação feita é também inválida por motivo não só de erro de procedimento, como já demonstrado, mas também por erro substancial, dado que o objeto da justificação é inadmissrvel segundo o nosso ordenamento jurídico, porque redunda, reflexamente, em alteração do estado civil vinculado a uma relação de filiação.

CONCLUSÃO

Em razão de quanto exposto, respondemos às perguntas que nos foram formuladas:

a) O procedimento adotado para a justificação do óbito da[78] Virgílio Oliveira foi irregular, viciado pela falta de ciência dos interessados, como exigido por lei, sob pena de nulidade.

b) O fato representado pela morte de Virgílio Oliveira é fato pertinente, relevante e controvertido na ação de investigação de paternidade proposta contra os herdeiros de João Martins da Silva e, por força disso, suscetível de verificação, por parte do Magistrado, no processo contencioso em que ele foi posto (ação de investigação de paternidade), ainda quando não fosse írrita e nenhuma a justificação promovida por Gerolina.

c) O Juiz da investigatória não só pode como deve repelir os efeitos probatórios da justificação realizada perante outro Juiz, com o objetivo único de subtrair de sua competência a apreciação do fato em sua existência ou inexistência, quanto ao momento de sua ocorrência e no tocante às conseqüências jurídica[79] que dele decorrem. E o dever do Juiz, no caso da consulta, vai além da simples rejeição dos efeitos probatórios da justificação, porque se impõe a decretação de sua ineficácia, visto como nula **ipso jure**, por vício essencial de natureza processual (falta de citação dos interessados) e vício essencial de natureza substancial (modificação do estado civil resultante de uma relação de filiação).

d) Desnecessária ação anulatória, porque a invalidade do registro é decretável **incidenter**, em sede contenciosa, máxime em processo no qual terceiro, que não foi parte na justificação, pretende afastar pretensão que se apóia no fato sobre que ela versou. Conseqüentemente, também desnecessária e até inviável a rescisória, porque as decisões proferidas em justificação não transitam em coisa julgada material no tocante ao fato objeto da justificação, seja no que diz respeito a sua existência ou inexistência material, seja no pertinente a sua relevância ou eficácia jurídica.

É o parecer, salvo melhor juízo.

Salvador, de setembro de 1979.

---

78. Redação original.
79. Redação original.

www.editorajuspodivm.com.br

Impressão e Acabamento